故宫博物院
The Palace Museum

故宫学刊

Journal of Gugong Studies 2021 Vol.22

二〇二一年 总第二十二辑

故宫出版社 | The Forbidden City Publishing House

梅赛德斯-奔驰星愿基金
Mercedes-Benz Star Fund

本书的出版由中国青少年发展基金会
梅赛德斯 - 奔驰星愿基金公益支持

目录

故宫学刊
第二十二辑

CONTENTS *Journal of Gugong Studies, Vol.22*

故宫学的活力*

The Vitality of Gugong Studies

郑欣淼

Zheng Xinmiao

内容提要：

故宫学的活力是保证故宫学持续发展的最基本、最重要的条件。活力即旺盛的生命力，这是其自身所固有的不可遏止的蓬勃力量。如何使故宫学永葆活力、长远发展，是一个应该重视的问题：文化遗产是持续故宫学活力的基础；社会价值是彰显故宫学活力的条件；创新实践是激发故宫学活力的源泉；学术传承是延续故宫学活力的过程；开放合作是永葆故宫学活力的保证。

关键词：

故宫学　活力　创新　传承　开放合作

ABSTRACT:

The vitality of Gugong Studies is the most basic and most important condition to ensure the discipline's sustainable development. The vitality refers to the exuberant liveliness, which is its intrinsic thriving force. How to maintain the vitality and long-term development of the Gugong Studies deserves close attention – cultural heritage is the basis for continuous vitality of the Gugong Studies; social value is the condition for its manifestation; innovative practice is the source of its motivation; academic inheritance is the process of its continuance; and openness and collaboration guarantee its eternal vigor.

KEYWORDS:

Gugong Studies, vitality, innovation, inheritance, openness and collaboration

* 本文为作者提供给故宫博物院 2018 年 10 月举办的“通古今变化，发思想先声：故宫学理论建构与实践探索”学术研讨会的文章。

故宫学从提出到今天，已走过十五年的发展历程，逐渐为学术界、文化界所关注、认同并积极参与，出现了大批研究成果，引起了广泛影响，故宫学也日益呈现出自身的活力。

故宫学的活力是个值得探讨的问题。从这些年的实践看，故宫学的活力是保证故宫学持续发展的最基本、最重要的条件。活力即旺盛的生命力，这是其自身所固有的不可遏止的蓬勃力量；当然活力也需要激活，需要创造一定的条件促其成长；活力需要“合力”，多方面的共同努力可促使活力发挥得更充分、更有力；而如何使故宫学永葆活力、长远发展，更是应该重视的问题。

一　文化遗产是持续故宫学活力的基础

故宫学的研究对象主要包括故宫遗产——故宫（紫禁城）、故宫文物以及遗产的守护者与传承者——故宫博物院。

故宫虽然是明清时代的皇宫，但它是中国历代宫殿建筑的集大成者，是中国古代宫城发展史上的最高典范，蕴藏着丰富的中国传统文化的内涵。它为中国古代社会的后期发展，特别是礼制文化和宫廷文化提供了独特的见证。在建筑群体布局、空间序列设计上，它传承和凝练了轴线布局、中心对称、前朝后寝等中国古代城市规划和宫城建设传统特征，成为中国古代建筑制度的典范。其宫殿建筑技术与艺术反映了中国古代官式建筑的最高成就。

故宫博物院现有文物藏品186万件多，其中85%以上为清宫旧藏。这些珍贵的皇家藏品、皇家生活用具以及大量古代工程技术的文字、图纸、烫样等档案载体，见证了中国明清时期的宫廷文化和典章制度。故宫是世界上最丰富、最重要的中国古代艺术品的宝库。这些收藏无比丰富精美，具有品级上、品类上、数量上的优势。论时代，上自新石器时代，下至宋元明清；论范围，囊括了古代中国各个地域的文明精华，包容了汉族和古代许多少数民族的艺术精粹；论类别，包含了中国古代文化艺术品的所有门类。故宫是一部浓缩的中华5000年文明史。

故宫古建筑与文物藏品又是密切联系的。皇权的至高无上，皇家文化的“大传统”性质，宫廷收藏品的无与伦比及其政治意义，都使故宫及其藏品具有唯一性或经典性的特征。中国历来讲究器以载道，故宫及其皇家收藏凝聚了传统的特别是辉煌时期的中国文化，是几千年中国的器用典章、国家制度、意识形态、科学技术以及学术、艺术等积累的结晶，既是中国传统文化精神的物质载体，也成为中国传统文化最有代表性的象征物之一，就像金字塔之于古埃及、雅典卫城神庙之于古希腊一样。

成立于1925年10月10日的故宫博物院，是在明清两代皇宫（紫禁城）和宫廷旧藏文物的基础上建立起来的，以宫殿建筑群、古代艺术品及宫廷文化史迹为主要展示内容的大型综合性国家级博物馆。“宫”与“院”的合一，是故宫博物院与生俱来的身份，北京故宫博物院因此成为一座同时兼具宫廷史迹、古代建筑、古代艺术和清宫藏书档案几大特性的博物馆，是世界上极少数同时具备艺术博物馆、建筑博物馆、历史博物馆、宫廷文化博物馆等特色且符合国际公认的“原址保护”“原状陈列”基本原则的博物院和文化遗产。

由此可见，故宫遗产的内涵十分丰富，真正具有深不可测、横无涯涘与独一无二的特点，是持续故宫学活力的基础。

二 社会价值是彰显故宫学活力的条件

故宫的价值就是故宫学的价值。故宫不只是“国宝”“精品”的荟萃之所，其一砖一瓦、一物一件都有其价值与生命。故宫学的学术价值是由其研究对象的博大精深所决定的，是由故宫文化在中国文化史上的特殊地位所决定的。故宫的最重要价值是宫廷历史文化内涵。故宫学涉及的范围很广泛，从已发布的研究成果看，许多都是中国文化史、中国艺术史、中国明清史的重大课题。故宫学又包括紫禁城学、明清宫廷史学、明清档案学以及中国古代书画、工艺、金石等古典艺术学。清代文化艺术发展的一个重要特征是总结性，即集传统之大成的潮流。故宫学重要而独特的学术价值，还与其研究对象——故宫建筑与故宫文物所具有的集大成性特点有关。

故宫是有生命的，它与中华民族的文化自觉、文化自信息息相关，与当下的中国文化建设休戚与共。故宫学任重而道远。

文化自觉，主要指一个民族、政党或集团在文化上的觉悟和觉醒，包括对文化在历史进步中地位作用的深刻认识，对文化发展规律的正确把握和对推进文化发展、发挥文化效能历史责任的主动担当。文化自觉本质上是对文化价值的觉悟觉醒。文化自信是对自身文化的高度认同及充分肯定。文化是一种基因和血脉，一旦内化于心、外化于行，就具有稳定性和长期性，因此文化自信一旦树立起来，其影响将更深远。文化自信是文化自觉的必然结果，文化自信，最主要的是对中国优秀传统文化的自信。优秀传统文化凝聚着中华民族自强不息的精神追求，是中华民族历久弥新的精神财富，是建设中华民族共有精神家园的价值支撑。对中华优秀传统文化的自信正是来源于它的博大精深，来源于它的源远流长和独特魅力。它是华夏民族文化的重要革新之源。故宫就是中华优秀传统文化的最重要载体之一。

对故宫的认识，就是对中国历史的认识，是对我们民族的文化的认识。封建专制时代随历史潮流结束了，但故宫仍有重要的研究价值和象征意义。它代表了中国的过去，新的政权就是在这个历史基础上建立起来的。人们只有在扬弃传统文化的基础上，才能创造新的文化。同时皇宫成为故宫博物院，使象征皇权统治继承性、合法性的清宫旧藏成为人民共有共享的文化财产，并赋予而且不断强化着其民族文化血脉的新意义，对于促进中华民族的文化认同具有重要作用。这些珍藏在抗战期间避寇南迁，与中华民族同命运，成为民族文化命脉的象征。故宫又是世界文化遗产，成为海内外了解中华历史文化的一个窗口。

随着中国40年的改革开放，经济建设高速发展，人们更重视文化的自觉与自信，倡导文化的复兴，寻求本民族发展的精神支柱。故宫作为传统文化重要载体，自然成为关注的对象，人们对故宫寄予新的期望，因此对故宫的意义与价值也需要充分的、新的阐释，以发挥故宫在传承中华优秀传统文化、建设中华民族共有精神家园、扩大中华文明影响力与进行文明对话等方面的独特作用。这是故宫特殊身份所决定的，是时代的要求，也正是故宫学的历史使命。

三　创新实践是激发故宫学活力的源泉

负有保护世界文化遗产故宫和发展博物院事业的责任的故宫博物院，近年来各项工作稳步健康发展，在不断探索中实践，特别是能够与时俱进，坚持创新性思维与创造性工作，呈现出生机勃勃的景象，体现了作为中国文化遗产守护者与传承者的视野、魄力与担当。而故宫学是以文物（可移动的文物藏品与不可移动的古建筑）作为研究对象，即与古建筑保护与文物的收藏、保护、展示不可分割，带有学理性与实践性相结合的特点。因此故宫博物院的发展与故宫学研究紧密联系，互为促进；或者说，故宫博物院的创新实践是激发故宫学活力的源头活水。

（一）领域的拓展

1.故宫北院区

在国家的支持下，故宫从2012年实施“平安故宫”工程，其中一个重大项目是故宫北院区的建设。故宫在海淀区西玉河原有80亩的基地，并建有8000平方米的培训中心。2013年5月，有关方面已同意在原西玉河基地周围，为故宫北院建设规划出一块16公顷的项目用地，用于故宫文物藏品修复、故宫文物展示、数字故宫文化传播、故宫文化产品研发、文物博物馆专业人员培训、宫廷园艺研究展示和社区公众服务等多项文化功能。建筑面积约12.5万平方米。这个项目的建设，将使故宫保护与故宫博物院发展迈入一个新阶段。2018年10月10日，故宫博物院北院区项目正式启动。

2.故宫鼓浪屿外国文物馆

故宫鼓浪屿外国文物馆由厦门市政府与故宫博物院合作建设，是故宫博物院在地方设立的第一个主题分馆，集中展示故宫博物院收藏的明清两代的外国文物。2017年5月13日开馆。

3.香港故宫文化博物馆

香港故宫文化博物馆位于中国香港特别行政区西九文化区西部海滨，它将以固定地点、定期更换展品的形式，对故宫博物院赴中国香港的展览进行规范化和系统化的提升，并在此基础之上结合数字多媒体展示、故宫知识讲堂、文化创意产品营销等，创建一个独具中国传统文化特色的故宫综合展示空间。2017年6月29日，国家主席习近平在中国香港见证了《兴建香港故宫文化博物馆合作协议》的签署仪式。2018年5月28日，香港故宫文化博物馆在中国香港西九文化区举行奠基仪式，标志着博物馆的建设工程将陆续展开。

以上这些，都具有开创意义，也都为故宫学研究提出了新的课题与新的要求。

（二）思维的创新

1.提倡研究性保护

在古建修缮保护方面提出了“研究性保护项目”的概念，即突出维修工程中的科学性，加强学术研究，力求使维修的每一个步骤、每一个方面都能有科学的依据，都是扎实可行的。2015年12月启动了养心殿研究性保护项目的前期工作。鉴于养心殿地位重要、影响巨大以及文物建筑复杂的特点，“养心殿研究性保护项目课题”设置了35个分课题，涉及与养心殿工程有关的清宫历史文化、文物陈设、文物保护（包括防震）、古建筑技艺以及工程管理等，基本上包括了维修工程的各个方面，参与的有院内7个部门，参加课题的研究人员共234人次，2018年9月完成了这一系列研究任务，养心殿维修工程才正式开工。这一课题提供了故宫保护工作与故宫学术研究相互结合的一个范例。大高玄殿研究性保护项目以故宫博物院为核心，多家高校、科研机构考古文博研究人员共同协作的研究团队，同时，引进考古学的理念，运用以人为主导、数字手段为辅的建筑考古及历史信息记录方法，保证大高玄殿的真实性和完整性。

2.推动多学科合作

在多学科合作中，实行“科研项目制”。“科研项目制”为研究院推动学术研究工作的基本模式，一切学术组织与实施均以“科研项目制”为依归，研究院下属各机构的学术工作和活动均指向实实在在的学术项目，设备配备、人员配置、工作推进、方法探索均落实到一个个具体的国家级、省部级和院级项目上，使启动的项目阶段明朗、成果可期。观念的突破、机制的创新，为“科研项目制”运作模式带来了勃勃生机。故宫研究院的学术研究，是博物馆做学术研究的典型例证，其“科研项目制”与教学相长的高校系统有差。故宫的学术研究不是为研究而研究，有着比较强的实用要求，很多课题是为解决工作中遇到难题而开展的。

3.注重行业内影响

以文博培训教育及传播故宫文化为宗旨的故宫学院，从2013年成立以来，面向故宫博物院自身、文博行业以及社会和国际持续开展培训教育工作，面向院内员工举办满文高级培训班，承办原文化和旅游部、国家文物局、地方市级文物局等单位委托的培训班若干，学员近200人，在为国内文物博物馆界加快培养专业人才和新型管理人才方面成绩出色。故宫学院也在景德镇、西安、深圳等七地成立分院，“故宫讲坛”也随之落户七地，加上北京、苏州，“故宫讲坛”目前已面向公众举办130余场讲座，产生了积极的社会影响。

（三）文化的创新

提出故宫学的一个重要目的，就是更好地普及故宫知识。现在清宫戏很多，在“戏说”之风盛行的情况下，故宫有责任也完全能够向人们提供准确的、活生生的有关场所、实物，有助于人们以历史唯物主义的态度了解当时的典章制度。同时，故宫是中华传统文化的重要象征，不是简单的旅游胜地。要让每一个普通观众的故宫之旅成为一次难忘的文化朝圣，要使观众从一般“游览”的心态转到对优秀传统文化的景仰，得到熏陶、启迪，在很大程度上有赖于故宫知识的普及，需要给观众一个有关故宫的总体知识。

故宫博物院在传播故宫文化中付出了巨大的努力。

博物馆实现其社会功能的主要方式是陈列展览。故宫博物院把不断提升展览质量作为一个永恒的课题来抓，讲好故宫文物的故事，传播故宫文化。2013年以来，随着开放区域不断扩大，展示空间的增加，展览数量与质量也在提升。2015年，适逢故宫博物院90年院庆，宝蕴楼、慈宁宫—寿康宫区域、午门—雁翅楼区域、东华门区域等四大区域对外开放，“普天同庆——清代万寿盛典展”“清淡含蓄——故宫博物院汝窑瓷器展”等18项展览陆续开幕，雕塑馆、古建筑馆、数字馆等一系列专馆开放。其中“石渠宝笈特展”共吸引约17万名观众争相观展，出现了观众争相竞跑的“故宫跑”现象，武英门外观展队伍蜿蜒数百米。2017年，“千里江山——历代青绿山水画特展”再次成为文化热门话题。近年来又引进了一些外国文物展。

故宫博物院在故宫文化传播中，追赶时代潮流，善于运用数字新媒体技术。故宫新媒体团队着力研究受众群体的变化，更新传统文化的传播方式，通过更新官方网站、发送官方微博、开通微信公众号、营销文化创意产品等灵活的线上线下互动方式，准确把握青年人的接受兴趣和关注特点，将博大精深的中华文明，以富有内涵且饶有趣味的形式推广传播，在年轻网民中积聚了大量人气，成为中华文明网络传播的成功实践。例如“数字故宫社区”中的“数字故宫”在线项目，就包括全景故宫、故宫出品系列APP，以及数字展厅的关联、分享与互动，展示故宫博物院在古建筑修缮、藏品保护、观众服务、科学研究、文化传播等各个方面的最新进展、最新成果。截至2017年，故宫官方微博粉丝总量达767万人，官方微信粉丝量为53万人。“爱上这座城”话题阅读量突破9亿，成为新浪微博账号最受欢迎的话题。端门数字展馆从2015年12月开放以来，一直受到观众的欢迎。

故宫博物院的文化创意产品也成为传播故宫文化的一种形式，在社会上引起强烈反响，获得公众的关注和喜爱。目前故宫累计研发文化创意产品超过一万种，获得相关领域奖项数十种，形成了多元化的故宫文化创意产品系列。故宫发展文化创意产品的宗旨是让文物的故事以公众喜闻乐见的形式，深入人心，走进人们文化生活。许多故宫文化产品，在注重历史性、知识性、艺术性的同时，又强调创意性及功能性，增加了趣味性、实用性、互动性。“朝珠耳机”“朕亦甚想你折扇”“故宫猫”等风趣幽默的文化创意产品，通过观众期望与文化创意产品升级的互动，使人们真实感受和充分理解故宫博物院所传递的文化信息。

我们高兴地看到，通过多年来特别是近几年的努力，故宫文化得到大力传播，故宫的良好形象得以树立，社会更加关注故宫。人们发现，原来故宫与他们的生活也有这样那样的联系，故宫离他们越来越近了，因此对故宫产生了一种亲近感。故宫的举措经常成为社会热议的话题。在故宫博物院的文化传播中，故宫学研究起着重要的支撑作用，而社会对于故宫文化的关注、重视就像深厚的沃土，成为保持故宫学活力的难得的基础。

四　学术传承是延续故宫学活力的过程

故宫学作为学术概念是2003年才提出来的，但是它的萌蘖则始自故宫博物院的成立，尔后随着以故宫博物院为主体的研究队伍的不断扩大，研究成果的不断涌现，为这门学科的形成打下了良好的基础。从故宫博物院成立以来，故宫学术形成了一个好传统，即注重文化积累与传承，这与故宫文物的特点有关系。

故宫博物院一开始就定位于一个学术机构。20世纪30年代成立了专门委员会，其主要任务是文物的审查、鉴别、整理。清宫变为博物馆，当时最主要的工作是对浩如烟海的清宫物品进行整理审查，鉴别真伪，即科学地鉴定，这是硬功夫，也是博物馆工作的基本要求。把故宫的这些工作列入学术范畴，这是一个突破，也是对学术本质的深刻认识。因此，故宫学术研究的成果除学术论著外，还有大量的成果与业务工作结合在一起。故宫专门委员会后来细分为9个专业委员会，其中一个是“建筑物保存”。这说明对故宫学术内涵的认识不断深入。

专门委员会时期积累的从故宫实际出发的学术研究的特点和方法，后来得到传承发展。90年来，故宫研究者的研究重点从最初的文物点查、整理、刊布逐步转向文物保管、研究与展示等方面，再逐步转向文化遗产保护与利用等综合方面，并且在研究过程中逐渐自成体系、形成独具特色的“故宫学派”。所谓“故宫学派”，即故宫博物院的研究者在进行故宫学学科理论建设和文物研究过程中所形成的具有一定特色的学术流派，其共性是要求研究者从具体文物入手，以相关的文献档案为依据，利用、借鉴有关研究方法，坚持史与物的结合，力戒空论。如徐邦达等先生在书画研究上创立的“鉴定学派”，陈万里、冯先铭等先生在古陶瓷研究上创建的“窑址调查派”，单士元等先生开辟的“宫廷建筑派”等。当然，由于各个分支学科条件、机遇等综合因素的差异，有的还处在起步阶段。

在研究方法上，故宫学术重视多重论据法。考证一直是故宫研究的重要方法之一，借助于文物藏品及历史文献，以物证史，或以史论物，史物结合。史学研究的一项任务就是“复原”历史，确切地说，是“复原”接近真实的历史。为此学术界曾提出“二重证据法”“三重证据法”等研究方法，以推动史学研究方法的发展。故宫不仅拥有保存完整的明清宫殿建筑遗址，还保存有大量珍贵的文物藏品以及档案典籍，甚至还保留有“师徒传承”的传统工艺技术。因此，故宫研究的证据可谓是多重的、立体的。这也是故宫学生存发展的生命力所在。它可以借鉴相关学科的理论与方法，充分发挥多重证据的优势，以“复原”丰富的、多面的、立体的历史与文化，从而形成独具一格的多重论据法。

故宫学的传承性，还在于故宫研究的许多项目，是要下气力的，是要多人的合作，而且需要一个过程，不可能一蹴而就，有的甚至需要数代人的接力奋斗。已坚持了近70年的古代窑址调查就是一例。这是陈万里先生开创的一项事业，形成了故宫博物院古陶瓷研究的一项特长。陈万里1946年撰著的《瓷器与浙江》，开古代窑址调查之先河。1950年他带领故宫人员遍访我国南北各地调查窑址，特别是对北方瓷窑最为集中的河南、河北两省进行了调查，发表了多篇调查报告与重要论文，也培养了人才，冯先铭、叶喆民、李辉柄、李智宴等先生就是从这系列的调查工作中逐步成长并成为著名学者的。窑址调查工作已持续至今，并整理出版了《故宫藏传世瓷器真赝对比历代古窑址标本图录》（1998年）、《故宫博物院藏中国古代窑址标本：河南》（2006年）、《故宫博物院藏中国古代窑址标本：河北》（2006年）、《故宫博物院藏中国古代窑址标本：北京、山东、陕西、宁夏、辽宁》（2013年）、《故宫博物院藏中国古代窑址标本：山西、甘肃、内蒙古》（2013年）等，已成为研究者认知古代各地窑址产品特征的重要参考文献。

故宫学术的这一传统，在21世纪初陆续成立的古陶瓷研究中心、古书画研究中心、古建筑保护研究中心、明清宫廷史研究中心、藏传佛教文物研究中心的学术活动中得到进一步的发展，在故宫研究院成立后继续发扬。故宫学的这种传承性，是学术发展过程的反映，也是其自身活力积累的过程。这种积累过程是必要的。在此基础上，2013年故宫博物院建立了体制创新、机制灵活、学术民主的故宫研究院，以大布局大整合大开放的发展理念，着力规划故宫学术新布局。

截至2018年9月，故宫研究院下设1室20所，即研究室及故宫学研究所、考古研究所、古文献研究所、明清宫廷历史档案研究所、古建筑研究所、宫廷戏曲研究所、明清宫廷制作技艺研究所、文博法治研究所、书画研究所、陶瓷研究所、藏传佛教文物研究所、中外文化交流研究所、中国画法研究所、宫廷园艺研究所、中国书法研究所、钟表研究所、宫廷原状陈列研究所、故宫文物南迁研究所、世界文明古国研究所、影视研究所，在故宫博物院初步形成覆盖全面、专业突出和梯次完备的学术团队。其中研究室、故宫学研究所为建制单位，其他19个研究所都是非建制单位。

成立非建制的大型研究机构，是博物馆发展史上的先例。它发展了行政管理体系的固有模式，赋予故宫研究院以规划、组织、评估、发布等基本学术管理职能。非建制的故宫研究院在组织机制方面显露出相当大的灵活性：一是统合全院的学术研究活动，制订具有全局性的顶层发展规划，并按规划组织实施，各所以“科研项目制”为基本运作模式，同时积极争取国家级和省部级的科研课题项目。二是以学术研究为引领，聚拢、吸纳各方面的学术研究人才，充分发挥业务人员的学术专长，聘用的专家岗位明确、任务明晰、权责明了，从而保证各项目顺利进行。三是非建制学术机构的性质更便于与关心故宫的企业和知名人士建立联系，争取社会各界捐助资金和资料、设备等，赢得社会各界对故宫学术的广泛支持。

故宫研究院成立以来，以其开放的学术胸襟、创新的机制接纳国内外学术界热心于故宫学术研究的人才，且与院内的专家学者共同构建高端学术研究平台，已取得了一系列研究成果，为故宫学迸发活力并可持续发展起了重要作用。

故宫学的美好前景、持续活力在于学术的薪火相传，在于一批批研究人员的沉潜努力。在学术人才的培养上，故宫学十分重视高校的作用。多年来，故宫博物院先后与中国艺术研究院联合培养硕、博士研究生，协助浙江大学成立故宫学研究中心，与南开大学合作成立故宫学与明清宫廷研究中心并招收博士研究生，支持中国社会科学院研究生院、东北师范大学等院校招收故宫学研究方向的硕士生，与北京工业大学在文物保护科技方面进行合作等。例如，故宫博物院与中国社会科学院研究生院文物与博物馆硕士教育中心合作，从2012年到2017年共招收了六届故宫学专业研究生50名。

目前与故宫博物院合作的高等院校大都有着先进的教育理念、雄厚的教育资源、严谨的科学态度和优良的学术氛围，而且在学科设置和发展上各具特色，优势突出，并形成各自优良的学术传统。与高校的合作将极大地发挥故宫博物院和高等院校在学术资源和学术人才方面的优势互补作用。故宫博物院的发展将得到强大的理论支持和学术后盾，高等院校也将完善自身的学科建设和与社会的沟通，尤其是故宫学作为学术研究方向和人才培养方向被纳入研究生教育体系，这对于故宫学的学术研究和学科建设具有重要意义。

自2012年起，故宫博物院故宫学研究所每年举办一届故宫学高校教师讲习班。学员来自国内各高校。为期两周的讲习班课程以专题授课、参观考察和交流讨论的形式展开。讲习班的开办推进了故宫博物院与高校教师之间的学术联系，也加深了高校教师对故宫博物院的深入了解，从而进一步拓展了故宫学联合高校的学科发展思路。高校教师讲习班至2018年已连续举办了七届，共招收100所国内外高校的160位教师。

故宫学进课堂也有很大进展。一些高校开设了“故宫学”通识课，如北京工业大学、深圳大学等；上海大学则开设了“紫禁城”课；清华大学教学委员会已讨论通过了“故宫学”的课程设置，2019年第二学期开始为清华本科生开课。值得一提的是，台湾新竹清华大学2009年秋季就开设“故宫学概论”选修课程，给予学生正式学分。“故宫学”进大学课程在故宫学的发展上具有标志性意义。而令人鼓舞的，是故宫学通过智慧树网进入677个大学的消息。“智慧树”是在上海注册的一家网络公司，其主要目标是帮助各类学校、教育机构发布教育信息，实现教学业务的在线服务。2017年，故宫研究院与中国紫禁城学会合作制作了《走进故宫》课件，由12位专家就故宫价值与意义、故宫建筑、故宫文物（包括收藏史、书画、青铜、瓷器、外国文物、藏传佛教、清宫档案、故宫藏书）、故宫博物院史、故宫文物保护与工匠精神等分别授课。据智慧树公司介绍，截至2018年7月15日，《走进故宫》课程选课学校共677所，获得课程学分的学生198314人，学生的满意度达到96.3%，这在上线课程中是比较少见的。这些接受了故宫学教育的学生，相信会通过了解故宫进而热爱故宫，甚至以后研究故宫，成为故宫学的后备队伍。

五 开放合作是永葆故宫学活力的保证

1929年10月10日是故宫博物院成立四周年，作为故宫博物院的创始人与理事长，李煜瀛先生有个讲演，回答了如何使故宫博物院成为一个“完全美满”的文化机构的社会期望。他指出清故宫须成为活故宫，活故宫的精神在于坚持一个“公”字[1]。这种“公”，即公开、公共、开放，面向公众，社会参与。只有具备这种精神，才能使它不负众望，永葆其生机与活力。故宫学研究同样需要开放合作的精神。

故宫博物院十分重视与台北“故宫博物院”的交流与合作。海峡两岸两个故宫博物院同根同源，其藏品都以清宫旧藏为主，1925年至1948年，又为两个博物院的共同院史。这种血脉相连的渊源，决定了两个博物院之间有着难以割断的关系。故宫学则是联结“一个故宫”和“两个博物院”的纽带，也是两个博物院交流合作的内在动力。2009年，两岸故宫博物院在分隔60年后再聚首，迈开了交流合作的步伐。2010年6月，两岸故宫开展了“温故知新：重走故宫文物南迁路”的活动，以“重走”的方式共同回顾这段不寻常的历史，追寻先辈足迹，让个人记忆变成集体记忆、民族记忆。

学术为天下公器。故宫学一直倡导“故宫在北京，故宫学在中国、在世界”的学术理念。故宫学不只是两岸两个故宫博物院或是海内外收藏有关清宫文物的机构或个人的事，而应该是海内外学术界的共同事业。事实上，故宫博物院也难以完全承担这一任务，需要社会上多方力量的共同参与。只有国内外研究力量广泛参与，交流合作，取长补短，才能进一步激发学术研究的活力，取得更大的成果，也才能使故宫学真正发展成一门国际性的显学。因此，故宫学是推进故宫学术交流、科研互助、资源共享的有力举措。

开放性视野有利于加强清宫流散文物的研究。由于历史的原因，从近代以来，清宫中的不少书画、陶瓷、青铜器、典籍、档案等流散到海内外一些机构或个人手中。清宫文物在海内外的大量散佚，客观上也为更多的机构与个人参与故宫学研究提供了条件。流散在世界各地的清宫旧藏有着内在的联系，它们的文化精神是故宫学的一部分，故宫学是其学术上的归宿。海内外的广泛参与，把故宫的文物包括流散于世界各地的文物作为一个整体来研究，将会进一步挖掘故宫的丰富内涵，认识故宫的完整价值。

多年来，故宫博物院全力拓展与国内外知名博物馆、高等院校、科研院所及其他学术机构的学术交流与合作，如签署战略合作协议、合作开展文物保护项目和科研课题项目、合办学术会议、合办学术刊物、联合

1 《清故宫须为活故宫》，载《李石曾先生文集》下册，中国国民党中央委员会编辑出版，1980 年 5 月，第 241 — 242 页。

办学等，在数字故宫和信息技术方面、文化遗产保护方面、陶瓷考古发掘和藏传佛教艺术研究和保护方面以及人才培养方面，都取得了明显的成绩。

最近几年，故宫博物院在对外开放合作中有不少举措，其中影响最大的是举办“太和·世界古代文明保护论坛”，努力为世界古代文明保护与传承做贡献。故宫博物院对于保护与传承古老文明有着一份强烈的责任感、一种宽广的胸怀、一个美好的梦想。从2016至2018年，故宫博物院连续成功主办了三届“太和·世界古代文明保护论坛”。首届论坛代表有埃及文明、美索不达米亚文明、印度文明、希腊—罗马文明、中华文明、波斯文明和玛雅文明8个国家的专家学者、外交人员。后来两届又拓展了文明古国的范围，扩大到20个左右，还邀请了国际文物保护与修复研究中心、国际博物馆协会、国际古迹遗址理事会这三个国际组织的专家与会，旨在研究和探讨在当今国际环境下，世界文明古国文化遗产在保护方面存在的问题，促进文化遗产领域同人的交流与合作，推动世界古代文明在当今人类社会发展中发挥持久作用。会议取得丰硕的成果。

作为太和论坛的倡导者、组织者，故宫博物院以严谨务实的态度、有目共睹的实效，赢得国际社会的敬重。2017年9月30日，故宫博物院单霁翔院长回顾了召开论坛的初衷，介绍了2016年论坛取得的重要成果——《太和宣言》。他说：“《太和宣言》以中国哲学追求的完美境界‘太和’为名，倡导文明古国相互尊重，彼此聚合，以构建和谐的世界为目标，通过举办文化发展论坛，举办文物交流展览，举办学术研讨会及其他相关活动，形成传播古国文明的深刻诠释，唤起跨越文明的对话和跨越种族的认同。”

一个博物馆举办如此主题、规模的国际会议，且要坚持下来形成制度，确实是个大手笔。对故宫学来说，研究中国传统文化中以“太和”为核心的“和”文化的意义和价值，研究世界古老文明的保护与传承，又是一个重要课题。

以上种种，决定了故宫学持续而充沛的活力！

[作者单位：故宫博物院]

“辇吴而衣，漕吴而食”
——明清宫廷与江南衣食

“Clothing Came from the Carts of Wu, Rice Came from the Boats of Wu”: The Court Consumption and Jiangnan Production of Food and Textile during the Ming and the Qing Dynasties

范金民

Fan Jinmin

内容提要：

明清两代，宫廷和内府各机构食用的20万石白粮指定由江南的苏州、松江、常州、嘉兴和湖州五府提供。宫廷所需的各色棉布和绸缎，也基本上全部来自江南。明代初年，定制内织染局专门织作上用即宫廷服用缎匹，后来增设南京供应机房，更派遣太监前往苏、杭地方督织御用丝织品，苏、松、杭、嘉、湖五府成为加派上用袍缎的专门生产地，苏州、杭州与南京是明代宫廷服用的最重要产地。清代江宁、苏州和杭州三大织造局，包揽了全部官营绸缎生产，其中江宁织造局织造宫廷缎匹的比重较高。清廷每年从江南采办30万匹阔幅的高档棉布，在江南开设三大织造局，安设2000台织机，招募6000名左右工匠，织造工艺要求最高的御用缎匹，为江南提供了相当难得的工作机会，客观上有助于江南丝绸棉布等纺织生产技术和工艺水平的提升。

关键词：

宫廷　江南　白粮　上用绸缎　官布

ABSTRACT:

During the Ming (1368-1644) and Qing (1644-1911) dynasties, 200,000 *dan* (Chinese unit of dry measure) of rice consumed by the imperial court and service departments were supplied by the five Jiangnan prefectures of Suzhou, Songjiang, Changzhou, Jiaxing, and Huzhou. Most of the cloth, silk and satin for the court (the “regal use”, *shangyong*) also came from the Jiangnan region. In the early Ming dynasty, the Palace Weaving and Dyeing Service (*neizhiranju*) was established to produce satins for imperial use. Later, an affiliated textile supply workshop was also set up in Nanjing, and eunuchs were sent to Suzhou and Hangzhou to supervise the manufacturing of imperially commissioned silk. Meanwhile, all high-quality silk used by the imperial households was exclusively produced in Suzhou, Songjiang, Hangzhou, Jiaxing, and Huzhou. During the Qing dynasty, the Three Imperial Textile Manufactories in the Jiangnan Region in Jiangning, Suzhou, and Hangzhou undertook all official silk production, among which the Jiangning Manufactory supplied a substantial proportion of satin dedicated to the imperial court. The Qing court annually purchased 300,000 bolts of high-quality cotton broadcloth from the Jiangnan region. The Three Manufactories owned 2,000 waving machines and hired over 6,000 artisans to produce the most delicate and fine satin for the imperial court, providing employment opportunities and in effect promoting the techniques and skills of textile production in this area.

KEYWORDS:

imperial court, the Jiangnan region, white grain, silk and satin for regal use, officially commissioned cloth

明清江南，既是全国最为繁重的赋税区，又是全国棉花种植棉布织作和种桑养蚕织造绸缎最为发达的商品生产基地。明清两朝均在江南设立庞大的官营丝绸织造机构，为宫廷生产各色绸缎，又从江南征取食用的米粮，征收或采办为数繁多的棉布，朝廷衣食来源于江南，江南成为宫廷食用的外库。唐人吕温所说"安史之乱"后朝廷"辇越而衣，漕吴而食"[1]，至此或可改称为"辇吴而衣，漕吴而食"。

一 "朝廷之厨"——明清宫廷食用的江南白粮

"京师百司庶府，卫士编氓，仰哺于漕粮。"[2]明代定制，全国南直隶、浙江、江西、湖广、山东、河南各省区，每年向朝廷交纳漕粮400万石，其中江南八府每年需交170万石以上，除此之外，江南每年还要输送内府和光禄寺等机构粳米和糯米21万余石，称为"白粮"。在明代宫廷所需的食粮中，来自江南的米粮最为重要，号称"天庭玉粒"，专供内廷和官员各色人等食用。[3]在张学颜《万历会计录》中，位列粮食最前的就是江南白粮。帝后和内宫食用的"白粮"中的细熟粳米，是当时质量和口感最好的米。

（一）明清白粮的数量及其分配额

交纳白粮的府州，集中在江南八府中的五个府，为南直隶的苏州、松江、常州三府和浙江布政司的嘉兴、湖州二府，但到隆庆、万历时已有人误为苏、松、常和杭（州）、嘉、湖六府了。

至于江南白粮的具体数量，更是明代以来即言人人殊，并无统一说法。《明史》卷七十九《食货三》载，每年交往内府为白熟粳糯米174000余石，其中折色8000余石；各府部糙粳米44000余石，其中折色8800余石[4]。按照这种说法，白粮共为218000余石，其中折色为16800石，实征本色米为201200石。万历十七年（1589），湖广道监察御史林道楠说："供用库、酒醋局、内官监，乃苏、松、常、嘉、湖五府解纳白粮，额派二十万石有奇。"[5]万历时赵用贤说："国家岁派光禄寺及内库各项白粮，计二十万十七石，此正额也。"[6]万历时的都给事中无锡人侯先春《书民运事宜考后》称："东南财赋半天下，而苏、松、常、嘉、湖五郡又半东南，乃民运白粮二十余万石，又天下所无而五郡所独也，五郡之民泰苦矣。"[7]三人所言，正与《明史》所载相符。明末的嘉善人沈德符则说，朝廷"额设白粮一十八万八百六十余石有奇"[8]，似乎较明前期已稍有减低，但大体上总在20万石左右。

只是这20万石白粮，江南五府是如何分配承担的，具体米粮类别又如何，交到哪些内府机构，数额如何

1 （唐）吕温：《京兆韦府君神道碑》，《全唐文》卷六三〇，中华书局，1985年，第6357页。

2 （清）孙承泽：《春明梦余录》卷三七《户部三·漕河》，北京出版社，2018年，第592页。

3 万历时高攀龙说，江南白粮，"宫闱百官胥食之，民出财力辇输以供国家者"［《解头疏》，（明）陈子龙编：《明经世文编》卷四九四，中华书局，1962年，第5476页］。

4 《明史》卷七九《食货三·漕运》，中华书局，1974年，第1923页。

5 《明神宗实录》卷二一三，万历十七年七月乙丑，台北"中研院"历史语言研究所校印，1962年，第3999－4000页。

6 （明）赵用贤：《松石斋集》卷二《议平江南粮役疏》，《四库禁毁书丛刊》集部第41册，第23－24页。

7 （清）顾炎武：《天下郡国利病书》原编第7册《常镇·额赋》，第32－33页，《四部丛刊》三编，商务印书馆影印本，1934年。

8 （明）沈德符：《万历野获编》补遗卷二《户部》"江南白粮"条，第849页。

等，很少见人论述过。实际上，正德《明会典》、万历《明会典》和万历九年户部尚书张学颜等人编纂的《万历会计录》等书，均有较为详细的记载。

正德《明会典》卷二十四《户部九·会计》和万历《明会典》卷二十六《户部十三·起运》均载有弘治十五年（1502）起运白粮数：浙江布政司秋粮，供用库，白熟粳米23000石，准糙米25300石；酒醋面局，糯米2700石，准糙米2970石；惜薪司，白熟糯米15石1斗，准糙米16石6斗1升；京库，白糯米100石，准糙米110石；光禄寺，白熟粳米25000石，准糙米29500石（引者按：白米100石合糙米110石计算，当为27500石，此处记载有误，应以万历《明会典》所载为准），白熟糯米4385石7斗，准糙米4824石2斗7升。直隶苏州府秋粮，在京各衙门白粳米54800石。直隶松江府秋粮，京仓米47065石5斗。常州府秋粮，在京吏部等衙门米43472石7斗3升。[1]两书所载弘治十五年起运白粮数是相同的，五府共为200539石3斗，唯未明晰苏、松、常三府白粮交于两京何衙门。

万历《明会典》又记万历六年（1578）白粮起运数：浙江布政司秋粮：供用库，白熟粳米32000石，酒醋面局，白熟糯米6250石，光禄寺，白熟粳米19000石，白熟糯米8500石。苏州府秋粮：供用库，白熟粳米15900石；内官监，白熟粳米4250石；光禄寺，白熟粳米15000石，白熟糯米2500石；酒醋面局，白熟糯米3150石；泾府养赡白粳米500石，汝府养赡白粳米1000石，景府养赡白粳米750石，德府禄米1000石。松江府秋粮：供用库，白熟粳米17352石4升7合；光禄寺，白熟粳米13600石，白熟糯米2200石；酒醋面局，白熟糯米2100石；公侯驸马伯禄米8535石，府部等衙门俸米17857石。常州府秋粮：供用库，白熟粳米17200石；内官监，白熟细粳米1700石，白熟粳米6875石；光禄寺，白熟粳米5400石，白熟糯米800石；景府养赡白熟粳米750石，泾府养赡白熟粳米500石；公侯驸马伯禄米7119石，府部等衙门俸米8230石；牺牲所糯稻谷250石，准米115石。[2]

由上述记载统计，参考张学颜《万历会计录》卷一《旧额见额岁入岁出总数》岁入项和卷三十《内库供应》所载[3]，扣除折色部分，明代万历六年内廷各机构和光禄寺收纳白粮实为217739石，其中供用库白熟粳米82452石；内官监12825石，分别是白熟细粳米1700石和白熟粳米11125石；酒醋面局白熟糯米11500石；光禄寺67000石，分别是白熟粳米53000石和白熟糯米14000石；泾汝景三王府白熟粳米3500石；禄米仓糙粳米40462石。较之弘治十五年所收200538石3斗，虽然少了惜薪司的15石1斗，但总数还是多出了17200石7斗。

这将近22万石白粮是由江南五府分担的。其中浙江布政司嘉兴、湖州二府每年交纳65750石，分为白熟粳米51000石和白熟糯米14750石，分别交往供用库白熟粳米32000石，酒醋面局白熟糯米6250石，光禄寺白熟粳米19000石和白熟糯米8500石。南直隶苏州府交纳62642石，分为白熟粳米37400石、白熟糯米5650石和俸米19592石，分别交往供用库白熟粳米15900石，内官监白熟粳米4250石，酒醋面局白熟糯米3150石，光禄寺白熟粳米15000石和白熟糯米2500石，泾汝景三王府白熟粳米2250石，禄米仓俸米19592石；松江府交纳49538

1 正德《明会典》卷二四《户部九·会计》，《景印文渊阁四库全书》第617册，台湾"商务印书馆"，1986年，第270、273－274页；万历《明会典》卷二六《户部十三·会计二·起运》，广陵书社影印明刊本，2007年，第467－474页。

2 万历《明会典》卷二六《户部十三·会计二·起运》，第477、489－491页。

3 （明）张学颜：《万历会计录》卷三〇《内府供应》，《北京图书馆古籍珍本丛刊》第53册，书目文献出版社，1998年，第993－1003、1017－1018、1020页。

石，分为白熟粳米30952石、白熟糯米4300石和俸米14286石，分别交往供用库白熟粳米17352石，酒醋面局白熟糯米2100石，光禄寺白熟粳米13600石和白熟糯米2200石，禄米仓俸米14286石；常州府交纳39809石，分为白熟细粳米1700石、白熟粳米30725石、白熟糯米800石和俸米6584石，分别交往供用库白熟粳米17200石，内官监白熟细粳米1700石和白熟粳米6875石，光禄寺白熟粳米5400石和白熟糯米800石，泾景二王府白熟粳米1250石，禄米仓俸米6584石。

具体承担白粮解纳任务的江南府县，按照明末嘉善人沈德符的说法，并非五府各县均在其中，实际为：苏州府长洲、吴、昆山、常熟、吴江五县和太仓一州，常州府武进、无锡、宜兴、江阴四县，湖州府归安、乌程、长兴、德清、武康五县，松江府华亭、上海、青浦三县俱有，嘉兴府嘉兴、秀水、嘉善、崇德、桐乡、平湖和海盐七县全有[1]，而苏州府的嘉定县，常州府的靖江县，湖州府的安吉州和孝丰县并不承担，五府29个州县，有25个州县需要交纳白粮。很明显，这些州县绝大部分分布在环太湖地区。

上述弘治十五年的白粮200539石，正好与《明史》所载实征本色白粮202000石大致相当；万历六年扣除了折色部分的白粮217739石，则正好接近《明史》所载白粮的总数，而超出《明史》所载实征本色白粮数较多。也就是说，《明史》所载收纳的白粮数，只是弘治十五年以前的定额，到后来则又有所增加了。由《万历会计录》卷一《旧额见额岁入岁出总数》岁入项可知，苏州府和常州府每年要交泾汝景三王府白粮，共3500石。这类王府白粮，正德时就有了。正德《姑苏志》记载每年要在原来的白粮外交纳"王府白熟米连耗"10107石，而且特别慨叹："此米近年才运，盖因亲王在京，户部拨充禄米之数及之国乞恩，遂令苏民运送，脚价尤为倍蓰，民甚病之。夫米，天下之通产也，何独苏为哉，特无人建明耳！"[2]按定制，汝府，汝王岁支本色禄米一万石；泾府，泾王岁支本色禄米一万石[3]。增加王府所需白粮，正是白粮总数增加的原因之一。

此外，实际上明代征收的白粮，最高峰并不是万历六年，而是嘉靖时期。《万历会计录》卷三十《光禄寺供应》载，弘治间岁派米粮163902石，嘉靖初年岁派米粮194947石6斗，万历六年岁派米粮187166石，白熟粳米53000石，白熟糯米14000石：浙江白熟粳米19000石，白熟糯米8500石；苏州府白熟粳米15000石，白熟糯米2500石；松江府白熟粳米13600石，白熟糯米2200石；常州府白熟粳米5400石，白熟糯米800石[4]。由此记载，光禄寺从各地征收的粮食，嘉靖初年最多，由弘治年间到嘉靖初年增加了3万多石，到万历六年，又减少了7000余石。

不独光禄寺所收粮食超出前数，而且供用库等内监部门也增收了白粮。嘉靖初年户部尚书梁材说，供用库白熟粳米，先年额派48000石，正德年间，增添火者数多，支用不敷，将苏松常嘉湖五府粮折金花银，改坐正米，增至83562石，新皇帝即位后，改坐折粮关未裁减。梁材会同太监核实的结果是，内官内使月粮及各太监年例禄米，不时钦取赏赐等项，每年用米70855石，积附余米203400余石，历年额派用剩米12707石，应该查照各府改坐分数，均一减免。后来司礼监开单声称，内官长随内使小火者及宫人等，每年共该米

1 （明）沈德符：《万历野获编》补遗卷二《户部》"江南白粮"条，第848－849页。

2 正德《姑苏志》卷一五《田赋·起运》，第9－10页。

3 正德《明会典》卷二八《户部十三·经费·王府禄米》，《景印文渊阁四库全书》第617册，第313页。

4 （明）张学颜：《万历会计录》卷一《旧额见额岁入岁出总数》，卷三〇《内府供应》，《北京图书馆古籍珍本丛刊》第52册，第23、57－58页，第53册，第993－1003、1017－1018、1020页。

64799石，闰月该米69854石。梁材主张，应该自嘉靖八年为始，照数均派，依期征纳，其原派85482石白粮，遇无闰年份，应减征20682石，有闰年份应减征15627石。具体做法是五府在正德年间二次加派白粮数内，均匀递减，改回存留并金花等银均派征纳。因为各官具奏，见积余米20万余石只够三年之用，所以从嘉靖九年开始，不拘有闰无闰年份，每年减派12707石，以苏民困[1]。

梁材的奏疏提供了重要信息，并且印证了《万历会计录》所记白粮数增加的事实。正德年间，因为内使人数的激增，仅供用库的白粮数就两次加派江南五府，将本应交纳的金花银改为本色交纳，其数增加了35000余石。由梁材的奏疏和其他材料，可以窥知正德年间光禄寺和供用库等白粮增收的原因主要有两个。一是内监内使人数增加，食用增多。洪武二年"定置内使、监、奉、御凡六十人"，而到正德末年，"自太监至火者近万人矣"。[2]二是靡费不节。孙承泽《天府广记》载："嘉靖中，厨役复用四千一百名。一日传阁臣面谕曰：今无论祖宗时两宫大分尽省，九嫔仅十余，宫中罢宴设二十年矣。朕日用膳品悉下料，无堪御者，十坛供品不当一次茶饭，朕不省此三十余万安所用也。阁臣对：祖宗时光禄寺除米豆果品外，征解本色岁额定二十四万，彼时该寺岁用不过十二三万，节年积有余剩，后加添至四十万，近年稍减，乃用三十六万，其花费情弊可知。"[3]

比照前后白粮征收数，可知在正德年间两次增加后，在嘉靖年间达到最高峰，后来虽然稍为减少，而仍远超弘治年间数额；到万历六年固定下来，又从清代所征白粮的数额，可以窥知其为后世所沿用。

为清晰起见，兹将万历六年实征白粮数列成如下二表。

表一　白粮所入衙门数量表　　单位:石

类别 / 衙门	白熟细粳米	白熟粳米	白熟糯米	糙粳米	合 计
供用库		82452			82452
内官监	1700	11125			12825
酒醋面局			11500		11500
光禄寺		53000	14000		67000
泾汝景三王府		3500			3500
禄米仓				40462	40462
合计	1700	150077	25500	40462	217739

资料出处：（明）张学颜：《万历会计录》卷一《旧额见额岁入岁出总数》

表二　各地交纳白粮数额表　　单位:石

	供用库	内官监	酒醋面局	光禄寺	三王府	禄米仓	合 计
浙江布政司	白熟粳米32000		白熟糯米6250	白熟粳米19000，白熟糯米8500			白熟粳米51000，白熟糯米14750

1 （明）梁材：《复议节财用疏》，《明经世文编》卷一〇二，第915－916页。

2 （明）郑晓：《今言》卷三，286条，中华书局，1984年，第164页。

3 （清）孙承泽：《天府广记》卷一〇《光禄寺》，北京古籍出版社，1983年，第130－131页。

（续表）

	供用库	内官监	酒醋面局	光禄寺	三王府	禄米仓	合 计
苏州府	白熟粳米15900	白熟粳米4250	白熟糯米3150	白熟粳米15000，白熟糯米2500	白熟粳米2250	俸米（糙粳米）19592	白熟粳米37400，白熟糯米5650，俸米19592
松江府	白熟粳米17352		白熟糯米2100	白熟粳米13600，白熟糯米2200		俸米（糙粳米）14286	白熟粳米30952，白熟糯米4300，俸米14286
常州府	白熟粳米17200	白熟细粳米1700，白熟粳米6875		白熟粳米5400，白熟糯米800	白熟粳米1250	俸米（糙粳米）6584	白熟细粳米1700，白熟粳米30725，白熟糯米800，俸米6584
合 计	82452	12825	11500	67000	3500	40462	217739

资料出处：张学颜：《万历会计录》卷一《旧额见额岁入岁出总数》

清代沿用明代之旧征收白粮，数额未变。清抄本《漕运全书》载：江南省原额白粮正米151208石多，耗米72227多石，春办米36320多石，除荒连升科，至雍正十三年（1735），实征白粮正米150475多石，耗米71887多石，春办米36183多石。其中，苏州府原额白粮正米60552多石，实征白粮正米44598多石；松江府原额白粮正米50379多石，实征正米50024多石；常州府原额白粮正米40275多石，实征正米40408多石。浙江省雍正十三年实征白粮照原额起运并无升除，实征白粮正米近66200石，耗米近29790石。[1]清代江南五府所征白粮217407石，正与《万历会计录》所载不相上下。而且依据康熙时人的说法，大概康熙初年已是这种状况了。康熙四年（1665），刑科给事中杨雍建题，江、浙二省"白粮正米二十一万七千四百七十二石五斗零，耗办等米一十六万六千一百四十七石九斗零"；康熙十六年，监察御史朱士杰说，浙省每年"独征诸嘉、湖二府"的白粮66000余石[2]，与后来所征白粮总数完全相同，浙江所征白粮数与雍正十三年所征数也基本吻合。

（二）明清两代白粮的解运

这21万余石本色白粮，由江南地方民众自运至京，谓之"白粮船"。正统十三年（1448），规定白粮船编制字号，送交沿河各官催督。成化六年（1470）又规定，每艘白粮船佥拨纳户五六名，多不过十名，领驾进京。弘治七年规定，白粮船到各钞关，免征船料税。至隆庆二年（1568），民运白粮，责令粮长设处船运。万历时令粮长可以雇用五百料中船运送，每百石给银33两[3]。按照万历时赵用贤的说法，"国家岁派光禄寺及内库各项白粮，共二十万十七石，此正额也"，正额与此大体相当。运送这些白粮，江南民间负担极重。一般漕粮由军运，而白粮由民自运，白粮解户自雇船只运输交纳。江南徭役繁重，而北运白粮尤重，松江府将其定为"上上役"，万历三十八年（1610）聂绍昌将其称为"东南之役最险最危而又有极重极大

1 《漕运全书》卷三三《白粮解运·白粮额数》，《北京图书馆古籍珍本丛刊》第55册，第778－790页。

2 《刑科给事中杨雍建为陈改折白粮之害题本》，康熙四年三月初七日；《山西道试监察御史朱士杰为请复本色事本》，康熙十六年八月二十日，《康熙年间白粮改折御史奏章》，《历史档案》1983年第4期，第25、27页。

3 参见万历《明会典》卷二七《户部十四·漕运·民运》，第527页。

之费者”。[1]

运送白粮，本与运送一般漕粮一样，定有相应章程，加收耗米有着明确规定。嘉靖九年（1530）奏准：苏、松、常三府起运白粮，内官监白熟细米，每石加耗米2斗5升，车脚钱4钱，船脚钱6钱，白熟粳米每石耗米2斗8升，车脚钱3钱5分，船钱糙米4斗，贴夫糙米4斗7升；供用库、酒醋局白粮米，每石耗米车脚船钱，俱同，唯贴夫糙米5斗；光禄寺白粮米，每石耗米2斗5升；宗人府并五府六部都察院神乐观等衙门，本色糙米，每石耗米4斗5升；中府禄糙粮，每石耗米6斗5升，俱车脚银4钱，船钱糙米4斗，贴夫糙米5斗。[2]但实际征收，内官各衙门经办吏胥大肆苛索，百般刁难，所收远超定规。嘉靖时，刑部尚书李承勋题称：“起运白粮，每石包赔二三石者有之，家有千金之产，当粮长一年，即为乞丐者矣。一家壮丁十余，当粮长一年，即为绝户者矣，以致民避粮长甚于谪戍。”[3]万历时，工科给事中张栋说：“白粮一石，费用米九斗六升，又银六钱，而后得达京师。”[4]赵用贤说：“每石加白耗米三斗，加二舂办，该米二斗六升；夫船本色米四斗，折色米四斗，折银二钱；又车脚银，杭、嘉、湖每石六钱，苏、松、常每石四钱。是白粮一石，所费民间米九斗六升，银八钱，通正米为四石余，始当白粮一石，则此二十余万，实为八十余万矣。”[5]都给事中无锡人侯先春说：“通正米为四石余，始当一石。则此二十余万，实为八十余万石矣。”[6]常州人唐鹤徵则说：“以民运者曰‘白粮’，内官、供用、光禄及泾、景、福三府之入是也，几五石而致一石。”[7]清乾隆早期无锡人黄印甚至称当地民运白粮，“签殷实之户为粮长，主运事，大抵八石运米一石”[8]。白粮解运，以四石之代价运额定之一石，是因为正米加上耗米以及运输途中和抵京上仓时多如牛毛的掯勒需索等费用所致。明代白粮负担之重和祸害之烈，前人研究已多[9]，于此不复赘述。

白粮由民运，各地佥派粮长专门承运，一承此役，鲜不家破人亡，到明末有人试图改革运输方式。隆庆六年，礼科都给事中陆树德上疏，提出：“将民运并入议单，兼责之漕臣，令各该参政一体督促进闸，总运参政督催至京，则军运不敢肆其凌虐，船户不得恣再奸贪，而洪闸亦可无需索之患。”[10]陆树德的奏请，谈迁《国榷》载“部覆从之”[11]，但地方文献未见反映，恐怕并未实行。崇祯十五年（1642），应天巡抚黄希宪试图改革。其檄文称：“近博访舆情，参稽故典，惟通邑照亩均派舂办，随漕并征，委以专官，□期督解，庶众擎易举，民间无偏累之虞，而事有责成，上下无推诿之患。”[12]其《改运白粮疏》称：“近行苏松道会同常镇道彻底讲求，思苏民裕国之策，莫善于均征米而官运之。官运则民无雇倩之费，一便也；官无签役之难，二

1 （清）顾炎武：《天下郡国利病书》原编第6册《苏松·北运白粮》，第83、84页。

2 万历《明会典》卷二八《户部十五·会计四·漕运·京粮》，第529页。

3 （明）梁材：《会议王禄军粮及内府收纳疏》，《明经世文编》卷一〇二，第926页。

4 （明）张栋：《国计民生交绌敬伸末议以仰不裨万一疏》，《明经世文编》卷四三八，第4794－4795页。

5 （明）赵用贤：《松石斋集》卷二《议平江南粮役疏》，《四库禁毁书丛刊》集部第41册，第23页。

6 （明）侯先春：《民运事宜考》，万历《重修常州府志》卷六《钱谷志三·征输》，第54页。

7 （清）顾炎武：《天下郡国利病书》原编第7册《常镇·额赋》，第7页。

8 （清）黄印：《锡金识小录》卷一《备参上·官兑官运略》，第3页，光绪二十二年刻本。

9 鲍彦邦：《明代白粮解运的方式与危害》，《暨南学报》1982年第3期；吴智和：《明代江南五府北差白粮》，《明史研究专刊》等1册，1978年7月。

10 （明）陆树德：《民运困极疏》，《明经世文编》卷二九一，第3072页。此疏《续文献通考》卷三一《国用二》系为隆庆元年十月，恐误。

11 （清）谈迁：《国榷》卷六八，隆庆六年八月甲子，中华书局，1958年，第4202页。

12 （明）黄希宪：《抚吴檄略》卷三《亟宜商酌以苏民困以裕国储事》，第98－99页，明末刻本。

便也；钱粮既白官支，吏胥无从抽扣，三便也；在船皆官役，粮户无敢凌虐，四便也；催攒皆官事，沿途无敢抛撇，五便也；况米属均征，则苦乐之形不立，巧拙之情自化，粮不必诡寄飞洒，差不必就易避难，民心以厚，民风以淳，六便也。"[1]黄希宪的设想，是将白粮平均摊入全县田亩；改民运为官运。但明廷行将灭亡，这种设想看来未曾付诸实施。

入清后，白粮解运才有根本变革。顺治二年（1645），经御史黄徽胤具题，白粮改为官运，据说从此"民如脱水火而解倒悬"，但仍然单独征收，"民间完纳白粮，视漕米较为艰苦"[2]。顺治十一年（1654）诏书内开："白粮民解累民，官解仍以累民"，"今后于该省漕粮船分带，以苏官民之累，应行事宜该督抚作速议奏。该督抚以江南之官运民解久已相安，漕船带运不便，仍照旧例按明季白粮签派里民解运，深为赔累，自本朝定鼎后改民解为官解，选府贰为总部，县佐为协部，雇募民船装运。"十四年户部覆准："江南白粮照浙省例，抽选漕船装运"。可见到其时苏、松、常三府的白粮民运才正式改为官运。而浙江省白粮"向系民间舂白完纳，官为解运"，但直到雍正六年（1728）才"题定照江南之例随漕统征，官为舂办"，与漕粮一起，完全官兑官办官运。[3]

白粮一直征收本色，康熙三年（1664），为了筹措军饷，户部请将当年江浙二省白粮尽行改折，每石照旧例折征银2两。对此，刑科给事中杨雍建题请，如果改折，正粮加上耗粮及夫船等银，将近22万石的白粮，"一改折而多民间八十万石矣"，因而主张"自今慎勿轻议改折"。[4]康熙十二年（1673）三藩之乱爆发后，"因兵饷浩繁，将白粮部议暂行改折，每石征银一两五钱，以充兵饷，俟事平之日，仍征本色起运"。康熙十六年八月，浙、闽皆已荡平，浙江嘉兴、湖州米贱，山西道试监察御史朱士杰再次奏请，为减轻民困，"遵新漕之改折，复白粮之本色，将嘉、湖二府十六年白粮祈敕部议，仍征本色起运"[5]。康熙二十年（1681），江、浙各地普遍实行均田均役，漕粮官收官兑官运，白粮与漕米一起一条鞭征收，"官拣好米舂办，民始不知从前办白粮之苦"，被人称为"本朝第一大善政"[6]。直到此时，白粮民运才彻底改为官运，民解才完全改为官兑，困扰江南五府整整三百年的白粮负担才大为松解。

二 "苏杭之币"——明清宫廷服用的江南绸缎

万历时浙江临海人王士性描述全国都会之地"天下马头"时，首先列举的就是"苏杭之币"[7]。所谓币帛，就是丝绸。其实苏、杭以外，南京也是最为出名的丝绸生产中心。明清两代，整个江南是全国最为集中突出的丝绸生产基地，宫廷所需各色绸缎，几乎全部是由江南的中央和地方织染机构生产的。

1 乾隆《江南通志》卷七七《食货志·漕运一》，程章灿主编点校本，凤凰出版社，2019年，第3570页。
2 （清）黄卬：《锡金识小录》卷一《备参上·官兑官运略》，第3－4页。
3 《漕运全书》卷三四《白粮解运·白粮事例》，《北京图书馆古籍珍本丛刊》第55册，第799、803页；乾隆《江南通志》卷七七《食货志·漕运一》，第3573页。
4 《刑科给事中杨雍建为陈改折白粮之害题本》，康熙四年三月初七日，《康熙年间白粮改折御史奏章》，《历史档案》1983年第4期，第25、26页。
5 《山西道试监察御史朱士杰为请复本色事本》，康熙十六年八月二十日，《康熙年间白粮改折御史奏章》，《历史档案》1983年第4期，第27页。
6 （清）黄卬：《锡金识小录》卷一《备参上·官兑官运略》，第4页。
7 （明）王士性：《广志绎》卷一《方舆崖略》，中华书局，1981年，第5页。

（一）明代上用绸缎的织造机构及其职掌

万历《明会典》载明："两京织染，内外皆置局。内局以应上供，外局以备公用。南京又有神帛堂、供应机房，苏州、杭州等府亦各有织染局，每岁造解有定数。"[1]也就是说，设在南、北两京的内织染局，专门为皇室织作，"以应上供"；设在南、北两京的外织染局即工部织染所，为官员等织作，"以备公用"；设在全国各地的地方织染局，织品供赏赐之用。明中期起，随着奢侈性消费激增，各色绸缎取宏用多，明廷增设临时的织造机构南京供应机房，更派遣太监前往苏、杭地方督织御用丝织品，苏、杭等地方织染局也大量生产宫廷服用的绸缎，苏、杭与南京一起，成为明代宫廷服用的最重要地区。

在明代，为宫廷织作各色绸缎的机构，原来不外乎如下四个。

（1）南京内织染局。原来是明代最为重要的中央织染机构，其生产任务，一是织造上用龙衣等各色纻丝纱罗绫织物。这是该局最重要的任务。天顺八年（1464）宪宗即位诏书中称："内织染局节次坐派织造上用供用赏赐用纻丝纱罗绫绢丝线经纬"等，[2]成化时南京内织染局兼署局事司设监左少监温善呈报，"本局工程，皆系节奉钦依织造上用供用各王用并赏赐预备等用各项段匹，及钦差送染刻限守取绢布，并年例织造赴京文武品官照出等项，数该五万六千有余，皆是紧要工程"。[3]成化十六年，广东左布政使彭韶上疏提到，南京内织染局，"专以织造上用龙袍鞠衣及诰敕命轴等项"。[4]由这些说法可知，南京内织染局主要织造上用、内用并赏赐缎匹等，范围较为广泛。在丝织品加派的过程中，南京内织染局的织造量也不断上升，特别是万历中后期到天启初年，丝织品加派达到登峰造极的地步，南京内织染局承织的缎匹更有增无已。

二是织造文武官员诰敕。凡用于官员封赠的诰敕，洪武二十六年（1393）规定，照依品级制度，如式织造。永乐迁都后，诰敕仍由南京内局织造，定例："凡文武官员应给诰敕，俱该内库印绶监题行，本部（引者按：即工部）转行南京内织染局，照依品级制度如式成造。"[5]成化时重申，"诰敕轴俱系南京织造"，敕令"工部转行南京设衙门，令依宣德、正统以前旧轴如法织造，有不堪者，究治之"[6]。其质量要求为"诰身细密，颜色鲜明，花样篆文合式"。[7]迁都后，朝廷所需诰敕，仍由南京内织染局与南京工部共同织解。诰敕的实际织解，在局设有官诰堂人匠，凡遇传织，以十分为率，分派正匠织完四分，送南京印绶监装裱，内织染局差官起运；工部外雇人匠织造六分，工部自行装裱，差官起运，解交北京内织染局。[8]

三是生产各色绢布。最初定为十年一题，料造进宫各色绢布5万匹，其中阔生绢、染练生熟绢2万匹，送至南京承运库；白布1.6万匹，苎布1.4万匹，送至南京甲子库。嘉靖十四年（1535）以后，改为七年一题，隆庆四年（1570）仍以十年为例。

---

1 万历《明会典》卷二〇一《工部二十一·织造》，第2703页。
2 《明宪宗实录》卷一，天顺八年正月乙亥，第14－15页。
3 （明）王恕：《王端毅奏议》卷四《覆奏南京六科陈言弭灾事奏状》，《景印文渊阁四库全书》第427册，第521页。
4 （明）邓球：《皇明泳化类编·财用类》卷八九，第6页，隆庆刻本。
5 （清）何士晋：《工部厂库须知》卷九，《北京图书馆古籍珍本丛刊》第47册，第610页。
6 《明宪宗实录》卷一九四，成化十五年九月壬戌，第3421页。
7 万历《明会典》卷二〇八《工部二十八·南京工部》，第2772页。
8 （明）丁宾：《丁清惠公遗集》卷三《题怜织造苦役归并苏困疏》，《四库禁毁书丛刊》集部第44册，第101－102页。

四是织造一些零星织物。如织造画绢，据说"长阔各二丈余，日用二十余工，织不满尺"[1]。又如织造关卡符验，"凡双马、单马起关符验，印绶监开数，移咨本部料计，转行南京印绶监、内织染局织造"[2]。

为织造上述各种织物，南京内织染局"额设机三百余张，军民人匠三千余名"[3]。但这只是额定数，事实上随织造任务大小时有变化，总的趋势是人匠越来越多，而多被内监役占。嘉靖十一年（1532），给事中丘九仞题准，本局军民人匠只留2785名，分作两班上工[4]。匠役原系洪武、永乐时佥坐的军民匠，后屡有投充者，到嘉靖三年（1524），"命南京织染局军匠自洪武、永乐中选用者，皆存留勿他役；近年投充者如例兼役之；旧额阙者亟命解补"[5]。到嘉靖后期，南京织染局长期积负数多，司局长随陈宪添设机张，招募工匠，遭到南京户科给事中岑用宾弹劾，奉召革去。可见在原来的匠役之外，南京内织染局一度还动用了雇募工匠。隆庆初年，南京内局太监刘安又以上供急需，奏请恢复增募匠役，南京兵科给事中李崧上疏禁止而不果。后来织造量不时增加，动用招募工匠当成经常之举。

（2）南京供应机房。《明史》谓，明初设"南京供应机房"。[6]明末刘若愚《酌中志》载，"南京供应机房太监一员，则本库外差，有敕谕关防，所谓汉府织造是也。其署汉庶人高煦遗址"[7]。据此可知，供应机房隶属于北京内承运库，其设立时间当在汉王高煦被废的宣德元年（1426）之时。供应机房的织造任务不定，"原备不时织造，工料取之南工部"[8]，所以嘉靖九年南京兵部尚书王廷相上奏谓，南京内织染局"龙衣、彩锦、纱、罗、绫、段诸物，既有织染局之岁办，则当省南京供应之机房"[9]。隆庆二年（1568），钦降织造花样四函，令南京供应机房照式督造，结果无人主管其事。工部请令南京内织染局太监刘安并任其事，而穆宗命太监赵玢前往提督织造[10]。看来供应机房确与内染局、神帛堂等有固定织造任务者不同，但其机构却一直未撤销。随着明廷丝织物加派激增，皇帝不断钦降花样令供应机房开织，不时织造事实上成了经常之举，而且规模甚为可观。早在正德八年，户、工二部官员就声称，"机房岁造，动至数万，及内官冬衣并赏赐各项衣段，折银不止十余万两"。[11]数万两银子用于织造，其缎匹之多可以想见。嘉靖时，供应机房每年进一起，各色缎匹1600匹，用船7只[12]。嘉靖二十四年（1819），供应机房织造"上用纻丝、纱、罗、织金、彩装膝襕胸褙暗花五爪龙"袍料共1125匹，物料工价银17878两[13]，均是上用高档龙袍织品。天启三年（1623），朝廷传派改造缎2.65万匹，其中大红青绿只逊纻丝1.15万副，大红青绿通袖膝襕9500副，新添大红青绿改机绸6500副，

1 《明孝宗实录》卷一九〇，弘治十五年八月己酉，第3506页。
2 万历《明会典》卷二〇八《工部二十八·南京工部》，第2772页。
3 万历《明会典》卷二〇八《工部二十八·南京工部》，第2772页。
4 （明）邓球：《皇明泳化类编·财用类》卷八九，第7页。
5 《明世宗实录》卷四三，嘉靖三年九月丁丑，第1122页。
6 《明史》卷八二《食货六·织造》，第1997页。
7 （明）刘若愚：《明宫史》木集《内府职掌·内承运库》，北京古籍出版社，1982年，第47页。
8 《明神宗实录》卷四八九，万历三十九年十一月己酉，第9212页。
9 《明世宗实录》卷一一七，嘉靖九年九月庚子，第2771页。
10 《明穆宗实录》卷二〇，隆庆二年五月丙子，第562－563页。
11 《明武宗实录》卷一〇〇，正德八年五月丙子，第2075页。
12 （明）祁承㸁：《明南京车驾司职掌》卷一《都吏科·差拨事例》，商务印书馆，1934年，第21页。
13 （明）邓球：《皇明泳化类编·财用类》卷八九，第14页。

由应天等府织造者，“听南京供应机房织造，内监兼督”[1]。崇祯时，南京供应机房纻丝纱罗达34290匹，其中上用纻丝纱罗4290匹，上用升降龙拥祥云，升降龙骨朵云，升降龙祥云嵌八宝，团龙骨朵云，团龙庆喜嵌八宝，团云龙界地嵌八宝，四侧、六侧骨朵云，大四金莲宝相花，六侧金莲宝相花，方胜八吉祥宝相花，上用色：柘黄、柳黄、元色、真紫、大红、福青、鹦哥绿、翠蓝、玉色[2]，质地高档，各种龙纹色彩繁复，数量更超过往昔数倍。

南京供应机房动用的工匠，可以确定是民间机户。正德、嘉靖时应天府上元县丝绸业者李昌，当供应机房“选富民为丝绵铺户，公私侵扰，往往困乏破家”时，列举铺户艰苦情状，奸蠹悉去[3]。万历三十一年（1603），供应机房左少监杨志疏参“织匠项举等预领工银，刁诬侵赖，有妨作工”[4]。织匠预领工银，应是民间机户。这些事例，说明供应机房的工匠可能临时选自民间机户。供应机房因备不时织造，似乎也不可能额设应用机户，遇有织造物事，才临时由民间机户领织。定陵出土的万历皇帝御用丝绸，腰封上多织有“南京供应机房织造”字样[5]。织匠均不以织造场所的局房具名，而以户籍所在的地域具名，也大体可知他们都是民间机户。既是民间机户领织，也就存在侵吞工银的可能。

（3）神帛堂。神帛是皇帝用于祭祀天地、祖宗、神祇、历代帝王、功臣及孔子等的丝织品。其名称在洪武三年（1370）即经钦定，共有五种，即郊祀制帛、奉先制帛、展亲制帛、礼神制帛和报功制帛，以白、青、黄、赤、黑五色为别。这些名色一直延用到清代。其具体尺寸，每“制帛一段，长十八尺，料丝十五两，每尺该丝八钱三分三厘强”[6]。神帛堂至迟在洪武二十六年（1393）即已设立。每十年料造一次，原来共帛13690段，其中运赴北京各样制帛1096段，南京太常寺关领各样制帛255段，运赴显陵奉先白色制帛18段，每年实为1369段。到万历二年（1575）屡次增加了1912段，合之年例三万有奇。万历四十三年（1615）司礼监太监李恩“复称缺乏，巧添钦取名色具题”[7]，工部也奏“制帛急缺，命增织速解，不许迟误”[8]，实际上每年织解了3000段左右，较之额定已多了一倍以上。迁都后，南京制帛改运北京。南京司礼监负责起运制帛，每运500段，每25段作1厢，约重50斤，共计20扛。

神帛堂属南京司礼监太监管辖，堂长负责具体事务。额设织机40张，食粮人匠1200余名。但也有以户计算的，如“神帛堂原额四百四十户”，“南京司礼监神帛堂匠役，洪武时额定四百户，后太监安宁奏增四十户”。大体上每户食粮人匠3名，每机10户，食粮人匠30名。匠役待遇“粮月三斗”，并“俱免杂差”[9]。

（4）北京内织染局。永乐帝迁都北京，新设一应官僚机构。内织染局为内官八局之一。北京内织染局设大使一人，正九品，副使一人，从九品。后内官添设渐多，弘治十七年（1504），管事及监工多达22员，

1 （明）周起元：《周忠愍奏疏》卷下《题为只逊派增太滥地方匮乏难支疏》，《景印文渊阁四库全书》第430册，第277页。

2 （清）孙承泽：《思陵典礼纪》卷四，《丛书集成初编》第3972册，商务印书馆，1935—1937年，第47页。

3 （明）何良俊：《何翰林集》卷二三《李松村生圹志铭》，《四库全书存目丛书》集部第142册，齐鲁书社，1997年，第185页。

4 《明神宗实录》卷三八一，万历三十一年二月己酉，第7173页。

5 中国社会科学院考古研究所、定陵博物馆、北京市文物工作队：《定陵》，文物出版社，1990年，第64页。

6 （清）谈迁：《北游录·纪闻上》“诰轴”条，中华书局，1960年，第320页。

7 （明）何士晋：《工部厂库须知》卷九，《北京图书馆古籍珍本丛刊》第47册，第608页。

8 《明神宗实录》卷五三七，万历四十三年九月丁丑，第10176页。

9 《明世宗实录》卷一九，嘉靖元年十月癸酉，第559页；《明武宗实录》卷一三，正德元年五月丙申，第404页；《明世宗实录》卷二二，嘉靖二年正月辛未，第649页。

较之以前增加数倍。万历时，"总理、佥书、掌司、写字、监工数十员"[1]，事少而冗役杂沓。该局坐落在北安门里街南，并在朝阳门外有浣濯袍服的外厂，在都城之西有外署蓝靛厂。

北京内织染局主要织造御用及宫内应用缎匹绢帛之类。如冬至大祀御用十二章衮服、皮服。织造此类物品，由钦天监择日，礼部题请遣大臣祭告，隆重之至。嘉靖三年（1524），因织造上用大祀衮冕袍服、皮弁等完工，太监刁永、潘杰竟为织造工匠乞恩升职。如龙袍，前曾提及，隆庆元年（1567）规定，"凡有传奉急用龙袍等件，本局果难独支，方许奏行南局织造，不得违例陈请"，说明按照定例龙袍的织造本来应在北京内局，但同时说明，在当时龙袍已在南局织造。事实上到后来，龙袍织造几乎集中在南局和苏、杭二地织染局。内织染局还织造一些式样新颖的上用服饰。如内局曾进呈一种名叫海天霞的新装，有诗描写道："局官呈进夏前罗，雨霁轻霞漾海波。衫子未裁先借问，彩棚何处牡丹多。"（原注：海天霞，内织造局所造新色也。）[2]大概这是一种夏令御用丝织品。总的说来，北京内织染局的织造任务和生产能力在不断下降，因而原来由该局负责织造的缎匹逐渐改由南京内织染局和苏、杭等地方织染局承造。

北京内织染局的工匠是住坐匠，根据历朝实录和会典的记载，成化二十一年（1485）有匠官110人；嘉靖四年（1525）军匠2164名，嘉靖十年（1531）减为1317名，嘉靖四十年（1561）为1416名；隆庆元年（1567）匠官87名，军民匠1343名。工匠来源主要有三：一是由地方解送。定例："织染局织罗匠役，前件如遇缺乏，内官题行本部查实，行南直隶、浙江抚按，于苏、杭二府内照依旧例，拣选年力少壮，艺业精通者，随带妻子解部，转送该局。"[3]天顺四年（1460）七月，英宗拟遣中官往苏、松、杭、嘉、湖五府增造彩缎7000匹，工部奏言"其处巧匠多取赴内局"[4]。凡此皆可说明织造工匠是由江浙苏、杭等地丝绸生产发达地区解送的。嘉靖四十四年（1565），苏、松二府就曾各取织罗匠20名，随带家小赴局。二是从军队中选取的军匠。北京内织染局军匠较多。弘治七年（1494），"内府织染局以匠役逃亡者多，乞于京卫军余拣选壮丁一千名习学工作，兵部执不可"，请就本局人匠中选幼丁300名，皇帝允准[5]。此次内织染局拟从军籍中拣选壮丁以补工匠，事虽不行，但参照南局，可知军匠系内局匠役之一途。三是在本局人匠的后代中选取幼丁，如弘治七年选幼丁300名，弘治九年选幼丁270人，月米各7斗，弘治九年增给幼匠429名，月米各1石。

（二）明代上用缎匹的加派

所谓"上用"，就是专供皇帝皇后之用。明代后期，赋税钱粮有加派，其实朝廷对江南丝织品的需求，也存在严重的加派。明代的官营织造，分为内外织染局等中央机构和各地地方织染局，内局所织缎匹以备上用，各局所织缎匹以备官用，地方织局所织缎匹以备赏赐。江南各地织局最初同其他地方织染局一样，仅织岁造，采用徭役制的局织生产。随着生活奢侈和赏赐激增，丝绸用品大增，明代两京内织染局的设置，"每岁造解有定数"。并不能满足明廷日益增长的需求，因而屡屡加派江南地方织染局生产缎匹。这就是正

1 （明）刘若愚：《明宫史》木集《内府职掌・内织染局》，第44页。
2 （明）秦元方：《熹庙拾遗杂咏》，第31页，钞本。
3 （明）何士晋：《工部厂库须知》卷九，《北京图书馆古籍珍本丛刊》第47册，第610页。
4 《明英宗实录》卷三一七，天顺四年七月癸卯，第6623页。
5 《明孝宗实录》卷八七，弘治七年四月辛巳，第1618页。

德《姑苏志》所说的出于正供之外的"一时派纳"[1]，也就是后来《明会典》所说的丝织品"坐派"。万历《明会典》称，每年额定织造，"数内有奉钦降花样改织者，然未尝增派。后于岁造之外奉旨题派织解者，曰'坐派'。一时急缺，令部买办者，曰'召买'，间一行之"[2]。这种先是间一行之后来恶性膨胀成为几乎年年行之的坐派，实际包括上用缎匹定额之外的派造和原为岁造中的改造缎匹[3]，严重影响到地方财政和丝织生产，极为重要。

丝织品加派江南地方，自洪熙年间首开其例。洪熙元年（1425）八月，行在工部奏，内府供用纻丝纱罗九千匹，请下苏、杭等府织造。宣宗念民力艰难，令减半造解[4]。这可能是苏、杭织染局生产宫廷缎匹的记录。至正德、嘉靖年间，支用更大，加派数激增。隆庆改元，首罢织造，未几而太监复奉督织之旨，几乎年年有派织之命。自嘉靖三十三年至隆庆六年的19年中（1554—1572），每年派织平均达6287匹。万历一朝48年中，加派不已。自万历三年至三十九年的37年中（1575—1611），前后派织改造共696920匹（其中改造45390匹），平均每年为18836匹，为嘉靖后期至隆庆年间加派的3倍，也正好等于浙江全省、南京、苏州和松江的岁造总数。直到天启初年，增造坐派达到登峰造极的地步。前3年中，平均每年派织改造53779套匹，则几乎是万历年间派织的3倍。《明史》所云"万历以后，营建织造，滥经制数倍"，洵非虚语。在万历、天启两朝，即使以远远缩小的数额而论，明廷在东南地区的派织平均每年近1.6万匹，已正好等同于江南地区的额定岁造数（含中央织染机构所织），苏州等地则为原定岁造数的数倍。如果将改造各种缎匹、派织龙袍所花费的料价银要比岁造缎匹多四五倍考虑在内，因派织而造成的负担实际就更重。

明廷派织的重点，特别是上用袍缎，是当时丝织业生产最为发达的江南苏州、松江和杭州、嘉兴、湖州五府。加派的袍缎，大体上"直浙四六"分织，就是南直隶的苏、松等地织造十分之四，浙江布政司的杭、嘉、湖三府为十分之六。万历三十九年（1611），奉派袍缎26667匹，就按此比例分担[5]。万历后期，应天巡抚周孔教说，"织造一节，传派不已，继以改造；急缺不已，继以绫纱；红纱未完，继以只逊，而机房供应等项层出叠见，岁岁不休"[6]，给江南地方造成的负担极为繁重。

定陵出土的大量丝织品，由其上封签[7]可知，有不少就是由苏州、杭州等地织造的属于加派的急缺缎匹。如苏州加派，匹料机头墨书题记：J57，一端上部为"钦差督理三省织造御马监太监鲁保，右佥都御史周孔教，监制苏松兵道副史（引者按："史"应为"使"）杨询"，下部为"苏州府织完万历年坐派急缺长肆丈阔贰尺，提督知府李右谏，督造通判周官，机户"；另一端上部为"右佥都御史周孔教……史杨廷筠，苏松兵备副史杨询"，下部与另一端文字相同。由这些题记可知，这是万历三十四年至三十六年间（1606—1608）由苏杭织造太监鲁保督织的加派急缺缎匹，地方官上自巡抚下至知府通判都需承担责任。D72，机头竖行织有"杭州

1 正德《姑苏志》卷一五《田赋·土贡》（第13－14页）载："又有一时派纳，出于正供之外，如织造之类，其数莫定，不能具载。"

2 万历《明会典》卷二〇一《工部二十一·织造》，第2703页。

3 改造缎匹虽是额定岁造，但因其织造费用数倍于岁造，负担大大加重，故实际上也是派织。顺便提一下，有人将此岁造中的改造称为"岁改"或"岁造"，甚至将其与龙袍混为一谈，显然完全没有弄清其间的原委。

4 《明宣宗实录》卷七，洪熙元年八月庚午，第187页。

5 （明）刘一焜：《抚浙疏草》卷二《题议直省分运袍段疏》，第90－91页，明刻本。

6 （明）周孔教：《江南疏稿》卷三《地方困极织造难支疏》，《续修四库全书》第481册，上海古籍出版社，2003年，第370－371页。

7 所谓封签，即注明督造官员及工匠姓名的标记，正统十二年奏准："岁造段匹，俱令腰封编号，开写提调及经织造官吏、匠作姓名，不堪用者，照号问罪，责其赔偿。"（万历《明会典》卷二〇一《工部二十一·织造》，第2707页）

局"字样，是由杭州织造局织造的缎匹。[1]

加派不但数额巨大，而且织造要求极高，所费价银高出岁造四五倍。按《明会典》规定，额定岁造，阔1尺8寸5分，长3丈2尺，每匹造价不过银四五两。改造缎匹阔2尺，长3丈5尺，每匹造价银12两左右。隆庆时派织各色缎匹将近10万匹，分限三年解运，以备供用赏赐，其中应天府坐派各色纻丝纱罗绫锦等件9500匹段，每匹估计料价工银12两多，总计需银12万两多[2]。万历时派织的纻丝纱罗绫绸等织匹，如前所述，每匹长4丈2尺，其中膝襕长4丈5尺，皆阔2尺；万历后期加派浙江的绫纱，"每匹长至八丈以上，阔至二尺五寸，且以生改熟，以素改花，以白色改柘黄、大红"，造价增加数倍[3]。龙袍则造价更是不菲，核算其造价，每匹高达二十几两银。袍服大红一匹，用银74两；玄黄青黑绿一匹，用银63两；鞠衣膝襕一匹，用银64两[4]，造价特别昂贵。

明代岁造有定数，钱粮有定额，而改造加派无一定，故钱粮无额编，所谓"原非会典所载，并未设有正项钱粮，每奉传派，东挪西移，捉襟见肘"，"袍缎料价，原无额编正项钱粮，一奉开织，俱系设处"[5]。仅靠户、工二部和地方官府临时筹措。加派丝织品数倍于额定岁造，生产所需的钱粮却毫无正常或可靠来源，这正是最为时人和后人诟病的。改造加派愈多，钱粮筹措愈难，给地方造成的负担愈重。

因明廷奢靡生活需要而起的加派缎匹反而影响岁造的事实，说明为数浩繁的丝织品加派，是建立在江南官民营丝织业相形发达的基础上的，它一方面反映了明廷对江南地方丝织品的无限制搜刮，同时也反映出明中后期起不但全国的官营织造独盛于江南，而且民营丝织业的发展也以江南为最。江南已经成为全国唯一的丝织业重心，宫廷所需绸缎基本来自江南的历史也从此开始。

（三）清代前期江南三织造的规制职掌

清廷底定江南后，立即在明代丝织生产最突出的三个城市即江宁、苏州和杭州恢复重建了织造局，而在全国其他地区，只保留了北京的一个内织造局。内织造局工匠稀少，规模不大，生产量很小，后来更形同虚设，于道光二十三年（1843）被裁撤。清代的官营织造，几乎全部集中到了江南一隅[6]。江南三大织造局气势恢宏，地位重要，江南成为历史上官营织造最为集中和发达的地区，宫廷绸缎几乎全部由江南提供。

江南三大织造局的设立，显然不同于明代官营织造机构。明代定制，朝廷系统的内织染局、工部系统的外织局和全国地方织染局，生产不同类别和用途的绸缎，只有内织染局和后来增设的供应机房和改由太监督织的苏、杭等地织染局才织作上用即宫廷所用绸缎。清代三大织造局则几乎包揽了全部上用官用缎匹生产，每个织局自设立伊始到最后均生产上用绸缎，每个织局均是官营的御服生产机构。

1 中国社会科学院考古研究所、定陵博物馆、北京市文物工作队：《定陵》，第43－45页。

2 （明）陈堂：《议处急缺段匹银两以宽民力疏》，《皇明留台奏议·财储类》卷一三，《四库全书存目丛书》史部第74册，第746页。

3 （明）刘一焜：《抚浙疏草》卷七《题绫纱分运疏》，第52页。

4 （明）杨循吉：《杨循吉集·苏州府纂修识略》卷一《诸色蠲免》，上海古籍出版社，2013年，第641页。

5 （明）刘一焜：《抚浙疏草》卷一《题留改段钱粮疏》《题留袍段钱粮疏》，第37、51页。

6 清代的官营丝织，除了江南三织局和北京内织造局，只有山西潞安府长治、高平二县在顺治初年岁织潞绸3000匹，后来到康熙十四年（1675）减为382匹，每年潞绸销银数为2025两5钱（嘉庆《大清会典事例》卷七〇九《工部·织造》，第14－15页，嘉庆二十三年刻本）。

人们大多熟悉江南三织造由内务府郎中任织造，督造绸缎生产。其实这种督造格局的形成，经历了一个较为复杂的过程。

恢复初年的江南三织局，最初在各局设置监督、笔帖式、库使各一人，三年更代，于顺治五年（1648）起差户部官员管理。苏州、杭州二织局，原来由一人兼任，顺治十年（1653）才分任管理。十三年，改差内十三衙门太监，每年一更代。十五年，又改为三年一易任。顺治十八年，又改为一年更代。康熙二年（1663），织造属官笔帖式增为二名、库使增为三名。同年，朝廷专门颁给织造敕书，专门由内务府派员督织。这一转折，既有研究一直未曾厘清。其时的江宁巡抚韩世琦，引录了内务府康熙三年五月初三日的咨文，文称："康熙三年二月初三日，准工部来文，内开：本部责令地方官织造缎匹，及户部见织缎匹，一并责令内庭差去织造官员织造，每年同上用缎匹赍解。等因。具题。奉旨：部织缎匹，着交与内庭官监造。内庭官不必轮流差遣，着选能干官各一员久住监造。等因。移文到府。今二部钱粮，或即责令见去官员织造，或责令久住官员。等因。康熙三年二月初三日奉旨：即责令见去官员织造。钦此。钦遵。相应移咨。"[1]内务府的咨文非常清楚，江南三织造官员于康熙三年开始，改由内务府派遣，原来的三年一任或一年一任固定为不拘年限的久任。这也是于康熙二年始任江宁织造的曹玺后来久任20余年的制度背景。

为了恢复织造，以应上供，清廷厘定了三处织局的钱粮，三织局共动支工部项下银247244两8钱5分，户部项下银205055两9钱4分。清初用于织造的钱粮，表面上看起来相当充裕，实际上在清初财政拮据的情形下难于如数征解。清初朝廷又规定，织造钱粮事宜俱隶户部，八年改隶工部。九年，工部将项下银247244两分拨三处织造。直到康熙三年明确，织造事宜隶工部，钱粮复归户部。[2]制度规定，明晰严密。

清廷恢复织局，于顺治八年宣布："额设钱粮收丝招匠"[3]。此谕旨的实质，旨在去明末佥派之弊，并变岁造散处民居为局织，以更有效地织造缎匹。但事属草创，织局隶属、督织官员、钱粮来源，以及织造格局等项，不时在变动中，三织局乃各自临时筹措经费，以完成派织任务。但买丝招匠制的谕旨，并没有马上得到切实执行，而在以后不是"奉旨裁省"，就是"奉旨停织"[4]，到顺治十三年"买丝招匠"才得以正式实行[5]（十一年令暂停两年），直到康熙初年才相对稳定下来。从此，江南三织局在有清一代一直主要实行这种制度。"买丝招匠"制从法典上宣布了数千年来官营丝织业生产徭役制的基本结束，标志着官营丝织业者因人身隶属而无端服役的时代行将结束。

江南三织造以何种方式织作生产，是极为重要的问题，长期以来，人们几乎普遍认为，江南织局在"买丝招匠"制的同时，还实行"领机给帖"制。其实，考察清代三大织造局的制度规定和实际运作，可以断定，清代江南织局的生产并不存在所谓两种制度，"买丝招匠"制与"领机给帖"制完全是一回事。承认"买丝招匠"

1 （清）韩世琦：《抚吴疏草》卷四一《报销江宁织造工料食米疏·题为请旨事》，《四库未收书辑刊》第8辑，第7册，北京出版社，2000年，第733页。

2 雍正《大清会典》卷二〇一《工部五·都水清吏司·织造》，沈云龙主编《近代中国史料丛刊》三编，第79辑，第787册，台北文海出版社，1994年，第13514－13515页。

3 户部尚书噶达洪《题为请敕免派机户以苏江浙民困事》，顺治八年四月二十日，中国第一历史档案馆藏档案，顺治朝题本，第477函，第21号。

4 （清）孙珮：《苏州织造局志》卷一《沿革》，江苏人民出版社，1959年，第3页。

5 顺治十一年诏令停织二年，而据时人的记载，实际停织的时间自十一年四月至十三年五月（韩世琦：《抚吴疏草》卷七《覆挑倒匠工食疏》，《四库未收书辑刊》第8辑，第5册，第572页）。

制，也就意味着承认"领机给帖"制，说"领机给帖"制，也实际指的是在这种形式下从事的"买丝招匠"制。确切地说，前者指织造过程，后者指织造形式。具体而言，清代江南织局的生产是这样进行的：织局选定领机机户，发给机张执照（又称机单、执照、机帖），作为领机凭据。同时织局备好丝料，责令领机机户雇募工匠进局织造，缎匹织成后由机户负责缴还织局。

（四）清代前期江南三织造的生产规模和实际产量

江南三织局的生产情形，或者说到底织解了多少绸缎，长期来未曾得到说明，其实依据档案，是可以作出大致的估算的。

江南三织局的生产规模，原额织机2108张，其中苏州800张，杭州770张，江宁538张；雍正三年（1725）降为2017张，其中苏州降为710张，杭州降为750张，而江宁增为557张。乾隆年间，江宁继续增加，元年（1736）增阔机28张，到十年（1745）时为600张、机匠1780名，以后最高时曾达到668张[1]。苏、杭二局继续减少，乾隆十年（1745）分别为663张和600张，机匠分别为1932名和1800名。此时三局织机合计为1863张[2]。以后直到太平天国时期，大体维持在这一规模。

在这样的生产格局下，清代江南三织局几乎承办了清王朝所需的全部丝绸精品。举凡帝后王公的服用，百官和外藩头人的赏赐，国家庆典的装饰，乃至祭祀天地祖宗所需的制帛、封爵的诰轴、校尉的驾衣、军士的绵甲等，几乎无不取之于三织局。从清廷令典的规定和历年实际织造内容看来，三局之中，除了织造相同的部分外，侧重点略有不同。如大红蟒缎、大红缎匹、金拆缨等项主要由江宁局承造。江宁局还专门制织各种制帛，各色驾衣、丝绸和线罗等。纺丝、绫、杭细、各色丝线和长短不一的画绢，则主要由杭州局织办。苏州局则承担各种绣活和各类布匹的采买。故乾隆二十九年（1764）江宁织造彰宝诉苦，说该局"奉派者均系缎纱大件，向非苏、杭二处搭有绸布等件，堪以外办者可比"。[3]道光二十八年（1848）杭州织造毓祺则说："向例每年分派三处织造织办缎纱绸绫，皆系预备敬神并内传成做上服活计，及内庭主位宫分表里之件，例用杭州缎绸居多。"[4]他们的抱怨，反映了三织造各自的织造重点。依据档案将清代三局历年织造的缎匹统计出来，可以发现上用缎比例最高的是江宁局，内用缎是杭州局，户缎则是苏州局。

与绸缎品种相对应，各织局实际报销的织造钱粮也有所反映。自乾隆时代起，杭州报销钱粮最多，江宁次之，苏州最少，其比例依次为39.04%、36.66%和24.3%。苏州最少的原因是，自乾隆四十八年（1783）起，每年织办各种差使活计[5]。因此，在乾隆四十年前，苏州较之南京，悬殊还不大。但从苏州历年制办活计的实际情形来看，3万两额银，造解报销多则2万余两，少则只有几千两，通常在1万两左右。说明其生产任务越来越少，重要性日渐减弱。相反，杭州不但一路遥遥领先，而且扶摇直上，以压倒优势傲视其他二局。可

1 户部《为补支米折银两事》，乾隆二年二月十二日，内务府・来文・织造，第2431包；江宁布政使强勇巴图鲁梅《为移复事》，同治十一年七月三日。

2 雍正《大清会典》卷二〇一《工部五・都水清吏司・织造》，《近代中国史料丛刊》三编，第79辑，第787册，第13515－13516页；乾隆《大清会典则例》卷三八《户部・库藏》，《景印文渊阁四库全书》第621册，第182页。

3 江宁织造彰宝《为呈明事》，乾隆二十九年十二月二十八日，内务府・来文，第2434包。

4 杭州织造毓祺《为遵札呈复事》，道光二十八年二月二十八日，内阁户科题本・工业类，第2462包。

5 苏州织造四德《为解送办差银两事》，乾隆四十八年六月二日，内务府・来文，第2439包。

以说，就织造种类而言，南京优于苏、杭二地，而就织造数量而言，杭州则雄居第一。杭州承织的绫绸、宫绸、杭细等，主要用于宫廷各种庆典，清廷越到后来庆祝名堂越多，次数越频，规模日盛，需用丝绸也就一年多于一年。

就三局整个情形观察，自乾隆时起，三局每年平均各承织5.47万余两价银的缎匹。这甚至也可视为整个清代前期的历年报销钱粮数。因为康、雍之际苏州每年报销银数正好约等于此数，而其时三局之间生产量无甚高低之分。也就是说，清代前期清廷每年派织江南三织局的丝织品价值约在16.41万两之谱。任何高于或低于此数的估算，恐怕都有悖于实际情形。

考察三局织造产量的总趋势，不是如人们所说的任务越来越少，生产量越来越低。恰恰相反，除了苏州，宁、杭二地的生产量都呈现出不同程度的增长，而且越到后来越明显，而苏州在三局中又是最无足轻重的[1]。如果以道光元年（1821）为界，将清代前期的织造产量分为两期的话，则在此之前，每年报销银为53367两，而在后则为57653两，后者高于前者。后者即使与织造较为兴盛的乾隆中期相比，也逊色不了多少。总之，根据历年实际生产量，所谓清代前期织造能力逐渐下降之说与实际不符，恐难成立。官营织局的生产能力和生产量，主要不在于其经营状况的好坏，而在于织造经费的盈绌和清廷的需要。清廷趋向奢靡，用宏取多，只要经费有可靠来源，织造量只会增加而不会减少。

需要指出的是，上述织造产量与清廷规定的三局分配额银不相一致。雍正元年（1723），苏州织造胡凤翚即“遵照部文于江苏藩库支领银六万四千五百两为织办等项之用”[2]。以后，历任织造官即以此为例，支银报销。到雍、乾之际三处划一，宁、杭二局每年准销上用和官用（杭州为内用）缎匹银43333两，而苏州仍然每年报销上用、官用、部派缎匹银6.45万两，三局都是有余缴还藩库，超支截留归入下运报销。由此可见，清代织造的钱粮来源和分配比例及其报销定额，仅表示各织局可供织造的钱粮额数，既不反映其实际生产能力，也不反映其实际生产量，无法据以判定各织造的派织任务和生产能力。

第一，自乾隆年间至咸丰初年，江南三织造每年平均织造各类缎匹1.3万匹。顺治到雍正年间，根据零星的缎匹记载和有关销银规定与实际做法，平均年产量应该略高于此数，可能有1.4万至1.5万匹。

第二，各类缎匹在各局中的比例是各不相同的。在苏、杭、宁三局中，其比例：上用缎依次为14.39%、10.1%和19.02%，江宁局最高；官用或内用缎依次为36.71%、51.31%和 41.31%，杭州局最高；部派缎依次为48.9%、38.59%和39.67%，苏州局最高。这说明各局织造各有重点，江宁局是上用，杭州局是内用，苏州局是部派。这种织造格局，是与《清会典》的规定和实际做法相一致的。需要指出的是，一直有人将顺治年间的规定理解为上用缎只有江宁局才织，此乃大错。有清一代，江南三局除非停织，无论何局何年，都同时织造了大批上用缎，只有多少之别，而无有无之别。杭州局，内用缎匹系国家庆典、宫殿装饰、书画裱褙等所用，需用浩繁。杭州既然主要承造此项缎匹，其数必巨。如各宫殿等处门神对联一年一度更换需用金黄色

1　直到咸丰四年，三织造用于报销的价银限额一直未变，因此，销银数与物价变动无关。

2　苏州织造胡凤翚《为恭报用存实数等事》，雍正元年十二月十五日，雍正朝题本，第732函，参见同治《苏州府志》卷八《田赋八・织造》，第32页。

绫，各类书籍封面所用的绫等，宫中成捆成匹耗用的宫绸等，用途广泛，数量众多，例由杭州织造承办。至于苏州部派缎比例最高，可能因为明后期苏州是派织重点，虽然同杭州一样，但杭州既织内用缎，作为主要用于赏赐的户缎，苏州部缎比例稍高，也属自然之理。

第三，因为江宁、苏州局上用缎比例偏高，而且江宁局（不计制帛等）与杭州局的销银数距离没有缎匹数那样大，苏州局部缎的价银比杭州局内用缎为高，因此，就质地而言，江宁最优，苏州次之，杭州最劣。然而就数量而言，情形又恰好相反，杭州4356匹，雄居第一；江宁3585匹，稳居中间；苏州2815匹，落在最后。这与历年织造价银的实销数是完全一致的。这说明，杭州织局的任务最重，产量最高，地位最显赫。怪不得道、咸时期的杭州织造官常常得意地说清廷“例用杭州缎绸居多”[1]。而在乾隆中期，比苏州稍胜一筹的江宁织造则对苏州缎匹先期织解颇不服气，认为那是“苏城原数目亦少”之故。[2]这正好与依据清廷额销缎匹银数而认为自18世纪后期起苏州的地位越来越重要的观点相反。额销银只能视作可供织造的钱粮及其来源，而不能无条件地视为织局的实际生产量和生产能力。

第四，如果绘出上述数表历年织造缎匹及奏销钱粮的升降示意图，可以获得这样的认识：清代前期江南织造的生产量，不是如人们所说的逐渐呈衰落趋势，而是跌宕起伏，有高峰，有低谷，高峰不在最初，低谷也不在最后。自乾隆初到咸丰初的130余年间，织造缎匹及销银数出现了乾隆元年前后、乾隆三十年前后、乾隆五十年前后、嘉庆二十五年前后和咸丰初年五个高峰，乾隆十年前后和嘉庆二十年前后两个低谷。最高峰在咸丰初年，最低谷在嘉庆二十年前后。江南三局，无一例外。杭州、江宁不但没有衰退，反而有某种上升的迹象，苏州虽然在道光末年没有超过乾隆时，但同样没有直线下落，而且其在三局中缎匹数及销银数都最少，不会影响对整个织局情形的观察。这实际上反映了这样一个事实：织局产量的高低，与其本身经营好坏无大关系，而取决于织造经费的盈绌和缎匹需求程度，甚至后者是最关键的因素。这就是清代前期织造没有不断下降、道光咸丰时期缎匹织造数量庞大的真正原因。

根据历年织造的缎匹种类，还可发现这样的特点：在各个阶段，当部派缎匹比例相对较低时，该阶段织造总数就较高，江南三局，局局如此。这说明当需求增长而增加的派织品，主要是供清廷直接消费的上用和官用缎匹。从某种意义上说，这反映了清廷服用的需要程度。

（五）清代后期江南三织造的演变

鸦片战争后，中国社会性质开始发生变化，江南三大织造局却仍以原有的生产规模和生产形式生产。经过太平天国期间的战争，江南织局从织造格局到生产规模、从生产形式到织造内容才发生了较大的变化。对于这些变化，以往有关论著殊少涉及，以致常有论者将江南织造前后期的生产情形互相混淆。

咸丰三年（1853）太平军攻占南京，江宁织局生产完全停顿，织工四散谋食。咸丰十年、十一年，太平军先后占领苏州、杭州，苏、杭二地织局又先后被迫停歇，杭州连续数年大运绸缎未能织解[3]。

1 杭州织造毓祺《为遵札呈复事》，道光二十八年二月二十八日；户部《为恭折事》，咸丰三年十一月二十六日，内务府·来文·织造，第2449包。

2 江宁织造彰宝《为呈明事》，乾隆二十九年十二月二十八日。

3 翁心存咸丰十一年九月廿一日记：“内务府奏杭州织造大运绸缎三年未解，请饬催。”（《翁心存日记》，张剑整理，中华书局，2011年，第1649页）

清廷镇压了太平天国后，立即着手恢复江南各织局。同治三年（1864），杭州织造鹤昶将毁于战火的外造织局并归到经乱尚存的西府染局，“葺其残毁，重事修建，以栖匠役”，建成房屋203间。到同治七年又先后重建了织造衙门及库舍等房屋234间和司库、库使、笔帖式各署[1]。于杭州织局恢复的同时，苏州“租赁民房，重开织局”。到同治十一年又用钱4.2万余串，重建了毁于战火的织造衙门房屋400余间，司库、库使和笔帖式各署也一律修缮。同治四年（1865），即晚于苏、杭织局一年，江宁织局在江苏巡抚李鸿章等人的经理下移建于珠宝廊，购买民房，添盖成机房49间，仓房6间，以后续经修旧扩建，房屋共达143间。到同治十一年，织造衙署也重新建成。由于经济拮据，筹措经费困难，各织局衙署的恢复重建经历了较长时间。

自咸丰三年太平军占领南京到织局恢复前后，江南织局的生产格局较之战前有了很大的变化。如前所述，江南各局的织造重点是各不相同的，咸丰三年前，上用缎主要由江宁局织造，内用缎主要由杭州局织造，户部缎主要由苏州局织造。咸丰三年后，各织局的历年产量，上用缎最多的是杭州局，内用缎最多的是苏州局，户部缎最多的也是杭州局，织造内容与以前完全不同[2]。

另一个改变是，朝廷下达的织品的产地也有所变化。咸丰三年前，各种制帛、诰敕、各色驾衣、彩绸和线罗等由江宁局专门织造。太平天国占领南京后，这些特殊织品立即改由杭州局织造。当年清廷下令，“彩绸库各色制帛，向由江南织造织办。现在库存不敷支放，江南办理军务，势难赶办，暂交杭州织造织办。俟江南军务告竣，仍由江南织造办理”[3]。当时因军兴而不得不临时转移地点，并指望事定后仍归原局。可光绪三年（1877）御史世泰以织造各有专责，按照任土作贡原则，诰帛应仍归江宁局织造，江宁神帛堂匠反复吁请时，工部却以“杭州自举办以来二十余年，房间机具等项均已添设，若复改派江南，则前件均属无用”为由反对[4]。清廷议准，“神帛等件，业经杭州织造办理有年，所有房间机张均已添设，毋庸改归江南”[5]，制帛等仍由杭州织造。诰敕各件，也正式明确改由杭州织造办理。江南织局生产格局的上述变化，反映出江宁局在三局中的地位由战前的最为显赫降到了战后的最微不足道。

此外，江宁织局织造所需的经纬丝原来一直全部在湖州府德清县的新市、乌程县的南浔等地购买，清后期除了经丝在浙江选购外，纬丝则多就近在无锡购买，如历年在无锡选购纯熟白亮纬丝，光绪七年（1881）为30担，十年为20担，十七年为30担，二十五年为20担，二十八年为20担[6]。可见随着战后新的蚕丝产区的形成，官局为节时省费，购买丝斤的地点也与前有所不同。

在内部生产格局发生上述变化的同时，江南织局在全国丝织业中的地位也发生了变化。如前所述，清前期，江南三大织造局几乎承织了清王朝所需的全部丝绸精品。清后期，朝政江河日下、经济入不敷出的清王朝，既要搜刮巨量缎匹，又无力恢复战前气势恢宏的织造局，也不能完全不顾人民死活而采用清初佥报富室承织缎匹的陈法，便一改清前期几乎单靠江南一地官局织造的做法，采用局织与市买相结合、江南与全国其

1 光绪《杭州府志》卷一九《公署二》，第31页；卷18《公署一》，第18页。
2 参见拙文《清后期江南织造的演变》，《历史档案》1992年第1期。
3 光绪《大清会典事例》卷九四〇《工部·器用》，《续修四库全书》第811册，第358页。
4 工部奏，光绪五年闰三月初二日，中国第一历史档案馆藏档案。
5 光绪《大清会典事例》卷九四〇《工部七九·织造》，第780－781页。
6 历年江南织造赴无锡采办丝斤并给护照由，中国第一历史档案馆藏档案。

他地区同时利用的办法，以满足朝廷对缎匹的需要。清廷在四川、河南等地采购缎匹，表明到清后期江南垄断官营缎匹生产的局面实际上已不复存在。

重建后的江南织局不但生产格局有所变化，而且生产规模远比战前为小。江宁织局原来有汉府、倭缎堂和神帛诰命堂三处，重建后合并为一。战前额设织机665张，乾隆时匠役多达2557名。同治年间重建之初，拟设机100张，而当时"机匠之回籍者仅有数百名"，李鸿章和织造祥祐等即于"归籍机匠内选择熟习挑花、摇纺、织挽各匠并局役人等六百余名，取具切实保结，分别刊发执照谕单，造册存案"。又"于局役中择其从前熟谙织务之人，优给工食，分充三局案书堂总"，觅得素机41张，花机59张。[1]自同治五年至同治十年陆续添设织机到294张，以后直到光绪三十年织局裁撤未变。同治中期江宁织局匠役为1111名，而光绪中期据说有1320名。额设机张不增，实际开织者更少，而匠役增加，显然是局官为多报钱粮在弄虚作假吃空头粮。苏州织局乾隆时额设织机663张，织造匠役2175名。重建后，同治四年时"因经费不敷，民房亦不宽敞，仅造得新机十二张，安设开工。所有织匠杂役人等，先后招集共有二百二十七名"，此外"仅招得旧时熟手挑花匠八名，又学习六名，共十四名，倒花匠亦招得十八名，画匠二名"[2]，与所需织机人匠要求甚远。同治六年织局织机添设至78张。到同治末年，"陆续招募匠役，尚未足额"[3]。据说在光绪六年时有织机240张，织匠300名[4]。光绪三十二年登记在册的织局机户为320名[5]。匠役似稍有增加。杭州织局在乾隆时额设内造外造官机共600张，匠役2330名。重建时的织局存机38张，新制缎机20张，总共只有58张。织局沿用清前期陈法，与江宁、苏州二局一样，选定领匠，领机给帖。光绪六年仍然只有织机122张、织匠220名[6]。由上可见，同治初年恢复后的江南各织局，其生产规模根本无法与战前同日而语，织机和匠役平均只是原来的三分之一左右。

上述各局的织机和匠役数还仅是册籍所载，实际开工的机张和织作的匠役还要少得多。档案记载，江宁织局光绪六年开织织机仅为86张，其后大率如此。据光绪二十四年日人小此木藤四郎亲眼所见，江宁和杭州织局实际开织的机张仅为额设的六分之一。两年后，另一日人坂本菊吉也说，当时杭州真正运转的织机平均每年只有二三十张。[7]可见到清末江南三局常年开织的织机平均只有百张，较之清前期稳定生产时的2000张有天壤之别。其时各织局官员仍然每年照额设机张匠役报销钱粮，因此额定数实际上成了织局官员堂总等人吃空头粮的利薮，所谓"开机则务从其少，领款则务从其多"[8]。如江宁织局同治四年至光绪二年"该织造历届大运册报匠役浮开一百五十名"[9]，此系遭部驳核出者，部官与织造官互相串通作弊，未被察出者更不知凡几。

---

1 江宁织造祥祐奏，同治四年十二月初六。

2 苏州织造锡（祉）《奏为敬陈现在织务情形恭折奏祈圣鉴事》，同治四年六月初三日，中国第一历史档案馆藏档案。

3 同治《苏州府志》卷一九《田赋八·织造》，第 32 页。

4 The Maritime Customs, *Special Series: Silk*, pp. 83-84, Shanghai, 1917.

5 《江苏织造府所辖机户姓名碑》，江苏省博物馆编：《江苏省明清以来碑刻资料选集》，生活·读书·新知三联书店，1959 年，第 9 — 10 页。碑名原拟为江苏织造府，显然有误，应为苏州织造府。

6 The Maritime Customs, *Special Series: Silk*, pp. 83-84, Shanghai, 1917.

7 山内英太郎：《清国染织业视察报告》，东京有邻堂，明治三十二年（1899），第 27 页；坂本菊吉：《清国绢织物事情第三回报告》，堀田道贯，明治三十四年（1901），第 49 页。

8 江宁织造定《为札委事》，光绪六年十一月初一日，中国第一历史档案馆藏档案。

9 户部《题为报销事》，光绪二年四月十三日，内务府·来文，第 2477 包。

综上所述，清代织局机户工匠的实际地位，需视国家财力强弱、织造经费盈绌而定：织造经费不敷，织局刻剥机户工匠，就抑制、阻碍民间丝织业的发展；织造经费充裕，机户工匠特别是工匠获得较高报酬，客观上促进、有利于民间丝织业的发展，不可一概而论。局事停、局工散，就导致民间机工星散，机业萧条；而官营织造正常生产时，又使机户会聚，民间机业兴盛。这可以由一个简单的事实来说明：江南民间丝织业的真正大发展时期，是在官局稳定生产之时，而不是在局事停、局工散的停织或不景气时期。这也就是为什么民间丝织业最为兴盛发达的地区，不是摆脱官营织局控制的地区，而是织局最为宏丽、官营势力最为集中和强大的苏杭宁三大城市。

三　“南京布”——明清宫廷服用的江南棉布

明清时期，江南是全国最大的棉布生产基地，松江、苏州、常州等地盛产的棉布拥有全国市场，并以“南京布”的美誉畅销东亚、东南亚、中亚和欧洲各国。明清两朝每年在江南征解或采办数十万匹官布，以满足宫廷服用需要。据说弘治皇帝的内衣，都是由松江三梭布所制成的[1]。到正德时期，“内府甲字库收贮阔白三梭布”成为赏赐“内官内使”的专用品。[2]从此以后，明朝直至清朝宫廷所需棉布，基本上均由江南提供。

（一）明代江南官布折征及其数量

明代江南向朝廷进解棉布，简称为“布解”，被地方视为大役重役。明代江南官布的征解量，并非如人所说不甚清楚，而是令典有规定，有数可查。正德《明会典》和万历《明会典》均载明，弘治十五年（1502），山东布政司夏税京库棉布20000匹，准小麦24000石；河南布政司京库棉布81837匹；苏州府秋粮征京库阔白布19万匹，准米19万石；松江府秋粮京库布175000匹；常州府秋粮京库阔白布米5万石，每石折布1匹[3]。计其总数，为516837匹，其中江南苏、松、常三府进贡各色棉布为415000匹，占总数的80%稍强，而其中常州府的5万匹布已改征米粮。

张学颜《万历会计录》记录万历初年的赋税征收量，载明内承运库甲子库阔白三梭布33000匹，阔白棉布360411匹，共为393411匹。其中河南布政司征解阔白棉布60637匹，山东布政司阔白棉布2万匹，苏州府阔白棉布14万匹，松江府阔白棉布99774匹、阔白三梭布33000匹，常州府阔白棉布4万匹，计其总数，正好相符[4]。江南苏、松、常三府所贡各色棉布为312774匹，占总数393411匹的近80%，较之弘治后期未有明显增减。前后对照，可知明后期苏州府征布量减少了5万匹，松江府折征了阔白棉布42226匹[5]。

1　明中期太仓人陆容说：“尝闻尚衣缝人云：‘上近体衣俱松江三梭布所制。’本朝家法如此。‘太庙红纻丝拜褥立脚处乃红布。’其品节又如此。”（《菽园杂记》卷一，中华书局，1985年，第1页）

2　《明武宗实录》卷四一，正德三年八月戊辰，第951－953页。

3　正德《明会典》卷二四《户部九·会计·弘治十五年起运数目》，《景印文渊阁四库全书》第617册，第274页；万历《明会典》卷二六《户部十三·会计二·起运》，第468、469、473－474页。

4　（明）张学颜：《万历会计录》卷三〇《内库供应》，《北京图书馆古籍珍本丛刊》第53册，第996－998页。

5　正德《姑苏志》载，“阔白棉布折米一十五万二千石”（卷一五《田赋·起运》，第10页），对照乾隆《苏州府志》（卷八《田赋一》第19页）所载，此为弘治十六年起运数，则其时苏州府每年额定本色棉布已减为14万匹；崇祯《松江府志》卷九《田赋二·赋额》，第24页。

每年额定征解的这31万余匹江南棉布，据天启元年应天巡抚王象恒疏称，嘉定县派布95050匹，太仓、昆山二县派布44950匹，松江府华亭、上海二县派布107849匹，青浦县派布24925匹，常州府的武进、宜兴二县派布各2万匹[1]。若单论数量，苏州府最多，为14万匹，占近44.76%；松江府其次，为132774匹，占42.45%稍强；常州府最少，为4万匹，占近12.79%。其中松江府所征棉布，万历六年起，京库阔白三梭布33000匹，阔白棉布折征后减为99774匹。万历四十五年起，三梭布33000匹中，改织黄丝三线布5000匹，每匹加垫贴银2钱5分；黄丝二线布28000匹，每匹加垫贴银1钱5分，两项共计加垫贴银5450两[2]。

在时人将布解负担呼吁得最为激烈的松江一府中，明末贡布的派征情形是：华亭县细布16185匹，粗布48935匹；上海县细布10620匹，粗布32109匹；青浦县细布6195匹，粗布18730匹[3]，总计为132774匹。据万历后期直隶巡按房壮丽奏称，苏州府岁额阔白棉布14万匹；松江府岁额细布33000匹，粗布97774匹。细布即阔白三线布，或称阔白三梭布，粗布即阔白棉布。而据明后期苏松道的呈文，用于御用的只是松江府所贡三梭细布，数量为5000匹，其余均是供宫廷及赏赐之用的[4]。因此，松江一府进贡的棉布总数虽然略少于苏州，但因御用棉布全由该府进贡，实际负担可能最高，是以松江人一直呼吁布解之累最重应役最苦。

从明代江南棉布的征解运作来看，额定数往往不能如期足额解交，拖欠累累，但其中的御用棉布，随着皇帝生活的日益奢靡，同绸缎一样，往往临时加派，从而加重地方人户负担。如万历初年，专门进贡御用三梭布的松江府，即"忽加御用三线细布八千匹，岁又费金五六千"[5]。

宣德、正统年间，巡抚周忱在江南采用交纳棉布替代赋税田粮，本是减轻沉重的田赋税粮负担之举，而非如人所说的是为了征收逋欠的税粮。嘉靖时大学士昆山人顾鼎臣说："金花、官布，前辈建明，本为重额官田而设，名曰'轻赍'，以宽民力也。"[6]其具体折算，正德《松江府志》载，宣德八年，周忱奏定加耗折征例："金花银一两一钱，准平米四石六斗，或四石四斗，每两加车脚鞘匣银八厘。阔白三梭布一匹，准平米二石五斗，或二石四斗至二石，每匹加车脚舡钱米二斗或二斗六升。布匹长四丈，阔二尺五寸。旧例匹重三斤，纳者率以纱粗验退，忱奏不拘斤重，止取长阔，两端织红纱，以防盗翦，至今行之。阔白棉布一匹准平米一石，或九斗八升，每匹加车脚船钱米一斗，或一斗二升。已上于重则官田上照粮均派，俗名'轻赍'。"[7]明末苏州人陈仁锡说："按金花旧制，京库折粮，每平米一石该折银二钱五分，周文襄、王肃庵（引者按：即应天巡抚周忱、苏州知府王仪）二公，俱派于重额田上，则此项银额派于吴县、长洲、吴江三县，以其田额重，故以是宽之也。京库折布，每一匹准米一石，每匹价银二钱五分，扛银分（分前原缺一字——引者），旧制派于太仓、昆山、嘉定三县，以其地出布，其土高阜，故以是宽之也。"[8]周忱通过折收棉布之

1 （清）顾炎武：《天下郡国利病书》原编第6册《苏松》引《上海县志》，第49页。
2 崇祯《松江府志》卷八《赋额下》，第24页。
3 崇祯《松江府志》卷一一《役法上》，第24页。
4 （明）房壮丽：《为布解系江南第一苦累议折诚为两便恳乞圣明俯赐允从以恤劳民以固根本事》，（明）董其昌辑：《神庙留中奏疏汇要》户部类第五卷，《续修四库全书》第470页，第363页。
5 （明）张鼐：《宝日堂初集》卷四，第48页，《四库禁毁书丛刊》集部第七六册，第98页。
6 （明）顾鼎臣：《顾鼎臣·顾文康公文草》卷一〇《与东湖都宪》，上海古籍出版社，2013年，第164页。
7 正德《松江府志》卷七《田赋中》，第12－13页。
8 （明）陈仁锡：《陈太史无梦园集·劳集》，《续修四库全书》第1382册，第287页。

法，以减轻重额官田纳粮户的实际负担。

因为在产布区改征粮为棉布以减轻业户的实际负担，所以各地如嘉定和常州武进、宜兴等地将其视为利薮，竭力争取改征额。如嘉靖末年昆山人归有光对其家乡的折布额推扩到昆山全县甚至部分转移到常州府大有意见，专门致信地方官，要求维持原状[1]。而嘉靖初年宜兴知县丁谨认为，宣德间折征时，武进、宜兴二县官布为八万匹，后来被松江、嘉定二处分去三万匹，“后县虽有银布之名，殊无银布之利”，现在请求“官布为松江、嘉定分去者，照旧复还分派”[2]。各地人士大多站在地方利益立场，提出利益诉求。明后期江南税粮折征棉布，虽然时有轻重，但大体上一直在遵照周忱所创标准实行。

这种折征税粮的布匹，并不是江南棉布产区民间所织的普通布匹，而有着规定的门幅尺寸。明代后期畅销于华北各地的是标布，较标布稍狭而长者称中机布，最狭而短者称小布，阔不过尺余，长不过16尺；青浦县朱家角镇所出布匹，小号布阔8寸3分、长18尺，大号门面阔9寸5分、长19尺。看来江南民间通行的棉布长不过2丈左右，阔不过1尺左右。而江南进贡朝廷的官布，洪武二十六年（1393）规定：“白棉布每匹长三丈二尺，阔一尺八寸，重三斤。”[3]早在实施折征之初，周忱似乎就考虑到布匹规格长阔合式又斤重达标难以做到，乃规定“不拘斤重，止取长阔，两端织红纱，以防盗翦”。到万历六年（1578），应天巡抚胡执礼题定京库布式，并将苏、松、常三府织成样布三匹咨送到户部，尚书张学颜验得：“每布一匹，长三丈二尺，阔一尺八寸，每匹重二斤四两，视旧例三斤之数，虽少不足，但布匹细密，委与他处不同，合将样布两头用印钤盖，行验粮委官会同科道检视堪用，即将一匹送内库收贮，一匹存留本部，一匹咨送巡抚，严行各府州县照式织造，永为遵守。”[4]官布较之民间一般布匹，长阔门幅多出将近一倍，更加细密，质量非同一般，原来对长阔尺寸及重量均有要求，但周忱始行之初似即考虑到这一点，因而规定只论长阔而不论斤重，但收布的内廷仍以此刁难解户，到万历初年，再次重申只论尺寸而不论斤重，稍从实际出发。贡纳折征的官布门幅要求远大于民间普通布匹，因而需要专门织作，所以地方文献称“又有阔大者为官布，不常织，惟官买时为之”[5]。

（二）明代江南官布的解运方式

明代江南官布解运京师，特别是松江府解运三梭细布，后来成为江南最苦的差役，解户负担极为沉重。其征解方式前后又经历了复杂的变化，而不同的方式，对于解户来说，实际负担大不一样。

（1）计里编役解运布匹。明初在完备的里甲制下，官布因为由赋税米粮改折，同田赋漕粮一样，责成粮长解送漕粮时搭运。解送之前，也按里甲应役的办法实行，里甲户十年轮役一次。布解与北运漕粮和南北运白粮均是里甲“大役”，十年轮役，邑里骚扰，不胜其烦，改为在粮区范围内五年一编审充役。在松江府，如康熙《松江府志》编者解释：“成、弘以前计里编役，其布解北运南运及解淮等差，俱于解户内点充，后

1 （明）归有光：《震川先生集》卷八《论三区赋役水利书》，上海古籍出版社，2007年，第167－168页。
2 万历《武进县志》卷三《钱谷一·额赋》，第14页。
3 万历《明会典》卷三〇《户部十七·库藏一·内府库》，第573页。
4 （明）张学颜：《万历会计录》卷三〇《内库供应》，《北京图书馆古籍珍本丛刊》第53册，第1015页。
5 （明）殷聘尹：崇祯《外冈志》卷二《物产》，第30页。

诸解不胜其困，因于每区五年一编大役，充布解、北运、南运、收兑、收银等差。"[1]在常州府，嘉、万时人唐鹤徵说：当地金花银、本折布匹等征于秋粮的赋税，"自隆庆以前，各以分数派之粮长，十分为率，如金花居十之几，各项各居十之几，则亦无论粮长所收之多寡，而各十分之几为金花，几为各项也"[2]，也是通过里甲编役的办法完成布解任务的。由里甲户直接交纳布匹，同交纳米粮一样，不但成为民间的极重负担，而且经过层层索诈勒卡，额定棉布量也往往逋欠难完。正德元年（1506）十一月，东厂太监丘聚即称，"苏州等府纳户解折粮大布三十余万匹，赴甲字库交代，自三月至今，仅收二万五千匹，余尚未完，必该库有留难之弊"[3]。八个月下来，交纳量不到定额的十分之一，里甲差役制下官布解运的窘境可以想象。

（2）试行点佥布行解布。官布由解运漕粮时搭运，也许数额并不大，但涉及几乎全体纳粮户，"人甚苦之"。成化二十二年（1486），松江知府樊莹以松江赋重役烦，体会周忱立法初意，谋求通融之策，采用"取布行人代粮输布，而听其赍持私贷以赡不足"，据说"皆有惠利及于民，而公事又沛然以集，巡抚使下其法于他府，俾悉遵之"[4]。松江府改变成法，得到巡抚的支持和推广，但延宕了一些时日。常州府武进县仿行此法，已在嘉靖初年。万历《武进县志》记载，该县京库阔白棉布25000匹，准米25000石，内中本外布2万匹，此项官布，"嘉靖初招商买纳"[5]。大约客商不熟悉当地市场行情，就有地方光棍串通保结，充当大商，揽纳解交布匹。包揽之人"银一入手，视为己物"，"浪费不经，化为乌有"[6]。因为多为市井光棍包揽，所解布匹"稀松纰薄，不堪实用"[7]，额定之布解任务落空。直到明末，还有人提出，用标布客解运布匹。此法实即以前点佥大户的做法。

（3）编佥殷实大户充任解户。嘉靖四十一年（1562），松江知府臧继芳议以细布附北运漕船带解，贴以扛垫银，据说"行之一年，仍编民运"[8]。仍编民运，说明废止布行解布，恢复为里甲户五年一编役的做法。其时在册里甲人丁、田地与实际出入很大，再行此法，自然难以完成繁难的布解任务。里甲编役难以维持，大约在万历初年[9]，地方官府收缩范围，编佥殷实大户，将解布任务责任指定大户承担，用富户的财力转移地方的责任。其具体做法是，五年编审一次，指定赋税大户充当解户，官府发给布价及铺垫扛贴银，解户承包解运布匹，验印解京。在松江府，布解五年编定40名，其中华亭县20名，上海县15名，青浦县5名，每年则华亭县4名，上海县3名，青浦县1名[10]。充当解户者，"大概有田千亩以上"[11]。大户领银解布，布银如能照价及时发放，此差未尝不可。但实施过程中，实际上弊窦百出，不胜枚举。

首先是官府点佥大户即存在卖富差贫的严重不公。其次是布价不按规定提前或及时发放，而往往迟发短

1 康熙《松江府志》卷一三《徭役》，第3页。
2 万历《常州府志》卷四《钱谷志一·额赋》，第34页。
3 《明武宗实录》卷一九，正德元年十一月丙戌，第563页。
4 （清）顾炎武：《天下郡国利病书》原编第6册《苏松》，第69页。
5 万历《武进县志》卷三《钱谷一·额赋》，第40页。
6 （明）陈继儒：《陈眉公先生集》卷五九《布解议》，第18－19页。
7 万历《武进县志》卷三《钱谷一·额赋》，第40页。
8 康熙《松江府志》卷一三《徭役》，第14页。
9 万历《武进县志》记：官布，"万历七年，知府穆炜议以殷实人户充之"（卷三《钱谷一·额赋》，第40页）。
10 崇祯《松江府志》卷一一《役法一》，第1页；康熙《松江府志》卷一三《徭役》，第13页。
11 （清）叶梦珠：《阅世编》卷六《徭役》，上海古籍出版社，1981年，第146页。

发甚至不发。再次也是最为突出的，收布解布多无名之费。具体而言，犹有三端：一是解户接受、办理手续遭受各种勒索；二是解运途中关卡留难；三是京中解纳布匹需付各种费用。其实际费用，明后期人黄廷鹄说："细布之役，夫各郡县有解粗布者，而松江三县特解细布，每年佥解户八名，每名费至千金以外，虽巨室大姓，往往立破，中间惨情，不可殚述。"[1]张鼐也称，松江一府最苦者，"尤在细布一役……此解纳内府，每年解役赔费不啻万金，他郡未有也"。[2]直到清初，华亭人董含还有深刻印象，说："前明编审大役，有细布、北运、南运种种名色，赔累者不少。"[3]同时期上海人叶梦珠也说："吾乡之甲于天下者，非独赋税也，徭役亦然，为他省他郡所无，而役之最重者，莫如布解、北运。即以吾邑论，布解每年一名，后增至三名，俱领库银买粗细青蓝素布，雇船起运，至京交卸。"[4]

（4）各种改革解交方式的动议。解户承包布匹解运，导致解户赔累不堪，破产亡家，官府只得谋求其他办法。

一是附搭袍船解进。万历三十四年，华亭知县熊剑化呈请："布搭粮船，恐虑浅剥，欲附进表，又恐陆行。唯有织造内号外号袍缎大船，船空箱少，搭载颇便。或每匹议给坐舱银一二厘，共银若干，官商亲付船头，以为沿途顺带之费，谅亦无辞。况板坚不水发，途路不欺凌，官船不邀夺，坝闸不留难，关津不勒措，似觉稳妥可行。候批解苏州府，会同计议可否。"[5]三十八年，苏松道呈请，在14万匹布匹中，"议将御用三线细布五千匹，照旧定织本色，附袍船解进"[6]。同年，巡抚徐民式也主张，鉴于布解大户赔贴不堪，不妨将二线与粗布照价改折，三线布以本色附袍船解进。但所有这些主张，"寝阁不行，朝野同惜"[7]，看来没有实行。

二是贴银助解。如常州府曾动用地方积存羡余银以补布解户的额外开支。万历二十一年，武进县知县桑学夔议征收法，"如胖袄、茶蜡、朱漆、官布等项，势不可缺者，仍用解头十九名，俱照虎头鼠尾册，田及千亩者方为佥点，其一应挂号销号往返盘费，与夫煎销火耗滴补鞘匣扛索箱柜等项，俱于积存羡余银内取给。至于贴役解扛银两，俱查原编款目照数当堂给发，虽有解头之名，实无解头之费"[8]。如地方人士助银解运。光禄寺丞顾正心，创设义田706亩，以其所余租米480石专门资助华亭县布解户4名[9]。

三是民收官解。天启二年（1622），松江府华亭知县鉴于当时布解大户纷纷破产的惨状，提出应该实行官收官解[10]。崇祯二年，华亭知县郑友玄提出改革官解之法。华亭一县布解4名，每年领解梭布16185匹，棉布48935匹，价扛垫贴银两共计30847两，费用已经丰赡，但"五年之内必竭数十大户之力，甚至破家而犹不得完者"。如果改为官解，则省去各种费用，解户可以无累。先分别二线、三线布，确定织布机户，然后分派

1 （明）黄廷鹄：《役法原疏》，《明经世文编》卷五〇三，第5538页。

2 （明）张鼐：《宝日堂初集》卷四，第48页，《四库禁毁书丛刊》集部第76册，第98页。

3 （清）董含：《三冈识略》卷二"均田均役"条，辽宁教育出版社，2000年，第31页。

4 （清）叶梦珠：《阅世编》卷六《徭役》，第146页。

5 崇祯《松江府志》卷一一《役法上》，第25－26页。

6 （明）房壮丽：《为布解系江南第一苦累议折诚为两便恳乞圣明俯赐允从以恤劳民以固根本事》，（明）董其昌辑：《神庙留中奏疏汇要》户部类第五卷，《续修四库全书》第470页，第363页。

7 康熙《松江府志》卷一三《徭役》，第8页；崇祯《松江府志》卷一一《役法上》，第27页。

8 万历《常州府志》卷六《钱谷志三・征输》，第62页。

9 康熙《松江府志》卷一三《徭役》，第15页。

10 崇祯《松江府志》卷一一《役法上》，第28页。

里排，令其各买二三十匹。一二月之前即将布银交给机户，到时严限机户交布。[1]同年，松江知府方岳贡提出，由官府给发串单，令解户设柜自收，其余官府所发之票，一概取消，而令解户自具出状，某日有布可印，违限责之[2]。这种由华亭知县郑友玄创行、知府方岳贡推行于上海、青浦二县的办法[3]，就是由官府向纳粮户发放串单，布解户设柜自收布价和铺垫扛解银，解户收银后，先期将布价发给织布机户，收取布匹，改民解为官解，将布匹交给县衙，委托粮厅帮解。这种办法有两个特点，一是可以确保解户获得布价等银，二是去除解户解交环节，减除解户在解交过程中所受的抑勒之苦，两者均可规避解户破产的厄运。直到明末，崇祯十七年（1644），应天巡抚祁彪佳还在呼吁将苏、松、常三府需交官布全部折价，委官带解[4]。

四是部分折布征银。征收本色布匹既给地方百姓带来十分沉重的负担，拖欠积累又不能足额解交，地方官府士民于是谋求改变之方，反复呼吁将部分布匹改折银两征收。万历三十八年（1610），苏松道在主张三线细布附搭袍船解进的同时，就曾提出，其余布匹供赏用者，"俱照原编银数解纳折色，庶国计民生两有裨益"[5]。

但文献显示，直到明亡，江南棉布改折银两征收并未实施。终明之世，布解始终是悬在苏、松等地百姓头上的利剑，使其受尽折磨。

（三）清代江南官布征解数量及其方式的变化

清朝定鼎后，宫廷所需布匹，仍主要由江南地区提供，但征解地域范围有所缩小，解运方式也有了根本性改变。同清初的漕粮一样，改为官方采办，民间的实际负担应该大为减轻。

康熙三年（1664）重申，江苏布政司应解五色三梭布5000匹，棉布27036匹，"采办价值，皆由部核销"。雍正三年（1725），原由江苏办解的三梭棉布27367匹，改由山东布政司解送[6]。入清后，由江苏采办解送的官布似乎大量减少，但其实不然。

清代在江南采办布匹的数量，既有研究尚未涉及，其实可以大致理出头绪。康熙二年（1663）二月，户部奏请下达当年定额，"青、蓝布四万匹，内应办四庹青布二万匹，蓝布二万匹，相应请敕下江抚，转行藩司，严檄苏、松、常三府动支元年分杂项钱粮，照时采办……遴选现任官员，限文到五个月内解部应用"[7]。此总数4万匹的青、蓝布，何时起始，目前并不清楚。顺治十八年（1661）松、常二府解到当年应买布24000匹，而苏州府应买16000匹迟至年余滥交粗糙不堪用之布[8]，由此可知，顺治年间，采办布匹数量及其大致分配即已如此。

康熙二十五年（1686），江苏巡抚汤斌奏报，据江苏布政使章钦文详称，"部行江南采买青、蓝布十万匹，每年照限解部"；"青、蓝布匹，原准部文，因在京采买，皆系短窄粗糙，故行江南，每年采买宽长细密

1 崇祯《松江府志》卷一一《役法上》，第32－33页。

2 崇祯《松江府志》卷一一《役法上》，第30页。

3 参见（明）陈继儒《陈眉公先生集》卷五九《布解议》，第20页。

4 （明）祁彪佳：《题为请折官布以甦民生以裕国用以通商贾事》，崇祯十七年十月初六日，《祁彪佳文稿·宜焚全稿》，书目文献出版社，1991年，第8421－8422页。

5 （明）房壮丽：《为布解系江南第一苦累议折诚为两便恳乞圣明俯赐允从以恤劳民以固根本事》，（明）董其昌辑：《神庙留中奏疏汇要》户部类第五卷，《续修四库全书》第470页，第363页。

6 嘉庆《大清会典事例》卷一五三《户部·库藏·缎匹库》，《近代中国史料丛刊》三编，第66辑，第653册，第6886页。

7 （清）韩世琦：《抚吴疏草》卷二五《参采买布匹迟误职名疏》，《四库未收书辑刊》第6辑，第719页。

8 （清）韩世琦：《抚吴疏草》卷三〇《参驳换光青蓝布迟误职名疏》，《四库未收书辑刊》第8辑，第168页。

好布十万匹解部。业经转行布政司遵照，将康熙二十二、二十三两年应办布匹，分委苏州、松江、常州三府官员照数采买，赴部交纳"。又称，"此布细密宽长，非比民间所用短窄粗糙之布，别处之民皆不谙织办，惟松江府上海县所属三林塘地方出产，即京师百货聚集之处，采买亦自难得，故仍行江南采办"[1]。如此则清廷减少原来的三梭布和一般棉布的征解量，而改行着重采办青、蓝布匹。其数量，由顺治末年的每年4万匹，增加为康熙二十年（1681）代的10万匹。

康熙三十四年（1695），苏州织造李煦于当年四月方奉文"采办青、蓝布匹三十万匹"，"只得仍照旧规采买，以致相沿成例，不得稍减"[2]。康熙末年，户部尚书赵申乔上奏称，江南青、蓝布匹自康熙三十四年归于苏州织造李煦领价办买，三十五年办解30万匹，三十六年至四十五年俱每年办解50万匹，其间四十三年欠解110370匹，四十四、四十五两年共应办解布100万匹，全未解到。青、蓝布每匹价银3钱2分3厘，苏州织造共欠解布1110370匹，共价值银358649.51两，"今库内存贮青、蓝布甚多，已于四十四年停其采办，而苏州织造十年前所办布匹至今不解，十年前所领布银至今不还"，请求皇上敕下督抚严催，将所领采办布价勒限速解户部。[3]

李煦采办和赵申乔的奏折提供了极为重要的信息。一是朝廷每年从江南采买的青、蓝布，从顺治末年的4万匹，经康熙二十年的10万匹，已经增加到康熙三十四、三十五两年的30万匹，已与明代进贡棉布数相当；康熙三十六年至四十五年十年间，下发采办数增为每年50万匹，实际办解为388963匹，定额和实解数均已超过明代。二是棉布采办的地域范围，直到康熙初年，同明代一样，广及苏、松、常三府，而至迟到康熙中期李煦采办时始，已收缩为苏州一地。这一点，与同治《苏州府志》所载相吻合。该志载，乾隆三十六年（1771）户部回复江苏巡抚李湖奏称，江苏省年额办解物料甚多，其中"年额采办三线等布，向由吴县选铺领办。此系奉部随时派办，向无定数"[4]。就此推断，康熙中期，苏州织造李煦在苏州每年采办青、蓝布匹数十万匹，其法已变，清朝集中在苏州吴县一地实施采办官布，时间当在康熙中后期。其时，江南棉布踹染加工业字号已向苏州城市集中，苏州又是织造衙门所在地，由苏州织造在当地采办官布，大概最为方便，也最为有效。至此，明代直至清初征解棉布的江南苏、松、常三个府，只需交纳棉布折价银及铺垫扛贴银，而发生了财政转移，布匹改由吴县一地办解。

通观清朝江南棉布的采办量，康熙后期当是数量最多时期。后来停办十年。乾隆五十二年（1787），委员苏州府知事张允毅督商领办棉布27367匹，当时每匹价格实需银5钱，共需银13683.5两，部编价银每匹3钱之外，协贴不敷银、解部饭银在耗羡银内动支[5]。嘉庆四年（1799）议准，江南布、浙江丝绵、山东布、江西苎布，库贮均足敷用，于嘉庆五年为始，停其解交[6]。因为采办量远远超出实际使用量，有些年份实际短解甚至完全不解，采办布匹数量大为减少。

---

1 （清）汤斌《汤文正公全集·汤子遗书》卷二《采买布匹疏》《解送布匹疏》，第46、66、67页，同治九年汤氏祠堂刊本。

2 （清）李煦：《请预发采办青蓝布匹价银折》，康熙三十四年九月，故宫博物院明清档案部编：《李煦奏折》，中华书局，1976年，第6页。

3 （清）赵申乔：《赵恭毅公剩稿》卷三《奏明请追苏州织造亏欠办买青蓝官布银两折》，《四库全书存目丛书》集部第244册，第487页。

4 同治《苏州府志》卷一九《田赋八》，第34页。

5 江苏巡抚闵鹗元《奏为循例奏明事》，乾隆五十二年十一月十五日，《宫中档乾隆朝奏折》第66辑，第315页，台北"故宫博物院"印行，1987年10月。

6 嘉庆《大清会典事例》卷一五三《户部·库藏·缎匹库》，《近代中国史料丛刊》三编，第66辑，第653册，第6887页。

随棉布征解的数量和地域范围的变化，清代江南棉布的征解、采办方式也不断发生变化。

顺治二年（1645），江宁巡抚土国宝宣布，"除布解、北运、南运各色解户收银诸役，改为吏收官解，仍照田均编经费银为解官经承吏役倾销诸项公费"[1]。次年，朝廷"总计天下财赋重地，惟江南、浙江、江西三省苏、松、嘉、湖诸府尤最，巡抚黄徽请以漕、白二粮与岁贡绢布俱官兑官解，以纾民累"[2]。可见，清朝立国之初，即将江南官布的解运方式，改为官兑官解，而且由官府依照时值估办，也即吏收官解。

顺治十年（1653），清廷下令："改折三梭三线布银，其本色布匹，俱照时值估办，改定料价折色银；应办本色起运者，亦随时估值，申报大吏核实编征。"[3]令典规定，本色布匹，按照时值估办；已经改征折色银，而仍起运本色棉布者，也随时估值，核实编征。当年，松江府改折三梭布棉布银共7617两2钱，扛银解费共7666两，每年俱照时值估办[4]。康熙五年（1666），娄县知县李复兴详行均田均役法，见当时役法日敝，将其中原有的布解、南北运、收仓收柜诸重役，"皆贴官料理，民得息肩矣"。[5]可见其时松江府还曾由官府贴银完成布解重负。

其时估值采办或后来的按标准报销价银而采办，又是如何采办的呢？据碑刻载，松江府编为小甲月首完解采办布匹，小甲月首则与官府吏书串通，向商牙布铺"滥取布匹，或几千，或几百"，"朱签逼迫，无论商贾，定下货物，立刻缴进，官价不知何时给发，牙行无从设处"。看来这种商牙采办之法，是官府并不备足货价，责任地方小甲月首包揽完成，小甲月首则向商牙铺户采取，所获布匹，或短发迟发价银，或干脆无偿攫取，严重扰累了布牙商户。顺治十七年（1660），巡按马具题，说奉有谕旨，苏、松、常三府上传布匹，委官办解。但小甲月首滥取布匹行为未曾得到遏制。康熙三年（1664），松江商牙控告至江宁巡抚韩世琦处，韩批令布政使查覆。布政使申令委官办解，内局布匹则由苏州织造府在苏州就相应棉布字号平买。但办解布匹时，仍是"奸蠹朋比，借影生波，上传布价，现扣地平……甚至官价朋侵，至商贾视为畏途，牙庄束手受诈"，没有多少改观。直到康熙十一年（1672），在江宁巡抚玛祜再次批示后，松江府将布匹官办官解六款，立碑公示。[6]自后官布采办才正式官办官解，实行新的采办方式。大约官府办解布匹，每年三月奉接部文，"临期急迫，必需牙行经纪四散收买，所以价贵"[7]。可见清初的吏办官解布匹，由于经费无切实保障，经办官员也曾短发或不发价银，而将责任转嫁到布铺布牙头上，由其承值缴纳，仍带有一定的徭役性质。

官府采办布匹，估照时值，予以报销，自然定有报销标准。原定棉布，每匹准予核销3钱多。康熙中后期苏州织造李煦的采办，据他称，"只得仍照旧规采买，以致相沿成例，不得稍减"。临期急迫，春天三四月间，又非棉布上市季节，采办之价就高。为减省采办费用，李煦奏请，来年应办之布，先于前年十月，不用牙行经纪，预将价银给予织布之家，从容办料，乘暇纺织，待至春间陆续收染。说这样一来，每匹可省

1 光绪：《重修华亭县志》卷八《田赋下・赋额》，第25页。

2 乾隆官修：《清朝续文献通考》卷1《田赋一》，浙江古籍出版社，2000年，第4858页。

3 乾隆《江南通志》卷六八《食货志・田赋二》，程章灿主编点校，第3132页。

4 康熙《松江府志》卷七《田赋二》，第6页。

5 嘉庆《松江府志》卷二七《田赋志・役法》，第31页。

6 《官用布匹委官办解禁扰布行告示碑》，康熙十一年六月十二日，上海博物馆编《上海碑刻资料选辑》，上海人民出版社，1980年，第89－92页。

7 （清）李煦：《请预发采办青蓝布匹价银折》，康熙三十四年九月，《李煦奏折》，第6页。

银6分多，采办30万匹，可省2万余两银。[1]其时"每年领布政司钱粮十六万两有零"，采办青、蓝布匹。从此，采办布匹大概即按李煦所说，先将银两给散机户，"所以历年起解无误"[2]。乾隆中期，江苏巡抚陈弘谋在任时，物价持续上涨，奏定每匹价银5钱，"俟物价平减，即照旧额办理"。乾隆二十七年奏准，照时价每匹准销银5钱。次年奏准，苏州织造办解青、蓝三梭布，每匹准销银3钱7分，水脚银2分2厘。[3]次年，委徐鸣山额办棉布27367匹，江苏巡抚庄有恭奏称，因"去秋木棉歉收，花纱贵于往昔，现在时价核算，每匹弹纺织工杂费等项，核与奏准之数有浮，未便准给，应该仍遵恩旨，照每匹五钱之价赶办"[4]。由此和乾隆五十二年江苏巡抚闵鹗元奏折可知，清廷采办江南棉布，户部核定每匹3钱，在定价内开支，随着物价上涨，户部没有相应调整，超出部分则由地方耗羡银内动支，实际上转嫁了宫廷财政开支。

清廷将棉布采办范围收缩为苏州一地后，自然不全然像李煦说的那样，预发银两给布户，也非如乾隆年间江苏巡抚所说，核定价值，按照市价，而是作为差务，派令布铺字号挨次承办，轮值应差，实际上是利用苏州最为丰实的布业实力。道光八年户部咨："江苏省额解道光八年分五色三梭布五千匹，现在各工并颁赏需用甚多，应添派三梭布六万匹，又应添派本色油墩布六万匹，限十年四月内解库。如敢玩延，立即奏参。"接到户部咨文后，江苏巡抚转行布政司饬令添办，并专文上奏。陶澍的奏折提供了清代江南棉布进贡朝廷的具体运作等大量信息，极为重要。

一是责成布铺轮值承办。据布商汪益美呈称："自乾隆四十四年以来，每年只有额办五千匹，间有不办之年，近来逐渐加多，差多费重，以致各铺为赔贴倒歇，十不剩一。现存二十一户，复经报歇十三户，纷纷改业。此后仅剩数户，力尽难支。"苏州府督同吴县也详称："查布差，向额之外，门有添派。溯查嘉庆二十五年以前，惟十一年及二十年派办至十一万余匹，为数较多。其余每年或一二万匹，至多不过六七万匹。从前原有布商四十五户，挨次承办，数年轮值一次。尚易领办。近年铺户接踵退歇，不敷轮做。所有道光六年各项布十八万九千余匹，甫据该商承领，尚未办解。又有派办七年分布二十万五千匹，先经咨部请减，或分年办解。"可知自乾隆四十四年以来，每年额办5000匹，间有不办之年。直到嘉庆二十五年，只有嘉庆十一年与嘉庆二十年派办至11万余匹，其余年份，每年或一二万匹，至多不过六七万匹，通年牵算，每年四五万匹。道光初年，因典礼备赏需用较多，派办逐渐加多，道光八年增至13万匹。

二是视实际需要酌量解办。清宫存放布匹，同丝绸一样，"总分所存足敷三年之用为度"，多则暂停解办，少则先期行文制备。嘉庆十五年（1810），库贮江苏布匹多达80万余匹，支放有余，因而暂停派办。而道光初年，三梭布每年约用四五万匹，库贮减少，是以增加派办量。道光年间，户部在回复陶澍"查照嘉庆二十四年以前历年旧则，酌中定数，遇有添办，每年总以若干限度"的奏折时，并未改弦更张，而议奏道："查现在库存三梭布八万余匹，每年约用四五万匹，例应三年库贮，今核计不敷二年支放。油墩布现存四万余匹，仅敷本年支放。所有七、八两年分派此二项布匹，断难议减。应令按照前限如数解库，毋得再迟。其六年分派办

1 （清）李煦：《请预发采办青蓝布匹价银折》，康熙二十四年九月，《李煦奏折》，第6页。

2 （清）李煦：《采办布匹亏欠缘由并请仍派采办折》，康熙五十四年六月十五日，《李煦奏折》，第180页。

3 嘉庆《大清会典事例》卷一五三《户部·库藏·缎匹库》，《近代中国史料丛刊》三编，第66辑，第653册，第6886页。

4 江苏巡抚庄有恭《奏为循例奏明事》，乾隆二十八年六月初十日，《宫中档乾隆朝奏折》第18辑，第121页，台北"故宫博物院"印行，1983年。

布匹，据该抚奏称业经发件领办，应令照前展期限，于本年一并解交，以备支放。至三线布、棉布二项，库贮尚可敷用，酌拟暂停解办，将七、八两年份额解江南棉布，缓至道光十年，俟油墩布、三梭布解齐后，于十一年起按春秋二季分批解交。其七年分添派三线布六万匹，缓至十一年，俟江南棉布解齐后，届期核计存贮多寡，倘不敷用，再行知该抚，于十二年起按春秋二季解交，如足敷应用，仍即停止，以恤商力。”[1]户部的议决似乎理直气壮，因而毫不退让，而只是稍微放宽时限，但对派办的布价银仍未作出任何安排。

三是规定按标准报销布价。清廷派办江南布匹，户部核定每匹布价银两三钱，后来物价上涨，并不相应增加报销银两，而是由地方耗羡银两支用。苏州府暨吴县衙详称：“前据各商纷纷具禀，或请增例价，或请移产地接办，均属窒碍难行，迭经驳斥。惟查三梭布每匹例价银三钱零，油墩布每匹例价银四钱零，三线布每匹例价银六钱，棉布每匹例价银五钱，均系从前部编及乾隆年间所定。”此项可以印证前述乾隆年间布匹报销银两内容。

四是由于派办布匹数量过大，掯勒铺户过甚，苏州布业铺户纷纷倒闭歇业。嘉庆、道光年间，派办之布“不能按限交纳，往往逾至半年。自道光二年后，竟迟至二三年始行交库。”出现类似明后期加派丝绸不能如期织解的拖欠现象。苏州府暨吴县衙详称，当时“生齿日繁，物力维艰，日形昂贵。应领例价，本属不敷，其解运费用，一切例无开销，添布愈多，赔贴愈重”。既是强令派办，短发少发布价，不计布匹解运费用，自是寻常之事。清廷改变明廷做法，不由富户自行解交布匹，而改由官方采买，但财政安排不足，核定价格并不到位，仍将负担转嫁到布业铺户头上。道光六年派办各项布匹189000匹，七年又派办205000匹，“屡经饬催，尚未据各商领办”。八年夏复奏咨派道光八年分布125000匹，限十年四月解库，“通计两年零四个月之内，共需办解布匹五十余万，商力实属不支”。采办官布，给苏州布业铺户带来了极为沉重的额外负担。

陶澍奏折中提到的领衔棉布字号“汪益美”，是徽州布商于明代万历年间创设于苏州的著名字号，曾在康熙三十二年、四十年和五十九年的碑文中以“程益美”字样出现，在道光十二年（1832）的碑文中又以“汪益美”字样出现，到道光时，仍然兴盛，每年销布百万匹，赢利银20万两，“富甲诸商，而布更遍行天下……二百年间，滇南漠北，无地不以‘益美’为美也”[2]。官府遴选头号布商“汪益美”采办官布，显然是要借助布商的财力，转嫁财政负担，仍不脱清初肆意向商牙布铺滥取布匹的掠夺本质。直到道光时期，清廷及其苏州地方官府，仍未备足价银，按照市场价格，等价采买布匹，而是压价短价甚至不发价银，掯勒布商铺户。较之明代，清代官布的采办，只是将负担由广大业户转移收缩到了专业棉布铺户头上。清代苏州棉布字号因官府采办棉布少发迟发价银而逐渐消减，朝廷采办布匹掯勒铺户严重地影响了江南布匹市场的正常经营。

太平天国运动爆发前后，清廷派办布匹，据奏，“咸丰十年以前，苏商与松商分任办理，兵燹后，苏商乏人接充，历年欠解供布，奉部奏咨严催”。同治四年，苏城布业公举职员戴权充当董事，议由苏属九县布庄布店每匹提捐钱2文，作为帮贴。六年，该董事又以无锡、金匮、江阴三县毗连常、昭两县处所，不出此捐，不足以昭平允，议照常熟、昭文二县庄店派数捐办，其余不毗连乡镇概行免捐。十年认办五年分添派布8万匹，该董请饬常州三县辖境一体提捐，以资协济。三县议由无锡县捐廉钱500串，金匮县捐廉钱2000

1 （清）陶澍：《陶云汀先生奏疏》卷二二《苏省派办布匹逾额恳请酌减折子》，《陶澍全集》第2册，岳麓书社，2010年，第86－91页。

2 （清）许仲元：《三异笔谈》卷三《布利》，重庆出版社，1996年，第81页；参见拙文《清代江南棉布字号探析》，《历史研究》2002年第1期。

串，江阴县捐廉钱1100串，作为贴补，仍免捐办。然而此项供布终不能办齐起运，于是革退董事，改行官办官解。同治十三年以后，采用收捐之法，每匹循旧例，抽收钱2文，名曰产地捐，以作供布津贴水脚不敷之用[1]。清末，原来进解的布匹，“间数年办贡一次，无定期，亦无定数。其款捐自商户，向章由上海布捐局于征收稀套布捐时带收此捐，每匹制钱2文，按季解缴藩库储备拨用”[2]。数年办贡一次，看来数量大减。但直到清末，派办布匹的不敷脚价银等，仍责令布庄布店提捐帮贴，布户承值应差的性质主旨仍未改变。

四 结 语

明清两朝，宫廷食粮，征取于江南一隅。两代均将近22万石的“天庭玉粒”白粮（白熟粳米和白熟糯米）指定由江南沿太湖的苏州、松江、常州、嘉兴和湖州五府分担，解进宫廷供用库、酒醋局和光禄寺等处，以供内廷饮食需用。其中苏州府交纳62642石，松江府49538石，常州府39809石，嘉兴、湖州二府65750石。白粮均以本色解运，在明代，由指定的解户即民运进京，负担极重，大体上以四石之力完一石之额，成为江南最为繁重的徭役，破身亡家者极为常见；清代改民运为官兑官解，业户和江南地方负担大为减轻。

明清两代，江南是全国最为重要的棉布丝绸生产中心，号称“衣被天下”，畅销全球。宫廷所需各色棉布绸缎，也基本上全部来自江南。明代每年额定征解江南官布31万余匹，其中苏州府占近45%，松江府占42%强，常州府占近13%。江南官布解运京师，特别是松江府解运三梭细布，后来成为江南最苦的差役，解户负担极为沉重。其征解方式前后经历了复杂的变化，不同的方式给解户造成的实际负担大不一样。清代改供纳为采办，清初仍在苏州、松江、常州三府范围采办，但康熙中后期起，官布采办的地域集中在棉布加工业中心苏州一地。所谓采办，实际责成布铺轮值承办，掯勒铺户，转嫁财政负担。乾隆中后期因实际使用量减少，减至每年5000匹，嘉庆中期一度增至10余万匹，但通常在一二万匹，至多六七万匹，道光初年则增至10余万匹，年年如此。明清时期无论官布的数量及其解运方式如何发生变化，其承值应差的性质未曾根本改变。

明代初年，定制内织染局专门织作上用即宫廷服用缎匹，明中期起，随着奢侈性消费激增，各色绸缎取宏用多，明廷增设临时的织造机构南京供应机房，更派遣太监前往苏、杭地方督织御用丝织品，苏、杭等地方织染局也大量生产宫廷服用的绸缎，苏、松、杭、嘉、湖五府成为加派上用袍缎的专门生产地，苏、杭与南京一起成为明代宫廷服用的最重要产地。清代一开始即将官营丝绸生产机构全部集中在江南，在江宁、苏州和杭州设立三大织造局，三织造包揽了全部官营绸缎生产。江南三织局是中国历朝规模最为宏大的官营织造机构，额设织机2000张左右，机匠近6000人。依据档案，可知顺治到雍正年间，每年产量可能为1.4万～1.5万匹，乾隆时起，平均约为1.3万匹，报销织造银两各5.47万余两，三局总计约在16.41万两之谱，其中杭州局最高，占39.04%，江宁局其次，占36.66%，苏州局最少，占24.3%，但苏州局承做的绣品等活计最多。清代御

1 江苏巡抚鹿传霖《奏为遵旨查禁苏州供布津贴恭折覆陈仰祈圣鉴事》，光绪二十五年九月十四日，《宫中档光绪朝奏折》第13辑，台北“故宫博物院”印行，1974年6月。

2 《江苏财政说明书》第27帙第1章第2节，陈锋主编《晚清财政说明书》第5册，湖北人民出版社，2015年，第411页。

用缎匹的生产，与明代不同，江南三局均有织作任务，而在各局中所占比例略有不同，宫廷缎匹江宁局最高，为19.02%，苏州局其次，为14.39%，杭州局最低，为10.1%，江宁织局织造宫廷缎匹的比重较高。

明清两朝基于任土作贡的原则，定制在江南生产各色精美绸缎，向江南征取或采办为数可观的精熟食米和高档棉布，明代在财政方面没有做出相应的安排，实际上滥用民力和地方，转移财政负担，给江南地方和广大民众造成了极为沉重的负担，江南在人力和物力上做出了极大的牺牲。但宫廷向江南征取或采办衣食之需的过程也表明，朝廷特别是清廷的相应做法也是与时俱进的，清代改变白粮解运方式，改变缎匹生产方式，变服役应值为"买丝招匠"的雇募制，无疑减轻了江南地方的压力和民众的负担，具有一定的进步意义。清廷每年从江南采办（实际是定点加工生产）30万匹阔幅的高档棉布，在江南开设三大织造局，安设2000台织机，招募6000名左右工匠，织造工艺要求最高的御用缎匹，虽是借助了江南雄厚的生产能力，但从大众就业和工程生产来说，为江南地方提供了相当难得的工作机会，更客观上有助于江南丝绸棉布等纺织生产技术和工艺水平的提升，江南民间纺织业在数百年中保持领先地位，官营工业的发达无疑在其中起到了一定的作用。

[作者单位：南京大学历史学院]

明代京边马草的课征与召买

Taxation, Requisition, and Purchasing of Horse Fodders in Beijing and Northern Frontiers in the Ming Dynasty

高寿仙

Gao Shouxian

内容提要：

明代北京和北方边镇所需马草，起初主要通过赋役系统征收本色，包括州县系统的田赋马草，以及军役系统的秋青草和屯草。明代中叶以降，田赋马草逐渐折征银两，而秋青草和屯草失额严重，北边各镇粮草越来越依赖户部拨银。除向骑操人员直接折支银两外，在京各仓场和北边各镇还都通过召买方式储积一定数量的本色马草。召买最初属于两平交易的市场行为，但很快就演变成为一项沉重的变相徭役，对当地社会经济造成很大危害。

关键词：

明代　马草　折银　召买

ABSTRACT:

During the Ming period (1368-1644), horse fodders needed for Beijing and northern frontiers were originally requisitioned through tax and corvée system. The fodders included those levied from prefecture and county land taxes, and autumn green grass and garrisoning forages for the military. Starting from the mid-Ming period, the former were gradually converted into silver taels, while the latter suffered from grave shortages. Increasingly, northern frontiers' provisions relied heavily on financial appropriations from the Ministry of Revenue. Aside from paying horsemen in silver taels, warehouses in Beijing, and garrisons in the north also purchased a certain amount of fodders. Such purchases started as fair trade but soon morphed into heavy corvée in disguise, detrimental to local social economy.

KEYWORDS:

Ming dynasty, horse fodders, conversion into silver tales, procurement

一　引　言

在中国古代，马是非常重要的交通工具和战备物资，历朝无不大量饲养，再加上官养的牛骡羊等牲畜，每年需要耗费大量饲草。秦汉时统称饲草为刍藁，刍指刈取的野草，藁指作物的秸秆。唐代以降，除沿用刍藁一词外，还将两类统称为草。明代亦统称草，若各别言之，前者习称秋青草，后者分称谷草、稻草。历代官养牲畜所用饲草，一部分由饲养者或使用者自行解决，另一部分需要政府供给；而政府获草的途径，除少量来自购买外，绝大多数都来自赋税课征。

明代厩牧由御马监、太仆寺、苑马寺等机构分别管理，若从养马者身份着眼，可分为官牧和民牧两大系统。民间孳牧以及各苑马寺牧养马匹，食草均由养马者自行解决。需要由官府提供饲草者，主要包括两类：一是御马监所属内厩，“在京城外郑村坝等处牧养御马，大小二十所”[1]；二是军卫孳牧，无论在京在外卫所，“俱有孳牧马匹，以给官军骑操”[2]，各卫所孳牧数量差别较大。从相关诏令看，政府关注的重点，是北京及北边军镇的马草供应问题。

御马监及京边各卫所养马匹，夏秋两季可下草场放牧，而冬春两季所需饲草，除通过“食盐开中”“开纳事例”获取一小部分外，绝大多数需要通过赋役方式获取。马草赋役可分为两类，一类属于州县田赋，即按照田亩向部分地区百姓摊派刍草；另一类属于卫所军役，包括秋青草和屯草。明代前期，各类马草均征纳本色，明代中叶开始陆续折银，但屯草和秋青草折银总额很小，而田赋马草数额较大，正如黄仁宇所说，在田赋的附属附加税中，“唯一对纳税人有很大影响的是马草”[3]。

明代马政一向受到重视，迄今已发表大量相关论著[4]，举凡官牧、民牧、草场、茶马贸易等重要问题均有涉及，但对于税草制度及其演变过程，似尚无专题论文予以探讨。笔者在相关论文中曾对草料折纳和召买的演变过程有所论述[5]，亦不够系统详明，兹缀合相关史料，对这个问题做一较为全面的梳理。

二　田赋马草及其折征

田赋马草始于洪武三年。是时“北方已定，将班师，马数繁多，刍草宜预备”，于是决定在直隶征收马草，标准是：“应天、宁国等六府地近京师者，各输束草，每重租田一顷十六束，轻租田倍之；池州、安庆十六府地远者，输銼草，重租一顷八包，轻租倍之。”[6]直隶地区重租官田较多，课征马草时比轻租民田加倍，带有一点平均田赋的意味。洪武二十三年，将课征数量略微下调，“令官田每顷草料七包半，民田加

1　《大明一统志》卷一《苑囿》。

2　参看万历《明会典》卷一五〇《兵部三十三・马政一・军卫孳牧》。

3　黄仁宇：《十六世纪明代中国之财政与税收》，阿风等译，三联书店，2001 年，第 173 页。

4　专著有谷光隆《明代馬政の研究》（京都：京都大学东洋史研究会，1972 年），论文数量较多，不具列。

5　参看高寿仙：《明代揽纳考论——以解京钱粮物料为中心》，《中国史研究》2007 年第 3 期；《市场交易的徭役化：明代北京的“铺户买办”与“召商买办”》，《史学月刊》2011 年第 3 期。

6　《明太祖实录》卷五四，洪武三年七月壬子条。

倍，俱起运赴京，定场交纳”[1]；同时，命五军都督府及锦衣等卫“于大江北岸各置牧马草场”[2]，以提高军队自行解决马草的能力。北边所需马草也有不少来自田赋征收，给百姓造成很大负担。洪武七年，巡按山西御史邢雄言：“大同诸处人民岁输粮草，饷给边士，供亿劳苦。”明太祖“乃命停岁纳马草，若乏用则给直市之”。不久，又令山西、陕西、北平诸卫军士“依时芟取刍草，以为储蓄，免致劳民”。[3]

洪武二十五年，“罢民间岁输马草，凡军官之马，令自刍牧，各卫军士马匹，则令管马指挥千百户各择水草丰茂之所，率所部卒及其妻子屯营牧养”[4]。但这可能只是局部性和临时性措施。次年编纂的《诸司职掌》中，仍有关于课征马草的规定：“凡各仓场收贮草料，以备军马往来支用。草于本处官司照田粮征收，料于秋粮内折纳，务要常存预备。”[5]从相关记载看，永乐年间北京及北边的部分马草，也是通过赋役方式获得。如永乐九年初，顺天府香河等县民奏称：“所收官草因雨浥烂，而法司坐以侵欺，责偿甚急，乞宽恤。”同年底，以灾免顺天府涿州、大兴等州县上年应征草1813000余束。[6]十年，山西布政使周璟言：“大同地临边塞，民居鲜少。都司岁用马草，皆令太原、平阳、泽、潞运给。”[7]到宣德二年，“令御马监象马牛羊草，太常、光禄寺牺牲草，俱分派两直隶及山东、河南、山西、陕西诸府州地亩草内征纳”[8]。

田赋马草旨在供应两京及北方边镇，所以只向两直隶以及浙江、河南、山东、山西、陕西五个布政司派征，其中北方司府负担尤重，正如马文升所说：“顺天及直隶保定八府实畿内近地，陕西、山西极临边境，河南、山东俱近京师，凡各边有警，其粮草马匹、一应军需，俱藉四省八府之民攒运供给。”[9]大致说来，南方稻草以交纳铡草为主，单位为包，每包重约10斤[10]；北方谷草以交纳束草为主，单位为束，每束重约15斤[11]。据《明会典》记载，弘治十五年时，额定马草数量为25948264束包，其中北直隶各府共8848480束，山东3819513束，山西3819469束，河南2288396束，陕西1514712束，南直隶各府共5072411包，浙江874391包[12]。

马草体积大而分量轻，遇湿又容易浥烂，运输成本很高。明代前期，田赋马草一律交纳本色，只在极个别的情形下才允许折纳。如永乐九年，陕西宝鸡知县向瑛言：“本县该征粮草，皆于陈仓、东河等驿送纳。今各驿积草可二十余年，若将永乐九年草折收钞，就彼官库收支，官民两便。”从之。[13]江南马草原本起运南京，永乐迁都后，很大一部分改运北京，“每包草一千束，该用五百料船一只，人夫十五名，草束在船十坏六七，所费不赀”，给百姓造成很大的经济负担。正统七年，江南巡抚周忱奏准，“于通州草场设立官库，每束折收白银

1 万历《明会典》卷二九《户部十六·征收》。

2 《明太祖实录》卷二〇六，洪武二十三年十一月己亥条。按，该书卷二一四，洪武二十四年十一月己亥条，亦有类似记载，当系重出。

3 《明太祖实录》卷九一，洪武七年七月丁亥条。

4 《明太祖实录》卷二一七，洪武二十五年三月壬午条。

5 《诸司职掌·户部·民科·会计·草料》。

6 《明太宗实录》卷一一二，永乐九年正月辛巳条；卷一二二，永乐九年十二月乙未条。

7 《明太宗实录》卷一二四，永乐十年正月丙子条。

8 万历《明会典》卷二九《户部十六·征收》。

9 马文升：《为会集廷臣计议御虏方略以绝大患事疏》，陈子龙等选辑：《明经世文编》卷六四。

10 弘治《宿州志》卷上《贡税》；万历《蒙城县志》卷三《食货志·田赋》。

11 正德《大名府志》卷三《田赋志·贡赋》；万历《明会典》卷二九《户部十六·征收》。

12 万历《明会典》卷二五《户部十二·税粮三·草料》。

13 《明太宗实录》卷一一五，永乐九年四月甲申条。

三分”，“人皆称便”。[1]但这种改折只限于江南，北方地区起解京边的马草，在很长时间里仍然要求交纳本色。

为了解决运输困难问题，上纳者往往不直接向纳户收草，而是按照一定比价征收货币或其他易于运输的物品，称为“轻赍”，到达指定地点后，再将轻赍交换为草上纳。这种办法虽然比起运本色便省，但仍然存在不少问题或弊端。早在永乐十年，山西布政使周璟就谈到，太原等府州向大同输运马草，“往复二三千里，地多险峻，车牛运载艰难，往往于大同买草输官，价直翔贵，民用困乏”[2]。宣德二年，陕西巡抚隆平侯张信等也指出：“陕西西安凤翔诸府，岁输粮草于宁夏、甘肃、洮河、岷州诸卫，道路险阻，运致为艰。民往往赍金帛就彼市纳。狡黠之徒包揽费用，通同官吏虚出实收，仓无储积，皆由于此。”[3]成化二年，宣府巡抚叶盛谈道：“每岁坐山西纳草五十万束，草束粗重，难于远运。初年本处运来，车摧牛毙，十分负累。近年小民赍价，自至宣府地方，近者本处，远不过蔚州等处，买草上纳。州县科敛，盘缠使用，其弊已多；及其既到，或奸贪军舍，或官豪势要，从中包揽，其弊尤多。入场之草有数，彼此之弊百端，疲民不胜远劳，官府被其搅扰。”当时太原县试行一种新办法，委派能干官员，将应纳马草按每束四分五厘征银，“一并封赴宣府具告，令其买纳，极为省便”。叶盛建议推广这种办法：“合无今后前项草束，行令彼处巡抚等官，于本布政司，每草一束，折收足色白银四分，煎销成锭，委官送至宣府官库交收。候秋收之际，臣等酌量时价，许令诸色人等，先上草束，纳获通关，后领银两。若遇价高，另行议添征补；若价贱积有余银，本库作正支销。倘值宣府年歉草少之时，仍令征运本色。”[4]

无论是解纳者自行买纳，还是官府收银召买，都还不是真正的折银，官府可以根据情况随时要求起运本色。如成化九年，“令山东并北直隶司府，起运在京内外仓场粮草，俱要照例征收本色解纳，不许折收轻赍银两”[5]。针对这一禁令，山东巡按御史董俊上疏反对，他指出：“姑以草计之，起运边关及京城者，通计五十束，止用银二两；若运本色，则五十束须车一辆，日费五钱，以二十日计之，则费一十余两矣。”但户部认为，“折收轻赍虽便，然京师粮草，所出有限，所用无穷，每为各处买纳，致令价直腾踊”，仍然坚持要解纳本色。[6]弘治元年，“命河南、山西并北直隶府县起运大同夏秋税粮，以三分为率，止一分折银，二分仍征本色。以近例俱折银，而大同方有警报，恐不便和籴也”。[7]弘治八年，陕西副使李旻奏言：“肃州为频年灾伤，粮无素蓄。往时腹里供亿，皆赍折色。恐一旦有警，无以给用。今宜令各处坐派肃州税粮，俱输本色。”[8]弘治十六年，廷议足国裕民之策，关于在京草料议定：“在京各象牛马房料草，系北直隶、河南、山东民供运，近年奸弊日滋，官攒需索，揽户侵扰。欲自今令各处解官，赍价交部，完足给与通关，先付大户回销。户部委官定限，召人上纳支价。若有积出余银，收库以备缺乏。”[9]此议得到皇帝批准，但在京草料折纳

1 彭韶：《资政大夫工部尚书谥文襄周公忱传》，焦竑编：《国朝献征录》卷六〇；万历《明会典》卷二九《户部十六・征收》。
2 《明太宗实录》卷一二四，永乐十年正月丙子条。
3 《明宣宗实录》卷三三，宣德二年十一月癸巳条。
4 叶盛：《经画边储疏》，陈子龙等选辑：《明经世文编》卷六〇。
5 万历《明会典》卷二九《户部十六・征收》。万历《明会典》卷二八《户部十五・会计四・京粮》亦载此令，但系于成化七年，当误。
6 《明宪宗实录》卷一一九，成化九年八月甲子条。
7 《明孝宗实录》卷一四，弘治元年五月己卯条。
8 《明孝宗实录》卷一〇〇，弘治八年五月丙申条。
9 《明孝宗实录》卷一九八，弘治十六年四月丁未条。

遭到御马监太监黎春阻挠，皇帝竟然不顾户部反对，“仍令大户自纳”。[1]

尽管有所反复，弘治后期到正德年间，轻赍买纳或折银召买基本上成为一种常规做法。边运方面，大同、宣府民运粮草，“先因道远本色难致，议定每粮一石折银一两，草一束折银五分”，“既而因粮草缺乏，拟征本色”，弘治十六年议准：“自今不拘丰歉，照旧每粮料一石折银一两，草一束折银五分，令各司府征完解部，差官运各边籴买，或给官军折色。并不许奏征本色，以困小民。”[2]弘治十七年，蓟州镇料草“积久腐烂”，遂令“民运草每束征银二分五厘”[3]。正德五年规定，山东起运辽东镇马草213832束，每束折银9厘[4]。正德六年议定：“陕西起运各边粮草，照依时价解银，籴买上纳。每州县各委佐贰官或首领一员管押，每府佐贰官一员总理。”[5]嘉靖六年，民运宣府镇马草70万束，每束折银7分[6]。京运方面，正德八年议准：“山东、河南并直隶各府州县解到税粮草料价银，除光禄寺、酒醋面局、供用库等衙门，俱将原来价银转送，自行收买，不必拘定原批数目外，其余仓场，俱收户部，令科道官估价召商上纳，照数支给。”次年又议准：“各府州县部运官起运京仓粮草，俱令大户于近京地方收买本色，雇脚运赴原定仓场上纳，不许交价于揽头，以致勒措作弊。”嘉靖五年户部题准：“请自今北直隶、山东、河南各州县粮草，可自辇致者，听之。他处道远，宜止计直输户部，而官为募富商代纳，纳已乃发直给之，则无侵费之患。”[7]到嘉靖八年，下令“每年科道官斟酌时估，悉令征银解部，送赴太仓支收”[8]。至此，基本实现了粮草的完全改折。据《万历会计录》记载，当时太仓银库马草折银共353240两余，京五草场折银共63040两[9]。

三　军役马草及其衰落

（一）秋青草

洪武二十五年，罢征民间岁输马草，令官军自行屯营牧养。但北平等处卫所冬春寒冷，无法下场牧青，但亦不支给草束，令其“自采野草备用”。《明会典》记载此令后，谓“是后遂有秋青草事例”[10]。将自采野草称为秋青草，可能是因为按照惯例，“各边马草，例该立秋以后，军自采用”[11]。

宣德四年，“令行在五府所属卫所、锦衣等卫、顺天等府所属州县，各起倩军余人夫，采取秋青草，运赴京场及在外驿站，收贮备用。其山西、河南、山东、陕西四布政司所属驿站，并有操备马卫所，行各布政司、都司，量派军夫采打秋青草，就本处收贮听支”[12]。同时，针对“京操马多，草束不足”问题，还从天津

1 《明孝宗实录》卷二〇二，弘治十六年八月戊申条。
2 《明孝宗实录》卷一九八，弘治十六年四月丁未条。
3 《万历会计录》卷一八《蓟州镇·沿革事例·屯粮》。
4 《万历会计录》卷一七《辽东镇·沿革事例·民运》。
5 万历《明会典》卷二八《户部十五·会计四·边粮》。
6 《万历会计录》卷二三《宣府镇·沿革事例·民运》。
7 《明世宗实录》卷六六，嘉靖五年七月戊戌条。
8 万历《明会典》卷二八《户部十五·会计四·京粮》。
9 《万历会计录》卷一《旧额见额岁入岁出总数》。
10 万历《明会典》卷二五《户部十二·税粮二·草料（秋青草附）》。
11 《明宪宗实录》卷二〇九，成化十六年十一月辛卯条。
12 万历《明会典》卷二五《户部十二·税粮二·草料（秋青草附）》。

等八卫原运粮官军内兑出3500名，每年八月到草场采草，总计采草140万束[1]。景泰元年，为了督促各边镇采草，"令陕西、宁夏、甘肃、延绥、山西、大同并偏头、雁门二关，辽东、万全都司所属，及直隶山海、永平、密云、紫荆、倒马、居庸一带沿边关口，及山东备倭处所马草，总兵、镇守及管粮郎中、布按二司等官，于秋草长茂之时，量起军夫，趁时采取，每束重一十五斤。设法堆积，委官看守，以备支用"[2]。

为了把采草任务落到实处，从宣德年间开始，户部还向某些军卫有司下达具体指标。宣德八年因旱灾所颁蠲免诏中云："户部递年坐派军卫有司所采秋青草束，但宣德六年十二月以前拖欠，并照例折钞者，悉皆蠲免。"[3]揭示了户部"坐派"的事实。每年终，各都司卫所要将"采打秋青马草文册解府，转送户部"[4]。为了完成指标，各军卫有司应当也会为采草者规定一个具体数额，如山西镇"每岁四月至十月止，各军不支马草，自行收放，仍纳青草一百八十束入官备用"[5]。有时户部还题请皇帝，特别指令某些军镇采打秋青草，甚至规定了每名军士的采打数额。如景泰二年，宣府镇"雨足草茂"，户部题请"行令镇巡等官摘拨官军采打"，事后统计共采打400多万束[6]。天顺三年，"令甘肃庄浪沿边十三卫所官军余丁舍人，每名采草一百五十束，堆积备用"。成化二年，"令陕西都行二司各卫所军士余丁，不该轮班在营者，每人采草一百二十束，各于官场上纳"。弘治十五年，"令辽东秋青草，年例之外加添一倍"。正德三年，令辽东广宁右屯等卫照旧采青草，"每名二百束，量加添三十束"[7]。

关于秋青草的数额，缺乏系统的统计数据，只能了解其大概情况。北直隶各卫所：只有万历年间的一项数字，共计22万余束[8]。辽东镇：弘治十五年，令该镇"派采秋青草束，年例外加添一倍"，但年例数额未见记载。据户部查核，该镇嘉靖十年岁入358万余束，二十九年岁入487万束。三十七年以后，该镇让各军"自行采牧"，不再支放草束，是后遂无定额。[9]宣府镇：景泰二年采打400多万束，嘉靖十六年采打635万余束，可能都属特殊情况。嘉靖初巡抚李铎提到，该镇"旧额"为74万余束。[10]大同镇：正统十二年为176万束，景泰元年为215万束，天顺二年为80多万束，嘉靖、万历年间为37万余束[11]。山西镇：原无定额，正德二年分派各卫共采32万余束[12]。延绥镇：正统六年勘得产草地内可采73万余束，实际采打数量不详；嘉靖、万历时年额37万余束[13]。宁夏镇：正统三年勘出草湖349处，每年坐派草400万束，不久草湖淹没。实际数额，嘉靖十年为263万余束，三十四年为180多万束，万历六年为161万余束[14]。甘肃镇：万历元年收入239万余束，七年收入

1 《明英宗实录》卷八九，正统七年二月庚子条；《明宪宗实录》卷一七三，成化十三年十二月丙午条；卷二一〇，成化十六年十二月辛未条。
2 万历《明会典》卷二五《户部十二·税粮二·草料（秋青草附）》。
3 《明宣宗实录》卷一〇一，宣德八年四月戊戌条。
4 万历《明会典》卷二二七《五军都督府》。
5 雍正《山西通志》卷五六《驿站·附历代马政》。
6 《万历会计录》卷二三《宣府镇·沿革事例》。
7 万历《明会典》卷二五《户部十二·税粮二·草料（秋青草附）》。
8 万历《明会典》卷一八《户部五·屯田》。
9 《万历会计录》卷一七《辽东镇·沿革事例》；潘潢：《查核边镇主兵钱粮实数疏》，陈子龙等选辑：《明经世文编》卷一九九。
10 《万历会计录》卷二三《宣府镇·沿革事例》。
11 《万历会计录》卷二四《大同镇·沿革事例》；魏焕：《皇明九边考》卷五《大同镇·钱粮考》；潘潢：《查核边镇主兵钱粮实数疏》，陈子龙等选辑：《明经世文编》卷一九九。
12 《万历会计录》卷二五《山西镇·沿革事例》。
13 《万历会计录》卷二六《延绥镇·沿革事例》；魏焕：《皇明九边考》卷七《榆林镇·钱粮考》。
14 《万历会计录》卷二七《宁夏镇·沿革事例》。

179万余束，另有湖荡草75万余束[1]。固原镇：嘉靖十年统计数74万余束[2]。从各镇情况看，采打数量前后起伏很大，各镇之间更是差距悬殊。

明代中叶以降，因为草场占垦、边警频发等原因，军士很难足额采打秋青草。嘉靖四十年，总督蓟辽保定都御史杨选奏言："本镇马匹，近年以边鄙多虞，夏秋军士不暇下场采草，其春冬料豆又每过期不支，支又折色，每料九斗，折银不满三钱。夫以半年无料，一年无草，而折料复不能办本色之半，此马匹不壮之弊也。"[3]嘉靖四十四年，巡按宣大御史胡维新奏言："宣府旧有牧马草场，迩年牧采例废，冬无积刍，至令折价，贫军不能养马，多致耗损。"[4]有些边镇将秋青草折征银两，但时有反复。如弘治十二年，辽东广宁卫"采草余丁免分二班，岁令纳银一两二钱"；并令"金、复、盖三卫余丁输纳草价岁二千余两，送管粮郎中收贮备用，著为令"；但到弘治十五年，又令"金、复等卫军余草束，仍上纳本色"[5]。弘治十七年，蓟州镇因料草"积久腐烂"改折，"屯军驿递等夫采办秋青草，每束征银二分"[6]。嘉靖四年，"以抚臣奏，免冬军先以未完马草银两。旧例，边军出打秋青草饷马，积其草以备冬。后以虏警，暂给于官，其后遂不复出，每一束征银三分，扣月粮抵之。至是，诏蠲其逋，仍戒打草如故，不得辄扣月粮。"[7]《万历会计录》中，只记有永平、昌平、大同三镇秋青草折银数，分别为187、128、5758两余[8]。

（二）屯草

屯草是向军屯土地征收的屯租的一部分。明代在全国遍设卫所，无论实土卫所还是非实土卫所，都拥有一定数量的土地。起初都是摘拨正军下屯耕种，后因正军不足，很多屯地转由军余耕种，甚至出租给民户。耕种屯地者要按规定标准交纳收获物，主要是粮食，称为"屯田子粒"或简称"子粒"。此外还要交纳一定数量的谷草（即秸秆），称为"屯草"。明代文献中，关于屯田子粒的记载比较丰富，而关于屯草的记载却非常稀少。王毓铨从历朝实录和其他文献中，搜集到大量因灾减免屯田粮草的记载，涉及地域极其广泛，证明了"军屯土地除交纳子粒外也必须纳草，很可能是全国通行的制度"[9]。

不过，明代文献很少提到内地卫所的屯草数量，只有九边各镇的情况大略可知。辽东镇：嘉靖二十九年查核边镇钱粮，该镇屯草594万余束[10]。蓟州镇：成化三年，屯草共4万余束[11]。宣府镇：嘉靖二年巡抚李铎谓"旧额"屯草9万余束，十六年岁入屯草15万余束、团种草5万余束，二十九年屯草、团种草等项共32万余束[12]。大同镇：正德五年屯草16万余束，嘉靖九年17万余束，十四年15万余束，三十二年21万余束，三十四年33万

1 《万历会计录》卷二八《甘肃镇·沿革事例》。
2 《万历会计录》卷二九《固原镇·沿革事例》。
3 《明世宗实录》卷五〇一，嘉靖四十年九月乙巳条。
4 《明世宗实录》卷五五一，嘉靖四十四年十月壬申条。
5 《万历会计录》卷一七《辽东镇·屯粮》。
6 《万历会计录》卷一八《蓟州镇·沿革事例》。
7 《明世宗实录》卷五六，嘉靖四年十月壬辰条。
8 《万历会计录》卷一九《永平镇·沿革事例·屯粮》；卷二一《昌平镇·本镇饷额》；卷二四《大同镇·本镇饷额》。
9 参看王毓铨：《明代的军屯》，中华书局，1965年，第137－143页。
10 潘潢：《查核边镇主兵钱粮实数疏》，陈子龙等选辑：《明经世文编》卷一九九。
11 《万历会计录》卷一八《蓟州镇·沿革事例》。
12 《万历会计录》卷二三《宣府镇·沿革事例》；潘潢：《查核边镇主兵钱粮实数疏》，《明经世文编》卷一九九。

余束，万历六年25万余束[1]。山西镇：无屯草数额，嘉靖四十年该镇有屯草银15两，为数甚微[2]。延绥镇：正统十年，该镇绥德卫屯草32万余束，延安卫23万余束，后大幅下降，嘉靖十年7万余束，隆庆元年8万余束，三年4万余束，万历六年3万余束[3]。宁夏镇：弘治十三年征谷草22万余束，嘉靖十年23万余束，二十一年21万余束，万历六年20万余束[4]。甘肃镇：原额54万余束，嘉靖十年实征406万余束，四十年该征158万余束，隆庆元年160万余束，万历元年151万余束，七年175万余束[5]。固原镇：永乐年间屯草22万余束，嘉靖二年58万余束，十年20万余束，三十六年35万余束，四十一年50万余束，隆庆元年51万余束，三年54万余束[6]。

明代对于屯田子粒有详细规定，而屯草征收并无统一标准，各镇之间及内部都有很大差别。宣府镇：嘉靖三十一年，团种地8534顷余，该征谷草53700束[7]，平均每顷6束余。大同镇：成化二十一年，顺圣川等处团种土地每亩科草1斤，后改为每分2顷50亩，征草10束[8]，平均每顷4束。正德四年，清出牛具地土每顷征草3束[9]。山西镇：嘉靖二十六年，营田实种977顷80亩、召人佃种土地561顷29亩，收获穰草358210束[10]，则平均每顷达232束余。延绥镇：国初旧额屯地37756顷22亩，该征草43372束，平均每顷1束余；正统六年，延绥二卫屯田军余，每名纳草15束[11]。成化六年，令陕西延绥等处屯田，每军百亩，征草2束[12]。十三年户部谈到，延、庆、绥三卫屯地10100余顷，共纳谷草79000余束[13]，平均每顷近8束。宁夏镇：弘治十三年，屯田15257顷余，征谷草225579束；嘉靖四十一年，屯田15054顷58亩，征草212227束[14]，平均每顷14束余。隆庆四年，屯田五十亩为一分，纳草9束[15]。甘肃镇：正德五年，甘肃等处15卫所新旧水旱田共102960余顷，收草4178160余束[16]，平均每顷40束余。嘉靖四十一年，清查原额见征粮草地27641顷55亩，该征草1588058束，清出639顷69亩，待开垦成熟可征草16659束[17]，每顷平均征草原额地57束余，清出地26束。固原镇：国初屯田80700余顷，屯草229700余束，平均每顷近3束；嘉靖四十一年清理屯田，西安等25卫共72093顷余，该征草506732束，平均每顷7束[18]。

明代中叶以降，屯政日趋荒废。正德三年，户部指出："各边初皆取给屯粮，后以屯田渐弛，屯军亦多掣回守城，边储始唯民运是赖矣。而其派运之数，又多逋负，故岁用往往不敷，乃以银盐济之。舍此似无长

1 《万历会计录》卷二四《大同镇·沿革事例》。
2 《万历会计录》卷二五《山西镇·沿革事例》。
3 《万历会计录》卷二六《延绥镇·沿革事例》。
4 《万历会计录》卷二七《宁夏镇·沿革事例》。
5 《万历会计录》卷二八《甘肃镇·沿革事例》。
6 《万历会计录》卷二九《固原镇·沿革事例》。
7 《万历会计录》卷二三《宣府镇·沿革事例》。
8 《万历会计录》卷二三《宣府镇·沿革事例》；万历《明会典》卷一八《户部五·屯田》。
9 《万历会计录》卷二四《大同镇·沿革事例》。
10 《万历会计录》卷二五《山西镇·沿革事例》。
11 《万历会计录》卷二六《延绥镇·沿革事例》。
12 万历《明会典》卷一八《户部五·屯田》。
13 《明宪宗实录》卷一六六，成化十三年五月庚申条。
14 《万历会计录》卷二七《宁夏镇·沿革事例》。
15 庞尚鹏：《清理宁夏屯盐疏》，陈子龙等选辑：《明经世文编》卷三六〇。
16 《明武宗实录》卷六四，正德二年六月丁酉条。
17 《万历会计录》卷二八《甘肃镇·沿革事例》。
18 《万历会计录》卷二九《固原镇·沿革事例》。

从天启王恭厂大爆炸看明末社会公共灾难的应对机制

Disaster Response Mechanism in the Late Ming Society Based on the Case Study of the Wanggongchang Explosion in the Tianqi Period

李媛

Li Yuan

内容提要：

天启六年的京师王恭厂火药库大爆炸是明末社会影响较大的公共灾难之一，与今人从自然科学角度对其成因的分析不同，明人对之颇多猜测，并在阴阳五行观念的支配下，将其看作是体现某种预警作用的“灾异”。明朝政府的灾难应对举措主要体现在“恤”与“罚”两个方面：确认事情性质，发放赈济银两，安置受灾人众，收埋无名死者，举行泰厉祭享，修缮受损厂房及安置神器钱粮；皇帝告祭宗庙、减膳撤乐，素服修省；高级官员一体修省，上疏自劾，求赐罢斥，以及对具体的政治举措进行反思和调整等。整个应对机制体现出中国传统社会以敬祖畏天为核心的伦理治国理念，这种理念既可为帝制时代的君主行为提供终极制约，在灾害应对过程中发挥积极作用，也因其浓厚的非理性色彩，使得传统社会公共灾害的应对效果常常“虚”大于“实”。对明代公共灾难应对机制的探讨，是深入理解帝制时代国家治理策略及其价值理念的重要内容。

关键词：

王恭厂　公共灾难　明代　应对机制

ABSTRACT:

The explosion at the munition depot at Wanggongchang in Beijing in 1626, the sixth year of the Tianqi Reign (1621-1627) was one of the public disasters posing significant social influences during late Ming dynasty (1368-1644). Different from modern analysis exploring its cause from the perspective of natural science, the event was regarded by its contemporaries as a bad omen, amongst all speculations, when judging under the influences of the theory of the *Yin* and the *Yang* and the Five Elements. Disaster response measures taken by the Ming government involved relief and punishment – namely defining the nature of the event, distributing silver taels as relief, resettling refugees, burying unidentified victims, hosting sacrificial ceremonies, repairing the building structure, and rearranging religious instruments and financial and food supply. The Emperor offered sacrifice sat ancestral temple, downgrading meal menus and abstaining from entertainment and elegant costumes for self-scrutiny. Senior officials were also requested to scrutinize themselves at the same time, hand in memorials for self-criticism, demotion, and dismissal, while reflecting upon specific political measures and proposing remedies. The response mechanism reflected the traditional Chinese social belief of ruling through moral principles with heavenly and ancestral worship at the core. Such belief system, on one hand, put ultimate constraint on the ruler, therefore played a positive role in disaster response. Yet, on the other hand, its irrational side decided that measures taken valued “form” over “content”. Exploring the Ming disaster response mechanism helps to shed light on state governance strategy and value system in Imperial China.

KEYWORDS:

Wanggongchang, public disaster, Ming dynasty, response mechanism

天启六年（1626）五月初六（戊申）日巳时，京师西南角的王恭厂火药库突发大爆炸，民众伤亡惨重，是明末社会影响较大的公共灾难之一。由于此次灾难影响巨大，且场面诡异，原因未解，破坏力极强，当时和后世对其多有渲染，史书记载中甚至称其为“二百年来未有之大变”[1]。20世纪80年代，一批自然科学和社会科学领域的学者对这一事件展开了集中研究，并出版了《王恭厂大爆炸——明末京师奇灾研究》[2]，汇集数篇论文，集中探讨王恭厂灾变的史料及其成因。此文集的贡献是对相关史料进行了初步梳理和展示，并从自然科学的角度对王恭厂灾的成因进行分析。近年来，有学者从史学视角对这一事件进行审视，结合明末政治探讨王恭厂灾背景下明末党争的炽烈，其落脚点主要在于明末政治与党争[3]。本文则是从社会治理的视角出发，对此次灾难发生后明朝政府和社会的应对机制及其价值观念做深入探讨，以就教于方家。

一 “灾”与“异”：大爆炸始末及其性质

（一）事件始末

明熹宗天启六年，朝堂上，以魏忠贤为首的阉党与东林党争斗正盛，诏狱大兴。天启皇帝朱由校虽在为政初年大力仰赖东林党，但同时宠幸和依赖魏忠贤等宦官，甚至给予内臣监军大权，重新设立各边镇守监军内臣。在外，以努尔哈赤为首的后金军自万历年间割据辽东以来，在数次与明军的战斗中屡屡获胜，成为明朝最大的威胁，到天启六年正月，明军才取得了对后金军开战以来最大的一次胜利——宁远大捷，朝臣为之振奋。不仅辽东，西南水西土同知安邦彦，四川永宁土司奢崇明，山东白莲教徐鸿儒等多地叛乱，明朝左支右应，疲惫应战。频繁的边疆战事使民粮积欠，兵饷匮诎，捉襟见肘。而天启四年（1624）以来，京师屡次地震[4]，引发朝廷关注，熹宗又于此时在两京大内兴修土木，修整宫殿。京师紫禁城内，三大殿修复工程自天启五年（1625）以来就开始动工，各类助工银不断催缴；天启六年夏四月，“命南京守备内臣搜刮应天各府贮库银，充殿工、兵饷”。[5]值此内外交困之时，一场大灾难毫无预兆地来临了。

天启六年五月初六日上午，京师西南角的王恭厂火药库突发爆炸，引发了周围十数里房屋倒塌、人员伤亡的连锁灾难，当时的民间邸报《北京天变邸抄》中这样描述：“天启丙寅五月初六日巳时，天色皎洁，忽有声如吼，从东北方渐至，京城西南角灰气涌起，屋宇动荡，须臾，大震一声，天崩地塌，昏黑如夜，万室平沉，东自顺城门大街，北至刑部街，长三四里，周围十三里，尽为齑粉，屋数万间，人二万余。王恭厂一带，糜烂尤甚，僵尸层叠，秽气熏天，瓦砾盈空而下，无从辨别衙道门户。震声南自河西务，东自通州，北自密云、昌平，告变相同，城中屋宇无不震裂，举国狂奔，象房倾圮，象俱逸出。遥望云气，有如乱丝者，有如五色者，有如灵芝黑色者，冲天而起，经时方散。”[6]

1 黄煜：《碧血录》，丛书集成初编本，卷下“天变杂记”。

2 耿庆国等主编：《王恭厂大爆炸——明末京师奇灾研究》，地震出版社，1990 年。

3 参见刘志刚：《天变与党争——天启六年王恭厂大灾下的明末政治》，载《史林》，2009 年第 2 期。

4 张廷玉等：《明史》卷二二，“熹宗本纪”，中华书局，1974 年，第 302 页。

5 张廷玉等：《明史》卷二二，“熹宗本纪”，中华书局，1974 年，第 305 页。

6 计六奇：《明季北略》卷二，“丙寅五月初六纪异”，中华书局，1984 年，第 73 页。

时人薛冈关于灾难发生时亲身经历的一些细节的描述更为真切。当时，他正住在距离王恭厂约半里远的张园里，初六当日上午，天地晴朗，他正在住所会客说话间，响声突起，“地作舟簸，屋作盖飞，四壁作刺刺声”，惊恐之下，跑到屋外，只见“白昼忽已如晦，黄土漫漫如雨下，烟驱飙掣，鬼啸神呼，势若天地崩裂”。他与友人挽手蹲匿庭隅，“恍惚闻人呼东方火起，又闻哭声四起……久之，日光微放，觑挽手者，顿成黄土偶，余亦若是。”房屋虽未倒，但砖瓦掉落，园门化为乌有。邻人房屋尽数倾倒，卧室里的衣裳，床上用品器具皆被黄土掩盖，散乱各处。到了傍晚，当他走出家门，视厂四望，一片惨状：“官民大小庐舍，方十数里，一响声中为之悉平，而都城西南隅遂空，唯一区区瓦砾土木与遗肢堕体，乱撑如麻，使人目骇心寒，魂药魄战，不知其涕之何从也。”[1]薛冈还特意指出，当时人们在谈论王恭厂之变时的一些骇人传言，他没有亲见，不敢轻信而语，但以上描述都是他的亲身经历。

明代官方记载的王恭厂灾变没有如此详细真切，寥寥数语呈现出这场灾难造成的重大损失：“地内有声，如霹雳不绝，火药自焚，烟尘障空，椽瓦飘地，白昼晦暝。西北一带相连四五里许，房舍尽碎。时厂中火药匠役三十余人尽烧死，止存一名吴二。”后据西城御史李灿然查报据奏，“塌房一万九百三十余间，压死男妇五百三十七名口。”[2]谈迁《国榷》中记载的伤亡人口与房屋损毁数字与此相符[3]，还提到爆炸发生时，皇帝正在乾清宫，“走避建极殿，御座俱倾。大殿工人坠死二千余人。”[4]“乾清宫大殿，皇驾所居之冬暖阁，将窗格扇震落二处，打伤内官二人。皇贵妃任娘娘所居之室，器物陨落。任娘娘于天启五年十月初一日所生皇第三子，于是日受惊后，遂薨逝。逆贤直房及王体乾、李永贞等直房，各有伤损。”[5]

（二）“灾”与“异”

这究竟是一场什么原因引起的灾难？今人对王恭厂爆炸原因的研究更多的是推究其客观上的成因，并从自然科学的视角得出了“地震说”“火药爆炸说”“陨石坠落说”“飓风说”等几种可能的原因。目前比较为多数研究者认可的说法是“地震次生灾害说”，即由地震、火药爆炸、可燃气体爆炸、旋风等交互作用形成的一场连锁的公共灾难[6]。

但对于当时的明人来说，还是对大爆炸的起因充满了疑惑和猜测。王恭厂与另一家盔甲厂是当时京师最重要的两大火药厂，分处京师西南与东南角，盔甲厂即鞍辔局，设置于宣德二年（1427），王恭厂紧随其

1 薛冈：《天爵堂文集》卷七，“纪丙寅五月六日京师所观异变始末”。《四库未收书辑刊》，第6辑，第25册，第532－534页。

2 《明熹宗实录》卷七一，天启六年五月戊申。“中研院史语所”，1962年校勘本，下同。

3 《崇祯实录》记载，王恭厂火药灾伤毙数千余人，与此大致相当。而高汝栻辑《皇明续纪三朝法传全录》中记载“震倒民房一万九百余间，人民压死者，五万七千余人，被砖石伏掩者，又不计其数。”其中死亡人数的记载与前述出入巨大。（《续修四库全书》史部第357册）

4 谈迁：《国榷》卷八七，“熹宗天启六年”，中华书局，1958年，第5326页。至于文献中随后提及的“凡死伤俱裸露，依附飘挂西山之树，昌平教场衣服成堆。员弘寺街轿中，女赤体无恙，石驸马街大石狮飞出顺城门外”则显得过于夸张。《旧京遗事》对当时京城和皇宫内受灾情景亦有相似描述。

5 刘若愚：《酌中志》卷三，“恭纪先帝诞生”，北京古籍出版社，1994年，第21页。

6 参见耿庆国等主编：《王恭厂大爆炸——明末京师奇灾研究》。王恭厂灾变当日，北京郊外余震不断也可佐证：“蓟门地震，据报密云县，本月六日巳时，从西南方来有声如雷，至初九日丑时，复巨声西来，门窗皆响，几座倾摇。”参见《明熹宗实录》卷七一，天启六年五月戊申。当月，苏州、密云地连震三日。六月，京师地震，天津、宣大、山东、河南皆震。参见夏燮：《明通鉴》卷八〇，熹宗天启六年六月，中华书局，2013年，第3158页。

后，规模略小于前者，前者"专管营造盔甲、铳炮、弓矢、火药之类"[1]，京营火器所用铅子、火药，也为工部王恭厂等预造，以备京营领用[2]。火药厂最怕火星，对防止火灾的发生还是比较注意的，多有防范，如将火器与军需所用硝磺分别存放，匠作在操作过程中，为防火星，碾碓舂杵也皆木制，不事铁石[3]。

即便如此，由火药保存不善引发的火灾还是经常发生，前述盔甲厂万历年间即"火药忽燃者再"[4]，如万历三十三年（1605）九月二十五日，"三大营官军于盔甲厂关领火药，监放内官臧朝、王权因旧药结砚，令工匠以铁斧劈之，"引发火灾，"火枪、火箭迸射百步之外，烧死内官臧朝及把总傅钟等十员，军人李仲保等八十三名，其局内工匠人等，并街市经过居民死伤者多不可稽，焚毁作房五连三十余间，火药火器无算"[5]。万历四十七年（1619）三月，巡抚周永春揭帖称多处发生灾异，其中就包括神机库军器被焚，以及大清堡有门楼火起，焚毁火药火器，延烧民房数百间，烧死男妇数十人等灾异[6]。但如王恭厂灾变如此惨烈却绝无仅有，当时的怪异惨状也与一般的火药库爆炸颇为迥异[7]。

于是，关于爆炸起因的传闻四处蔓延，其中"相传奴遣奸细十人至京，潜伏内应"[8]的说法引起了朝廷注意，但后来没有找到确凿证据。也有史料直接称为"失慎"，倾向于将之归因于人为原因引起的灾祸。还有人认为是地震[9]，"久之而知其非也"，进而判断是由东城火神庙中传来的大火球落入王恭厂所导致[10]。

更多的人称其为"异变"，钦天监周司历奏曰："五月初六巳时，地鸣声如霹雳，从东北艮位上来行至西南方。有云气障天，良久散。占曰：地鸣者，天下起兵相攻，妇寺大乱。又曰：地中汹汹有声，是谓凶象，其地有殃。地中有声混混，其邑必亡。"[11]结果被魏忠贤以妖言惑众罪名，杖一百死。高汝栻指出，从如此惨重的种种迹象来看，火药库爆炸说不足令人信服，更不是问题的主要原因："说者讳言变，惟归罪于火药，夫火药埋闭厂中，入地深数丈，虽厝火地上，未必能入，而今者孰连行是也？盖地乘气震时，当夏五一，阴始生，阳气上行之候，阳火也，触药而炽，药何罪焉？……百里之内的昌平，通州，甚至百里之外的密云，二百里之外的平谷，皆能听到震耳声音……夫火器之能大击远击者，无过红夷炮，顷袁中丞用以退奴，闻其力势止赴四十里……古今宁有若是火药也？"[12]描写明末社会的写实小说《樵史演义》《梼杌闲评》等，也都将此次王恭厂灾变视为"异变"，极尽描绘一幅凄惨怪异的末世景象。时人评论，"呜呼！熹庙登极以来，天灾

1 刘若愚：《酌中志》卷一六，"内府衙门职掌"，第122页。

2 孙承泽：《春明梦余录》卷三一，"戎政府"，文渊阁四库全书本。

3 宋起凤：《稗说》卷一，"厂灾"，明史资料丛刊本，1980年，第9页。

4 刘若愚：《酌中志》卷一六，"内府衙门职掌"，第122页。

5 《明神宗实录》卷四一三，万历三十三年九月丙申。

6 《明神宗实录》卷五八〇，万历四十七年三月甲辰。

7 《皇明续纪三朝法传全录》中记载，"其初声若震雷山裂，管厂太监震倒半晌，余监皆焚死，止存吴二等数人。问其初发，旋风一道，内有火光，致满厂药弹尽发，内伙三十五人烧死，火药数万斤俱尽。大可异者，前大树尽拔而无焚燎之迹，药楼甚高，平陷数坑，约阔十三步，深二丈，库中军器、盔甲、火箭如故，第沉埋于地耳……兹因工程烦费，难以修造，因以厂房三所，共计二百余间，顿安神器钱粮等项。"参见高汝栻：《皇明续纪三朝法传全录》卷一五，《续修四库全书》史部第357册，第867页。

8 高汝栻：《皇明续纪三朝法传全录》卷一五，《续修四库全书》史部第357册，第867页。

9 《丙寅北行日谱》称"忽闻初六京师王恭厂地雷之变"，参见朱祖文：《丙寅北行日谱》一卷，《四库全书存目丛书》史部第128册，第175页。

10 杨士聪：《玉堂荟记》卷四，《续修四库全书》第1175册，第211页。

11 计六奇：《明季北略》卷二，"丙寅五月初六纪异"，第73页。又见朱长祚：《玉镜新谭》卷五，指出"天下起兵相攻"意指"奴酋作难，黔南八闽继乱"，"妇寺大乱"指魏忠贤与客氏，"其地有殃"则指随后的王恭厂、朝天宫之回禄，一月三地震，倾城人死，水溢禾伤之灾。《四库禁毁丛刊》史部第71册。

12 薛冈：《天爵堂文集》卷七，"纪丙寅五月六日京师所观异变始末"，第534页。

地变，物怪人妖，无不叠见，未有若斯之甚者。”[1]

对于自然界尤其是日月星辰之变化，明人《天文志》记载“谈天之家，测天之器”，“至于彗孛飞流，晕適背抱，天之所以示警戒者”，以及星象之尤异者，除了在本纪中略有涉及，也在《天文志》中择其要者加以特别记录[2]。又作《五行志》，将天地万物与五行传说及其占应相对应，取前人所论“合诸人道，则有五事，稽诸天道，则有庶征。天人相感，以类而应者，固不得谓理之所无。而传说则条分缕析，以某异为某事之应，更旁引曲证，以伸其说。故虽父子师弟，不能无所抵牾，则果有当于叙畴之意欤。夫苟知天人之应，捷于影响，庶几一言一动，皆有所警惕。以此垂戒，意非不善。然天道远，人道迩，逐事而比之，必有验有不验。至有不验，则见以为无征而怠焉”[3]。也就是说，将一些天文景象、自然灾害与阴阳五行观念联系起来，进而解释其发生原理及其预警作用。

谢肇淛则进一步认为，天文异象本就以阴阳五行观念来解释，再将天文、五行分别作志，有所不通，多此一举，而应该将一切灾异专作《灾异志》更为清晰：“历代国史相沿为《五行志》，至于日月薄蚀，星辰变故，灾异之大者，则又属之天文，岂阴阳与五行有二理耶？而风雨雷电，又岂非天文之属乎？其说愈刺缪而不通矣。故作史者，于《天文志》宜考究分至、躔度、分野，而一切灾异，宜为《灾祥志》，而不宜为《五行志》也。”[4]对于天意所降之灾祥，君主应该给予足够的重视，不能不求其故，尽委之偶然，他认为，“灾祥之降也，谓天无意乎？吾未见圣世之多灾，乱世之多瑞也。谓天有意乎？亦有遇灾而反福，遇瑞而遘凶者。又有灾祥同，而事应敻然不同者，必求其故，则牵合傅会……自《汉书·五行志》以某事属某占，至今仍之，然史氏既事而言，言之何益？司天氏未事而言，言多不验。于是人主每遇灾变，恬然无复畏惧之心矣。”[5]谢肇淛这一观点是时人关于灾异理解的典型代表。计六奇也说：“自古有国家者，一代之兴，必有绝异之休祥著于始；一代之亡，亦必有非常之灾祲兆于前。”[6]

二 “恤”与“罚”：明朝政府的应对机制

由于大爆炸发生在人口稠密的京师地区，甚至连皇宫也受到不小的冲击，满朝上下震惊之余，迅速并接连不断地就如何进行灾难应对进行探讨，并付诸行动。结合此次灾难发生的原因和性质，朝廷的应对举措既有常规应对机制的步骤，也有一些独特的举动值得探讨。大体上明朝政府的应对举措包括“恤”与“罚”两个部分。

（一）“恤”

爆炸刚刚发生，当时的内阁首辅顾秉谦等即迅速诣思善门，祗候万安。“上传内阁即示工部、都察院并

1 计六奇：《明季北略》卷二，“丙寅五月初六纪异”，第76页。
2 张廷玉等：《明史》卷二五，“天文志”，中华书局，1974年，第339页。
3 张廷玉等：《明史》卷二八，“五行志”，中华书局，1974年，第425页。
4 谢肇淛：《五杂组》卷二，“天部”，上海古籍出版社，2012年，第33－34页。
5 谢肇淛：《五杂组》卷一，“天部”，第5页。
6 计六奇：《明季北略》卷一，“纪异”，第17页。

巡视科道，及巡城御史兵马、本厂监督主事，速赴王恭厂巡看救火，不许稽迟。”[1]这是灾害发生后明朝政府第一时间做出的反应。派出官员涉及以下一些相关部门：一是掌管天下百工营作的工部，因爆炸发生地王恭厂为工部下所属，火药制造及监督均由工部主事负责[2]，且三大殿修缮也为工部分内职责，爆炸之后可能涉及的一系列修缮都需要工部主导；二是都察院与巡视科道，这显示出，朝廷对此次爆炸发生的最初判断是，很大程度上由人为因素造成，故派出此类负责纠察百官，为天子耳目风纪的官员；三是巡城御史与本厂监督主事，这是京师治安和王恭厂的直接负责人员和执行人员。

经过吏科都给事中杨所修、掌道御史王业浩等查明情况，以及西城御史李灿然查报称，直接损失为“塌房一万九百三十余间，压死男妇五百三十七名口”，天启帝命“分别轻重，作速优恤”[3]。次月七日，户部尚书李起元就赈恤王恭厂被灾人户的银两“乞发大内银六千两”。得旨：“王恭厂一带居民，灾伤甚苦，赈恤宜优，据请六千金，似未足用。兹特发御前银一万两。著西城御史会同户科官一员，照依查明被灾人户数目，酌量加摊，逐一当官给散，务使均沾实惠，昭朕敬天爱民至意。”[4]

赈恤银六千两本不多，在这之前朝廷上下一直为不断增加的兵饷多方筹措，就在爆炸发生之前数日，山西巡抚曹尔桢为三关镇士兵无粮问题，乞将本省天启六年抽扣等杂项银共五万九千二百五十八两俯准留发，抵充京运未发年例之数[5]。丁未，户部尚书李起元因民粮积欠，军饷匮诎，乞命下本部通行各处抚臣各查完欠数目[6]。为了缓解兵饷困境，当月，在京各衙门捐俸犒兵银，共二万七千九百六十九两[7]。而南京工部及京师为修造皇极殿等大殿工程也多次乞发助工银两。福建巡抚朱钦相称，该省西库贮银三十七万，除剿夷开除外，尚有实银一十九万三千余两，天启帝命尽数解进，不必存留[8]。该银两部分备防海之用，部分后被工部用于辅助皇宫修建事宜。相比之下，为数不多的用于赈恤灾民的银两似乎更具象征意味。

此笔赈恤银是如何分配和使用的呢？十三日，巡视西城御史李灿然疏报优恤实数：本月初九日，该户部福建司郎中孟绍伊领发到御前银一万两，随即会同科臣收领完足，发付兵马司指挥毕可芳等收贮在库。根据发银一万两，酌量于每六分之外加摊四分的原则，“塌房一万九百三十一间，部议每房一间给银五钱，今量加三钱三分三厘。压死男妇五百三十七名口，部议每名口优恤银一两，今应量加银六钱六分六厘已止，通共银一万两正。内有原查明王恭厂震死不知名男尸四十躯，及各牌铺压死不知名男子九名，已经抬埋，共该优恤银八十一两六钱三分二厘。”[9]也就是说，每房一间发放赈恤银八钱三分三厘，每名亡者发放一两六钱六分六厘。值得注意的是，除了对塌损房屋和压死男妇人口发放的优恤银，还包含对不知名死者的抬埋处置。

---

1 《明熹宗实录》卷七一，天启六年五月戊申。

2 “正统初年，令工部侍郎提督，成化间以郎中代之，嘉靖四十三年以郎中升迁不常，题准行吏部改注选主事。”参见万历《明会典》卷一九二，“工部”，中华书局，1989年，第971页。

3 《明熹宗实录》卷七一，天启六年五月戊申。

4 《明熹宗实录》卷七二，天启六年六月戊寅；又见沈国元：《两朝从信录》卷三〇。天启六年闰六月，“巡视中城御史龚萃肃奉谕查过淫雨为灾五城地方塌倒民房七千三百三间，损伤男妇二十五名口。得旨，五城倒塌房屋既已查明，即照王恭厂事例发御前银一万两，给发优恤，以彰朝廷德意。”参见《明熹宗实录》卷七三，天启六年闰六月丁巳。

5 《明熹宗实录》卷七一，天启六年五月甲辰。

6 《明熹宗实录》卷七一，天启六年五月丁未。

7 《明熹宗实录》卷七一，天启六年五月甲子。

8 《明熹宗实录》卷七一，天启六年五月戊申。

9 《明熹宗七年都察院实录》卷一一，中国基本古籍库。

对于那些无人认领的死者，李灿然等在奏疏中还提出，为了体现皇帝的恻隐之心，应该按照《大明会典》开载京都泰厉之祭享的规定，将之前提及的优恤银八十一两六钱三分二厘移送顺天府，“即于王恭厂被灾处所，照依祭厉常仪，备办牲醴羹饭，仍量加醮坛。庶枭路游魂，并沾圣泽。凡此辇毂编氓，且盖诵皇上轸念黔黎，比周家泽及枯骨，尤不啻过之也。”[1]明代依古礼，从京师、王国到地方府州县，分别设置泰厉、国厉、郡厉、邑厉、乡厉诸等级，以安置民间死而无后，灵无所依者，以防止鬼魂无所归附，为厉害人，亦可展现帝王恩泽。此处在京师举行的就是最高等级的泰厉，即除了厉祭坛一年两次的常规祭祀以外，遇到特殊情况举行的临时祭祀活动。

最后，是令兵工二部对损毁之王恭厂局房屋等及时修缮，五月庚戌，“圣谕兵工二部，王恭厂局房屋一节，尔工部职掌所关，速宜修理，况此神器钱粮，岂可久容暴露。”但因工程烦费，非旬日可竣，遂将西城日忠坊地方御马监外西新厂房三所，共计二百余间改为安民厂，令兵部即传京营总协督率三大营官军，轮派三千名往王恭厂搬运神器钱粮等件，运赴安民厂贮收。王恭厂砖瓦石料各安集原处，听从别用[2]。王恭厂厅库偏东的库房及匠作小房百余间改作营房，以居戎政公署标兵[3]。

以上是在查明灾害情况的基础上，采取的一系列优恤举措：包括初步确认事情性质，发放赈济银两，安置受灾人众，收埋无名死者，举行泰厉祭享，修缮受损厂房及安置神器钱粮等具体事宜。

（二）“罚”

在采取优恤政策的同时，其“罚”的一面主要体现在从皇帝到各级官员对灾难发生的责任承担机制。

大爆炸发生次日，逢孝宗敬皇帝忌辰，天启皇帝于奉先殿行祭礼后即谕内阁：“今岁入春已来，风霾屡作，旱魃为灾，禾麦皆枯，万姓失望。乃五月初六日巳时，地鸣震虢，屋宇动摇，而京城西南一方王恭厂一带，其房屋尽属倾颓，震压多命。朕以渺躬御极，值此变异，非常饮食，不遑栗栗危惧。念上惊九庙列祖，下致中外骇然。朕当即斋戒虔诚，亲诣太庙，恭行问慰礼讫，尔中外大小臣工，俱各素服角带，务要洁虔，洗心办事。其停刑、禁屠等项，卿等即传示礼部，都著痛加修省，恪恭职业，共事消弭，仰体朕心，冀回天变，毋得视为虚文，苟且塞责。”[4]皇帝通过诣太庙行问慰礼，体现对历代祖宗的慰问和告罪之意。以皇帝为首的避殿减膳素服修省行为则是在遇有重大灾变发生时采取的常规举措，其地点在文华殿之后小门以北的省愆居，“凡遇天变灾眚，圣驾居此，以示修省之意。”[5]帝王的自我惩戒更主要的是一种代民反思己过的象征性行为，在此后与各类官员有关为政举措的讨论才涉及禳灾的实质内容。

由于皇帝颁布了各级官员一体修省的谕旨，从内阁首辅到各部尚书、各科给事中、御史、巡抚、总督等等，纷纷围绕王恭厂灾变上疏自劾，或提出一系列修省实政。首先是内阁首辅大学士顾秉谦等合疏自劾，称其燮理无状，求赐罢斥，并请停刑狱，“言天任德不任刑，为政而任刑，不顺于天，故先王莫之为也。今地

1 《明熹宗七年都察院实录》卷一一，中国基本古籍库。
2 《明熹宗实录》卷七一，天启六年五月庚戌。
3 《明熹宗实录》卷七二，天启六年六月壬申。
4 《明熹宗实录》卷七一，天启六年五月己酉。
5 吕毖：《明宫史》卷一，“宫殿规制”。北京古籍出版社，1982 年，第 20 页。

阴也，西南为坤，又阴方也，当仲夏盛阳之月，而声出地中，灾起阴位，此阴奸阳刑，奸德之象也。今圣谕首举停刑一节，同符任德之化，请敕在京各衙门重大狱情经奉明旨者，俱开送法司，分别具奏，速与发落。在外责成抚按有司不许淫刑，以逞庶天心嘉悦矣。"[1]此疏之实在于借灾变落实停刑之举，而自劾求罢则是虚指，合疏之后又各疏自劾，天启帝俱温旨慰留即为明证。

此后数日内，各部尚书纷纷上疏请旨。兵部尚书王永光疏称，皇帝减膳撤乐，诸臣素服角带修省均不足以禳灾，朝廷应当放宽讼狱，暂停工作，谨慎票旨[2]。王永光上疏言辞激烈，直指近年朝廷纷争之要旨，礼部尚书李思诚称"举朝以为，得大臣敢言之风"[3]。时人评价，王恭厂灾变后，"陈言者多铺叙一二灾异套语，虚文以应故事，并无直纠时政，请按逆贼万死之罪者，唯有此疏直犯凶锋，稍为缙绅吐气，恐无鼎足。"[4]

礼科都给事中彭汝楠等也上疏言修省实政：省刑罚，薄税敛。河南道掌道御史王业浩等更是将王恭厂灾归结为刑罚不中，税敛太急，人心郁结而导致火伏，进而引发天变[5]。顺天巡抚刘诏言，和气致祥，戾气致殃，此皆为人谋所致，如今百姓遭遇兵乱与自然灾害，民穷财尽，又当省刑之期，皇帝当重视天变示儆，"仰纾宗庙在天之灵，下慰四海穷民之望。"[6]户部尚书李起元陈消弭实政，认为户部所职在民言民，民不安将有大动，是以大震，故应谨慎用官，防止害民行为[7]。

就在王恭厂灾后仅仅十五天，皇宫内重要的习礼祭祀斋醮之所朝天宫又发生了大火，一月内两次大灾，朝野震动，以礼科都给事中彭汝楠、兵部尚书王永光等为代表的官员又再次上疏陈言，言辞激烈[8]。不久，天启帝谕内阁、吏部、都察院，称上天屡次警戒，理应亟行修省实政，但对王永光等人的上疏，他认为，皇极殿等工程已近完工，且与岁发兵饷相比，实在是少之又少，更谈不上扰民奢靡。且已有罢省征，停搜括，蠲编派，以及不许后世子孙纵重拟之旨，这已经是对之前诸臣上疏建议的直接回应，对于那些不自爱争为奸宄者则给予重罚。

天启帝最后称："诸臣不详察，不自省，辄另具腑肠，动以为朝廷之过，朕所未晓，卿等可平心衡量朕之所言，果轻听乎？果遍徇乎？朕何忍骫祖宗之法，而任其肆逆滔天也耶？你们大臣任重股肱，道崇忠直，若皆事不课实则，过则归君一体，何居靖共安在，试各清夜自思，二千万饷今日何在？天灾民困何以致然？应否彻底澄清，应否惩前戒后，其诸囚罪状应否深究，各自吐情实，毋挟纵横之术，荧惑万世人心。敬天悯人，朕勿敢替祖宗法度，朕曷敢私。特谕。"[9]天启皇帝的此番训诫已经从对修省实政的现实分歧上升到价值观层面的拷问，展现出明代君臣之间深刻的政治分歧与理念矛盾。

以上针对此次公共灾难采取的广义上的惩罚举措综合了象征性与关联性的特点，主要包含皇帝告祭宗

1 《明熹宗实录》卷七一，天启六年五月己酉。
2 《明熹宗实录》卷七一，天启六年五月庚戌。
3 《明熹宗实录》卷七一，天启六年五月丙寅。
4 薛冈：《天爵堂文集》卷一九，"丑寅闻见志"，第685页。
5 《明熹宗实录》卷七一，天启六年五月癸丑。又见高汝栻：《皇明续纪三朝法传全录》卷一五，《续修四库全书》史部第357册，第867页。
6 《明熹宗实录》卷七一，天启六年五月乙卯。
7 《明熹宗实录》卷七一，天启六年五月丙辰。
8 《明熹宗实录》卷七一，天启六年五月丙寅。
9 《明熹宗七年都察院实录》卷一一，中国基本古籍库。

庙、减膳撤乐，素服修省；高级官员一体修省，上疏自劾，求赐罢斥，以及对具体的政治举措进行反思和调整等内容。

三　伦理治国理念下的灾难应对效果与特点

明代史料记载的灾异事件历年皆有，频率各有不同。《万历野获编》里记载，在尚可称为盛世的弘治年间各种灾异就不断发生，仅弘治十四（1501）到十六（1503）年间，各地比较重大的灾异事件就达到十余次[1]。到了天启末年更是灾异频仍，俨然一副乱世景象[2]。但此次王恭厂爆炸发生在明末政治纷争动荡之际，且因其发生在京师重地，死伤众多，破坏力巨大，甚至直接影响到皇宫，朝野议论纷纷，民间流言四起，成为明末最为典型的公共灾异事件，对这场重大灾难的应对和救灾举措也就十分具有代表意义。

（一）关于灾难应对效果的评估

与史料中记载的一些单纯的自然灾害和怪异事件不同的是，此次灾难的核心区是存放火器火药的京师火药厂，使得其最初发生时极易让人联想到是一场人为事故，但巨大的破坏力和不同于单纯火药爆炸的怪异景象，让人们与灾异预警联系起来。因此，之后发生的一系列应对措施都与对灾难性质的判定密切相关。

一般来说，若灾难有明确的事故责任人，还需要直接对相关责任官员进行惩处。比如弘治年间，因上元节于天妃宫造烟火之戏，扬州府知府冯忠前往观看，且带有随从众多，夜归时众人争过浮桥，导致溺死数十人，事发后调冯忠别任，并黜通判杨澯为民[3]。又如天启三年（1623）四月京师地震，钦天监占候失误，司官以下因失于觉察，降三级，调外任[4]。而此次大爆炸并非一般的因某些人员的不慎和失责等人为因素造成的事故，因此并没有直接的政府官员受到惩处。在高级别官员中，工部尚书董可威很快被免，但其原因并非失职，而是火灾中折臂[5]。相继合疏或自疏请求罢斥的自劾官员，也是循例而为，并非真正求去，天启帝均以温旨慰留，或告诫其各尽其职了结。

从此次公共灾难的应对和救灾行动可以看到，明朝虽然没有专门的灾难应对机构，仍能比较迅速地对救助做出反应，派遣相关机构人员各司所职，查明情况，落实救灾举措。尤其是事发在京师，省却了路途上的耽搁，反应相对及时。遗憾的是，由于史料记载的局限，我们没有看到在应对此次灾难的过程中，地方官员和民众自救的举措，以及更多民间救灾活动的细节。灾害发生以后，民间舆论虽然对其原因议论纷纷，但对救灾举措并未产生直接影响。因此，对明代公共灾难应对机制的分析，较多是从明朝政府的角度，解读其自上而下的救灾举措。通过对明朝政府在优恤和惩处两方面的救灾行为，分析明代伦理治国理念下的灾害应对

1 沈德符：《万历野获编》卷二九，"弘治异变"，中华书局，1959 年，第 738 — 740 页。

2 以天启年间魏忠贤专政为背景的明代小说《梼杌闲评》第四十回开篇即诗曰："普天有怨不能平，致使灾殃处处生；烈焰乱飞宫观尽，横涛怒卷室庐倾。""四方生出许多灾异来，各处告灾的文书，纷纷似雪……古来虽有灾异，却未有水、火、地震并于一时，都在神京一处的。"

3 《明孝宗实录》卷五〇，弘治四年四月己酉。

4 高汝栻：《皇明续纪三朝法传录》卷一五，《续修四库全书》史部第 357 册，第 867 页。

5 谈迁：《国榷》卷八七，"熹宗天启六年"，第 5326 页。

机制的效果，及其背后反映的价值观念。

明人虽已具备一定的天文知识及了解自然的能力，但对于宇宙和自然现象，甚至是一些自然灾害产生的怪异景象，常常利用阴阳五行观念加以解释，赋予其相应的预示。比如此次大爆炸发生以后，负责解释天象异常的钦天监以及一些朝廷官员便指出，大爆炸引发的火灾代表着兵戈、刑狱，以及内祸，预示凶兆："地鸣者，天下起兵相攻，妇寺大乱……地中汹汹有声，是谓凶象，其地有殃。地中有声混混，其邑必亡。"[1]"海内人心隐隐，尚多郁象。郁而火伏焉，郁而阴阳搏击焉，郁而飙风举焉。此震烈之天变所自来也。"[2]"《易》之象曰：山上有火。君子以明慎用刑而不留狱。盖先王观于火，而知狱之不可留也。"[3]"在《易》有之离为火，为甲胄，为戈兵。《春秋传》曰，兵犹火也，不戢将焚。自内庭弄兵之后，果未几而王恭厂灾矣，未几而朝天宫又灾矣。兵能召火，此其明征。"[4]凡此种种解读既继承了传统的阴阳观念，也是结合明末社会现实和需求的结果。基于这种宇宙观念，明代人把对灾害征兆的回应看作是非常重要的弥灾举措。

能够回应此种征兆的人首先是皇帝。于是，每逢有大灾发生，皇帝多数情况都会下诏修省，甚至罪己[5]，于灾难救助来说，这一举动的象征意义远大于实际效果。作为一国之君主，固然要为天灾承担道义和伦理上的终极责任，但其惩罚措施却不能如一般臣民那样有更为实质的举动，这是帝制时代皇权至上的必然结果。有的时候，这种弥灾举措甚至会流于形式，成为应对朝臣与舆论风暴的挡箭牌。与此配合的是各级官僚的修省、反思与陈言举措，其中既有切中时弊之言论，也会有铺陈套语，虚应故事之举动，具体结果则因人、因时、因事而异。

灾难救助的直接对象则是受灾民众。在伦理治国理念的影响下，对灾民采取一定程度上的优恤政策成为国家治理者的共识，较少产生分歧。所以，灾害发生后，采取优免赈恤举措往往得到迅速执行，比如赈恤银两的发放等等，有时还会根据情况增加额度。与此同时，由于此次大爆炸伤亡人数众多，遂有举行厉祭之建议，以使"泉路游魂，并沾圣泽"，此类祭祀活动并非常规赈灾行为，多依灾害伤亡程度与规模而定。明代依据不同的等级，对死而无名，魂无所依者举行祭祀活动，既体现对弱势民众的救助，也有稳定社会秩序之考量，以防止其为害民间百姓，扰乱地方社会秩序。

（二）伦理治国理念下的灾难应对特点

以上种种举措体现出传统社会中伦理治国的基本理念。该理念的核心是敬祖畏天，因此，帝王在灾害发生后的一系列祭祀和反省行为，成为体现其伦理正当性的重要标志。受到此种理念的影响，评判灾害救助成功与否的标准，也与帝王的品性和为政举措产生关联，而非仅仅从对灾民赈济的角度来评判。从官员连篇累牍的奏疏和相关言论可以看到，能够对此种上天预警做出应有之回应，甚至是具体政策调整的君主行为被认为是适当的，得到朝野舆论的支持，反之则被视为失效的应灾行为。君主能否以德配位，官员能否各司其

1 计六奇：《明季北略》卷二，"丙寅五月初六纪异"，第73页。
2 《明熹宗实录》卷七一，天启六年五月癸丑。
3 《明熹宗实录》卷七一，天启六年五月丙寅。
4 孙承泽：《春明梦余录》卷四二，"内祸"，文渊阁四库全书本。
5 关于这个问题的讨论可参看拙文《明代皇帝的修省与罪己》，《西南大学学报》，2010年第1期。

职，均是重要的衡量指标，而这正是传统社会对圣王君主和治理者的一贯评判标准。

从积极的角度来看，这种理念可以为帝制时代的君主行为提供终极制约，在灾害应对过程中发挥积极作用。但也应该注意到，此种理念下浓厚的非理性色彩，使得传统社会公共灾害的应对效果常常大打折扣，"虚"大于"实"。同时，应灾举措过多依赖于人的作用，而非制度化和体系化的保障，也导致救灾举措随意性较大，实效性降低。这一点从此次明末王恭厂大爆炸的救灾过程和结果就可窥知一二。

还应该看到，此次灾害应对过程和结果还涉及明末独特的社会和政治背景，天启年间剧烈的党争，君臣朝野之间深刻的政治分歧，都使得此次公共灾难没能成为政策调整的契机，也反过来影响到灾难应对的实际效果。而作为传统社会公共灾难应对机制的一个组成部分，地方官僚、士绅，甚至是普通民众在其中如何发挥作用，他们与政府决策者之间的关联如何，则有待于在进一步掌握相关史料的基础上做出更立体的剖析。

从以上的讨论可以看到，明朝自上而下对王恭厂大爆炸事件的应对举措，是我们了解明末社会公共灾难应对和救助过程中一个非常典型的案例。"公共灾难"这一概念的界定应是就其产生的后果和程度而言的，它与有明确原因的自然灾害不同[1]，其中最明显的差异应体现在其原因的复杂性与事件的突发性上，这点与人为因素较明显的公共事故又十分类似。将这一视野放大到整个明代，梳理终明一朝此类突发事件的频率，朝廷的应对和处置措施，以及地方官员与民众的救治对策等等，都是理解帝制时代后期社会治理举措与效果的重要内容之一。与此同时，我们对帝制晚期此类事件的关注始终还有一个更为现实的关照，即将之与当今社会公共事故的应对和处置进行比较，以便更为深入地理解中国帝制时代的国家治理策略及其所反映的价值理念。

[作者单位：东北师范大学亚洲文明研究院]

1 关于明朝政府对民间自然灾害救助等问题的讨论，学界相关研究成果已经十分丰富，因不是本文讨论的话题，此处不予详细列举。

清代惠远城万寿宫与国家治理*

Myriad Longevity Temple in the City of Huiyuan and State Governance in the Qing Dynasty

张小李

Zhang Xiaoli

内容提要：

清代，全国遍布两个系统的万寿宫，其一是道教祭拜许真君且兼具江西会馆功用的民间万寿宫，其二是全国各地衙署以及满洲驻防之满城的官方万寿宫。官方万寿宫多供奉皇帝万岁牌，皇帝或太后万寿诞辰、新年等节令，地方官员在此齐聚遥祝，这里也是恭接皇帝谕旨以及皇帝驾崩后设灵致祭之处，因此，官方万寿宫是皇权的象征。新疆惠远老城及老城被毁后所建的新城，是新疆的军政长官伊犁将军驻扎的满城，先后建有万寿宫。惠远城万寿宫不仅具有官方万寿宫的皇权特性，因东归的土尔扈特部主要安置在新疆，由伊犁将军管辖，所以惠远老城万寿宫前还竖立乾隆帝所撰写的《土尔扈特全部归顺记》和《优恤土尔扈特部众记》，体现了乾隆帝对土尔扈特部的关爱与怀柔。

关键词：

万寿宫　惠远城　万岁牌　乾隆帝　伊犁将军　土尔扈特部

ABSTRACT:

In the Qing dynasty (1644-1911), two types of Myriad Longevity Temples (*Wanshou gong*) scattered throughout the country, one served as venues worshiping the Daoist deity Perfected Lord Xu while hosting merchants from prefectures and counties of Jiangxi, and the other were official ones serving as local government offices and Manchu military bases. The latter hosted tablets dedicated to longevity of the emperor. On festive occasions such as the emperor or empress dowager's birthday, the Lunar New Year, local officials gathered on these venues for celebratory ceremonies. It was also in these temples that imperial edicts were received, and memorial tablets were set up mourning the deceased emperors. Therefore, the official Myriad Longevity Temples symbolized imperial supremacy. The site for the former city of Huiyuan in Xinjiang province and the new city of the same name rebuilt after the previous one was destroyed were both manchu settlement where the office of the Military Governor of Yili (*Yili jiangjun*), the region's military and political chief, was located. Temples were built on both sites. Because the returning Turgut tribe was settled in Xinjiang under the administration of the Military Governor of Yili, aside from embodying imperial supremacy, the Myriad Longevity Temple in the former city site also hosted in its front the stele with *A Record of the Return to Obedience of the Entire Turgut Tribe* (*Turhute quanbu guishun ji*) and *A Record of Showing Solicitude for the Turgut Tribe* (*Youxu Turhute buzhong ji*) composed by the Qianlong Emperor (r. 1736-1795), reflecting the ruler's solicitude.

KEYWORDS:

Myriad Longevity Temple, the City of Huiyuan, longevity tablet, Qianlong Emperor, Military Governor of Yili, Turgut tribe

* 本文为故宫博物院 2019 年课题《清代国家祭礼与在新疆的推行与演变》的阶段性成果。惠远城万寿宫是国家礼仪建筑而不是国家祭祀建筑，但清朝皇帝驾崩后要在此设灵致祭，且万寿宫彰显了清政府对新疆的主权，因此，本课题将其列为研究对象。

清乾隆二十六年（1761），清政府平定新疆大小和卓叛乱。乾隆二十八年（1763），新疆地区最高军政长官伊犁将军明瑞在伊犁河北岸度地筑城，乾隆帝亲自赐名“惠远”，寓大清皇帝恩德惠及远方之意。同治十年（1871）年沙俄侵占伊犁，惠远城被毁。光绪八年（1882），清军收复伊犁，在老城北15里重建惠远新城。从乾隆年间到清末，惠远城作为伊犁将军驻扎之地，一直是新疆的政治、军事中心。无论是惠远老城还是新城，都建有万寿宫。万寿宫作为朝廷与新疆的联系纽带，不同于民间祭祀祭拜道教许真君且兼具江西会馆功用的万寿宫，而是象征皇权的万寿宫，是清朝中央政府对新疆的有效治理的标识之一。

一 清代官方万寿宫礼制

清代，全国各地建有大量的万寿宫，但其性质各异，归纳起来，这些万寿宫可分为两类，一类是民间祭拜道教许真君的万寿宫，同时兼具江西会馆之功用[1]；一类是各地官员在各种节令向京城的皇帝、太后遥祝，兼具承接皇帝圣旨处所的万寿宫，其为官方建筑，规制、供奉、礼仪大致相同。

清代直省官方万寿宫

官方万寿宫最早起源于宋代，其与皇权密切相关。政和七年（1117）二月辛未（十三日），崇信道教的宋徽宗改天下天宁万寿观为神霄玉清万寿宫[2]，并撰写《神霄玉清万寿宫诏》，颁行天下，以“隆振道教”。[3]该万寿宫为官方性质，主管官员为宰相级别的官员。靖康元年（1126）二月己酉（十三日），不再让宰相兼任万寿宫的主管官员，“罢宰执兼神霄玉清万寿宫使及殿中监符宝郎”[4]。

清代，官方万寿宫涌现并遍布全国各地，省、府、州、县普遍建有万寿宫。由巡抚所建的万寿宫，如位于现江苏苏州市民治路的苏州万寿宫，清康熙五十六年（1717）由巡抚吴存礼主持创建，吴存礼撰《万寿宫记》对其作了详细介绍：“皇上御极之五十六年，大化翔洽，覃被六合，遐迩臣民，罔不禔福……每遇万寿圣节，焚香膜拜，欢呼夹道，愿效华封人者，盖肩相摩踵相接也。顾臣工厘祝，向寄瓣香于老氏之宫，喧嚣湫隘，仪观勿肃。唯古王者巡狩方岳，各有明堂制度，翼然会同有绎，如在镐京。今者率土皆臣，冠裳玉帛，胥入王会职贡之图，其庸敢违天颜于咫尺？爰始考卜经之营之臣，存礼履行度地分，命藩司臣朝麟左右蒇事，得宏敞之基于会城中址，玉带分流……即此瞻云望日，信前朝后市之规模也。于是诹吉程材，凡陶氏匠氏，用丹垩髹漆之类，与夫工直既禀之需，率取诸公捐，锱铢不涉于民间。既而子来云集，鼛鼓弗胜其前，则列以坊表，文石盘螭，象阙门两观也；扃以重扉，象皋门、应门也；正殿五楹，左墄右平，肃乎廉远堂高也；东西廓庑，傫直有所俪乎，待漏也；后楹有觉藏乎，卤簿也；缭垣峻起，仿乎周庐环卫也。自兹臣

1 许真君即许逊，字敬之，号旌阳，南昌人，东晋著名的道教人物，道教净明派尊奉的祖师。万寿宫，或称旌阳祠、江西会馆等，遍布全国各地城乡，乃至东南亚。明清时期，江西经济发达，经营瓷器、茶叶、大米、木材和丝绸的赣籍商人行走全国，并在全国各地方都修建了万寿宫，万寿宫也成为凝聚江西同乡的江西会馆。（李星：《论万寿宫非物质文化遗产的保护与开发》，《江西科技师范大学学报》2019年第3期；吴曦翔、吴婧璇：《安庆万寿宫考辩》，《文物鉴定与鉴赏》，2019年17期）

2 （元）脱脱等：《宋史》卷二一，《宋史》（第2册），中华书局，1977年，第397页。

3 黄文格：《宋徽宗〈神霄玉清万寿宫诏〉碑考析》，《福建文博》2009年第4期。

4 （元）脱脱等：《宋史》卷二三，《宋史》（第2册），第425页。

邻稽首，济济跄跄，堂上接武，堂下布武夫，而后众着于天颜咫尺之义。而垂白父老，扶杖来观，谓生百年来，曾六随属车之清尘，亲见有道圣人，又身拜衣帛食肉之赐，顾生长田间，未睹皇居之奂，今兹金鳌玉蛛，耸峙云烟，杳霭间则时时有圣人在其意中，川至日升之盛，嵩呼岳应之奇，将亿万斯年，永永无极矣。臣谨拜手扬言，而为之记。"[1]

据上文吴存礼所言，在万寿宫建之前，每遇皇帝万寿节，民间焚香膜拜，欢呼夹道，而官员们则在"老氏之宫"焚香遥祝，而此地人声喧嚣，地方狭隘，所以模仿周王巡狩方岳时在各地的明堂制度，由官员们集资建万寿宫。吴存礼叙述万寿宫的源头时，只追溯到周代的明堂制度，而未言及在后代的发展与演变，实乃此类在各地所建与皇权密切相关的不具有道教性质的万寿宫在清代最为兴盛。吴存礼在叙述万寿宫的规制时，直接与皇宫相类比，坊表类似阙门两观（宫门前两边的望楼）；重扉类似皇城的皋门、应门；正殿五楹，廉远堂高，如帝王之尊严；东西廊庑对称，如臣工待漏之朝房；后楹有觉藏，如同皇帝的卤簿仪仗一样；四周的缭垣（围墙），仿佛皇宫周围所设的警卫庐舍。对于苏州虽亲见皇帝巡视而未曾亲睹皇宫的老百姓来说，看见万寿宫就好像亲眼看到皇宫一样。

万寿宫之供奉及礼仪，乾隆年间汾州知府雷汪度撰《新修万寿宫记》曾有介绍："今直省郡县所在，建设万寿宫，恭奉皇上万岁牌位。凡遇元日、冬至及万寿圣节，所司先事扫除洁清，届期文武僚属，黎明斋遨，八陈卤簿，奏广乐，肃拜跪，成礼而退，凛然天威，不违咫尺，义至严而典甚巨也。"[2]

据雷汪度所言，清代直省郡县广泛修建万寿宫，供奉皇帝的万岁牌，每遇元日、冬至及万寿圣节三大节，所司先打扫干净，黎明陈卤簿、奏乐，当地的文武官员跪拜行礼。虽然距离皇帝很遥远，但对皇帝的恭敬，好像皇帝就在眼前一样。

需要注意的是，官方万寿宫要供奉皇帝万岁牌位，民间道教系统兼具江西会馆功能的万寿宫极有可能也要供奉皇帝万岁牌位。云南会泽县万寿宫，又名江西会馆，其"正殿巍峨，为供奉万岁牌之地"[3]。民间万寿宫，用了"万寿"之名，供奉万岁牌位，让"万寿"名副其实，也给自身增添了保护色，显然是一个极好的生存策略。

供皇帝万岁牌是封建时代一个普通的供奉行为，即"天地君亲师"供奉中之"君"。佛道寺观均恭设万岁牌，明末徐昌治在《佛教尊君勤礼》中谓："佛道虽云出世，而梵宇中必设万岁牌，翘勤祝礼。"[4]明朝嘉靖年间官员丰坊上奏，对佛道供奉万岁牌提出了反对意见，认为是一种亵渎："今天下司府州县卫所等衙门，凡遇庆贺之节，皆于佛寺习仪，而列万岁牌位于佛像之间，甚为亵渎。"[5]，明代衙门在佛寺庆贺万寿节，说明明代各地没有修建类似清代官方万寿宫那样的建筑。清代教育机构也供奉万岁牌，清朝皇太后、皇上万寿节，至圣先师孔子诞日，春、秋上丁释奠，以及开学、散学或毕业，"学生至万岁牌前、圣人位前行礼如仪"。[6]

1 （清）宋如林监修、石韫玉纂：《苏州府志》卷二二，清道光四年（1824）刻本。

2 （清）孙和相等：《汾州府志·续增志书目录》，清乾隆三十六年（1771）刻本。

3 邱宣充、张瑛华：《云南文物古迹大全》，云南人民出版社，1992 年，第 236 页。

4 （明）徐昌治著、夏瑰琦编：《圣朝破邪集》，建道神学院，1996 年，第 222 页。

5 （明）严嵩：《明堂秋享大礼议》，明陈子龙等编：《明经世文编》卷之二一九，《明经世文编》（第 3 册），中华书局，1962 年，第 2286 页。

6 赵尔巽等：《清史稿》卷一〇七《选举二·学校二》，《清史稿》（第 12 册），中华书局，1977 年，第 3141 页。

晚清外交官裕庚的女儿裕德龄（又名裕德菱），在其撰写的《清宫禁二年记》中，记载了当时的官方万寿宫行礼的概况：

> 旧制：显官归国，例有一奇特之礼仪，盖当至中土时，必有请圣安之制。其左近之督抚，为之布置。若道台职卑，尚不足与此焉。其时督直隶者为袁世凯，余等初至，渠即遣一吏来，预于存问，俾行此殊礼。布置既周，余父及袁世凯，皆服朝服，冠朝冠，花翎朝珠，一如其职，以往万寿宫。万寿宫者，特为行此礼之地也。其时下级官吏，来者颇众。宫之最后进有案，案之中，设皇帝及太后牌位，上书"万岁万岁万万岁"。其时直督袁及其他官吏先至，袁督立于案之左，官员分两行以侍。未几余父至，即跪于万岁牌下，口称"请皇安"焉。旋起方，问圣躬安康，袁督当以"健豫"答。礼遂毕。[1]

德龄所述的礼仪场景系德龄父亲裕庚归国，在万寿宫请圣安，主持万寿宫仪式的为直隶总督袁世凯，出席仪式的官员要穿朝服，戴朝冠，朝冠缀花翎，胸挂朝珠，穿着非常正式。行礼仪式是官员对着牌位跪下，向远方的皇帝行礼问安。德龄对直隶总督行礼的万寿宫的记述比较简略，但其有"最后进"，说明它不是一个单体建筑，而是一个院落。德龄所见万寿宫，设皇帝及太后牌位，上书"万岁万岁万万岁"，之所以有太后的牌位，是因为当时实际主持政局的是慈禧太后，从这个意义上，万寿宫供奉太后牌位有可能是特殊现象，而不是通例，而陈设皇帝万岁牌位，则是确定无疑的。

综上，清代官方万寿宫是地方军政官员举行各种与皇帝相关活动之处，其建筑规制宏大，像苏州万寿宫甚至称得上是皇宫的"具体而微"。万寿宫供奉的皇帝万岁牌是皇帝的象征，元旦、冬至、万寿节，以及恭迎皇帝诏书、皇帝驾崩致祭，地方官员都要在万寿宫行礼。因此，万寿宫是皇权的象征，是联结皇帝与地方的精神纽带和场所，正因为如此，苏州万寿宫在辛亥革命后被径直通称"旧皇宫"[2]。

二 惠远城万寿宫钩沉[3]

在官方万寿宫中，作为清朝统治根基的各地满洲驻扎之地满城基本上都有万寿宫。本文的研究对象惠远城万寿宫，就属于重要的满城万寿宫。

（一）清代新疆满城万寿宫

清朝，在畿辅、直省、新疆等地的满洲驻防城，由将军、办事大臣等高级官员率领满洲官兵及其家眷驻防，称之为满城。

清代新疆共设六大满城，分别为乾隆二十九年（1764）开建，三十一年（1766）在伊犁建成的惠远满城

1 裕德龄：《清宫禁二年记》，中国野史集成编委会、四川大学图书馆编：《中国野史集成》（第47册），巴蜀书社，2000年，第134页。

2 文化部文物局主编：《中国名胜词典》（第2版），上海辞书出版社，1984年，第333页。

3 因惠远老城和新城万寿宫在功能上是一样的，本文将其作为一个整体来观照；因资料有限，本文的研究侧重于"钩沉"。

（老城）、乾隆三十一年（1766）在惠远城东北70里开建的惠宁城，惠远、惠宁两城皆位于伊犁地区。乾隆三十七年（1772）在现乌鲁木齐附近建巩宁城，该年，在巴里坤建会宁城。乾隆三十九年（1774）在古城建孚远满城。乾隆四十四年（1779），在吐鲁番建广安土城。[1]

无论是新疆之外的满城，还是新疆的满城，大都建有万寿宫。据《钦定八旗通志》，最早的满城万寿宫是甘肃庄浪城万寿宫和内蒙古绥远城万寿宫，均建于乾隆二年（1737）："庄浪驻防，乾隆二年设城垣一座……万寿宫一所十间"[2]；"绥远城，乾隆二年设立城垣、衙署、官房等项……万寿宫一座二十间"[3]。万寿宫的官方性质非常明显，如山东青州府驻防满城，系乾隆二十六年（1761）将公衙门改成。[4]

新疆六大满城中，除惠远旧城、惠远新城万寿宫之外，清代乾隆朝大臣和瑛著《三州辑略》卷二"建置门"收录了巩宁城万寿宫、会宁城万寿宫、广安城万寿宫、庆绥城万寿宫、安阜城万寿宫[5]，其中，巩宁城、会宁城、广安城均为满城。新疆满城中，只有惠宁城没有建万寿宫。

（二）惠远城万寿宫概况

惠远老城万寿宫随着老城的毁弃而被毁，新城万寿宫目前也已毁弃。目前所见，对惠远老城万寿宫描述最详细的是乾隆朝格琫额纂《伊江汇览・坛庙》："宫在惠远城之北门内，癸未同城所建。南向三楹，殿址高爽，东西朝房各三间，宫门三间，环以木栅，悉丹绘之。岁逢之辰，大小臣工，皆肃班恭祝焉。宫门两边隙地，于乙未夏建立土尔扈特归顺优恤二记穹碑二座，碑身高大，四面镌勒满、蒙、汉、回四样字体，两亭对峙，颇壮观瞻矣。"[6]

该段文献所述的对象是"宫"而不是"万寿宫"，查清代佚名纂《伊江集载・坛庙祠宇》："万寿宫在惠远城北门内。"[7] 在惠远城坛庙中，名称有"宫"且位置在惠远城北门的只有"万寿宫"，因此，可以确定该段文献所述的就是万寿宫。

生活于乾、嘉、道之际的大臣松筠所著《西陲总统事略》卷五之《城池衙署》谓："惠远城乾隆二十九年在伊犁河北岸创建。"同卷之《坛庙祠宇》记载了万寿宫："万寿宫在惠远城北门内，乾隆三十一年建，门前勒有高宗纯皇帝御制《土尔扈特全部归顺记》碑文一通，又御制《优恤土尔扈特部众记》碑文一通。"[8]

综合这两则史料，惠远城万寿宫的建成年份存在细微的差异。格琫额《伊江汇览》谓万寿宫同惠远城于乾隆癸未年即乾隆二十八年（1763）建，而松筠《西陲总统事略》谓万寿宫乾隆三十一年（1766）建，其中的差异可能是前者为开始修建时间，而后者为建成时间，并无根本差别。

1 参阅苏奎俊：《清代新疆满城探析》，《新疆大学学报》，第三五卷第5期，2007年9月；朱永杰：《清代满城历史地理研究》，第65页，知识产权出版社，2017年。

2 《钦定八旗通志》卷一一七，影印文渊阁《四库全书》（第665册），台湾"商务印书馆"，1986年，第988页。

3 《钦定八旗通志》卷一一八，影印文渊阁《四库全书》（第665册），第1004页。

4 《钦定八旗通志》卷一一七，影印文渊阁《四库全书》（第665册），第999页。

5 （清）和瑛：《三州辑略》卷二"建置门"，嘉庆十年（1805）刻本。

6 （清）格琫额纂、吴丰培整理：《伊江汇览・坛庙》，中国社会科学院中国边疆史地研究中心编：《清代新疆稀见史料汇辑》，全国图书馆文献微缩复制中心出版，1990年，第22页。

7 （清）佚名纂、吴丰培整理：《伊江集载・坛庙祠宇》，中国社会科学院中国边疆史地研究中心编：《清代新疆稀见史料汇辑》，第98页。

8 （清）松筠纂定、汪廷楷原辑、祁韵士编纂：《西陲总统事略》卷五，嘉庆十四年（1809）刻本。

关于万寿宫的形制，格琫额《伊江汇览》所描绘是一个四合院结构，正殿三间，东西朝房三间，宫门三间，四周用彩绘的木栅栏环绕，乾隆乙未年即乾隆四十年（1775）在宫门两边分别建了《土尔扈特全部归顺记》和《优恤土尔扈特部众记》，四面用满、蒙、汉、回四样字体镌刻碑文，而松筠《西陲总统事略》没有描述万寿宫的形制，只简单提及了有乾隆帝御制与土尔扈特部东归有关的两篇文章的碑文。

光绪年间所建的惠远新城万寿宫，目前没有发现清人的文献描述，只留下了牌楼照片，为芬兰探险家马达汉于1906—1908年考察新疆期间所拍摄[1]。今人王俊昌先生著《惠远城及其内外庙宇梗概》描述了新城万寿宫："它是惠远城庙宇中较负盛名的宏伟寺院。始建于光绪年间，与新城同城而建。坐落在城东街尾，坐北朝南，造型类同北京的故宫，带有宫殿形式。这座寺庙在伊犁原'九城'堪称之最，雕梁画栋，飞檐走兽。建造这座寺院是用来在皇帝或皇太后诞辰以及农历新春之日，伊犁将军带同城内文武百官集中拜年的地点。在宫门外路东距离50米的对门建有一砖砌墙壁，墙中间以琉璃瓦镶嵌'万寿无疆'四个绿色大字，大字周围镶着红色金边，墙壁上方左右角安放着两个琉璃龙头。这些琉璃建造是从江西运来的。"[2]

新城万寿宫带有宫殿形式，雕梁画栋，飞檐走兽，非常漂亮，该文没有介绍新城万寿宫是否再立乾隆皇帝撰写的《土尔扈特全部归顺记》和《优恤土尔扈特部众记》这两通碑。

万寿宫的功用，格琫额所撰《伊江汇览·坛庙》云："岁逢之辰，大小臣工，皆肃班恭祝焉。"大小臣共肃班恭祝，其对象当然是皇帝或太后，而其时间"岁逢之辰"显得非常笼统，而王俊昌先生的叙述，万寿宫是"皇帝或皇太后在其诞辰祝寿以及农历新春之日，伊犁将军带同城内文武百官集中拜年的地点"是可信的。

格琫额《伊江汇览》、松筠《西陲总统事略》、王俊昌《惠远城及其内外庙宇梗概》均未言及惠远万寿宫里的供奉。位于现内蒙古呼和浩特的绥远城也是一座满城，也建有万寿宫，佟靖仁编著《呼和浩特满族简史》谓："东街正中有座'万寿宫'，是供奉清朝皇帝御像的神庙。每年的八月初十日，要为皇上举行万寿庆典；十月初十日，要为皇太后举行祝寿庆典。"[3]

从这一则材料看，满城万寿宫有供奉，但所谓的供奉清朝皇帝的画像，则需要商榷，第一，清朝皇帝的画像，只在其驾崩后供奉在景山寿皇殿、圆明园安佑宫、避暑山庄永佑寺等皇帝原庙中[4]；第二，若真供奉皇帝的画像，则一定是供奉皇帝的朝服像，绘制皇帝朝服像，需要高水平的画师，且费工耗时，全国官方系统的万寿宫数量不在少数，显然不可能供给这么多的皇帝画像。此外，上文谓："八月初十日，要为皇上举行万寿庆典"，查清代皇帝生辰，八月初十为道光皇帝生日；又谓："十月初十日，要为皇太后举行祝寿庆典"，十月初十为慈禧太后生日，同时祝福道光皇帝和慈禧太后生日，显然是时空错乱了。但佟靖仁先生的文章还是给我们一些启示，即像一些省城的万寿宫那样，惠远等满城万寿宫有可能供奉皇帝的万岁牌。

---

1 （芬）马达汉著，王家骥译：《马达汉西域考察日记》，中国民族摄影艺术出版社，2004年，第180页。

2 王俊昌：《惠远城及其内外庙宇梗概》，政协伊犁哈萨克州委员会文史资料研究委员会编：《伊犁文史资料》（第4辑），伊犁日报社，1988年，第173页。

3 佟靖仁编著：《呼和浩特满族简史》，呼和浩特市民族事务委员会，1987年，第82页。

4 张小李：《清代皇帝原庙制度初探》，《故宫学刊》（总第13辑），2015年。

三 惠远城万寿宫在新疆治理中的价值

惠远城万寿宫，与在各直省官方系统的万寿宫一样，是朝廷和皇帝的象征，是沟通清朝皇帝和新疆地方的媒介，体现了清政府对新疆地区的有效治理。

（一）惠远万寿宫是皇帝在新疆的象征

格琫额所撰《伊江汇览》将惠远万寿宫归入“坛庙”、松筠所著《西陲总统事略》将其归入“坛庙祠宇”，二者的重合之处都是认为万寿宫为“坛庙”。此所谓“坛庙”不是祭祀天神地祇、神仙鬼神的坛庙，而是朝拜皇帝之处。乾隆年间大臣永保纂《总统伊犁事宜》“庙祠：风神庙，火神庙，文昌宫，关帝庙，真武庙，社稷坛（每年二、八月祭），先农坛（每年三月祭），龙王庙，城隍庙，刘猛将军庙，八蜡庙，喇嘛寺名普化寺。”[1]将万寿宫排除在了“庙祠”之外，或许是永保认识到了万寿宫不是通常意义上的祭祀之所的缘故。

因为民间广泛存在祭拜道教许真君且有江西会馆功能的万寿宫，衡宗亮、孟楠在《20世纪初新疆道教遗存——以三部外国游记为主要依据》一文，将万寿宫目为伊犁地区的道教遗存。[2]惠远城是满城，城内主要是驻防八旗官兵，和江西会馆没有交集，所以，惠远城万寿宫不是道教建筑。

惠远万寿宫具有官方万寿宫的一般特性，是当朝皇帝的象征。雍正七年（1729）的山东青州府满城，“乾隆二十六年裁汰将军员缺，以其房为副都统衙署，以副都统衙署作为公衙门，以公衙门改为万寿宫。”[3]径直将衙门改为万寿宫，且四库馆臣在抄写时将“万寿宫”抬格写，可见与惠远万寿宫同类的满城万寿宫鲜明的皇权特色。此外，上文格琫额撰《伊江汇览》谓惠远城万寿宫“南向三楹，殿址高爽，东西朝房各三间，宫门三间”，所谓朝房，为“供百官等候入朝之所”，万寿宫之朝房，当然不能同紫禁城的朝房相比，但既然用了“朝房”之名，可见其等次之高，与皇权关系之密切。所以，惠远城万寿宫是清政府在伊犁地区、新疆地区的主权存在的标识之一。

（二）惠远万寿宫体现了乾隆帝对土尔扈特部的特殊关爱与怀柔

与别的官方体系万寿宫、满城万寿宫不一样的是，惠远旧城宫门两边分别矗立了乾隆皇帝撰写，并用满、蒙、汉、回四样字体镌刻的《土尔扈特全部归顺记》和《优恤土尔扈特部众记》。

土尔扈特部为我国厄鲁特蒙古族四大部落之一，明末，原本生活在我国西北森林和草原上（今新疆塔城一带）的土尔扈特部为了寻找新的生存环境，在部落首领的带领下，离开了世代游牧的故土，越过哈萨克草原，渡过乌拉尔河，来到了当时尚未被沙皇俄国占领的伏尔加河下游、里海之滨。在这片人烟稀少的草原上，他们开拓家园，劳动生息，建立起游牧民族的封建政权——土尔扈特汗国，但随着沙俄的扩张，土尔扈特人受到了沙俄的控制和压迫。乾隆三十六年（1771）初，土尔扈特部首领渥巴锡顺应民意，决定率领17万

1 （清）永保纂，马大正、牛平汉整理：《总统伊犁事宜》，中国社会科学院中国边疆史地研究中心编：《清代新疆稀见史料汇辑》，第137页。

2 衡宗亮、孟楠：《20世纪初新疆道教遗存——以三部外国游记为主要依据》，载《黑龙江民族丛刊》（双月刊），2013年第6期。

3 《钦定八旗通志》卷一一七，影印文渊阁《四库全书》（第665册），第999页。

部众离开伏尔加河畔，踏上东归的旅途。经过艰苦的跋涉，半年后，幸存的7万人到达伊犁，清政府官员在伊犁河畔会见了渥巴锡。清政府及时赈济人困马乏的土尔扈特部，又划定牧地，对他们进行安置[1]。将土尔扈特部打散后安置在新疆等地，其中，新疆安置得最多。

乾隆帝撰《土尔扈特全部归顺记》记述了土尔扈特部来归的经过，将这一举动定义为“归顺”而不是“归降”：“始逆命而终徕服谓之归降，弗加征而自臣属谓之归顺。若今之土尔扈特携全部，舍异域投诚向化，跋涉万里而来，是归顺非归降也。”[2]《优恤土尔扈特部众记》记述了对土尔扈特的种种优待，“为之口给以食，人授之衣，分地安居”，给予大量的马牛羊、茶米、棉布、帑银等物资和钱财，如马牛羊，“凡市得马牛羊九万五千五百，其自达里冈爱商都达布逊牧群运往者又十有四万，而哈密辟展所市之三万不与焉”，一共达26万之多，并封渥巴锡为卓里克图汗[3]。

《土尔扈特全部归顺记》《优恤土尔扈特部众记》不仅竖立在清朝皇帝与外藩蒙古联情的热河外八庙之普陀宗乘之庙，还竖立在了惠远城万寿宫，其原因有三：第一，来归的土尔扈特大部分部众分别安置在新疆各地，由伊犁将军统管，而伊犁将军的驻地正是惠远城。第二，乾隆皇帝特意将自己对土尔扈特归顺的肯定态度、优恤在土尔扈特生活区域广为传布，体现了中央的善意与怀柔。第三，两块碑文隐含了中央与土尔扈特部之间上与下的“盟誓”：土尔扈特部要诚心归顺中央，中央要优恤土尔扈特部。

惠远城万寿宫是皇权的象征，是清政府中央政权对新疆有效治理的佐证。宣统帝退位后，惠远万寿宫地位下降，后被充作喇嘛寺，改名为普化寺。惠远城万寿宫虽已没落，但其与新疆其他衙署、国家祭祀等共同体现的中央政府对新疆地区的主权并未随之湮灭，其法理不断彰显、强化，并凝聚成新疆各族人民不可动摇的心系祖国、心向中央的坚定信念。

[作者单位：故宫博物院图书馆]

1 参见王磊：《土尔扈特部东归：谱写爱国主义光辉篇章》，《中国民族报》2015年12月11日第5版。

2 （清）弘历：《土尔扈特全部归顺记》，《御制文二集》卷一一，影印文渊阁《四库全书》（1301），第353－354页。

3 （清）弘历：《优恤土尔扈特部众记》，《御制文二集》卷一一，影印文渊阁《四库全书》（1301），第353－354页。

清乾隆朝程彬案考述*

Research and Retrospection of the Cheng Bin Case in Qing Dynasty's Qianlong Period

杨虎

Yang Hu

内容提要：

乾隆二十三年，因偷换东珠，程彬窃案爆发。程彬作为天子近侍，联络记档太监组织团伙、利用专主内库之便，大肆盗窃皇家什物，十余年之久未被发觉。程彬案暴露了清宫太监偷换陈设的隐情，折射出清代太监监管制度的漏洞，对清宫物品陈设稽查制度产生了深远影响。

关键词：

太监偷窃　偷换陈设　陈设稽查　太监监管制度

ABSTRACT:

In the Twenty-Third Year of the Qianlong period (r. 1736-1795), Cheng Bin was exposed for switching and smuggling out the Eastern Pearl. As the emperor's close attendant, Cheng exploited his role as keeper of the Palace Storehouses, connived with the eunuch who kept accounts in unscrupulously stealing imperial properties for over a decade, unbeknownst to anyone. Cheng's case sheds lights on the hidden truth behind eunuchs' stealing and substituting palace furnishings, reflecting loopholes in regulations governing the eunuchs in the Qing dynasty (1644-1911). The case has lasting influences on the audition process of the Qing palace properties.

KEYWORDS:

eunuch pilferage, substituting furnishings, furnishing audition, supervision regulation for the eunuchs

* 本文获故宫博物院 2018 年度科研课题经费资助。

故宫博物院图书馆所藏陈设档共682册，主要是紫禁城内各宫殿物品的陈设清册[1]。陈设档实为清宫物品账，清代总管内务府其下司员、内监等，在官方的组织下，经由一次完整的账务稽查核对后，对所查物品登记造册，钤盖官印，并将结果呈报皇帝知晓，这一过程中形成的印册，涉及殿宇陈设物品的，即为陈设档。陈设档是清宫再次物品核查的依据，且为了防止内容被篡改，在创立之时就缮写多份，分别存放于不同处所，以备稽查时同时取出相互比对。显然，陈设档是清宫物品陈设稽查制度运行的结果，而稽查的目的之一是防范太监偷窃。

学界对清宫太监研究多集中于制度演变，对太监窃案问题关注较少，或作为材料引用，或仅限于案情介绍[2]，太监以次充好，偷换陈设的弊情，就笔者目前掌握的研究现状看，未见涉及。本文以程彬案为线索，管窥清宫太监私自赔补、偷换陈设的弊情，探析清宫太监监管制度的不足，揭示程案对清宫物品陈设稽查制度产生的影响。

一 案情综述

程彬系养心殿首领太监，管理内库[3]。清代以敬事房总理太监事务，设四品大总管三员，宫殿监督领侍衔一名，宫殿监正侍衔二名，六品副总管六员，宫殿监副侍衔。养心殿内兼吉祥门设总管一员，五品宫殿监副侍，首领五名，七品执守侍二名，八品侍监三名[4]。总管缺出，由皇帝钦裁从首领太监中选补，首领太监缺出，由宫殿监拣选奏补。养心殿内殿太监专司近御随侍、收掌内库钱粮及古玩书画、陈设洒扫、御前坐更等事，日夜陪伴在皇帝周围，较之他处太监更容易得到皇帝的信任。乾隆二十一年（1756），李连栋纵火偷窃案后，乾隆特派总管王常贵、仓州、王成、李裕，首领张玉、程彬先查圆明园、后查核四执事等处物品陈设[5]，这是乾隆朝首次宫廷物品稽查，在众多首领太监中被选中，可见皇帝对程彬的信任。养心殿内库在宫中地位特殊，直接服务于皇帝[6]，作为管理养心殿内库的首领太监，程彬距离宫殿监阶层仅一步之遥。

程彬案发，源于东珠。乾隆二十三年（1758），准噶尔部刚刚平定，回部和卓叛乱又起。乾隆帝拟夏天巡幸木兰[7]，会见蒙古王公[8]。是年正月，程彬收到同乐园买的珠子十二颗，便起意抵换，待到二月间，见这批东珠仍未被传用，便用陈旧的小东珠抵换了[9]。岂料此事被皇帝发觉："迨蒙圣鉴察出，倘稍有人心即应

1 清宫对陈设清册的命名较为随意，现存实物有如下名称：X陈设账、X陈设册档、X陈设册、X账、X档、X现设档、X浮记陈设账等，"陈设档"是后人对此类清册的统称。

2 唐益年：《清宫太监》，辽宁大学出版社，1993年；余林：《清代太监惩罚制度述论》，《黔南民族师范学院学报》2006年第5期；李学成：《清朝太监典制述论》，《满族研究》2012年第4期；滕德永：《养心殿内殿探究》，《清史研究》2019年第2期；张剑虹：《清代内务府审判中的成案适用研究》，《暨南学报（哲学社会科学版）》2019年12月；户力平：《紫禁城中的失窃案》，《中国档案报》20060331第006版；徐莉：《紫禁城内的"盗香案"》，《中国档案报》20190329第002版。

3 《奏为太监程彬等偷盗治罪事》，乾隆二十三年六月初二日，中国第一历史档案馆藏，《内务府奏案》，档案号：05-0165-001。

4 （清）鄂尔泰、张廷玉等编纂：《国朝宫史》，北京古籍出版社，1994年，第457页。

5 （清）鄂尔泰、张廷玉等编纂：《国朝宫史》，北京古籍出版社，1994年，第59页。本次核查范围非仅限四执事等处，现存的陈设档实物中，中正殿、钦安殿、内城隍庙等处陈设档均有王常贵等人查核的记载，核查范围应涵盖整个后宫。

6 关于养心殿内库的作用请参考滕德永《养心殿内殿探究》，《清史研究》2019年第2期。

7 《奏为六库备带物件事》，乾隆二十三年六月二十二日，《内务府奏案》，档案号：05-0165-001。

8 《奏报备带折赏随围蒙古王公等缎匹数目片》乾隆二十三年六月二十二日，《内务府奏销档》，档案号：242-390。

9 《呈程彬供词单》，乾隆二十三年六月初二日，《内务府奏案》，档案号：05-0165-002。

据实供吐，乃频谕旨垂恩开导，臣等反复究诘，程彬等尚钳口隐遁，坚不承认”[1]，程彬非但不认，还积极运用关系网，试图隐匿赃物，其家人五十一供认：“四月二十一日，日落以后，我在下处，有太监赵福寿来向我说现在里头查问东西，程彬叫将家中的玉器等项该装箱子的装上些，该埋藏的埋藏些。有人来取给他拿去……至二十二日早，太监赵德先来了一次，说要取东西，我遂叫人将六箱什物送往赵德家去，又迟了四五日，有总管杨琳叫太监马朝凤将一箱并一包袱衣裳取去……”[2]。案件的最终突破得益于同案人供述程彬的另起窃案，总管内务府查到赃物及证人，“及至臣等将伊偷卖珠坠四副、珠子五百粒，又金凤五枝、簪花五对二案访出，将所立合同并商人钟六提到与程彬对质，该犯等知事已败露，难以掩藏，始将历年偷盗售卖情节一一供吐如绘”[3]。

由偷窃东珠引出程彬一系列盗案，“程彬身为内库首领，坚守是其专责，乃病狂丧心，侵盗库物不可枚举，计赃何止巨万”，“自乾隆十一二年以来每每盗窃官物售卖图利”[4]，程彬供认：“自十一二年起偷过的珠宝玉器等项甚多，也有记得的也有记不得的，记得……，以上所偷所换的东西甚多，但俱是远年陆续偷换的，如今实在一时也想不齐全”[5]。同案太监曾璐、郑玉亦指认他“平日陆续偷出的玉器、珠宝、绸缎等项甚多”[6]，“历年以来件数甚多”[7]。

清宫内建立有物品登记及查核制度，临时起意的偷窃行为终会被察觉。道光元年（1821）五月二十一日，打扫处太监邢连生潜入养心殿偷窃陈设洋表两块，二十二日即被稽查[8]。程彬盗窃官物历时之久、数量之巨，仅靠程彬一人是无法实现的，需要他人协助掩盖罪行。十余年间，宫内形成了一个以程彬为核心的盗销团伙：养心殿内库太监赵福寿、曾璐、郑玉“通同盗窃”，三人与程彬“同司库务，有互相觉察之责，乃明知程彬侵盗情由转为附和分肥，非止数次”；太监赵德、懋勤殿太监赵琏、随侍处太监刘进玉“辗转售卖”，其中赵德、赵琏“明知偷盗情由代为售卖珍玩，于中取利，迨程彬事发之后又将其所盗官物代为寄顿”；刘进玉“由赵德牵引遂与程彬熟识，虽无隐匿寄顿情节，而代为售卖古玩染指多金”；养心殿造办处玉匠雷老儿“身为官匠，程彬托伊将珠坠等物觅售，岂不知为官物？乃希图得利”；程彬家人五十一“平时则为售卖器物难以悉数，事发之后又将所盗官物处处寄顿埋藏，希图掩迹”；如意馆掐丝匠金松茂代卖物件多件，从中渔利[9]。

案结，总管内务府条拟：程彬拟斩即行正法，太监曾璐、郑玉、赵福寿拟绞立决，太监赵琏发遣黑龙江充当苦差，太监刘进玉发遣打牲乌拉充当苦差，太监赵德潜逃，待拿获之日另拟，掐丝匠金松茂发遣黑龙江，程彬家人五十一发遣宁古塔，俱与披甲人为奴，玉匠雷老儿杖八十加枷号两个月，满日责三十板，仍行革役，圆明园总管杨琳交宫殿监督领侍惩罚。乾隆帝唯独对太监刘进玉和总管杨琳的量刑提出质疑，“所拟

1 《奏为太监程彬等偷盗治罪事》，乾隆二十三年六月初二日，《内务府奏案》，档案号：05-0165-001。
2 《呈为五十一供词单》，乾隆二十三年六月初二日，《内务府奏案》，档案号：05-0165-008。
3 《奏为太监程彬等偷盗治罪事》，乾隆二十三年六月初二日，《内务府奏案》，档案号：05-0165-001。
4 《奏为太监程彬等偷盗治罪事》，乾隆二十三年六月初二日，《内务府奏案》，档案号：05-0165-001。
5 《呈程彬供词单》，乾隆二十三年六月初二日，《内务府奏案》，档案号：05-0165-002。
6 《呈为太监曾璐供词单》，乾隆二十三年六月初二日，《内务府奏案》，档案号：05-0165-015。
7 《呈为郑玉供词单》，乾隆二十三年六月初二日，《内务府奏案》，档案号：05-0165-003。
8 《奏为审明打扫处太监邢连生偷窃内殿陈设洋表案情并照例拟斩立决折》，道光元年五月二十四日，《内务府奏销档》，档案号：506-161。
9 《奏为太监程彬等偷盗治罪事》，乾隆二十三年六月初二日，《内务府奏案》，档案号：05-0165-001。

刘进玉罪案甚轻，俟缉获赵德之日质审明确再行从复位拟，杨琳身系总管，与程彬事犯之后胆敢收受寄顿器物，情属可恶，著将杨琳发往黑龙江给披甲人为奴”[1]。

案结后，程案影响余波未平。以次充好、偷换东珠的手段，使得乾隆帝大为震怒，他责令彻查内廷各处所存、用的东珠，就东珠的数量、大小、等第、重量开列明细（见表一）。在没有影像的时代，重量是物体特征的客观表述，而等第、大小等表述主观人为性更强，皇帝希望通过主客观互相结合，准确描述东珠特征，从而避免偷换事件再次发生。

表一　程彬案发后,内廷各处查对库储东珠情况表

时间	档案名	档案号
乾隆二十三年五月初三日	呈库贮朝珠等清单	奏案05-0167-026
乾隆二十三年五月初三日	呈朝冠座需用东珠单	奏案05-0164-010
乾隆二十三年五月十一日	奏为库贮朝冠座东珠数目事	奏案05-0164-011
乾隆二十三年五月十一日	呈镶青金石方祭带请单	奏案05-0164-012
乾隆二十三年六月初三日	奏报盔甲所嵌东珠数目等次片	奏销档242-453
乾隆二十三年七月初四日	呈查明自鸣钟库内存贮东珠分百颗粒数目单	奏案05-0166-019
乾隆二十三年七月十三日	奏报养心殿等处存储东珠等物数目片	奏销档242-001
乾隆二十三年七月十四日	呈为御茶房库贮东珠珊瑚等颗数单	奏案05-0166-040
乾隆二十三年七月十四日	呈敬事房收贮朝冠朝珠朝衣等项镶嵌珠石堂印单	奏案05-0166-035
乾隆二十三年八月二十五日	呈为用珠事	奏案05-0167-027
乾隆二十三年八月二十五日	呈为库贮珍珠数清单	奏案05-0167-024

清宫将东珠分为头、二、三、四、五、无光、珠丁等类[2]，分类时称重，以“钱”“分”为计重单位，但重量不是划分等第的标准。同等第的东珠，按不同重量分别收储，档案中有明确记载“选得五分下三分上二等东珠十六颗，二分下一分上二等东珠三十九颗，未至分二等东珠一百九十二颗……奉旨珠石交造办处”[3]。在东珠的使用中，仅以等第表述，并不明细重量，例如：《国朝宫史》后妃冠服中所列东珠均以等第表述，再如雍正十二年（1734），作为嫁妆，由内廷陪补多罗格格、固山格格朝帽、金项圈等物品，时人只记载了所用东珠的数量、等第，“朝帽顶嵌无光东珠七颗……金耳坠嵌五等东珠十二颗”，并不明细各珠的重量[4]。然而表一中档案显示，乾隆二十三年五月至八月间，内廷存、用的东珠被系统筛查一遍，所涉及的每一粒东珠，均被标注了重量，并且量级精确到厘，如“自鸣钟库贮……东珠一百八颗内，五等东珠三颗，重五分三厘一颗，重五分一颗，重四分五厘一颗……”[5]，即使已被使用的东珠，如嵌在朝冠座上、朝珠上、祭带上的，甚至孝贤皇后传代珠顶冠上的正珠，均标记了重量，显然皇帝下令将这些东珠拆下，重新称重。对于无法拆卸

1 《奏请惩办内库首领程彬偷盗官物售卖案内各犯折》，乾隆二十三年六月初二日，《内务府奏销档》，档案号：242-471。

2 《打牲乌拉五六两年各送到东珠数目》，乾隆六年一月初六日，《内务府奏案》，档案号：05-0042-002。

3 《奏为选得二等东珠数目事折》，道光十九年十二月二十四日，《内务府奏销档》，档案号：605-071-2。

4 《奏报陪给多罗格格等朝帽顶嵌东珠数目片》，雍正十二年八月二十三日，《内务府奏销档》，档案号：185-026-1。

5 《呈查明自鸣钟库内存贮东珠分百颗粒数目单》，乾隆二十三年七月初四日，《内务府奏案》，档案号：05-0166-019。

的东珠，诸如“月白缎绣金龙漆皮盔甲上所嵌东珠”，皇帝下令：“不用拆下分析分两，只定拟等第收贮”[1]。反常的措施凸显了程彬案对皇帝的刺激至深。

为弥补程彬案所暴露出的制度上的弊病，总管内务府提出设立内廷一应库务编等归类收发封锁等项章程，奏请遵照办理。笔者目前尚未找到章程的具体内容，此章程在奏销档《奏请内库档案送交广储司钤盖骑缝印信使用片》中被提及。程彬案发于四月中下旬[2]，结案于六月初二日，七月十二日奏销档登录《奏请内库档案送交广储司钤盖骑缝印信使用片》折，那么“章程”提出的时间范围应该在五月至七月间，这个时间段恰好与内廷大规模查核东珠的时间相重合。典查东珠各项内容，诸如重量、等第、数量等，很可能与章程中的编等归类内容吻合。从表一所列档案内容亦可管窥“章程”内容。

二 程彬案暴露出的太监监管制度的不足

清宫《各处首领太监处分则例》共十六条，分头等三条、次等八条、三等五条，涉禁地口角斗殴、饮酒酗醉、赌博、火烛安全、坐更贪睡、喧哗、陈设物品遗失损伤、妄行传播宫内外情事、不服管理、刺探消息、告假迟返等事，有犯超过头等处分三次、二等处分五次、三等处分十次者，宫殿监具牌请旨交内务府治罪。《宫殿监处分则例》十一条，涉及总管徇私保举、假公济私、稽查不力等事的处罚。

这些条例能够顺利运行，仰仗的是各级太监彼此监视、互相觉察，高级太监稽查下级这一太监监管体制。养心殿内库首领设多人，即是防止单人掌控库务，欺上瞒下，这也是太监间彼此监视制衡的体现。程彬能单独入库，他的上级、平级、下级均未揭发，说明太监“彼此觉察”这一基本的监管方式存在漏洞。

首先，下级太监不会轻易告发上级。总管、首领太监层层稽查、太监间彼此觉察的太监监管体制，允许下级太监揭发首领，甚至宫殿监不法，《宫殿监处分则例》中注明“其有一人犯罪而众宫殿监领侍等隐饰不行参奏，经上访出或被各处首领太监等告发审实，将众宫殿监等交总管内务府大臣从重治罪，告实之首领加一级，告实之太监赏银十两”[3]，但检举者必须提供确凿证据，否则，即为诬告，必被反噬严处。乾隆七年（1742），太监李培诗告发首领刘义，引发宫内太监议论，乾隆帝特谕：李培诗所告之事，因其各款俱实，并无虚诳，所以未将伊治罪。传谕各首领太监，若因李培诗未曾治罪，遂启挟制总管首领之心，妄行渎告，如审有不实者，必将所告之人从重治罪，决不宽贷”[4]。作为宫内熬了几十年的老宫人，即使真有不法（如程彬），总管、首领太监的把柄又怎么会被普通太监轻易掌握？反之，若没有绝对证据，即使发现端倪，下级太监也不会冒险告发上级。道光二十七年（1847），太监魏英呈控总管刘国泰、首领郭世恒，因无实据，刘国泰、郭世恒轻易翻盘，魏英被审定“挟嫌希图泄愤”，被发往打牲乌拉为奴三年[5]。

其次，作为监管者的总管、首领太监，往往又是窃案的间接受害者。总管对所管辖各处首领如不时加查

---

1 《奏报盔甲所嵌东珠数目等次片》，乾隆二十三年六月初三日，《内务府奏销档》，档案号：242-453。

2 五十一供词中有“四月二十一日……里头查问东西”，笔者据此认为案发时间应在乾隆二十三年四月中下旬。

3 （清）鄂尔泰、张廷玉等编纂：《国朝宫史》，北京古籍出版社，1994年，第442页。

4 （清）鄂尔泰、张廷玉等编纂：《国朝宫史》，北京古籍出版社，1994年，第46页。

5 《奏为太监魏英呈控太监刘国泰等一案审明定拟事折》，道光二十七年七月十一日，《内务府奏销档》，档案号：635-121。

察或犯罪而尚不知者罚月银六个月，首领对辖下太监犯罪失于觉察者，罚月银一至两个月不等。窃案发生，除了案犯外，涉案的太监，管事的首领太监，甚至总管太监均会被问责，受连坐处罚。乾隆朝的诸多太监窃案中，负失察责任的涉案太监均被连坐：太监骆奇案，首领太监胡国泰、刘自禄各罚钱粮两年，圆明园总管太监陈九乡、王进玉、王进忠各降一级罚钱粮一年[1]；张玉案，首领太监寇明、徐文耀革退首领，总管潘凤降为首领太监[2]；马升案，首领太监王世臣、周冈、张秀俱革退首领、太监孙天成、武文英、李贵各重责四十板[3]；王来凤案，首领太监马住、刘福良、太监刘进喜交宫殿监督领侍责处[4]；李连栋案，副首领太监尹玉凤、太监王奇发往黑龙江，太监张太平革退；马玉案，永和宫首领太监"平日自当不时稽查，乃怠忽从事，致将所用银器屡被太监马玉偷出毫不知觉"[5]，交宫殿监督领侍查办；舍卫城湛然室念珠案，首领太监王永贵，太监马进禄、李进孝均照仓库不觉被盗杖一百律杖一百各鞭一百[6]；张凤案，总管太监潘凤、王常贵、马国用罚钱粮二年，总管太监张玉、桂元、王忠各罚钱粮一年[7]。

太监作为相对封闭的团体，团体内部发生弊病由团体内的高层监管稽查，由于利益关系盘根错节，这种稽查往往被种种利害关系所左右，只能解决表面问题，不会触及根本，甚至出现消弭弊情、粉饰太平的现象。所以，用太监监管太监，无法从根本上解决太监偷窃的问题，必须引入与太监群体无利益关系的第三方对太监监管，这一点乾隆帝十几年以后才意识到。

程彬案除案犯外，仅追究了太监张进喜和圆明园总管太监杨琳的责任：张进喜系养心殿小太监，"审无同程彬偷盗并代卖寄顿等情"，因收了程彬所送纱四匹，被判交宫殿监督领侍责处[8]。张进喜身为养心殿太监，负有互相觉察之责，一定发现了程彬偷窃的端倪，收受程彬礼物，故而隐匿案情未报；杨琳亦非参与盗窃代卖之人，因为"程彬事犯之后胆敢收受寄顿器物"，被乾隆帝指名发往黑龙江给披甲人为奴。作为程彬的直接监管者，养心殿内殿总管并未连坐受罚，这与同时代的案件处理有着明显差别。程彬供认养心殿内殿总管疏于稽查："自开齐里不管事后，刘苍洲、杨义又皆年老，曹进孝又有外差，只我一人常常开库"，刘苍洲此时系养心殿内殿总管太监[9]。显然，乾隆帝不愿将惩处的范围扩大，保存皇家颜面只是其一；其二，笔者认为，一旦根究追责，不仅内殿总管，宫殿监也将牵扯进来。钦定则例规定：宫内等处首领太监缺出，宫殿监拣选奏补[10]。养心殿内殿掌库首领一职，非同寻常，程彬能升补此缺，其与宫殿监督阶层关系必然非同一般。为笼络人心，程彬出手阔绰，对团伙核心成员曾璐、郑玉等，不但时常送钱，更替其置地盖房[11]。即使非团伙成员，只要对程彬有用，他也不吝钱财，送小太监张进喜纱四匹就是例证。由此推断，对于能决定其

1 《奏为偷盗缎匹太监骆奇发往乌拉并将总管太监议处事》，乾隆三年十月初八日，《内务府奏案》，档案号：05-0023-016。

2 《总管内务府（慎刑司）奏报审结太监张玉偷盗养心殿内库银两案》，乾隆九年二月二十四日，《内务府奏案》，档案号：05-0060-006。

3 《奏为盗取宫内数珠太监马升发往乌拉等事》，乾隆十七年三月十二日，《内务府奏案》，档案号：05-0119-094。

4 《奏为太监王来凤窃宫貂皮照例治罪事》，乾隆十九年一月二十二日，《内务府奏案》，档案号：05-0133-030。

5 《奏报缉获雍和宫逃逸太监马玉治罪折》，乾隆二十一年三月二十五日，《内务府奏销档》，档案号：233-006-1。

6 《奏报审明偷窃舍卫城湛然室念珠太监冯国泰等治罪折》，乾隆三十年闰二月初八日，《内务府奏销档》，档案号：274-231。

7 《奏为失查太监张凤盗（火毁）金册之该总管潘凤等各罚钱粮事》，乾隆三十年九月初五日，《内务府奏案》，档案号：05-0228-030。

8 《奏为太监程彬等偷盗治罪事》，乾隆二十三年六月初二日，《内务府奏案》，档案号：05-0165-001。

9 《钦安殿档案》，乾隆二十一年十一月立，故宫博物院图书馆藏。

10 （清）鄂尔泰、张廷玉等编纂：《国朝宫史》，北京古籍出版社，1994 年，第 440 页。

11 参见前文曾璐、郑玉供词。

升迁的宫殿监阶层，其贿赂之物较之曾璐、郑玉之流必定更胜一筹。从开始偷盗至案发，约十二年时间，其间多少销赃的钱财贿于宫殿监及内殿总管，已无从查证。宫殿监处分条例头等处分中有："拣选各处首领，如不秉公选择得人，并不将年久出力者保举，因而徇私者，罚月银一年"[1]，以程彬案的恶劣性质，若追究责任，针对宫殿监阶层的处罚恐不会罚银这么简单。宫殿监阶层若被牵连，宫内太监制度运行将受到影响，从而直接影响皇帝的日常生活保障及内廷的生活秩序。且其时，平定回疆战事正吃紧，程彬案所暴露出来的太监制度的漏洞绝非一朝一夕能够解决，所以，乾隆帝将处理范围仅限制在直接涉案者内。

三 程彬案对内廷物品陈设稽查制度的影响

清宫的内廷，自乾清门至顺贞门，并景运门东，隆宗门西，神武门南均属之[2]。内廷的库房及各处陈设物件均由太监负责，乾隆朝前二十年内虽未统筹进行过物品稽查，但确有一套简单的运作流程以防物品失窃。

首先，宫内处所建有账档，对所管物品进行登记管理。此制度最迟可追溯至康熙年间，康熙十六年（1677），上谕总首领太监"以后宫内各处有上传将本处所管对象动用赐给某人，其经管之人必随手登记本处底簿，务将受赐人之姓名逐一开写清楚，仍将对象另誊写一纸移送懋勤殿，不得有误。倘若对象开写不清，姓名参差不一者，必从重治罪决不轻恕"[3]。故宫现存的陈设档中，《天穹宝殿陈设底档》，为雍正七年正月所立，所载内容为自雍正七年正月起至乾隆五十七年该殿的物品陈设的变动情况。乾隆元年所立《交泰殿日记档》亦记载了乾隆元年至嘉庆七年交泰殿各宝玺的出入情况。这两份早期的陈设档即是康熙上谕中所言的"本处底簿"。

其次，在陈设档的基础上，各该处太监对本处新收、交出的物品在陈设档上做贴黄处理，即将"何时"由"谁"交来或收去"何物"等内容写在小黄签上，贴于陈设档相应位置，管理者可追溯对象的来龙去脉。《交泰殿日记档》留有乾隆十一年二月的贴黄[4]。

第三，负责库务管理的太监亦有一套简单的典守规则。以养心殿内库为例，养心殿设专管首领太监掌管钥匙，常住值房，负责日内内库封锁，此"封锁"指在锁眼上贴封条，"每日清晨坐五更之太监即向其领取钥匙开角门，入内查验"；设管库首领太监，负责管理查典内库事务，即掌管钥匙的太监不进库，管理库务的太监不掌管钥匙。进库时，至少需要2名太监在场，单人不可独自进库，以便互相监督，乾隆九年，张玉盗案发，养心殿太监曾禄就因独自进库被牵连案中[5]。首领太监既负责库务亦负责稽查，内廷库房及各处物品安全仅赖各该处首领太监督责。张玉案发后，上谕指出："太监中竟有做贼之人，皆因尔总管等平日不加约束，又不稽查之故。每一处地方止凭该处首领，以致彼此互相推诿"[6]。如果首领太监懈怠疏忽，则可能由

1 （清）鄂尔泰、张廷玉等编纂：《国朝宫史》，北京古籍出版社，1994 年，第 441 页。

2 章乃炜等编：《清宫述闻》，紫禁城出版社，2009 年，第 8 页。

3 （清）鄂尔泰、张廷玉等编纂：《国朝宫史》，北京古籍出版社，1994 年，第 6 页。

4 《交泰殿日记档》，乾隆元年立，故宫博物院图书馆藏。

5 （清）鄂尔泰、张廷玉等编纂：《国朝宫史》，北京古籍出版社，1994 年，第 48 页。

6 （清）鄂尔泰、张廷玉等编纂：《国朝宫史》，北京古籍出版社，1994 年，第 47 页。

弊生案：张玉窃案中，养心殿首领太监徐文耀"平素失于管约致所属太监张玉肆行偷窃，及发觉之日派其搜查，并不详慎将赃银查出，几致正犯漏网"，养心殿内殿首领太监寇明负责内库封锁，封条挪动十三日并不觉察，均属"溺职"[1]；首领太监如果利欲熏心、监守自盗，因其有欺上瞒下的权限，往往不易被发觉，一旦案发即是巨案，如程彬案；如果首领尽心负责，严加稽查，则可杜绝太监的偷盗之念，程彬曾言："从前库上原系开齐里管事，他稽查得严，我尚不敢偷盗，自开齐里不管事后，刘苍洲、杨义又皆年老，曹进孝又有外差，只我一人常常开库，得以偷盗抵换"[2]。

乾隆二十一年六月，可能是圆明园太监李连栋纵火盗案刺激了乾隆皇帝，乾隆帝下旨彻查宫内物品，"敬事房所司官物钱粮向无查核，嗣后俱着年终具奏交养心殿存查，养心殿所司官物陈设向亦无查核，亦着年终具奏交敬事房存查，至四执事等处特派尔六人清查，可将乾隆元年至今所有旧管新收开除实在数目彻底查明。看二十年以来该管太监虽俱尚小心，但其中亦有不可信者，尔等按档确查，如有不符之处据实奏闻，朕自酌量开恩。若瞻徇不奏，朕另派人查出，并将尔等治罪。此次查明具奏之后，每年年底着本处开明四柱[3]具奏，其乾清宫等处凡有官物陈设之处亦着年终开具四柱汇奏，俱交敬事房存查。再敬事房自鸣钟二处俱有存用银两，须用天平兑准。尔等现在先将各该处随来圆明园对象查明，再进宫内清查"[4]。此次清查是皇帝指派的第一次内廷统筹稽查，为内廷物品稽查确立了如下制度：（1）敬事房和养心殿两处的物品陈设立账，年终向皇帝汇报，账档交换存放，互相核查。（2）四执事、自鸣钟及凡有官物陈设之处如乾清宫等处，所存官物要按旧管、新收、开除、实在四类内容立账，年底汇报，由敬事房查核。（3）检查存银要粒粒过秤。乾隆帝希望通过本次查核，厘清账目，威慑存有窥窃官物之心的太监，为内廷开立一个清明新起点。然而，事与愿违，本次稽查并未发现程彬罪行，程彬仍然逍遥法外，且至案发近两年时间内，在内廷陈设账档交换存查制度已经运行的情况下，仍未停止罪行，陆续窃出磁炉、青白拱璧、白汉玉秋蟾等物。

显然，稽查过程存在漏洞。或者是稽查者中有人徇私；或者是程彬取巧，将有问题的库所划归自己查核，以此掩饰罪行；更可能是稽查时所见各该处账物本就是相符的，稽查并未发现问题，程彬的判词中有"或将远年册档潜行删改或将贮库之物匿不登记"[5]之语，同案郑玉在养心殿内库管理账目，其供认"所有程彬偷盗库内珠宝古玩等物，有偷改档案之处俱系叫我替他抄写"[6]，管库者和管账者携手掩盖罪行，对当时的太监稽查者而言，发现弊情端倪确有难度。

乾隆四十一年（1776），乾隆帝第二次指派专人对宫内各处物品陈设稽查。为防止太监彼此徇私、瞻徇不奏，本次稽查由总管内务府大臣丰升额、英廉、福康安等负责，统率内务府司员，会同宫殿监督领侍稽查各处。同时，为防止大臣徇私，掩盖太监偷窃情弊，乾隆帝特令查点官员每两人为一班，"赴一处查点三日，即另换两人接查，彼此轮流更换。凡有一处，必四班轮替俱遍，务须彻底清厘，按册点验相符。各于册

1 《总管内务府（慎刑司）奏报审结太监张玉偷盗养心殿内库银两案》，乾隆九年二月二十四日，《内务府奏案》，档案号：05-0060-006。

2 《呈程彬供词单》，乾隆二十三年六月初二，《内务府奏案》，档案号：05-0165-002。

3 "四柱结算法"，在会计账册与报表中并列四大要素："旧管""新收""开除""实在"（其含义分别相当于现代会计中的"期初结余""本期收入""本期支出""期末结存"）。"四柱结算法"的基本公式为"旧管 + 新收 - 开除 = 实在"。

4 （清）鄂尔泰、张廷玉等编纂：《国朝宫史》，北京古籍出版社，1994 年，第 59 页。

5 《奏为太监程彬等偷盗治罪事》，乾隆二十三年六月初二日，《内务府奏案》，档案号：05-0165-001。

6 《呈为郑玉供词单》，乾隆二十三年六月初二日，《内务府奏案》，档案号：05-0165-003。

内注明某日系某人会查，以专责成”[1]。“轮班查验，册内留名”则是乾隆时期内廷物品陈设稽查的一个特征。

针对程彬案所暴露出来的偷改、删除档册的弊情，总管内务府大臣提出将空白册档先钤印再使用的解决办法，“库务档案俱应盖用骑缝印信，请令总管太监酌量一年足用张数，钉簿送内务府，逐张钤用广储司印信，存贮该库。凡有收发钱粮什物等项，俱令实时登记印档”，如此“不惟易于稽查，且杜搀混遗失之弊”[2]。至此，钤盖内务府广储司印作为内廷物品陈设稽查的一个必要的步骤确立，只有钤广储司印的册档才可作为官方档案存留并在下次稽查中使用。“印册”一词也成为通行词汇而经常出现于日后的内廷物品陈设稽查奏档中。

需要注意的是，清代对“库”的认识应比我们现在理解的范围大：除了存储物品的库房外，收储、物品陈设的殿宇也在“库”的范围内。这一点结合现存陈设档实物即可管窥：天穹宝殿和钦安殿都是宫内道教活动场所、中正殿是宫内藏传佛教念经场所，现存的《天穹宝殿陈设底档》中夹有黄条“乾隆二十三年九月二十四日总管刘玉等差笔帖式邓良臣同六库郎中宝善笔帖式德明将天穹殿陈设档一本计十篇共享骑缝印九颗记此”[3]，中正殿《骑缝印》有黄条“乾隆二十三年十二月十九日中正殿白档一本用印二十七颗，总管六库实物郎中永和贴写笔帖式太监牛国用掌稿笔帖式德明”[4]，《钦安殿档案》有黄条“乾隆二十三年九月二十日总管刘玉等看准钦安殿陈设档一本十三篇共享骑缝印十二颗，六库郎中宝善看用”[5]。内容上，这几本陈设档所记载的是殿内陈设物件，未见“库储”字样，从现今的角度看并非库房，然而，乾隆二十三年七月，内务府大臣提出内廷一应库务档案均要用广储司印，九月至十二月间，这三个殿宇陈设档陆续钤印，说明当时内庭范围内各涉及陈设的殿宇也在“库”的范围内。

四 总 结

乾隆朝前期内廷并未统筹开展物品陈设稽查，乾隆二十一年始进行首次系统稽查，这是宫廷物品陈设稽查制度上的一次进步，程彬作为稽查者参与其中。乾隆二十三年，程彬案发，暴露出内廷物品陈设管理中的漏洞，同时也表明两年前的稽查存在大问题，为弥补制度漏洞，总管内务府大臣提出内廷一应库务编等归类收发封锁等项章程，并建立陈设册档均钤广储司印的制度，从而进一步完善了物品陈设稽查制度。因为程彬案，乾隆帝认识到太监稽查内廷陈设的弊端，在第二次宫廷物品陈设系统稽查时，选择由总管内务府负责。此后历朝，由总管内务府大臣带队系统稽查宫内物品陈设成为常例。

程彬案有组织、时间长、数额大，皇帝身边出现有组织的偷窃行为，且长时间未被觉察，这些现象说明太监监管制度存在漏洞。乾隆七年所制定的钦定则例七条、宫殿监处分则例十一条、各处首领太监处分则例十六条，厘定了太监的监管制度，皇帝希望通过太监彼此监管，连坐处罚的制度杜绝太监偷窃行为。乾隆九

1 《内务府大臣丰升额等奏为报清查宫内外各处陈设库贮物件情形事折》，乾隆四十一年十一月初九日，《内务府奏销档》，档案号：343-064。

2 （清）鄂尔泰、张廷玉等编纂：《国朝宫史》，北京古籍出版社，1994年，第60页。

3 《天穹宝殿陈设底档》，乾隆十六年十二月立，故宫博物院藏。

4 《骑缝印一本》，乾隆二十三年，故宫博物院藏。

5 《钦安殿档案》，乾隆二十一年十一月，故宫博物院藏。

年张玉窃案，皇帝更采取令众太监观看杖毙行刑，集中太监集体训话的方式，动之以情，吓之以刑，然而，这些措施对程彬却不起作用，皇权的威严不断被挑衅。以太监监管太监，由于其内部利益盘根错节，制度上本就存在不足。通过程彬案，皇帝对此似有所感悟，指定总管内务府主导第二次物品陈设稽查，其中也有监管太监的一层意义。

[作者单位：故宫博物院图书馆]

“不与外事”：清前中期皇帝对皇太后角色的定位与建构

“No Participating in Political Affairs”: Empresses Dowager’s Role Assigned by Emperors during Early and Mid Qing Dynasty

沈欣

Shen Xin

内容提要：

清代前中期，皇帝对皇太后的尊崇孝养，并不意味着太后权力的至高无上。皇帝通过限制太后的内廷活动区域，严密控制太后的人员往来，严禁旁人向太后传递外界消息等方式，逐步切断太后与外朝的可能联系。即使有关庆典活动，虽有隆重仪制，但并未得以较好遵行，皇帝对官民庆贺方式的管控也相当严格。皇太后在清代前中期虽有尊位，却不具有参与国政的条件和行为，其权威被严格限制于内廷，这是清帝加强皇权建设的关键步骤。

关键词：

清代　宫廷　女性　皇太后　皇权

ABSTRACT:

During the early and mid Qing dynasty (1644-1911), empresses dowager received profound reverence from the emperors, but it did not mean that they were assigned supreme power. Emperors gradually cut off the possible connection the empresses dowager might establish with the outer court by restricting the area in the inner court they could access, and tightly controlling the people around them. No one could pass outside information to empresses dowager without the emperors’ permission. Meanwhile, although rituals of celebration activities for the empress dowager were grandly established, they weren’t actually executed well. Emperors strictly controlled the ways officials and citizens celebrated these activities and offered their congratulations. During the early and mid Qing dynasty, empresses dowager enjoyed noble status but didn’t have the right to participate in political affairs. Their authority was strictly restricted in the inner court, which is a key step Qing emperors took to strengthen the imperial power.

KEYWORDS:

Qing dynasty, imperial court, women, empress dowager, imperial power

皇太后是皇室最尊贵的女性，其活动对皇权有着重要影响。清之前代，不乏太后擅权之例，如何处理好尊崇孝养与严格把控的关系，是有太后之朝的皇帝需要严肃对待的问题。清代前中期，皇帝对皇太后恭敬、孝养有加，但这并不意味着太后权力的至高无上。已有学者论及太后权力之限度，如杜家骥指出："孝庄太后在顺治朝是否参与朝政，史书记述极少，只笼统地介绍了她如何告诫儿子当好皇帝……有关国政的家事自然也会记录她的行迹。但是，没有她具体处理了哪件政务的记载。"[1]陈葆真也提出尽管乾隆帝如此孝养母后，但太后的职权仅限于后宫之中[2]。不过，清帝究竟通过何种方式控制太后权位，并未有人深入探讨，本文即关注清代前中期皇太后的宫廷地位、权力活动界限及其与皇权的关系。

一　顺、康两帝觉察平衡太后力量

（一）太后权位被初步监控

顺、康年间，孝庄太后对军国大事的参与和决策，前人已多有论述，这与满洲统治者初入主中原、皇帝年幼、时政格局等因素都有一定关系。但清初并未形成太后垂帘的政治局面，甚至官方史书始终没有以太后名义正式发出的决策国政之旨意，这固然与孝庄太后本人有着较强的"内外"意识有关，顺、康两帝对太后力量的觉察和平衡也是不可忽略的因素。

如杨珍指出，顺治帝亲政后，清廷逐步出现了削弱皇权的因素，即皇帝与太后之间的矛盾。一方面以孝庄太后为代表的老一辈满洲贵族在制定满汉关系政策与如何看待满汉文化方面与顺治帝存在分歧；另一方面顺治帝缺乏忠诚得力的辅佐之臣，不得不以太后的心腹两黄旗大臣为主要依靠力量，他们较大程度代表了太后意志及对皇帝的牵制。顺治帝对此采取了提高内三院地位，重用满汉文臣，拉拢壮大正白旗，培养新的辅政力量等措施以逐步集中权力。但因为他的过早去世及太后等勋旧大臣的强大阻力，确保皇权运行不受干扰的愿望未能实现[3]。

康熙帝自幼受到祖母的精心教导，对她尊孝至极。尽管如此，康熙帝在国事抉择上也并未完全依从太皇太后的立场行为，比如在对待汉文化方面，他选择沿着顺治帝规划的道路前进。《朝鲜李朝实录》记，显宗询问出使大清者许积："顺治好汉语、慕华制云，今则如何？"许积答孝庄太后"甚厌汉语；或有儿辈习汉俗者，则以为汉俗盛则胡运衰，辄加禁抑云矣"[4]。清朝史料的记载则为，"我皇上合满汉为一体，崇儒重道之至意"[5]。康熙帝与先辈清帝相比，得以通过激烈斗争完成了独柄朝政并不断探索强化皇权，也努力平衡太后力量的影响。事实上，在清代实录等官修史书中没有记录下任何以孝庄太后名义颁发的有关国政之旨意，本身即说明了太后力量在当时的运作方式以及皇帝的认知态度。

1 杜家骥：《历史上的清孝庄文皇后》，《历史教学》2002年第3期。
2 陈葆真：《乾隆皇帝对孝圣皇太后的孝行和它所显示的意义》，《故宫学术季刊》（台北）第31卷第3期，2014年。
3 杨珍：《历程　制度　人：清朝皇权略探》，学苑出版社，2013年，第11－14页。
4 吴晗辑：《朝鲜李朝实录中的中国史料》下编卷二，中华书局，1980年，第3938页。
5 《清圣祖实录》卷四二，康熙十二年七月，第4册，第566页。本文所引《清实录》皆为中华书局影印本，1985－1987年出版。

虽然孝庄太后身居内廷的生活史载较少，其中还是有一些她涉足外事的记录。当时有因水旱等灾害以致兵民困苦的情况，如顺治十年（1653）七月、十一年二月、十三年八月，太后均懿旨后宫节省银两用来赈灾[1]。康熙十三年（1674），太皇太后又令宫中省银分赏平定三藩叛乱的官兵[2]。清代育婴堂的创办也有孝庄太后功劳，"世祖皇帝……特严溺女之禁，海内始知育婴为善举，然在官尚无常饩也。仰维孝庄皇后首颁禄米，满汉诸臣，以次输助，不数年……育婴之堂，遍天下矣。"[3]这些孝庄太后被记录的外事与她在顺康两朝对国政的影响相比已属相当"温和"。事实上，类似记录在乾隆与道光时期已是难觅踪迹。当然，彼时史书留笔的这类赏赐救济事件，由太后出面也并无侵犯皇权之忧，反而凸显她对兵民的关怀爱护。

孝惠太后在康熙朝的内廷生活记载更少。但皇帝曾称，需防止皇长子允禔以"皇太后懿旨，或朕密旨，肆行杀人"[4]，可见孝惠太后还是有很高的内廷地位，甚至间接拥有杀伐决断之权。需要指出的是，孝庄太皇太后去世后，康熙帝确实也将一些军政大事奏报孝惠太后。如康熙三十五年，皇帝亲征噶尔丹，留京代理朝政的太子胤礽奉旨将康熙帝取胜的消息奏览于太后，她懿旨："闻此，我喜之不尽。"[5]康熙帝又先后令胤礽将噶尔丹属下丹巴哈什哈的口供，拿获噶尔丹之达赖喇嘛等事"奏闻皇太后，宫内以闻"[6]；令将噶尔丹遣人欲降之事奏闻太后，并专门询问："闻得皇太后何言？"[7]胤礽回奏，"奉太后祖母懿旨：帝出外，凡事挂心，喜悦之行，又总来佳音，我之内心甚悦，喜之不尽等语。"[8]可见在康熙朝中期，皇帝军事出征也与孝惠太后保持联系，向太后报捷，但她并无任何实质指示。

值得关注的是，康熙朝开创了遇重大军事胜利则为太后加上徽号之例。康熙帝在二十年获得首次军事大胜平定三藩之乱后，决定为孝庄太皇太后和孝惠皇太后加上徽号，太皇太后推辞说："予处深宫之中，不与外事，受此尊号，于心未惬"。这在一定程度上也传递出她对于皇帝权威的认可，以及皇权与太后权力之间的某种原则和界限。不过，康熙帝将此决定解释为："历稽往代，国家凡有大庆，必归美于尊亲……臣虽无尊号，传示中外，亦有荣光"[9]。可见，相对于太皇太后将加徽号与参外事相关联，康熙帝则将平叛胜利的欢庆与"美于尊亲"的孝道联系起来，捋顺了两者的逻辑，也使得两位太后顺理成章接受了徽号[10]。

---

1 《清世祖实录》卷七七，顺治十年七月，第3册，第608页；卷八一，顺治十一年二月，第638页；卷一〇三，顺治十三年八月，第800页。

2 《清圣祖实录》卷四六，康熙十三年二月，第4册，第599页。

3 （清）陈康祺：《郎潜纪闻初笔》卷四"育婴堂"，中华书局，1984年，第70页。

4 《清圣祖实录》卷二三七，康熙四十八年四月，第6册，第371页。

5 皇太子胤礽奏为击败噶尔丹皇太后喜悦折，康熙三十五年五月十九日。中国第一历史档案馆编：《康熙朝满文朱批奏折全译》，中国社会科学出版社，1996年，第88页。

6 康熙帝谕皇太子胤礽关于丹巴哈什哈口供事，康熙三十五年五月二十二日；康熙帝谕皇太子为拿获噶尔丹之喇嘛等事，康熙三十五年十一月二十三日。《康熙朝满文朱批奏折全译》，第89、122页。

7 皇太子胤礽奏为收到噶尔丹欲降之谕旨等事折，康熙三十五年十一月二十二日。《康熙朝满文朱批奏折全译》，第122页。

8 皇太子胤礽奏为噶尔丹欲降事，康熙三十五年十二月初一日。《康熙朝满文朱批奏折全译》，第125页。

9 《清圣祖实录》卷九九，康熙二十年十二月，第4册，第1249页。

10 孝庄太皇太后和孝惠太后分别加上徽号"弘靖""端禧"。后世皇帝继续实践此成例。乾隆二十年平定准部，四十一年平定大小金川，乾隆帝分别为孝圣太后加上徽号"纯禧""宁豫"，他虽未明示缘由，但道光八年平定新疆回部叛乱后，道光帝也为孝和太后加上徽号"安成"，且明确指出：康乾年间国家平叛胜利后，廷臣屡请加上皇帝尊号，都被推辞，"仰见圣怀冲抑，洵足为奕禩法守，惟念铭勋偃武，皆由圣母福庇，国有大庆，允宜祇循令典，备极显扬，朕谨当躬率王大臣等，加上皇太后徽号，共申贺悃"（《清宣宗实录》卷一三三，道光八年二月，第35册，第25页）。可见几位皇帝均将军事大捷归功于母后福佑，以此为由加上太后徽号，宣扬尊亲孝养之道。

（二）太后宫三大节行礼筵宴仪制初定

皇太后在清室的独特身份，使其在一些礼制性活动中必然成为外朝人员祝贺的对象，不得不与外界发生联系。最典型者即逢清宫元旦、冬至和太后圣寿三大节，王公大臣等人可向太后行庆贺礼，福晋命妇等满洲贵族女性能进入太后宫中参加筵宴。

会典所载三大节皇太后宫庆贺、筵宴之礼，记录了王公大臣及福晋命妇如何在特定的节庆向太后行礼、聚餐。如“元日，皇太后宫朝贺，顺治八年题准……皇帝御礼服，率王公大臣侍卫，诣皇太后宫行礼毕，公主福晋以下，都统尚书子命妇以上，诣皇太后宫行礼。”[1]圣寿节最早有顺治十四年的记录显示，皇帝率领“内大臣，侍卫，内院、礼部官，诣皇太后宫行礼”[2]。可见顺治朝太后元旦、圣寿节时的行礼尚以内廷官员参与为主，除礼部官外，没有开放给更多外官。直到康熙二十一年定，“元旦，太皇太后宫行礼，令在京文武官及直省进表官员，于午门外行礼。二十二年题准，元日，宁寿宫行礼，诸王、内大臣、侍卫在宁寿门外仪驾末，文武百官在午门外……皇太后圣寿，令在京文武官员及直省进表官员，于午门外行礼”[3]。可知庆贺官员已大为扩充，不过外朝官员与太后宫相距甚远。但从女性角度来说，福晋命妇可进入太后宫行礼筵宴，“至日，内銮仪卫设皇太后仪驾于慈宁门外……设皇太后御燕桌于宝座上。稍远宝座之东佥设皇后燕桌，稍后设皇贵妃、贵妃、妃、嫔桌，又后设公主福晋以下，乡君入八分公夫人以上桌……丹陛上设公侯伯子男满洲一二品大臣命妇、侍卫妻桌”[4]。顺治十年定，参加行礼筵燕的女性包括皇后、妃嫔，固伦公主，亲王福晋以下，县主、辅国公夫人及公侯伯子男大学士尚书都统等命妇[5]。

这些清代太后宫最重要的节庆仪制在顺康两朝得以奠定，似乎确保了太后在一年之中有固定的时间可以接触到一定级别的宗室贵族朝臣，然而实际执行中并非如此，以不同时期太后为中心人物的“圣寿节”仪制的履行情况为例，可做探讨。顺康两朝实录相对简略，顺治朝未见明载，康熙年间逢太后圣寿节时，有记录则类似，“上率王以下文武大臣、侍卫等诣圣祖母皇太后宫/皇太后宫行礼，遵懿旨，停止筵宴”[6]。如在康熙朝前三十年内，明确记录孝庄太皇太后圣寿节停止筵宴的年份有元年、八年、十年、十二至十三年、十五年、十七年、十九年、二十至二十六年[7]，孝惠太后圣寿节停止筵宴的年份有八至九年、十一至十五年、十七至二十一年、二十四至二十九年[8]，可见并非偶然。虽然停止筵宴都是以遵太后懿旨的名义发出，但显然皇帝也没有主张按会典之例进行。

圣寿离不开贺礼，道光年间的一份内务府档案记：“查定例太后万寿，王以下八分公以上，进金银珠宝器皿蟒妆缎匹鞍辔等项；未入八分公以下、镇国将军、民公侯伯都统子、内大臣、满洲大学士、汉大学士、

---

1 《清会典事例（嘉庆朝）》卷二三九，沈云龙主编：《近代中国史料丛刊三编》第67辑，文海出版社（台北），1976年，第365－366页。

2 《清会典则例（乾隆朝）》卷五六，《景印文渊阁四库全书》第622册，台湾“商务印书馆”，1986年，第21页。

3 《清会典事例（嘉庆朝）》卷二三九，第67辑，第367、374页。

4 《清会典事例（嘉庆朝）》卷四〇二，第67辑，第8205－8207页。

5 《清会典事例（嘉庆朝）》卷四〇二，第67辑，第8223－8225页。

6 《清圣祖实录》卷六，康熙元年二月，第4册，第105页；卷三一，康熙八年九月，第4册，第421页。

7 以下各卷为所示各纪年二月载，《清圣祖实录》卷六、二八、三五、四一、四六、五九、七一、八八、九四、一〇一、一〇七、一一四、一一九、一二四、一二九。

8 以下各卷为所示各纪年九或十月载，《清圣祖实录》卷三一、三四、四〇、四三、五〇、五七、六三、七七、八五、九二、九八、一〇五、一一二、一一七、一三一、一三七、一四二、一四九。

尚书、左都御史、外省将军、总督、提督等，各进缎八匹；辅国将军、护军统领、前锋统领、副都统、满洲侍郎、汉侍郎、巡抚、总兵等，各进六匹。届时于午门外进献。"[1]档案指此为"康熙三十九年、四十九年例"，即孝惠太后六旬、七旬正寿的献礼情况。能够看出礼品多系缎匹之类，比较简朴，应与当时国家尚不充裕以及历史久远记录较少皆有关系。但再次可见太后寿辰至少在康熙中期已接受部分外臣庆贺，允许他们通过贺表及献礼的形式，向太后表达忠诚和敬意。

由上可见，在清帝逐步探索皇权运行的集中与强化过程中，皇帝是太后与外朝发生联系的主要桥梁。而当皇帝有意限制或中断这种联系时，太后就将被封闭在内廷世界。

二　乾隆帝全面规范太后权力活动

（一）太后与外界接触被严密掌控

乾隆帝崇尚"庆隆尊养"之孝道[2]，他对太后的尊崇与多次大庆圣寿、侍奉出巡等行为，客观上增加了太后的权威及其与外界接触的机会，为此皇帝进行了严密的防范和掌控。

首先，乾隆帝严格隔离太后的内廷活动区域。孝圣太后移居寿康宫后，按照当年孝惠太后住宁寿宫之例安排守卫，慈宁宫正门派内管领一员，护军参领一员，护军校及护军十名；新开左右门派护军参领各一员，护军校及护军各十名；永康左右门派护军校及护军各十名；慈祥门派护军参领一员，护军校及护军十名，等等[3]。如此守卫，既是保护太后安全，某种程度而言也是对太后生活区域的隔离。乾隆二十六年（1761）九月初四，为庆祝太后寿辰而修建的寿安宫内遮阳帘片失火，护军唤门欲进入救火，但太监拒不开门，被皇帝训斥"以宫禁严密，不敢擅行开门为辞"[4]。可见平素宫禁之严格，即便危急时刻，太监也不敢擅自打开太后活动宫区与外界的通道。

其次，乾隆帝严密控制太后身边的人员往来。乾隆元年三月，太后之弟入宫谢恩，皇帝得知后怒称："苍震门亦系宫闱之地，未奉旨意，岂可擅将外人领入门内？将来移居慈宁宫，若如此轻易带领，成何体制？姑念初次，从宽免究，嗣后万万不可。"[5]足见乾隆帝严格限制太后与外朝人员即便是亲人的接触。乾隆三年开始，畅春园也成为孝圣太后的重要活动区域，"皇太后居畅春园，上居圆明园"[6]。乾隆帝曾说："若畅春园，则距圆明园甚近，事奉东朝，问安视膳，莫便于此，我子孙亦当世守勿改。"[7]可见，这样的安排是为了侍奉问安方便，其实也暗含了管控太后行为的方便，就在孝圣太后初驻畅春园之际，乾隆帝特意严申纪律："驻跸畅春园后，外祖父母以时进见则可，其余人等概不许时常请见。至如悟真庵之尼僧，尤不可听其

1　中国第一历史档案馆藏内务府来文 05-13-002-000144-0095，为皇太后六旬大庆王公大臣等停止进献礼物刊刷原题事致内务府等，道光十四年十二月初三日。

2　林姝在《万岁千秋奉寿康——"寿康宫原状与崇庆皇太后专题展"纪略》（《艺术品》2015 年第 12 期）中指出，乾隆帝为母后入住慈宁宫专门题写"庆隆尊养"匾额，可谓高度概括乾隆朝对太后的尊崇礼遇。

3　中国第一历史档案馆藏内务府奏案 05-0009-004，奏为皇太后移居寿康宫其慈宁宫正门等处遵例派员看守事，乾隆元年十一月初二日。

4　《清仁宗实录》卷三六三，嘉庆二十四年十月，第 32 册，第 800 页。

5　（清）鄂尔泰、张廷玉等编纂：《国朝宫史》卷四"训谕四"，北京古籍出版社，1994 年，第 38 页。

6　《清高宗实录》卷六〇，乾隆三年正月，第 10 册，第 5 页。

7　《清高宗实录》卷一〇二五，乾隆四十二年正月，第 21 册，第 748 页。

入内请安。"[1]

除直接往来之外，外朝之人与太后的间接联系也被严密控制。乾隆三十一年，有副都统德云和总兵德兴、索柱等人具折恭请太后圣安，被乾隆帝斥责："外任副都统总兵等，如恭遇皇太后万寿圣节并元旦令节，自应具折请安，平素无故，不应屡次请安！"[2]乾隆三十六年，皇帝发现原任提督的董天弼在奏函内递上一件恭请太后圣安折，同样斥其："于体制殊为未协，皇太后万寿圣节，敷天洽庆，属在臣工原可具折恭祝……至于常时奏请圣安，即督抚亦不应尔，况提镇乎！"[3]

第三，乾隆帝严禁旁人向太后传递外界消息。乾隆帝甫继位，便传谕太后身边的太监、女子及各处执事人等，"凡国家政事，关系重大，不许闻风妄行传说，恐皇太后闻之心烦"，他进一步阐释，如系应让太后知晓之事，母子之间无不告之理，"但朕与诸王大臣所办政务，外人何由而知，其应奏闻母后，早已奏闻矣。宫禁之中，凡有外言，不过太监等得之市井传闻，多有舛误。设或妄传至皇太后前，向朕说知其事，如合皇考之心，朕自然遵行，若少有违，关系甚巨，重劳皇太后圣心"。即是说，所有的外事只能由皇帝一人向太后叙说，他人严格禁止，"嗣后凡外间闲话，无故向内廷传说者，即为背法之人"[4]。

乾隆元年七月，太后向皇帝提及顺天府东的一个废寺应当重修，乾隆帝非常警觉，就此阐明内外之别："几曾见宁寿宫太后当日令圣祖修盖多少庙宇？朕礼隆尊养，宫闱以内事务，一切仰承懿旨，岂有以顺从盖庙修寺为尽孝之理！"他进一步解释，如果"外间声扬皇太后各处修理庙宇，致僧道人等借缘簿疏头为由，不时乞求恩助，相率成风，断乎不可"，虽然"在此时僧道亦知畏惧国法，即欲妄为，必不能行。倘后来或遇年幼之君，并值不知外间事务，主母不能断制，俾若辈自谓得计，殊于国体有伤"[5]。可见皇帝的做法既是为预防太后行为可能影响当朝社会风气，也是为杜绝日后太后干涉外事而导致有伤国体的可能性。

乾隆二年正月，太后又向皇帝提及慈宁宫佛堂还有收拾不到的地方，太监和尚也少几名。作为太后过问后宫之事实不逾矩，但乾隆帝却诘问："似此小事，太后圣母如何知道？再太后圣母位尊，比不得从前，陈福、张保就该结实办理，禁止小人妄言。将此旨传与陈福、张保，严传无知小人，不可妄言胡说，结结实实管着，不必奏太后圣母知道。"[6]这里的"结结实实管着"表面是针对太后身边太监对付"无知小人"而发，其实也针对了太后本人。这样的严密管控与乾隆帝展现给天下的孝道尊崇，可谓判若两人。

乾隆二十八年，皇帝发现礼部仍有将会试录登科录本各进太后及皇后一本之例，严斥此"系沿袭具文，非事关典礼者可比……况我朝宫闱肃穆，不惟一切政务从不与闻，即寻常细事，亦无丝毫干预，似此相沿旧套，徒费抄写，自应停止。此外尚有类此繁文缛节未经更正者，并着大学士会同该部详查更定"。下令当时山东等十五省的乡试录等原应恭进太后和皇后各一本的，均停止呈进[7]。

其实，乾隆朝前期，皇帝也曾效仿康熙帝向太后报告一些重大战事的进程。如乾隆十四年初，清廷平定

1 （清）鄂尔泰、张廷玉等编纂：《国朝宫史》卷四"训谕四"，北京古籍出版社，1994年，第40页。
2 《清高宗实录》卷七七五，乾隆三十一年十二月，第18册，第505页。
3 中国第一历史档案馆编：《乾隆朝上谕档》，乾隆三十六年十二月十九日，档案出版社，第6册，第875页，1991年。
4 《清高宗实录》卷一，雍正十三年八月，第9册，第147－148页。
5 （清）鄂尔泰、张廷玉等编纂：《国朝宫史》卷四"训谕四"，北京古籍出版社，1994年，第39页。
6 《清宣宗实录》卷二一七，道光十二年八月，第36册，第222页。
7 《清高宗实录》卷六九七，乾隆二十八年十月，第17册，第810－811页。

大金川战事接近尾声，乾隆帝欲接受叛军投降，而战事总指挥傅恒主张彻底歼灭，皇帝将班师纳降事垂询太后，她称“予从不问外朝政事”，只表示赞赏皇帝的决定[1]。《钦定平定金川方略》详细记录了派遣傅恒攻打金川时，皇帝即告知太后，因此前将士平叛失利，傅恒称“如不成功无颜以见众人”。太后认为傅恒此见实为太过，“此行原为国家效力，非为一己成名……岂有国家费如许帑项，用如许生命，专以供一己成名之理”[2]。至战局分明，乾隆帝传谕傅恒：“朕今日辰刻恭请皇太后圣母万安，仰蒙慈谕：‘金川之事，朝廷此时即应降旨罢兵……’朕以所调各路兵丁踊跃前去，若中道撤回……未免有拂众心。且于从前办理之体，恐涉轻率。俟其到齐得一二胜阵即令班师……又蒙慈谕：‘……大军早罢一日则兵丁得早免一日劳苦，人情孰不恋妻子而顾室家，何必待临阵得胜方令凯旋。此一二阵中能保兵丁一无伤损乎？大兵所过，百姓惊惶，夫马供亿悉资其力，早罢一日亦早得安息一日。朝廷若执意待至四月，是百姓又多受一二月之灾矣！’皇太后懿训至圣至明，朕实无辞以对。”[3]体现出皇帝受降罢兵是受太后的影响。《清稗类钞》记乾隆帝“尝从后之训，减刑罢兵”[4]，应即指上述情形。不过，此后便少有类似记载。乾隆十九年，清廷筹办平定准噶尔叛乱，傅恒同样力主出兵，其他朝臣有不同意见[5]，却不再见乾隆帝奏报太后，只在平叛成功后为她加上徽号[6]。乾隆四十一年，清廷再次平定大小金川之后，也只见皇帝为太后加上徽号[7]。

平定大金川叛乱是乾隆帝首次在事关国家统一的军政大事上做出部署并获胜利，他很可能效仿皇祖，将战事筹备和作战情形告知太后，但其意图却并非请太后决断。从上述官书的记录来看，太后慈谕无不围绕偃兵罢战，体恤兵民，完全符合其“圣母”的角色定位。此后两次维护国家统一的重大战事，皇帝已有丰富理政经验，均只在胜利后为太后加上徽号，这属“国家凡有大庆，必归美于尊亲”之意，与太后决策国事没有关系。其实，孝圣太后一句“予从不问外朝政事”，已反映了她在乾隆朝后宫的定位。这与孝庄太皇太后曾称“予虽在宫壸，太宗行政，亦略知之”[8]，足见分别。

（二）太后宫三大节行礼筵宴规模逐步缩小

乾隆朝太后宫三大节行礼筵宴的仪制更加详细。会典载乾隆三年正月初二的慈宁宫筵燕共设三十席，亲郡王共进席、羊、酒各二十，光禄寺增备十席；乾隆十五年的筵燕，将参与女性扩大至二品大臣命妇以上，筵席增至四十桌[9]。但此后，乾隆朝中期便开始缩小慈宁宫筵燕的规模，三十五年正月初二日的筵燕，礼部奏称“例设桌四十”，再加太和殿筵燕内应进慈宁宫的宴桌“似属过多”，建议“三十张，尽足敷用”，而皇帝定再减十张即二十张[10]。其实，内务府档案显示，乾隆三十四年元旦的慈宁宫筵宴便已然减半供办了，“乾隆

1 《清高宗实录》卷三三三，乾隆十四年正月，第13册，第565页。
2 （清）来保撰：《钦定平定金川方略》卷二〇，《景印文渊阁四库全书》第356册，台湾“商务印书馆”，1986年，第317页。
3 （清）来保撰：《钦定平定金川方略》卷二二，《景印文渊阁四库全书》第356册，第335－336页。
4 （清）徐珂编撰：《清稗类钞》第五册“高宗孝孝圣后”，中华书局，1984年，第2448页。
5 《清高宗实录》卷四七四，乾隆十九年十月，第14册，第1129－1130页。
6 《清高宗实录》卷四九〇，乾隆二十年六月，第15册，第153页。
7 《清高宗实录》卷一〇〇七，乾隆四十一年四月，第21册，第529页。
8 《清圣祖实录》卷四〇，康熙十一年十二月，第4册，第541页。
9 《清会典事例（嘉庆朝）》卷四〇二，第67辑，第8225－8226页。
10 《清会典事例（嘉庆朝）》卷四〇二，第67辑，第8227－8228页。

三十四年……元旦次日慈宁宫筵宴请用桌三十张，奉旨再减十张，其羊酒数目照桌张减半之例”[1]。桌数的减少也意味着实际参与的女性数量和范围的缩减。

而观察乾隆朝太后宫圣寿节筵宴的实际举办情况，实录中明确记录“照例行礼”但“停止筵宴”的情况有28年，占到了太后在世年份中的近70%，包括乾隆二至五年、八至十年、十三年、十八至十九年、二十一至二十五年、二十七至三十五年、三十八至四十一年[2]。如乾隆二年十一月，“礼部先期疏请，皇太后圣寿节，应行庆贺礼。得旨，是，照例行礼，奉皇太后懿旨，今年停止筵宴。”[3]值得关注的是，乾隆三十四年十一月，军机大臣等曾有议奏，“查向例庆贺之期，福晋命妇，均应齐集行礼。现在不到者多，殊乖礼制，嗣后凡遇庆贺，例应行礼之命妇等，如实有事故，令其由该旗咨报礼部。于年终汇查，除丧服残疾免议外，其余一年内三次不到者，将各本夫交部查议。得旨，依议。”[4]当时最临近的庆贺正是太后圣寿，既然有此议奏，说明虽然筵宴多有停止，但外朝命妇还是应当按例入内廷行礼的，不过显然至乾隆中期，已属“不到者多，殊乖礼制”。

（三）太后正寿庆典被约束管控

如果说能进太后宫贺圣寿的人员尤属较小范围，乾隆帝至少为太后在本朝经历的四次正寿都举办了大规模的庆贺活动，但在庆贺同时并未放松对于太后前应行礼仪及其与朝臣之间联系的约束和管控。

首先，官员只能在固定的时间以固定的形式向太后庆贺，不可逾矩。乾隆二年，礼部定皇帝为太后圣寿贺表：“每年用进表仪注，凡遇大庆之年，用宣表仪注”[5]。大庆之年即指太后正寿，“皇帝恭庆皇太后圣寿表，每十年行礼时宣读”，而王公百官呈递太后的三大节表，“由翰林院撰拟，大学士奏请钦定，每年遵行，行礼时不宣读”[6]，可见为太后祝寿上表有固定而严谨的形式。部分官员若想单独向太后有所“表示”，可以恭上贺折，但内容有严格要求。如乾隆三十四年，有兴汉镇总兵张大经在恭祝太后万寿折外，另呈上一件恭请圣安折，被皇帝批评“殊与体制未协，而近日督抚提镇中，亦颇有似此者。皇太后万寿圣节，普天同庆，凡属臣工，自应具折恭祝，以伸诚悃。至于奏请圣安，则非伊等分所应尔”。乾隆帝还提出，“向来惟皇太后回銮时，在京王公满汉大臣等，有同赴宫门请安之事，其内廷行走大臣及内务府大臣，奉差回京者，亦许趋诣请安，若督抚将军陛见来京，尚不敢率行奏请，况总兵乎！嗣后督抚等，遇拜发恭祝皇太后万寿折，不得另具请安奏折……令转传各该省应行具折大员，一体遵照。”[7]严令禁止外官向太后上请安折。乾隆四十三年六

1 中国第一历史档案馆藏内务府来文05-13-002-000146-0153，为皇太后六旬大庆圣节举行筵宴典礼著用桌二十张并宴毕散给剩桌抄录原奏查照办理事致内务府，道光十五年九月二十日。

2 以下各卷为所示各纪年十或十一月载，《清高宗实录》卷五六、八〇、一〇三、一二九、二〇四、二二七、二五二、三二八、四五〇、四七五、五二六、五四九、五七三、五九九、六二三、六七三、六九七、七二一、七四七、七七一、七九七、八二一、八四五、八七一、九四五、九六九、九九五、一〇一九。

3 《清高宗实录》卷五六，乾隆二年十一月，第9册，第919－920页。

4 《清高宗实录》卷八四七，乾隆三十四年十一月，第19册，第348页。

5 《清会典则例（乾隆朝）》卷五六，《景印文渊阁四库全书》第622册，第21－22页。

6 《清会典则例（乾隆朝）》卷八，《景印文渊阁四库全书》第620册，第58页。

7 《清高宗实录》卷八四七，乾隆三十四年十一月，第19册，第340页。另据乾隆三十四年十一月二十三日上谕档载，还有阿尔泰、容保、董天弼、德云、伟善、实瓒、诚泰诸人，借机向太后呈递请安折。《乾隆朝上谕档》，第5册，第961页。

月，浙江巡抚王亶望为当地官员奏请职衔折内，有"乾隆三十六年恭祝皇太后万寿庆典，赏给降一等职衔等语"，被下旨改为"三十六年恩旨赏给降一等字样"发抄，并要求"嗣后贵督抚题奏事件，如遇'皇太后庆典字样'俱无庸叙入，以昭画一，其有应行知照之处，贵督抚一体行知"[1]。这说明皇帝注意了要将对官员的职衔恩赏与太后万寿庆典之事划清界限，也是禁止官员在叙事时随意提及太后。

其次，圣寿大典一般只限在京文武官员和直省督抚大员在午门外遥向太后行礼，禁止普通外官赴京祝寿。如乾隆十六年太后六旬正寿时，自高梁桥到西华门沿途皆作为庆典场地，可以莅临的官员包括："王公宗戚，六部八旗卿寺各衙门，直省督抚"，同时"凡大小官员之休致既降革官，赴阙庆贺，蒙恩给予品衔者，许随见（现）任官入班行礼，进士举人贡生并有顶戴官于午门外，生监耆老于天安门外，各行礼"[2]。实录称"其中如……休致者着照原品各加一级，革职者复还原衔，用昭行庆施惠至意"[3]。可见，能够随现任官一起行礼的其他官员均是"休致""降革"者，皇帝并非因逢太后六旬大寿，就准许更多在任官员进京行礼。事实上，确实有不少外任臣工曾请旨来京城为太后祝寿。如乾隆二年，马兰口总兵永常奏请来京祝寿，皇帝称"汝病方愈，仍需调摄，不必来京"[4]；三年，直隶泰宁镇总兵官公元亦请旨，朱批"汝不必来京"[5]；六年，马兰口总兵布兰泰请旨进京祝寿，朱批"汝不必来京"[6]。甚至乾隆二十六年，赛音图因奏请来京叩贺太后万寿折内用词不当，被乾隆帝申饬并不让来京[7]。至乾隆三十六年，太后已高寿八十，更多官员请求来京祝寿，乾隆帝重申限制，"各省督抚等，多有以远任封圻，未克随班蹈舞，奏请来京申祝者，固出于伊等庆忭之忱。但各省文武大员，各有本任专责，势不可令其同时朝集京师，是以未为允准。且该督抚等，届辰各于所属，率偕僚吏绅士，望阙呼嵩，自足以展申祝悃，又何借此奏吁虚文。所有未经奏请来京之督抚将军都统提镇藩臬，俱不必续有陈奏。"[8]此外，也有负责地方防御的将军、都统等武职，自知不能离岗赴京，遂请求率领官兵在当地诵经祝寿。如萨炳阿为凉州官兵上奏拟"率众吁请诵经恭祝"太后八旬大寿，皇帝认为"各省官兵，理应行礼"，但诵经一月的行为，"不但徒事虚文，且必敛凑官兵俸饷，致使不肖之徒，借端敛派侵肥，于伊等生计，殊属无益"。他专门传旨申饬萨炳阿，并称"各省将军副都统，未免有似此奏请者，着通行晓谕知之"[9]。虽然皇帝不令外任者参与太后祝寿有防止影响地方公务的考量，但显然也起到了将太后圣寿庆典尽量限制于京城之内的客观作用。

第三，宗室群臣均不能擅自向太后呈递寿礼。嘉庆帝曾回忆乾隆时期凡向太后送寿礼，必须经过皇父同意[10]。自乾隆六年太后五旬正寿起，皇帝便称奉懿旨停止进献礼物[11]。至六旬正寿，礼部本请旨王公大臣均照

---

1 《乾隆朝上谕档》，乾隆四十三年六月十一日，第 9 册，第 128 页。

2 《清会典则例（乾隆朝）》卷五六，《景印文渊阁四库全书》第 622 册，第 22 － 23 页。

3 《清高宗实录》卷三九九，乾隆十六年九月，第 14 册，第 251 页。

4 中国第一历史档案馆藏宫中朱批奏折 04-01-12-002-1616，奏为本月二十五日崇庆皇太后万寿令节请旨进京叩祝事，乾隆二年十一月初十日。

5 中国第一历史档案馆藏宫中朱批奏折 04-01-14-0004-039，奏为皇太后万寿圣节请准进京随班行礼事，乾隆三年十一月十四日。

6 中国第一历史档案馆藏宫中朱批奏折 04-01-14-0007-0221，奏为恭逢皇太后圣诞恳准单骑减从赴阙叩视事，乾隆六年十一月初七日。

7 中国第一历史档案馆藏军机处满文档簿 03-18-009-000030-0002，为赛音图奏请来京叩贺皇太后万寿圣节折用词不当着不必来京仍行申饬事，乾隆二十六年十月二十七日。

8 《清高宗实录》卷八九一，乾隆三十六年八月，第 19 册，第 940 － 941 页。

9 《清高宗实录》卷八九二，乾隆三十六年九月，第 19 册，第 956 页。

10 中国第一历史档案馆编：《嘉庆朝上谕档》，嘉庆五年正月二十七日，广西师范大学出版社，第 5 册，第 37 页，2000 年。

11 《清高宗实录》卷一四一，乾隆六年四月，第 10 册，第 1028 页。

孝惠太后六、七旬正寿献礼之例办理，但皇帝仍称奉懿旨停止进献[1]。不过，还是有大臣企图借太后寿辰以各种形式献礼。如乾隆二十六年底，皇帝表示："上年朕五十诞辰，本年皇太后七旬大庆，各督抚等未免以进献称祝，务求备物将敬之意，此亦不可不防其渐。上年以藩臬等，官阶未至，已叠经降旨申谕。其外廷及学政等各员，即奏折亦不令送览，此众人所稔知。"当然，乾隆帝称这是为了避免官员们滋长进献贵重物品之风，说明"内府之储，何所不有，岂在此区区贡物之有无，朕任用大臣，亦惟视伊等平日宣力何如，又宁问其所进之丰啬，以为人才高下之衡鉴"[2]。因而，有远在阿克苏的侍卫官员等为太后万寿进献当地土产，就被皇帝申饬"甚属不合"[3]。但十年后，各地大臣仍借为太后八十大寿普天同庆之机，继续绞尽脑汁呈送礼物，很多人请母亲出面，其中不乏金、玉等重器。乾隆帝对此依旧态度谨慎，再次强调："朕尊奉皇太后以天下养，宝贵之物，何所不有，岂屑此外间金器乎。"[4]

事实上，皇帝并非完全不准许送礼，而是依据内外朝臣的官职和等次有所分别，"如内而尚书都统，外而总督巡抚有备仪庆祝慈寿者，自不妨俯允其奏，顾朝廷班列差分，宜有制限。昨岁朕六十诞辰，曾为分别敕禁，当此璇闱衍庆，诸臣自皆念切抒诚，而辨等威以达悃忱。上年成例具在，其在京侍郎副都统，并外省提镇学政藩臬等，均毋庸进献称祝"[5]。但无论乾隆帝自称控制呈递寿礼的动因为何，其所展示的导向和造成的结果，是禁止大部分外朝臣工向太后献礼，切断其与太后联络的可能途径。

由上可知，乾隆帝虽然在太后的圣寿庆贺中极尽尊崇奢华，营造出普天同庆的热烈氛围，但在隆重庆贺的同时也呈现出严密控制的层面，内外官员必须遵循皇帝的要求向太后祝寿，若有人欲以贺寿为契机，与太后联系情谊，均会被皇帝警觉切断，一些官员更因此遭到严厉申饬和惩处。这既是乾隆帝为官民做出的要求，也是为太后树立的行为规范。

在乾隆帝如此严格的管控之下，逐渐地，人们只能看到皇帝所展示的对太后的礼隆尊养，而很少再能看到太后本人在盛世一朝的行为、态度与主观意愿。

三　道光帝大力巩固对太后管控

（一）太后生活愈加封闭

道光朝延续了乾隆朝对太后的管控措施。道光帝即位便宣布，本朝起太后万寿及元旦、冬至三节，各省将军督抚提镇等在太后前"具表称贺，用备礼仪，着无庸再递黄折祝贺，以省繁文而归画一"[6]。可见，道光帝将皇祖严格管控外朝通过节庆向太后祝贺联系的思路继续向前推进，且所做更加决绝，终止群臣向太后呈递贺折，只可用"进表"的方式庆贺。前述"表"作为在重大庆典时呈进给帝后的正式文书，内容、呈进渠道向有

1 中国第一历史档案馆藏内务府来文05-13-002-000144-0095，为皇太后六旬大庆王公大臣等停止进献礼物刊刷原题事致内务府等。

2 《清高宗实录》卷六五〇，乾隆二十六年十二月，第17册，第279页。

3 中国第一历史档案馆藏军机处满文档簿03-18-009-000030-0002，为海明等奏驻阿克苏侍卫官员等因皇太后万寿节进献当地土产甚属不合著申饬事，乾隆二十六年十一月二十二日。

4 《清高宗实录》卷八九六，乾隆三十六年十一月，第19册，第1048页。

5 《清高宗实录》卷八九一，乾隆三十六年八月，第19册，第941页。

6 《清宣宗实录》卷一一，嘉庆二十五年十二月，第33册，第217页。

定式，堪称一律。而奏折是官员陈奏重要公私事务时直接呈进的文书，比较私密，行文也具个性化。道光帝规定只可"进表"而不再"递折"，进一步切断了群臣以个人名义向太后表达尊孝忠诚并建立近密联系的可能，太后也没有了通过有数的庆典祝贺接触和了解当朝官员的机会。道光四年（1824），本在乾隆时期都没资格为太后圣寿"具折恭祝"的顺天学政毛式郇却呈递贺折，皇帝斥其"率行递折，殊属冒昧"，交部议处[1]。在如此旨意之下，道光朝太后的生活愈加封闭了。

寿康宫之外，道光朝太后在京西的园林生活区域由畅春园改为绮春园。元年五月，皇帝称读到乾隆四十二年圣谕，以畅春园"事奉东朝……子孙当世守勿改"，但当时畅春园已破败不堪，非短期能够完成修葺。道光帝想到"圣母皇太后临幸御园，不可无养志颐和之所。朕再四酌度，绮春园在圆明园之左，相距咫尺，视膳问安，较之畅春园更为密迩……于此尊养承欢，当于近奉东朝之旨，尤相契合也"，命令立即修整绮春园，用以"敬奉慈愉"[2]。道光三年正月开始，"奉皇太后居绮春园，上居圆明园"[3]。

无论太后身居何处，皇帝对其管束是不放松的。尤其在道光帝阅及乾隆二年皇祖严谕太监"严传无知小人，不可妄言胡说，结结实实管着，不必奏太后圣母知道"的话后，感慨道："仰见我皇祖高宗纯皇帝圣虑周详，于尽孝尽礼之中，深寓防微杜渐之意，实为万世法守，朕曷胜钦服！"他立即传谕孝和太后近前太监王得恩、田代余："嗣后寿康宫上下人等，务要遍行谆嘱，加意查管，凡宫内等处以及外边事情，必应遵照乾隆年间上谕，一切不准在太后圣母面前，以无作有，信口谈论，非但徒劳圣心，而恐有碍。日后如稍有不妥，朕必重治汝二人之罪。"道光帝还进一步规定，"宫内等处及外围圆明园、升平署总管首领太监，非奉旨差往，或皇后等位、阿哥公主差往者，概不准到寿康宫、敷春堂去。寿康宫首领太监，非有官差亦不准到宫内、圆明园来。"详细指派了各处的稽查太监，"如有为私事来往者，概行阻止。如日久懈弛，或别生事端，一经破露，必将失察之人治罪不贷。着通行传谕，敬谨遵行，并着载入宫中现行则例"[4]。

即便太后出巡，宗室王公也很难有机会与其接触。乾隆帝曾说："向来惟皇太后回銮时，在京王公满汉大臣等，有同赴宫门请安之事"[5]。但道光二年，皇帝奉太后回宫，已年过七旬的成亲王永瑆趁机向太后呈进食盒，道光帝非常不悦，称"向来回銮进宫时，内廷外廷各王公，从无呈进食物之事"，批判永瑆"甚属错谬，着即发还。嗣后如不知悛改，仍率意妄行，朕惟有按例处治，不能稍从宽贷也"[6]。

（二）太后宫三大节行礼筵宴仪制持续减杀

道光朝太后宫行礼筵宴的仪制进一步简化，礼部乐舞也不再参与。道光二年谕，次年元旦皇后率内廷主位、公主福晋以下命妇等，赴太后宫筵燕礼后的谢恩，由之前行二肃一跪一拜礼[7]，改为在坐次行三拜礼；

1 《清宣宗实录》卷七四，道光四年十月，第 34 册，第 186 页。
2 《清宣宗实录》卷一八，道光元年五月，第 33 册，第 335 — 336 页。
3 《清宣宗实录》卷四八，道光三年正月，第 33 册，第 856 页。
4 《清宣宗实录》卷二一七，道光十二年八月，第 36 册，第 222 — 223 页。
5 《清高宗实录》卷八四七，乾隆三十四年十一月，第 19 册，第 340 页。
6 《清宣宗实录》卷四三，道光二年十月，第 33 册，第 769 页。
7 《清会典事例（嘉庆朝）》卷四〇二，第 67 辑，第 8221 页。

又谕，“元旦次日，皇太后宫筵燕桌张……传南府太监，届期承应，其礼部所奏乐舞，俱毋庸豫备”[1]。

即便已经如此低调的太后宫三大节仪制在实际执行中再遭减杀，不用说停止筵宴，实录中明确记录福晋命妇入内廷行礼之仪都常被一并叫停。孝和太后圣寿节自道光四年开始，有记录称奉太后懿旨：“今年停止筵宴，福晋命妇进内行礼之处，并着停止。”[2]孝和太后圣寿在每年十月，她常正驻于绮春园中，道光五年逢五旬正寿，有八名福晋命妇得以赴绮春园行礼[3]。但此后仅在道光九年、十五年、二十二年、二十五年、二十六及二十八年，未见记载停止福晋命妇进内行礼，其余年份皆明令停止[4]。甚至道光二十五年太后七旬正寿时，礼部本题请照例行礼筵宴，但奉太后懿旨，“是日在绮春园行礼，至礼成后，内廷自有筵宴，所请照例筵宴之处，毋庸举行”[5]。当日皇帝率皇子及王公大臣在绮春园行庆贺礼，奉太后幸同乐园赐皇子等人吃食后，御正大光明殿进喜起舞乐章。道光帝亲自“彩衣躬舞，捧觞上寿”，又命惠亲王、皇四子、皇五子、皇六子、瑞郡王、宗室载初等三人依次进舞[6]。足见即使是太后的七旬大寿，仍只做内廷庆贺，道光朝太后的圣寿庆祝活动被进一步收缩控制。

四　结语：“庆隆尊养”而“不与外事”

顺康时期，皇帝觉察到皇太后力量并尽量平衡。至乾隆、道光两朝皇帝能够完全行使皇权，得以持续严格地主动管束太后，使其在获得尊位的同时，与各类外朝人员的联系越来越被严格地切断，连近支宗室王公平日也不得无故联络。尽管皇帝仍旧奉太后出巡、定期移居西郊园林，但各地太后宫已然成为一个被隔离、封闭的区域，太后的行为也被种种约束。史书中不再见有类似孝庄太后主导的赏赐与赈济类行为。而逢清宫三大节，王公大臣等人本可依例向太后行庆贺礼，福晋命妇等满洲贵族女性可进入太后宫中行礼筵宴；又如庆贺圣寿的种种活动是皇帝向天下宣传其尊孝母后的重要平台。但利用庆贺之途径，一方面外朝人员可能与内廷女主建立起联系，另一方面太后能够了解到外朝职官情形，可能在外间树立起独立的威信和权势，这是皇帝逐步意识到且不可接受的。据现存史料来看，清代中叶鼎盛时期的乾隆、道光帝对有关庆典中反映的太后与外朝人员的联系非常警惕。乾隆帝表面彰显孝道，实际控制严格；道光帝更基本切断了外朝通过庆贺交结太后的可能。即使满洲贵族女性例逢三大节能入内廷向后宫女主行礼筵宴，实际情形是行礼至乾隆朝应属照例进行，但规模缩小，筵宴则经常取消，至道光四年以后行礼也被经常性停止了。这些贵族女性及其家人也很难再与太后等后宫女主有所联系，相应地，太后自然也难对她们有何权力与威严。

1 《清会典事例（光绪朝）》卷五一六，中华书局，1991 年，第 6 册，第 973 页。

2 《清宣宗实录》卷七三，道光四年九月，第 34 册，第 171 页。

3 《清宣宗实录》卷九〇，道光五年十月，第 34 册，第 439 － 440 页；中国第一历史档案馆藏内务府奏销档 531-002，奏为皇太后圣寿进园行礼福晋命妇送到事折，道光五年十月初七日。

4 以下各卷为道光六至八年、十至十四年、十六至二十一年、二十四年、二十七及二十九年九月载，《清宣宗实录》卷一〇五、一二五、一四二、一七四、一九六、二二一、二四三、二五六、二八八、三〇一、三一四、三二六、三三九、三五七、四〇九、四四七、四七二。道光二十三年亦停止筵宴及福晋命妇等进内行礼，中国第一历史档案馆藏内务府来文 05-13-002-000162-0120，为皇太后万寿圣节应行礼仪仪注一案粘单事致内务府等，道光二十三年九月十四日。

5 《清宣宗实录》卷四二一，道光二十五年九月，第 39 册，第 279 页。

6 《清宣宗实录》卷四二二，道光二十五年十月，第 39 册，第 297 页。

综上所论，从孝庄皇太后开始，尽管其在顺康两朝地位崇高，但她曾明确声明自己“不与外事”，官方史书也始终没有以太后名义正式发出的决策国政之旨意。至乾隆朝，皇帝一方面向天下大肆彰显其孝母之道，另一方面则格外注意培养太后区分“内外”的意识，使其自觉地不问外事。道光帝在彰显孝道方面较乾隆帝低调很多，但在约束太后言行和权力方面则严格遵从了乾隆帝的方针，甚至有所强化。可见清代前中期，皇帝对太后的身份地位、言行活动、人际联系与权力范围都进行了十分严格的界定和限制，控制她们由太后尊位可能带来参与国政的条件和行为。太后虽然地位崇高，但与外朝的联系非常有限，权力体系并未建立。直到同治帝幼年登基，才失去了管束太后权力的客观条件及主观能力。

总之，有清一代专制皇权得以全方位的巩固，除了缘于相关政务渠道、机构设置、吏治整顿，皇位继承方式演进等制度层面的建设之外，也是几代清帝对宫廷内外各类人员势力与关系全面平衡的结果。其中，清代最为尊贵的皇室女性——皇太后，表面上日益得到皇帝尊孝，实质则被逐步严密控制言行。从顺治帝开始到道光帝，几代能够独立行使皇权的皇帝对太后角色逐步做出明确定位，即“庆隆尊养”而“不与外事”，这是清帝加强皇权建设的必要措施，也提供给今人一个从皇帝与皇室女性关系角度理解清代皇权制度变化规律的新途径。

（中国人民大学毛立平副教授、故宫博物院于庆祥编审为本文修订予以指导启发，谨致谢忱！）

[作者单位：故宫博物院科研处]

清代西藏喇嘛使团觐见护送与安全相关法律问题

Legislation and Ruling of Safety Issues Concerning the Qing Dynasty Tibetan Lama Mission to Beijing

张剑虹

Zhang Jianhong

内容提要：

西藏喇嘛觐见往返北京途中的人身财产安全问题在清初已存在，时有遭遇抢劫的记载，然而，朝廷从立法的角度回应此问题则以乾隆朝为主，乾隆皇帝为解决该问题进行了制度上的设计，这种设计以法律的形式固定下来，并为后代所继承。乾隆朝的改革措施具有一定的示范效应，朝廷将其推广及蒙古、新疆伯克使团。喇嘛使团护送与安全问题集中于使团携带行李的数量、途中财产丢失责任的划分、使团及护送人员沿途滋事的处理等三个方面，以乾隆朝后期为界，关于这三个问题的处置呈现出从一味迎合喇嘛到限制喇嘛、维护朝廷权威的变化过程。郭罗克人的抢劫是喇嘛觐见途中安全的重要威胁因素，有清一代并未有效地解决此问题。

关键词：

西藏喇嘛　觐见　护送　安全

ABSTRACT:

For the Tibetan lamas, threats to their personal and property safety on the way to and from paying homage to the emperor in Beijing already existed in the early years of the Qing dynasty (1644-1911), and there were records of being robbed at that time. However, The imperial court's response to these issues from a legislative perspective only began in the Qianlong reign(1736-1795). The Qianlong Emperor formulated measures against this problem, and enacted them into law, which were kept to be enforced by his successors. The emperor's measures had a certain demonstrative effect so that they were applied to Mongolia and Xinjiang Burke missions. The law addresses the safety issues in three aspects: the amount of luggage carried by the mission, the liability for property loss on the way, and the ruling of troubles made by the mission and the imperial escorts along the way. The late period of the Qianlong reign saw changes of measures taken to tackle these issues. The ruling no longer showed blind favour to the Tibetan lamas, but restricted them to maintain the authority of the imperial court. Robbery by the Guoluoke people was a major threat to the safety of the lamas on their way to and back from Beijing, which were not thoroughly removed throughout the Qing dynasty.

KEYWORDS:

Tibetan lama, pay homage to the emperor, escort, safety

关于清代喇嘛使团朝觐往返京藏途中的安全与护卫问题，笔者曾进行了初步探讨，梳理了清代中后期对此问题的立法规制、乾隆朝的改革以及嘉道两朝保守型的微变，但着眼于整个清代，仍有些问题尚需进一步研究，比如康熙、雍正两朝时期的情况、喇嘛使团的历史、郭洛克人的基本情况等。为此，本文着眼于这些问题，从起居注、实录、会典、清宫档案中爬梳整理，探讨喇嘛使团面临的途中危险以及朝廷采取了哪些法律措施保障使团旅途安全，从微观角度揭示朝觐制度中朝廷、沿途各地以及喇嘛之间的互动以及付出的努力。

一 西藏喇嘛觐见使团

西藏宗教势力与清朝的联系较早，清入关之前即互派使者，入关之后，五世达赖进京朝觐，被认为是“西藏最高宗教领袖与清朝最高统治者之间的第一次会晤”[1]，双方正式确立了臣属关系，喇嘛遣使年班进京遂成为定制。除此之外，因坐床、谢恩等事情也会不定期地遣使进京。

从顺治朝到康熙平定三藩之前，并没有对喇嘛使团的规模进行限制，彼时使团人数经常多达数百人，康熙二十三年（1684）开始限制使团人数，《大清会典》规定：“达赖喇嘛来使从人多至数百名，嗣后使人至西宁关口时，令西宁总兵官查明人数造册报院，至奉使差往喇嘛人役亦应裁剪，倘有隐瞒数目，多带人来往者，罪之。”[2]但是该条命令也只是强调一下要减少人数，至于具体减少多少，并没有规定，而且，随着彼时边疆形势的变化，这种限制也有所松动，康熙三十四年（1695），曾有大臣建议禁止喇嘛来使带人，但被康熙帝否决，“达赖喇嘛来使所带之人，若行禁止，则外藩蒙古不得私行贸易，其心不服，达赖喇嘛视我朝如一家，不必限定来使所带人数，但来人有达赖喇嘛印结者，纳之，如无印结，非系达赖喇嘛之人，即不纳，如此议定，则不禁而自禁，蒙古亦皆心服矣。”[3]彼时康熙帝正忙于攻打噶尔丹，需要拉拢、联合西藏喇嘛势力，因此对于喇嘛使团采取了比较宽容的态度，而且是着眼于蒙古问题来处理西藏喇嘛使团问题。但随着边疆战事的结束、政局的稳定，朝廷采取逐渐限制喇嘛使团规模的政策。这种限制主要体现在交通工具方面。关于喇嘛使团的交通运输工具，顺治年间由朝廷提供车马，顺治十三年（1656）议准，达赖喇嘛来使给驿马十三匹，车七辆。康熙年间采取驰驿的方式，但仍加重了地方官的负担，有大臣曾建议达赖喇嘛有紧要事务差遣人来时，不要地方官捐助，而是动用朝廷正项钱粮，康熙帝决定使用军马。“嗣后若有紧急事务，驿马不敷，俟该部奏过，许骑营兵马匹，未经奏过者，毋得擅乘。”[4]雍正六年（1728）议准采用依据时价觅雇骑驮，而不用驿站，“班禅额尔德尼遣使进贡由院奉准停止驰驿，照依时价雇骡。”[5]乾隆五年（1740）则进一步规定觅雇骑驮的数量不超过二百头，后来减为一百六十头。如果碰到公班第达进贡之年，由于公班第达一般将贡物交由达赖喇嘛使团附进，增加三十头骑驮。嘉庆朝时，衍宗禅师呼毕勒罕遣使同达

1 任甜：《五世达赖喇嘛入京朝觐史实研究》，四川师范大学硕士论文，2013年，第3页。

2 乾隆朝《钦定大清会典事例》，卷一四二。

3 《清代历朝起居注合集》，清圣祖卷三一，康熙三十四年四月。

4 《清代历朝起居注合集》，清圣祖卷二六，康熙二十九年正月。

5 嘉庆朝《钦定大清会典事例》，卷七四八。

赖喇嘛来使等赴京进贡，增加三头骑驮。然而，朝廷额定的骑驮数量并不能完全应付使团的交通运输问题，于是允许使团自雇骑驮。虽说是自雇，不需要朝廷负担费用，但对具体数量仍有限制。乾隆五十五年（1790）规定，年班进京的达赖喇嘛来使堪布，可以私雇一百头，班禅额尔德尼来使堪布，可以私雇八十头。嘉庆十三年（1808）进一步限定使团自费携带商品货物不得超过二十驮，如果违例多带，在关卡处不与放行，若遗失，官员无须代为缉获。光绪五年（1879）时，直接限定行李货物的总重量不得超过五千斤。

一般来说，使团所携之物由进贡之物或朝廷赏赐之物、使团成员旅途必备的个人物品和商品货物等构成，往往是商品货物占了大部分。使团携带物品的规模与数量必须限制，因为这关系到沿途护卫的责任问题。一个使团的物品往往是几千包，几百头骡子组成的队伍，延绵数里，非常浩大，骡马脱缰、行李散落丢失，是经常碰到的事情，若遇到成群而来的盗贼，则更易被冲散，因此，护卫难度较大。而且一旦被抢劫，抓捕也非常麻烦，盗贼分赃后即四处逃窜，进入崇山峻岭之间，去这些崎岖之地抓捕罪犯、寻找赃物，特别赶上大雪封山时，困难较大。乾隆二十二年（1757），西藏喇嘛使团进京，携带的行李非常多，地方官加派了护送力量，“此次来使所带物件甚多，由副都统德尔素处派委千总一员、兵十名、县役三十五名，按站更换护送驼载行走。”[1]但走至陕西、山西境内时还是陆续丢失了七个卷包，为此，沿途护送的理藩院笔帖式受到处罚，“笔帖式永泰系专委护送之员，来使驼载甚多，一人不能周顾，虽彼时即行移咨地方官员，但疏忽之咎难辞。”[2]吏部依据失于防范罚俸六个月例将其罚俸六个月。然而，嘉庆朝时对于私雇驮只数量的限制网开一面，对于超出额定数量的行李，允许自费雇用脚力。嘉庆二十三年（1818），班禅额尔德尼来使多带了一百多包行李，仍然给予路票，予以放行，但对于负有事先查核行李责任的驻藏大臣予以惩罚。“本年后藏班禅额尔德尼遣使进贡，例外多带物件一百余包，本应照例扣留，该堪布吁请自雇脚力，随后行走，不敢烦劳驿站，念其远来朝贡，姑如所请，赏给路票，令其由内地行走，以免盘诘。至该堪布例外多带包物由藏启行时，该驻藏大臣不先行查禁，听其违例多带，著查明交部议处。嗣后西藏堪布进贡来京，务令遵照定例，除正贡包物外，如有例外多带货物，听其自备夫马，所过驿站，概不准应付，以肃邮传。”[3]从这道上谕可知，嘉庆帝是应堪布请求，允许其自费多带行李，同时告诫沿途驿站不得给予支持，另一方面也处罚了失职的驻藏大臣，驻藏大臣在使团启程前就应不准其多带行李，意指驻藏大臣不该把这个问题踢给皇帝。

一般来说，驻藏大臣都要事先按规定对于达赖、班禅及其使者年班进京的出发时间、行进路线、来使及其随从的基本信息（包括姓名、年龄、长相等）、行李数量、骡头数量等相关信息造册，通知理藩院，由理藩院通知沿途省份地方官。各地方官在所辖关卡检查时，根据册上所载事项进行检查，如果与册不符，则禁止通行。“例由驻藏大臣将正项各色暨买卖货物并同行喇嘛、跟役、商上人等名数、年貌逐一查明造册，先

1 中国第一历史档案馆藏内阁档案，档号：02-01-03-05510-008，题名：题为会议理藩院笔帖式永泰护送西藏来使疏失卷包照例罚俸事，原纪年：乾隆二十三年。

2 中国第一历史档案馆藏内阁档案，档号：02-01-03-05510-008，题名：题为会议理藩院笔帖式永泰护送西藏来使疏失卷包照例罚俸事，原纪年：乾隆二十三年。

3 光绪朝《钦定大清会典事例》，卷七一〇。

期咨会……按册查点包数、人数，与册造相符，方准进口。”[1]道光二十四年（1844），十一世达赖喇嘛使臣年班进京，该使团人数二百九十二名，包括正副使、随从、商人等，货物六千三百六十八包。负责中途接应的陕甘总督接到驻藏大臣的造册里，只记载了该年班堪布囊素的信息，并没有记载有无同行喇嘛、跟役暨贸易货包人数花名，导致其无凭查点，只能一面派人通知驻藏大臣查明补充，一面派人查点具体数量，看是否与规定相违背，经查验，并未违例，才予以放行。

对于使团规模予以限制，一是减轻中央、沿途省份、西藏的负担，二是便于管理。使团规模超标往往集中于携带商品货物方面。使团的主要功能是朝觐，而且朝觐的贡物都是严格执行会典规定，所以不会超标。还有一个附带功能，即商品交易。允许带一定规模的商品货物，使团里也有商上人。这体现了朝廷对西藏经济的支持。由于有利可图，喇嘛使团不仅自带货物，甚至替其他商人捎带货物，即揽货。对于揽货，其安全与否，朝廷不予保护。嘉庆十三年（1808），自京回藏的堪布喇嘛使团在途中被郭罗克人抢劫，由于所携带货物中有商人的货物，皇帝指示查明后不必追查，“若系客货，伊等本因图利，违例包揽，官兵岂能代为查寻？”[2]护送官员也有违例带货、揽货的。嘉庆十七年（1812），喇嘛使团的护送官员员外郎奇福、主事岱清阿违例私带一百多包货物被革职，所带货物充公。“向来喇嘛入贡，其堪布等进京，随带货物，均有一定例额，尚不准例外多带。至护送官员，尤应奉公守法，以为倡率。”[3]

二　喇嘛使团途中的安全与郭罗克人抢劫

每个进京的喇嘛使团队伍都是绵延数里的庞大队伍，途经数省，往往发生行李、货物的丢失，或系驮骡受惊走失，或系遭遇抢劫、盗窃。可以说，途中安全问题影响到喇嘛使团朝觐任务是否能够完成，因此，朝廷自然重视，实施了系列应对与处理方法。

（一）康熙、雍正两朝

喇嘛使团途中遭遇到的危险主要来自郭罗克人。郭罗克部落是生活在青海果洛一带的藏族部落，历史上也称为“俄洛”“廓落克”“鄂洛克”“郭罗克”等。该部落以对外抢劫为生，他们的抢劫有年盗、季盗、月盗三种，专门从事抢劫的称为“年盗”，季节性的称为“季盗”，临时性的称为“月盗”[4]。他们不仅抢劫往来商旅，连驻扎兵丁的财物也不放过。“肆行劫掠往来行人，曾将驻扎索罗木兵马匹盗窃而去。”[5]康熙六十年（1721），朝廷曾派年羹尧、岳钟琪等率军进剿郭罗克部落，攻克四十余座寨子，其中一个寨子头目求饶，将二十二名抢劫首恶捆绑献出，交给清军处置，其余从者就地正法。然而，这场胜利并未带来显著的效果，仍有喇嘛使团途

1 中国第一历史档案馆藏军机处档案，档号：03-0204-4266-038，题名：奏十一世达赖喇嘛使臣进京照例供给牲畜并查点所携贸易货仓等情片，原纪年：道光二十四年十一月十五日。

2 《清仁宗实录》卷二〇二，嘉庆十三年戊辰冬十月。

3 《清仁宗实录》卷二六二，嘉庆十七年壬申冬十月。

4 李龙江：《乾隆时期郭罗克部落“夹坝”活动述论》，《青海民族研究》，2016 年第 1 期，第 173 页。

5 《清圣祖实录》卷二九四，康熙六十年辛丑八月至九月。

中被盗、抢。雍正四年（1726），四川松潘厅漳腊营游击邱名扬在姜堕地方被郭罗克人抢去骆驼、马匹，松潘总兵张元佐派人去郭罗克寨子，要求头目交出首恶，下郭罗克头目旦增将两名首恶擒获并交出，其余人等听闻首恶已被擒获，即弃赃而逃。被抢的骆驼、马匹等被追回。张元佐向朝廷建议，“莫若先将捉获贼首绒孝等二名枭斩首级，传示下郭罗克地方土目牌番宣布天威，使之畏惧外，应否俟明岁青草茂盛之时调集镇属汉土官兵，臣亲身统领，前往严加剿洗，诛其首恶，分散其势，庶内外肃清，一劳永逸矣。”[1]雍正帝并未立刻给予答复，而是要求与岳钟琪商量妥议后再议。

雍正八年（1730），理塘总兵任国荣因达赖喇嘛被盗没有成功缉捕盗犯而被雍正帝斥责，“凡事推诿，伊系统领汉土官兵之大员，驻扎理塘，则整理营伍、稽查盗贼，是其专责，乃达赖喇嘛之牲畜物件被番苗抢夺，而伊不能严加缉捕，但令官兵追赶数里，以盗贼远遁为词，及地方官查出贼人姓名，详报到彼，而伊仍不严缉追赃，一味因循怠忽，其心以为不日更换，是以为此苟且塞责之计，深负朕任用之恩，嗣后着痛加悛改，倘仍蹈故辙，定行从重处分。”[2]雍正皇帝的这份斥责既可以认为是澄清吏治的体现，但也反映了对喇嘛事情的重视。

（二）乾隆朝

康熙六十年（1721）的这场进剿并未给郭罗克人敲响警钟，抢劫商旅仍未停止。在乾隆朝早期就有地方官反映此问题。乾隆三年（1738），四川提督王进昌奏，“蜀西番族环居，查松潘所辖口外上中下郭罗克番，频年集众行劫。”[3]乾隆四年（1739），川陕总督鄂弥达奏，“川省命盗多案，郭罗克一部凶悍尤甚，抢夺行旅，请酌派官兵，勒献首恶，分别惩治。”[4]“郭罗克近经抢夺行旅”“每于口外旷僻路径，伺候番夷行旅，抢劫牲畜，名为夹坝”“郭罗克番民，恃居险远，屡于口外抢夺夷商”等语词经常出现在地方官奏折中。

这些事实证明，进剿行动治标不治本，仅能奏效一时。“剿”的方法对付郭罗克人并不有效，那么“抚”的方法呢？当时，朝廷常用的“抚”的方法是笼络郭罗克各寨头目，让头目管束好所辖之人。“准噶尔夷人进藏熬茶，经过西藏所管纳克书一带，该处与松潘所属之郭罗克番接壤，番族剽劫为生，诚恐有抢夺等事，已密札松潘总兵潘绍周，令调集郭罗克番目，严切驾驭，俾约束番众，不许生事。”[5]这种常规的方法只能起到预防作用，对于“以抢劫为生”的郭罗克人来说，毫无威慑之力。果不其然，一个月之后，松潘总兵潘绍周上奏朝廷，“郭罗克上中二寨土目，不能约束番众，且指示部落，专以抢夺为生。”[6]寨子头目不但不约束，反而鼓励抢劫。甚至到了乾隆九年（1744），朝廷颁布了以鼓励生产、安居乐业为主要内容的《郭罗克善后事宜》，该事宜所提及的制度基本上成了一纸具文。事实证明，朝廷的这种做法只能是一厢情愿、自欺欺人。

1 《清世宗宪皇帝朱批谕旨》，卷八五，雍正四年九月。

2 《清代历朝起居注合集》，清世宗，卷五，雍正八年五月。

3 《清高宗实录》卷七三，乾隆三年戊午七月。

4 《清高宗实录》卷九一，乾隆四年己未四月。

5 《清高宗实录》卷一二五，乾隆五年庚申八月。

6 《清高宗实录》卷一二七，乾隆五年庚申九月。

彼时，四川巡抚硕色的一段话比较客观地说明了这种两难境地："上中郭罗克部落，素性凶悍，每肆抢夺，先经总督查郎阿等奏拨弁兵弹压，其初颇知畏惧，近复公然藐视，纷纷抢劫，该管土目尚多分肥，而官兵深居贼巢，势难追捕。"[1]另一方面，郭罗克人所居之地为崇山峻岭之间，加之大河阻拦，导致清军驻扎成本高，军需物资供应较难。"自松潘至郭罗克，中隔大河，水消水涨，难以驮运，若按年运送，又无仓囤积。"[2]

另一方面，对于过境喇嘛使团丢失行李，地方官不但要代为缉获，还得赔偿损失，并受到处分。乾隆二十四年（1759），西藏喇嘛使团行至兰州府平番县，从平番县进入皋兰县移交行李时，发现少了四个贡包，平番县知县陈铦被依据主守官物遗失公罪，杖八十律处罚，"查西藏来使进贡皮包沿途州县理宜加意护送，今平番县转送皋兰遗失贡包四个，实属不合，应将平番县知县陈铦照主守官物遗失公罪，杖八十律降二级留任。"[3]彼时丢失的贡包仍未找到，兰州府地方官仍在寻找，如果找不到，则负赔偿责任，"如仍无获即著落地方官赔补"。此案并非处理了一个知县就完结了，甘肃巡抚吴达善借此细化、完善了喇嘛使团行李途中过境交接的手续："嗣后西藏遣使进贡来至西宁，应令护送之司员笔帖式将不动之贡包先行照交西宁镇总兵官，会同办理，蒙古事务衙门查验封固秤明斤重，选派干员协同该司员笔帖式逐程管押，送至兰州，交城守营游击，会同地方官验明包数秤明斤重，另行派员转送至平凉城守营，该营亦会同地方官照例验秤，派员转送长武营，递至西安，臣再移咨陕晋二抚并直隶总督一体验秤，派员接转递送至京，交理藩院查收，如此层层委员管押护送，各有专责，自不致沿途再有遗失之虞矣。"[4]而之前的交接程序是："西藏每年遣使进贡到西宁之日，地方官即照理藩院原奏将贡包点明，数日秤明斤重，载入文内，移关前途州县，另选派兵役遂程护送交卸出收接转。"[5]

由此可见，进一步细化了交接程序，增加了西宁镇总兵、蒙古事务衙门、各地守营等经手人和经手环节，为的是保证过境财产顺利、完整地交接，然而无形中也带来了繁文缛节，增加了行政成本。

这个案件可以看出地方官对于过境喇嘛使团问题相当重视，生怕在自己辖区内出现问题，因为喇嘛使团无小事，随行的护送人员可以直接汇报理藩院，这样皇帝很快就知晓。这种态度也为滋长喇嘛使团的有求必应、地方官但求无事的倾向埋下了伏笔。到乾隆朝后期时，这种情况越演越烈，对于喇嘛使团途中遭遇的财产损失，所经地方的地方官予以赔偿，赔偿多少全系使团决定，地方官一般是有求必应，甚至自己掏钱予以赔补。这种情况下出现了诈冒现象：使团及其护送人员滥报损失数量，往往多于实际损失，借此讹诈地方官。乾隆十七年（1752），喇嘛使团行李、货物被郭罗克人抢劫，对于所失之物，喇嘛前后呈报不一致，差距较大，皇帝不由联想到滥报行为，"堪布所开失物，或前无后有，或前少后多，种种先后悬殊，诚有得陇

1 《清高宗实录》卷一三三，乾隆五年庚申十二月。

2 《清高宗实录》卷九八，乾隆四年己未八月。

3 中国第一历史档案馆藏内阁档案，档号：02-01-03-05730-003，题名：题为遵议甘省平番县知县陈铦护送西藏来使途中遗失贡包依例处分等事，原纪年：乾隆二十五年九月十三日。

4 中国第一历史档案馆藏内阁档案，档号：02-01-03-05730-003，题名：题为遵议甘省平番县知县陈铦护送西藏来使途中遗失贡包依例处分等事，原纪年：乾隆二十五年九月十三日。

5 中国第一历史档案馆藏内阁档案，档号：02-01-03-05730-003，题名：题为遵议甘省平番县知县陈铦护送西藏来使途中遗失贡包依例处分等事，原纪年：乾隆二十五年九月十三日。

望蜀之意。”[1]

面对这种情况，乾隆帝一改之前的态度，决定整顿。在他看来，地方官的这种一味迁就做法不但曲解了喇嘛朝觐制度的本意，丧失了朝廷的颜面，也陷他本人于不义。“地方官不能仰体朕意，惟知回护处分，因循赔偿，转似畏怯，使无知之徒，将以本朝或踵元季尊崇喇嘛之习，于政治人心大有关系。”[2]然而此种现象屡禁不止，终于在乾隆五十年（1785）发生了变化，导火索是班禅来使堪布喇嘛在离京回藏途中遗失皮包事件。在这个事情的处理方面，乾隆帝认为喇嘛对于自己的行李以及驮行李的骡子有看护之责，对于行李丢失、被抢，骡子走丢，不能毫无干系。护送官员的职责是照料、约束喇嘛在途行为的，而并非看管行李和骡子，案发地的地方官只负责缉获此案，不负责赔补行李，且不得私自赔补。“严缉原赃给予，何得私行赔补？”[3]此案发生在北京地面，步兵统领衙门或顺天府的官员有义务代为寻找丢失的行李，没义务赔补丢失的行李。乾隆帝进而作出规定，“嗣后沿途各督抚，凡遇前后藏喇嘛进京经过，惟当严饬地方官照例防护，若来使等途次有遗失物件，止准其呈明代为缉获付给，不得私相赔补，致启弊端。若喇嘛等不知自爱，仍有此贪诈妄为之事，朕不难将伊等治罪，若各督抚因此有旨，一切不顾，纵令盗贼行窃来使之物，则其罪更属不恕。”[4]

（三）乾隆朝之后

乾隆朝之后，在喇嘛使团沿途护送安全问题上，保持的这种平衡被打破，如果说乾隆朝还强调使团自担行李、物品被盗被抢的风险，地方官仅代为缉获，在嘉道时期，皇帝关注的重点是地方官的缉获责任，即如何有效地打击、抓捕作案者，在一味强调缉获赃物、打击盗贼的时候，容易倾向于喇嘛一方，要求照数全部找出。比如，道光元年（1821），巴雅尔堪布使团在通天河附近遭遇三百多名郭罗克人，奏书、贡品、货物、牛马、口粮、账房等全部被抢走。堪布罗卜藏棍楚克受惊坠马导致生病。皇帝派四川总督蒋攸铦带人前往案发地处理此案，“将首从各犯查拿务获，并将抢去贡物等件，逐一查起，严行审讯，按律惩办，以儆凶顽。”[5]而且，皇帝极为重视此类事情，嘉庆帝清算和珅时，给和珅列出二十条大罪，其中第九条大罪就是隐匿达赖喇嘛使者在青海被杀伤一事。“上年十二月内奎舒奏报循化贵德二厅贼番聚众千余抢夺达赖喇嘛商人牛只，杀伤二命，在青海肆劫一案，和绅竟将原奏驳回，隐匿不办，全不以边务为事。”[6]

嘉道两朝的这种变化还是在于郭罗克人的猖獗抢劫。乾隆朝之后郭罗克人更加猖獗，甚至越过黄河，扰害河北二十五旗，导致生活在黄河沿岸一带的蒙古六个旗不得不放弃故地，移居到青海湖北侧。道光朝时更是为躲避郭罗克人，不得不改变喇嘛使团进京路线。

---

1 《清高宗实录》卷四一二，乾隆十七年壬申四月。

2 光绪朝《钦定大清会典事例》，卷七一〇。

3 《清高宗实录》卷一二二九，乾隆五十年乙巳四月。

4 光绪朝《钦定大清会典事例》，卷九八六。

5 《清宣宗实录》卷二三，道光元年辛巳九月。

6 《清代历朝起居注合集》，清仁宗，卷四，嘉庆四年正月。

嘉道之后，仍未解决郭罗克人的抢劫问题，朝廷对之的态度依然是“剿”“抚”并用，打打停停，此消彼长。咸丰朝时曾重创过郭罗克寨子。咸丰六年（1856），郭罗克人经常在嘉峪关外的驿路抢劫，提督索文派兵进山搜捕，与郭罗克人展开激烈的斗争，“贼番抢占雪山，抗拒枪炮，对阵昼夜轰击，兵勇复由间道绕至贼后，两面夹击，轰毙一百余名，斩获首级八十三颗，生擒番僧一名，番贼一名，跌落崖涧雪窑者不计其数，其数夺获牛马驴羊六千余只，立将巢穴烧毁净尽，积年凶匪，全股歼灭。”[1]虽遭此重创，但依然未改。同治十三年（1874），堪布罗桑粗瓶在途中被抢劫；光绪二年（1875），西藏专差古行巴汪堆走到托水地方被抢劫。此类事件经常出现在清代文献里，反映了终清一代都未彻底解决喇嘛使团途中的安全问题。

三 喇嘛使团沿途滋事问题

护送有两层含义，一是保护喇嘛使团安全，免受各方贼人的侵扰，二是约束喇嘛使团的行为，及时遏止其对沿途驿站的滋扰。然而，在实践中出现了喇嘛、护送人员沿途滋事，影响了途经地方的社会治安。“但闻喇嘛经过地方，不特来使等不知自爱，多有贪诈妄为之事，即派出护送之笔帖式、领催及喇嘛所带之黑人等，往往借伴差为名，借端讹索，地方官惟求无事，滥行应付，以致不肖之徒，得遂所欲，年甚一年，沿途滋事妄为，尤属不成事体。”[2]乾隆帝决定消除弊端，锐意改革。前述的富祥案发生以后，藉处理此案，乾隆帝对喇嘛使团进京出现的问题进行了通盘考虑，不仅明确了丢失行李的责任划分，也针对喇嘛使团沿途滋事问题，同朝臣们妥议章程，做出了新的规定。一是要求喇嘛使团成员安分老成、知晓礼法。“嗣后驻藏大臣应知照达赖喇嘛并仲巴呼图克图等，每年来使，务择安分老成、稍知礼法者，即跟随亦必挑取驯良之人。”[3]二是加强了护送力量。之前的护送人员是理藩院的笔帖式、领催等人，此案之后，护送人员增加了理藩院的主事，由主事带领领催等人沿途护送。途经的各督抚分别派出文职、武职人员在本省范围内随同护送，文职官员是同知、通判各一人，武职人员是都司、守备各一人，“届期带领兵各在本省一路弹压，护送出境交代。”[4]并强调“其沿途伴送大员专为照料喇嘛不准滋事而设”[5]。也就是说，增加的这些沿途护送的各地方官，主要是管理、约束喇嘛使团的在途行为，而并非专为打击盗贼而设，很明显，面对手持器械、成群而来的盗贼，这一两个武官应对起来可谓是杯水车薪。三是地方官介入喇嘛滋事案件的处理。之前是护送人员约束喇嘛的途中行为，现在要求护送人员会同地方官惩办。地方官介入，增加了喇嘛违法犯罪的成本，降低了喇嘛与护送官员勾结、沆瀣一气的可能性，另一方面也增加了地方官的工作量和政治风险，因为喇嘛案件与普通民人案件不同，所涉敏感，朝廷比较重视，稍有差池，则官位不保。四是要求相关官员组织喇嘛使团迅速、安静地过境，并将过境情况及时汇报中央。如此，不仅可以降低被盗贼抢劫、喇嘛滋扰地方的概率，而且为

1 《清代历朝起居注合集》，清文宗，卷三六，咸丰七年五月。

2 《清高宗实录》卷一二二九，乾隆五十年乙巳四月。

3 《清高宗实录》卷一二二九，乾隆五十年乙巳四月。

4 《清高宗实录》卷一二二九，乾隆五十年乙巳四月。

5 光绪朝《钦定大清会典事例》，卷九八六。

地方官着想，缩短在其辖区内的时间，就等于是降低了政治风险。所以，从理论上说，这项制度应当得到途经地方的地方官的真心拥护与积极实践。根据相关档案记载，的确，陕西、山西、直隶等途经省份的地方官都及时汇报了喇嘛使团过境情况。

关于奏报制度，可将乾隆改革前后的情况对比一下。乾隆五十一年（1786）山西巡抚勒保上奏："兹据蒲州守富勒珲、平阳守保定先后禀称，堪布等于十月初六日抵山西永济县首站，随会同吉州营都司丁人杰督率，沿途官弁兵役接替照料，于十月十九日护送出山西平定州境，交替直隶委员接护前进，沿途甚为安静，俱系按站行走，并无滋事，亦无遗失行李等情，并据经由各州县陆续禀报前来，所有西藏喇嘛依限过境日期理合恭折奏闻。"[1]其中"沿途甚为安静，俱系按站行走，并无滋事，亦无遗失行李等情"这句表达或类似的"行走极为妥速""妥协护送""一路安静趱行"等表达成了公文的例行用语，出现在这类奏折中。从中可见，这是皇帝所关注的。然而，也有并不汇报，以致皇帝主动问及的时候。乾隆五十四年（1789），西藏巴勒布入侵被平叛后，达赖喇嘛、班禅额尔德尼特遣堪布等来京谢恩，四川地方官没有及时奏报，乾隆帝下旨："西藏距川省不过数千里。计达赖喇嘛等所遣来使，此时已早过成都，何尚未据李世杰奏及？著传谕该督，即将堪布等于何时过境，并计算程期，约于何时可以抵京之处，迅速奏闻。"[2]

乾隆五十年（1785）之前，也有奏报制度，但是彼时的奏报中只提及喇嘛使团的入境、出境日期，而并不涉及迅速行走、并无滋事等情况。比如，乾隆四十五年（1780）八月初九日，直隶总督袁守侗上奏："据直隶布政司布政使黄检呈称，据清苑县申称遵查班禅额尔德尼之喇嘛罗布藏朋磋绰隆巴根敦带领贡物舞童于八月初三日晚抵卑县，次早护送前进，至达赖喇嘛之来使已于本月初一日抵卑县境，初二日护送前进，理合具文申报查核。"[3]该奏折行文是当时此类事件的标准汇报表达，只向皇帝汇报喇嘛使团在本辖区的停留事件，不涉其他。

甚至还有地方官并不派员参与护送的。乾隆五十一年（1786），西藏来使堪布经过直隶地方时，直隶总督并没有委派文武官员前来护送。皇帝要求直隶总督说明真实原因，不得徇庇属官。乾隆五十五年（1790），福长安从兰州回京城，途经山西境内，看到西藏喇嘛使团无山西地方官护送，"见喇嘛等行李包件，车载夫送，络绎道路，数日不绝，并无派出官员稽查护送……喇嘛等见沿途无人管束，携带私包过多，任意需索。"[4]当然，这个情况被乾隆帝当作反面教材来强调必须加强沿途护送。

不论如何，乾隆帝对于喇嘛使团途中行为约束以及沿途滋事处理的这些措施，基本为嘉道以后各朝所秉承。

1 《乾隆朝宫中档奏折（第62辑）》，台北"故宫博物院"，1982年，第70页。

2 《清高宗实录》卷一三三八，乾隆五十四年己酉九月。

3 中国第一历史档案馆藏军机处档案，档号：03-0189-2842-043，题名：为八世达赖喇嘛来使经过清苑县境内日期事咨呈，原纪年：乾隆四十五年八月初九日。

4 光绪朝《钦定大清会典事例》，卷九八六。

四 小 结

西藏喇嘛使团护送与安全制度虽然是喇嘛朝觐制度中的一个细节性问题，但其所涉较多，与民族、边疆治理、地方治理均有关。护送人员的配备、费用支付、物品丢失的责任、喇嘛行为的约束等规定是朝廷对西藏行使主权的体现，沿途经过诸省的社会治安问题是对地方官行政能力的考验，有官员因此或升或降，甚至革职。郭罗克人的抢劫以及处理，更能说明朝廷对民族地方治理的态度。终清一代，由于没有彻底解决郭罗克人抢劫为生的习惯，西藏喇嘛使团的途中安全问题也一直未得到彻底解决。

[作者单位：故宫博物院故宫学研究所]

王希孟《千里江山图》卷再探
——兼及宋徽宗的艺术帝国

Sequel to the Exploration of *A Panorama of Rivers and Mountains* by Wang Ximeng: with Discussions of the Artistic Empire of Emperor Huizong of the Song Dynasty

余辉

Yu Hui

内容提要：

本文立足于一系列重要的直接证据和间接证据，以北宋"格物致知"的观念推定和修订《千里江山图》卷中的地域性细节，如长江下游的碳酸盐岩的地貌特性，以及庐山的地标性景观汉阳峰、四叠瀑、白鹤观、石钟山等。根据笔迹、内容和装裱以及伤况等，指出画中藏印"缉熙殿宝"系《石渠宝笈·初编》误判，应该是南宋高宗吴皇后的藏印"康寿殿宝"，确定溥光跋文系真迹无疑，修正并大致画出该图的递藏路线。进一步确定王希孟在"禁中文书库"的经历，特别是北宋开封丰富的社会生活和文学艺术的长篇化、诗意化等风尚以及微画技艺等，是该图深厚的人文背景和前人的艺术铺垫，画中的用色手法影响了大青绿山水画的发展，是徽宗建立皇家绘画审美观的色彩基础。

关键词：

地标性景观　溥跋　昭文馆大学士　文书库
皇家审美观

ABSTRACT:

On the basis of a series of important and indirect evidence, this article presumes and revises geographic details in the handscroll *A Panorama of Rivers and Mountains* (*Qianli Jiangshan tu*) in accordance with the Northern Song (960-1127) teaching of "the investigation of things and extension of knowledge" (*gewu zhizhi*). Such details include the carbonate rock terrain in the lower reaches of the Yangtze River, the Hanyang Peak, Sidie Cascade, Monastery of the White Crane (*Baihe guan*), and the Stone Bells Mountain, all landmarks of the Mount Lu. Based on the brushwork, content, mounting, and damages, the author points out that the collector's seal on the painting – "Seal of the Jixi Hall" (*Jixi dian bao*) – was misidentified in the *Precious Collection of the Stone Moat (Shiqu baoji chubian)*. It should be the "Seal of the Hall of Health and Longevity" (*Kangshou dian bao*) which belonged to Empress Wu of the Southern Song (1127-1279) Emperor Gaozong (r. 1127-1162). The authenticity of Monk Puguang's colophon on the scroll is confirmed, thus the provenance of the painting is revised and pieced together. Wang Ximeng's experiences as part of the "Palace Document Storehouse" (*jinzhong wenshu ku*) is further established, together with the zeitgeist of full-length, poetic representation of the diverse social life, literature, and art in the Northern Song capital Kaifeng, and the adoption of miniature painting skills, shed lights on the solid literary background and rich artistic legacies that led to the creation of this painting. This painting's color palette influenced the development of the greater blue and green landscape paintings, laying the color aesthetic foundation for court paintings in the reign of Emperor Huizong (1101-1125).

KEYWORDS:

landmark scenery, colophon by Monk Puguang, Grand Academician of the Institute for the Glorification of Literature (*Zhaowen guan da xueshi*), Document Storehouse, imperial court aesthetics

笔者曾发表过初作《细究王希孟及其〈千里江山图〉》[1]《王希孟〈千里江山图〉绢质和相关款印的检测分析》[2]《希孟姓氏和早卒案蠡测——谨以此篇纪念杨新先生》[3]，此后又查阅到一些新的材料，来自艺术史、史学、地质学等学科的朋友们不断提出新的材料，深感对王希孟及其《千里江山图》卷（以下简称《千》卷）尚有继续探究和修订的空间，故续作此篇，以期进一步接近历史真相。

一 关于《千》卷取景地的再蠡测

《千》卷是一幅写实入微的长卷，它是在北宋宫廷绘画刻意写实、状物精微的风气中形成的。北宋哲学家二程（程颢、程颐）根据《礼记・大学》"致知在格物，格物而后知至"之论，建立了"格物"精神和方法，提出了"格物致知"的基本方法是"先格物、后致知"，"学者不必远求，近取诸身，只明天理"，"一物须有一理"，"天下只有一个理"。这就是说：所有客观事物有着共同、共通的规律。"格物"者应通过探察物体得到知识，以锤炼性格、提高修养，使内心达到至诚至善，进入不同等第的境界——修身、齐家、治国、平天下。这些认识物质世界的方式和目的帮助艺术家们进一步理解客观物体、感悟其中的美学意义。北宋初刘道醇在《圣朝名画评》里结合绘画之理阐述道："先观其气象，后定其去就，次根其意，终求其理，此乃定画之钤键。"[4]这在北宋画坛特别是宫廷画家中形成了戒除浮躁的良风，以饱含修养的内心和十分理性的内省态度，从精确获得物体的表象到其中的细微结构乃至真谛即"道"和"理"。

《千》卷从认知客观对象的外形开始，最终要展现其内在的结构和法度，体现了王希孟的格物精神。该图多处取像酷似庐山的一些景观，这并非画家的想象与庐山景观的巧合，也非画家从别人的庐山画幅里摹写而得，该图绝非庐山写生图，画家极可能杂取了仅有的一点游历所见，以丰富画面，其中包括汲取了北宋时期庐山具有唯一性的地标性的景观，以下再辨识数则。

1.岩石取像

《千》卷中的道路与山石结构，人物活动、屋宇架构与周边环境，瀑布、流溪和湖水的关系及流向等，一一历历在目，其细节结构和相互关系均合乎情理，这全在于一个"理"字，是典型的宋人写实山水画的范式。王希孟笔下的"千里江山"的主要取景点是庐山、鄱阳湖一带，此外还杂取其他。笔者曾请教了中国矿业大学教授权彪先生，根据他提供的材料，归纳于此。

庐山地质构造丰富，形态有别，如岩浆岩、变质岩和碳酸盐岩。前两者是冰川运动形成，第四纪冰川的遗迹；后者是海底沉积物形成，两种地壳运动在庐山一带会合，使庐山一带显现出两者相遇后丰富的地质地貌现象。长江宁镇山脉一线，属远古界震旦系地层，是古老的海相沉积地层，形成于六亿年以前。在远古代中期，扬子江一带还是茫茫沧海，震旦纪虽一度出露，到古生代又复成海。特别是溶解在海水里的碳酸氢钙

1 《故宫博物院院刊》2017 年第 5 期。

2 《故宫博物院院刊》2019 年第 4 期。

3 《故宫博物院院刊》2020 年第 5 期。

4 （北宋）刘道醇：《圣朝名画评・序》，《画品丛书》本，上海人民美术出版社 1982 年，第 111 页。

图1 《千》卷中的碳酸盐岩

图2 南京幕府山下的碳酸盐岩

和碳酸氢镁，因各种原因分解成碳酸钙和碳酸镁，就像水壶里结水垢一样沉积在海底。多少亿年的累积，形成了厚厚的石灰岩石和白云岩层，直到两亿年前，扬子江沿岸终于露出了海面，成为陆地，如画中多处出现的岩壁剥蚀的状况、碳酸盐岩溶蚀浅洞等〔图1〕，与南京幕府山下的三台洞等地貌十分接近〔图2〕。

2.汉阳峰形象

在群山景观里，总有一座最高峰，是观赏的中心点。庐山的最高峰即大汉阳峰，海拔高度为1474米，它拔地而起，气势雄壮伟岸。峰顶上有一座石砌平台，名汉阳台，相传在盘古时，汉王曾在这里躲避洪灾，台前有禹王崖，传说大禹治水时曾到此处查看水情；一说此处在晴夜里可以看到近400里之遥汉阳城的灯火，故得名。大汉阳峰并非孤高独立，其北还有一座小峰，即小汉阳峰，有如宰臣。四周之下，群山拱立，使大汉阳峰颇有王者风范〔图3〕。检验《千》卷与庐山有无取景关系，此乃关键之处。画家在全卷的高潮之处绘有一座高耸接天的巨峰，这座主峰的外形极似大汉阳峰，在它的不远之处，也有一座小高峰，想必是小汉阳峰。主峰与周边群峰的关系，恰如郭熙画主次峰的拟人化观念等同于君臣关系："大山堂堂为众山之王，所以分布以次冈阜林壑，为远近大小之宗族也。其象若大君赫然当阳，而百辟奔走朝会，无偃蹇背却之势也。其势若君子轩然得时而众小人为之役使。"[1]可见郭熙对王希孟山水画的布局是有深刻影响的。

3.参照鹰嘴峰、石钟山等地的造型

如果是画庐山，不可能只有主峰酷似，孤立于一处，应该是多处山峰和其他景观有所呼应。如在画中距大汉阳峰不远处，出现了近似庐山鹰嘴峰的山峰〔图4〕，尤其是鹰嘴崖和展翅的岩石，格外相像，北宋文献曾有关于鹰嘴峰的记载："西北直上有鹰嘴峰，亦在五老峰之间也。"[2]只是画家笔下的鹰嘴峰作鹰头回首状，山显鹰形、顶似鹰嘴，此处的山崖造型，极可能来自画家在鹰嘴峰的灵感，步行到这个景观的周围，在当时是相当方便的。

庐山其他的著名景观如"香炉峰""五老峰"等形态在图中均依稀可见。画家将观者的视线推向远方的天际。

1 俞剑华编著：《中国画论类编·山水》（上），（北宋）郭思辑《林泉高致》，人民美术出版社1986年，第635页。

2 （北宋）陈舜俞：《庐山记》卷二，民国殷礼在斯堂丛书影元禄本，中国基本古籍库电子版，第22页。

图3-1 庐山大汉阳峰

图4-1 庐山似鹰嘴的山峰

图3-2 《千》卷中的主峰

图4-2 受庐山鹰嘴峰造型影响的山峰

在临近卷尾的湖中矗立着一座石山，其形态酷似鄱阳湖口的石钟山。苏轼有一篇《石钟山记》就是写的这里："独与迈乘小舟，至绝壁下。大石侧立千尺，如猛兽奇鬼，森然欲搏人……。"此地是鄱阳湖通长江的接口，景象更为宏远。画家汲取海象远景，将观者的视线推向流向远方的江湖之水，这些都是北宋游人的必经之地，记录在画家的画稿里，映现在图中〔图5〕。

4.显现庐山四叠瀑

《千》卷半山腰以下出现了许多水潭、流溪等，有的溪口极似庐山的黄龙潭、黑龙潭等景观，还有多个瀑布群，这些衬景均非庐山的地标性景观。在描绘水景中，最突出的景观是四叠泉，在宋代开发的景观中，同框出现四层瀑布，是只有在庐山才能遇到的自然景观。但庐山的地标性景观三叠泉是在南宋以后出名的，笔者过去一直认为画中的四叠瀑会是根据三叠瀑创作的，增加了一层。但总觉得《千》卷是写实性较强的山水画，难道画家会改变地标性景观吗？

庐山一定是有四叠瀑的，它在哪里呢？此后，笔者三上庐山，终于在庐山东南角的黄岩景区找到了四叠

图5–1 鄱阳湖湖口中的石钟山

图5–2 《千》卷尾部出现近似石钟山的造型

图6–1 庐山四叠瀑

图6–2 《千》卷四叠瀑

图7–1 西林寺远景

图7–2 《千》卷中的寺塔

瀑，各层的宽度在数米之间，画中的四叠瀑上架梁建亭〔图6〕，以当时当地的建筑能力和周边条件是可以实施这个工程。离四叠瀑下方不远处（直线距离不到1公里）有唐代名僧智常禅师在元和八年（813）建造的黄岩寺，寺内香火不断，寺外路路相通，僧人都要住在离泉水近的地方，黄岩寺在客观上为上山的药农、樵夫、香客和文人墨客提供了方便。看来在唐北宋时期，这里是一个热闹的去处。可以判定，王希孟画的四叠瀑不是随意想象出来的，他在当时完全有条件看到四叠瀑。在宋代版图里，同框垂直出现四叠瀑的景观唯有庐山，它和南宋以后发现的三叠泉一样同属喀斯特地貌，也是庐山特有的第四纪冰川的遗迹，只是由于当今水量的原因，全年近半枯，三叠瀑成为观赏中心了。

5.建筑取像

庐山是一座宗教圣山，它不局限于某家宗教门户，吸纳了佛教、道教、儒教和当地多神教等汇集于一山，因此，这里的诸教庙观云集，有的宗教建筑被王希孟稍加提炼后摄入了画面，成为辨识该图地域的辅佐性依据。

图8-1 《千》卷中白鹤观后置炼丹炉的石坛

图8-2 明代 沈周《南山祝语图》卷（局部）

（1）来自西林寺的建筑组合

在《千》卷中，可以看到山下隔江处，绘有一座寺庙，细查其建筑分布及其外形，是一座平地组合的塔寺结构，高塔露出五级（约为七级），颇似庐山西林寺和西林塔。西林寺位于庐山北麓，公元377年，由开山祖师慧永法师创建，为“庐山北山第一寺”，是庐山佛教活动的中心，苏轼“西林题壁”的故事就发生在这里。寺内有塔七层，平地而立，唐开元年间（713—741）由唐玄宗敕建石塔，北宋庆历元年（1041），管仲文耗时九年将石塔改建为七层六面楼阁式。东去百丈为东林寺，与西林寺不同的是，东林塔建在山坡上，寺院开阔。故该图主要是汲取了西林寺的一些建筑元素〔图7〕。

（2）来自白鹤观的元素

笔者曾推定画中一个三级四方的建筑是僧塔[1]，后来细查一侧伫立着两只白鹤，白鹤乃道家得道升仙的坐骑，这个石坛建筑应该与道教活动有关，一说这是一个炼丹炉，它与明代沈周《南山祝语图》卷（故宫博物院藏）绘制的炼丹炉十分相近〔图8〕，不过作为炼丹炉，可能太大了，且没有灶口和烟囱。会不会在这个石坛上置炼丹炉？这座石坛下有一条小路通向后侧的一个大院子，大概是一座道观，这座石坛归属于它。白鹤观是唐高宗敕建的庐山名观，原位于五老峰下，今已不存，只留下一座白鹤村。唐宋诗人对它的描述，在画中尚可一见，如：

唐代包佶《宿庐山白云观赠刘尊师诗》云：“苍苍五老雾中坛，杳杳三山洞里官。……”[2]北宋陈抟《白鹤观诗》：“……鹤绕古坛杉影里，悄无人迹户常扃。”[3]苏轼《白鹤观诗并序》“（唐）司空表圣自论其诗以为得味外味。‘棋声花院闭，幡影石坛高’之句为尤善。吾尝独游五老峰白鹤观，松阴满庭，不见一人，惟闻琴磬之音，然后知此句之工，但恨其寒俭有僧态。”[4]

1 拙文《细究王希孟及其〈千里江山图〉》，《故宫博物院院刊》，2017年第5期，谈晟广先生已确定此系道观。

2 （南宋）计有功编：《唐诗纪事》卷四〇，四部丛刊景明嘉靖本。

3 《庐山志》卷七《山川分纪六》，清康熙五十九年顺德堂刻本。

4 《庐山志》卷七《山川分纪六》，清康熙五十九年顺德堂刻本。

以上吟咏白鹤观的诗句总要提到这个古石坛，可见这是白鹤观的一件圣物，与道教活动有重要关系。白鹤观的环境也多有诗人描绘，如苏轼说有“古松流水”、秦观《白鹤观》提及“复殿重楼”。黄庭坚（一作戴复古）《白鹤观》说到“荒径行如错”，还有南宋祝穆《方舆胜览》：“（唐）张固《白鹤观记》：予昔至九江士石室之崖以瞰青牛，盖天下山川秀拔处也。”这些与画中所绘均颇为接近，可推知画中带有两只白鹤和石坛的建筑群，汲取了白鹤观的一些元素，徽宗笃信道教，这些对画家是有影响的。

6.《千》卷参考的图像

王希孟《千》卷的主要取景地特别是地标性的自然和人文景观主要是庐山和鄱阳湖，但地标性景观之外的图像来自哪里呢？傅熹年先生指出该图所绘系江南水乡之景，“……画中所表现的除本人所体验者之外，必有相当一部分是从前人作品中吸收过来或受师友启发而来的。”[1]这是颇有见地的结论，毕竟画家不是在写生或默画庐山、鄱阳湖，在庐山的地标性景观之间，作者缺乏一定的山水图像相连接，很自然地会从前人的山水画里汲取可用图像，为己所用。最近，年轻学者王宇提出该图所绘系太行山脉中的硖石山（位于山西泽州）的观点[2]，举出的图证是北宋大观二年（1108）描绘此地的版画《御制秘藏诠》（今存第十三卷之四幅，美国哈佛大学福格美术馆藏），的确，《千》卷中的几个局部出现了类似《御制秘藏诠》里的图像，这是古代绘画创作常出现的借鉴手段，该套御制版画刊印后，必定会入宫并有所流传，王希孟有条件见到这套版画，在创作中参考并“改造”了其中的一些景观〔图9〕。但《千》卷中所描绘的江南水网地区和山地百姓的生活方式以及建筑样式不可能出现在太行山地区。

不可否认，《千》卷还会挪借其他画中的山水图像，用以充实画面。

二　再考《千》卷的递藏经历

笔者曾讨论了《千》卷在两宋至金代的收藏经历[3]，关于《千》卷的递藏历史，尚有一些继续探索的空间。

1.《千》卷在宋金两朝

徽宗接收《千》卷后，没有久留于内府，于当年闰四月一日转赐蔡京，蔡京在卷首写下了那段77字的题记。蔡京得到此图之初，揣摩出徽宗的意思，在画学和画院里年轻画家的手里长期传看、赏阅。从画上的伤况来看，翻阅该图的人很多。

蔡京获赐此图的第13年，即1126年，“宋钦宗即位，边遽日急，京尽室南下，为自全计。天下罪京为六贼之首，侍御史孙觌等始极疏其奸恶，乃以秘书监分司南京，连贬崇信庆远军节度副使，衡州安置，又徙韶、儋二州。行至潭州死，年八十。”[4]他被钦宗废黜了，意味着其主要财产要被查抄，皇家的御赐之宝通常

1　傅熹年：《王希孟〈千里江山图〉中的北宋建筑》，《中国书画鉴定与研究·傅熹年卷》，故宫出版社，2014年，第85页。

2　王宇：《北宋〈御制秘藏诠〉版画残卷与〈千里江山图〉之秘》，《美术大观》2020年第2期。

3　《王希孟〈千里江山图〉绢质和相关款印的检测分析》，《故宫博物院刊》2019年第4期。

4　《宋史》卷四七二，第13727页。

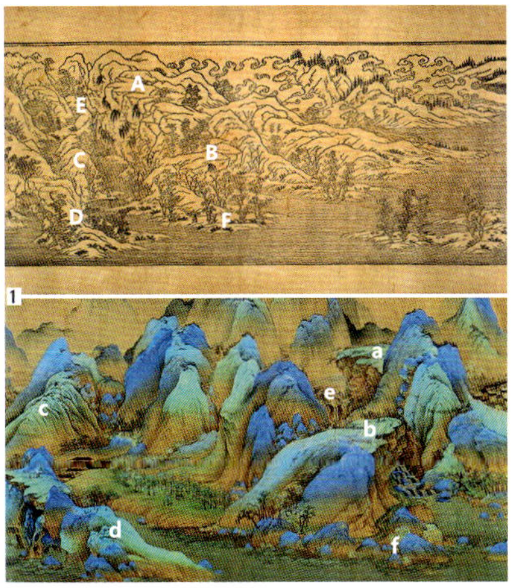

图9 有学者指出《千》卷有近似北宋《御制秘藏诠》插图版画的地方

图10-1 电分后依稀可辨“康寿殿宝”

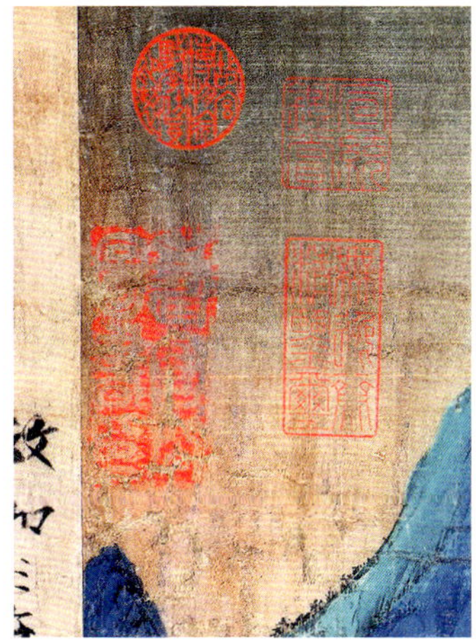
图10-2 卷尾有金代高汝砺的“寿国公”印

是要收回的，这就是《千》卷第二次进宫的背景。1127年，金军克汴京，北宋朝廷灭亡于斯，战乱中该图有可能散佚到了民间，随南逃的人群到了临安（今浙江杭州）。

南宋初，高宗极为关注“靖康之难”期间散佚在北方的书画文玩，如周密所言，他“睿好之笃，不惮劳费，故四方争以奉上无虚日”[1]，高宗陆续收到了一批从宣和内府散佚出来的历代书画，如大臣张俊、郑亿年等利用在北方的各种机会将搜罗来的书画觐献高宗。南宋前期，《千》卷很可能就是在散佚中被人识出后送到了宫里，入藏高宗吴皇后御府，实为第三次进宫，其依据主要是卷首吴皇后的收藏印“康寿殿宝”，康寿殿是吴皇后的住所，高宗住在德寿殿，他有一方与之相对应的御玺“德寿殿宝”[2]，“康寿殿宝”的矩度、形制和字体风格与南宋的御用玺属于一体，乃吴太后用玺。从《千》卷卷首和蔡京题文的破损裂纹的连贯性来看，蔡题最先是在卷首之前，由于破损严重，不得不重新修裱，鉴于高宗在当时主张裁去包括蔡京在内“京师六贼”的墨迹，但蔡题涉及王希孟的身世和《千》卷的创作经过，不得不留下，接裱在卷尾。

《千》卷卷尾上部有一长方印：“寿国公图书印”（朱文），据王耀庭、吕晓等学者的比对研究，北宋范仲淹的楷书《道服赞》（故宫博物院藏）上的“寿国公图书印”与《千》卷上的是同一方〔图10〕，吕晓撰文确认这是金代后期尚书右丞相高汝砺的收藏印[3]。宋金之间的确有许多流通书画的机会和事例，如榷场贸易、外交使团的互访等，《千》卷必定是因其中某个原因到了金国，辗转为高汝砺所藏。

2.溥光跋文考略

从叶恭绰到傅熹年、杨新等先生，均发表过研究《千》卷的论文[4]，前辈书画鉴定家均视蔡溥二跋为真迹。蔡跋真伪的重要性直接关系到王希孟的存在和《千》卷的真伪，溥跋的真伪直接关系到金亡后该图在元代的流传经历，溥跋的内容和装裱出现了一些异常的现象，值得讨论。

1 （元）周密：《思陵书画记》，《中国书画全书》（二），上海书画出版社，1993年，第132页。

2 此印漶漫不清，在清宫被误读为“缉熙殿宝”，著录在《石渠宝笈·初编》里。经故宫博物院资料信息部专家对画中所谓“缉熙殿宝”进行电分处理后，依稀所见是“康寿殿宝”。

3 吕晓：《〈千里江山图〉卷的收藏过程与定名考》，《〈千里江山图〉卷的故事》，故宫出版社，2017年。

4 见杨丽丽主编：《千里江山图的故事》，故宫出版社，2017年。

（1）溥光其人其跋

溥光（约1237—1317后）[1]，山西大同人，一作普光，俗姓李，字玄晖，5岁出家为僧，19岁受戒，号雪庵。大德七年（1303），溥光时年67岁，以昭文馆大学士的身份为《千》卷作跋，他在此时是否为这个官位，尚有争议。清代黄本骥《跋溥光书万安寺茶榜》说他在"至大初（1308—1311）授昭文馆大学士"，也就是说溥光是在给《千》作跋的五年后，才被授予昭文馆大学士的，黄本骥之说迷惑了一些人。

事实上，溥光题字的时候，获赐昭文馆大学士已经八年了。元大德七年（1303）十月，翰林学士承旨阎复为溥光撰写的碑文是最早和最准确的记录："至元辛巳（1281），赐大禅师之号，为头陀教宗师。……圣上御极之初，玺书锡命加昭文馆大学士中奉大夫，掌教如故，宠数优异，向上诸师所未尝有。"[2]可知是元世祖忽必烈赐他大禅师之号，此御极之初的"圣上"就是在1295年登基的元成宗铁穆耳。据元史学者陈高华先生的研究，昭文馆大学士为元廷虚职，元代未设此机构。昭文馆机构建于唐宋，明代有延续，是掌管图书、学术的机构。昭文馆大学士的荣誉极高，相当于从二品，元廷授此殊荣的还有建筑学家、画家何澄和雕塑家、画家刘元等。

溥光的身份是头陀教第十一代宗师，头陀教又称糠禅，是佛教中的一个门派，"头陀"系梵语（dhūta）之音译，本是佛教徒的一种修行方式，被称为"头陀行者"。释迦牟尼的十大弟子中，摩诃迦叶为头陀第一。头陀教为刘纸衣始创于金太宗朝天会年间（1123—1137），该教反对禅宗专尚禅语的修行方式，主张头陀苦行，清静寡欲，严守戒律，得到了金代下层社会的认同，其境况与金代中期在鲁豫一带兴起的道教全真教派颇为相近。但头陀教长期受到禅宗和朝廷的排斥，元太宗朝中书令耶律楚材（1190—1244）将头陀教列为"释氏之邪也"[3]，直到世祖朝，溥光与忽必烈"援引经论，应对称旨"，结交赵孟頫等文臣，为元朝宫廷题写大字牌匾，在朝廷获得了地位。溥光"以翰墨之遇，行释氏之学"，在大都巡视寺庙，阐扬头陀佛法，头陀教更是传播南北，教风日盛。

当了解到这样一个苦行派头陀高僧的身世，有助于理解他为《千》卷书写跋文时，他的低调、慎言和所关注的画面内容，正是他的身份所在。

（2）溥跋接纸之谜

许多人都注意到溥光不长的跋文不是在一张纸上题写的，奇怪的是，其正文书写在一张方形纸上，尾句和落名款、年款及钤印是在另一张纸条上，但纸质相同。整个笔迹有明显的渗化现象，显然是先书后裱。这有两个原因，或据其一，或兼而有之。其一，该图拖尾不够，无处可题；其二，蔡京的名声不好，溥光不愿意在蔡京的后面接题。

溥跋是书写在两张大信札用纸上，一张纸不够，再拿一张，最后落款在第二张纸上的首行，其字迹均为一人所书。溥光担心以后会有人怀疑这两张纸是不是一个人的字迹，特意将"二"字的横画起笔加长，跨到了下一张纸上〔图11〕。他写完后夹在画卷里面，留待以后接裱，这在古代是常有的事情。作伪的人绝不会如

1 根据王颋先生的考证结果，见《书显昭文——元代书、画、诗僧溥光生平考述》，《史林》2009年第1期。

2 此材料系李夏恩先生提供，见（元）熊梦祥：《析津志辑佚》，北京古籍出版社，1983年，第73－76页。

3 （元）耶律楚材《湛然居士集》卷八，四部丛刊景元钞本，中国基本古籍库电子版，第66页。

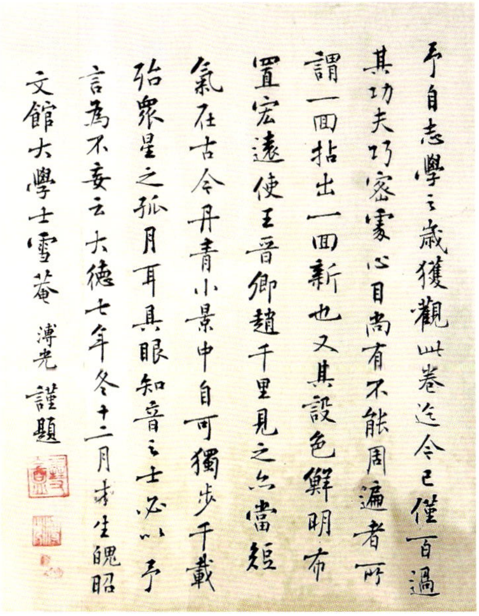
图11-1 《千》卷溥跋

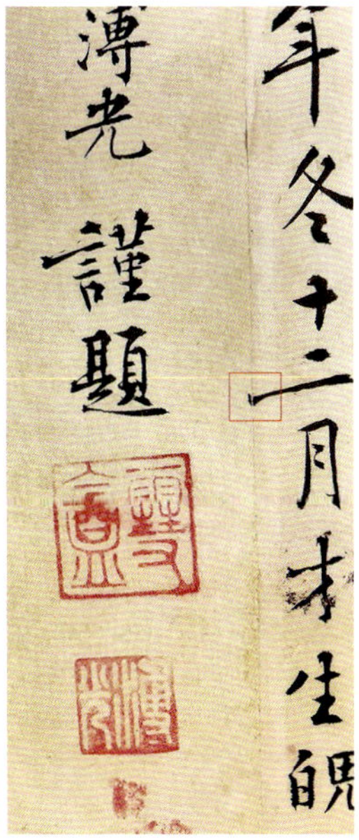
图11-2 溥跋的跨纸墨痕

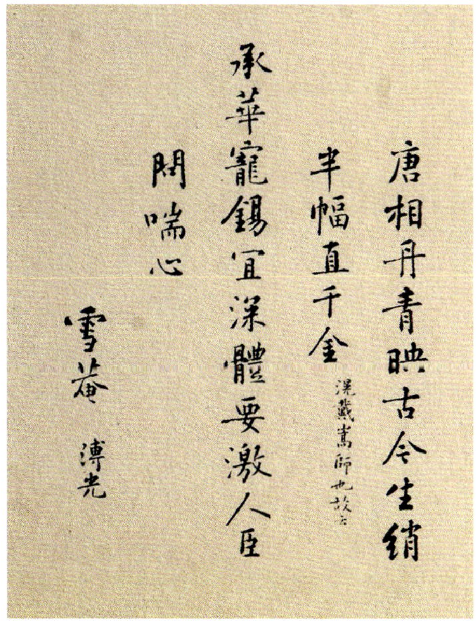
图12 唐代 韩滉（传）《丰稔图》卷后的溥跋

此处理跋文，岂不自找麻烦？

溥光喜读书，与赵孟頫交好，擅长楷书大字，宫殿榜署，多出其手笔。溥光以诗、书、画三栖鸣世，碑刻中《拣公茶榜》最为著名。他“亦善画，山水学关仝，墨竹学文湖州”[1]，溥光的书法著作有《永字八法变化三十二势》《雪庵字要》等，所述法书真谛极为精要。其书迹存世不多，他在赵孟頫书迹后也写过跋，可资比较的是溥光在唐代韩滉（传）《丰稔图》卷（故宫博物院藏）后书有跋文〔图12〕，其书写习惯和笔性、书风十分相近，恰如明初陶宗仪《书史会要》卷七所云：“溥光小字亦有格力”，即在恪守法度中表现出力度。溥光学过颜、柳，还学过黄山谷，却自有不同，如明代程敏政所论：“盖山谷劲而熟，风骨峻整。雪庵劲而生，廉棱太露，然皆名笔也。”[2]溥跋正显现出了这一点。

（3）溥跋之语

读古人特别是像溥光这类高僧的题跋，其一要理解其“心境”，完整地读、整体地看作者的思想和心态；其二是要进入“语境”，要在当时社会的文化环境和历史氛围里去分析其语，按照那个时代的思维逻辑去思考，而不能以我们现在的思维逻辑去下结论。此外，还应当体会题跋者个人的特殊状况如身份地位等，这是共性里的个性问题，不然就容易产生理解上的偏差。有没有这个意识，读跋的结果是完全不一样的。溥跋的语境值得探讨，跋曰：

> 予自志学之岁，获观此卷，迄今已近百过。其功夫巧密处，心目尚有不能周遍者，所谓一回拈出一回新也。又其设色鲜明，布置宏远，使王晋卿、赵千里见之亦当短气，在古今丹青小景中，自可独步千载，殆众星之孤月耳。具眼知音之士必以予言为不妄云。

1 （明）李东阳：《怀麓堂集》卷七四，《文渊阁四库全书》本，第10页下、11页上。

2 （明）程敏政：《篁墩集》卷三七《题仇司训东之所藏雪庵帖后》。

溥光说该图是"布置宏远"的"巧密"之作，是"丹青小景"。"小景"的概念在宋代有两类：其一是小幅画全景或一隅，其二是画幅不分大小，画江南景，此类系宋人尤其是北方画家对画江南图景的统称，还有"江南画"等别称，《千》卷则属于后者，还如李唐在北宋所作的一幅江山全景大图（纵49.7厘米，长186.7厘米），在当时被定名为《江山小景图》卷（台北"故宫博物院"藏），画家也是从山脚画到山顶，气势不凡，但画的是江南之景。北宋中后期特别是徽宗登基前后，皇族贵胄画家流行画江南小景，如赵士雷的《湘乡小景图》卷、王诜的《渔村小雪图》卷（皆藏故宫博物院）、《梦游瀛山图》卷（上海博物馆藏）等，这与他们外放时途径江南山川的经历有关。阮璞先生对小景有专门的著述《画学丛证 • 释"小景"》，恕不赘述。

大约在1251年，即溥光自"志学之岁"（15岁）第一次"获观"是图，到书跋为止已经"百过"，他用"获观"两字，是一个高僧非常低调地表明了他与该图的关系。他初识《千》卷时，该图未必属于他，后来被他收入囊中，不然哪有百余次的观赏之便呢？按照佛教"四大皆空"的戒律，僧人大多不在题跋里炫耀财富，故溥光不可能把得到这张画的喜悦心情和购买过程写下来。俗家则不然，如元代文人收藏家杨准在大都买下张择端的《清明上河图》卷，回到江西老家把购买之事特别是元宫内部的偷盗和转卖过程一一记载到跋文里。

溥光十分赏爱该图，认为王希孟的山水画超越了北宋王晋卿、南宋赵伯驹，在古今的"丹青小景"中，无人企及。佛教徒是禁止妄言的，溥光在此还特地解释一番："具眼知音之士必以予言为不妄云。"可见他言行持重。

溥光寓目《千》卷长达半个多世纪。以佛教戒律而论，僧人圆寂后，其财物均属于庙产，其中包括书画藏品。如元代中峰明本有过许多书画，圆寂后，尽归寺庙所有，沉寂了多年后才进入书画市场。溥光也不例外，《千》卷在溥光1317年圆寂之后不可能立即进入流通领域，那《千》卷会栖身于何处？

《千》卷的栖所会与溥光关系最密切的寺院有关。元翰林学士承旨阎复《大都头陀教胜因寺碑记》中有关于溥光的事略，首句即为"（胜因寺）圆通玄悟大禅师溥光所造也"[1]，该寺在元代颇受朝廷关注，据程钜夫《雪楼集》卷七载："（元成宗）皇帝在春宫时尝幸胜因寺，栋宇华洁、象设严穆，顾昭文馆大学士头陀教宗室溥光美之。"[2]胜因寺为溥光立碑，此外，"西有雪庵顶像碑题赞"等[3]。以溥光与该寺的特殊关系，其财产在他圆寂之后必定归属胜因寺。然又据《日下旧闻考》载，胜因寺"在明时已废"[4]，通常，寺庙不遇特殊情况，庙产是不会轻易出寺的。那是因为头陀教派彻底失落，如果《千》卷在胜因寺的话，一定面临着寺毁僧散的命运，即便是胜因寺幸存，也躲不过明末李自成进京前后对京畿寺庙的破坏[5]。

3.《千》卷在清代的际遇

以收藏印为据，梁清标是明末清初第一位该图的收藏者，在他之后的递藏，差不多是环环相扣了。当时

1 （元）熊梦祥：《析津志辑佚》，北京古籍出版社，1983年，第74页。

2 （元）程钜夫：《雪楼集》卷七《姚长者碑》，清文渊阁四库全书补配文津阁四库全书本（中国基本古籍库），第64页。

3 （元）熊梦祥：《析津志辑佚》，北京古籍出版社，1983年，第73页。

4 （清）《钦定日下旧闻考》卷一五五，清文渊阁四库全书本（中国基本古籍库），第1797页。

5 《北京寺庙碑文 • 石景山卷》里《中峰庵建山门为前殿三宇碑记》载：岁甲申三月，寇陷都城。谷君阊生讳起龙者，浙江余姚人氏，素行信心奉佛，因避寇至此。越诸山贵刹，皆流离失散，独此中峰相守如故……

的这幅图又破旧了，还有夹在后面溥光的跋文尚未裱入。梁清标按正常的重裱、修裱和接裱的方式对该卷采取了保护性的措施，凡是他所动过的地方，都按常规加钤了骑缝章，正如杨新先生《关于〈千里江山图〉》认为，梁清标“自题了外签，又在本幅及前后隔水、接纸上盖有梁氏收藏印多方”[1]，显然梁清标对该图采取了第三次装裱，梁清标的题签为“王希孟千里江山图”。

梁清标的藏品多数被他的子孙散出去了，有的被安岐买走，最后在乾隆朝大多进了内府。《千》卷未经过安岐之手，它入清内府的下限时间是在1745年之前，那是《石渠宝笈·初编》著录完毕的时间，“康寿殿宝”〔图13〕上面还压着乾隆皇帝的朱文长方印“三希堂精鉴玺”，乾隆皇帝还在卷首题写了七律诗《江山千里望无垠》一首。

图13　所谓“缉熙殿宝”

4.从劫难到平安

《千》卷在民国年间又遭到了历史性的大劫难。辛亥革命后，溥仪退位住在后宫，这里有清宫的许多收藏，溥仪担心会失去这些，开始偷运出宫。宣统十四年（1922）11月25日[2]，溥仪以赏赐溥杰的名义拿走了《千》卷（永字五十一号）[3]，后被转移到长春溥仪伪皇宫那里的小白楼里，1945年抗战胜利之际，溥仪落荒而逃，被苏军在沈阳北陵机场擒获，小白楼里的书画名迹遭到伪满洲国国兵（宪兵）的哄抢。有的书画因争抢不及，被撕扯两截。解放初到了古董商靳伯声的手里，他有眼力亦有手腕，经常经营东北货[4]，他和其弟靳蕴青是中华人民共和国成立前后琉璃厂论文斋的主人，在劝业场和泰康商场都有铺子。据李夏恩先生最新的研究，靳家兄弟两人常常是一个主内待客、一个主外收货。清宫散佚书画中的唐代孙位《高逸图》、范仲淹《道服赞》、宋徽宗《柳雁芦鸦图》卷等，多经靳伯声兄弟之手。杜牧的《张好好诗》卷就是靳蕴青于1950年在东北收到的，靳伯声以五千数百金卖给了张伯驹。50年代初，靳伯声出了状况，《千》卷到了靳蕴青的手里，他以一万元的价格卖给了文化部文物事业管理局（今国家文物局），1952年1月，文物事业管理局将此图拨交故宫博物院，最终结束了它浪迹近千年的历史。其收藏史即北宋徽宗（一进宫）→蔡京→北宋宫廷（二进宫）……→南宋高宗后（三进宫）……→金代高汝砺……→元代溥光→北京胜因寺……→清初梁清标→清宫（四进宫）→伪皇宫溥仪……→现代靳伯声→靳蕴青→文化部文物事业管理局（今国家文物局）→故宫博物院（五进宫）（按：省略号意即尚有藏家，待考），三次装裱（包括重裱、修裱）分别在北宋徽宗、南宋初内府和清初梁清标那里完成的，宫外藏家“三官”即蔡京、

1　《故宫博物院院刊》1979年第2期。

2　溥仪在民国初年依旧使用宣统年号。

3　中国第一历史档案馆编《溥仪赏溥杰皇宫中古籍及书画目录》，《历史档案》1996年第2期，第68页。

4　溥仪把从清宫盗出的文物带到了长春伪皇宫，后又流进关内，古玩界把这些文物称之为“东北货”。

高汝砺、梁清标，“一僧”为溥光。

《千》卷在20世纪50年代末，以徐邦达为代表的专家鉴定组在《故宫博物院书画珍藏品档案》（卷宗号：044）留下了结论：“珍甲（即一级品甲等）。北宋山水画代表杰作，色彩特别精丽，艺术水平很高。”这个鉴定意见在20世纪60年代“文革”前国家文物局的第一次三人鉴定小组那里得到了认同，该小组先是以张珩先生为组长、谢稚柳、韩慎先先生为组员，韩先生去世后，补刘九庵先生，后来启功先生被“摘帽”，也加盟其中。20年后，在第二次以七位先生组成的国家文物鉴定小组（谢稚柳（组长）、启功（副组长）、徐邦达、杨仁凯、刘九庵、傅熹年、谢辰生）再次鉴定《千》卷时，继续得到了认同，留下了毫无异议的定案[1]。

三　对王希孟供职文书库和作画背景的再探索

笔者根据蔡京题文中的直接材料和其他间接材料初步探究了王希孟的出身、游历、在画学就读的经历和早卒的原因、时间等，探索了希孟姓王的出处和与徽宗、蔡京的关系[2]。其中还有个别的探讨还需要重新认识。

关于王希孟在画学结业后所供职的“禁中文书库”，笔者曾推断是在开封金耀门内的文书库。李夏恩先生不同意此论，怀疑是不是还有一个文书库[3]。蔡京特别强调希孟是在“禁中”的“文书库”，说明不止一个文书库，为防止公务人员弄错，当时公文中对同名的两个机构不得不加一个地名限定以示区别，即“金耀门文书库”和“禁中文书库”。在宋代文献里多次出现用金耀门来限定一个保存税务档案的文书库，它虽然属于中央政府下的机构，但不在禁中，设在新城西北角的金耀门内，那一定还有一个设在“禁中”的“文书库”。

南宋陈均《九朝编年备要》有“书艺局、文书库等之赏”[4]的记录，文书库与书艺局并列，这三个机构都在禁中。后苑作乃管理禁中御园的机构，后苑在禁中北面西侧，系大内皇家园囿，后苑作应靠着附近。书艺局是翰林书艺局的简称，属于内诸司之下，其前身是太宗建立的翰林御书院，神宗元丰改制成书艺局，徽宗朝长期由太监梁师成把持，其职责是“掌书诏命赐以及供奉书籍笔墨琴奕，有待诏、艺学、书学、祗候、学生”[5]。据王称《东都事略》载：“书艺局为睿思殿文字外库，专主出外，传上旨。”[6]睿思殿在皇城内，与书艺局并列的文书库当不在远，它的职责与书艺局有关。顾名思义，经管书艺局转来的诏命文稿、墨迹档案和书作等。

那么这个“禁中文书库”是何职、何能，又在何处呢？书艺局在禁中，与之并列的文书库一定与它有着密切的关系，如王称所云“书艺局为睿思殿文字外库”，睿思殿在皇城内，与书艺局并列的文书库当在不远处，它的职责与书艺局有关。顾名思义，管理皇家转来的和来自书艺局的文书，其中诏命文稿、文牍、墨迹档案

1 中国古代书画鉴定组编：《中国古代书画目录》（十九），文物出版社，1999年。另见该社《中国古代书画目录》，1985年，第88、89页。

2 见本文首页注1、注2、注3。

3 李夏恩：《薛定谔的“画”？——关于曹星原女士〈十问〉长文的商榷》，中国美术报网，2018-01-09。

4 原文为“后苑、书艺局”，缺字，应为后苑作。

5 《宋会要辑稿》职官三十六之九五。

6 （南宋）王称：《东都事略》卷一二一《宦者传》一四〇，清文渊阁四库全书本，中国基本古籍库电子版，第611页。

和书艺之作等，属于文书类的库房，根据王希孟的专业特性，他在此供职比在金耀门文书库要客观，可能性要大得多，这样，他有一定机会接触到徽宗。

金耀门文书库和禁中文书库均为库藏机构，分别管理着中央政府的税务档案和皇家文字墨迹，两个文书库的活计大体相同：都要收档、登录、排架等，登录时，要"用大纸作长卷，排行实写"[1]，只是管理的档案类型和所在的位置不同。

四 《千》卷深厚的人文背景

政和三年（1113），在王希孟完成《千》卷的前后，正是北宋宫廷绘画的创作高峰。此前一二年，徽宗画完了《雪江归棹图》卷等，在此之前的七八年，比他年长约30岁的张择端绘制了姊妹卷《西湖争标图》《清明上河图》，还有比王希孟年长一辈的山水、人物画家，如画《万壑松风图》轴的李唐、画《盘车图》页的朱锐等，还有宋徽宗主持、数十位宫廷画家绘制的多达1万5千开的《宣和睿览》册已经开笔了，他们都处在基本一致的社会环境里。这一大批铭心绝品的出现，都不是偶然的，是北宋立国以来一个半世纪的社会开放、经济发展和文化积淀在宫廷绘画领域里的必然趋势，构成了北宋绘画艺术发展最重要的高潮阶段，张择端、王希孟等个人的才华和能力才得以展示。

1.北宋末的社会背景

首先不能忽视的是王希孟在开封生活的社会背景。神宗元丰二年（1079）导洛通汴，河水深到了一丈，通航期大大提前，大量的漕船、客船及其他民船进出开封城的时间大大延长了，加速了商贸活动的运转，以城市手工业经济为主的小作坊得到了进一步的发展，商业活动已经形成了定点化、行业化和规模化，吸引了大量的人口，汴京城除了本地人口和中央官吏以及几十万禁军之外，还会集了来自鲁闽浙赣等地的求学者、商贾，更多的是从农村大量拥到城市里的雇工，到12世纪初，开封被改造成为坊市合一的开放性的国际大都市，新旧城共有八厢一百二十坊。人口达一百三十七万的开封是当时世界最大的都市。王希孟在开封最繁华的地段画学里就读，后又在禁中文书库供职，他深深地感受了社会发展所带来的繁荣，如汴京城内外大量的客船和漕船、商旅等像无尽的画卷，开拓了他的生活视野，延展了他的生活阅历，在《千》卷中出现了许多商贸运输和各类行旅活动，与他的生活所见不无关系。在该卷的背后，有其丰富的历史文化背景，体现了北宋艺术发展的自身规律。

完成《千》卷，对王希孟来说，必须攻克三个关口，其一是"大景"关，即手卷应继续向左右两边延展，还要加大景深；其二是"小人"关，画中的点景人畜须叙事化，富有情节和情景以及按比例缩小了的建筑、舟船和山路等，掌握"大景小人"的"微画"规律，增大画面空间；其三是用色关，其绘画手段除了前人常用的山水画技法之外，必须扩展一种新的绘画技巧——大青绿用色，最后达到气势开张的艺术效果。他的前人们均已一一凿开了技艺通道，客观上为王希孟画《千》卷完成了艺术铺垫，这个铺垫就是文学艺术的长篇化和诗

1 （南宋）《宋通鉴长编纪事本末》卷一四，清嘉庆宛委别藏本，中国基本古籍库电子版，第103页。

图14　北宋　燕文贵《江山楼观图》卷（部分）

图15　北宋　郭熙《树色平远图》卷

意化成为时尚，小幅大景催促了微画点景人畜的新技艺。

2.北宋文学艺术的长篇叙事化

北宋汴京不断延长商贸运营的时间，夜市的出现大大开拓了社会民众享受艺术的时间，在勾栏瓦子里说唱的历史故事、灵怪、传奇、公案、神仙等方面的内容，发展成长篇"评话"，情节起伏跌宕、故事脍炙人口，是明清章回小说的始祖，如《大唐三藏取经诗话》《五代史评话》等许多评话本子，其故事内容波澜起伏，曲折动人，情节复杂的长篇杂剧，在瓦子里连演数夜不止，常常是"每日五更头回小杂剧，差晚看不及矣"[1]，说话人（表演者）多达四五人，坊间还出现了以舞蹈叙述故事的艺术形式。这些看起来与王希孟画《千》卷无关，其实，社会的审美好尚必定会影响到画家的创作追求，要求画面内容丰富，既要有细节、有情节、有看头，还要画幅绵延不断，让欣赏者过足审美的瘾头，这些与北宋宫廷绘画的审美要求是一致的，他的前辈张择端就是这样走出来的，产生了交互影响。

山水画发展为横向展开全景式的大山大水。自北宋中后期，五代至宋初的荆浩、关仝、李成、范宽等表

1　（南宋）孟元老：《东京梦华录》卷五《京瓦伎艺》，山东友谊出版社，2001年，第48页。

现全景式竖式构图的山水画依旧还有一定的生命力，但它的局限性在于无法横向展示绵延而雄阔的景致，北宋中后期山水画的较大变化就是将全景式的大山大水横向展开，使之手卷化。最早的是燕文贵以山水长卷的形式做出了一定的突破，如《江山楼观图》卷横向展开北方的全景式大山大水，将数十个范宽的《溪山行旅图》连成一片，宫观、溪流密布其中，所谓"燕家景"是也〔图14〕。以郭熙为代表的山水画家表现出春季里不同的气候变化，使季节也产生了"情境"，画家加强了墨笔山水的写实技巧，深化了文人笔墨的动人意趣，他也曾尝试了山水手卷，如《树色平远图》卷〔图15，纽约大都会艺术博物馆藏〕，这在驸马都尉王诜的《渔村小雪图》卷（故宫博物院藏）里也变得更加成熟，画面雪山开阔，绵延无尽，他曾以"千里江山"为题作山水长卷[1]，想必是一幅有一定体量的山水长卷，惜不存世。大幅书画和长卷影响了文人书画的幅式和容量，如米芾、黄山谷等好作高头大卷，米友仁继承其父米芾的衣钵，其《潇湘奇观图》卷的跋文挑明其理："成长卷以悦目，不俟驱使为之，此岂悦他人物者乎？"王希孟《千》卷的横向构图和取景就是在这个基础上的继续和发展。

3.北宋微画艺术的发展

以手卷而论，由于纸绢尺寸的限制，场面加大，画幅只能延长而难以纵向加高，迫使画家不断缩小画中点景人畜的形象，以增大景物和空间的体积感。

在花鸟走兽画中出现了一系列以"百"字命名的画卷，以至于精细入微，笔者称此类绘画为"微画"。如宣和年间的画院待诏马贲，其笔下大场面的特点是将百只相同的动物组合在一起，曾"作《百雁》《百猿》《百马》《百牛》《百羊》《百鹿》图，虽极繁伙，而位置不乱"[2]，突破了立轴花鸟画难以表现大场景的局限。宫廷画家以百计作鸟兽，在徽宗朝相当普遍，据邓椿《画继》载，刘益在宣和年间供御画，"作《莲塘》背风，荷叶百余"，明达皇后阁左廊还有刘益所画《百猿图》，右廊有薛志所画《百鹤图》，两两相对。宫中擅长画大场面花鸟画的名家还有杨祁，他是"彭州崇宁人，善花竹翎毛，有《百禽帐》"[3]。

人物画科的"微画"技艺领先于花鸟走兽画，1049年初，宋仁宗敕绘三朝德政之王，待诏高克明绘成《三朝训鉴图》，图中的"人物才及寸余，宫殿山川，銮舆仪卫咸备焉。镂版刻印成版画，颁赐大臣及奖赏宗室"[4]。破此纪录的是燕文贵，"富商高氏家有文贵画舶船渡海像一本，大不盈尺，舟如叶，人如麦，而樯帆橹橹，指呼奋跃，尽得情状；至于风波浩荡，岛屿相望，蛟蜃杂出，咫尺千里，何其妙也！"[5]据元代汤垕《画鉴》载，在数量上，宋徽宗破了这个纪录，他曾作《梦游化城图》，画中的"人物如半小指，累数千人，城郭宫室，麾幢钟鼓，仙嫔真宰，云霞霄汉，禽畜龙马，凡天地间所有之物，色色具备，为工甚至。观之令人起神游八极之想，不复知有人世间，奇物也。"[6]虽说此图细微不及前人，但这是画史记载中人数最多、场面最宏大的独幅绘画。

1 （北宋）《宣和画谱》卷一二，《画史丛书本》（二），上海人民美术出版社，1986 年，第 135 页。
2 （南宋）邓椿：《画继》卷七，《画史丛书本》（一），上海人民美术出版社，1986 年，第 58 页。
3 前揭（南宋）邓椿：《画继》卷六，第 52 页。
4 前揭（北宋）郭若虚：《图画见闻志》卷六，《画史丛书本》（一），上海人民美术出版社，1986 年，第 85 页。
5 前揭（北宋）刘道醇：《圣朝名画评》卷一《人物门》，《画品丛书》，第 129 页。
6 （元）汤垕：《画鉴》，前揭《画品丛书》，第 422 页。

图16 《千里江山图》中的微画人物

图17–1 宋代 佚名《江山秋色图》卷（局部）

图17–2 宋代 佚名《江山秋色图》卷中的点景人物

在这种争相以“微画”献艺的时代，王希孟是不可能回避的，只能是奋勇向前，其《千》卷中的屋宇、桥梁等建筑和舟船乃至细小的人物活动均显示了画家在微画技艺方面的超强水平，那细小如蚁的设色人物竟能画得姿态自如，衣冠清晰，在现存的古代绘画中，其精微的程度几乎无人企及〔图16〕。可以看出，画家在每一个艺术关卡上特别是在量化方面要努力超越前人，这来自他内心的期盼和徽宗的“诲谕”，这种微画技艺在两宋之交的佚名《江山秋色图》卷（故宫博物院藏）里有所发扬，其表现手法更加细腻入微〔图17〕。

4.以唐诗入画比高低

北宋的画家们并不是只在表面尺幅、细节上一比高下，同样重要的还有在绘画意境上的较量，这个属于形而上的层面，如徽宗对画学生徒的考试是十分苛严的：“考画之等，以不仿前人而物之情态形色具若自然，笔韵高简为工。”[1]他注重绘画“粉饰大化，文明天下，亦所以观众目，协和气焉”[2]的政治功用，“绘事之妙，多寓兴于此，与诗人相表里焉。”[3]所有这些，徽宗常常要求画家画出诗意，以增强画面的艺术感染力。这个是画家在进入翰林图画院之前必须要经过的命题考核，考题大多由徽宗取自唐人诗句。

如徽宗以“万年枝上太平春”为题查考学子们对诗句的理解力，理想的构思是画冬青树上的频伽鸟。又出“野水无人渡，孤舟尽日横”之句，荣获第一的宋子房画一渡工卧于船尾，横一孤笛，更见船工寂寞。表现“竹锁桥边卖酒家”之句，独有李唐“画荒山满幅，上出幡竿，以见藏意”。画“蝴蝶梦中家万里，杜鹃枝上月三更”，赢家是画汉代历史故事“苏武牧羊”，画中的苏武正在假寐。画“踏花归来马蹄香”之句，胜者是画蝴蝶尾随马蹄而归。还有绘“嫩绿枝头红一点，恼人春色不须多”之句，胜者绘一涂有口红的仕女凭栏立于绿荫丛中。这些佳作排斥了那种平铺直叙、图解式的绘画构思，推动了宫廷画家提高文学修养、工于巧思的创作风气。

王希孟在画学结业后，供职在文书库，从事管理文书档案的活计，必定是渴望回归绘画专业，但进入翰林图画院必须要经过考核，经过徽宗一段时间的“诲谕”后，该图极可能是他进入翰林图画院的晋身之阶，固

1 《宋史》卷一五七《选举志三》，第3688页。

2 前揭（北宋）《宣和画谱》卷一五，第163页。

3 前揭（北宋）《宣和画谱》卷一五，第163页。

然是要在表达诗意方面见功夫的。笔者经过比对，景物中似有孟浩然《彭蠡湖望庐山》中的许多元素，《细究王希孟及其〈千里江山图〉》已有探索，在此不赘述。

五 “丰亨豫大”审美观与绘画色彩

要把“丰亨豫大”的审美观念和政治观念区别开来分析和研究。“丰亨豫大”的审美观念把北宋末宫廷绘画艺术推向峰巅，成为当时独特的绘画审美意识，在此之下，形成了一整套的具体观念和手段：如“全真多”的观念、“微画”细节的技艺和浓重设色的手段等，成为宋代艺术的宝库。而这一审美观念在今天的古代美学史研究中被忽略了，只关注徽宗刻意求实的写实标准。“丰亨豫大”的政治观念却把北宋社会拖向黑暗，徽宗将一切审美对象和财富变为个人所享有，并形成堂而皇之的占有理论，则彻底转向政治上假丑恶的顶端。

“丰亨豫大”的审美观仅仅以“全真多”为基础是远远不够的，它还必须以色彩为媒介体现出皇家的审美好尚和宏大气派。在政和到宣和年间（1111—1125）的10余年里，由于政治的原因，热衷于文人画的旧党人基本上被清除出宫，徽宗自然要以他的艺术影响覆盖整个宫廷画坛，从前文所述他一系列的行为来看，他首先要集中突击解决的是画院画家的设色问题。

1.政和年兴起的设色活动

北宋绘画特别是山水画在徽宗登基之前是以墨笔为主，神宗朝渐渐形成的文人画思潮，更是在层次丰富的墨笔中展现文人画家的胸臆，政和年间开始改变了这个局面。

徽宗朝之前最出色的山水画家郭熙留存下来的画作都是以墨笔为主，与郭熙同时期的花鸟画家崔白也都是稍染秋色而已，如《双喜图》轴（台北“故宫博物院”藏）等，皇族子孙们乐于游戏于水墨芦竹凫雁，如赵士雷的《湘乡小景图》卷〔图18〕等，即便是长于山水画设色的赵令穰也仅仅是略施淡色，这个时期的宫廷绘画几乎都是墨笔世界。徽宗朝初，文人画活动随着苏轼（卒于1101年）、李公麟（卒于1106年）、米芾（卒于1107年）相继离世，他们的继承者大多远离宫廷艺术，以“平淡天真”和“不拘常法”的墨笔为胜的文人画多半退到了半壁江山，与之相对应的则是越来越多的绘画设色，鉴于宋宫作设色画者多为匠师，既然没有这方面的绘画实践，就不会有关于绘画用色的理论建树，如郭思辑郭熙山水画思想的《林泉高致》除了一句“以烟云为神彩”之外，没有第二个“彩”字，更没有阐释山水画的用色问题，韩拙的《山水纯全集》也是如此，后者虽作于宣和辛丑（1121），但其艺术思想和绘画技艺是对此前几十年宫廷山水画“清淡”“幽奥”一路的精辟总结，韩拙在书中只总结了用笔用墨和立意以及如何提高对笔墨优劣的辨别力。设色山水在北宋受到相当大的忽视，徽宗必须以皇权来推进设色画在宫里的发展。

徽宗经过大观年间的工笔重彩画的实践，到了政和年间，在宫廷山水、花鸟和人物画等各个画科进行了大规模的集群性的工笔重彩设色活动，均发生了较大的艺术变化。这个证据来自徽宗连续出现与设色相关的举动：

徽宗至少在大观年间（1107—1110）对重彩设色已经相当感兴趣了，他的《桃鸠图》页〔图19，绢本设色，纵28.3厘米、横26厘米，日本私家藏〕则是一例，署款“大观丁亥御笔。天下一人（押署）”，他用那个

图18 赵士雷《湘乡小景图》卷（局部）

图19 宋徽宗《桃鸠图》页

图20 佚名《腊梅山禽图》轴

时期常用的30厘米宽的门幅作画，特别是用石青和石绿等重色融合在这只鸠鸟身上，这是很难得的，邓椿《画继》卷八《铭心绝品》录有“徽宗皇帝《着色横山图》”[1]，看来徽宗已经亲自动手作设色山水了，预示着徽宗不久会在各画科大力推进工笔重彩画。

自政和年间（1111—1118）起，对徽宗来说是一个相当关键的时期。在政治上，蔡京在1012年初再度入京拜相，“丰亨豫大”的享乐观念已经成熟了，在艺术上，宫廷绘画出现越来越多的设色现象，这个依据是在不少门幅相近的绢本绘画里发现的：徽宗的《五色鹦鹉图》卷（绢本设色，纵53.3厘米、横125.1厘米）上没有钤“政和”“宣和”的印玺，其绘制时间想必是在政和年间之前。有明确纪年的是徽宗绘于1112年的《瑞鹤图》卷（绢本设色，纵51厘米），这是《宣和睿览》册之一，可见《宣和睿览》册并不都是在宣和年间完成的画作，徽宗早有设计和筹划，这些很可能是他提供给后来代笔者的范本。次年初，王希孟的《千》卷（纵51.5厘米）完工。很可能也是在这个时段，徽宗将相近门幅的宫绢颁赐给了某个御用画家，绘成了《听琴图》轴（绢本设色，横51.3厘米），只是《千》卷的高度在此成了立轴的宽度。《听琴图》轴系徽宗的御题画，此图虽然没有年款，其上蔡京的题诗显示出君臣之间的密切关系。根据蔡京获得宠信的时间，可以推定该图也是绘于这个时段，即1113年左右。与此门幅相近的还有佚名的（旧作徽宗）《腊梅山禽图》轴〔图20，绢本设色，横52.8厘米〕，同样，徽宗御赐了另一个御用画家代笔临摹了唐代张萱的《虢国夫人游春图》卷（绢本设色，纵51.8厘米）。徽宗很可能也将这一规格的长绢赐予了当时的李唐，使他完成了《江山小景图》卷（绢本青绿，纵49.7厘米），由此，这给该图绘于北宋提供了依据。

再看徽宗本人，大凡在他名下的宫廷绘画大多数是用重色，十分鲜亮明丽，如传为他摹写的唐代张萱《捣练图》卷（美国波士顿美术馆藏）、《虢国夫人游春图》卷（辽宁省博物馆藏）等，还有被公认为御笔《五色鹦鹉图》卷（美国波士顿美术馆藏）、《瑞鹤图》卷（辽宁省博物馆藏）、《竹禽图》卷〔图21，美国纽约大都会艺术博物馆藏〕等，还有一些御题画则更是设色精美，如

1 （南宋）邓椿：《画继》卷八，第63页。

《芙蓉锦鸡图》轴、《听琴图》轴（皆故宫博物院藏）等，设色册页则更多，署有徽宗花押和“御书”葫芦印的册页如《腊梅双禽图》页〔图22，绢本设色，纵25.8厘米、横26.1厘米，四川省博物院藏〕、《梅花绣眼图》页〔图23，绢本设色，纵横皆24.5厘米，故宫博物院藏〕。迄今为止，发现徽宗的代笔之作几乎都是设色画，甚至开始出现使用石青颜料。可见，这与徽宗的期望有关。

图21 宋徽宗《竹禽图》卷

在重彩设色上，北宋早中期的宫廷绘画已乏善可陈。徽宗师法晋唐极可能是受到文学界的影响，在此之前的欧阳修、梅尧臣等文人学士引发的古文运动在北宋末的余波，徽宗期望直接师法晋唐画家的用色，如画家们摹制了东晋顾恺之的《洛神赋图》卷、唐代张萱的《虢国夫人游春图》卷〔图24〕和《捣练图》卷〔图25〕等。所谓隋代展子虔《游春图》卷〔图26，故宫博物院藏〕也是在这个师法晋唐设色的风潮中留下的摹本，傅熹年先生的结论是：“根据《游春图》的底本在唐时即已存在的事实，根据画中出现的晚唐至北宋的服饰和建筑特点，考虑到唐宋时代大规模传摹复制古画的情况和北宋时人对复制品的习惯看法，我认为《游春图》是北宋的复制品，也可能就是徽宗画院的复制品。”[1] 这个研究是非常有价值的，《游春图》卷极可能是临摹于政和年间（1111—1118），依据是幅上左侧有“政和”（朱文）骑缝章，这是该图最早的收藏印。在政和之后涌现出这么多各画科的设色画，恐怕还有许多，只是未得留存，可见徽宗为了提振设色观念特别是要开创大青绿山水的绘画语言，要求通过师法晋唐名家来增加宫廷绘画的色彩亮度和丰富程度，以完成“丰亨豫大”的设色观念。

图22 宋徽宗《腊梅双禽图》页

图23 宋徽宗《梅花绣眼图》页

有意味的是，相信当时有不少年轻的宫廷画家在积极遵从徽宗的旨意，研习绘画设色，这个痕迹迄今还依稀可见，除了在《千》卷上可以看到反复开卷造成的伤况，在佚名的摹张萱《虢国夫人游春图》卷首也是如此，短期内过多开卷造成的累累伤痕在北宋灭亡后则大大减少〔图27〕，依据是在金章宗朝题写的内签上，很少出现伤痕，可推知该图在徽宗朝被翻阅的程度，那是因为该图在北宋末具有设色范画的作用，类似这样的画例还会有。

1 傅熹年：《关于展子虔〈游春图〉年代的探讨》，《傅熹年书画鉴定集》，河南美术出版社，1999年，第31页。

图24 北宋 摹唐代张萱《虢国夫人游春图》卷

图25 北宋 佚名摹张萱《捣练图》卷

图26 隋 展子虔（传）《游春图》卷

需要强调的是，在这个时段的宫绢几乎都是用于设色浓重的长卷，无疑是这个时期宫廷绘画的特殊记忆，也证实了徽宗悉心组织画家集中解决宫廷绘画的设色的历史经过。在这个时间段里，下架的宫绢大多是这个尺寸，即门幅51厘米（正负差2厘米左右），这些集中用于设色的宫绢，其织法基本相同，只是密度不同，虽有等级之差，但门幅十分相近，仅有两厘米左右的差异，系织绢时架上的微调结果，几乎可忽略不计，极可能都来自同一类织机，如山西高平开化寺大雄殿存有绘于北宋绍圣三年（1096）的壁画，上有一架立式织机〔图28〕，门幅与《千》卷相当。它们突然在这个时段频繁登上宫廷画坛，必定与徽宗“丰亨豫大”的审美观有关。可资比较的是，在政和年间之前，下架宫绢的门幅大多在30厘米左右，多数为墨笔。不妨推测，徽宗在政和年间初，淘汰了一部分门幅为30厘米左右宫绢的织机，换上了一批新打造的织机，它可以织

图27　《虢国夫人游春图》卷前隔水和卷首的破损纹路是相连的

图28　山西开化寺北宋壁画中的竖式织机
（线图来自福建博物院）

图29　敦煌莫高窟西魏285窟《五百强盗成佛图》中的青绿山水（局部）

图30　东晋　顾恺之《洛神赋图》卷（宋摹）里的青绿山水

门幅为51厘米左右的宫绢。

2.大青绿山水设色的形成

在某种程度上可以说，北宋的青绿设色与“丰亨豫大”审美观有着密切的联系。薄松年先生认同青绿山水艳丽醇厚的色彩与“丰亨豫大”审美观是一致的。用大青绿作山水画和采用超长画卷是徽宗一生中十分重要的艺术突破，对这个问题的研究可以补充对宋代山水画史的认识。

（1）青绿溯源

自晋唐到两宋的文献里，据梁勇先生研究，南宋以前称有色彩的山水画均为“着色山水”，极个别的被称为“设色山水”，没有“青绿山水”这个词[1]，这说明石青在画中没有成为主色之一，至多一抹而已，所谓“着色”

1　梁勇：《元代青绿山水的考察与辨伪》，博士论文，中国艺术研究院，2017年。

主要是绿色，少数是蓝绿色。

早期设色山水画经过了三个历程：

一是青绿时期。主要在魏晋南北朝，如敦煌莫高窟西魏285窟主室南壁《五百强盗成佛图》中的青绿山水背景〔图29〕，西魏249窟西壁龛顶北侧《飞天图》等山水背景大量出现了上青下绿的群山，东晋顾恺之《洛神赋图》卷（宋摹本）里的山石林木背景均染以绿色〔图30〕，这种用色手法十分普遍且延续至今。北朝壁画上的青绿山水对卷轴画形成了一定的影响，如隋代展子虔《游春图》卷（北宋临）上隐隐染有一抹石青。

二是绿色时期。主要在隋唐，在莫高窟盛唐103窟南壁《经变图》上的山水背景，主要是以绿色为背景，只有少量的花青渲染远山，到了五代的莫高窟壁画就剩下一点痕迹了，青色几乎成了群山的外轮廓线了，如61窟西壁北侧五代《五台山图》〔图31〕。

三是复现青绿时期。始于北宋中后期。渐渐出现小青绿山水，如王诜的《梦游瀛山图》卷等；大青绿山水的开山之作就是王希孟在徽宗诲谕下完成的《千里江山图》卷，画家在卷轴画中大量使用石青，几乎可与石绿相对，形成青绿山水，这类设色浓重的山水画可称之为大青绿山水（类同工笔重彩画），至今尚存。

根据范文东编著《色彩搭配原理与技巧》一书所总结的配色原理，在24色相环中，角度为0°或接近的配色，称为“同一色相配色”，除了浓淡之外，色相没有明显变化；角度为22.5°的两色间，色相差为1的配色，称为“邻近色相配色”；角度为45°的两色间，色相差为2的配色，称为“类似色调配色”；角度为67.5°～112.5°，色相差为6～7的配色，称为“对照色相配色”；角度为180°左右，色相差为8的配色，称为“补色色相配色”。由此看来，青绿设色接近“类似色调配色”，色相差为2到3之间的配色，色彩层次变化丰富且协调。正如该书所概括的那样：“类似色调配色即将色调图中相邻或接近的两个或两个以上色调搭配在一起的配色。类似色调配色的特征在于色调与色调之间有微妙的差异，较同一色调有变化，不会产生呆滞感。将深色调和暗色调搭配在一起，能产生一种既深又暗的昏暗之感，鲜艳色调和强烈色调再加明亮色调，便能产生鲜艳活泼的色彩印象。”

在色彩学上，青和绿在色彩上是补色关系，这个补色关系控制在色盘的90度范围里〔图32〕，变化幅度控制在冷色系里，既富有变化，又十分协调。王希孟敢于大量使用石青，且与石绿相和谐，这在以往是极为少见的，相信这是他乃至徽宗的观山所得：自然界的苍翠葱郁之山，近则呈绿，远则显青，原因是空间改变了远处山林的本色。画家继承前人用色之法，概括提炼出青绿二色〔图33〕，扩大了青色在山水画中的用色比例，称为主色之一。

青绿山水所使用的主色石青和石绿均为矿物质颜料，不会变色，这种矿物质颜料里最贵的是青金石〔图34〕。有关《千》卷所使用的颜料成分和产地，有待于下一步对其进行仪器检测。

（2）澄清画史对唐宋设色山水的误识

自明人起，论及青绿山水都要从南梁张僧繇、唐代杨升的画迹，明代有一些张僧繇青绿山水的赝品，使他荣登画青绿山水之榜首。其实张僧繇只是擅长画佛教人物和“凹凸花”，自北宋《宣和画谱》上溯到南朝所有的文献，无一句论及或著录其山水画，更不用说青绿山水了。唐代杨升的所谓青绿山水也是明人捏造出来的。旧传唐代李思训、李昭道父子（简称“二李”）的山水画是青绿山水，其实也未必。李昉等编《太平广

图31　敦煌61窟西壁北侧五代《五台山图》

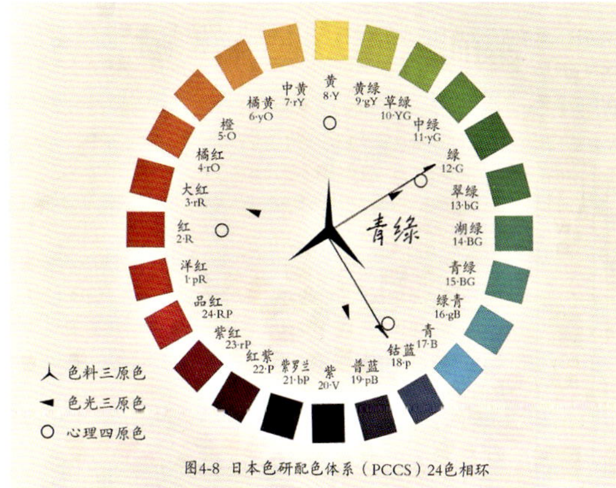

图32　24色相环中青绿色的位置及关系
（取自范文东编著《色彩搭配原理与技巧》）

图33　庐山青绿色对比

图34　青金石标本与青绿色颜料

记》仅以“繁巧”[1]评定“二李”的山水画，《旧唐书》、唐代朱景玄《唐朝名画评》以及张彦远《历代名画记》等对这对父子的山水画无一字论及用色，只谈到唐明皇诏李思训画大同殿壁兼掩障，有“夜闻水声”[2]之感，只说李思训“其画山水树石，笔格遒劲，湍濑潺湲，云霞缥缈，时睹神仙之事，窅然岩领之幽”[3]。北宋《宣和画谱》卷十抄录了朱景玄之说，并称之为“着色山水”[4]。设色最早的卷轴画山水出现于东晋顾恺之的《洛神赋图》卷（北宋摹本），尽管是用绿色敷染人物的背景如树木、山峰等，这来自此前敦煌壁画上的设色手段，根据唐代石窟和墓室壁画的山水背景用色，大小李将军山水画的色调应该趋于绿色或黄绿色，不会出现大量的青绿重彩，“二李”在手法上比较细腻生动、写实感强，具有神仙气息。今台北“故宫博物院”所藏的所谓李思训、李昭道父子的青绿山水画，实际上是来自宋元画家的作品，是后人定为“二李”之作，这在书画鉴定界几乎成了共识。

1　（北宋）李昉：《太平广记》卷二一二，民国景明嘉靖谈恺刻本，中国基本古籍库电子版，第932页。
2　同上。
3　（唐）张彦远：《历代名画记》卷九，《画史丛书本》（一），上海人民美术出版社，1986年，第110页。
4　前揭北宋《宣和画谱》卷十，第100页。

（3）徽宗与青绿、大青绿

徽宗组织了各科画家以彩色作画，留存于今的如徽宗的《瑞鹤图》卷、佚名的《虢国夫人游春图》卷等近20幅之多，徽宗曾训导翰林图画院的画家们如何表现孔雀升高举哪足的问题，其实还会涉及孔雀的色彩问题。他告知画院待诏们如何描绘月季的微妙变化，其中自然会关乎花形和花色的变化。邓椿曾见徽宗朝“画院界作最工，专以新意相尚。尝见一轴甚可爱玩，画一殿廊金碧熀耀，朱门半开，一宫女露半身于户外，以箕贮果皮作弃掷状，如鸭脚、荔枝、胡桃、榧、栗、榛芡之属，一一可辨，各不相因，笔墨精微，有如此者”[1]。在精细的笔下，仿佛见到画面的色彩效果十分明丽鲜亮，那一簸箕果壳整个就是一堆色彩，这属于宣和画院里的人物范画。徽宗出题考生徒，一些考题不仅要考生徒们的构思能力，还要兼考他们处理色彩的水平，如“嫩绿枝头红一点，恼人春色不须多”“万年枝头太平雀”等，论定等次的标准，其中也是有色彩要求的，同样是以“高简为工”[2]，工在巧用，而不以彩色繁复、斑斓无穷获胜。

宋徽宗选择王希孟来实现这个艺术突破，似有所考虑，王希孟除了在画学受到过基本训练后，几乎是一张白纸，极易领会并实现徽宗的意图。当时虽有一大批专攻和兼擅山水的画家，但观念、画法均已定型，如范宽的传人李唐及其弟子周仪和李从训、林俊民等，郭熙的传派胡舜臣、杨士贤、张浃、顾亮、张著等，张敦礼弟子朱锐等，还有王训成、阎仲等人，除了张敦礼尚有用色之功，宫中的老画师之长大多不在用色，故以青绿山水的观念和技艺重塑他们的难度比较大。有一些失败的例子可以证实，如李唐《江山小景图》卷（台北“故宫博物院”藏）、《长夏江寺图》卷（故宫博物院藏）和《万壑松风图》卷（台北“故宫博物院”藏）现在看来，青绿色几乎都脱落了，这一定是画家在调配颜色时，用胶不足，设色都不成功。王希孟是李唐的晚辈，一个孩子竟然一次绘成。李唐三画不成，是不符合逻辑的。根据台北“故宫博物院”与日本东京文化财研究所对《万壑松风图》轴材质的合作研究，细查在光学显微镜检测下的图片，看到剥落之处显露出的山石皴法和杂木用笔，使令人感到原先覆盖在上面的青绿重色几乎是多余的，显然，目前脱色露出的底图如墨笔淡设色的石质、枝叶等是李唐的真正要使用的方法，可见李唐很可能有意减少胶在颜料中的比例，暗自抵触宋徽宗的旨意〔图35〕。李唐不喜欢重彩设色的画法，有其怨诗为证：“雪里烟村雨里滩，看之容易作之难，早知不入时人眼，多买胭脂画牡丹。”[3]李唐南逃到临安时，初在街头卖他的水墨写意山水，无人问津，无奈之中写下了这首名诗。李唐也没有教授南逃途中收的徒弟萧照画青绿山水，从萧照的大幅墨笔山水《山腰楼观图》轴（台北“故宫博物院”藏）的画法便可得知李唐的喜好，师徒俩后来在高宗朝山水画坛开创了水墨苍劲一派，李唐一生的艺术追求终于在晚年实现了。

（4）王希孟与大青绿

对《千》卷的认识仅仅限于青绿技法和高头大卷是远远不够的，它所承载的是徽宗正在推崇的“丰亨豫大”审美观，是徽宗推行其审美观的重要步骤，王希孟是他最得意的实践者之一。由此，必须将《千》卷置于北宋绘画审美意识的大格局里，并且与其他不同的审美观进行比较，才能深入领会画中的意蕴。《千》卷

1 （南宋）邓椿：《画继》卷十，第77页。

2 《宋史》卷一五七《选举志三》，第3688页。

3 （清）厉鹗：《南宋院画录》卷二，《画史丛书本》（四），上海人民美术出版社，1986年，第21页。

呈现出与"悲天悯人"和"萧条淡泊"不同的绘画面貌，不仅仅是王希孟个人的笔墨实践，更是徽宗"丰亨豫大"美学思想的体现。

王希孟的《千》卷就是在这个背景下产生出来的典范之作，是北宋末期山水画史上的一个高峰，在这个时期，北宋宫廷出现了一系列大青绿山水画的长卷和巨制，比《千》卷晚一些的还有旧作赵伯驹的《江山秋色图》卷；相信还有一些此类绘画，只是遗失了。王希孟有过江南生活的经历，而且走过一些地方，对青绿用色有着独特感受，这也正是徽宗所需要的。如前所云，此前的设色山水基本上是绿色或淡色山水，王希孟在徽宗诲谕之下，突破了山水画的用色藩篱，并未一味青绿到底，也没有生搬自然界里远青近绿的自然色差，而是在半山以下染石绿，半山以上染石青，在石青和石绿里还分出一定的层次，在未染青绿之处留出绢的底色，以显空灵和透气，在其上略作皴擦，露出受郭熙卷云皴、鬼脸皴等手法，只是柔细一些，形成了青绿山水画的用色程式。

图35　宋　李唐《万壑松风图》轴遗留的青绿设色残迹

《千》卷是完整意义上的青绿山水，而且是大青绿山水，这在中国山水画设色史上是一个十分突出的变革，对后世产生了不可低估的影响。青绿用色的出现不是偶然的，与其他画科的趋同性共同交织成这个时代性的审美好尚，这是从墨笔和绿色发展到青绿补色的规律所致，这个彩色波澜一直涟漪到南宋。

有学者认为《千》卷是道教题材绘画，如果是这样的话，这属于另外一个绘画表现系统。王希孟生活在徽宗朝道教思想弥漫的环境里，他在徽宗开办的画学里读书，还一度作为徽宗身边的人，不可能不受到道教思想的影响，但不等于他的作品就是道教题材的绘画。就如同徽宗的作品亦并非都是道教题材。

图36　明代　仇英（传）《山水图》卷（局部）

道教题材的绘画要有特定的规矩、情境、程式和艺术语言，道教山水必须画具体的道教名山或仙山，如四大道教名山：青城山、武当山、齐云山、龙虎山等，即便是画想象的仙山，也是有特指的，如蓬莱、阆苑、海中三岛十洲等仙境。点景人物当然是表现道士们的主题活动：朝觐、采药、做道场、修炼等。可见该图显现不出是某座道教名山，也不是想象中的仙山，如果是画道教山水，画中不应该出现佛寺（类似西林寺和西林寺塔的造型）。画中的点景人物的道士身份不明显，没有活动主题，因而可以排除该图与道教人物活动有关。

宋元时期的道教山水画还没有形成青绿山水画的表达语言，但不排除南宋以后某些青绿山水含有一定的道教思想，以青绿设色表现道教题材的山水画成熟于明代，特别是仇英等人进一步完善了青绿山水的用

图37 南宋 佚名《仙山楼阁图》页

图38 南宋 佚名《江上青峰图》页

色技艺，苏州片画家托名伪造了许多仇英的青绿山水画〔图36〕，甚至生造了李思训、李昭道和赵伯驹等唐宋画家的作品，同时也用青绿色表现了许多道教山水和水陆画中人物的衣着。

《千》卷的绘画内容是以庐山、鄱阳湖等为主景，其主题思想表现的是唐代孟浩然《彭蠡湖中望庐山》的诗意[1]，可以说，无论是宏观感受庐山之大体大势、还是微观描绘诗中的细节，《千里江山图》卷均捕捉到孟诗的本质内涵和外在的形象要素。当然，这不等于该图与道教因素无关，孟浩然本身就是一个有道教思想的人，画中出现了一些与道教有关的元素，如白鹤观、有道教规制的城郭、洞天福地和隐士生活等，尽管如此，该图不属于道教题材的绘画。

《千》卷是北宋末期山水画史上的巅峰之作，在这个时期，北宋宫廷出现了一系列大青绿山水画的长卷和巨制，相信还有一些此类绘画遗失了，现存如佚名的《江山秋色图》卷、李唐在北宋画的《长夏江寺图》卷（均故宫博物院藏）、《江山小景图》卷、《万壑松风图》轴（均藏于台北"故宫博物院"），除了李唐的青绿设色在不同程度上都有所脱落，它们都深刻地记录了那个画史阶段，在南宋临安，不可低估王希孟的艺术作用，该图在南宋初期宫里的范本作用使青绿山水画并未绝脉，如赵伯驹《万松金阙图》卷，还有一批佚名之作如《宫苑图》卷、《九成宫避暑图》页、《仙山楼阁图》页〔图37〕、《江上青峰图》页〔图38〕等（均故宫博物院藏），在两宋之交，青绿山水画分解成大、小青绿、金碧山水、文人青绿等类型，最终完成了青绿山水画的造型语言和色彩谱系以及表达方式。其中有的佚名青绿山水画被明代鉴藏家目为隋代展子虔或唐代李思训、李昭道父子的标尺性作品。入元，《千》卷在溥光的手里，对其友赵孟頫之文人青绿有着一定的影响。明清两朝，它在民间流传的时间不多，清代中期，通过王炳、方琮等御用画家的用心临摹，在清宫画坛产生了一定的影响。

[作者单位：故宫博物院研究室]

1 见本文首页注1。

禅苑胜会：明前期法海寺与宦官之佛教信仰*

Grand Ceremony of the Zen Temple: The Fahai Temple and the Buddhist Faith of Eunuchs in the Early Ming Dynasty

王中旭

Wang Zhongxu

内容提要：

法海寺系明正统四至八年御用监太监李童所创建，为明前期宦官建寺之代表。李童营建法海寺，有为自己修福并兼作生坟佛寺之目的。从法海禅寺之名称、建筑布局、塑绘艺术、开山住持及第一代住山僧众之组成来看，法海寺作为禅寺之性质是明确的，该寺也是按照禅寺来布局、规划。法海寺大雄宝殿塑像、壁画之配置，既与禅寺性质、朝廷佛教政策及宫廷趣味相符，又满足了李童等宦官之心理需求，可以看作是明前期以李童为代表的宦官佛教信仰形态、方式之体现。

关键词：

法海寺　李童　生坟佛寺　禅寺　佛教信仰

ABSTRACT:

The Fahai Temple was founded by the Directorate for Imperial Accouterments (*Yuyong jian*) eunuch Li Tong from the fourth to the eighth year of the Ming dynasty's (1368-1644) Zhengtong period (1436-1449), typical of the temples commissioned by eunuchs in the early Ming dynasty. Li Tong commissioned the Fahai Temple with the purpose of cultivating his own blessings and serving as his future burial location. The temple's name, the architectural layout, the painting and sculpture, the first abbot, and the background of its first generation of monks all suggest that the Fahai Temple was an institution practicing Zen Buddhism, while the temple was also laid out and planned accordingly. The statues and murals in the Great Buddha's Hall were not only characteristic of the nature of Zen Buddhist institution, the court's religious policy, and imperial aesthetics, but also met the psychological needs of eunuchs such as Li Tong. It can be regarded as the embodiment of the form and approach of eunuch's Buddhist faith represented by Li Tong in the early Ming dynasty.

KEYWORDS:

the Fahai Temple, Li Tong, Buddhist temple as burial site, Zen Buddhist Temple, Buddhist faith

* 本文受“国家高层次人才特殊支持计划青年拔尖人才”资助。

寺观（含石窟寺）壁画是魏晋南北朝至隋唐绘画之主流，然而自北宋后期文人画兴起以后，寺观壁画日益沦为被文人鄙视的“画工”的作品，在美术史研究中亦被边缘化。事实上，宋元明清有大量的寺观壁画遗存保留下来，是中国绘画史之重要组成部分。对宋元明清寺观壁画之研究，有利于纠正长期以来形成的重文人画轻职业绘画之画史观念，以及形成新的研究视角。

明正统四至八年（1439—1443）御用监太监李童创建之法海寺向来关注度极高，一方面缘于其高超的壁画艺术水准，另一方面也在于该寺为明前期[1]宦官建寺之代表。有关法海寺的研究较多，涉及壁画、功德主及寺内其他文物遗存等，下面对部分有创见性的研究予以简要评述。1959年发表的金维诺《法海寺壁画“帝释梵天图”》[2]是对法海寺壁画进行学术研究的开山之作，该文指出法海寺大雄宝殿北壁帝释梵天图是建寺期间绘成，首次准确辨识出了二十诸天的身份，认为“法海寺壁画有着明代显明的时代特征，而又蕴藏着传统的创造”。1963年发表的李松《北京法海寺——寺史·建筑·壁画》[3]首次对法海寺的营建历史、现存建筑及壁画进行了整体的研究，尤其是关注到法海寺的营建有“国家营造部门的参与”，以及公布了新发现的楞严经幢上镌刻的工匠名录（包括画士官、画士）[4]，是之后法海寺进一步研究的基础。除李童等宦官及汉族官员外，法海寺另有汉、藏僧人参与助缘营建，1987年发表的黄颢《北京市法海寺藏族助缘僧人考》[5]对藏族助缘僧人及开山喇嘛进行了较为翔实的考证。1994年Marsha Weidner在“Buddhist Pictorial Art in the Ming Dynaty (1368—1644): Patronage, Regionalism & Internationalism”[6]中论述明代宫廷赞助佛教图像时，称法海寺壁画既有唐宋的传统，也融入了藏传佛教绘画的因素，认为法海寺壁画与商喜《关羽擒将图》轴（故宫博物院藏）、明景泰十五年（1464）尚义监制水陆画（分别藏于法国集美博物馆、美国克利夫兰艺术博物馆）均属于15世纪最为精细优美的宫廷绘画风格。2006年发表的留启群《从法海寺壁画谈十五世纪职业宗教绘画之发展》[7]在Marsha Weidner文的基础上，进一步认为法海寺所体现的明代宫廷风格源自宋元南方宁波等地区职业宗教绘画的传统，之后再扩展到山西、四川等地区的寺观壁画中，演变为全国性的风格。2010年发表的郭丽平《北京法海寺壁画中的藏传佛教因素探析》[8]认为法海寺“壁画中众菩萨、诸神的面相及他们佩戴的耳铛、臂钏、手镯和脚镯等造型样式均明显地秉承了明永乐、宣德（藏传佛教——笔者注）造像的风格”，体现了藏传佛教艺术的因素，并注意到宫廷内制作藏式佛像的机构——佛作隶属于李童所在之御用监。2017年出版的石守谦《山鸣谷应：中国山水画和观众的历史》第七章“明朝宫廷中的山水画”中称“法海寺为正统朝宦官李童之私人坟寺，然建造时全用宫廷资源，画人全数为宫廷画家”，并认为该寺壁画是“明初宫廷绘画鼎盛期之末

1 因为明正统、景泰、天顺年间的佛教政策及佛寺艺术主要是承继、发展了洪武、永乐以来的传统，所以本文使用了明前期的概念。

2 载《美术研究》1959年第3期。

3 载《现代佛学》1963年第4期；又名《北京法海寺》，见于张曼涛主编：《现代佛教学术丛刊59 中国佛教寺塔史志》，台北：大乘文化出版社，1978年，第189－201页。

4 聂崇正回忆，1962年金维诺、李松带领中央美术学院美术史系学生临摹法海寺壁画及考察法海寺历史遗存，时为美术史系学生的薛永年发现了楞严经幢上镌刻有工匠名录。见聂崇正：《临摹法海寺壁画杂忆》，《紫禁城》2007年第5期。

5 载《拉萨藏学讨论会文选》，西藏人民出版社，1987年；该文精要又见于黄颢：《在北京的藏族文物》“北京法海寺”，民族出版社，1993年，第31－35页。

6 载 *Latter Days of The Law: Images of Chinese Buddhism 850-1850*, University of Hawaii Press, pp. 51-87.

7 载《艺术论坛》2006年第4期。

8 载《中国藏学》2010年第1期增刊。

端所留下来的少数代表”[1]。

虽然上述论文在法海寺研究上已取得丰硕成果，但是仍有相关问题值得深入探讨，比如法海寺的性质究竟主要是坟寺、藏传佛寺还是禅寺？大雄宝殿塑像、壁画之配置体现了何种思想或信仰，与佛寺之性质有无关联？本文拟从建寺功德主李童之心理动机，及其佛教信仰之形态、方式的角度对上述问题进行探讨，并始终注重将法海寺置于明前期宦官建寺之情境中。

一 建寺功德主李童与坟寺之功能

法海寺位于北京西郊石景山区翠微山南麓半山腰，系正统四至八年御用监太监李童在古龙泉寺遗址旁创建，礼部尚书胡濙撰《敕赐法海禅寺碑记》[2]（下文简称胡濙撰法海寺碑）〔图1〕称：

> 御用监太监李童，以为生长太平之时，际遇圣明之主，职叨近侍，累蒙列圣宠眷洪恩，无由补报，欲建梵刹，虔奉香火，愿藉佛力，少酬答焉。

强调该寺是李童为补报皇恩而创建，吏部尚书王直撰《法海禅寺记》[3]（下文称王直撰法海寺碑）亦称李童建寺“以图报（皇恩——笔者注）万一而未得”。御用监在明太祖开国前即已设置，洪武年间一度被废，宣德元年（1426）正式名列宦官二十四衙门之一，负责造办御前所用器物，包括佛作[4]。太监是明代宦官的最高官阶，《明史·职官志》称宦官十二监“每监各太监一员，正四品”[5]。

虽然胡濙、王直撰法海寺碑记中均未提及李童建寺与他对寿藏之

图1 胡濙撰《敕赐法海禅寺碑记》 明 北京法海寺天王殿前台阶东侧

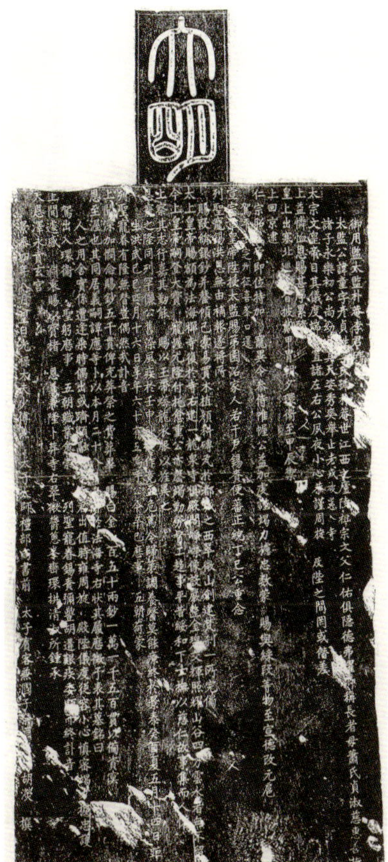

图2 胡濙撰《御用监太监朴庵李君碑》拓片

1 石守谦：《山鸣谷应：中国山水画和观众的历史》，台北石头出版股份有限公司，2017年，第160页。

2 碑记拓片见北京图书馆金石组编：《北京图书馆藏中国历代石刻拓本汇编》（以下简称《北图拓本汇编》）第51册，中州古籍出版社，1997年，第112、113页。

3 碑记拓片见前揭《北图拓本汇编》第51册，第114、115页。碑记亦见于王直《抑庵文集》卷三。

4 御用监职责（明）刘若愚《酌中志》卷一六记载较详，曰：“御用监，掌印太监一员，里外监把总二员，犹总理也，有典簿、掌司、写字、监工。凡御前所用围屏、摆设、器具，皆取办焉。有佛作等事。”（中华书局，1985年，第106页）参见许冰彬：《明代御用监考略》，《故宫学刊》2015年第1期。

5 （清）张廷玉等：《明史》卷七四，中华书局，2013年，第1818页。太监下设少监、监丞等，至清代宦官统称为太监，品级最高的称大总管。

图3 法海寺大雄宝殿西壁罗汉及李童像
（采自杨博贤主编《法海寺壁画》，中国民族摄影艺术出版社，2001年，78页）

图4 李童像
（采自邢鹏、齐峰《从老照片中发现的法海寺佛教造像》，《北京文博》2010年第4期，58页）

考虑有关，但是景泰四年（1453）李童逝世后，被安葬于法海寺西南侧，胡濙撰《御用监太监朴庵李君碑》[1]（下文简称李童碑）〔图2〕中亦提及李童创建法海寺事[2]。

据李童碑及相关史料，李童（1389—1453），字彦贞，号朴庵，江西庐陵人（今吉安市），永乐初入宫，累随成祖出塞北巡，“皆披戴甲胄，朝夕环卫”[3]。永乐二十二年（1424）成祖在北征蒙古回师途中病逝，李童秘密护送其遗体回京有功。宣德三年（1428）李童随宣宗出征喜峰口，还京后升授太监，正统五年（1440）曾受命主御马监太监刘顺丧事[4]，景泰三年（1452）秋旧风疾复作，来年去世，享年六十五岁，代宗“赐以玉带、蟒龙衣服，以旌异之”[5]。

李童信奉佛教，亦名李福善[6]，永乐元年（1403）道衍（姚广孝）题郑和出资刊印《摩利支天经》称“今菩萨戒弟子郑和法名福善”[7]，故推测李童或亦受持菩萨戒，福善为其法名。除创建法海寺外，正统元至二年（1436—1437）李童参与助缘司礼监太监金英创建的圆觉寺[8]，正统五年李童参与助缘御用监太监尚义创建的宝光寺[9]，正统八年法海寺完工后李童“复于寺右建一龙泉寺”[10]，正统年间李童向南京弘觉寺奉施金铜尊胜塔像[11]；等等。

据老照片，法海寺大雄宝殿西壁像坛上最南侧原立有李童塑像〔图3、4〕，与罗汉塑像并列，塑像中李童头竖髻，身着宽袖袍服，腰系布带，显得较为虔诚、质朴，笔者认为该像自明代前期起应一直位于此处[12]。结合李童逝世后被安葬于法海寺侧的事实来看，李童创建法海寺应有将其作为生坟佛寺

1 李童碑尚保存于原址，碑记拓片见前揭《北图拓本汇编》第51册，第188页。

2 碑曰：“于都城之西翠微山，创建梵刹一所。完备，太上皇帝（英宗——笔者注）赐额为‘法海禅寺’。”此外李童碑称法海寺创建年代为正统二年（丁巳，1437），与胡濙、王直撰法海寺碑不符，另法海寺正统四年《佛顶尊胜陀罗尼经幢铭》（现立于大雄宝殿外东侧，铭文拓片见前揭《北图拓本汇编》第51册，第96页）亦明确记法海寺创建于正统四年，故知李童碑有误。

3 前揭李童碑，碑记拓片见前揭《北图拓本汇编》第51册，第188页。

4 （明）王直：《太监刘顺墓表》，碑记拓片见前揭《北图拓本汇编》第51册，第105页。

5 前揭李童碑，碑记拓片见前揭《北图拓本汇编》第51册，第188页。

6 法海寺《佛顶尊胜陀罗尼经幢铭》称鸠资创建法海寺者为“大明金台大夫李福善”，王直撰法海寺碑阴署款称“建寺功德主太监李福善”，另法海寺《楞严经幢刻铭》称经幢系“太监李福善同信官贺佛信阮觉保等立”，故知李善福即李童。

7 参见（明）姚广孝著，栾贵明编：《姚广孝集》，商务印书馆，2016年，第325页。

8 金英《圆觉禅寺新建记》，碑记拓片见前揭《北图拓本汇编》第51册，第95页。

9 胡濙撰《敕赐宝光禅寺助缘记》助缘内官名单中有李童，碑记拓片见前揭《北图拓本汇编》第51册，第99页。撰者姓名已泐不可辨识，但是其官职为“资德大夫正治上卿礼部尚书□太子宾客兼国子祭酒”，故知为胡濙。

10 据李童墓碑，碑记拓片见前揭《北图拓本汇编》第51册，第188页。

11 南京弘觉寺塔地宫出土金铜尊胜塔像基座上刻“佛弟子御用监太监李福善奉施”铭文。参见廖旸：《南京弘觉寺塔地宫出土金铜尊胜塔像新考》，《故宫博物院院刊》2001年第6期。

12 详见本文“三 大雄宝殿塑绘之配置及思想”的论述。

图5 明 王玺、王鉴供养像 四川平武报恩寺万佛阁下层

图6 明 谕祭王振碑之王振蟒服像 北京智化寺内

之考虑。功德主以供养人像的形式出现在佛寺石窟中较为常见，但一般是以谦卑、虔诚的姿态出现在最下层[1]。敦煌吐蕃、归义军时期（中唐至宋），莫高窟中流行将窟主父母及牌位像绘于主室前壁门上方，突出了家窟之性质及祭祀先祖之功能[2]，反映了功德主意识之突显。明前期佛寺中出现有皇帝万岁牌位之供奉，如宣德二年（1427）御用监太监孟继等在青海瞿昙寺隆国殿内立汉、藏、梵文“皇帝万万岁”的牌位[3]，表明在佛寺营建、设计过程中皇权意志之强化，及传统佛教礼制之让步。正统五至十一年（1440—1446）龙州宣抚司佥事王玺创建报恩寺，不仅在大雄宝殿设“当今皇帝万万岁”的九龙牌位，还在万佛阁下层释迦及十大弟子像前，立王玺、王鉴父子供养像[4]〔图5〕，塑像中二人均着朝服，拱手作听法状，虽然神态虔诚谦恭，但所处位置突出，且体量不小于弟子像，体现了功德主意志对传统佛教礼制之突破。天顺元年（1457）英宗复辟后，在王振创建的智化寺内立旌忠祠，祠内供王振像，“俨居高座，玉带锦衣，香火不绝”[5]，殿侧谕祭王振碑现今尚存，碑上刻有王振蟒服像〔图6〕。李童在法海寺大雄宝殿像坛上以较为虔诚、质朴之姿态出现，既是听闻佛法之信众，又与十六罗汉像等一起被香火奉祀，与该寺兼作李童生坟佛寺之功能相符。

坟寺主要指为守护先祖坟茔置办之佛寺。坟寺之置，以宋代最为兴盛[6]，如司马光称：“凡臣僚之家，无人守坟，乃于坟侧置寺，啖以微利，使之守护种植而已。”[7]由于宦官之推动，明代坟寺再次趋于兴盛，宦官因身体残缺无子嗣，以及死后不被允许进入祖坟，因此在明代掌权后，生前多为自己营建生坟佛寺，期望死

1 《帝后礼佛图》一般占据整壁，比较特殊，不在此例。

2 可参见王中旭：《阴嘉政窟：敦煌吐蕃时期的家窟艺术与望族信仰》，民族出版社，2014 年，第 66 — 100 页。

3 可参见王中旭：《中国古代物质文化史・寺观壁画（明清）》，开明出版社，2016 年，第 91 页。

4 参见四川省文物考古研究所等编著：《平武报恩寺》，文物出版社，2008 年，第 27 页；前揭《中国古代物质文化史・寺观壁画（明清）》，第 123 — 136 页。

5 （清）沈廷芳：《御史沈廷芳奏请仆毁前朝逆阉王振塑像折》，故宫博物院文献馆编：《史料旬刊》第 12 期，1931 年。

6 白文固《宋代的功德寺和坟寺》将宋代坟寺分为皇帝陵寺、嫔妃亲王公主等的皇家坟寺、贵戚勋臣的坟寺、中下地主及富商的坟庵等四类。白文固文载《青海社会科学》2000 年第 5 期。

7 （宋）司马光：《传家集》卷三〇“言永昭陵寺札子”，《景印文渊阁四库全书》第 1094 册，台湾“商务印书馆”，1983 — 1986 年，第 294 页。

后能借寺院香火而被奉祀，如宦官刘若愚称："中官最信因果，好佛者众，其坟必僧寺也。"[1]

李童营建之法海寺兼具坟寺功能，对明代宦官营建坟寺有先导性的意义。洪武朝虽然设立了宦官机构十二监，但是对宦官防范甚严，如洪武十七年（1384）在宫门中置"内臣不得干预政事，犯者斩"的铁牌[2]。永乐朝始宦官逐渐得到重用，在皇室影响下，宦官也开始有奉佛、布施甚至是营寺之举，其中以七下西洋的郑和最为著名[3]。宣德后期至正统年间，宦官在北京营建佛寺之风始盛，笔者列明宣德后期至正统九年（1444，以王振建智化禅寺完工年代为下限——笔者注）北京地区宦官营建佛寺表如下，并绘制地理位置分布示意图〔图7〕。

表一

寺名	始创年代	完工年代	建寺功德主	开山住持	依据碑文
秀峰寺	1433	1437	太监高让	智深	梨澄《敕赐秀峰寺碑》[4]
净明寺	1433	1438	中贵阮伯山		胡濙《敕赐净明禅寺记》[5]
崇化寺	1434	1437	司设监太监吴亮		杨溥《敕赐崇化寺记》、倪谦《敕赐崇化禅寺藏殿记》[6]
金山宝藏寺	1434	1439	钦差镇守陕西等处监督总兵、御马监兼尚宝监太监王贵	道深	道深《皇帝敕赐金山宝藏禅寺记》[7]
圆觉寺	1436	1437	司礼监太监金英（李童参与助缘）		金英《圆觉禅寺新建记》
崇福寺	1437	1438	内侍官宋文毅等		陈贽《重建崇福寺碑记》[8]
宝林寺	1438	1439	内官监太监王直	悟清	王直等《敕赐宝林禅寺碑》、胡濙《敕赐宝林禅寺兴造记》[9]
宝光寺		1440	御用监太监尚义（李童参与助缘）		胡濙《敕赐宝光禅寺助缘记》
广宁寺		1440	尚宝监太监王彦		杨荣《敕赐广宁寺记》[10]
法海寺	1439	1443	御用监太监李童	福寿	胡濙、王直撰法海寺碑
龙泉寺	约1443		御用监太监李童		胡濙撰李童碑
智化寺	约1443[11]	1444	司礼监太监王振		王振《敕赐智化禅寺之记》[12]

1 前揭《酌中志》卷二二，第195页。

2 前揭《明史》卷七四，第1826页。

3 郑和认为在下西洋期间受到佛法护佑，为酬答佛恩多有建寺之举，如永乐年间郑和增置南京天妃庙为吉祥寺，创建南京静海寺，重修福建闽县云门寺等。参见杜常顺：《明代宫廷与佛教关系研究》，中国社会科学出版社，2013年，第197页。

4 碑记拓本见前揭《北图拓本汇编》第51册，第108页。

5 碑记拓本见前揭《北图拓本汇编》第51册，第91页。

6 碑记拓本见前揭《北图拓本汇编》第51册，第85、111页。

7 碑记拓本见前揭《北图拓本汇编》第51册，第93页。

8 碑记拓本见前揭《北图拓本汇编》第51册，第106页。

9 碑记拓本见前揭《北图拓本汇编》第51册，第109、110页。

10 碑记拓本见前揭《北图拓本汇编》第51册，第100页。

11 参见刘敦桢：《北平智化寺如来殿调查记》，《中国营造学社汇刊》第三卷第三期，1932年，又见于刘敦桢：《刘敦桢全集》第一卷，中国建筑工业出版社，2007年，第48页。

12 现立于智化寺内，可参见北京文博交流馆编：《古刹智化寺》，北京燕山出版社，2012年，第12页。

建寺、塔守护坟茔并非李童一人之想法，而是反映了当时宦官对将来死无所依的普遍忧虑。尚宝监太监王彦创建的广宁寺比法海寺早三年完工，杨荣撰《敕赐广宁寺记》碑[1]称：

> 公（王彦——笔者注）今年将七十，而好善之心亹亹不倦，复出楮币若干，买地于昌平县桃峪口之阳，将创立禅宇，且卜寿藏为身后计，曰："吾生有重信，没有所依归也。"

其中提到王彦年将七十，创建佛寺的同时"且卜寿藏为身后计"，而且还引用了王彦本人的话，说他自己生前敬信佛教，死后也要有所依归。

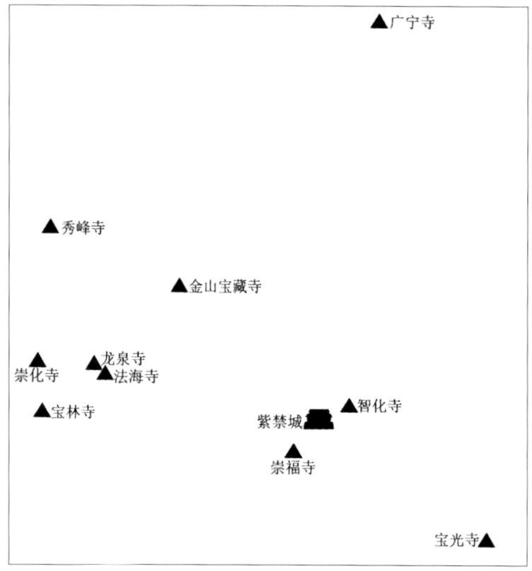

注：崇化寺、圆觉寺因无法确定准确位置，故该示意图中未标识。

图7　明宣德后期至正统九年北京宦官创建佛寺地理位置分布示意图

像李童、王彦这样有权势的太监可以营建寺院，普通宦官则有集资建塔之举。正统九至十年（1444—1445），宦官武偶与同侪共同出资在秀峰寺左建普同寿塔，胡濙撰《普同塔记》提到武偶观风水认为秀峰寺左为山川气脉所在，适合作为"寿藏之所"，于是发动同侪集资预建普同寿塔，死后"悉藏其魄于内"，还特别提到武偶等害怕沦亡之际"仓促无依而不得其所"。[2]

此外，法海寺完工后一年，司礼监太监王振舍宅建智化禅寺，王振撰两通碑记[3]中均未提到建寺与他对将来寿藏之考虑有关。王振得英宗器重，尤其是正统七年太皇太后驾崩后，三杨（杨荣、杨士奇、杨溥）或死或不出或老病，王振"遂跋扈不可制"，并被认为是导致土木堡之变英宗被俘的罪魁祸首，王振本人亦在土木堡之变中被杀。英宗复辟后，"赐振祭，招魂以葬，祀之智化寺"[4]，在智化寺内立旌忠祠供奉王振像，智化寺故而兼具坟寺功能。

宦官通常对身后事比常人更为忧虑，李童碑称其六十四岁时"旧染风疾"复作，那么李童五十一岁创建法海寺时或已染风疾，结合法海寺大雄宝殿明前期即立有李童塑像来看，李童营建法海寺应兼具生坟佛寺之功能。虽然法海寺选址位于古龙泉寺侧，但是并未占用龙泉寺额，故李童在法海寺完工后另建一龙泉寺，如此急迫建寺或与其风疾有关。法海寺建成后十一年，李童因风疾发作去世，其同居义嗣谭应等，将其葬于法海寺侧，并邀请为法海寺撰碑记的礼部尚书胡濙撰写墓碑文。

1　碑记拓片见前揭《北图拓本汇编》第51册，第100页。

2　胡濙撰《普同塔记》曰："中贵武偶等，驻秀峰之左，相其阴阳，观其向背，审其气脉，龙穴攸在，诚足为寿藏之所。爰发普心，以为独私于己，曷若与众共之？吾侪同际升平之世，共趋殿陛之间，夙夜行藏，身心休戚，罔或不同生？既如斯，亡殁亦宜同聚处。盖人之生死，如阴阳昼夜，乃理之常，世所难免。因追念先辈沦亡之际，间有仓卒无依而不得其所者，由是亟募众缘，佣工运甓，豫建普同寿塔一座，其崇三丈有奇，俾凡后之弃假归真者，悉藏其魄于内，以妥其灵。"塔记拓片见前揭《北图拓本汇编》第51册，第141页。

3　（明）王振《敕赐智化禅寺之记》《敕赐智化禅寺报恩之碑》现均仍立于智化寺内，可参见前揭《古刹智化寺》，第12、13页。

4　前揭《明史·王振传》，第7772－7774页。

二　开山住持福寿与禅寺之性质

法海寺天王殿前台阶西、东侧分别立王直、胡濙撰建寺碑文，其中王直系受开山住持福寿之邀，碑阴书助缘汉藏僧人及官员，开山住持、喇嘛及本山僧众名录；胡濙系受李童同寅太监之请，碑阴书助缘宦官及信众名录。这两通碑分别代表了该寺创建的两股重要力量，一是以福寿为代表的汉藏僧人，另一是以李童为代表的宦官。

王直撰法海寺碑[1]曰：

> （李童）求可以任开创之事者，得福寿师，相与协心同力，课役程功。……师号南山，僧录司右善世雪峰渊公法嗣也，守道励行，精勤不懈，既克如公之志，而四方学徒之来游者日益众，蔚然京师名刹也。

称李童与僧录司右善世祖渊法嗣福寿协心同力，共同创建了法海寺。其后王直还提到建寺“不难”之原因，一在于李童“其志甚笃”“其心甚诚”，另一则在于福寿之“专确”（专精坚定）。

据明傅瀚撰《僧录司左觉义兼大功德禅寺住持嵩岩寿禅师塔铭》[2]及相关史料，福寿禅师（1400—1471），亦名嵩岩寿禅师，号南山，广西横州人，九岁出家，约正统元年（1436）成为祖渊法嗣，正统八年被任命为法海寺开山住持，正统十四年（1449）祖渊去世后，福寿奉旨接替祖渊做大功德禅寺住持，景泰元年（1450）升僧录司右觉义，三年（1452）住持□（觉？）义寺，仍兼功德寺住持，成化六年（1470）上疏乞求退休，一年后于大兴隆寺圆寂，其弟子慧义将其葬于法海寺塔林，天子谕旨祭奠[3]。

王直撰法海寺碑阴刻助缘禅师僧官名录，其中包括僧录司右善世祖渊[4]。据《补续高僧传·祖渊传》，祖渊（1389—1449），字天泉，号雨庵，江西庐陵人，幻居戒公入室弟子，宣德初住持福州雪峰寺，宣德九年（1434）被诏入京命为僧录司左觉义，兼功德寺住持，后升为右善世。祖渊与太监兴安、李童均关系密切。兴安在正统、景泰朝受宠，与祖渊“拓地三百亩，甃石作安和桥，筑庵桥侧，命僧守之”[5]“临殁，遗命舂骨为灰，以供浮屠”[6]。笔者注意到，祖渊与李童同岁且同籍，不仅助缘营建法海寺，而且其弟子福寿又是法海寺开山住持，故认为祖渊在法海寺营建过程中扮演了关键的角色，福寿与李童一起创建法海寺并担任该寺开山住持应即受祖渊之推荐。

胡濙、王直撰法海寺碑中均提到，寺建成后英宗赐额“法海禅寺”，突出了其禅寺之性质，这与祖渊、福

---

1 碑记拓片见前揭《北图拓本汇编》第51册，第114页。

2 现存于法海寺塔林，塔铭拓本见前揭《北图拓本汇编》第52册，第187页。

3 法海寺塔林保存有《福寿谕祭碑》。

4 洪武十五年（1381）改善世院为僧录司，设左右善世、左右阐教、左右讲经、左右觉义。参见（明）申时行等修，（明）赵用贤等纂《大明会典》卷二二六，《续修四库全书》第792册，上海古籍出版社，2002年，第655页。

5 （明）明河：《补续高僧传》卷一八，《新编卍续藏经》（下文简称《续藏经》）第134册，台北：新文丰出版股份有限公司，1993年，第301页下栏。

6 前揭《明史》卷三〇四，第7770页。

寿禅师之身份一致。洪武十五年（1382）太祖诏谕将佛寺分为禅、讲、教三等[1]，通俗地讲，禅即禅悟，讲即讲经，教即从事佛事活动。祖渊兼任大功德寺住持后，奏请进一步严格区分禅、讲、教三宗寺院，以他住持的大功德寺为禅寺之代表，并提出多增加五分之一的度僧名额，从而使更多的废刹得到重新兴盛[2]。

与祖渊整顿三宗寺院纲序相契合，法海寺之建筑布局、僧众配置则均体现了明代禅寺之规制。胡濙撰法海寺碑曰：

> 中为大雄宝殿，左右列以伽蓝、祖师二堂，环翼两庑。后殿之前，左为方丈之所，右为选佛之场。四天王殿居大殿之前，钟、鼓二楼附焉。护法金刚之殿又居其前。像设庄严，悉涂金碧，光彩炳耀，与夫云堂厨库、旦过僧寮、供佛之仪、饭僧之器，制之宜有者，罔不精备。外则缭以穹垣，远门复拠于山口。[3]

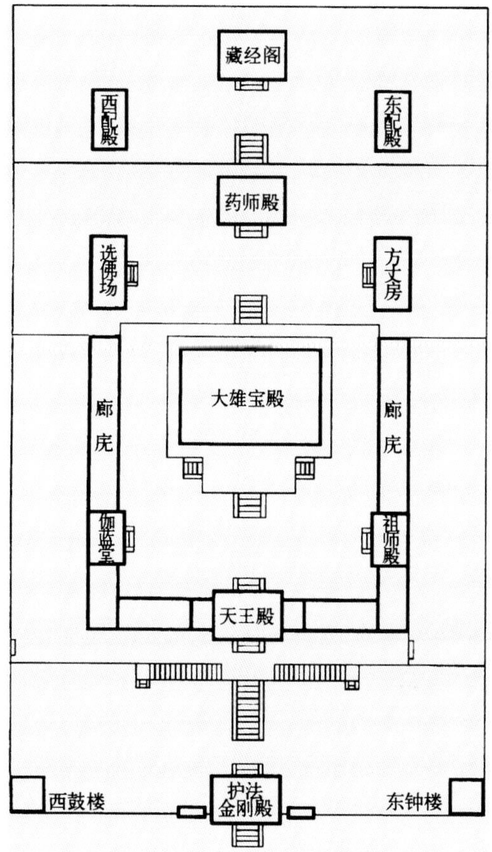

图8　明代法海寺建筑布局示意图

（采自北京法海寺文物保管所、中国旅游出版社画册编辑室编《法海寺壁画》，中国旅游出版社，1995年，第5页）

结合该寺现存建筑可复原其始建时之布局〔图8〕，该寺依山而建，坐北朝南，分为前、中、后三院，以中院大雄宝殿为中心，强调中轴线布局，中轴线上南起依次为护法金刚殿（前院）、四天王殿、大雄宝殿（以上为中院）、后殿（后院），钟、鼓楼，伽蓝、祖师堂，选佛场、方丈房分列前、中、后三院两庑。胡濙、王直撰法海寺碑中均未提到藏经阁，正统十年（1445）英宗钦颁法海寺《大藏经》一部，并立有敕谕碑[4]，推测此时应增建有藏经阁，现存藏经阁遗址整体往东偏离中轴线约4米，亦说明藏经阁和大雄宝殿等并非同时所建[5]。

法海寺以正殿大雄宝殿为中心，强调中轴线和前、中、后院的布局，功能完备，布局规范，堪称明前期禅寺布局之典范。法海寺布局亦部分地受到祖渊住持的大功德寺的影响，并在该寺基础上有所完备。大功德寺系宣德四至六年（1429—1431）孙皇后出资在北京玉泉山麓创建，该寺为中轴线布局，以前、后殿为中心，前有山门（即三门），后有法堂[6]。

1　参见（明）葛寅亮撰，何孝荣点校：《金陵梵刹志》上册卷二，天津人民出版社，2007年，第53页。

2　《补续高僧传·祖渊传》曰："师念禅讲教三宗，名不可不正，奏以大功德、大慈恩、大隆善三寺为之。繇是，三宗弟子，各有依归，传道授业，而纲绪始无紊乱矣。又以天下寺多废，繇学徒未广，于尝度正额外，增其数五之一，一时受度者，如川汇云委，其徒之繁昌，废刹多繇是而兴。"参见前揭《补续高僧传》卷一八，第301页上栏。

3　碑记拓片见前揭《北图拓本汇编》第51册，第112页。

4　碑记拓片见前揭《北图拓本汇编》第51册，第131页。

5　参见苗天娥：《法海寺的建筑形制及特色略考》，《北京文博》2007年第1期。

6　据宣宗御撰《大功德寺记》，"中建二□（殿），后为法堂……外作钟、鼓楼，又外建三门""而别建僧居于寺之右"。见（明）朱瞻基：《大明宣宗皇帝御制集》卷三，《四库全书存目丛书》集24，齐鲁书社，1997年，第133页上栏。

笔者发现，稍早及同时期创建的北京禅寺之布局，多不及法海寺完备、规整。如净明寺有“前后大殿、山门、伽蓝、丈室、僧房”[1]；崇化寺以佛殿（正殿）、天王殿为中轴线，前、后院布局[2]；金山宝藏寺虽然“随山高下，分为三级”，但相当于是以普觉殿（正殿）、前殿为中轴线的前后院布局，普觉殿两掖设左右配殿，中轴线两庑列方丈房、禅堂，钟、鼓楼等[3]；圆觉寺中轴线上南起依次为山门、天王殿、如来宝藏殿（正殿）、圆觉殿（后殿），两侧有钟、鼓楼，观音、地藏殿等[4]；宝林寺中轴线上有山门、四天王殿、大佛宝殿（正殿），三大士殿或为后殿，两侧设钟、鼓楼，伽蓝、祖师堂等[5]。

唐代百丈怀海禅师以六祖惠能以来禅僧“多居律寺，虽别院，然于说法、住持未合规度”，创意别立禅宗寺院，确立规式，其中重要一项是“不立佛殿，唯树法堂者，表佛祖亲嘱授，当代为尊也”[6]，亦不注重塑像、壁画之制作。宋代禅寺或以法堂兼作佛殿，或在法堂前专设佛殿，并设知殿一职管理佛殿。前述明代前期禅寺之布局，均突出了佛殿之中心地位，并在殿内供奉塑像和绘制壁画，此做法虽然与禅宗南宗“不立文字，直指人心”[7]的教旨不合，但却与明太祖以来诸帝注重强调佛教对普通信众教化之功能相符，并直接促使了明代佛教壁画之复兴。

王直撰法海寺碑阴列有第一代住山僧众职衔、名录，分西序、东序、列职杂务三类[8]，与《敕修百丈清规》“两序章”大体相符，并增加了部分职衔。从僧名来看，第一代住山僧众应均为汉僧。《敕修百丈清规》由元至元二年（1265）德辉奉敕在百丈怀海制定禅门规式的基础上重编而成，明正统七年（1442）英宗下旨重刊以为禅寺之遵依，并敕命礼部尚书胡濙等作序。

此外，王直撰法海寺碑阴还列有释迦也失等四位助缘藏传佛教僧人及领占巴等三位同开山喇嘛名录，黄颢《北京市法海寺藏族助缘僧人考》[9]对他们的事迹有逐一考证。同开山喇嘛的存在说明有喇嘛具体参与了法海寺之营建，这与法海寺塑像、壁画艺术及相关遗存所体现汉藏融合之特点一致，然而从法海禅寺之名称、建筑布局、塑绘艺术、开山住持及第一代住山僧众之组成来看，法海寺作为禅寺之性质是明确的，只是部分地融入了藏传佛教的因素。[10]

---

1 前揭胡濙《敕赐净明禅寺记》，第 91 页。

2 杨溥《敕赐崇化寺记》曰：“中为佛殿，殿之前为天王殿，左为伽蓝殿，右为祖师殿，复为重屋，设钟鼓。”碑记拓片见前揭《北图拓本汇编》第 51 册，第 85 页。

3 第一级正殿为普觉殿，塑毗卢如来及文殊、普贤像，左右掖配殿分别塑“安护法”“开山寿”像；第二级左右侧分别列方丈房、禅堂，前殿供奉正法明王如来像；第三级左右分别立钟、鼓楼。见前揭道深：《皇帝敕赐金山宝藏禅寺记》，第 93 页。

4 金英《圆觉禅寺新建记》曰：“中为如来宝藏［殿］，左观音殿，右地藏殿，前天王殿，后圆觉殿，廊□□（侧？）写五百罗汉像，钟鼓之楼，禅堂，斋堂，僧房，外有山门，金刚具像。”碑记拓片见前揭《北图拓本汇编》，第 95 页。

5 胡濙《敕赐宝林禅寺兴造记》曰：“先作大佛宝殿暨文殊普贤观世音三大士殿，与夫四天王殿，伽蓝、祖师二堂，山门，方丈，禅室，□（斋）堂，厨库，廊庑，□□（钟鼓？）之楼以次”。碑记拓片见前揭《北图拓本汇编》第 51 册，第 110 页。

6 （宋）道原著，顾宏义译注：《景德传灯录译注》第 1 册卷六“禅门规式”，上海书店出版社，2013 年，第 428 页。

7 （宋）重显颂古，克勤评唱：《佛果圜悟禅师碧岩录》卷一，《大正新修大藏经》（下文简称《大正藏》）第 48 册，台北：新文丰出版公司影印，1996 年，第 140 页上栏。

8 西序有前堂首座、后堂首座、书记、知藏、知客、知浴、知殿、衣钵、侍者，东序有提典、都管、都寺、都人、监寺、维那、副寺、典座、直岁，列职杂务有寮元、库司、寮主、延寿堂主、净头、化主、园主、磨主、水头、炭头、庄主。

9 参见前揭《在北京的藏族文物》“北京法海寺”，第 31 － 35 页。

10 苗天娥：《宿白先生谈法海寺》（载《北京文博文丛》2018 年第 1 期）提及，1999 年宿白在观摩法海寺时举办的座谈会上谈到，法海寺是格鲁派的藏传佛教寺院，参与法海寺修建的释迦也失是格鲁派黄教的主要人物宗喀巴的大弟子。该文系根据宿白座谈会录音稿整理，在宿白逝世后发表，未经宿白审阅。笔者认为，宿白的谈话只是强调了法海寺与藏传佛教黄教之间的渊源，并非对法海寺做全面考察后对法海寺性质所做的结论。从本文所列举的材料全面、综合来看，法海寺作为禅寺的性质是明确的。

图9 法海寺大雄宝殿外景

图10 法海寺大雄宝殿三世佛像
（采自杨博贤主编《法海寺壁画》，第79页）

图11 法海寺大雄宝殿东壁罗汉及大黑天像
（采自杨博贤主编《法海寺壁画》，第78页）

三 大雄宝殿塑绘之配置及思想

迄今为止，法海寺已历经五百多年风雨，幸运的是大雄宝殿较为完好地保存了下来〔图9〕，从风格来看，现存殿内壁画亦为正统四至八年建寺时原绘。

大雄宝殿为庑殿顶，面阔五间，进深三间。殿内塑像已毁[1]，据1937年安吉拉·莱瑟姆等拍摄的照片，可知殿内中心佛坛上原供奉有三世佛塑像〔图10〕，即过去燃灯佛（或迦叶佛）、现在释迦牟尼佛和未来弥勒佛，象征过去、现在、未来世界一切诸佛，中间释迦佛两侧各立一胁侍菩萨，可能分别是文殊、普贤[2]；东、西壁前像坛上各有八尊罗汉塑像〔图11〕，合为十六罗汉像[3]。据当地老人讲，“三世佛及背光用料为金漆楠木，木工活相当精细”[4]，罗汉像为泥塑。

据老照片，东、西壁像坛上罗汉像南端还有大黑天、李童塑像，大黑天像作蹲踞姿踏一仰卧神身上，二臂，左手托噶巴拉碗，与故宫博物院藏永乐款铁鎏金大黑天像风格相似〔图12〕。此外，德国人赫达·莫里逊（Hedda Morrison）二十世纪三、四十年代拍摄的照片显示，除大黑天、李童像外，大雄宝殿东、西壁像坛上罗汉像北端还分别有大成就者比瓦巴像、思维菩萨像〔图13〕，其中比瓦巴像为游戏坐姿，右手托噶巴拉碗，左手食指指天，其风格与首都博物馆藏永乐款比瓦巴像相似；思维菩萨像头戴冠，游戏坐姿。

邢鹏、齐峰《从老照片中发现的法海寺佛教造像》提出：“根据照片所表现出的比瓦巴像、思维菩萨像和二臂大黑天像、李童像与诸罗汉像、三世佛像的颜色差异可知，这四尊像的雕塑、装饰时间与采用漆金工艺的三世佛像、罗汉像不同，且这四尊造像的题材内容、风格与殿堂中其他塑像、壁画营造出的氛围

---

1 “文革”期间，法海寺管理人员吴效鲁老人以个人之机智和敢于拼命之决心，保护大雄宝殿壁画未受损伤而仅泥塑被“红卫兵”砸毁。参见丁传陶：《保护法海寺的有功之臣吴效鲁》，北京市政协文史资料委员会编：《北京文史资料精选 石景山卷》，北京出版社，2006 年，第 173 — 175 页。

2 二胁侍菩萨均无能体现其身份的特征，《释门正统·塔庙志》曰：“今殿中设释迦、文殊、普贤、阿难、迦叶、梵王、金刚者，此土之像也。……盖若以声闻人辅，则迦叶居左，阿难居右；若以菩萨人辅，则文殊居左，普贤居右。”（参见南宋宗鉴集：《释门正统》卷三，《续正藏》第 130 册，第 790 页下栏）故认为可能是文殊、普贤。

3 罗汉是声闻弟子证得最高果位者，至此果位断尽一切烦恼，在中国有十六、十八、五百罗汉之说，其中十六罗汉符合唐玄奘译《法住记》中“佛薄伽梵般涅槃时，以无上法付嘱十六大阿罗汉并眷属等，令其护持使不灭没”（《大正藏》第 49 册，第 13 页上栏）的记载，十八罗汉系北宋时在十六罗汉的基础上再增加两尊而成，相对而言十六罗汉更契合佛经原意。

4 参见苗天娥：《法海寺的建筑形制及殿堂内部设置略考》，北京市石景山区文化委员会编：《纪念法海寺开放二十周年文集》，2006 年，第 122 页。

图12 明 铁鎏金大黑天像 故宫博物院藏

图13 法海寺大雄宝殿东壁北侧罗汉及比瓦巴像（赫达·莫里逊摄，采自邢鹏、齐峰《从老照片中发现的法海寺佛教造像》，第57页）

（造像组合内容）并不一致。加之这四尊像均位于角落中，都说明这四尊像可能是后来被安置在大雄宝殿中的。”[1]

从照片上看，李童等四尊像与十六罗汉像的台座确实并非一体，然而笔者仍然认为李童等四尊像应是在建寺后不久即位于此处。其中一个直接证据是，十六罗汉像的台座与其后壁画紧贴，台座后的壁画由于长时间被遮挡，因此其颜色现今依然如新，被遮挡与否的壁画之间有一条明显的新旧印痕。经实地考察比较，笔者发现最北侧比瓦巴像、思维菩萨像方形台座后壁画颜色如新，而最南侧大黑天、李童像因分别为半蹲像及立像，台座低矮，故壁画未被遮挡。同时鉴于李童等四尊塑像之风格属于明前期，且四尊像正好占满整个像坛，体现了一定的规划性，故推测李童等四尊像应是建寺后不久即位于此处，大约不晚于李童逝世之景泰四年。

李童像以较为虔诚、质朴的姿态位于大雄宝殿，体现了该寺兼作其坟寺之功能。大黑天像与李童像相对，唐神恺记《大黑天法》称“大黑天神斗战神也，若礼彼神，增其威德，举事皆胜，故向祀也”，又称其为伽蓝保护神，“五天竺并吾朝诸伽蓝等皆所安置也”[2]，为密教（含藏密）中的重要护法神。[3]

三世佛顶部各有一绘制精美的曼陀罗藻井，一般认为中央为毗卢遮那曼陀罗，东边为药师佛曼陀罗，西边为阿弥陀佛曼陀罗，象征三身及十方诸佛。此外，大殿天花板还布满以梵文名称第一个字母代表本尊的毗卢遮那佛曼陀罗[4]。

东、西壁均绘制有壁画，每壁纵11米，高3.2米，上部绘三组祥云，中间祥云上坐五佛，北侧祥云上坐六菩萨，南侧祥云上坐四菩萨，东、西壁合为十方佛、十二圆觉菩萨和八大菩萨。东、西壁上部最南侧还各绘有一捧花之飞天。

十方为四方、四维、上下之总称，佛教认为十方有无数世界，一一世界中又有诸佛及众生，十方世界诸佛即十方佛，其中以西方极乐世界阿弥陀佛（意译为无量寿佛）最为中国信众所熟知[5]。图中十方佛结禅定印、合掌印、触地印、说法印等〔图14〕，无表示特定尊像身份之标识。

1 邢鹏、齐峰：《从老照片中发现的法海寺佛教造像》，《北京文博》2010年第4期。

2 《大正藏》第21册，第355页中、下栏。

3 此外，唐不空译《仁王护国般若波罗蜜多经》称外道师令斑足王取千王头以祀“冢间摩诃迦罗大黑天神”（《大正藏》第8册，第840页中栏），可知大黑天亦为坟冢保护神，似与该寺兼作李童坟寺之功能相契合。

4 参见前揭《北京法海寺》，第195页。

5 唐玄奘译《称赞净土佛摄受经》记十方世界诸佛名为：东方不动如来、南方日月光如来、西方无量寿如来、北方无量光严通达觉慧如来、下方一切妙法正理常放火王胜德光明如来、上方梵音如来、东南方最上广大云雷音王如来、西南方最上日光名称功德如来、西北方无量功德火王光明如来、东北方无数百千俱胝广慧如来。

图14 明 十方佛（之五） 法海寺大雄宝殿西壁

图15 明 八大菩萨（之四） 法海寺大雄宝殿西壁

圆觉即圆满之觉性，谓如来所证之理性具足万德，圆满周备，欲证圆觉而未极圆觉者为菩萨，具足圆觉而住持圆觉者为如来。十二圆觉菩萨依据的是唐佛陀多罗译《大方广圆觉修多罗了义经》，依次为文殊师利、普贤、普眼、金刚藏、弥勒、清净慧、威德自在、辨音、净诸业障、普觉、圆觉、贤善首。四川平武报恩寺大雄宝殿西、南、北三壁保存有正统十一年（1446）绘十二圆觉菩萨像，按照《大方广圆觉修多罗了义经》中诸菩萨的顺序排列，其中每尊菩萨多持有能代表其身份的法器，如文殊持如意、普贤捧贝叶经、弥勒持其上绘有兜率天宫的方形扇、净诸业障持摩尼宝珠等[1]，法海寺十二圆觉菩萨则未注重通过位序及持物区分其身份。

八大菩萨有多种说法，一般是指唐不空译《八大菩萨曼荼罗经》中所提到的观世音、弥勒、虚空藏、普贤、金刚手、文殊、除盖障和地藏菩萨。《八大菩萨曼荼罗经》对每位菩萨的持物结印、冠都有详细的规定。法海寺图中东壁四菩萨北起依次持宝珠、如意、金刚杵、白色碗及柳枝，西壁四菩萨北起依次持经卷、青色碗及柳枝、结禅定印和扇形麈尾〔扇面上绘大海及祥云承托之日月，图15〕，与《八大菩萨曼荼罗经》之规定不符。按照佛教图像系统，执如意者应为文殊，持经卷者应为普贤，持金刚杵者可能是金刚手。亦有不规范无法对应者，如持碗和柳枝者应为观世音，但是图中出现了两位（碗的颜色一为青色一为白色）；持扇形麈尾者扇面上绘天宫者为弥勒，但是该图中扇面上绘大海及祥云承托的日月等。

东、西壁下部绘青绿山石、栏杆、流水、花木等，底层有祥云承托，衬托着前方坛上的十六罗汉等塑像。

三世佛坛背屏墙后壁绘水月观音、文殊、普贤三大士像，三幅图像均高4.5米、宽4.5米，突出了正面“偶像”的特征，为游戏坐姿。中间为水月观音像〔图16〕，圆光内绘观音坐山石间，背后云气间有竹林，圆光下方有水流，圆光外侧左下有善财童子合掌，右下为其坐骑金毛犼，左上立一只鹦鹉，右上为韦陀。西侧为文殊菩萨，手持如意，圆光右下绘于阗王和狮子（文殊坐骑），左下为文殊化现老人。文殊、于阗王、大圣老人、狮子的组合源于五代两宋时期流行的“新样文殊”[2]。东侧为普贤菩萨，右手持红莲，莲花上置经册，为与文殊相对应，圆光左、右下分别绘有中年信士、番王和六牙白象（普贤坐骑）。

1 参见前揭《中国物质文化史 寺观壁画（明清）》，第123－128页。

2 新样文殊的研究可参见荣新江：《归义军史研究——唐宋时代敦煌历史考索》，上海古籍出版社，1996年，第252－256页。

图17 明 大梵天及诸天图 法海寺大雄宝殿北壁东侧

图16 明 水月观音像 法海寺大雄宝殿三世佛坛背屏墙后壁

图18 明 帝释天及诸天图 法海寺大雄宝殿北壁西侧

图19 明 大梵天像局部
法海寺大雄宝殿北壁东侧

北壁门东、西侧分别绘大梵天、帝释天引导诸天朝中间行进之情形〔图17、18〕，以大梵天、帝释天及其统领的四大天王为主，呈对称式布局，每幅画面高3.2米，长7米。大梵天是色界初禅天之主，图中大梵天呈男相〔图19〕，作天帝装扮，一手持香炉一手拈香。帝释天为欲界三十三天之主，图中帝释天作女相，双手合掌。据李通玄《新华严经论》，帝释天所居山顶四埵各有八天王，加上中顶的帝释天，为三十三天，帝释天不仅是此三十三天之主，也统领居住于山顶四埵的天王，图中四大天王分别持琵琶、剑、蛇、幢。

南宋以来，主要有十六、二十诸天之说。南宋神焕、志磐均倡导十六诸天，神焕撰《诸天列传》已不存[1]，其后志磐在神焕义基础上撰《供天礼文》，曰：

> 先梵、释，次北天。……次东、南、西天，次功德、大辩。若摩利支、韦驮二天，是明智住南湖日加入之。事见本传。次密迹、散脂、树神、地神、鬼母、二十八部，共十六位，以此为定。[2]

行霆比志磐稍早，在十六诸天基础上（以摩醯首罗天替代志磐倡导之二十八部），加上日、月、娑竭罗

1 （南宋）志磐：《佛祖统纪·神焕传》中保存有其序文。

2 （南宋）志磐撰，释道法校注：《佛祖统纪校注》卷三四，上海古籍出版社，2012年，第754页。

龙王、阎摩罗王四位，形成二十诸天[1]，其位次如下表：

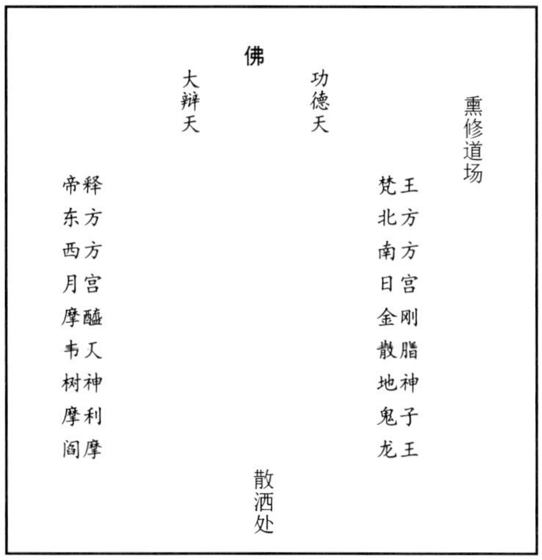

法海寺梵释诸天壁画表现的是二十诸天，根据诸天形象及位次，法海寺北壁门东、西侧梵释诸天依次为：

表二

	第一排	第二排左/右	第三排左/右	第四排左/右	第五排左/右	第六排
北壁东侧	大梵天	东方持国天/南方增长天	摩醯首罗天/功德天	日宫天子/摩利支天	坚牢地神/韦驮天	龙王
北壁西侧	帝释天	北方多闻天/西方广目天	菩提树神/大辩才天	月宫天子/鬼子母	散脂大将/密迹金刚	阎摩罗王

对照可知法海寺壁画中二十诸天之名称与行霆之说完全相符，仅有数位天神的位次略有调整[2]。

三世佛坛背屏墙后的水月观音、文殊及普贤三大士像，因地制宜构建出另一个供信众膜拜的空间[3]，文殊、普贤像同时也与北壁之帝释天、大梵天像相对应，符合唐代以来《文殊、普贤并侍从图》中体现出的主从关系：帝释天、大梵天分别是文殊、普贤菩萨的侍从[4]。

概而言之，法海寺大雄宝殿以供奉的三世佛为中心，建构了一个十方佛、十二圆觉菩萨、八大菩萨及十六罗汉等降临，及梵释诸天前来奔赴的佛会道场，众神祇之间的主从关系可以用下图表示：

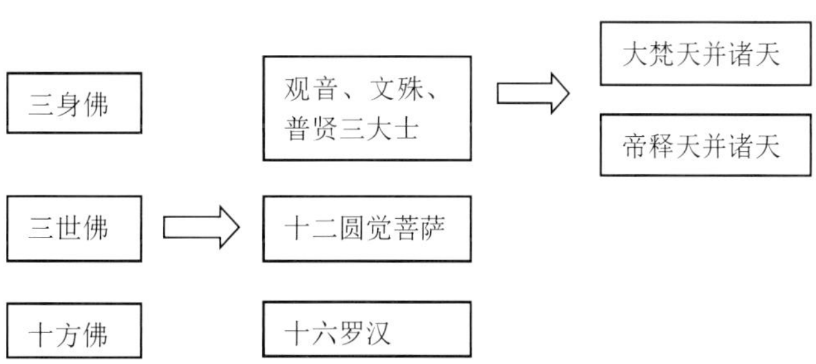

1 （南宋）行霆述：《重编诸天传》，《续正藏》第150册，第253－284页。

2 如功德天、大辩才天回到四天王后，摩醯首罗天、菩提树神的位次被提前，密迹金刚因形象上与散脂大将接近而被推后与之并列等。

3 如宝林寺单独建有“文殊普贤观世音三大士殿”，见前揭《敕赐宝林禅寺兴造记》，第110页。

4 参见前揭《阴嘉政窟：敦煌吐蕃时期的家窟艺术与望族信仰》，第223－232页。

当然，无论是表示时间概念的三世佛，还是表示空间概念的十方佛，都是法身佛毗卢遮那佛（天花板有毗卢遮那佛曼荼罗）之化现。整个大雄宝殿所构建的，正如胡濙撰法海寺碑所言："像设庄严，雄伟壮丽，拟灵山之嘉会，祇园之胜境也"，另考虑到该寺禅寺的性质，可以用"禅苑胜会"来概括其主题。

四 大雄宝殿塑绘艺术与明前期宦官之佛教信仰

营建法海寺主要牵涉到三方面的力量：一是皇帝对佛教之态度及朝廷之佛教政策，二是佛教义理之规范及佛寺营建之传统，三是功德主之诉求、想法，建寺功德主李童则起着串联上述三方面力量之纽带、核心作用。笔者认为，法海寺大雄宝殿塑绘之配置，在明前期禅寺艺术中具有一定的代表性，可以看作是以李童为代表的宦官佛教信仰形态、方式之体现。

唐宋佛殿壁画以经变画最为流行，经变画是以视觉图像的形式，将某一部或某一类大乘佛经呈现出来，除装饰佛殿外，亦有宣扬佛经义理及配合讲经之功用，经变画在元明仍有延续。晚唐以来，服务于水陆法会的水陆画开始兴起，当时水陆画主要绘制在挂轴上，元明时佛寺始有水陆殿之设，即设置有专门绘制水陆画之佛殿。明太祖以来明前期诸帝均注重区分禅、讲、教三宗，及整顿、规范佛寺，在此情境下，御用监太监李童建寺，必然会考虑遵从皇帝对佛教之态度及朝廷之佛教政策，从最终结果来看，李童也是将该寺作为禅寺之典范来规划的。在法海寺大雄宝殿塑绘配置之考虑上，经变、水陆画因分别注重服务于讲经和水陆法会，与禅寺典范之规划明显不符。

法海寺大雄宝殿营建了一个以三世佛说法为中心，诸佛、菩萨、罗汉降临之佛会道场，突出了佛、菩萨、罗汉之组合及类别特征，而不强调单尊神祇之个性或故事性情节，只能依靠数量及类别特征判断他们的身份，如三世佛、十方佛、十二圆觉菩萨、八大菩萨和十六罗汉等。法海寺大雄宝殿塑绘之配置，笔者认为与明前期诸帝及朝廷对佛事之重视有关。

元代朝廷将佛寺分为禅、讲、律三类，洪武十五年礼部改律为教，将佛寺分为禅、讲、教三类，称"教者演佛利济之法，消一切现造之业，涤死者宿作之愆，以训世人"[1]，明年又强调"即今瑜伽显密法事仪式，及诸真言密咒，尽行考较稳当，可为一定成规，行于天下诸山寺院，永远遵守"[2]，体现了朝廷对佛事之重视，究其原因在于太祖希望借民间盛行的各种显密佛事教化民众，以达到佛教阴翊王度、暗助王纲之功用，太祖的佛教政策在明前期基本得到延续。

以唱诵名号的形式奉请诸佛、菩萨等降临法会道场，是佛事活动中极为重要的一环，其中以水陆法会最为典型[3]。另明成祖御制《诸佛菩萨尊者名称歌曲》，其"序"称依腔奉诵诸佛菩萨尊者名号，具有生则延寿

1 前揭《释鉴稽古略续集》卷二，第932页上栏。

2 前揭《释鉴稽古略续集》卷二，第932页下栏。

3 可参见前揭《中国古代物质文化史 寺观壁画（明清）》，第11－23页。

消罪，死则不堕地狱之功效[1]。佛事活动及吟唱佛曲对尊像名号之重视，与法海寺大雄宝殿塑绘突出尊像组合、强调类别特征相契合。

法海寺梵释诸天壁画突出了诸天信仰。诸天以赴会的形式出现，亦与佛事关系密切。生活于南朝梁陈至隋的天台智者大师智顗创金光明忏法[2]，其中奉请之诸天包括"大梵尊天、三十三天、护世四王、金刚密迹、散脂、大辩、功德、诃利帝南鬼子母等五百徒党"[3]。此外，前文述南宋神焕、志磐，行霆分别倡导十六、二十诸天之说，亦均与供天礼仪有关[4]。

对于普通信众而言，诸天信仰则主要体现了生天及修福灭罪的思想。佛教认为，根据生前罪福，人死后主要有往生净土、生天和下地狱等去处。相对于净土而言，天界离现在众生居住的世界较近，敦煌归义军时期的《三界九地之图》（P.2824）形象地展示了佛教关于世界的认识〔图20〕，以须弥山为中心，须弥山脚四周为四大洲（我们现住其中南赡部洲），下为地狱，山脚往上为四天王天等四天，山顶为忉利天，再往上有其他欲界四天（包括兜率天）[5]、色界十八天和无色界四天。唐代以来开始流行生天信仰，主要是往生弥勒菩萨所居之兜率天或帝释天所居之忉利天[6]。诸天信仰亦与修福灭罪思想有关。按相关佛经，帝释天敕四天王按察世间众生善恶，覆校众生罪福，如《四天王经》称帝释敕四王各治一方，"常以月八日遣使者下，案行天下，伺察帝王、臣民、龙鬼、蜎蜚、蚑行、蠕动之类，心念、口言、身行善恶"，如遇修行斋戒，启帝释天后，"释敕伺命，增寿益算；遣诸善神，营护其身"。[7]阎罗王是增减众生罪福具体执行者，如《梵网戒经》称"福多者（帝释天、四大天王——笔者注）敕司命下阎罗五官除罪增禄"[8]，法海寺图中阎罗王左侧马面执白幡〔图21〕，右侧牛头扛长锯，突出了招魂和惩罚的职责。

笔者发现，明前期北京佛寺塑绘艺术多突出诸天信仰，其中多为宦官创建之禅寺。大觉寺系宣宗为圣母皇太后营建，该寺大雄宝殿西壁（后壁）现存三世佛像系从智化寺移入，北、南壁坛上立二十天塑像则应为建寺时原塑〔图22〕，与

图20　三界九地图　归义军时期
法国国立图书馆藏　P.2824
敦煌藏经洞出土

---

1 （明）朱棣《诸佛菩萨尊者名称歌曲·序》称："善男子，善女人，能洁净一心，至诚顶礼，依腔奉诵，即感天人证果，佛祖鉴临。生则衣食丰足，寿年延永，罪业消释；死则不堕九幽，脱离诸苦，延及先世皆得超度。"见《永乐北藏》第179册，北京线装书局，2000年，第331、332页。

2 智顗文已佚，但是在《国清百录·金光明忏法》中有简要的叙述。

3 （隋）灌顶纂《国清百录》卷一，《大正藏》第46册，796页中栏。智顗确定的诸天位次对其后有很大的影响，如北宋天台大师遵世《金光明忏法补助仪》中奉请的诸天就无变化。

4 明清时又有二十四、二十七甚至是四十九天者，如晚明北京千佛寺（清更名为拈花寺）二十四诸天像在二十诸天的基础上增加了紫薇大帝、东岳大帝、雷神、紧那罗王。参见周叔迦：《二十四诸天考》，周叔迦：《周叔迦佛学论著全集》第4册，第1657－1662页。

5 含前四天王天、忉利天，合为欲界六天。

6 参见前揭《阴嘉政窟：敦煌吐蕃时期的家窟艺术与望族信仰》，第345－354页。

7 （南朝宋）智严、宝云译：《佛说四天王经》，《大正藏》第15册，118页中栏。

8 转引自前揭《佛祖统纪校注》卷三四，第752页。

图21 明 阎罗王像
法海寺大雄宝殿北壁

图22 明 诸天像（之二）
北京大觉寺大雄宝殿北壁西侧

图23 明 梵王像
北京智化寺如来殿

图24 明 摩利支天像
北京法海寺大雄宝殿北壁

宣宗《御制大觉寺碑》"像设俨然，世尊在中，三宝以序，诸天参列"[1]的表述相符。据杨荣撰碑记，广宁禅寺系太监王彦创建的生圹佛寺，"创三世佛殿五间，规划如制，四壁绘诸天梵像"[2]，可知正殿供三世佛塑像，四壁绘梵释诸天壁画。王振创建的智化禅寺如来殿内供释迦及二胁侍天神像，二天神一执拂尘，一捧金刚杵，《释门正统·塔庙志》曰："梵王执炉，请转法轮。金刚挥杵，卫护教法也。"[3]故判断可能是梵王、金刚像〔图23〕。

相对大觉寺、广宁寺塑绘之配置而言，法海禅寺大雄宝殿将梵释诸天像绘制在了后壁，而在左、右壁增加了降临法会的诸佛、菩萨、罗汉像，营造出法会庄严之胜境。此外李童早在正统四年始创法海寺时，就立有佛顶尊胜陀罗尼经幢一座，上刻有"灭罪真言、生天界真言"等[4]，一方面表明有唱诵"生天界真言"的相关佛事活动在法海寺举行，另一方面突出诸天信仰实际上与法海寺兼作生圹佛寺之功能相符，脱离地狱诸苦及修福灭罪思想尤能满足宦官之心理需求。另如郑和刊印的《摩利支天经》即宣扬摩利支天陀罗尼之佛典，法海寺所绘梵释二十诸天像之中就有摩利支天〔图24〕，不空译经称："此菩萨有大悲愿，常于苦难恐怖之处，护诸有情，不令天龙鬼神人及非人怨家恶兽所能为害。"[5]

法海寺大雄宝殿塑绘艺术与李童御用监太监之身份相契合之处还在于：第一，梵释诸天图中突出了扮作帝后或帝王形象之天神，包括大梵天、帝释天，日、月宫天子，龙王、阎罗王等，这也应是法海寺选择二十诸天而非十六诸天的原因之一。第二，重视祥云、祥瑞之表现，如三世佛坛背屏整壁绘祥云图烘托前方的三世佛塑像；东、西壁注重以祥云分割画面，衬托佛会胜境之庄严；壁画中众神祇均被祥云包围、衬托；东、西壁重视吉祥、奇异花木之表现；水月观音像中出现有鹦鹉；等等。虽然描绘祥云是佛寺壁画的一般性特点，但是相对前代及同时代佛寺壁画而言，法海寺壁画中祥云面积所占比例明显偏大，对后世佛寺重视壁画

1 碑记拓片见前揭《北图拓本汇编》第 51 册，第 58 页。
2 前揭《敕赐广宁寺记》，第 100 页。
3 参见前揭《释门正统》卷三，第 790 页下栏。
4 现保存于法海寺内，拓片见前揭《北图拓本汇编》第 51 册，第 96 页。
5 《大正藏》第 21 册，第 261 页。

祥云之表现具有先导性的意义。

李童最终选择或认可在大雄宝殿内营造出以三世佛说法为中心的佛会胜境，及突出诸天信仰，是考虑、权衡朝廷政策、佛教规范及个人想法之后的结果，与他营建禅寺典范之规划相符。

五 结 语

明正统四至八年御用监太监李童营建法海寺之目的，一是借佛恩报皇恩，另一是为自己修福并兼作生坟佛寺。创寺时李童已经五十一岁，可能患有风疾，与其他宦官一样，李童因身体残缺、无子嗣，故对身后事比常人更为忧虑。虽然大雄宝殿内李童像以虔诚、谦恭之姿态出现，但是也反映了在佛寺营建、佛殿塑绘配置中，功德主个人意识之强化及佛教礼制之让步。

明前期朝廷禁止私人建寺，李童创建法海寺，需事先获得朝廷的认可。在正式动工前，李童还需寻得“可以任开创之事”的僧人，福寿禅师应是被其师、时任僧录司右善世的祖渊推荐给李童，祖渊与李童同籍同岁，亦为该寺的重要助缘者。与祖渊、福寿禅师之身份相符，法海寺是按照禅寺来布局、规划，以大雄宝殿为中心，强调中轴线和前中后三院布局，为明前期禅寺布局之典范。

法海寺大雄宝殿以供奉的三世佛为中心，构建了一个十方佛、十二圆觉菩萨、八大菩萨、十六罗汉等降临，梵释诸天奔赴的佛会道场，堪称是禅苑胜会。大雄宝殿塑像、壁画之配置，既与禅寺性质、朝廷佛教政策及宫廷趣味相符，又满足了李童等宦官之心理需求，可以看作是明前期以李童为代表的宦官佛教信仰形态、方式之体现。

概而言之，法海寺之性质主要应为禅寺，并兼有李童生坟佛寺之功能，其建筑布局、塑绘艺术与该寺性质、功能关系密切。此外，有证据显示，李童动用了宫廷工程营缮所的力量营建法海寺，笔者还发现负责法海寺壁画绘制的画士官王恕，其官职应为锦衣卫镇抚[1]，由此可以明确法海寺壁画为正统年间宫廷绘画之代表。关于法海寺壁画之图式、风格研究，限于篇幅，容另文再叙。

[作者单位：故宫博物院书画部]

1 前揭《皇帝敕赐金山宝藏禅寺记》，第 93 页。

周密书画鉴藏述论

Discourse on Zhou Mi's Authentication and Collection of Calligraphy and Paintings

段莹

Duan Ying

内容提要：

周密为宋末元初著名诗词家、笔记撰述家和鉴赏家。其在宋时即已留心鉴藏，入元后寓杭，身为南宋遗老，抗节遁迹，为士人景慕。与诸名公交游，往来观画。所著《云烟过眼录》《志雅堂杂钞》等书记录了当时重要鉴藏家的书画收藏和众多名迹的基本情况，为后世的书画鉴定和著录提供了重要的资料。本文即拟从周密书画鉴藏的家族影响、在宋季和入元后的鉴藏活动、周密书画鉴定的特色与方法、周密的书画收藏及题跋印鉴等几个方面，对周密在书画鉴藏方面的成就和贡献展开讨论。

关键词：

周密 《云烟过眼录》 书画鉴藏

ABSTRACT:

As a famous poet, note writer, and connoisseur in the turning of the Song (960-1279) and the Yuan (1271-1368) dynasties, Zhou Mi had taken up calligraphy and painting authentication and collection in the Song period. Since settling in Hangzhou in the Yuan dynasty, he was respected by scholars as loyalist to the Southern Song dynasty (1127-1279). Since then he socialized with celebrities and perused their collections. His *Record of Clouds and Mist Passing before One's Eyes* (*Yunyan guoyan lu*) and *Random Jottings from the Hall of Elegant Intent* (*Zhiya tang zachao*) recorded collections of important connoisseurs at that time and basic information of numerous masterpieces, providing valuable information for the authentication and documentation by later generations of scholars. This article discusses Zhou Mi's achievement in and contribution to calligraphy and painting authentication and collection from several aspects, including family influences, authentication and collection activities in late Song and early Yuan periods, features and methods of Zhou Mi's authentication, and his calligraphy and painting collections, postscripts and seals.

KEYWORDS:

Zhou Mi, *Record of Clouds and Mist Passing before One's Eyes (Yunyan guoyan lu)* and *Random Jottings from the Hall of Elegant Intent (Zhiya tang zachao)*, authentication and collection of calligraphy and paintings

周密字公谨，号草窗、蘋洲、泗水潜夫、弁阳老人等，出生于南宋理宗绍定五年（1232），卒于元成宗大德二年（1298）。在文学史上，周密是一位知名人物。他诗词并能，而以词闻名。其词宗姜夔，以草窗之号与吴文英（梦窗）并称"二窗"，结集有《草窗韵语》《草窗词》等。入元后词尤借绮词托故国之思，为人称道。其所编《绝妙好词》集，选录南宋自张孝祥至仇远一百三十二家词人词作，论者以为"去取谨严"（《四库提要》），"蕴藉雅饬，远胜草堂花庵诸刻。"（《余氏序》）除此之外，周密也是一位笔记著述大家。在家学影响下，他以故国文献为己任，所作笔记有《齐东野语》《癸辛杂识》《浩然斋雅谈》《武林旧事》等。这些笔记涉及南宋政坛旧事、风俗逸闻等，可补正史之缺，为宋史及相关领域研究提供了宝贵的资料。

而在诗词、笔记的成就之外，周密还有另一方面的贡献，即是书画鉴赏。作为南宋士大夫文化滋养下的文人和世家子弟，周密的爱好十分广泛，书画鉴赏即是其一。这一爱好贯穿他的青年、中年和晚年。他作有《志雅堂杂钞》，其中记录了他关于古物书画的见闻和观览经历，后来他又在《志雅堂杂钞》的基础上，整理出《云烟过眼录》，成为关于宋末元初书画鉴藏最为重要的著录书。周密结交者，包括赵孟頫、鲜于枢、郭天锡、王芝、乔篑成等等，皆是当时第一流的书画家和鉴藏家。作为南宋遗老，周密在元初的鉴藏圈享有很高的威望。虽不以收藏之富著名，但却因学养和见识的丰富，受到当时鉴藏圈中诸人的敬重。以学者身份坐镇鉴藏圈，会集众多文人雅士，引领了元初鉴藏的潮流，这应是周密对于元初书画鉴藏的特殊意义。本文即拟对周密的书画鉴藏及贡献展开讨论。

一　周密鉴藏家身份形成的家庭背景

周密出身于文宦世家。其祖先为济南望族。《珊瑚木难》卷五《弁阳老人自铭》王英孙填讳云："六世祖芳，隐历山，熙宁间以孝廉征，不就，赐光禄少卿。五世祖孝恭，吏部郎中，知同州，赠殿中监。高祖立，赠大中大夫。"[1]其曾祖周秘曾任御史中丞，扈从高宗南渡，始居吴兴。祖父周珌为刑部侍郎，赠少傅。父周晋字明叔，号啸斋，曾仕枢府。[2]《杭州府志》引《富阳县志》云："周晋字明叔，济南人，宝祐中义乌令，周密父也。绍定四年令富阳，慈明太后崩，梓宫百饰皆自承办，不以一钱科扰民，民称'周佛治'。会江驿修学宫，备祭器，刻其模于石。"[3]

周密家不仅世代文臣，且为书籍、金石收藏之世家，至其父周晋收藏更富。《齐东野语》"书籍之厄"条云：

> 吾家三世积累，先君子尤酷嗜。至鬻负郭之田，以供笔札之用。冥搜极讨，不惮劳费。凡有书四万二千余卷。及三代以来，金石之刻一千五百余种，庋置"书种""志雅"二堂，日事校雠，居然籯金之富。[4]

---

1 （明）朱存理：《珊瑚木难》卷五，民国适园丛书本。

2 （明）赵琦美：《赵氏铁网珊瑚》卷一三"高尚书《夜山图》"周密跋下注云："山东伧父字公谨，号草窗，枢密之子。"

3 《杭州府志》卷一一七，1922 年本。

4 （宋）周密撰，张茂鹏点校：《齐东野语》卷一二，中华书局，1983 年，第 216 页。

当时书籍收藏以著名藏书家陈振孙所藏最富。《齐东野语》载:“近年惟直斋陈氏书最多,盖尝仕于莆,传录夹漈郑氏、方氏、林氏、吴氏旧书至五万一千一百八十余卷。”[1]而周密家世代积累,到其父周晋时已有四万二千余卷的规模,虽稍次于陈振孙,在当时也称得上是重量级的藏书家。

周密岳父杨伯嵒亦富收藏。《绝妙好词笺》云:“伯嵒字彦瞻,号泳斋,杨和王诸孙,居临安。淳祐间除工部郎,出守衢州。钱唐薛尚功之外孙,弁阳周公谨之外舅也。有《六帖补》二十卷、《九经补韵》一卷行世。”杨伯嵒为杨和王后人。周密著述中经常提到杨和王逸事及书画藏品,如《齐东野语》“杨府水渠”条、“向氏粥田”条,《云烟过眼录》著录鲜于枢藏“王右军《与桓温荐谢玄》真迹”云:“杨和王故物也,有杨倓名印。”又高克恭藏“赵昌画折枝花四段”云:“本杨和王家故物。”这些关于杨和王的记载很有可能来自杨伯嵒。

据夏承焘《年谱》考证,周密与杨氏缔婚,在淳祐七年(1247)随父离衢州,赴柯山时。时周密十六岁。又杨伯嵒卒于宝祐二年(1254),时周密二十三岁,则周密在书画鉴藏方面受杨伯嵒指点应在这七年间。《云烟过眼录》卷下著录“杨彦德伯嵒号泳斋所藏”八目,这些藏品中有四幅为宣和御画,另外四幅又经绍兴内府收藏,有高宗御题御印,皆为名家之迹。周密当时年龄尚小,初步接触书画鉴藏,对这些藏品的观览对于周密鉴藏眼界的培养影响是很大的。

开庆元年(1259),周密又至杨伯嵒书房,得薛尚功摹钟鼎款识真迹二十卷。明都穆《寓意编》亦载:“史丈复有薛尚功摹钟鼎款识真迹二十卷,后题云:嘉熙三年冬十有一月,望后二十一日,外孙朝奉郎新知临江军杨伯嵒拜观于二十四叔外翁书室。后二十年弁阳周密得之外舅泳斋书房。”[2]此时杨伯嵒已去世五年,周密二十八岁。这说明杨伯嵒在去世之后,他对周密书画鉴藏的影响还在持续着。事实上,直到入元后,周密还在观览杨伯嵒藏品。景炎二年(1277),周密湖州家破,与妻党杨大受有连,依之居杭。《志雅堂杂钞》记载杨伯嵒所藏林彦祥临伯时本卢鸿《草堂十志图》,并记录志文及诸家题跋甚详。说明周密在杨大受处寄居期间,曾再次细观伯嵒藏画。

二 周密在宋季的交游与鉴藏活动

从宋理宗宝祐三年(1255)至恭帝德祐二年(1276)的这段时期,周密正处在二十四岁至四十余岁期间。这一时期,元军已南下入侵宋国,但政局仍维持着表面的安定。值末代之际,士人中尚浮华、重享乐的风气蔚为鼎盛。文人之间嘉会吟咏,品题书画,风气不绝。周密在这一时期开始仕宦生涯,并逐渐进入词坛,交结名士,声望渐著,以承平贵公子的形象显名于世。马廷鸾《题周公谨弁阳集》云:“公谨上世为中兴名从臣,家弁阳,迩京师,开门而仕,则跬步市朝之上;闭门而隐,则俯仰山林之下。其所交皆承平诸王孙,觞咏流行,非丝非竹,致足乐也。”[3]此外,周密还与赵孟坚等名书画家交往,并参与到书画鉴藏活动当中,这为他入元后向书画鉴藏兴趣的转移奠定了基础。

1 《齐东野语》卷一二,第217页。
2 (明)都穆:《寓意编》,清刻奇晋斋丛书本。
3 (宋)马廷鸾《碧梧玩芳集》卷一五,民国豫章丛书本。

周密家族姻亲对于书画鉴藏的雅好，使得周密很早就接触到书画收藏，并得以与书画家与鉴藏家往来。景定元年（1260），周密二十九岁，与赵孟坚游湖，鉴赏书画。《齐东野语》卷十九“子固类元章”条云：

> 庚申岁，客辇下，会菖蒲节，余偕一时好事者邀子固，各携所藏，买舟湖上，相与评赏。饮酣，子固脱帽，以酒晞发，箕踞歌《离骚》，旁若无人。薄暮，入西泠，掠孤山，舣棹茂树间，指林麓最幽处，瞪目绝叫曰：“此真洪谷子、董北苑得意笔也。”邻舟数十，皆惊骇绝叹，以为真谪仙人。[1]

景定元年赵孟坚六十一岁，已是名满天下的大家，周密能够从赵孟坚游，“各携所藏，相与评赏”，恐怕还是得益于藏品的精好。这与周密家藏之富和早年鉴藏眼界的开阔是有关系的。周密集中有《水仙谣为赵子固赋》，又有词跋赵孟坚《水仙图》，今藏大都会博物馆，文不录。

周密又曾从宋宗室赵与訔游，并观其所藏书画。赵与訔（1213—1265），字中父，号菊坡，为秀安僖王四世孙，师垂孙，希戴子。[2]赵孟頫父。生平事迹详见赵孟頫《先侍郎阡表》[3]。赵与訔卒，周密作《挽赵菊坡二首》。其一云：“感怀空抱羊昙恨”[4]，以羊昙自比，可知曾受知于与訔。[5]

从赵与訔卒年可推知，周密与之交往应在景定年间，时周密三十余岁，恰从临安府幕职辞官归吴兴，后来杭参与杨缵组织的雅集，与诸公高会酬唱，词名日盛。当时得与訔盼睐，或即是受到词坛名望的影响。加上周密与赵与訔皆为湖州人，这也拉近了周密与赵与訔的关系。

周密与赵与訔的关系，影响到其与赵孟頫、赵孟籲的交往。孟籲字子俊，孟頫弟。周密曾观孟籲藏品。《云烟过眼录》卷下言：“赵子俊孟籲藏一爵，其款云自火，色黑而褐，亦佳物也。”[6]周密与赵孟頫关系更为密切，笔者有专文探讨，在此不再详述[7]。

这一时期周密交游者又有金应桂。应桂字一之，号荪壁，钱塘人。在宋为贾似道门客，入元隐居不仕。《绝妙好辞笺》引《佩楚轩客谈》云：“金应桂字一之，雅标度，能欧书。受知贾似道，居西湖南山中，筑荪壁山房。左弦右壶，中设图史，客至，抚摩谛玩，清谈娓娓。每肩舆入城府，幅巾氅衣，望之若神仙然。”[8]周密有《积庆山访金荪壁》《荪壁惠白踯躅口占以谢》。金氏收藏书画，有米芾书《上清储祥宫碑》，参见《云烟过眼录》。

咸淳九年（1273，癸酉）冬，周密在疏清翁处得观杨无咎《双清图》，并和杨无咎《柳梢青》梅词四首。事迹见其《柳梢青序》。疏清翁姓字无考，应也是一位雅好收藏书画的文士。

---

1 《齐东野语》卷一九，第357页。

2 （元）脱脱等：《宋史》卷二二二，中华书局，1977年，第6410页。

3 （元）赵孟頫著、黄天美注解：《松雪斋集》卷八，西泠印社出版社，2012年。

4 （宋）周密：《草窗韵语》卷五，蒋汝藻《密韵楼景宋本七种》，民国乌程蒋氏乐地盦刻本。

5 参见夏承焘：《周草窗年谱》，夏承焘：《夏承焘集》第一册《唐宋词人年谱》，浙江古籍出版社、浙江教育出版社，1997年。

6 （宋）周密：《云烟过眼录》卷下，商务印书馆，1939年，第65页。

7 段莹《周密与赵孟頫交游问题琐议》，《书法丛刊》2019年第1期。

8 （宋）周密编，（清）查为仁笺：《绝妙好词笺》卷六，清文渊阁四库全书本。

德祐元年（1275，乙亥）春，周密受邀入秘书省观画。《云烟过眼录》“宋秘书省所藏”条下云：

乙亥春，秘丞王汝济以蓬省司点，邀予偕行。于是具衣冠，望拜右文殿，然后游道山堂。堂有坡仙所作竹石，历汗青轩，登浑仪台，观铜浑仪。仪色泽如银如玉，精致特甚。后步玉渠，登秘阁，阁内两旁皆列龛，藏先朝会要及御书画。别有朱漆巨匣五十余，皆古今书法名画也。是日仅阅秋收冬藏内画，皆以鸾鹊绫象轴为饰。有御题者则加以金花绫。每卷表里皆有尚书省印。关防虽严，往往以伪易真，殊不可晓。其佳者有：

董元《笑虞丘子图》。

唐模顾恺之《说经图》。此二画绝高古。

李成《重岩寒溜图》。

孙太古《志公像》。

展子虔《伏生》。

无名人《三天女》。亦古妙。

燕文贵纸画《山水》小卷。极精。

赵士雷《湘乡小景》。

符道隐《山水》。

胡瓌《马》。

关仝《山水》。

文与可《枯木竹石》。

陈晦《柏》。

余悉常品，亦有甚谬者。通阅一百六十余卷，绝品不满十焉。余想象书之，以为平生清赏之冠。

《齐东野语》卷十四所载略同，兹不录。入秘阁观画对周密而言是一次非常难得的经历，被周密推为“平生清赏之冠”。对他鉴赏经验的积累起到了关键性作用。

三　周密入元后的寓杭与鉴藏活动

周密在南宋时，即多次往还于杭州、湖州、会稽、义乌等地。德祐元年（1275），元军攻陷临安。德祐二年（1276），宋恭帝降元。景炎二年（1277），周密湖州家破，始终身寓杭。牟巘《周公谨复庵记》：“周公谨以复名其山中之庵，间谓予曰：‘岁丁丑，吾庐破，始去而寓杭。’”

周密来杭后，初依妻党杨大芳居。至元十九年（1282）五月杭州金波桥大火，居所被烧毁。遂依妻党杨大受居。戴表元《杨氏池堂燕集序》云：“霅周公谨与杭杨承之大受有连，依之居杭。……大受昆弟捐其余地之西偏，使自营别第以居，公谨遂亦为杭人。”[1]据夏承焘考证，杨沂中园宅在西湖者，南山路有杨郡王府上园亭，小麦岭有松庵，西湖三堤路有杨园，北山路有杨和王府水阁、杨府廨宇、聚秀园、云洞园，环碧园亦在北山路。戴序谓杨氏捐余地使草窗自营别第，当即环碧。柯绍忞《新元史·周密传》又云：“宋亡，寄杭州，居癸辛街杨沂中之瞰碧园。”[2]则是周密的另一个主要住处。周密湖畔别第与癸辛街瞰碧园皆依傍西湖，不唯尽览湖山胜景，也为周密与在杭士人的交游高会提供了地理之便。

随着周密的寓杭，其新的交际也相应展开。至元二十三年（1286），周密邀请戴表元、王沂孙、仇远、白珽、张楧等在杨氏池堂宴集。戴表元《杨氏池堂燕集序》云：

> 丙戌之春，山阴徐天祐斯万、王沂孙圣与、鄞戴表元帅初、台陈方申夫、番洪师中中行，皆客于杭。……杭人之有文者，仇远仁近、白珽廷玉、屠约存博、张楧仲实、孙晋康侯、曹良史之才、朱棻文芳从之游。及是，公谨以三月五日，将修兰亭故事，合居游之士凡十有四人，共燕于曲水。

可以看到，在这场宴集中，周密所邀请者既有王沂孙等故知，也有一些新识的杭士。如仇远、白珽、屠约、张楧、戴表元等。仇远字仁近，号山村民，钱塘人。南宋咸淳时即以诗名。至元中荐为溧阳教谕，转宝庆路教授，不赴，改将仕郎。杭州路总管府知事致仕。张翥、张雨、莫维贤皆出其门。白珽字廷玉，号湛渊，钱塘人。本四明舒少度遗腹子，由通武郎白嵘育以为嗣。工诗，与仇远并称“仇白”。伯颜平江南，檄为安丰丞，不赴，至元二十八年授太平路儒学正，迁婺州路兰溪州判官。屠约字存博，杭人，与白珽、仇远结诗友。初为溧水训导，后升徽州教授。张楧字仲实，号菊存，为南宋中兴四将之一循王张俊的五世孙，自署西秦张楧。以诗才获牟巘赏识，因以女妻之。又与邓文原友善。曾官江阴学正、宜兴州教授等。张楧与张枢为平辈，为张炎叔伯，与这个圈子的关系也是十分密切的。与周密新识者还有戴表元。表元字帅初，一字曾伯，庆元奉化州人。为元初文章大家，有《剡源集》行世。其门人最知名者为袁桷。戴表元来杭后先与屠约、白珽结识，后因二君得以结识仇远，继而融入这个圈子当中。

这次盛会是周密寓杭之初发起的一次文人雅集。参与者皆时士之冠冕。像王沂孙、戴表元等，名望已著，而仇远、白珽、屠约、张楧等，亦一时名士，甘愿从周密游，可以看出周密的影响和号召力是很大的。周密家四世清望，南宋时为一代承平佳公子，与诸贵裔名流相与往来，声名颇著。入元后，周密身为南宋遗老，隐居不仕，又使他成为抗节之领袖，在士人中为声望所归。遗民文人将他视为同道，邓牧、谢翱皆与其游。即使是后来仕元的南宋士人，也对他的名节非常敬佩。像赵孟頫与周密交往，为之作画书诗，展示藏品，随处可见敬重之意。这与周密的抗节不仕都是有关系的。

周密在词坛的名望和地位，也在很大程度上影响到他在书画鉴藏领域的交游。周密在南宋时词名已扬，与王沂孙等著名词人往来密切，为张炎父执，在元初词坛已为尊长辈。这一地位使他能够笼络一批文人才士与之同游，在杭州的交游圈中获得与鲜于枢、赵孟頫等相似的地位和号召力。

1 （元）戴表元：《剡源集》卷十，四部丛刊景明本。

2 柯绍忞：《新元史》卷二三七，1920 年，天津退耕堂本。

至元二十四年（1287，丁亥）春，周密得一本王献之《保母志》，甚宝爱之，请鲜于枢、仇远、白珽、邓文原、王易简、王英孙、王沂孙等题诗张之。元人书题跋者尚有赵孟頫、龙仁夫、杜与可，书观款者有张埛、吕同老、曹彦礼、俞德邻、汤炳龙、郭景星、张谦、胡长孺、祝宜孙等。

至元二十四年后，随着周密对杭州鉴藏圈融入度的加深，其对书画鉴藏活动的参与也开始频繁起来。根据《志雅堂杂钞》等书，将周密至元二十四年后的鉴赏活动归纳如下表。

表一　周密至元二十四年后与诸友往来观画情况

年	月日	出访/来访	观书画
至元二十六年(1289，己丑)	闰十一月二十一日	至王芝家	周昉临六朝人《天宫寺》、李成《看碑图》、乔篑成透光镜
至元二十七年(1290，庚寅)	七月二十五日	访王芝	边鸾《海棠》、伯时白描《于阗师子图》、李建中书《风后庙碑》
	九月十日	偕鲜于枢访廉希贡	观其所藏古物
	是年	王虎臣	东丹王赞华所画《番部行程图》等七目
		王虎臣家有	唐《刘良娣告》、东坡书《蔡君谟二小诗》及《杭妓周韶能小诗》等六目
		王芝	李唐《晋文公复国图》
至元二十八年(1291，辛卯)	六月十三日	访郭天锡	画之佳者有：吴道子《药师佛》等七目。书之佳者：右军《得告帖》真迹、《快雪帖》真迹、率更《梦奠帖》等九目
	十二月二十五日	司进出示	李成四单幅、吴道子《火星》、右丞《捕鱼图》、等六目
	十二月三十日	佚名携观	尉迟乙僧《天王小像》，郭祐之物。胡瓌《啖鹰图》，原伯几物。张萱《乳母抱婴图》等十一目
	是年	司进家	王维《捕鱼图》
		郭天锡家藏	李成《寒林图》、颜真卿《得告帖》等六目
至元二十九年(1292，壬辰)	正月初三	访张受益	唐人画《归去来》三幅、范宽三幅等七目，元王子庆物。唐画《阮孚蜡屐图》等五目，亦秋壑之物。董元《山水》二轴
	正月十八日	张齐卿偕尤曾五携至画凡廿八轴	内有仲元《四老围棋》、顾恺之《水阁对弈》，皆归受益。周文矩《绣女》等，刘娘子物也。《过海天王》
	三月十五日	至张谦所	见黄字一卷，《樱桃枇杷》二片，云是赵昌纸本
		因遣人同往张万户处	出五手卷：王维《渡水僧》、崔白《五禽图》等
	四月十日	偕王英孙访月涧	出御府所藏《兰亭类考》十册，凡百余种、高宗临《十七帖》、一琴等
		是日同访郭天锡	出三《天王画》、一吴道子纸粉本等十二目。闻王维画《孟浩然像》，亦归之。董元《着色山水》。又见张受益所收米帖内家书

（续表）

年	月日	出访/来访	观书画
至元二十九年（1292，壬辰）	四月十七日	王英孙携观	临《拜月帖》《九月四日》一帖、落水《兰亭》、高丽纸画四幅
	八月初一	至蒋生家	阅画数十轴：陆探微《摩利支菩萨》、滕昌祐《拒霜野凫》等
	九月十六日	访费拱辰、庄肃，庄肃出示	周昉《挥扇图》、张萱《弹琴士女》等七目
	十二月	杨叔大相赠	右军《帖石本》五轴
	是年	近见司进藏	范宽卷子、董元卷子、又荆浩《山水》一轴、易元吉《双孔雀》，元王井西物。赵林所作《豫章逢故人》双幅、阮孚《蜡屐图》
		高克恭处	周文矩《韩熙载夜宴图》
		张谦携观	米帖数册、李西台《新竹诗》一卷
		张性之携售	徐熙《芙蓉》一轴欲十定、卫贤《骡鸣图》一片二十千、赵昌《小折枝芍药萱草》两片欲十千，皆谢立斋子如翁物也。不及酬价，还之
		张谦携观	米老家书一册
		司进	阎立本画《西旅贡师子图》
		王芝家藏	李公麟画《山阴图》《归去来图》
		王英孙家藏	雪窦和尚《自书诗》
至元三十年（1293，癸巳）	二月二日	访徐琰	出王驸马水墨《烟江叠嶂图》
	二月二十日	访张谦	观《山水》，一号李成。李景元《古木雀鹑》等九目
	二月	杨金吾携观	孙太古《上真》一轴
	三月二十八日	访鲜于枢	观郝清臣所留四卷张长史《秋深帖》、孙过庭草书《千文》等五目。近新收中斋（杨）所藏献之《还期帖》
	四月二十八日	访庄肃	出张萱《鼓琴士女》、董元《溪山图》等十一目
	八月十四日	访乔篑成	出示李思训《江山渔乐图》、颜书《马病帖》、智永真草《千文》
	十月初一	访焦敏中	出孙过庭草书《书谱》
	十一月十一夜	赵孟林携观	高宗大字书《古柏行》
	十一月十三日	善之携观	高克恭所收赵昌画折枝卷子
	十一月十九日	访鲜于枢，张谦在	观李成《晴峦叠嶂》横卷等八目，皆司德用寄售者
	十一月二十六日	访庄肃	出孙梦卿《松石问禅》一卷
	十二月三日	访庄肃	出周昉画等六目
	十二月十七日	访胡存斋	出玉花尊一只
	是年	褚雪巘携观	铜虎一半
		杨伯嵒故宅	观林彦祥临卢鸿《草堂十志诗》

（续表）

年	月日	出访/来访	观书画
至元三十一年(1294，甲午)	一月七日	张谦来访	
	三月四日	王芝携观	伯时画《草堂十志》
至元三十一年(1294，甲午)	五月三日	访张谦	观徽宗所摹李昭道《摘瓜图》、易元吉画《猪手》卷、高宗御题袁义《游鱼》，同是陈月观物。边鸾《葵花》。出示一小鼎
	九月十一日	访鲜于枢	观司进藏《山水》
	九月	访庄肃	观新收司德用两卷，内一杨光庭画《观音像》，一王诜《长江远岫图》
	十二月十四日	过泉月家，王芝取至画	内有易元吉《猴》二轴等九目
	是年	胡泳	有范长寿《西域图》、展子虔《春游图》，后皆送与张子有
		不明	观徐子方所收晋卿《烟江叠嶂图》，李世宏(为士弘误？)所收王诜《楚江清晓图》
元贞元年(1295，乙未)	一月四日	访高铸	观唐人临《兰亭》、柳公权小楷书《清净经》、曹霸《肥马》一匹、东坡书《杜少陵骠骑图诗》等八目
大德元年(1297，丁酉)	九月三日	王芝携观	陆探微《降灵文殊》

根据《志雅堂杂钞》《云烟过眼录》等书，周密在至元二十六年至大德元年间参与鉴藏活动非常频繁。特别是至元二十九年、三十年两年达到一个高峰。其间周密往往一月之内数次走访好友并观画，有时甚至一天之内拜访两位好友。与之往来较多的收藏家有王芝、王英孙、郭天锡、张谦、庄肃、司进等，此外还有鲜于枢、乔篑成、王虎臣，及《云烟过眼录》著录的一些其他的收藏家。所观书画的量也很庞大，往往一次看画十余件，有时能达到数十件的规模。其中书画大量为晋唐宋剧迹，一些甚至流传至今，可见这些收藏家对周密非常敬重，对他的意见也是非常重视的。

大德二年二月廿三日，周密与赵孟頫、郭天锡、乔篑成、王芝、邓文原等集于鲜于伯机池上，同观郭忠恕《雪霁江行图》及右军《思想帖》。胡敬《西清札记》、詹景凤《东图玄览编》皆载。《玄览编》载赵孟頫跋《思想帖》云："大德二年二月廿三日，霍肃清臣、周密公谨、郭天锡祐之、张伯淳师道、廉希贡端甫、马[日旬]德昌、乔篑成仲山、杨肯堂子构、李衎仲宾、王芝子庆、赵孟頫子昂、邓文原善之，集鲜于伯机池上。祐之出右军《思想帖》真迹，有龙跳天门、虎卧凤阁之势，观者无不咨嗟叹赏神物之难遇也。"

周密入元后兴趣向书画鉴藏转移，夏承焘言："袁桷谓草窗'晚年以赏鉴游名公间，稍失雅道'。殆谓此等。然在兵火俶扰之后，关心文物，倘亦遗民报国之深心也。"对于夏承焘先生的意见，笔者是十分认同的。

四　周密的书画鉴定特色与方法

南宋时期，文人在书画鉴定方面已经积累了一些经验和方法，如对书画的艺术风格、优劣进行辨识；尽可能多地搜集、观览名书画家的真迹，用于积累经验，辨别真伪；利用史料文献，对书迹中的年号、官职、事迹等进行考证；等等。周密的书画鉴定在继承前人的基础上，也体现出自己的一些特色。

在鉴定方面，周密首先关注书画的收藏来源问题。与当时众多书画收藏家相似，周密对宣和、绍兴、明昌内府藏品及贾似道藏品非常重视，对经眼的书画作品凡有三内府玺印，徽宗、高宗御题及贾似道印者，皆进行详细著录。对于前朝一些重要收藏者的收藏印记，如李后主、秦桧父子、韩侂胄等，也特地予以著录。对前人的题跋，特别是重要人物的题跋，往往特别指出。如董北苑松峰图双幅，周密云："玉池上有萧蔡闲又子及吴激彦高、宇文虚中题诗。"邓隐白描十二国图，周密云："尤袤延之亦有跋。"这些信息的记载，对后人研究书画的流传、真伪问题是很有助益的。

周密在鉴定中体现出好奇的特点，这与他笔记撰述家的身份是有关系的。其《癸辛杂识》《齐东野语》等笔记，皆搜罗奇闻逸事进行记载，有些甚至怪诞奇诡，逾于常情，反映出笔记家的兴趣着眼点。这一趣味也影响到周密的书画鉴定。周密对于书画佳品，往往以"奇"来称赞之。这在《云烟过眼录》中十分常见。如：

> 李思训溪山，满卷皆小景，甚奇。
>
> 陆探微降灵文殊……此画纤毫无遗恨，真奇物也。
>
> 邓隐白描十二国图……甚奇。
>
> 边鸾五色葵花，花心皆突出，蜂抱花心，不知活动，真奇物也。
>
> 石曼卿书大字筹笔驿诗，甚奇。

如此等等。周密所提到的"奇"，包含着对书画在艺术上超越常式的一种判定。或指形式的新颖、风格个性的突出，或指艺术水平的超迈，在周密看来，都是值得特别引起注意的方面。

与之相联系，周密在鉴藏中也对一些带有个性化特征的部分予以关注。如印鉴。《云烟过眼录》中著录了数方奇印，如记录王芝所藏五字不损本兰亭上姜夔印，有"四雁之印"，及"鹰扬周郊""凤仪虞庭"印。其中，"鹰扬"四字寓"姜"，"凤仪"四字寓"夔"，周密云："盖寓姓名二字，甚奇。"又李西台古篆并行书风后庙碑，有王诜印，印文用"进卿"，又一印文为：。周密云："如此位置，好奇之过。"在另一卷中，又用《保母帖》中曲水砚样，内作古篆。周密评价云："亦近世好奇士也。"又李伯时山阴图，伯时自题后用公麟小印，周密云"甚奇"。究竟是何种面貌，周密未详记，今人无法得知了。

再如押字。押字又称"花押""押署"，即签名。押字在唐宋时期非常流行，往往被设计成个性化的符号，书于书信及书画藏品幅上等处，与钤印具有同样的效果。对鉴定者而言，对押字的辨识和鉴别是书画鉴定的重要佐证。周密对押字非常留意。《癸辛杂识》后集"押字不书名"条云：

> 余近见先朝太祖、太宗时，朝廷进呈文字，往往只押字而不书名。初疑为检底，而末乃有御书批，殊不能晓。后见前辈所载，乾淳间礼部有申秘省状，押字而不书名者，或者以为相轻致憾，范石湖闻之，笑其陋云："古人押字，谓之花押印，是用名字稍花之，如韦陟五朵云是也。"岂惟是

> 前辈简帖，亦止是前面书名，其后押字，虽刺字亦是前是姓某起居，其后亦是押字。士大夫不用押字代名，方是百余年事尔。[1]

从中可以得知，唐宋时期，惯例是署押字而不书名，直到南宋后期，士大夫才很少用押字代名了。周密注意到押字的问题，属于一个阶段性的发现。在他所处的时期，押字不书名的风气已经消歇了百余年。此前，南宋中期时人对前朝人的押字尚能大体掌握，像岳珂《宝真斋法书赞》中就记载了很多宋帝及文人押字。但百余年后，对周密等宋末元初人而言，北宋至南宋前期的御押及文人押字已经比较陌生了，对于这些押字的释文、掌故，还需要凭借阅历、借助文献才能了解和掌握。因此，周密对押字的发现，对宋末元初的书画鉴藏是很有意义的。

在押字中，周密特别留意于宋诸帝御押，《癸辛杂识》"宋十五朝御押"条云：

> 太祖 太祖元押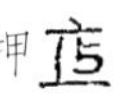 太宗 太宗元押 真宗○ 仁宗白 英宗 神宗○ 哲宗 徽宗 钦宗 高宗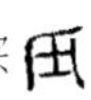 孝宗 光宗○ 宁宗 理宗 度宗[2]

需要指出的是，由于传抄、刊印之误，书中对御押的记录已经不是十分准确了。像徽宗"天下一人"御押，见于《听琴图》《祥龙石图》《竹禽图》诸画上。而这里则记成了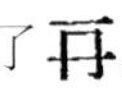，与原形相差较大。高宗"九五之尊"御押本为"伍"字略变形而来，参见高宗《盛秋敕》《批札敕》等书迹及《佛顶光明塔碑》上，而这里书中则记录为，也与原形有异。其他宋帝御押，更难以确知原迹是何种面貌。

《云烟过眼录》中著录太祖、太宗、英宗、哲宗等宋帝御押。又著录李后主花押。文人押字，有张谦所藏邓隐白描十二国图"剑南樵客赵昌"押字。又米芾花押两种。又王诜花押。徐琰所藏条下著录王晋卿《烟江叠嶂图》，云：

> 几二丈，后有与东坡唱和诗各二首，及王驸马花押收附。

又不知名押字。王虎臣所藏条下云："真宗数纸，其后臣僚奏状，既无衔位，亦只押而不书名，作匡巨状，殊不可晓。"这即是《癸辛杂识》"押字不书名"所提及的情况。

周密富学识，对书画典实也非常关注。其云："余家有《墨妆图》，不知所出，后见周宣帝传位太子，自称天元皇帝，禁天下妇人不得粉黛，自非宫人者，黄眉墨妆，方知所出。"正是考证绘画中典实的一例。对于书帖，往往考察其背景。如东坡《杭妓周韶诗》，周密细述周韶其人其事，末言："事在《侯鲭录》。"此外，周密在鉴定中还体现出用书画来校勘文献的方法。如云：

---

1 （宋）周密撰，吴企明点校：《癸辛杂识》后集，中华书局，1988年，第103页。

2 《癸辛杂识》别集下，第316页。

苏东坡书晁无咎词云："东武城南连堤就，郏湛初溢。"今刊本作"东武南城新堤固，涟漪初溢"。非也。

以苏诗真迹来对勘苏集刊本之误，这体现出周密身兼诗词家、鉴赏家和藏书家的多重视野。

周密在观画时也有一些经验积累。如尤氏所藏条下云："戴嵩牛二，其一有高宗题，两目微红，凡戴牛皆然。"这是对观画经验的一个总结。此外，周密又对书画真伪问题往往提出疑义，如云：

杂帖一册，内有刘泾巨济墨迹一纸，印文曰："刘巨济符"，"符"字甚新。（鲜于枢藏）

山水一轴甚古，上有五小字云"后凉徐麟笔"。《画谱》中未闻其名，然以余观之，前凉张轨，后凉乃吕光，正如前汉后汉、前唐后唐之类，当时未尝自称为后凉，殊可疑也。

对名鉴藏家的藏品，亦往往坚持己见。如王芝所藏帝释像，周密云：

彼以为吴道子。上有彩幡，帝释居中立……细而乏力。

又游氏所藏赵千里大双幅，云：

画范蠡西施图，恐非真。

如此等等。周密虽非书画家，但与诸大收藏家交游，过眼剧迹既多，对书画的真伪高下也颇有心得了。

五　周密的书画收藏及题跋印鉴

周密对书画鉴藏的参与，不仅是在鉴藏家中间走访观画，他自己也收藏有不少书画藏品。虽未如郭天锡、乔篑成、王芝等家藏宏富，但所藏也不乏唐宋名迹。除前文提到的张先《十咏图》、俞俟《竹石》《保母志》及赵孟頫所赠《鹊华秋色图》《趵突泉诗》等，还有以下若干种：

（1）王维画《孟浩然像》。《云烟过眼录》郭天锡藏条下云："昔为赵碧澜由祚物，后归赵信之，乃归余，又归乔仲山。仲山归之郭北山。"

（2）米芾撰并书《天一禅师第二碑》。《云烟过眼录》王英孙藏条下云："余家亦有米老自撰自书《天一禅师第二碑》，字画绝妙，藏之甚久，为德生豪夺去，意甚惜之。"

（3）崔白横批《鹅》二轴。《云烟过眼录》"越人董十六门藏"条下云："红玛瑙一块。……彼尝欲易余家崔白横批《鹅》二轴，时不与相易，后不知归于何所。"

（4）董元着色《山居图》。《云烟过眼录》庄肃所藏条下云："思陵题，余家物也。得之王珰，后归小许。"

（5）佚名《墨妆图》。《云烟过眼录》云："余家有《墨妆图》，不知所出，后见周宣帝传位太子，自称天元皇帝，禁天下妇人不得粉黛，自非宫人者，黄眉墨妆，方知所出。"

（6）牟端明《脱靴返棹二图赞》。《齐东野语》卷十"脱靴返棹二图赞"云："牟存叟端明守当涂日，郡圃有脱靴亭，以谪仙采石得名，存叟绘以为图。又以山谷崇宁初守当涂，方九日而罢，盖坐尝作《荆州承天院塔记》，转运判官陈举承执政赵挺之风旨，摘其间数语以为幸灾谤国，除名谪宜州，遂作《返棹》一图以为对，各系以赞。未几流传中都，时相丁大全、内侍董宋臣闻而恶之，遂捃摭其在都日馈遗过客钱酒等物，并指为赃。下所居郡，监逮甚严。自此朝绅结舌，驯致开庆之祸焉。二赞削稿久矣，余偶得之。"[1]

（7）陈琳《春游角技图》。《味水轩日记》卷四云："十二日，客持陈仲美《春游角技图》来玩。……临川危太朴跋云：'仲美《春游图》，笔意简古，神情散朗，较张择端《清明上河图》更有胜气。向为周公谨所藏，今成斋王先生得之，诚可宝秘也。为题而归之，时己酉六月六日也。危素。'"[2]己酉为至大二年（1309），时周密已谢世。

（8）宋人《德星图》。《寓意编》："宋人画《德星图》，后有朱子门人胡泳跋，宋末藏周公谨家。"

（9）石刻唐拓锺繇《贺捷表》。《式古堂书画汇考》卷四云："毕良史、吴傅朋跋，周草窗所藏物。"[3]

（10）宋迪《秋山对月图》卷。《清河书画舫》卷七云："宋迪《秋山对月图》卷是周草窗藏本。后有元人郑采题语甚奇，走笔录之。"[4]

（11）《泉州帖》。《珊瑚网》卷二十一著录董其昌题跋云："《泉州帖》。《淳化》官帖，宋时已如星凤。今海内止传一本，是周草窗家物。"[5]《泉州帖》即泉州本《淳化阁帖》。

（12）龚开《江矶图》：柳贯《题江矶图卷后》："此《江矶图》淮阴龚圣予先生所作。……此图为弁阳周公谨作。公谨故家多蓄法书名画，先生之死盖后公谨数年，而公谨之子孙今尽弃其所藏。余在燕，尝见其三四，暨来豫章，见《集古录》蒋洪仲家。今又从盱江周道益见此图。……"[6]

周密书学欧、柳。《癸辛杂识》前集"笔墨"条云："先君子善书，体兼虞、柳。余所书似学柳不成，学欧又不成。不自知其拙，往往归过笔墨。"其书迹，《武林旧事》卷五云："施梅川墓。……薛梯飙为志，李篔房书，周草窗题盖。"[7]此外，还有题跋数种，其中包括传世题跋四种。通过传世题跋，可以概见周密书法的风格特征。

周密题跋传世者有四种：

一是跋赵孟坚《水仙》："玉润金明，记曲屏小儿，剪叶移根。经年汜人重见，瘦影娉婷。雨带风襟零乱，步云冷，鹅管吹春。相逢旧京洛，素靥尘缁，仙掌霜凝。　国香流落恨，正冰铺翠薄，谁念遗簪。水空天远，应想矾弟梅兄。渺渺鱼波望极，五十弦，愁满湘云。凄凉耿无语，梦入东风，雪尽江清。夷则商国香

1　《齐东野语》卷十，第175页。
2　（明）李日华：《味水轩日记》卷四，民国嘉业堂丛书本。
3　（清）卞永誉：《式古堂书画汇考》卷四，清文渊阁四库全书本。
4　（明）张丑：《清河书画舫》卷七，清文渊阁四库全书本。
5　（明）汪砢玉：《珊瑚网》卷二一，清文渊阁四库全书本。
6　（元）柳贯：《待制集》卷一八，四部丛刊景元本。
7　（宋）周密：《武林旧事》卷五，民国景明宝颜堂秘笈本。

慢。弁阳老人周密。”此卷现藏大都会博物馆。〔图1〕

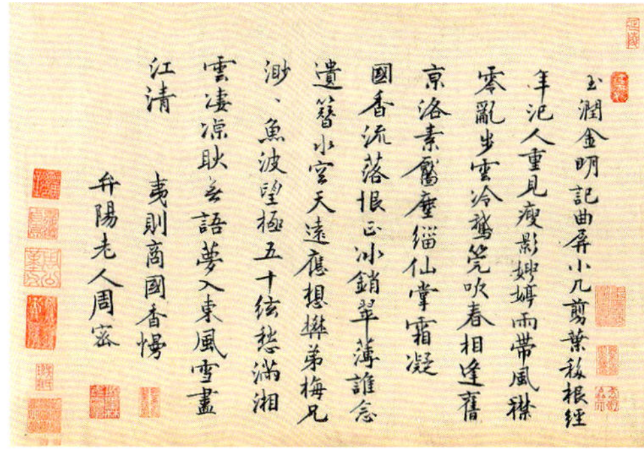

图1 周密跋赵孟坚《水仙》 大都会博物馆藏

二是跋《保母志》：“王郎擅风流，笔墨美无度。残砖与断刻，亦有神物护。埋光八百载，复出疑有数。伟哉羲、献迹，并见山阴路。抗衡《丙舍帖》，突过《黄初赋》。景师与阳朔，漶漫不足数。要须中山石，乃可与之伍。十行百余字，一一生媚妩。家鸡与野鹜，此论吾不取。佳处将无同，阏妙未易语。我贫乃嗜此，字字若可煮。不知何物媪，托此传万古。却怪玉匣书，反累昭陵土。三齐周密公谨父。”〔图2〕

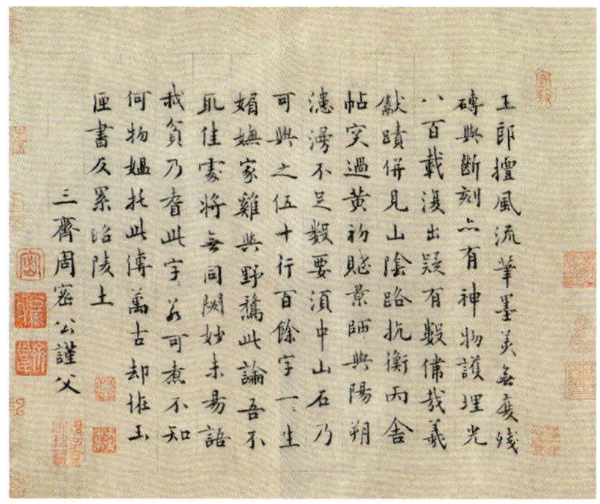

图2 周密跋《保母志》 故宫博物院藏

三是跋赵孟頫《雪赋》。跋云：“子昂八法之妙，未见有能争衡者。然特自珍重，虽亲旧不轻畀之。君何得之多且旨邪？当必有其道矣。弁阳老人书于小匹斋。”山东省博物馆藏。〔图3〕

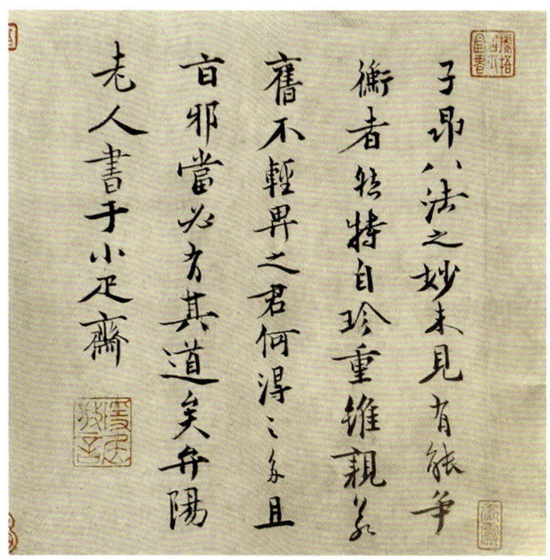

图3 周密跋赵孟頫为班惟志书《雪赋》 山东省博物馆藏

四是颜真卿《祭侄文稿》后观款：“山东伧父周密观于玉琴轩。”台北“故宫博物院”藏。〔图4〕

观四跋书体，确实体现出学欧的特点。清劲严整，风格鲜明，在宋末元初人书法中别具一格。

此外，还有一件周密书法，即《草窗韵语》自写本。夏承焘《草窗著述考》著录“《草窗韵语》六卷”，云：“此四十三岁以前诗集，结集于咸淳十年甲戌。有文及翁、陈存敬序，李莱老、彭老、李龏题诗。吴昌绶谓韵语署名‘宓’字从三点从‘人’，与其他种题跋手迹皆同，此必为自写之集。此吴庠先生告予。予验此刻字迹与《保母志》草窗题字手迹无二，吴说可信。赵万里云：南宋杭州刻施注杜诗，与此同版式，决是宋刊。”[1]观现藏于国家图书馆的《草窗韵语》蒋氏密韵楼景刊宋椠孤本“周密”二字及书中字迹，皆与周密字体十分相近，可以认为原宋刻本是出自周密手抄之本。〔图5〕

另，见于文献者有：

（1）跋右军《七月帖》：《大观录》卷一：“晋王右军尺牍见于石刻者，往往而是。以此帖较之刻本，仅得十一耳。米南宫云，若见真迹，惭惶杀人，信然。弁阳老人周密。”钤“周密公谨之印”“周氏文种堂印”。[2]

（2）跋宋魏鹤山手录《渠阳读书杂钞》：《味水轩日记》卷三云：“十二月朔日，陈白石携示宋魏鹤山

1 《唐宋词人年谱》，第 367 页。

2 （清）吴升撰：《大观录》卷一，1920 年，武进李氏圣译廔本。

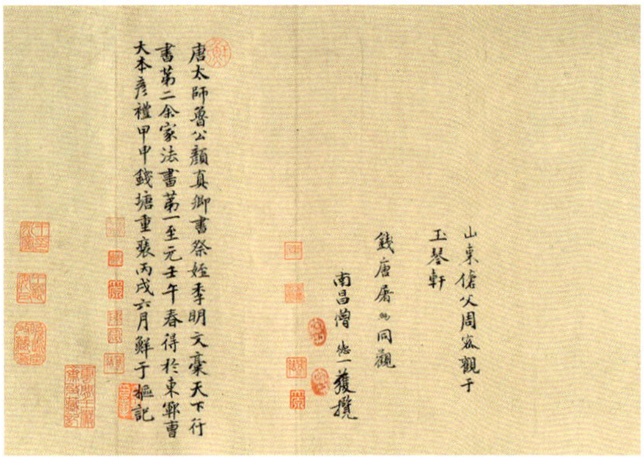

图4 《祭侄文稿》周密观款 台北"故宫博物院"藏

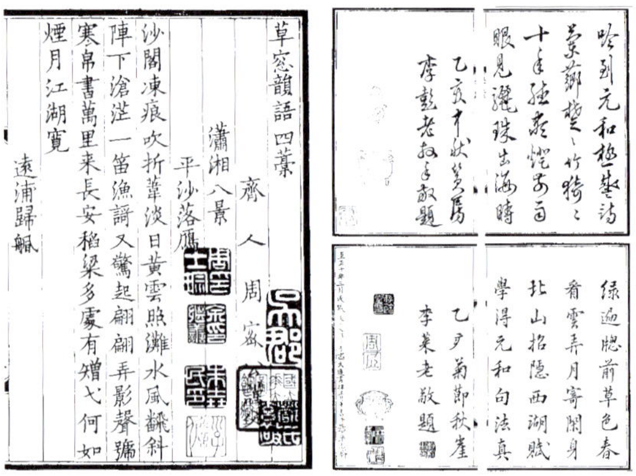

图5 《草窗韵语》蒋氏密韵楼景刊宋椠孤本及李彭老、莱老跋

手录渠阳读书杂钞，字如半菽，精絜有柳法。楮匀细洁白，前云起'宝庆三年四月'，后朱笔注云：'咸淳癸巳腊月传与刘养源，密记。'密者，元周密公谨也。有印记四：一'周密章'，一'华不注山人'，一'公谨父'，一钟鼎文，不知谓何。"[1]按咸淳无癸巳，不知为原书抄录之误，还是他人所作的赝跋。

（3）跋元僧温日观《葡萄》：《六研斋三笔》卷一："元僧温日观隐南屏，兼通外学，为人高洁自恣，以墨戏见意，不轻为人作。余才得其葡萄一纸，仅作尺许，一杪破叶，琐藤间垂十五颗，若随手洒落，略不经意者，真神品也。……齐人周密题云：'百八牟尼颗，携将万里游。归来还自笑，何不博凉州。'"[2]

（4）跋高克恭《山村图》：《书画题跋记》续卷九著录"我家仇山阳"五言诗跋，款云"弁阳老人周密"。[3]诗不移录。

（5）跋高克恭《夜山图》：《清河书画舫》卷十一："郎潜暇日多冥搜"七言诗跋，落款云"弁阳周密顿首"。诗不移录。

（6）跋郭忠恕《雪霁江行图》。《西清札记》卷一："此图蓝本出于唐人制作，予曾见之。恕先摹古而得其精髓，可谓毫发无遗憾，波澜独老成也。弁阳周密。"[4]

表二 周密印鉴

释文	出处	藏地/文献来源	图示
密	《保母志》跋	故宫博物院	
齐周氏	《保母志》跋		

1 《味水轩日记》卷三。

2 （明）李日华：《六研斋三笔》卷一，清文渊阁四库全书本。

3 （明）郁逢庆：《书画题跋记》续卷九，清文渊阁四库全书本。

4 （清）胡敬：《胡氏书画考三种》，清嘉庆刻本。

（续表）

释文	出处	藏地/文献来源	图示
公谨父	《保母志》跋		
齐周密印章	赵孟坚《水仙图》跋	美国大都会博物馆	
嘉遁贞吉	赵孟坚《水仙图》跋		
周公谨父	赵孟坚《水仙图》跋		
？？子孙	赵孟坚《水仙图》跋		
隐居放言	赵孟頫《雪赋》	山东省博物馆	
周密公谨之印	宋徽宗真迹《耄耋图》卷	台北"故宫博物院"	
周氏文种堂珍藏印	宋徽宗真迹《耄耋图卷》		
公谨父	周景元《麟趾图》	台北"故宫博物院"	
周密公谨之印、周氏文种堂印	王羲之《七月帖》	《大观录》卷一	 

六 结 语

宋末元初是一个书画鉴藏活跃的时期，围绕书画鉴藏，聚集起众多收藏家、书画家、文人和仕宦阶层，形成一个庞大的交游圈。而周密在其中有重要的地位和作用。在传统的印象中，周密以文学出名，而在书画鉴藏这个圈子里似乎只是一个旁观者和记录者。据《志雅堂杂钞》及《云烟过眼录》的记载，周密与当时众多名流显宦及大收藏家往来观画，却绝少藏品的交换。他的书画收藏也并不突出，无论是从他对所藏书画目录记载的缺乏，还是从传世作品、文献来看，都可以证明这一点。但事实上，周密在其中的地位和作用都是不容忽视的，对周密在元初鉴藏圈的作用，有必要进行重新认识。

周密对当时书画鉴藏圈最重要的影响，是他以文人的学养和品格，引领了南方以士大夫为主导的书画鉴赏的风尚。主要体现为以下几个方面：

一是周密身为南宋遗老，文化领袖，吸引众多南宋文士聚集周围，形成一个庞大的群体。周密进入元初鉴藏圈时已经是一位长者。其寓杭后初次召集诸友宴集杨氏池堂时已经五十五岁（至元二十三年，1268），在他新加入的圈子中，鲜于枢、仇远、白珽、戴表元等都比他小十余岁，赵孟頫比他小二十二岁，对于他而言都是后生晚辈，这就为他在这个圈子中的地位奠定了一个基础。周密为南宋名臣之后，入元后不仕，抗节遁迹，使他在这个圈子中赢得了很高的声望。加之他在南宋时即擅词名，入元后词风一变，悲凉凄咽，抒故国之思，这类作品在当时士人中间的感染力是很大的。因此，在元初由众多南宋士人组成的交游圈中，周密以其南宋遗老的身份、长者的地位，加上词中所抒发的故国之思的感召力，自然成为抗节之领袖，人心之所向。元初诸公围绕在他周围，成拱月之势。这成为他引领元初文人群体书画鉴藏的基础。

二是周密的书画鉴赏继承两宋文人传统，以学养为先，重"鉴"而不重"藏"。周密的收藏主要在家传藏书，而书画方面并不成规模。他的鉴赏更多是凭借学养和经验阅历。学养方面，周密继承家学，熟谙文献，注重考证；经验方面，周密南宋时曾与书画、鉴赏大家赵孟坚品评书画，并曾入秘书省看画，这些都是他人不具备的独特经历，并且，周密对宋内府装潢、钤印的熟悉，对宋诸帝御押的掌握等，也是他独有的知识储备。从《云烟过眼录》及《志雅堂杂钞》的记载可以看到，很多收藏者主动将藏品携示给周密，希望听取他的意见，其中不乏王芝、张谦这样的大收藏家。在元初众多的鉴藏家当中，周密成为不依靠收藏之富，凭借学问识见而在鉴藏圈中获得很高地位的特殊人物，这在鉴藏史上也是很独特的。正是周密在书画鉴藏方面专重学养和阅历的独到之处，使他赢得广泛的尊重，从而引领了元初以文人为主流的鉴藏风尚。

周密在鉴藏史上的贡献，总结来说有以下几点：

第一，记录之功。周密以史家自任，使他虽不以书画收藏著名，却继踵米芾、岳珂，在书画著录方面做出重要贡献。其所著《云烟过眼录》以收藏者为纲，以书画作品为目，记录了其于宋元之际所观览的重要收藏家的书画藏品。其中，诸如郭天锡、乔篑成、王芝等重要收藏家和赵孟頫等名书画家的收藏情况，特有赖此书得以保存和流传。明清书画著录书多对《云烟过眼录》的内容予以转载，可见这部书在鉴藏史中的重要地位。除《云烟过眼录》之外，周密在其他著述中也对书画鉴藏的相关问题予以记录，比如《齐东野语》卷六所载的"绍兴御府书画式"、《癸辛杂识》所载的宋诸帝御押等等。这些都为后人的研究提供了重要的材料。

第二，鉴定之功。周密在《云烟过眼录》中从鉴定者的视角出发，对书画作品的收藏者、内容、钤印、题跋等情况进行了翔实的记载，对书画的优劣、真伪等问题进行考证和点评。书中又记录了曾经宣和、绍兴及明昌内府收藏的书画信息，对研究宋元书画鉴藏有着重要价值。这些记录体现出作为鉴定家的周密对书画本身真伪优劣及其流传情况的一种认识，其中诸如王羲之《快雪时晴帖》《卢鸿草堂十志》、李公麟《九歌图》、李唐《晋文公复国图》等情况的记载，对于今人进行元以前的书画鉴定有很大帮助。

第三，示范之功。《云烟过眼录》在体例上以作品为中心，形式采取札记体，简明扼要，这为后来的书画著录书树立了范式。在周密之后，元人汤允谟即作《云烟过眼录续录》，全仿周书体例。此后明元嘉《钤山堂书画记》、詹景凤《东图玄览编》，在体例上亦有取法之迹。明张丑曾对《云烟过眼录》进行校勘，其《南阳法书表》亦对其体例多有借鉴。《云烟过眼录》体例的独特性在鉴藏史上同样发挥着深远的影响。

[作者单位：故宫博物院研究室]

《项氏旧藏书画统计》订补[*]

Revision and Supplement to "An Index of Calligraphy and Painting in the Collection of Xiang Yuanbian"

赵晶

Zhao Jing

内容提要：

关于明代收藏大家项元汴的书画收藏情况，学者多有研究，其中李万康的《项氏旧藏书画统计》统计了657件项氏旧藏书法以及791件项氏旧藏绘画，是当今对项氏旧藏书画取得的最有价值的成果之一。由于项元汴的收藏极为丰富，相关记载浩如烟海，故李氏统计也不免有所遗漏，部分作品情况亦难免偶有舛误。笔者近年在阅读历代书画文献及新出书画图录时每见项氏旧藏书画便留心记录，经整理，对李氏收录的82件项氏旧藏书画的相关情况做了修订，同时增补了180余件李氏未统计的项氏旧藏书画。

关键词：

项元汴　项氏　旧藏　书画　李万康　沈红梅

ABSTRACT:

Many scholars have done researches regarding the collection of paintings and calligraphy by Xiang Yuanbian (1525-1590), the prominent collector of the Ming dynasty (1368-1644). Among them, "An Index of Calligraphy and Painting in the Collection of Xiang Yuanbian" (*Xiang-shi jiucang shuhua tongji*) by Li Wankang catalogues 657 calligraphy and 791 paintings, which is one of the most important researches so far. Given that Xiang Yuanbian's collection is extremely rich and related records are vast, inevitably there might be omissions, discrepancies, and errors in Li's catalogue. In recent years, whenever I came across paintings and calligraphies in Xiang's private collection while reading historical literatures and newly published catalogues, I would carefully add them to my record. After a sorting-out, entries of eighty-two calligraphic works and paintings in Li's catalogue have been revised, and those of more than 180 paintings and calligraphy added.

KEYWORDS:

Xiang Yuanbian, "An Index of Calligraphy and Painting in the Collection of Xiang Yuanbian", Li Wankang,; Shen Hongmei

* 本文为浙江大学中央高校基本科研业务费专项资金项目成果。

明代嘉兴人项元汴以其宏富的书画收藏闻名天下，可称得上是明清两代最重要的私人收藏家。项氏所藏书画既多且精，极少有伪作，对今天古书画的鉴定仍然具有重要参考价值。项氏对其收藏的书画以千字文进行编号，并多在卷尾记载购入的价格，不少至今仍能看到，这些信息对研究相关书画的流通与递藏经过也有重要的参考价值。除了在书画上进行相应记载外，当时必有详细的账目对藏品加以著录，可惜的是项氏书画著录底簿未能流传下来。自20世纪以来，不少学者通过梳理文献以及现存古代书画上项氏印鉴题跋对项元汴旧藏书画情况进行过统计，翁同文、郑银淑、李万康、沈红梅等对此均做出了重要贡献，使我们能够在一定程度上掌握项元汴的书画收藏情况。

李万康先生的《项氏旧藏书画统计》表（收入氏著《编号与价格：项元汴旧藏书画二释》，南京大学出版社，2012）在前人基础上统计了项氏旧藏的657件书法以及791件绘画，并详细载明出处及藏处，是对项氏旧藏书画情况取得的最重要的研究成果，对书画史、鉴藏史的研究均具有重要参考价值。当然，由于项元汴的收藏极为丰富，各种文献著录又浩如烟海，难以一一穷尽，且不少博物馆的书画藏品并未全部公布，或虽有出版但限于图版清晰度，部分项氏印鉴难以被识别，故此表的统计也难免有所遗漏，一些作品的藏处也正如作者所言因个人所闻有限，难免有舛误。

笔者近年在阅读书画文献史料、书画图册以及参观相关书画展览过程中每见项氏旧藏书画便加以记录，并与此表对勘，颇可补充此表的记载。现将有关成果整理于下，分成两大部分：一为订误，对原表虽有记载，但信息有误或不完整的加以订正；一为补遗，补充此表所遗漏且同样未经沈红梅《项元汴旧藏书画图籍目录》收录的项元汴旧藏书画。个别李氏认为系伪造项氏收藏而有意不著录的则附在最后以供参考。需要指出的是，对于项氏收藏也不能过于迷信，其中亦间有伪作或水平不高的作品。另外对其藏品的辑佚很多仅能通过文献著录，其原件多已不存，无法核对真伪，还有一些作品虽有项氏藏印，但印鉴真伪存疑，研究者参考利用时仍需谨慎对待。

一 订 误

（一）法书部分

（1）谢灵运《古诗帖卷》。原表序号29，出处“《珊瑚网》卷一”，藏处作“佚”。按，此卷即辽宁省博物馆藏张旭《古诗四帖》（原表序号51），不当另立为一种。

（2）陆柬之《五言兰亭诗》。原表序号38，藏处为“香港？”。按，此本原藏香港某藏家，据王连起《陆柬之和他的兰亭诗》介绍，现已归台湾私人藏[1]。

（3）传孙过庭《书景福殿赋卷》。原表序号45，故宫博物院藏。按，此卷项氏题跋下有千文编号，李氏以为是“金”字，前面具体数字被抹去，故认为非编号而是价格，笔者细审此字可能是“墨”字编号。

（4）张旭《草书古诗四帖卷》。原表序号51，出处“《清河书画舫》卷四下”，藏处“辽宁省博物馆”。李

1 王连起：《陆柬之和他的兰亭诗》，《文物》2010年第2期。

氏谓此卷内容即"《春草帖》《秋深帖》《宛陵帖》《酒德颂》"。按，内容、出处均有误。此卷即原表序号29的谢灵运《古诗帖卷》，《宣和书谱》卷十六、《云烟过眼录》卷上、《珊瑚网》卷一、《式古堂书画汇考》卷六、《石渠宝笈初编·御书房》著录，内容为庾信《步虚词》二首、谢灵运《王子晋赞》《岩下一老公四五少年赞》。詹景凤《东图玄览编》卷二谓张旭"《杂诗四首》名《春草帖》"[1]，当有误。张旭《杂诗四首》亦为项氏藏，原表序号50收录。

（5）颜真卿《祭伯父豪州刺史文稿》。原表序号61，藏处作"佚"。按，此卷今藏上海博物馆。张珩《张葱玉日记》1939年5月12日记载此卷当时存兴业银行，5月14日观于定之处，谓"后钱穆父、蔡卞二跋皆真，是墨林主人物，有'凌'字编号，惟中间是伪迹，想为飞凫人割截，殊为可惜也"[2]。"凌"字编号李氏原表及书中《项氏千文编号统计》均漏载。杨仁恺《中国古代书画鉴定笔记》记载，1985年10月22日在上海博物馆鉴定颜真卿《祭伯父豪州刺史文》，认为系"旧本佳者"[3]，并记题跋者十余人姓名，当即此本。

（6）唐摹王羲之《万岁通天帖卷》。原表编号79，出处"宋荦：《论画绝句》"，藏处作"佚"。按，宋荦《论画绝句》并未提及此帖，所记有误。今藏辽宁省博物馆的唐摹《王羲之一门书翰》又称唐摹《万岁通天帖》，此卷多有出版，其上有项元汴兄项笃寿的鉴藏印，据朱彝尊《书万岁通天帖旧事》，笃寿友爱其弟，常购其弟认为"价浮"的藏品，却未明言此卷是否在内，此卷无项元汴印。

（7）唐摹王羲之《千呕帖》。原表序号80，谓"最后有项元汴记语一"，出处为"《石渠宝笈》卷三一"，藏处作"佚"。按，《千呕帖》当作《干呕帖》，原排印有误。《石渠宝笈·御书房》著录有两件《干呕帖》，其中有项氏记语的一件列为次等，即此卷。此帖未佚，旧藏天津靳蕴清处，"文革"中由刘光启从天津抄家物资中发现，后由靳蕴清家人捐赠天津博物馆。徐邦达认为至多为明代物，卷中仅清宫鉴藏印为真，详见徐氏《古书画伪讹考辨》（江苏古籍出版社，1984）。

（8）李建中《七言绝句诗帖》。原表序号90，出处"《石渠宝笈》卷一〇"，《宋元宝翰册》第十四幅，藏处谓"不详"。按，此帖系蔡襄作，即原表序号121的蔡襄《虚堂诗帖》，现藏故宫博物院，收入《故宫博物院藏品大系·书法编2》（故宫出版社，2013）。由于此帖题签有误，《石渠宝笈》亦作为李建中作品收入。

（9）陈洎《自书诗帖卷》。原表序号132，出处"《石渠宝笈》卷二九"，藏处谓"佚"。按，此帖未佚，今藏故宫博物院，有残损。《中国古代书画图目》（19）著录，亦收入《故宫博物院藏品大系·书法编2》。

（10）曾巩《局事多暇帖》。原表序号129，出处"《墨缘汇观》卷一"，藏处谓"不明"。按，此帖近年来多次拍卖，最近一次是在2016年的嘉德拍卖，国内私人藏。

（11）苏轼《谨奉别功甫奉议》。原表序号173，出处"《书画鉴影》卷一〇"，藏处谓"佚"。按，此帖又名《功甫帖》，《书画鉴影》著录的这本纽约苏富比2013年9月拍卖，今藏上海龙美术馆。

（12）黄庭坚《书李白诗卷》。原表序号196，出处"《石渠宝笈三编》延春阁藏一二"，藏处作"佚"。按，此卷即黄庭坚《李白忆旧游诗》，今藏日本藤井友邻馆。

---

1 詹景凤：《东图玄览编》卷二，《中国书画全书》第4册，上海书画出版社，2000年，第22页。

2 张珩：《张葱玉日记·诗稿》，文物出版社，2011年，第78页。

3 杨仁恺：《中国古代书画鉴定笔记》第2册，辽宁人民出版社，2015年，第979页。

（13）宋高宗《赐岳飞批答卷》。原表序号282，出处"《大观录》卷三""《石渠宝笈三编》乾清宫藏9"，藏处作"台北'故宫'"。按，此卷为台北兰千山馆藏，寄存台北"故宫博物院"。

（14）宋拓《定武兰亭序》（五字未损本）。原表序号363，出处"《真迹日录》卷一""《墨缘汇观录》卷二""《石渠宝笈续编》御书房藏四""《辛丑销夏记》卷一"，藏处作"佚"。按，所引四书著录的并非同一本，实际上是三件。其中《真迹日录》和《辛丑销夏记》著录的为同一本，均有荣芑等跋。《墨缘汇观录》著录的这一本是元人谭崇文所藏，有米芾两题以及赵孟頫延祐四年（1317）题跋，安岐亦指出此本非荣芑题跋本。《石渠宝笈续编·御书房四》著录的又是另一本，有北宋范仲淹、苏舜钦等人观款及题跋，此本亦经卞永誉《式古堂书画汇考》卷五著录，卞氏以为此本即赵子固落水兰亭，而《石渠宝笈续编》的编纂者却认为此本是"定武真本"，但并非赵子固落水本，认为《石渠宝笈续编·乾清宫一〇》著录的那一本才是真的落水兰亭。

（15）赵孟頫《妙严寺记卷》。原表序号395，出处"《壬寅销夏录》"，藏处作"佚"。按，此卷未佚，今藏美国普林斯顿大学美术馆。此卷《珊瑚网》卷八、《式古堂书画汇考》书卷之十六亦著录，只是未提及有项氏印。

（16）赵孟頫《杂书四帖卷》。原表序号412，出处"《石渠宝笈续编》御书房藏二"，藏处谓"不详"。按，此卷即序号398的"赵孟頫《行书杂书诗四帖卷》"，今藏故宫博物院。

（17）赵孟頫尺牍六帖一册。原表序号418，出处"《石渠宝笈续编》淳化轩藏四"，藏处作"部分散佚"。按，此册未佚，徐邦达《德俊茂才等六帖》一文云此册为张学良旧藏[1]，原表序号459的《次山总管帖》和序号460的《静心帖》均在此册中。

（18）赵孟頫一门合札卷（5幅）。原表序号419，出处"《石渠宝笈》卷二〇"，藏处则谓"部分散佚"。按，此卷共六幅书札，未有散佚，其中五幅上钤有项氏印，均藏美国普林斯顿大学美术馆，图版收入《石渠宝笈（精选配图版）》（故宫出版社，江西美术出版社，2014）第36册。

（19）赵孟頫《书望江南净土词十二首册》。原表序号423，出处"《辛丑销夏记》卷三""《岳雪楼书画录》卷三"，藏处谓"佚"。按，此为行书长卷，未佚，今藏香港中文大学文物馆，图版收入《北山汲古：利氏北山堂捐赠中国文物》（香港中文大学文物馆，2009）。亦著录于《江村销夏录》卷三、《式古堂书画汇考》卷十六等，但未提及项氏印。《壮陶阁书画录》谓项氏题"其值四十金"[2]。

（20）赵孟頫《行书多心经》。原表序号424，出处为"李佐贤：《书画鉴影》卷一三"，末署"松雪道人奉写日林和尚书"，藏处作"辽宁省博物馆"。按，辽博本赵孟頫行书《心经》系为中峰明本书，并无项氏收藏印。《书画鉴影》著录本原为美国私人藏，后转售欧洲某藏家，2017年保利秋拍出现，图版收入《赵孟頫书画全集》（故宫出版社，2017）第十卷，"奉写日林和尚"原帖作"奉为日林和上"。

（21）赵孟頫《临张旭深秋帖》。原表序号431，出处为"《清河书画舫》卷四"。按，《深秋帖》当为《秋深帖》。

（22）赵孟頫《四体千字文卷》。原表序号439，出处为"《澄兰室古缘萃录》卷二"，藏处作"佚"。按，

1 徐邦达：《德俊茂才等六帖》，《故宫博物院院刊》1994年第3期。

2 裴景福：《壮陶阁书画录》卷六，学苑出版社，2006年，第206页。

此卷今为私人收藏，图版收入《赵孟頫书画全集》（故宫出版社，2017）第10册。

（23）赵孟頫《玄都坛歌》。原表序号446，藏处作"上海博物馆"。按，此即序号421《杂书三段卷》中的第二段"《书元都坛歌》"，今藏故宫博物院。

（24）赵孟頫《德俊茂才帖》。原表序号448，出处"《墨缘汇观录》卷二"，藏处作"佚"。按，此帖未佚，即序号418《尺牍六帖》之一，私人藏。图版见徐邦达《德俊茂才等六帖》一文及王连起《赵孟頫书画论稿》（故宫出版社，2017）第158页。

（25）赵孟頫《乞米帖》。原表序号450，出处"徐邦达：《古书画过眼要录》（元明清书法1）"，藏处"北京故宫"。按，此帖即原表序号398赵孟頫《行书杂书诗四帖卷》其中一帖，不必单列，另三帖为《病中春寒诗》《书姜夔诗句》《旬日帖》，均藏故宫博物院。

（26）赵孟頫《旬日帖》。原表序号451，出处、藏处同上。按，即原表序号398赵孟頫《行书杂书诗四帖卷》其中一帖，故宫博物院藏。

（27）赵孟頫《病中春寒诗》。原表序号455，出处、藏处同上。按，即原表序号398赵孟頫《行书杂书诗四帖卷》其中一帖，故宫博物院藏。

（28）赵孟頫《致景亮县尹帖》。原表序号456，出处"《书画鉴影》卷一三"，藏处谓"佚"。按，此帖未佚，今藏中国国家博物馆，图版收入《中国古代书画图目》第1册，编号京2-102，亦见故宫出版社《赵孟頫书画全集》第八卷。

（29）赵孟頫《致季博札》。原表序号457，云"未见著录"，"普林斯顿大学美术馆藏"。按，《致季博札》又称《草率札》，即原表序号419赵孟頫《一门合札卷》中的第二札。

（30）张雨《自书诗稿五十五首》。原表序号501，出处为"《珊瑚网》""《平生壮观》卷四""《石渠宝笈续编》乾清宫藏六"，藏处作"上海博物馆"。按，此件共三册，前两册张雨自书诗在上海博物馆，第三册杨维桢、倪瓒等元明人题跋等今在吉林省博物院，其上亦项氏印累累。

（31）张雨《行书诗札册》（7页）。原表序号502，出处"《中国古代书画图目》（6）/14-15"，藏处"苏州博物馆"。按，此与原表序号500的张雨《诗牍卷》为同一物，此处重复。本卷实为六帖，《中国古代书画图目》因为将引首算作一页，故放了七张图。

（32）杨遵《临唐宋各帖卷》。原表序号555，出处"《辛丑销夏记》卷四"，藏处谓"佚"。按，此卷未佚，徐邦达《古书画过眼要录·晋隋唐五代宋绘画》（故宫出版社，2014）在苏轼《怪木竹石图》按语中提及。此帖于翰海1997年秋拍曾出现，作"杨遵临《张伯英二王四帖》卷"。

（33）元名家尺牍册（9幅）。原表序号567，出处"《石渠宝笈》卷一〇"，藏处作"部分藏北京故宫"。按，此册全部藏于故宫博物院，分别收入《故宫博物院藏品大系·书法编》元代数册中。

（34）徐一夔《跋俞紫芝临帖》。原表序号581，藏处谓"不详"。按，此帖现藏上海图书馆，图版可见民国间有正书局影印的《明代名贤手札墨宝》第三册，今收入《明代名人尺牍选萃》（国家图书馆出版社，2008）第10册。

（35）祝允明《急就行草怀知诗卷》。原表序号605，出处为"《珊瑚网》卷一六""《吴越所见书画录》

卷二”，藏处为“上海博物馆”。按，《吴越所见书画录》著录的这件与上博所藏并非同一件，该件亦有项氏印，今藏广东省博物馆，《中国古代书画图目》编号：粤1-0049。

（36）文徵明《致项墨林函》。原表序号620，出处为“《中国古代书画图目》（13/53）”，藏处谓“佚”。按，此件属于文徵明《行书诗稿书札》（十二开）中一种，今藏广东省博物馆，原表谓“佚”，当是笔误。

（37）文嘉《远寄帖》。原表序号642，出处为“徐邦达：《古书画过眼要录》（元明清书法3）”，藏处谓“不详”。按，此帖原为吴县潘承厚旧藏，图版可见民国三十一年（1942）珂罗版影印的《明清画苑尺牍》一书，徐氏亦谓见之于是书，今收入《明代名人尺牍选萃》第11册。

（38）王谷祥《入夏帖》。原表序号643，谓有“子京父印”，出处为“徐邦达：《古书画过眼要录》（元明清书法3）”。按，此帖影印图版可见民国间有正书局影印的《明代名贤手札墨迹》，今收入《明代名人尺牍选萃》第10册。徐邦达谓此帖上有“子京父印”，今核对此帖影印图片，未见“子京父印”，而有一“子京”印，恐徐氏记忆有误。

（二）绘画部分

（1）周文矩《重屏图卷》。原表序号42，出处“《穰梨馆过眼续录》卷一”，藏处作“佚”。按，此卷未佚，今藏美国佛利尔美术馆。

（2）郭忠恕《雪霁江行图卷》。原表序号75，出处“《石渠宝笈三编》乾清宫》藏九”，藏处谓“佚”。按，此卷为旧摹本，宋徽宗题字系伪迹，今藏美国纳尔逊阿特金斯美术馆，收入《宋画全集》（浙江大学出版社，2008）第六卷第5册。

（3）赵岩《神骏图卷》、赵孟頫书合璧卷。原表序号37，出处“《虚斋名画录》卷一”，藏处谓“佚”。按，此卷今藏上海博物馆。赵书收入故宫出版社《赵孟頫书画全集》第七卷。

（4）燕文贵《秋山萧寺图》。原表序号88，出处之一为“《石渠宝笈续编》宁寿宫藏一〇”，藏处作“佚”。按，此卷今藏美国大都会博物馆，图版收入《石渠宝笈（精选配图版）》第37册。

（5）王诜《瀛山图卷》。原表序号108，出处谓“《清河书画舫》卷九下”，藏处作“台北‘故宫’？”。按，《清河书画舫》著录的《瀛山图》与台北故宫本的题跋不同，并非同一本，徐邦达《古书画伪讹考辨》已论述甚详。

（6）苏轼《偃松图卷》。原表序号112，出处为“《石渠宝笈》卷三二”，藏处作“佚”。按，此卷未佚，私人藏，图版见徐邦达《苏轼〈偃松图〉卷与〈古柏图〉卷》[1]。

（7）苏轼《墨竹卷》。原表序号113，出处之一为“《岳雪楼书画录》卷二”，藏处作“佚”。按，此卷原为顾洛阜旧藏，今藏美国纽约大都会博物馆，图版收入《顾洛阜藏中国历代书画名迹精选》（上海人民美术出版社，2009）。

（8）宋徽宗《四禽图卷》。原表序号163，出处“《石渠宝笈》卷一四”，藏处作“佚”。按，此卷未佚，台湾私人藏，图版收入《中国绘画史图录（上）》（上海人民美术出版社，1984）。

1 徐邦达：《苏轼〈偃松图〉卷与〈古柏图〉卷》，《故宫博物院院刊》1992年第3期。

（9）宋徽宗《王济观马图》。原表序号173，出处“《石渠宝笈续编》御书房藏一”，藏处作“佚”。按，此图未佚，今藏辽宁省博物馆，中国古代书画鉴定小组1988年7月29日在辽宁省博物馆鉴定此图，谢稚柳认为是明以前片子，项氏诸印可疑[1]。杨仁恺《中国古代书画鉴定笔记》记载此图有瘦金体书图名（伪），乾隆题引首，并在画上题诗，均与《石渠宝笈续编》的记载符合，应为同一件作品。杨氏《国宝沉浮录》又谓宋徽宗《王济观马图》藏故宫博物院[2]，查故宫书画目录，是有一件宋人《王济观马图》，编号“新00146144”，故宫本具体情况不明，应当不是《石渠宝笈续编》著录的这一件。

（10）刘松年《宋中兴四将图卷》。原表序号246，出处“《石渠宝笈续编》乾清宫藏五”，藏处“佚”。按，此卷未佚，现存中国国家博物馆，系20世纪50年代末中国历史博物馆成立时由故宫博物院借调。

（11）马逵《久安长治图》。原表序号261，出处“《石渠宝笈三编》宁寿宫藏一”，藏处作“佚”。按，此本未佚，2005年由中贸圣佳拍卖，现藏国内私人处。

（12）马远《四皓图》。原表序号262，出处“《石渠宝笈》卷一四”，藏处作“佚”。按，此卷未佚，今藏美国辛辛那提美术馆，图版收入《石渠宝笈》（精选配图版）第37册。

（13）宋人《九歌图》。原表序号306，出处“《石渠宝笈》卷三五”，藏处谓“佚”。按，此图今藏黑龙江省博物馆，收入《中国绘画全集》（文物出版社、浙江人民美术出版社，1999）第5册。

（14）宋人画册。原表序号324，出处“民国十一年（1922）初版”“《天籁阁旧藏宋人画册》”，藏处谓“下落不明”。按，此册即原表序号749的“仇英《临宋人画》一册”。原为李宣龚（字拔可）物，共二十开，民国间商务印书馆曾出过珂罗版，后多次再版，抗战时损失其中五开，剩余十五开现藏上海博物馆，图版收入《中国绘画全集》第14册。

（15）钱选《观梅图》。原表序号384，出处“《石渠宝笈续编》乾清宫藏五”，藏处作“佚”。按，此图一作《孤山图》，未佚，现藏故宫博物院，故宫鉴定为元人仿作，项氏印当真，图版收入《中国历代书画真伪对照图录》（故宫出版社，2013）。

（16）赵孟頫《浴马图》。原表序号400，出处“《石渠宝笈》卷三三”，藏处谓“佚”。按，此图今藏美国佛利尔美术馆，图版收入《石渠宝笈（精选配图版）》第36册。卷后有项氏题记：“元赵子昂画神骑图，名人题咏。其值八十金。明项子京真赏奇秘。”“其值捌拾金”五字《石渠宝笈》未载。

（17）赵孟頫《委顺庵图》。原表序号405，出处“《真迹日录》卷一”，藏处作“佚”。按，乾隆四十九年翁方纲曾题跋此图（《复初斋文集》卷三三），传闻此图旧藏王季迁处。

（18）赵孟頫《鸥波亭图》。原表序号413，出处“《壬寅销夏录》”“《书画鉴影》卷二〇”，藏处作“佚”。按，此图未佚，今藏美国圣路易斯艺术博物馆，图版收入《明画全集》（浙江大学出版社，2017）第二〇卷第4册。

（19）赵孟頫《怪石晴竹图》。原表序号417，出处“《墨缘汇观录》卷四”，藏处作“佚”。按，此图即原表序号617的《元人八图合卷》之一，未佚，不当重复，今藏台北“故宫博物院”，图版收入《故宫书画图录》（台北“故宫博物院”，1989—2013）第21册《元人集锦卷》。

---

1 杨仁恺：《中国古代书画鉴定笔记》第7册，第3041页。

2 杨仁恺：《国宝沉浮录》，上海古籍出版社，2008年，第342页。

（20）黄公望《沙碛图》。原表序号442，出处之一作“《石渠宝笈》卷一六”，藏处作“佚”。按，此图未佚，今藏辽宁省博物馆，杨仁恺认为原图被换去[1]，现图系明摹本，据其介绍另有一本旧藏香港陈光甫处，亦伪。[2]辽博本民国间曾影印出版，收入《宋元明清名画大观》（大冢巧艺社，1931）。

（21）赵雍、王冕、朱德润、张观、方从义合卷。原表序号429，出处“张伯驹：《丛碧书画录》”，藏处谓“下落不明”。按，此卷又名《元五家合绘卷》，故宫博物院藏，五图中仅方从义《山水》上有项氏印，收入《中国绘画全集》第九册及《元画全集》（浙江大学出版社，2013）第一卷第3册。

（22）吴镇墨画山水（册页）。原表序号464，出处“《石渠宝笈》卷四一”，藏处“不详”。按，此图为《元四大家名迹册》第二幅，今藏台北“故宫博物院”，收入《故宫书画图录》第30册。

（23）盛懋《秋溪钓艇图》。原表序号472，出处“《石渠宝笈》卷二二”，藏处作“佚”。按，此图今藏台北“故宫博物院”，为《纨扇画册》（九开）第八幅，有“项氏子京”印，收入《故宫书画图录》第29册。

（24）曹知白《溪山烟霭图》（册页）。原表序号476，出处“《墨缘汇观》卷四”，藏处作“佚”。按，此图即曹知白《山水》册页，系《元明人画山水集景册》第二幅，《石渠宝笈续编·御书房》著录，今藏台北“故宫博物院”，收入《故宫书画图录》第28册。

（25）倪瓒、赵元《狮子林图卷》。原表序号504，出处“吴其贞《书画记》卷三”“《石渠宝笈》卷一四”，藏处作“佚”。按，徐邦达认为《书画记》和《石渠宝笈》著录的可能不是同一本，《石渠宝笈》本应系旧摹本。《石渠宝笈》著录的这卷深受乾隆喜爱，题跋累累，今藏故宫博物院，民国间延光室出过影印本，图版亦收入《石渠宝笈特展·典藏篇》（故宫出版社，2015）。

（26）倪瓒《古木竹石题》（有款题）。原表序号518，出处“《石渠宝笈》卷三八”，藏处作“佚”。按，此卷未佚，今藏故宫博物院，收入《石渠宝笈（精选配图版）》第21册。

（27）倪瓒《诗画合璧卷》。原表序号528，出处“《石渠宝笈续编》宁寿宫藏一二”，藏处作“佚”。按，此卷为《佚目》物，在长春伪满小白楼中遭撕扯，其中画部分后归王南屏，转售故宫博物院，即原表序号502之倪瓒《竹枝图》。诗部分为致陈惟寅三诗札，并有曹溶一跋。倪瓒诗一段及曹溶跋据杨仁恺《国宝沉浮录》记载，由荣宝斋从丁心刚处购得，转售故宫博物院[3]。

（28）倪瓒《水竹居图》（至正二十二年本）。原表序号532，出处“《石渠宝笈》卷六”，藏处作“佚”。按，此图未佚，今藏故宫博物院，图版收入《石渠宝笈（精选配图版）》第21册。

（29）王蒙《仙居图卷》。原表序号555，出处“《石渠宝笈》卷一四”，藏处作“佚”。按，此卷未佚，今藏故宫博物院，故宫定其为伪，故未见正式出版。杨仁恺认为是清初摹本[4]，王连起认为是王翚所作[5]，图版可见《中国书画鉴定与研究：王连起卷》（故宫出版社，2018）下册《王翚画仿古与古画中的王翚画》一文。

（30）马琬《幽居图卷》。原表序号594，有项氏“亦”字编号，出处“《江村销夏录》卷三”“《石渠宝笈续

1 杨仁恺：《中国古代书画鉴定笔记》第7册，第3060页。

2 杨仁恺：《国宝沉浮录》，第359页。

3 杨仁恺：《国宝沉浮录》，第362页。

4 杨仁恺：《国宝沉浮录》，第362页。

5 王连起：《王翚画仿古与古画中的王翚画》，《中国书画鉴定与研究：王连起卷》，故宫出版社，2018年，第698页。

编》乾清宫藏七”等，藏处作“佚”。按，是图旧藏日本，1931年参加过“日中古今书画展览会”，图版见《宋元明清名画大观》，朱省斋《海外所见中国名画录》（香港新地出版社，1958）亦曾著录。

（31）宋或元人设色山水之一（册页）。原表序号605，出处“《石渠宝笈》卷四”，藏处作“佚”。按，与原表序号357重复，当删。系《名画荟萃》册上册第四幅。

（32）宋或元人设色山水之二（册页）。原表序号606，出处“《石渠宝笈》卷四”，藏处作“不详”。按，与原表序号358重复，当删。为《名画荟萃》册上册第二十幅。

（33）元人八图合卷。原表序号617，藏处作“部分藏台北‘故宫’”。按，八图未分散，全卷藏台北“故宫博物院”，即《故宫书画图录》第21册之《元人集锦》。

（34）冷谦《寿山福海图》。原表序号627，出处“《石渠宝笈三编》延春阁藏一八”，藏处作“佚”。按，此图未佚，今藏旅顺博物馆，七人鉴定小组认为款后添，系陆治画，编入《中国古代书画目录》（16），编号：辽5-041。图版亦见《旅顺博物馆馆藏文物选萃·绘画编》（天津人民美术出版社，2006）。

（35）沈周《支硎遇友图》。原表序号672，出处“《石渠宝笈》三编延春阁藏一九”，藏处作“佚”。按，此图未佚，今藏美国佛利尔美术馆，图版收入《石渠宝笈（精选配图版）》第36册。

（36）文徵明《兰亭修禊图卷》。原表序号706，出处“《穰梨馆过眼录》卷一八”，藏处作“佚”。按，此图未佚，曾现香港佳士得2008年秋拍，今藏上海龙美术馆。

（37）文徵明《细笔山水图》。原表序号713，出处“《中国古代书画图目》（15）/86”，藏处为“大连市文物商店”。按，此图上有项氏“墨林秘玩”“项子京家珍藏”等印，但据杨仁恺言，图上项氏诸印均伪[1]。

（38）仇英《送朱子羽令铅山图卷》。原表序号736，出处“《澄兰室古缘萃录》卷四”，藏处作“佚”。按，此卷即原表序号742的仇英《送朱子羽令铅山图并各家题咏卷》，未佚，藏处不明。徐邦达谓画伪跋真[2]，图版收入徐氏《古书画伪讹考辨》。

（39）仇英《送朱子羽令铅山图并各家题咏卷》。原表序号742，出处“《书画鉴影》卷七”，藏处作“佚”。按，此卷即原表736的仇英《送朱子羽令铅山图卷》，见上条。

（40）仇英《苏武牧羊图》。原表序号743，出处“《石渠宝笈三编》御书房藏一”，藏处作“佚”。按，此图未佚，今藏故宫博物院。图版收入《石渠宝笈（精选配图版）》第26册。

（41）仇英《水仙腊梅写生图》。原表序号760，出处“《式古堂书画汇考》画卷七”“《石渠宝笈》卷26”“《壬寅销夏录》”，藏处作“台北‘故宫博物院’”。李氏谓“《石渠宝笈》卷八及《石渠宝笈续编》养心殿藏四所录仇英《水仙腊梅写生图轴》，除尺寸略有不同外，其他都一致，应为同一件作品。”按，《石渠宝笈》及《石渠宝笈续编》所著录的两件仇英《水仙腊梅图》构图及题款相似，但并非同一图，《石渠宝笈》本仇英款后钤“十洲”“仇英实父”，有乾隆癸未新春御题，有项氏“神”“品”“墨林秘玩”“项子京家珍藏”印，今藏台北“故宫博物院”，收入《故宫书画图录》第7册。《石渠宝笈续编》本仇英款后钤“十洲”“仇英之印”，有乾隆辛巳春御题，钤有项氏“退密”“项元汴印”“项墨林鉴赏章”三印，今藏美国佛利尔美术馆，图版收入《明画

1 杨仁恺：《中国古代书画鉴定笔记》第6册，第2892页。

2 徐邦达：《古书画伪讹考辨》，江苏古籍出版社，1984年，第135页。

全集》第二〇卷第1册。《式古堂书画汇考》著录的这一件信息不全，不能判断是两件中的哪一件，《壬寅销夏录》著录的与《石渠宝笈续编》著录的为同一件。

（42）仇英临赵伯驹《浮峦暖翠图》。原表序号762，出处"《真迹日录》卷上""《穰梨馆过眼录》卷一八"，藏处作"佚"。按，此卷未佚，系袁寒云旧藏，曾现2010年瀚海春拍。

（43）文嘉《为项墨林寿轴》。原表序号782，藏处"普林斯顿大学美术馆"。按，此图有项氏"连"字号，原表未提，同书《项氏千文编号统计》作"辽？"，"辽"字误。

（44）陈栝《紫罗兰图》（便面）。原表序号786，出处"《石渠宝笈》卷一二"，藏处作"佚"。按，此图未佚，为《明人便面集锦册》第五幅，又名"明陈栝鸾尾"，有"墨林山人""游方之外""墨林山人子京项氏清玩书画之印"，今藏台北"故宫博物院"，收入《故宫书画图录》第30册。

二　补　遗

（一）法书部分

（1）唐拓《欧阳询化度寺邕禅师塔铭》。后有赵孟頫、康里巎、宋濂等人题跋，郁逢庆《书画题跋记》卷二、《珊瑚网》卷二〇著录。著录未提有项氏印，但赵跋上有项氏藏印，今为私人收藏，赵跋收入故宫出版社《赵孟頫书画全集》第一〇卷。

（2）师觉《兜沙经墨迹卷》。赵孟頫题，有"墨林山人""项叔子"等印。金瑗《十百斋书画录》（《故宫珍本丛刊》本，海南出版社，2001）寅集著录。

（3）蔡襄《大姐帖》。收入《三希堂法帖》第9册。此帖与前一帖《陈茂才帖》之间有项氏"神品"印，较可能是钤在《大姐帖》上。

（4）唐垧《致胡宗愈伸慰帖》。卷多项元汴印，上海道明2010年秋拍，今藏上海龙美术馆，图版收入《敏行与迪哲：宋元书画私藏集萃》（上海书画出版社，2016）。

（5）曾诞《真知帖》。卷多项氏印，今藏上海龙美术馆，图版收入《敏行与迪哲：宋元书画私藏集萃》。

（6）苏轼《书醉翁亭记》。《十百斋书画录》巳集著录，谓有"项子京家收藏"印。按，项氏有"项子京家珍藏"印，原书可能著录有误。

（7）苏轼《与董长官书》。有"项叔子"等印，收入《三希堂法帖》第10册。

（8）苏轼《定惠院月夜偶出诗稿》。重庆市博物馆藏一本，有项氏诸印及嘉靖二十四年（1545）题签。杨仁恺谓项氏题签真，该诗稿当是珂罗版，除重庆本外，故宫、上博亦各有一本，可能有原本[1]。徐邦达曾撰文介绍故宫藏本，故宫本为《壮陶阁书画录》卷三著录，后有翁方纲题跋，翁氏题跋中谓嘉兴汪桐石别题一本乃项元汴所藏。徐邦达认为真迹可能为项氏原本，今已下落不明[2]。

（9）米芾《论书画册》。八册，有"子京"葫芦形印。《十百斋书画录》癸集著录。

1　杨仁恺：《中国古代书画鉴定笔记》第7册，第3408页。

2　徐邦达：《苏轼〈黄州定惠院月夜偶书二诗草稿〉卷》，《故宫博物院院刊》1991年第3期。

（10）米芾《天马赋卷》。元人康里回、袁桷跋，有项氏“檇李项氏士家宝玩”等印。《十百斋书画录》戊集著录。

（11）张浚《远辱帖》。有“天籁阁”等印，收入《三希堂法帖》第16册。

（12）史浩《霜天帖》。富项氏印，收入《三希堂法帖》第17册。

（13）范成大《超然帖》。多项氏收藏印，今藏上海龙美术馆，图版收入《敏行与迪哲：宋元书画私藏集萃》。

（14）范成大《与先之帖》。有项氏印，收入《三希堂法帖》第17册。

（15）徐诩《跋周德友所藏养直帖》。多项氏印，今藏上海龙美术馆。此帖《铁网珊瑚》《平生壮观》《大观录》《墨缘汇观》《书画记》《六研斋笔记》《式古堂书画汇考》等均著录，但未提及有项氏印。

（16）张即之《诗帖》。《宋贤遗翰册》之九，有项氏印，《石渠宝笈续编·宁寿宫》著录，故宫博物院藏。图版收入《石渠宝笈（精选配图版）》第29册。沈红梅《项元汴旧藏书画图籍目录》提及此《宋贤遗翰册》，但未涉及此幅，此册中仅部分册页经项氏收藏。

（17）罗愿《尺牍》。《宋贤遗翰册》之一一，有项氏印。《石渠宝笈续编·宁寿宫》著录，故宫博物院藏。图版收入《石渠宝笈（精选配图版）》第29册。徐邦达谓“光绪时勾”。沈红梅《项元汴旧藏书画图籍目录》提及该册，但未涉及此幅，册中仅部分册页为项氏旧藏。

（18）宋拓薛少彭重摹兰亭序卷。有“项墨林父秘笈之印”，故宫博物院藏。图版收入《兰亭图典》（紫禁城出版社，2011）。

（19）赵孟頫《松江宝云寺记》。富项氏印，私人藏。此帖多有出版，收入故宫出版社《赵孟頫书画全集》第十卷。

（20）赵孟頫《书孝经册》。有项氏印，故宫博物院藏。此册《石渠宝笈初编·养心殿》著录，但未提及有项氏印。故宫博物院将此册归入“资料”类，图版收入《石渠宝笈（精选配图版）》第28册。

（21）赵孟頫《南谷帖》。一名《腹疾帖》，卷首有项氏“檇李”印，上海博物馆藏。《珊瑚网》卷九、《式古堂书画汇考》书卷之一六著录，收入《中国古代书画图目》第2册，编号沪1-0167。

（22）赵孟頫《行书尺牍册页》。其中两札《致行可提颂》《致孙行可提颂》均有项氏收藏印多方，上海博物馆藏，图版收入故宫出版社《赵孟頫书画全集》第七卷。

（23）赵孟頫《行书致宗元总管札》。有“神品”“墨林山人”印，私人藏，收入故宫出版社《赵孟頫书画全集》第十卷。

（24）赵孟頫《书陶渊明事迹》。有项氏印多方，严信厚《小长芦馆集帖》收录。

（25）俞和《跋郭熙蜀山图》。有“项墨林父秘笈之印”，严信厚《小长芦馆集帖》收录。

（26）张雨《书太常引词》。有“天籁阁”等项氏印，严信厚《小长芦馆集帖》收录。

（27）张翥《王师大举帖》。有项氏印多枚，上海道明2010年秋拍，今藏上海龙美术馆，图版收入《敏行与迪哲：宋元书画私藏集萃》。

（28）张枢《万里江山帖》。多项氏收藏印，今藏上海龙美术馆，图版收入《敏行与迪哲：宋元书画私藏集萃》。

(29) 沈澄《致吴近仁春风帖》。多项氏收藏印，上海道明2010年秋拍，今藏上海龙美术馆，图版收入《敏行与迪哲：宋元书画私藏集萃》。

(30) 郑洪《亨衢帖》暨倪谦《录郑洪诗札》。多项氏收藏印，今藏上海龙美术馆，图版收入《敏行与迪哲：宋元书画私藏集萃》。

(31) 沈右《行书送医师沈伯新序》。多项氏印，香港中文大学文物馆藏，藏品编号：1997.0231。

(32) 倪瓒《行书诗札卷》。共八札，依次为《八月七日》《问埏字》《致久成》《中秋夜》《四月廿日》《叶诚孙照二子》《瓒以七月末》《颜太师之书》。今藏香港中文大学文物馆，该馆认为第一、四、五、八札疑伪仿。沈红梅《项元汴旧藏书画图籍目录》著录了其中《叶诚孙照二子》一札。图版收入《北山汲古：利氏北山堂捐赠中国文物》。

(33) 《元名贤词翰五帖》。第一帖张绅《谢雪坡参政惠菜诗帖》、第二帖张文在《寄郭天锡诗帖》、第三帖王默《次韵用宾学士诗帖》、第四帖王东《七言诗帖》、第五帖程琚《呈思斋阃掾诗帖》。张珩《木雁斋书画鉴赏笔记·书法二》谓上有项氏题记"时万历元年冬十二月朔日装潢，元名贤词翰伍帖，明墨林主人项元汴清玩。原价六金，得于钱塘王氏"[1]，后有"伦"字编号。此帖今藏故宫博物院，收入《故宫博物院藏品大系·书法编》(10)，未见有项氏题记，第五幅程琚诗帖似有割裁。

(34) 元人《行书题画诗三首》。左下角有项氏印，被集入陈郁等《宋元名人诗笺册》(十四开，又名《行书诗翰》册)中，吉林省博物院藏，图版见《吉林省博物院藏古代书法精品选》(浙江大学出版社，2015)，亦见《中国古代书画图目》第16册，编号吉1-003。按，杨仁恺谓此页上有项氏编号[2]，但在公开的图版上未见。沈红梅曾提及此册中刘基《行书题饮中八仙歌》为项氏藏品，但未及本幅。

(35) 钱应庚《行书论千字文》。有"项子京家珍藏""寄敖"印，被集入陈郁等《宋元名人诗笺册》(十四开，又名《行书诗翰》册)中，吉林省博物院藏，图版见《吉林省博物院藏古代书法精品选》，亦见《中国古代书画图目》第16册，编号吉1-003。按，沈红梅曾提及此册中刘基《行书题饮中八仙歌》为项氏藏品，但未及本幅。

(36) 祝允明《行书梧月记》。项氏旧藏，"矜"字号，今在上海博物馆。此帖古代书画鉴定小组认为系明人伪作[3]。

(37) 祝允明《自入帖》。致"尊丈老大人"，有"墨林"印，民国间有正书局《明代名贤手札墨迹》影印，今收入《明代名人尺牍选萃》第10册。

(38) 祝允明《行书怀知诗》。多项氏印，《吴越所见书画录》卷二著录，今藏广东省博物馆。图版收入《中国古代书画图目》第13册，编号：粤1-0049。

(39) 文徵明《多仪帖》。致"怀东给谏亲家"。有"项墨林父秘笈之印"，有正书局《明代名贤手札墨迹》影印，今收入《明代名人尺牍选萃》第10册。

1 张珩：《木雁斋书画鉴赏笔记》书法二，文物出版社，2014年，第432页。
2 杨仁恺：《中国古代书画鉴定笔记》第6册，第2829页。
3 杨仁恺：《中国古代书画鉴定笔记》第3册，第1091页。

（40）文徵明《忧病帖》。有“墨林生”“退密”印，民国间有正书局《明代名贤手札墨迹》影印，今收入《明代名人尺牍选萃》第10册。

（41）文徵明《行草书虚堂入夜》。《明人书画扇（卯）》册第十二幅，有“墨林秘玩”印，今藏台北“故宫博物院”，收入《故宫书画图录》第30册。

（42）唐寅《梦墨帖》。致“海滨中翰大人”，有项氏“墨林秘玩”印，民国间有正书局《明代名贤手札墨迹》影印，今收入《明代名人尺牍选萃》第10册。

（43）彭年《顾简帖》。致项元汴，有“墨林主人”“子京父印”。民国间有正书局《明代名贤手札墨宝》影印，今收入《明代名人尺牍选萃》第10册。

（44）文嘉《所委帖》。致项元汴，有“退密”“子孙永保”“项子京家珍藏”三印，吴县潘承厚旧藏。民国三十二年（1943）《明清藏书家尺牍》珂罗版影印，今收入《明代名人尺牍选萃》第11册。

（45）董文骥《行书》。《国朝名家书画集玉上册》（十三开）第四幅，“有墨林生”“子京父印”。《石渠宝笈续编·重华宫》著录，台北“故宫博物院”藏，收入《故宫书画图录》第30册。按，董文骥生于明末，此册项氏印当伪。

（二）绘画部分

（1）阎立本（传）《雪景山水》。《唐宋元明四朝合璧册》上册（八开）第一幅，有“项氏子京”印，台北“故宫博物院”藏，收入《故宫书画图录》第28册。

（2）阎立本《豳风图》。谢肇淛《五杂组》卷七载：“项氏所藏，如顾恺之《女史箴图》、阎立本《豳风图》、王摩诘《江山图》皆绝世无价之宝。”[1]

（3）王维《江山图》。谢肇淛《五杂组》卷七著录。

（4）李升《山水》。黄筌、李成、王诜等跋，有“子京”“项元汴印”“墨林山人”等项氏印多方。《十百斋书画录》子集著录。

（5）巨然（传）《杖藜秋爽图》。《名绘集珍》册（十四开）第二幅，有“神品”“墨林山人”等印，台北“故宫博物院”藏，收入《故宫书画图录》第29册。

（6）赵幹《山水卷》。有“项墨林父秘笈之印”。《十百斋书画录》乙卷著录。

（7）赵幹《春山明秀卷》。有“项叔子”“墨林秘玩”印。《十百斋书画录》寅集著录。

（8）赵幹《江村图》。有项氏“项元汴印”“墨林真赏”等印。《十百斋书画录》酉集著录。

（9）赵幹（款）《山水》。《唐宋元明集绘》册第五幅，有项氏“西楚王孙”印，台北“故宫博物院”藏，收入《故宫书画图录》第28册。

（10）赵幹（款）《雪景》。《唐宋元明集绘》册第五幅，有项氏“西楚王孙”印，台北“故宫博物院”藏，收入《故宫书画图录》第28册。

---

1 谢肇淛：《五杂组》卷七，上海书店出版社，2009年，第138页。

（11）徐熙（款）《秋葵》。《宋元人画册》第四幅，有“项墨林鉴赏章”，台北“故宫博物院”藏，收入《故宫书画图录》第28册。

（12）范宽（传）《山水》。《唐宋元明四朝合璧册》上册（八开）第四幅，左下角有“项氏子京”印，台北“故宫博物院”藏，收入《故宫书画图录》第28册。

（13）范宽（传）《寒江钓雪图》。《名绘集珍》册（十四开）第十一幅，有“墨林秘玩”“项子京家珍藏”印，台北“故宫博物院”藏，收入《故宫书画图录》第29册。

（14）惠崇（传）《华蹊会禽图》。有王时敏题跋及项氏印。《张葱玉日记》1939年1月10日记录，谓“孙伯元（渊）物”，“宋画无疑”[1]，今藏无锡博物院。

（15）惠崇（传）《寒林鸳鸟图》。《宋元名绘》册第十二幅，有“项子京家珍藏”印，《石渠宝笈三编·凤麟洲》著录，台北“故宫博物院”藏，收入《故宫书画图录》第28册。

（16）赵昌（款）《花鸟》。《历代名绘册》（十六开）第九幅，钤有“天籁阁”“墨林”二印，台北“故宫博物院”藏，收入《故宫书画图录》第28册。此册《石渠宝笈初编·重华宫》曾著录，但未提及有项氏印鉴。

（17）燕文贵《秋山行旅图》。有项氏收藏印。《十百斋书画录》丙卷著录。

（18）郭熙（传）《秋山行旅图》。《集古名绘》册（十二开）第五幅，有“项墨林父秘笈之印”，台北“故宫博物院”藏，收入《故宫书画图录》第29册。

（19）李公麟《墨笔罗汉图》。日本山内恭治旧藏，收入《宋元明清名画大观》。按，此图和项氏印疑俱伪。

（20）宋徽宗（款）《山茶鸲鸽》。《诸仙妙绘》册（十六开）第三幅，有“项叔子”“子孙世昌”印，台北“故宫博物院”藏，收入《故宫书画图录》第29册。按，此图当系伪迹，项氏印疑伪。

（21）宋徽宗（传）《水墨玉簪》。《列朝名绘合册》第二幅，有项氏印多方，《石渠宝笈三编·延春阁》著录，台北“故宫博物院”藏，收入《故宫书画图录》第28册。

（22）赵伯驹（传）《青绿山水》。《宋元集绘》册（十一开）第五幅。有“子京父印”，台北“故宫博物院”藏，收入《故宫书画图录》第28册。

（23）李唐（款）《山水》。《唐宋元明四朝合璧册》上册（八开）第三幅，有“项氏子京”印，台北“故宫博物院”藏，收入《故宫书画图录》第28册。

（24）萧照（款）《山水》。《集古图绘》册（十五开）第四幅，有“项墨林父秘笈之印”，《石渠宝笈初编·重华宫》著录，台北“故宫博物院”藏，收入《故宫书画图录》第29册。按，画系伪迹，项氏印疑伪。

（25）扬无咎《梅花图》。有项氏“天籁阁”“项墨林父秘笈之印”等印。《十百斋书画录》壬卷著录。

（26）李迪（款）《枇杷幽雀》。《宋元人画册》第七幅，有项氏“子孙世昌”印，台北“故宫博物院”藏，收入《故宫书画图录》第28册。

（27）李迪《双禽图》。款：“庆元丁巳岁李迪画”。有项氏印多枚，今藏上海龙美术馆，图版收入《敏行与迪哲：宋元书画私藏集萃》。

---

1 张珩：《张葱玉日记·诗稿》，第56页。

（28）李嵩《花篮图》。有项氏印，今藏上海龙美术馆，图版收入《敏行与迪哲：宋元书画私藏集萃》。

（29）李嵩《秋林放牧图》。《名绘荟萃》册（十六开）第四幅，多项氏印，《石渠宝笈初编・重华宫》著录，台北"故宫博物院"藏，收入《故宫书画图录》第29册。

（30）李从训《蕉阴亭馆图》。《名绘荟萃》册（十六开）第三幅，多项氏印，《石渠宝笈初编・重华宫》著录，台北"故宫博物院"藏，收入《故宫书画图录》第29册。

（31）刘松年《杜拾遗春游图》。张丑《真迹日录》二集著录在"赵千里《着色杜拾遗春游图》"文末。按，赵图原表已著录，编号226，此图未收录。张丑谓："赵图精，刘图古，前元题咏极多，今在项氏。"[1]

（32）刘松年（款）《春景山水》。《宋元集绘》册（十一开）第七幅。有"子京父印""墨林山人"，台北"故宫博物院"藏，收入《故宫书画图录》第28册。

（33）马远《夏山林瀑图》。《宋元拾翠》册第七幅，有"子京"印，台北"故宫博物院"藏，收入《故宫书画图录》第28册。

（34）马远《松下繁梅图》。《烟云集绘》第三册（十六开）第十三幅，多项氏印，《石渠宝笈续编・乾清宫》著录，台北"故宫博物院"藏，收入《故宫书画图录》第29册。

（35）马远《小品》册。共九开，第一、二开乾隆分别书"游神""简澹"。第三至七开，每开两幅，均20×7.3厘米，共十幅，马远绘拖枝梅、柳等，富项氏收藏印。第八、九开为和珅书乾隆《开惑论》。此册当系项氏所集，今藏私人处，图版收入《南宋院画录校释图笺》（浙江人民美术出版社，2015）卷七"马远"条下。

（36）马远《山径漫步图》扇面。有"墨林主人"等印，曾现嘉德2006年春拍。

（37）夏圭《溪山无尽图》。卷首有"天籁阁"等项氏印多方，原为陕西省政府物，迁台后归台北历史博物馆藏，图版收入台北历史博物馆《历史文物》第五卷第五期（1995年12月）。

（38）张训礼（传）《灞桥风雪图轴》。有项氏印三方，美国普林斯顿大学美术馆藏，该馆编号：y1947-77。

（39）林椿《写生玉簪》。《宋元集绘》册（二十六开）第二十三幅。有"项墨林父秘笈之印"，台北"故宫博物院"藏，收入《故宫书画图录》第28册。

（40）张仲（款）《牧羊图》。《历代集绘》册第九幅，有"项子京家珍藏"印，《石渠宝笈初编・重华宫》著录，台北"故宫博物院"藏，收入《故宫书画图录》第28册。

（41）梁楷《山阴书箧图》。系《名画荟萃》册（八开）第二幅，有项氏印数方，《石渠宝笈初编・重华宫》著录，台北"故宫博物院"藏，收入《故宫书画图录》第29册。

（42）刘泾（款）《螃蟹》。《宋元名人花鸟合璧册》第七幅，有项氏印多方，台北"故宫博物院"藏，收入《故宫书画图录》第28册。

（43）李仲宣（款）《花蝶》。《宋元名人花鸟合璧册》第十幅，有项氏印多方，台北"故宫博物院"藏，收入《故宫书画图录》第28册。

（44）赵元长（款）《梅花山雀图》。《名画荟珍》册（八开）第四幅，多项氏印，《石渠宝笈三

1 张丑：《清河书画舫（附〈真迹日录〉）》二集，上海古籍出版社，2011年，第691页。

编·延春阁》著录，台北“故宫博物院”藏，收入《故宫书画图录》第29册。

（45）朱羲（款）《摹五代戴嵩笔》。《集古图绘》册（十五开）第二幅，有“退密”“项子京家珍藏”印，《石渠宝笈初编·重华宫》著录，台北“故宫博物院”藏，收入《故宫书画图录》第29册。按，此图疑伪。

（46）王凝（款）《子母鸡图》。《集古图绘》册（十五开）第三幅，有“嘉禾项氏珍藏”印，《石渠宝笈初编·重华宫》著录，台北“故宫博物院”藏，收入《故宫书画图录》第29册。按，此图及项氏印疑伪。

（47）汤正仲（款）《菊》。《诸仙妙绘》册（十六开）第九幅，有“墨林山人”“项墨林鉴赏章”印，台北“故宫博物院”藏，收入《故宫书画图录》第29册。

（48）李□《焚香祝圣》。《名绘集珍》册（十开）第三幅，有“墨林”印，台北“故宫博物院”藏，收入《故宫书画图录》第29册。

（49）李□《水殿招凉》。《名绘集珍》册（十开）第四幅，有“项子京家珍藏”印，台北“故宫博物院”藏，收入《故宫书画图录》第29册。

（50）王庭筠（款）《柳蝉红蓼》。《丘壑琳琅》册第十一幅，有“项元汴印”“墨林外史”二印，台北“故宫博物院”藏，收入《故宫书画图录》第28册。

（51）钱选（款）《水仙》。《诸仙妙绘》册（十六开）第十幅，有“项氏子京”印，台北“故宫博物院”藏，收入《故宫书画图录》第29册。按，此图及项氏印疑伪。

（52）钱选《剪秋罗》。《唐宋元集绘》（十六开）第十幅，有“墨林秘玩”印，台北“故宫博物院”藏，收入《故宫书画图录》第28册。

（53）赵孟頫（款）《人马图》。《唐宋元明集绘》册（二十四开）第二十一幅，有项氏“退密”印，台北“故宫博物院”藏，收入《故宫书画图录》第28册。

（54）赵孟頫《洪范授受图》。《石渠宝笈续编·乾清宫藏六》著录，今藏辽宁省博物馆。杨仁恺谓文徵明小楷题、王鏊跋及项氏诸印均真[1]，但画为明人作[2]。

（55）黄公望（传）《山水》。系《名画荟萃》册（八开）第六幅，有“子京所藏”印，《石渠宝笈初编·重华宫》著录，今藏台北“故宫博物”院，收入《故宫书画图录》第29册。

（56）王振鹏（款）花鸟。《宋元人真迹册》（十二开）第十一幅，有“墨林山人”印，台北“故宫博物院”藏，收入《故宫书画图录》第28册。

（57）王振鹏（款）《山水》。《宋元集绘》册（十一开）第十一幅。有“子京”印，台北“故宫博物院”藏，收入《故宫书画图录》第28册。

（58）王渊（传）《花鸟》。《宋元人真迹册》（十二开）第十二幅，有“墨林山人”印，台北“故宫博物院”藏，收入《故宫书画图录》第28册。

（59）王渊（款）《花鸟》。《唐宋元明四朝合璧册》上册（八开）第七幅，有“项氏子京”印，台北“故宫博物院”藏，收入《故宫书画图录》第28册。

1 杨仁恺：《中国古代书画鉴定笔记》第7册，第3083页。

2 杨仁恺：《国宝沉浮录》，第357页。

（60）唐棣（款）《西湖暮雪》。《宋元明集绘》册（九开）第三幅。有项氏“檇李”印，台北“故宫博物院”藏，收入《故宫书画图录》第28册。

（61）朱德润《溪边独钓图》。《名画荟锦》册（十六开）第五幅，富项氏印，台北“故宫博物院”藏，收入《故宫书画图录》第29册。

（62）赵雍《毛诗十二幅卷》。元冯子振、明黄淮跋，富项氏印。《十百斋书画录》丁卷著录。

（63）盛懋《葛稚川移居图》。项氏收藏，李日华《六研斋三笔》卷四著录。

（64）王蒙《花溪书屋图》。系《名画荟萃》册（八开）第四幅，有项氏印数方，《石渠宝笈初编·重华宫》著录，台北“故宫博物院”藏，收入《故宫书画图录》第29册。

（65）倪瓒（款）《山水》。《唐宋元明四朝合璧册》上册（八开）第八幅，有“项氏子京”印，台北“故宫博物院”藏，收入《故宫书画图录》第28册。

（66）倪瓒《溪亭古木图》。《集古名绘》册（二十开）第十幅，有“子京所藏”“项元汴印”，台北“故宫博物院”藏，收入《故宫书画图录》第29册。

（67）倪瓒《山水画》（《秋林野兴图》）。有“檇李项氏士家珍玩”印。《十百斋书画录》乙卷著录。

（68）王冕《梅花十开册》。《壮陶阁书画录》卷八著录，有项氏印并题“明嘉靖卅七年九月上澣购于大云姚顺萱处，用价十金又金环一付。张来仪、邵二泉题句。墨林山人项元汴珍赏。承字号。”[1]按，此册项氏编号亦为“承”字，与今藏故宫博物院的虞集等《行书诗札卷》同，著录字号或有误，或遗漏数字。

（69）吴镇《墨竹图》。多项氏印，苏州博物馆藏。此图为元人《七君子图》中最末一幅，为顾文彬旧物。据顾氏《过云楼书画记》画类二载，《七君子图》即缪曰藻《寓意编》著录的《竹林七友图》，乾隆间失去其中顾安一帧，归顾氏后复以此帧配入。[2]

（70）曹知白（传）《山水图》卷。有项氏印及清宫藏印，明人罗洪先题，英国大英博物馆藏，该馆登记编号：1984,0203,0.9。

（71）王蒙《葛仙翁移居图》。詹景凤《东图玄览编》卷二著录。詹氏谓此本长一丈二尺，阔几二尺，似为一长卷，与现存同名的两立轴本不同。詹氏又谓其上有“袁清容题”。按，袁桷卒时王蒙才二十岁，此卷或系伪物。

（72）王蒙《山水卷》。明人沈度、王鏊、祝允明、文徵明等题。有项氏“退密”葫芦印。《十百斋书画录》已卷著录。

（73）徐贲《五松图》。卷后有姚玭、正弥、善启、镏冠、良琨、原具、智勇、（禮）彝、大同等跋。项氏题于万历丁丑八月，载此卷为“伦”字号，其值十金。按，据杨仁恺《中国古代书画鉴定笔记》，此卷中图及项氏原跋已佚去，卷后姚氏等人跋尚存，项氏跋尚存后人摹本，今藏绍兴博物馆。《中国古代书画目录》著录，编号浙18-001。另，张珩《木雁斋书画鉴赏笔记·书法二》记载今藏故宫博物院的《元名贤词翰五帖》原亦有“伦”字编号，两者重复。

（74）马琬（传）《春江待渡图》。作于至正三年（1343），杨维桢题。有项氏印多方，美国佛利尔美

1 裴景福：《壮陶阁书画录》卷八，第260页。

2 顾文彬：《过云楼书画记》画类二，上海古籍出版社，2011年，第102页。

术馆藏，该馆编号：S1987.215，图版可于该馆网站检索获取。

（75）王绂《小山丛竹图》。《名画荟珍》册（八开）第八幅，多项氏印，《石渠宝笈三编·延春阁》著录，台北“故宫博物院”藏，收入《故宫书画图录》第29册。

（76）王绂《山水画》。款：“王芾为濬之画”，有东湖叟、王达题跋，知濬之姓浦。有项氏“天籁阁”“项子京氏”“项元汴印”等印多方。《十百斋书画录》辛卷著录。

（77）明宣宗（款）《江芦鸳鸯》。《诸仙妙绘》册（十六开）第十一幅，有“子孙世昌”“项叔子”印，台北“故宫博物院”藏，收入《故宫书画图录》第29册。按，此图当系伪迹，项氏印存疑。

（78）沈周《文阁独眺》。《历代名绘册》（九开）第八幅，款“弘治辛酉秋日画于有竹庄中。沈周”。左下钤有“项子京家珍藏”一印，今藏台北“故宫博物院”，收入《故宫书画图录》第28册。

（79）沈周（款）《瓶菊图》。《集古图绘》册（十五开）第十三幅，有“退密”印，《石渠宝笈初编·重华宫》著录，台北“故宫博物院”藏，收入《故宫书画图录》第29册。按，此图及项氏印疑伪。

（80）沈周、刘珏《秋溪叠嶂图》轴。有项氏印，曾现2011西泠秋拍、2017匡时春拍。

（81）吕纪《白眉锦鸡图》。有“子京所藏”“项元汴印”，无锡博物院藏。《中国古代书画图目》（6）著录，编号苏6-083，作无款佚名画。按，此图有吕纪“四明吕廷振印”，图版亦见《明画全集》第二〇卷第5册。

（82）唐寅《山水》。有“项墨林鉴赏章”，故宫博物院藏，故宫编号“新92672”，收入《故宫博物院藏品大系·绘画编10》（故宫出版社，2013）。

（83）文徵明《仿李成寒林图》。自识：“嘉靖癸丑十月仿营丘笔意。”有项氏诸印，徐邦达《古书画过眼要录·元明清绘画》（故宫出版社，2015）著录，藏处不明。

（84）文徵明《墨画山鸟墨竹》。《明人书画扇（卯）》册（二十开）第九幅，有“项元汴印”，今藏台北“故宫博物院”，收入《故宫书画图录》第30册。

（85）文徵明《山水》。《元明人画山水集景》册（七开）第五幅，有项氏印多方，《石渠宝笈续编·御书房》著录，今藏台北“故宫博物院”，收入《故宫书画图录》第28册。

（86）文徵明《古诗十九首·陶诗四首》册页。多项氏印，曾现嘉德2013年春拍。

（87）文徵明、仇英《书画合璧卷》。文徵明书《琴赋》，仇英绘《理琴图》，有项氏“天籁阁”“墨林秘玩”等印，曾现瀚海2005年秋拍。按，此件真伪存疑。

（88）李彬《杨通老移居图》。有“退密”“项元汴印”等五方项氏印。《十百斋书画录》寅集著录。

（89）仇英《右军书扇图》。四角有“天籁阁”等项氏印，上海博物馆藏，图版收入《明画全集》第七卷第2册（浙江大学出版社，2018）。

（90）仇英《石勒问道图》。有“项叔子”“墨林秘玩”二印。《十百斋书画录》亥集著录。

（91）仇英（款）《山斋邀客》。《宋元人画册》（十开）第十幅，有项氏印，台北“故宫博物院”藏，收入《故宫书画图录》第28册。

（92）仇英（款）《花卉草虫》。《宋元名人花鸟合璧册》（十二开）第十二幅，有“墨林秘玩”印，台北“故宫博物院”藏，收入《故宫书画图录》第28册。

(93) 仇英、唐寅《红楼春晓图》。金农《龙梭妙画册》之一《摹红楼春晓图》上有作者自题："此图乃仇实甫、唐子畏合作，为两君得意之笔。秋玉以五十金购于檇李项氏，珍藏玲珑三馆中。暇日出示，并属余摹之。"可知原图为项氏物，金氏摹本收入《传承与守望——翁同龢家藏书画珍品》（文物出版社，2009）。

(94) 仇英《水仙腊梅写生图》。《壬寅销夏录》著录，当即《石渠宝笈续编》养心殿藏四著录的这一件，图上有项氏"退密""项元汴印""项墨林鉴赏章"三印，今藏佛利尔美术馆，图版收入《明画全集》第二十卷第1册。

(95) 朱鹭《疏叶轻风图》。左下角有"项墨林父秘笈之印"，武汉博物馆藏，《中国古代书画图目》（18）著录，编号：鄂3-023，图版亦收入《纸落云烟：武汉博物馆藏明代书画珍品录》（文物出版社，2014）。按，杨仁恺认为项氏印系后添[1]。

(96) 《宋人绘珍片玉》册（十开）中一幅，有"墨林项氏珍藏印"，台北"故宫博物院"藏，收入《故宫书画图录》第30册。

(97) 宋人《夏景》。《宋人院画》册（十二开）第五幅，有"退密"印，台北"故宫博物院"藏，收入《故宫书画图录》第30册。

(98) 宋人《翎毛》。《宋人院画》册（十二开）第十二幅，有项氏印多方，台北"故宫博物院"藏，收入《故宫书画图录》第30册。

(99) 宋人《雪峰寒艇图》轴。多项氏印，上海博物馆藏，《中国古代书画图目》（2）著录，编号：沪1-0133，亦收入《宋画全集》第二卷第2册。

(100) 宋人《花草蜥蜴图》。有"墨林秘玩"等印，私人藏，图版收入《艺苑掇英》第64期。

(101) 宋人《松亭坐隐》。《纨扇画册》（二十开）第六幅，有"墨林秘玩""项元汴印"，《石渠宝笈初编·重华宫》著录，台北"故宫博物院"藏，收入《故宫书画图录》第29册。

(102) 宋人《萧史乘鸾》。《纨扇集锦》册（二十开）第五幅，有"子京父印""墨林秘玩"二印，《石渠宝笈初编·重华宫》著录，收入《故宫书画图录》第29册。

(103) 宋人《荷亭销夏》。《名绘集珍》册（十开）第五幅，有"墨林秘玩"印，台北"故宫博物院"藏，收入《故宫书画图录》第29册。

(104) 宋人《寻梅访友图》。有"子京""项墨林父秘笈之印"，曾现2012年保利春拍。

(105) 宋人（旧传夏圭）《荻岸停舟图》，左下角有项氏印，美国波士顿美术馆藏，收入《宋画全集》第六卷第1册。

(106) 佚名（李唐款）《秋林策蹇图》。有"项墨林鉴赏章"，上海博物馆藏。吴荣光《石云山人集》诗集卷十九著录，收入《中国古代书画图目》（4），编号沪1-2157，图版亦见《明画全集》第二十卷第4册。

(107) 无款《水墨竹石》。系《宋元集绘》册（十二开，共二十三幅）第四开，富项氏印，《石渠宝笈三编·延春阁》著录，台北"故宫博物院"藏，收入《故宫书画图录》第28册。

(108) 无款《柳岸荷塘》。系《宋元集绘》册（十二开）第四幅，有"项子京家珍藏"印，台北"故宫博物院"藏，收入《故宫书画图录》第28册。

1 杨仁恺：《中国古代书画鉴定笔记》第7册，第3497页。

（109）无款《梅竹》。系《宋元明集绘》册（九开）第一幅，有项氏“神品”印，台北“故宫博物院”藏，收入《故宫书画图录》第28册。

（110）无款《松鹤》。系《诸仙妙绘》册（十六开）第十一幅，有项氏印多方，台北“故宫博物院”藏，收入《故宫书画图录》第29册。

（111）无款《枯林山鸟》。系《诸仙妙绘》册（十六开）第十五幅，有项氏印多方，台北“故宫博物院”藏，收入《故宫书画图录》第29册。

（112）无款《柳塘钓隐》。系《历代画幅集册》（十五开，共二十八幅）第十二幅，有“项元汴印”“项墨林父秘笈之印”，《石渠宝笈初编·重华宫》著录，台北“故宫博物院”藏，收入《故宫书画图录》第28册。

（113）无款《拨阮图》。《历代画幅集册》（十五开，共二十八幅）第二十四幅，有“项元汴印”“神品”“项墨林父秘笈之印”，《石渠宝笈初编·重华宫》著录，收入《故宫书画图录》第28册。

（114）无款《云山图》。系《历朝名人图绘》册第一幅，有项氏印多方，《石渠宝笈初编·重华宫》著录，台北“故宫博物院”藏。按，此图有明初人高棅印，当系高氏画，收入《故宫书画图录》第28册。

（115）无款《林亭秋色》。系《历朝名人图绘》册第四幅，有项氏印多方，《石渠宝笈初编·重华宫》著录，台北“故宫博物院”藏，收入《故宫书画图录》第28册。

（116）无款《鸣榔图》。系《纨扇画册》（二十开）第一幅，有“墨林秘玩”“项元汴印”，《石渠宝笈初编·重华宫》著录，台北“故宫博物院”藏，收入《故宫书画图录》第29册。

（117）无款《番舶来琛》。系《宋元画册》第二幅，有“子京所藏”印，台北“故宫博物院”藏，收入《故宫书画图录》第28册。

（118）无款《设色花》。系《宋元名迹》册（二十三开）第二幅，有项氏印多方，台北“故宫博物院”藏，收入《故宫书画图录》第28册。

（119）无款《读书图》。系《宋元名迹》册（二十三开）第六幅，有项氏印多方，台北“故宫博物院”藏，收入《故宫书画图录》第28册。

（120）元人《秋林垂钓图》。系《集古名绘》册（十二开）第七幅，有“项叔子”印，台北“故宫博物院”藏，收入《故宫书画图录》第29册。

（121）元人《仿史道硕围人调马图》。荣宝斋藏，图版收入《荣宝斋珍藏·绘画卷（一）》（荣宝斋出版社，2012）。

（122）无款《竹溪船泊图》。荣宝斋藏，图版收入《荣宝斋珍藏·绘画卷（一）》。

（123）明人《雪屋寒吟图》。系《集古名绘》册（十二开）第十二幅，有“项叔子”印，台北“故宫博物院”藏，收入《故宫书画图录》第29册。

（124）明人《仙山楼阁图》。有“墨林”“檇李项氏珍藏书画”二印，刘海粟美术馆藏，收入《明画全集》第二十卷第2册。按，此图项氏印存疑。

（125）明人《题壁图》。刘海粟美术馆藏，有“项墨林鉴赏章”“子京”等印，收入《明画全集》第二十卷第2册。

（126）佚名（旧传赵令穰）《秋塘小景图》。多项氏印，美国佛利尔美术馆藏，收入《明画全集》第二〇卷第1册。

（127）佚名《梅竹石图》。多项氏印，上海博物馆藏。《中国古代书画图目》（4）著录，编号沪1-2122，收入《明画全集》第二十卷第4册。

（128）佚名《松鹰梅鹊图》。多项氏印，上海博物馆藏。《中国古代书画图目》（4）著录，编号沪1-2145，收入《明画全集》第二十卷第4册。

（129）佚名《水阁雅集图》。多项氏印，美国圣路易斯艺术博物馆藏，收入《明画全集》第二十卷第4册。

（130）明人（旧传揭傒斯）《群鹿图》。有"墨林秘玩"印，美国纳尔逊·阿特金斯艺术博物馆藏，收入《明画全集》第二十卷第3册。

（131）明人《胡笳十八拍》。有项氏印数方，南京博物院藏，《中国古代书画图目》（7）著录，编号：苏24-0375，亦收入《明画全集》第二〇卷第3册。

（132）明人《修竹仕女图》。有项氏"檇李""天籁阁""项子京家珍藏"印，四川博物院藏。图版收入《中国绘画全集》第13册、《明画全集》第二〇卷第3册。

（133）佚名《竹亭听秋图》。有"墨林项季子章"，天津博物馆藏。《中国古代书画图目》（9）著录，编号：津7-0532，亦见《明画全集》第二〇卷第5册。

（134）佚名《杨妃簪花图》。有"檇李项氏士家宝玩"印，天津博物馆藏，《中国古代书画图目》（9）著录，编号：津7-0540，亦见《明画全集》第二〇卷第5册。

（135）佚名（李唐款）《渔父图》。有"墨林秘玩"等印，中国美术馆藏，图版收入《明画全集》第二〇卷第5册。按，此图项氏印存疑。

（136）佚名（野梅道人款）《野塘游禽图》。有"退密""项元汴印""檇李""项墨林父秘笈之印"，中国美术馆藏，图版收入《明画全集》第二〇卷第5册。按，此图项氏印存疑。

（137）佚名（张雨款）《山水图》。有"项墨林鉴赏章"，中央美术学院藏，图版收入《明画全集》第二〇卷第5册。

附李氏认为是伪作，原表未著录作品四件：

（1）梁楷《右军书扇图》卷。有项氏诸印，故宫博物院藏。《石渠宝笈续编·宁寿宫》著录。故宫鉴定意见认为此图款印均伪，图版收入《石渠宝笈特展·典藏篇》。

（2）任仁发《饮中八仙图》卷。有项氏诸印及"甚"字编号，《石渠宝笈三编·宁寿宫》著录，台北"故宫博物院"藏，收入《故宫书画图录》第17册。

（3）沈周《和香亭图》卷。有项氏印及"欣"字号，并题"沈石田和香亭图咏，项元汴真赏。时隆庆辛未仲春。入姑苏天池采茶，购此于荡口华北溪氏，原价念两"。张学良旧藏，2000年香港苏富比春拍，今为台北私人藏。

（4）文徵明《北山移文》。有项氏印及"释"字号，曾现2011年匡时春拍。

[作者单位：浙江大学艺术与考古学院]

元大内中轴在武英殿至慈宁宫一线考

The Area from the Hall of Martial Valor (*Wuying dian*) to the Palace of Compassion and Tranquility (*Cining gong*) as the Central Axis of the Yuan-Dynasty Imperial Palace

王子林

Wang Zilin

内容提要：

本文在姜舜源先生“元大内较明清紫禁城偏西”的论点基础上，对元大内中轴的具体位置做了重新认识和论证。首先从直通元大内夹垣的木桥着手，利用史料，分析原因，认为断虹桥是从丽正门内周桥中的中虹拆移至此的，从而否定了元大内中轴在断虹桥的观点。又通过对史料的分析和梳理，发现紫禁城西路存在着三座大殿，其时间都早于紫禁城的建城时间。从元大内到燕王府、西宫的变迁轨迹，说明三座大殿是永乐帝的潜邸，从而证明元大内中轴在武英殿至慈宁宫（即仁智殿至仁寿宫）一线，这是造成紫禁城中轴东移的客观原因。本文最后从测天的角度，论证了中轴起源于天轴理论，按天轴理论，不存在一根贯穿整个都城的中轴。元大都没有中轴，中轴终于大内，不需要穿过后海。

关键词：

元大内　燕王府　断虹桥　永乐帝

ABSTRACT:

On the basis of Jiang Shunyuan's argument that the Yuan-dynasty (1271-1368) imperial palace is located slightly west of the Ming (1368-1644) and the Qing (1644-1911) Forbidden City, this article re-examines and provides evidence for the location of the central axis of the Yuan-dynasty imperial palace. Firstly, with the help of historical literature, the surviving marble balustrade on the bank of the Inner Golden Water (*nei jinshui he*) that break through the corner of the Gate of Martial Valor (*Wuying men*) suggests that the Broken Rainbow Bridge (*Duanhongqiao*) was the central arch of the bridge inside the Gate of Splendor and Propriety (*Lizheng men*) and relocated to its current location, defying arguments for this bridge as the central axis of the Yuan-dynasty imperial palace. Analysis and review of historical evidences reveals that three grand halls had existed at the west side of the Forbidden City, and their construction is prior to the construction of the current complex. The changes from the Yuan-dynasty imperial palace to the mansion of imperial prince Yan then to the Western Palace indicates that the three grand halls could be the princely residence of the Yongle Emperor (r. 1402-1424), proving that the central axis of the Yuan imperial palace was located in the area from the Hall of Martial Valor to the Palace of Compassion and Tranquility (that is, the Hall of Benevolent Wisdom, *Renzhi dian*, to the Palace of Benevolence and Longevity, *Renshou gong*). This is the reason for the eastward relocation of the Forbidden City's central axis. Lastly, from the astrological perspective, the article argues that the idea of the central axis derives from the theory of heavenly axis, according to which a central axis throughout the entire capital city does not exist. Therefore, there was no central axis for the Yuan capital. It ended inside the imperial palace complex and did not extend to the Houhai lake.

KEYWORDS:

Yuan-dynasty imperial palace, mansion of Imperial Prince Yan, Broken Rainbow Bridge, Yongle Emperor

“象黄道以启程，仿紫极而建庭”，雄伟壮丽的元大内，在王朝更替之际，或被拆除，或被改头换面，湮没于历次宫城的改造之中，难以厘正。目前学界存在着两种说法：一说认为现在的紫禁城中轴线就是元大内轴线；另一种说法是紫禁城中轴线较元大内轴线东移，认为元大内轴线在断虹桥—旧鼓楼大街一线。在《故宫学刊》2015年总第15辑，本人发表了《紫禁城中轴东移探析》一文，对元大内中轴在武英殿至慈宁宫一线做了初步的论证，但由于认识的局限，其论证还存在许多缺陷。现本文从史料和保存下来的建筑与环境的蛛丝马迹中，再次寻证元大内中轴在武英殿至慈宁宫一线。

一 从直通元大内夹垣的木桥说起

图1 元圆坻（今团城）东侧木桥处

前辈学者对寻找元大内殚精竭虑，可谓上穷碧落下黄泉，其中姜舜源先生独具慧眼，他根据元人陶宗仪《南村辍耕录》所记的两条史料：

（一）“仪天殿在池中圆坻上，当万寿山……东为木桥，长一百廿尺，阔廿二尺，通大内之夹垣。西为木吊桥，长四百七十尺，阔如东桥，中阙之，立柱，架梁于二舟，以当其空，至车驾行幸上都，留守官则移舟断桥，以禁往来。是桥通兴圣宫前之夹垣。后有白玉桥，乃万寿山之道也。”[1]

（二）万寿山“山前有白玉石桥，长二百余尺，直仪天殿后。”[2]

姜舜源先生认为元大内在明清紫禁城偏西，有两点理由：

一是圆坻即今团城。圆坻西吊桥470尺，若以每尺0.31米折算，约合145米，与今北海大桥基本相同。后来改作石桥，清代称“金鳌玉蛛”桥。向北通万寿山的桥200余尺，约合62米以上，也大致与现在距离相同。由此可见，圆坻自元、明、清至今位置未动〔图1〕，只是明后期将圆坻东部与东岸填土连接，使之成为半岛，并在通道东口建“乾明门”[3]。

二是元大内没有护城河，但有夹垣。何谓“夹垣”？姜舜源先生引《南村辍耕录》所记做了解释，《南村辍耕录》记:“兴圣宫在大内之西北，万寿山之正西，周以砖垣，南辟红门三，东西红门各一，北红门一。南红门外，两旁附垣有宿卫直庐，凡四十间，东西门外各三间。南门前夹垣内，有省、院、台百司官侍值板屋。”[4]由此可见，夹垣为大内和隆福、兴圣各区宫墙外的低矮的围墙，这些围堵与高大的宫墙之间往往布置

1 （元）陶宗仪：《南村辍耕录》卷二一，中华书局，1997年，第256页。

2 （元）陶宗仪：《南村辍耕录》卷二一，中华书局，1997年，第255页。

3 姜舜源：《故宫断虹桥为元代周桥考：元大都轴线新证》，《故宫博物院院刊》，1990年第4期。

4 （元）陶宗仪：《南村辍耕录》卷二一，中华书局，1997年，第253页。

着一些官署或其他小型设施。夹垣至水边之间多大距离，尚无准确数字，但根据元、明大内许多建筑设施尺寸相同这一特点，可以推定不超过明紫禁城城墙至护城河之间的距离，大约18米[1]。

本文依据姜舜源先生的上述论证，做进一步的求证。圆坻位置和夹垣含义确定后，从圆坻向东的木桥长120尺，约合37米，木桥直通“大内夹垣”。由此可确定大内西北角夹垣的具体位置在今团城东37米处〔图2〕，这一点至关重要。

明初人萧洵《故宫遗录》[2]记：“西出内城（按：大内），临海子。海广可五六里，架飞桥于海中，西渡半起瀛洲圆殿。”笔者再根据《南村辍耕录》[3]所记这条史料：“仪天殿在池中圆坻上，……重檐圆盖顶，圆台址。”大内临海子，瀛洲圆殿即仪天殿，萧洵所记“飞桥”即为《南村辍耕录》所记的圆坻东的“木桥”，两相印证，再次证明元大内西北角夹垣确在距离团城37米处。

《南村辍耕录》记元大内东西宽480步，以1步1.54米折算，约合739.2米，南北深650步，约合1001米[4]；明清紫禁城东西宽753米，南北深961米，元大内东西比紫禁城少了13.8米，南北多出了40米，二者的面积几乎是一样的。如果元大内中轴在武英殿—慈宁宫一线上，则需把紫禁城中轴向西移至距离235米处的武英殿—慈宁宫一线上，这时紫禁城西北角城墙距离团城约73.5米，整个西城墙和北城墙并没有进入中海里〔图3〕。这里不包括宽52米的紫禁城护城河即筒子河，因为元大内没有护城河，是夹垣。又元大内东西比紫禁城东西少13.8米，所以元大内西夹垣距中海海岸一定不会少于20米。从而证明元大内中轴较明清紫禁城中轴偏西，在武英殿至慈宁宫一线的论点是成立的，下面对此做进一步的论证。

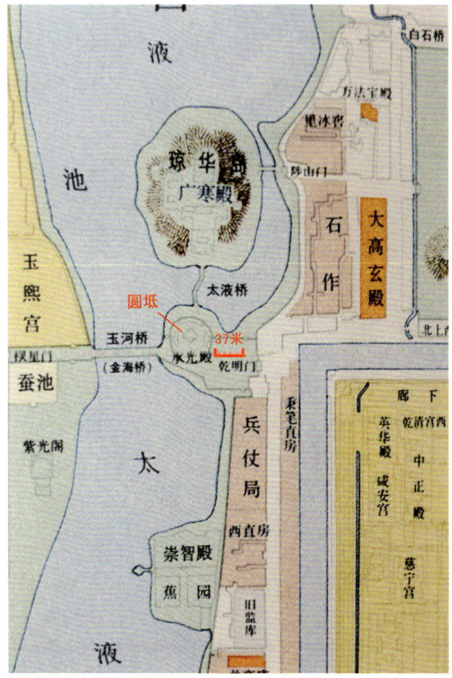

图2　圆坻通大内夹垣木桥长度

（参考中国社科院考古研究所绘制的《明北京城复原图》）

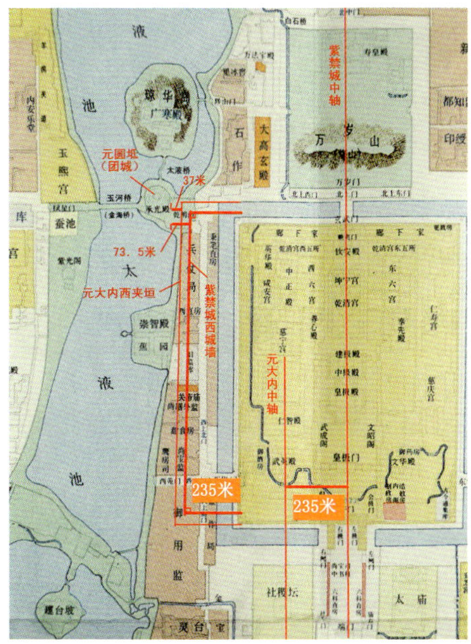

图3　元大内西夹垣位置示意图

（参考中国社科院考古研究所绘制的《明北京城复原图》）

二　武英门墙角打破金水河河岸上栏杆的客观原因

从现存的武英门位置看，其东西墙角打破了河道上的汉白玉

1 姜舜源：《故宫断虹桥为元代周桥考：元大都轴线新证》，《故宫博物院院刊》，1990年第4期。

2 （明）萧洵：《故宫遗录》，《钦定日下旧闻考》卷三一，《钦定四库全书史部地理类》，台湾“商务印书馆”，1986年影印。

3 （元）陶宗仪：《南村辍耕录》卷二一，中华书局，1997年，第256页。

4 （元）陶宗仪：《南村辍耕录》卷二一，中华书局，1997年，第250页。

图4 武英门墙角打破河道栏杆

图5 武英门丹陛石雕台阶与金水桥之间的距离

图6 武英殿

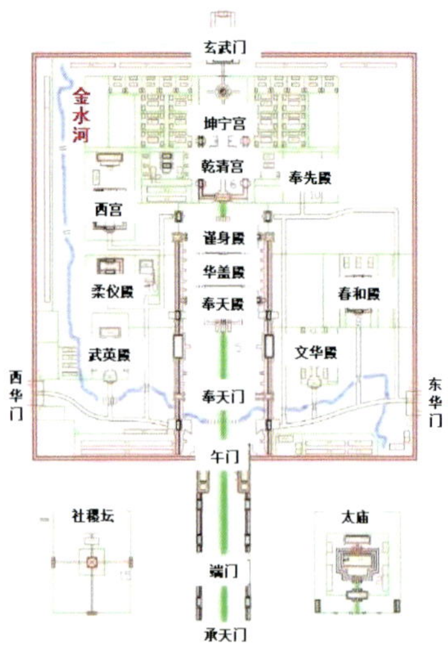

图7 南京紫禁城金水河流向图

图8 从西北角楼处流入的金水河

栏杆〔图4〕，武英门前的丹陛石雕台阶距离金水桥北桥头只有4.8米〔图5〕，武英殿后台阶距离围墙只有2米左右，是什么原因造成了这种十分局促的布局呢？

据永乐时大学士杨荣《皇都大一统赋》记："若乃震位毓德，文华穹隆；亦有武英，实为斋宫。"武英殿与文华殿相对〔图6〕，均建于永乐时期。《清宫述闻》[1]记："武英殿北正中，为内务府公署，而果房、冰窖、造办处亦在焉。内务府公署即明仁智殿旧址。明仁智殿应在武英殿后，旧基已废，今之内务府官廨等处，是其旧址。"武英殿后为仁智殿，而仁智殿在永乐时已存在，永乐二十二年七月十八，永乐帝在北征元蒙残部的途中，不幸崩于甘肃榆木川，灵柩运回禁城后安奉于仁智殿，《明太宗实录》[2]记："（永乐二十二年八月）壬子，皇太孙奉大行皇帝龙輴及郊，皇太子、亲王及文武群臣皆衰服，哭迎至大内，奉安于仁智殿，加殓奉纳梓宫。"

又据《辍耕录》的记载，元大内有夹垣，没有护城河，因此永乐帝营建北京紫禁城时，仿南京紫禁城祖制〔图7〕，于宫城内开挖了一条金水河〔图8〕，明人刘若愚记："紫禁城内之河，自玄武门之西，从地沟入，至廊下家，由怀公门以南，过长庚桥，里马房桥，由仁智殿西，御酒房东，武英殿前，思善门外，归极门北，皇极门前，会极门北，文华殿西，而北，而东，自慈庆宫前之徽音门外，蜿蜒而南，过东华门，古今通集库南，从紫禁城墙下地沟，亦自巽方出，归护城河。"[3]金水河的流向是自西北至东南巽方，斜穿过了整个紫禁城。

武英殿正好位于仁智殿和新挖的金水河河道之间，为了保持与文华殿一样的体量和布局空间的对称，武英门墙角打破河岸汉白玉栏杆的现象说明：一是武英殿不能靠后建，没有余地；二是仁智殿已经存在，不是永

1 《清宫述闻》（初、续编合编本），紫禁城出版社，1990年，第347页。

2 《大明太宗文皇帝实录》卷二七四，永乐二十二年八月壬子。

3 （明）刘若愚：《酌中志》卷一七，北京古籍出版社，2018年，第142页。

乐帝规划紫禁城中的宫殿，也就是说它早于建紫禁城的时间。所以武英殿区域空间受到后有仁智殿、前有新设计的金水河河道走向的客观因素限制〔图9〕，形成了较为局促的布局。

图9　武英殿与金水河

元大内里没有河流，就不会出现桥，而明清紫禁城里的金水河是永乐时设计开挖的，故武英殿东侧的断虹桥显然不是元大内里的桥梁。从断虹桥的体量、纹饰和桥头的靠山兽看，它与紫禁城中的其他任何桥梁都不一样〔图10〕，其桥面宽度达9.2米，比奉天门外中间石桥桥面还宽出了3米，已超越了礼制限制，显然这座位置偏僻的桥梁不是明代桥，而是从外面拆移过来的。

图10　武英殿东侧的断虹桥

三　断虹桥是从丽正门内周桥中的中虹拆移过来的

关于元代周桥，元人陶宗仪《辍耕录》[1]记："大内南临丽正门，……正南曰崇天……直崇天门有白玉石桥三虹，上分三道，中为御道，镌百花蟠龙。"崇天门是大内的正门，门外直对的是周桥，由三座白玉石桥组成，中为御道，镌刻百花蟠龙，俗称穿花龙，三座白玉石桥亦称三虹即中虹、东虹和西虹。

图11　断虹桥栏板上的百花蟠龙雕刻

《钦定日下旧闻考》所辑《故宫遗录》[2]记："南丽正门内曰千步廊，可七百步，建棂星门。门建萧墙，周回可二十里，俗呼红门阑马墙。门内数十步许有河，河上建白石桥三座，名周桥，皆琢龙凤祥云，明莹如玉。桥下有四白石龙，擎戴水中甚壮，绕桥尽高柳，郁郁万株，远与内城西宫海子相望。度桥可二百步为崇天门。"而《钦定日下旧闻考》所辑《大都宫殿考》则记："原南丽正门内千步廊，可七百步，建棂星门。门建萧墙，周回可二十里，俗呼红门阑马墙。内二十步有河，上建白石桥三座，名周桥，桥四石白龙擎载，旁尽高柳，郁郁万株，远与城内海子西宫相望。度桥可二百步为崇天门。"[3]二者略有出入，《故宫遗录》是数十步，《大都宫殿考》是二十步，本文以二十步较为合理，它与二百步成倍数关系。丽正门距离30.8米处建周桥三虹，过桥再往北308米则为大内正门崇天门。

1　（元）陶宗仪：《南村辍耕录》，中华书局，1997 年，第 250 页。
2　《故宫遗录》，《钦定日下旧闻考》卷三二，台湾"商务印馆"，1986 年影印。
3　《大都宫殿考》，《钦定日下旧闻考》卷三〇，《钦定四库全书史部地理类》，台湾"商务印书馆"，1986 年影印。

图12　永寿宫石屏风

图13　景仁宫石屏风

为何周桥是三虹呢？《南村辍耕录》[1]记："崇天之左曰星拱，三间一门，东西五十五尺，深四十五尺，高五十尺；崇天之右曰云从，制度如星拱。"大内南门一共有三座门，中曰崇天，西曰云从，东曰星拱，其中崇天门最大，"十二间，五门，东西一百八十七尺，深五十五尺，高八十五尺左右"，故建三虹相对，按崇天门的体量，中虹应为最大的桥梁。

《辍耕录》记周桥三虹中只有中虹为御道，镌百花蟠龙。而《故宫遗录》则记三虹皆雕龙凤祥云，与《南村辍耕录》所记相矛盾。既然元大内正门有三门，中崇天门肯定是皇帝所出入之门为御道，桥镌百花蟠龙，以示皇权等级；东西两侧的云从门和星拱门，按"云从""星拱"之义，是形容扈从跟随帝王的用词，肯定是大臣们所出入之门，桥的等级必然低于中门所对之中虹，不能镌百花蟠龙，必是素面石桥，故《故宫遗录》所记有误。

武英殿东侧的断虹桥，南北桥头各置一对靠山神兽，桥身两侧的栏板上雕刻的正是百花蟠龙主题〔图11〕，纹饰华缛，满地装饰各种各色花卉，蟠游的二行龙一前一后，前者回头探望，后者翘首追赶，穿行于百花之中。龙的形象为长鼻，鹿角，五爪，遍身饰鱼鳞，长鼻龙鬃毛上冲，曲颈弓背，四腿张迈，五爪攫攥有力，极富动感和力量。石雕层次丰富，百花蟠龙主题突出，与《辍耕录》所记相符，为元大内外的周桥中虹。宋讷在永乐五年来到北京，路过元大内外的周桥时，作《壬子秋过元故宫诗》，诗中写道："御桥路坏盘龙石，金水河成饮马沟"。盘龙即蟠龙，周桥的路面已坏，金水河已成了饮马沟，作为行走的桥梁和排洪的金水河看来都要重新改造。所以永乐帝营建紫禁城时，改了金水河河道，并把这座精美的周桥中虹拆除移到了武英殿东侧，所以现在断虹桥北是18棵槐树，不是"绕桥尽高柳，郁郁万株"的景象。故断虹桥的位置不是原周桥中虹所在的地点，它已经改变了地点，也就不在元大内的中轴上了。

周桥东西二虹的四对靠山神兽也被发现了[2]，它们被拆下后也搬到了宫中，被做成了石屏风的底座〔图

1　（元）陶宗仪：《南村辍耕录》，中华书局，1997年，第250页。

2　永寿宫和景仁宫的石屏风靠山神兽与断虹桥的关系是娄旭先生发现的，见他的公众号中的一篇文章《永寿宫／景仁宫的石影壁》。

12〕，陈设于后妃居住的景仁宫和永寿宫大门内〔图13〕，王朝兴废，令人感慨。四座靠山神兽与断虹桥的靠山神兽相比，其材质、形态完全相同，但二者的大小则不同，断虹桥的靠山神兽体量大〔图14〕，高99厘米，宽35厘米，而永寿宫、景仁宫的靠山神兽高73.5厘米，宽27.5厘米，体量小〔图15〕。作为镇桥的神兽，三虹都可以用，但东西二虹由于不是皇帝所过之桥，在体量上就小了许多，显然二者的等级是不一样的。四对靠山神兽的发现，证明周桥三虹是真实存在的，而且中虹等级高，是皇帝的御桥，两侧的桥梁等级低。

图14　断虹桥靠山神兽

图15　景仁宫靠山神兽

图16　乾隆改建后的慈宁宫

四　紫禁城西路有三座大殿

（一）仁寿宫

仁寿宫和大善殿在永乐时就已存在，永乐时大学士金幼孜《皇都大一统赋》称："乾清并耀于坤宁，大善齐辉于仁寿。"另一位大学士李时勉《北京赋》亦称："其后则奉先之殿，仁寿之宫，乾清坤宁，眇丽穹窿，掖庭椒房，闺闼闳通；其前则郊建圜丘，合祭天地，山川坛壝，恭肃明祀。"仁寿宫、大善殿可与乾清、坤宁二宫相媲美，大善殿与乾清宫相对，仁寿宫与坤宁宫相对，说明大善殿位于仁寿宫南。仁寿宫不仅与奉先、乾清、坤宁并列，还可与圜丘、山川坛相提并论，地位崇高，可见二者是两座大殿。

永乐帝的生母早死，由马皇后抚养成人，马皇后于洪武十五年已去世，故永乐帝迁都北京营建皇宫紫禁城时，没有规划修建太后宫。《明实录》记载宣宗即位后，尊张皇后为太后，暂时让张太后居住于仁寿宫，可知仁寿宫原不是太后宫，但体量巨大，《明实录》记载弘治十七年，孝宗下旨意欲请圣慈仁寿周太皇太后居住仁寿宫前殿，是因为："今仁寿宫前殿尽宽大，意欲奉太皇太后于此。"[1]嘉靖四年三月辛巳，仁寿宫发

1　《大明孝宗敬皇帝实录》卷二〇九，弘治十七年三月丁丑。

生火灾，《明实录》记："仁寿宫工未决，钦天监请，及是岁利，以吉日经始，下工部议。工部请，先以见材，如期举事，令军夫运瓦砾出之外，俟大木踵至，工次第，幸可就。上虑旷日持久，徒劳人力，命待大木至，择日兴工。"[1]嘉靖帝下旨称等采伐到大木时再行兴工，可见仁寿宫是一座大殿。后来嘉靖帝并没按原样重建仁寿宫，而是于仁寿宫的基址上建了一座体量小得多的慈宁宫〔图16〕，嘉靖十五年四月初九日，嘉靖帝下令说："今复思太皇太后、皇太后二宫，我皇祖原未有制。今曰清宁者乃青宫所居，虽无其人，可无其所，是非母后所居也；曰寿者乃统于乾清宫者，非母后之宫。今朕拟将清宁宫存储居之地后即半作太皇太后宫一区，仁寿宫故址并除释殿之地作皇太后宫一区，以备皇祖一代之制。"[2]2015年5月，故宫顶管施工，第二次于慈宁宫东墙外垂花门迄北挖出大型磉墩遗址。此前于1991年，故宫顶管施工时于此已挖出此遗址[3]，说明仁寿宫比慈宁宫大得多。

（二）大善殿

大善殿是一座佛殿，《明实录》记："禁中大善佛殿内有金银佛像并金银函贮佛骨、佛头、佛牙等物，上既敕廷臣议撤佛殿，即其地建皇太后宫。是日，命侯郭勋大学士李时、尚书夏言入视殿址。于是尚书言请敕有司以佛骨等瘗之中野，以杜愚民之惑。上曰：'朕思此物，听之者，智曰邪秽，必不欲观。愚曰奇异，必欲尊奉。今虽埋之，将来岂无窃发，以惑民者，可议所以永除之。'于是部议请投之火。上从之，乃燔之通衢，毁金银像。像凡一百六十九座，头牙骨等凡万三千余斤。"[4]大善殿里陈设有169座佛像，头牙骨等一万三千余斤，数量之多，种类之全，非明代之供奉，只能是永乐时保留下的原元大内佛殿及殿内所供之物。

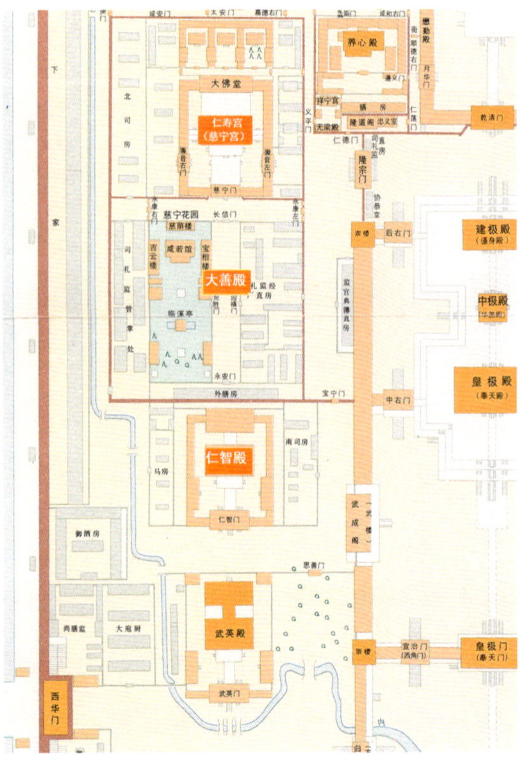

图17　紫禁城西路的三座大殿示意图
（参考中国社科院考古研究所绘制的《明天启紫禁城图》）

（三）仁智殿

明末人刘若愚在《明宫史》[5]中称："（隆宗门外往东，过慈宁宫，再东曰外膳房）有井存焉。再南，则宝宁门，门外偏西大殿，曰仁智殿，俗所谓'白虎殿'也，凡大行帝后梓宫灵位，在此停供。"刘若愚称仁智殿是一座大殿，这在刘若愚的记载中如此说，可见仁智殿确为一座大殿，

1 《大明世宗肃皇帝实录》卷八一，嘉靖六年十月戊午。
2 《大明世宗肃皇帝实录》卷一八六，嘉靖十五年四月癸巳。
3 白丽娟、王景福：《故宫建筑基础的调查研究》，《紫禁城建筑研究与保护》，紫禁城出版社，1995年，第286页。
4 《大明世宗肃皇帝实录》卷一八六，嘉靖十五年五月乙丑。
5 （明）吕毖编：《明宫史》，北京出版社，1963年，第17页。

才有可能永乐帝的灵柩停放于此，以当寝宫乾清宫之用。

武英殿后是仁智殿、今慈宁宫建在仁寿宫故址上，故仁智、大善、仁寿三殿处同一根中轴线上〔图17〕，其占地规模已超过紫禁城奉天、华盖、谨身三殿或乾清、交泰、坤宁三宫，出现于紫禁城的西路是超乎想象的。

五　燕王府是“燕用元旧内殿”

洪武元年八月初二日，大将军徐达率军攻下元大都，下令封存图籍宝物，并派兵守卫故宫殿门。洪武二年九月辛丑，朱元璋放弃了建都北平的打算，最终立南京为都，称：“若就北平，要之宫室不能无更作，亦未易也。今建业长江天堑，虎踞龙盘，江南形胜之地，真足以立国。”[1]洪武二年十二月丁卯，朱元璋御览北平行省参政赵耀奏进的工部尚书张允画的《北平宫室图》后，说：“令依元旧皇城基改造王府。”洪武三年七月辛卯，张允言诸王宫城宜各因其国择地而建：“燕用元旧内殿……上可其奏，命以明年次第营之。”[2]朱元璋说燕王府要建在元旧皇城基础上，但张允称诸王府应各因其国择地而建，因此燕王府最终是建在元旧内殿（即元大内）之上的，并得到了朱元璋的同意。

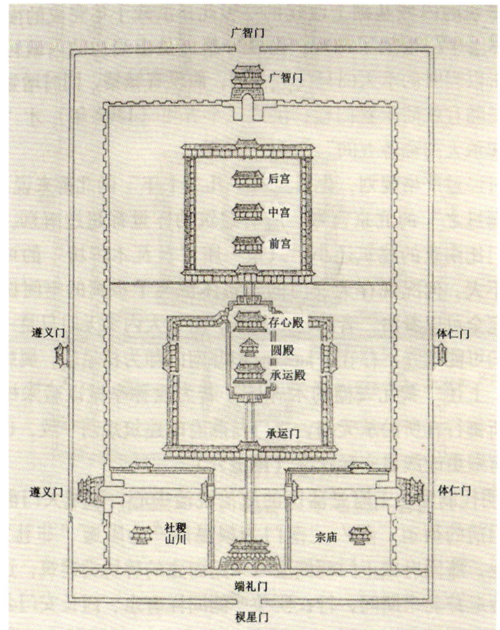

图18　燕王府图　（赵鹏绘制，采自《明代北京都城营建丛考》）

洪武十二年，燕王府竣工，其规模〔图18〕，据《明太祖实录》记：“甲寅，燕府营造讫。工（部）绘图以进，其制：社稷、山川二坛在王城南之右。王城四门，东曰体仁，西曰遵义，南曰端礼，北曰广智。门楼廊庑二百七十二间。中曰承运殿，十一间。后为圆殿，次曰存心殿，各九间。承运殿之两庑为左右二殿。自存心、承运周回两庑至承运门，为屋百三十八间。殿之后为前、中、后三宫，各九间。宫门两厢等室九十九间。王城之外周垣四门，其南曰棂星，余三门同王城门名。周垣之内堂库等室一百三十八间。凡为宫殿室屋八百一十一间。”[3]据此，可得出：①中轴上有前三殿和后三宫，其中正殿承运殿广11间，其余均为9间；②王城有四

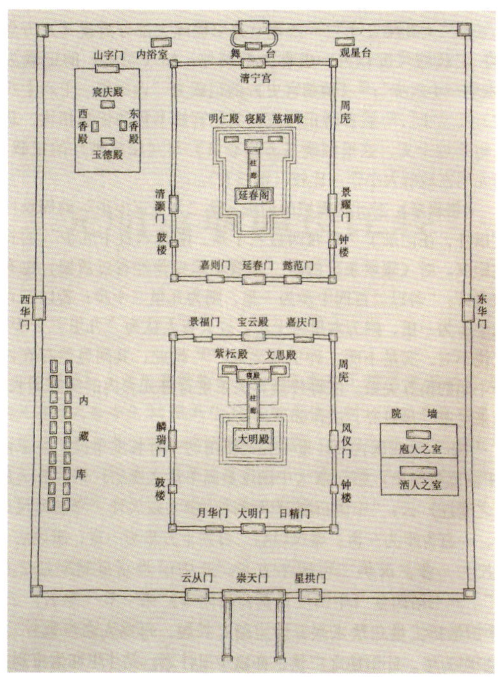

图19　元大内图　（采自《中国古代建筑史》第440页）

1 《大明太祖高皇帝实录》卷四五，洪武二年九月辛丑。

2 《大明太祖高皇帝实录》卷四七、五四，洪武二年十二月丁卯，洪武三年七月辛卯。

3 《大明太祖高皇帝实录》卷一二七，洪武十二年十一月甲寅。

门；③王城外还有周垣萧墙，辟四门，其南门名曰棂星门。

我们再看元大内的规制和规模〔图19〕，据元人陶宗仪《南村辍耕录》记载，大内辟六门，正南辟三门，中曰崇天，西曰云从，东曰星拱门，正殿大明殿广11间，柱廊7间，寝室5间，大明、柱廊和寝室相当于前三殿；延春阁广9间，柱廊7间，寝室7间，延春阁、柱廊和寝室相当于后三宫[1]。又据萧洵《故宫遗录》记崇天门外有棂星门，门建萧墙，周回达二十里。萧墙俗称红门阑马墙，也就是说在大内宫墙的外面还围有一周砖墙即萧墙，这种形式称为夹垣。门为红门，不同于城墙门即城门楼子。

我们将燕王府与元大内进行比较，有三点相同：①均有两重城垣，没有护城河；②均有棂星门；③正殿开间均为11间。据王璞子《燕王府与紫禁城》[2]和白颖《燕王府位置新考》[3]考证，棂星门自宋代始为普及，宋之后，棂星门用于坛庙、孔庙、陵寝遂成为制度，但棂星门用在宫殿者甚为少见，元大内前建棂星门，为历代宫阙门制的唯一现象。燕王府南有棂星门则是直接继承了元大内棂星门制度，这是燕王府在元大内基础上重建的一个重要证据。另一个证据是在元大内、兴圣宫和隆福宫三大宫殿群中，只有大明殿广11间，其他如延春阁广9间，隆福宫正殿光天殿广7间，兴圣宫正殿兴圣殿广7间。燕王府正殿承运殿广11间，说明只能是在拆除了大明殿的11间基址上重建的，故才有11间之数。如果燕王府是在兴圣宫或隆福宫的基址上改建的，那么它的正殿直接利用兴圣殿或光天殿7间的基址就可以了，不必建成11间。按明代王府制度，《大明会典》记洪武七年始定王府前朝宫殿为："前殿名承运，中曰圆殿，后曰存心，四城门。南曰端礼，北曰广智，东曰体仁，西曰遵义。"[4]虽然对正殿开间没有明确规定，但根据嘉靖十四年重建秦王府的记载看，恢复正殿承运殿"在承运门北，南向9间"，说明秦王府初建时正殿承运殿开间是9间。秦王为朱元璋第二子，为朱元璋所倚重，镇守西安。据此燕王府正殿也应为9间，由于朱元璋没有明确规定，而且同意了把燕王府建在"元旧内殿"上，故承运殿只能是继承了元大明殿基础，才可能有11间之数[5]。这应该算是越制了，难怪朱棣会于建文元年十一月乙亥上书为自己辩护称："谓臣宫室僭侈，过于各府。此盖皇考所赐。自臣之国以来，二十余年，并不曾一毫增益。其所以不同各王府者，盖《祖训·营缮》条云明言'燕因元之旧有'，非臣敢僭越。此奸臣之枉臣也。"[6]所以燕王府是由元大内改造而来。

朱棣即位后，将燕王府前三殿更名为奉天、华盖和谨身，以为巡狩时临时办公，举办典礼之所。

六　西宫由燕王府改造而成

到了永乐十四年八月，情况有所变化，朱棣可能对迁都有所动摇，决定在北京建西宫，《明太宗实录》[7]记："丁亥，作西宫。初，上至北京，仍御旧宫，及是将撤而新之，乃命工部作西宫为视朝之所。"确实

1 （元）陶宗仪：《南村辍耕录》，中华书局，1997年，第250－252页。

2 王璞子：《燕王府与紫禁城》，《梓业集》，紫禁城出版社，2007年，第116页。

3 白颖：《燕王府位置新考》，《故宫博物院院刊》，2008年第2期。

4 《大明会典工部一·营缮清吏司·王府》卷一八一。

5 王璞子：《燕王府与紫禁城》，《梓业集》，紫禁城出版社，2007年，第116页。

6 《大明太宗文皇帝实录》卷五，建文元年十一月乙亥。

7 《大明太宗文皇帝实录》卷一七九，永乐十四年八月丁亥。

三个月后即十一月壬寅的一条记载则揭示了未下决心迁都的原因，“复诏群臣议营建北京。先是车驾至北京，工部奏请择日兴工，上以营建事重恐民力不堪，乃命文武群臣复议之。”[1]之前工部奏请择日兴工营建北京，但永乐帝一直下不了决定，到十一月才命文武群臣复议，所以在迁都定下来之前有建西宫之举，于是“撤而新之”将旧宫燕王府重新改造为西宫，以为日后巡狩时的视朝之所。

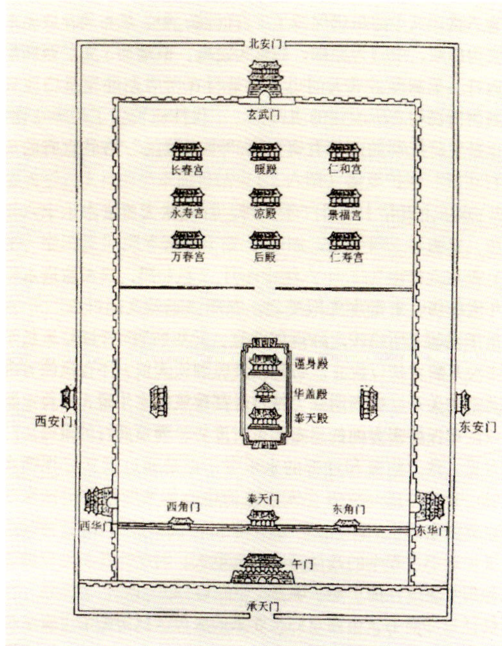

图20　明初西宫图　（赵鹏绘制，采自《明代北京都城营建丛考》）

朱元璋曾于洪武二十二年建西宫，后“崩于西宫”[2]。西宫与东宫相对应，东宫特指太子宫，西宫特指皇帝的便宫。从永乐帝效法南京紫禁城而建北京紫禁城的心理看，于北京建西宫，显然是效法其父的做法。永乐十五年四月癸未西宫完工〔图20〕，《明太宗实录》[3]记：“西宫成，其制：中为奉天殿，殿之侧为左右二殿，奉天之南为奉天门，左右为东西角门，奉天之南为午门，午门之南为承天门。奉天殿之北有后殿、凉殿、暖殿及仁寿、景福、仁和、万春、永寿、长春等宫，凡为屋千六百三十余楹。”西宫规模是燕王府的两倍，却只用了不到一年的时间，故只能是在原燕王府的基础改建才有可能完成。中轴上保留了前三殿和后三宫，前三殿仍用奉天、华盖、谨身之名，后三宫则更名为后殿、凉殿、暖殿，并于左右两侧增建六宫，奉天门外设午门、承天门等，殿宇共计1630余间，超越了朱元璋所建之西宫，俨然一座南京紫禁城的翻版。

七　仁智、大善和仁寿三殿是永乐帝的潜邸

永乐帝生母早死，没有于紫禁城中规划建造太后宫，而西路上耸立的仁寿、大善、仁智三座大殿，只能跟他有关系，应是他的潜邸，燕王府由元大内改造而成，西宫由燕王府改造而成，这一记载明确的前后变动史料，也说明了这点。永乐帝驾崩后，其灵柩停放于仁智殿，是因为乾清宫于永乐二十年闰十二月初八日被烧毁，不能回到正寝，而奉天、华盖、谨身三殿早已被烧毁还未重建。选择仁智殿停放灵柩，说明仁智殿对永乐帝来说很重要，具有乾清宫的功能和地位，从而证明仁智殿曾是永乐帝的潜邸或西宫里的重要宫殿，也进一步地证明了潜邸或西宫不在西苑。

紫禁城刚落成时，金幼孜等人写的歌咏紫禁城的赋文中一再强调大善殿和仁寿宫可与乾清、坤宁二宫媲美，并与圜丘、山川坛相提并论，实属罕见奇怪：一是二殿的位置在紫禁城西路上，没在中路上，哪谈得上

1 《大明太宗文皇帝实录》卷一八二，永乐十四年十一月壬寅。
2 《大明太祖高皇帝实录》卷二五七，洪武三十一年闰五月乙酉。
3 《大明太宗文皇帝实录》卷一八七，永乐十五年四月癸未。

如此重要呢？二是如果说大善、仁寿二宫与紫禁城同时竣工，永乐帝还没入住，故事还没发生，重要性怎么体现？金幼孜等人把地处偏僻的二宫提出来，究其原因，一定是二宫对于永乐帝来说太重要了。如果把二宫与仁智殿联系在一起来看，就明白了，它们一定是永乐帝的潜邸或西宫里的重要宫殿，所以不能拆除，必须保留，即使造成紫禁城东西路严重地不对称，甚至西路与中路在建筑体量上不相上下的后果。所以仁智、大善和仁寿三殿属原燕王府或西宫里的重要宫殿。

由燕王府改造成的西宫建成不到两个月，六月正式营建北京新宫城紫禁城，《明太宗实录》[1]记："初，营建北京，凡庙社、郊祀、坛场、宫殿、门阙，规制悉如南京，而高敞壮丽过之。复于皇城东南建皇太孙宫，东安门外东南建十王邸。通为屋八千三百五十楹，自永乐十五年六月兴工，至是成。"原潜邸燕王府或西宫的重要宫殿被纳入新宫城之中，变成新宫城的一部分，西宫之名随即消失。保存下来的这些重要宫殿的殿名也要随之改名，我们注意到仁智、大善、仁寿三殿名称之义几乎相同，应是同时统一更名的，极有可能是由奉天等诸殿更名而来。

八　中轴东移后所带来的影响

为了保留永乐帝的潜邸，紫禁城的中轴无法继续使用元大内中轴，又因西为海子，西移无空间，所以不得已紫禁城的中轴只能向东平移，这是紫禁城中轴东移的唯一客观原因。

金幼孜《皇都大一统赋》曰："而自莅祚以来，宵旰拳拳惟思，所以继志述事，以承太祖高皇帝之意，于是仿古制，肇建两京。"北京紫禁城遵祖制仿建南京紫禁城，故有与南京宫城同名的奉天、华盖、谨身三大殿和东西对称的文华、武英二殿，金幼孜《皇都大一统赋》曰："奉天屹乎其前，谨身俨乎其后，惟华盖之在中。"李时勉《北京赋》曰："东崇文华，重国家之大本；西翊武英，严斋居而存诚。"

（一）奉天殿的体量超越大明殿的体量

由于西路上存在着仁智、大善和仁寿三座庞大的宫殿，而它们又是由元大内大明殿等诸殿改造而成的，所以紫禁城中轴东移后，中轴上的大朝正殿奉天殿的体量必须要大于这三座大殿中的任何一座宫殿〔图21〕，才能压得住西路，显示其尊贵的地位。元人陶宗仪《南村辍耕录》[2]记大明殿："乃登极、正旦、寿节、朝会之正衙也。十一间，东西二百尺，深一百二十尺，高九十尺。"大明殿按今制折合为东西宽62米，南北深37.2米，高27.9米，而奉天殿的体量为广三十丈，深十五丈[3]，折合为东西宽95.19米，南北深47.60米，其体量大于大明殿。

（二）拆除周桥

周桥位于元大内崇天门外，是元代等级最高的桥梁，永乐帝营建紫禁城时，随着中轴的东移和金水河的

1 《大明太宗文皇帝实录》卷二三二，永乐十八年十二月癸亥。
2 （元）陶宗仪：《南村辍耕录》，中华书局，1997 年，第 251 页。
3 《大明世宗肃皇帝实录》卷四四七，嘉靖三十六年五月癸亥。

引入，原周桥失去作用，故拆除了周桥，中虹被完整地拆移至武英殿东侧，东西虹的靠山神兽也被改造成宫门里的屏风底座，使我们有幸能目睹元代精湛的造桥技术和精美的雕刻艺术。

图21　奉天殿复原图

（三）东西路建筑不对称

在开工修建新宫城紫禁城时，正是因为保留了西宫里的三座大殿，整体设计紫禁城时，造成东、西路建筑不对称，西路矗立着仁智、大善和仁寿三座大殿，而东路却没有。

九　元大内中轴不穿过后海

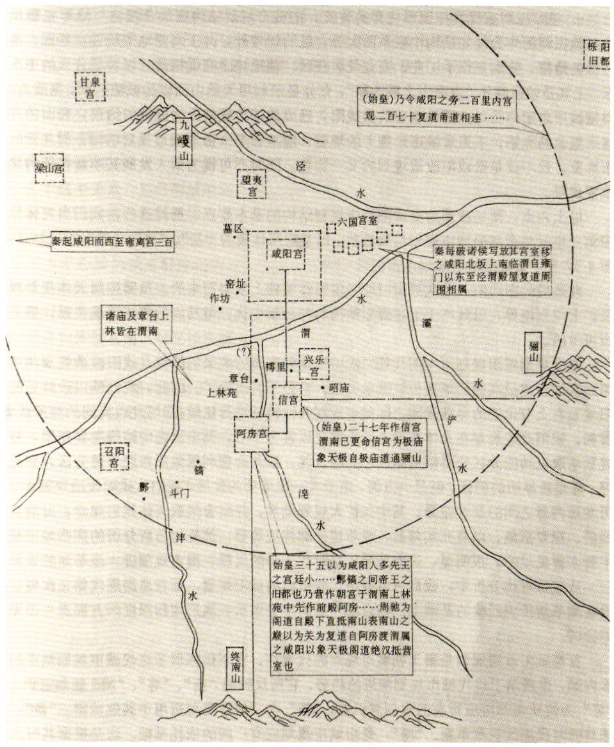

图22　秦咸阳城规划示意图　（采自贺业钜：《中国古代城市规划史》第313页）

既然确定了元大内的中轴位于武英殿至慈宁宫一线，按照都城中轴的传统观念，大内中轴向南北延伸即构成整个都城的中轴，但武英殿—慈宁宫中轴向北延伸必然要穿过后海，中轴就是道路，怎么可能中轴穿过宽阔的水面呢？

这种观念的形成是由于受到了明代北京城中轴的影响，明代北京城存在着一条贯穿整个城市的中轴，从鼓楼至永定门，全长7.8公里，但形成明北京城中轴的原因正是紫禁城中轴东移。

（一）中轴源于天轴理论

古人在长期的观察和测天实践中，找到了天的中心，天的中心是北极，北极永远不动，所有星均绕着北极旋转，如《晋书•天文》所言："北极，北辰最尊者也。其纽星，天之枢也。天运无穷，三光迭耀，而极星不移，故曰：'居其所而众星共之。'"为什么北极不动呢？是因为天存在着一根贯穿天体的中轴，中轴旋转带动天上的星宿旋转，由于北极处顶点，则永远保持不动。为了标识北极所在的地方，故定旁边的一颗小星为北极星。其原理就像伞一样，撑开伞，旋转伞轴带动伞盖旋转，但伞轴的顶点则永远保持不动。《周礼・冬官考工记第六》称车上撑起的伞盖"盖之圜也，以象天也"。由于北极处天体的最高点，故成为最尊，"居其所而众星共之"。

北极星不动的原因是因为天存在着一根天轴，但是天轴我们看不见，于是古人想到了定星，每年的十月

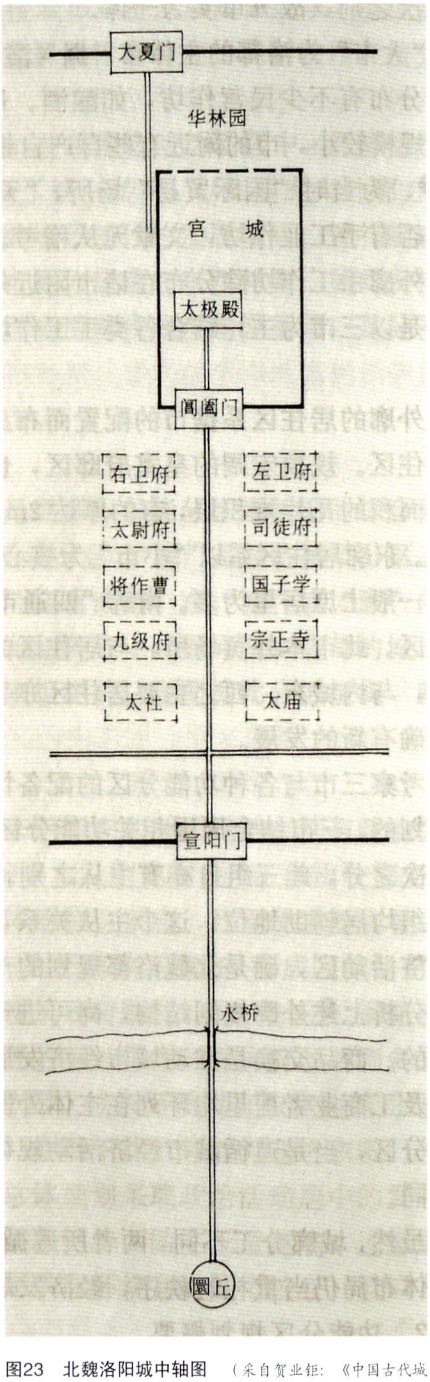

图23 北魏洛阳城中轴图（采自贺业钜：《中国古代城市规划史》第468页）

份，定星在黄昏时出现在正南天空，正好与北极星相对，形成南北二星，《诗经》曰："定之方中，作于楚宫"，北极星与定星就成为定南北方向的两颗星了。

秦始皇建都咸阳，放弃了传统的圆心中心观即《弼成五服图》所示中心观念，而以天象为参照对象，定信宫为北极，于信宫前修建御道直达骊山，形成天极中心。《史记》[1]记："二十七年，始皇巡陇西、北地，出鸡头山，过回中。焉作信宫渭南，已更命信宫为极庙，象天极。自极庙道通骊山，作甘泉前殿。筑甬道，自咸阳属之。是岁，赐爵一级。治驰道。"始皇三十五年，秦始皇又建更为庞大的宫殿群阿房宫，《史记》[2]记："先作前殿阿房，东西五百步，南北五十丈，上可以坐万人，下可以建五丈旗。周驰为阁道，自殿下直抵南山。表南山之颠以为阙。为复道，自阿房渡渭，属之咸阳，以象天极阁道绝汉抵营室也。"以阿房宫为起点像北极，自殿前修建御道直达南山。信宫和阿房宫前的御道成为天轴的象征，起点信宫和阿房宫则是北极的象征，这里成为天下的中心〔图22〕。中轴起点为大朝正殿，是为了确立正殿的尊极地位，是皇权的象征，所以中轴不可能贯穿整个都城。

从此，建一座大殿，在前面修一条道路，就成为确定天下中心的方法。简单而可行，在哪儿建都都将成为可能。但确定这条道路有个不二法则，必须要有两个点，像天轴的两端北极星和定星一样。由于中国处北半球，因此坐北朝南是不容更改的尊贵原则，在北边的大殿就成为一个象征北极星的点，那么，定星这个点在大地上怎么确定呢？于是古人想到了南边的山，山与星是相对的，古人认为气在天上凝结为星，在地上则形成山，故山可以像星那样永恒不变。以山为瞄准的对象，能保持中轴的永恒性。南山与大殿就成为确定中轴的两个点了。因此，准确地说，只有宫城中轴，而无都城中轴，因为中轴的顶点是大殿，如北极星，象征最尊的地位，中轴至大殿就结束了。《诗经·天保》曰："如月之恒，如日之升。如南山之寿，不骞不崩。"《诗经·南山》曰："南山崔崔，雄狐绥绥。"《诗经·信南山》曰："信彼南山，维禹甸之。"《诗经》中的南山都是高大的、延绵不绝的，它像天上的定星那样永恒长久，王朝的中轴怎么能不对准它呢？"表南山之颠以为阙"成为确定宫城中轴的法则。

1 （汉）司马迁：《史记·秦始皇本纪第六》卷六，中华书局，1987年，第241页。
2 （汉）司马迁：《史记·秦始皇本纪第六》卷六，中华书局，1987年，第256页。

（二）北京城中轴的形成

自秦后，历代继承秦都设计原则，将大朝正殿定为中轴的起点，以象征北极星而成为天下的中心。北魏洛阳城直接将正殿命名为太极殿象征北极星，自殿下修御道直通圜丘〔图23〕。圜丘如秦都骊山或南山。隋唐长安城定太极宫为大朝正殿，自殿下修御道朱雀大街，大街指向终南山。宋汴梁城以正殿大庆殿为起点，修御道直达南薰门。长安城北为禁苑名大兴苑，规模宏大，周回一百二十里，南连宫城，北达渭滨，东接灞水，西包汉故城[1]。汴梁城的北部继承隋唐长安城亦为禁苑，规模宏大，包括延福宫、宝录宫及艮岳，仅艮岳的面积就达17万平方米。由于宫城北为禁苑，上述都城的御道即中轴均终于大内，特别是宋汴梁城，北城区虽有街道，但都不与中轴相连。从元上都的规划复原图看〔图24〕，上都也没有中轴线，只有宫城有中轴线。元大都继承历代都城规制，故有定元大内中轴的记载，而无定大都城中轴的记载，《析津志辑佚》[2]记："世祖建都之时，问于刘太保秉忠定大内方向。秉忠以丽正门外第三桥南一树为向以对。上制可。"由于北京平原上无山可对，刘秉忠只能以丽正门外第三桥南面的一棵大树作为参照物，来确定大内中轴，中轴终于元大内正殿大明殿，北为禁苑，故元大都城没有一根贯穿全城的中轴存在，也就不会向北穿过后海了。大都城有一个中心存在即中心台，但它却没有与大内中轴连为一线。

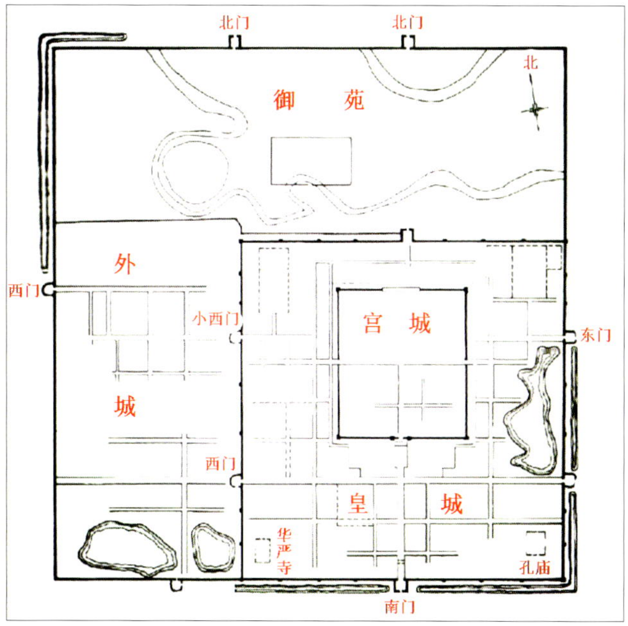

图24　元上都规划复原图

100多年后，一个特殊的情况出现了，朱棣分封在北平，藩王府由元大内改造而来，后来他取得了皇位，当上了皇帝，曾经的燕王府成为潜邸，因此迁都北京营建紫禁城时，为了保存潜邸，不得已，宫城的中轴做了东移。但一个问题出现了，广阔的北京平原上，南边无山可对，只好另作打算，将北边的齐政楼即鼓楼当作一座山以确定宫城的中轴，高大的鼓楼成为中轴的一个定点。正是这样的原因，原为宫城的中轴就变成了整个都城的中轴了，中轴延长了，意外的是成就了北京城宏大的气势。

十　结　论

元大内中轴的确定历来颇有争议，一直未能明确。本文通过上述论证，认为元大内中轴在武英殿至慈宁宫一线，明清紫禁城中轴较元大内做了平行的东移。为何是一种平行的移动呢？这是由于元大内的面积和它周围的地理环境所造成的。元大内与明清紫禁城的占地面积几乎是一样的，元大内西夹垣靠近中海，中轴向

1　贺业钜：《中国古代城市规划史》，中国建筑工业出版社，2003 年，第 478 页。

2　《析津志辑佚》，北京古籍出版社，1983 年，第 213 页。

东做平行移动能做到最大可能节约人力和财力。

元大内西夹垣与团城之间的距离，是确定元大内中轴与明清紫禁城中轴不是同一根中轴的关键。而造成紫禁城中轴东移的客观原因是永乐帝潜邸的存在。本文总结如下：

（一）元大内西夹垣距离团城37米，元大内面积与明清紫禁城的面积几乎一样，故元大内较明清紫禁城偏西，中轴也随之偏西。

（二）元大内无河道，永乐帝营建紫禁城时按南京紫禁城的规划布局，开挖了一条金水河，故断虹桥不是周桥所在的地点，而是拆除周桥后，将周桥之中虹移建于此的。排除了元大内中轴穿过断虹桥的论点。

（三）燕王府由元大内改造而成，西宫由燕王府改造而成。在武英殿至慈宁宫一线上发现了三座大殿即仁智殿、大善殿和仁寿宫，三殿的重要性可与乾清、坤宁二宫相比，特别是仁智殿曾作为永乐帝灵柩停放之处，堪比寝宫，但位置偏西，说明这三座大殿曾是永乐帝的潜邸，只有潜邸才有可能在营建紫禁城时保存下来，从而造成紫禁城东西路的严重不对称。

（四）写完此篇文章后，发现了钦安殿建于元代的史料。钦安殿位于明代紫禁城的轴线上，却未在元大内轴线上，说明明代紫禁城与元大内的轴线不是同一根轴线，做了平行的东移，此论证将另文刊出。

所以紫禁城中轴的东移是不得已而为之的，但正是因为此原因，则完全摆脱了元大内中轴的控制，使紫禁城得以按照南京紫禁城的规制进行设计和建造，在中轴一线上形成统一的建筑风格，突出统一的建筑思想。

[作者单位：故宫博物院研究室]

清代紫禁城布局变迁分期试论*

Study on the Change of Layout of the Forbidden City in Qing Dynasty

杨新成

Yang Xincheng

内容提要：

紫禁城布局变迁是宫廷建筑史的重要内容之一。为了清晰地了解清代紫禁城布局变迁的内容与特点，本文以清宫档案、清实录等历史文献中的记载为依据，将清代紫禁城布局变迁划分为三个阶段，分别为顺治至雍正朝、乾隆嘉庆朝、道光至宣统朝。每一阶段的紫禁城布局变动都有各自不同的特点，在这些变动背后，反映的是理政方式、宫廷生活习俗以及宗教信仰等各种因素对宫廷建筑的影响。

关键词：

清代　紫禁城　建筑布局　分期　特点

ABSTRACT:

The layout change of the Forbidden City is one of the important subjects in palace architecture history studies. In order to clearly understand the content and characteristics of the layout change of the Forbidden City in the Qing dynasty (1644-1911), this paper divides the layout change into three stages, namely, Shunzhi-Yongzheng period (1644-1735), Qianlong-Jiaqing period (1736-1820), and Daoguang-Xuantong period (1821-1911), based on the records of historical documents such as archives and records of the Qing dynasty. The layout changes at each stage have their own characteristics. Behind these changes, they reflect the influence of various factors including governance, palace life customs, and religious beliefs on the palace architecture.

KEYWORDS:

Qing dynasty, Forbidden City, architectural layout, stage, characteristics

* 本文系故宫博物院 2012 年科研课题《清代紫禁城布局变迁研究》（课题协议编号：KT2012-6）系列研究成果之一。

紫禁城布局变迁是宫廷建筑史的重要内容之一。对于清代紫禁城而言，有关宫殿单体和局部院落的研究论著较为丰富，而对整体布局进行分析研究的论著则有限[1]，这方面的研究有待加强。清代紫禁城沿用明代制度，有承袭，但更多是变革。为讨论方便起见，本文将紫禁城布局变迁试分为三个阶段，分别为顺治至雍正朝、乾隆嘉庆朝、道光至宣统朝。每个阶段受到政治、经济以及宫廷生活习俗等因素的影响，紫禁城布局的变迁也呈现出不同的特点。

一 清代紫禁城布局变迁的内容与分期依据

（一）紫禁城布局变迁的内容

紫禁城布局变迁所讨论的内容主要包括两个方面：一是院落格局的变动，包括宫殿的增建和改建。如雍正朝建造城隍庙和斋宫、乾隆朝新建寿康宫、乾西五所改建重华宫和建福宫花园。在这项内容下，也包括对紫禁城宫殿外观的改动，如慈宁宫由单檐改建为重檐大殿，钦安殿外添加抱厦等。二是宫殿用途的调整。如养心殿在康熙朝曾为内务府造办处，雍正朝以后则成为帝王理政之所；常朝宫殿由太和门改在乾清门等。诸如此类对宫殿用途的调整，也是紫禁城布局变迁的重要内容。

这些变动内容，既有清代对明代原有宫殿外观、院落及其用途的改变，也有些是清代在不同历史时期增建的宫殿和院落。其中有些改动持续时间较短，有些则演变为祖制，为后代帝王所遵循。本文中所讨论的是在一定时期保持相对稳定的变动，朝令夕改的调整，或临时性的权宜之计，暂不作为本文讨论的内容。

（二）分期依据及分期

不同历史时期紫禁城布局的变动情况是分期的主要依据，变动的具体内容主要来自清宫内务府档案的记载。清宫档案对宫殿变迁的记载较为全面和具体，特别是内务府奏案和奏销档（表一），是真实可靠且翔实的紫禁城宫殿的变动记录。其他如工科史书、军机处档案、起居注、御制诗、清实录等史料文献中，也有少量的记录。需要说明的是，清初内务府制度尚不完备，顺治康熙两朝没有奏案和奏销档留存，只能依据工科史书和清实录中的相关记载进行讨论，其中部分工科史书和雍乾两朝的部分档案由满文书写，利用的是满文档案的翻译文本。

表一 清代内务府奏销档、奏案的数量统计略表

类别 / 朝代	奏销档（件）	奏案（件）	工科史书（件）	备注
顺治朝	0	0	49	部分为满文档案
康熙朝	0	0	36	
雍正	1169	100	130	

1 以清代紫禁城建筑沿革为整体进行研究的著作，有瞿宣颖《北平史表长编》（北平研究院史学研究会，1934年）和单士元《清代建筑年表》（紫禁城出版社，2009年12月）以及章乃炜、王蔼人《清宫述闻》（紫禁城出版社，1990年5月），这三部著作以搜集和梳理宫殿变迁的史料为主，各有特点，开创整理清代宫殿变迁之先河。

（续表）

类别 朝代	奏销档（件）	奏案（件）	工科史书（件）	备注
乾隆	12862	16282	402	乾隆朝档案有满文，有汉文，有满汉文合写，其中以汉文书写的档案为主
嘉庆	2868	7977	245	汉文
道光	7557	6794	130	同上
咸丰	1617	2540	32	同上
同治	2083	4308	58	同上
光绪	3688	9297	87	同上
宣统	448	920	0	同上
合计	32292	48218	1169	

注：表中统计数据来自中国第一历史档案馆公开的数字化档案，统计日期截止于2020年8月。

除了上述档案中的记载以外，还有绘制于不同时期的各类宫城图，可以更直观地表现一个时期紫禁城宫殿的布局情况。通过梳理分析这些历史记录，归纳紫禁城布局不同时期的变动与特点，据此将清代紫禁城布局变迁划分三个阶段，分别为顺治至雍正朝、乾隆嘉庆朝、道光至宣统朝。

二　清代紫禁城布局变迁的三个阶段及其特点概述

（一）沿袭：顺康雍三朝对明代紫禁城的改动

清兵入关，承袭使用明代紫禁城宫殿。但经历过战火之后的紫禁城，部分宫殿被毁[1]，部分宫殿不经修缮也难以使用，因此顺治初期的主要工程以修缮战火后的紫禁城宫殿为主，以满足新兴政权的需求。初期所修缮的宫殿都是位于紫禁城中轴线，即一些有碍观瞻，涉及宫廷礼制的外朝大殿，如午门、三殿两阁及其门楼。此外，更换宫殿门楼的匾额也是重要的内容之一，如大明门更名为大清门，三大殿由明代的皇极、中极和建极更名为太和、中和、保和，文昭阁和武成阁更名为体仁阁和弘义阁，以显示政权的更替[2]。

顺治皇帝幼年即位，和皇太后一起居住，先是在位育宫（保和殿改名）居住，后改在初步修缮的乾清宫。顺治八年（1651）亲政之后，前朝宫殿的修缮工程和宫殿额名的变更继续进行[3]，如顺治十年（1653）修建慈宁宫及其花园[4]，东西六宫等后寝区的宫殿也开始进行建造和维修[5]。据清实录记载，有些宫殿如乾清宫

1　关于明末紫禁城宫殿毁坏的具体情况，史书记载皆极简略，如《明史》《明季遗闻》等书，仅称崇祯十七年四月二十九日，李自成即位武英殿，是夕，焚宫殿及九门城楼西遁，未言大内宫殿毁至何程度。某些宫殿抑或毁于明人之手，亦未可知，待另文详考明末清初之际大内宫殿存废情形。

2　清代官书中未见明确记载紫禁城中轴线各宫殿匾额的变更，但据其内容可推断各宫殿更名的大致时间。“顺治二年春正月朔，上诣堂子行礼。还，入宫拜神毕，出御皇极殿旧址，张御幄（《清实录》卷一三，顺治二年正月乙酉条）。”其时，仍旧沿用明代皇极殿旧名，尚未改称太和殿。顺治二年五月兴太和殿、中和殿工，顺治三年十月，太和中和等殿、体仁等阁、太和等门工成（详见《清实录》卷三三，顺治二年五月庚申条及卷三三，顺治三年十月壬寅条），因此，外朝三殿二阁的额名，至迟在顺治三年十月维修工程完成后全部更改。绘于康熙朝《皇城宫殿衙署图》中，外朝三大殿已是顺治朝改定的名称，但体仁、弘义两阁沿用明代旧名，仍称文昭阁和武成阁。该图虽收藏于清宫内府，但图中所绘宫城长宽比例以及宫殿数量等都有明显的错误，因此并非严格的舆图，其上部分宫殿仍沿用了明代旧称。

3　顺治十年三月初八日甲戌：工部尚书臣兴能等谨题为慈宁宫等宫门匾额事，中国第一历史档案馆藏工科史书。

4　顺治十年三月初八日甲戌：工部尚书兴能题为慈宁宫东西宫竖柱上梁祭祀，中国第一历史档案馆藏工科史书。

5　顺治十二年六月十七日庚午：工部左侍郎郭科等奏为修理盖造钟粹宫承乾宫等添制黄瓦等事，中国第一历史档案馆藏工科史书。

等较短时间内经过两次维修[1]。分析其原因，第一次修缮涉及宫殿的范围较广，可能限于财力和时间仓促，未得到彻底修缮，于是又有第二次的落架维修。这一时期，也有了新建工程，毁于明末的奉先殿得以重新建造[2]，虽然基址大体未变，但建筑及其布局已完全不同于明代奉先殿[3]，此后奉先殿区建筑格局的一系列变动都与此相关，其中包括顺治十四年（1657）在奉先殿南侧营建的上帝坛和昭事殿[4]，虽然在康熙即位之初，即遭罢祭[5]，但奉先殿南侧增加的院落却一直保存下来。

康熙皇帝年幼即位，在位时间长达六十年，对紫禁城宫殿改变较大。但康熙初年，三藩未平，国家尚在动荡之中，战争仍是国家政治生活的核心，紫禁城内主要的工程仍是维修和重建被损毁的宫殿。其中规模较大的工程有康熙六年（1667）端门城楼的修建[6]，康熙八年（1669）修缮乾清宫和交泰殿[7]，康熙二十二年（1683）修建西六宫之启祥、长春和咸福三宫[8]，康熙二十五年（1686）重建东六宫之延禧、永和、景阳三宫[9]，康熙二十八年（1689）新建宁寿宫以居皇太后[10]。可以看出，与顺治朝相比，康熙朝的紫禁城修缮工程除了继续修建中轴线的宫殿外，工程重心开始移至内廷区。此外，康熙十八年（1679），在奉先殿西侧新建太子宫，即毓庆宫和惇本殿[11]，这也改变了明末以慈庆宫为太子宫的做法，并相沿为祖制。

值得一提的是，康熙十八年紫禁城经历了一次地震[12]和一次火灾[13]，对宫殿带来了很大的影响。康熙十八年七月，京师地震，塌毁房屋甚多，紫禁城内开始一系列修缮工程，文献中虽未记载原因，显然是由此次地震所引起。火灾则发生在当年十二月，导致太和殿彻底被焚毁，《太和殿纪事》详细记载了火灾后太和殿的毁坏情况和重建过程[14]。由于太和殿工程所需的木料石材难以一时备齐，重建工程直至康熙三十四年（1695）才得以开始，两年后竣工[15]。这次火灾导致了明代紫禁城宫殿中斜廊这一独特的景观的消失，诸多宫殿两侧的斜廊被更换为实墙或者带防火檐的庑房，目的只是被动地抑制火灾的蔓延，减少火灾造成的直接损失。保存至今的《皇城宫殿衙署图》反映了康熙十八年或十九年以前大内宫殿的布局情况[16]〔图1〕，从中可以看出，乾清宫、坤宁宫、太和殿、保和殿、慈宁宫和咸安宫六处宫殿一仍明旧，保留了原有斜廊形

1 顺治二年六月，乾清宫成，《清世祖实录》卷一六。以及，顺治十二年三月十五日庚子，工部左侍郎郭科等奏盖乾清宫等殿竖柱上梁用红缎事，中国第一历史档案馆藏工科史书。

2 顺治十七年六月初一日甲申：工部尚书霍达等奏本年不可修理奉先殿来年动工事，中国第一历史档案馆藏工科史书。

3 参见拙著：《明代奉先殿建筑沿革与形制布局初探》，《故宫博物院院刊》2014年第3期，第61－77页。

4 顺治十四年十一月二十八日丙寅：工部尚书孙塔等奏为查明具奏奉光殿等殿需用之钱粮事，中国第一历史档案馆藏工科史书。

5 《清圣祖实录》卷一，顺治十八年正月癸亥条。

6 参见拙著：《端门沿革述略》，《中国紫禁城学会会刊》总第三十三期，2013年12月，第12－27页。

7 《清圣祖实录》卷二八，康熙八年正月戊申条。

8 （清）于敏中等编纂：《日下旧闻考》，北京古籍出版社，1981年，第209页。

9 同上：《日下旧闻考》，第198页。

10 《清圣祖实录》卷一四三，康熙二十八年十一月辛丑条。

11 康熙朝《大清会典》卷一三一。

12 《清圣祖实录》卷一四三，康熙十八年七月庚申条。按：康熙朝地震频发，从文献记载的情况看，唯此次地震震级加大，毁坏也最为严重。

13 《清圣祖实录》卷八七，康熙十八年十二月甲子条。

14 （清）江藻辑《太和殿纪事》，康熙朝刻本，北京大学图书馆藏。

15 《清圣祖实录》卷一八四，康熙三十六年七月丙申条。

16 刘敦桢：《清皇城宫殿衙署图年代考》，《中国营造学社汇刊》第六卷第二期，1935年12月，第106－113页。文中考证此图中所绘宫殿大都属于康熙十八年或十九年以前。

式[1]。大内宫殿斜廊的消失，是清代紫禁城建筑风格和布局一次较大的转变，明代宫殿的斜廊形式只能从明代皇家敕建的瞿昙寺中窥见一斑了〔图2〕。

雍正帝在位十三年，因皇位继承而引起朝野诸多争议，即位后不居乾清宫而改居养心殿，也成为令人猜疑的原因之一。尽管雍正皇帝为此找了冠冕堂皇的理由，所谓"朕思乾清宫乃皇考六十余年所御，朕即居住，心实不忍"[2]，似乎无法解释改变这一传统礼制——以乾清宫为正寝的做法。自雍正朝始，清代帝王的理政场所由乾清门移至养心殿，历代沿袭以为制度。雍正皇帝为王子时即奉道教，即位后因身体多病，对道教更加崇祀。为了驱病延寿，在禁城内设置斗坛，并修理大高玄殿等皇家道观举办各种斋醮活动。此外，雍正朝在紫禁城内新建了城隍庙和斋宫，二者分别营建于雍正四年（1726）和九年（1731），都是此前所未有的建筑类型。

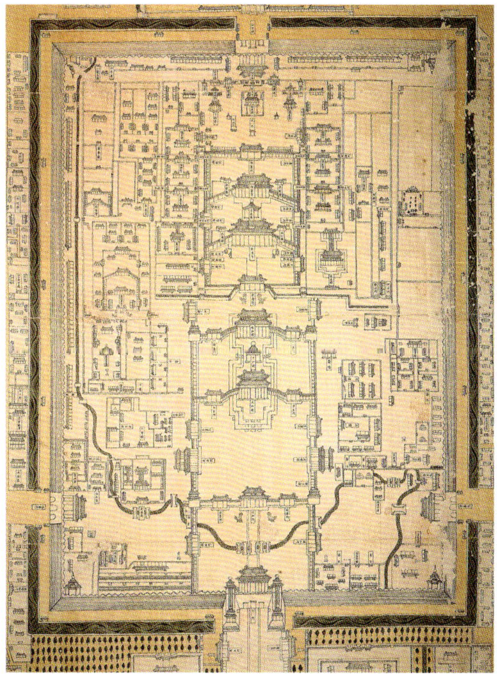

图1 康熙《皇城宫殿衙署图》紫禁城部分 台北"故宫博物院"藏

要而言之，清代入关初期，全国未获统一，尚无暇改造明代大内宫殿。不过由于观瞻所系政令所出以及满足宫廷生活的需求，必要的宫殿修缮，局部的院落改造都在情理之中。清初三朝大体仍沿袭明代的格局，对紫禁城布局的改动并不明显，但需要指出的是，自顺治朝伊始，紫禁城宫殿的使用功能发生了明显的调整，其中最为明显的是，中轴线宫殿并没有严格遵循前朝后寝的礼制使用，如常朝御门之所由明代的皇极门（今太和门）改在乾清门，至雍正朝理政之所则改在养心殿，前朝三大殿的两庑用作内务府的各种库房，如此等等。此外，根据其少数民族的生活习惯，部分宫殿的用途也做了相应的调整，如坤宁宫祭祀萨满等。究其原因，清初所继承的紫禁城，其中宫殿不能满足使用要求，只能因陋就简，暂时修复改造加以利用，只是有些临时措施，被后代当作祖制延续下来，成为一代之制度。从某种程度上看，清代对宫殿的使用，实用至上，并没有完全遵循传统的宫室之制，自此内外之分，宫殿之别，都逐渐变得模糊不清了。

图2 青海乐都瞿昙寺隆国殿及其斜廊（2009年拍摄）

（二）变革：乾嘉两朝的紫禁城布局

乾隆一朝，土木繁兴，对紫禁城布局的改动最大。乾隆帝在皇子时期，似乎已对紫禁城的改造胸有成竹，否则很难想象甫一即位就开始一系列大刀阔斧的宫殿改造工程。这些工程主要集中于两个时期：一是

1 明代的奉先殿也是带有斜廊的宫殿，顺治朝重建奉先殿时被取消。参见拙文《明代奉先殿建筑沿革与形制布局初探》。

2 《雍正朝汉文谕旨汇编》第六册，广西师范大学出版社，1999 年，第 16 页。

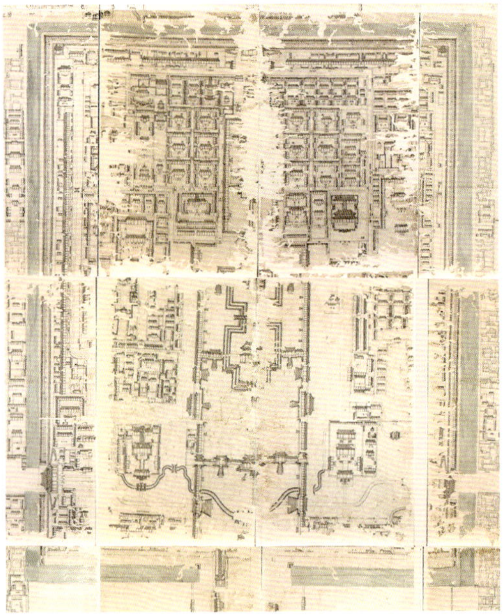

图3 乾隆《京城全图》紫禁城部分 中国第一历史档案馆藏

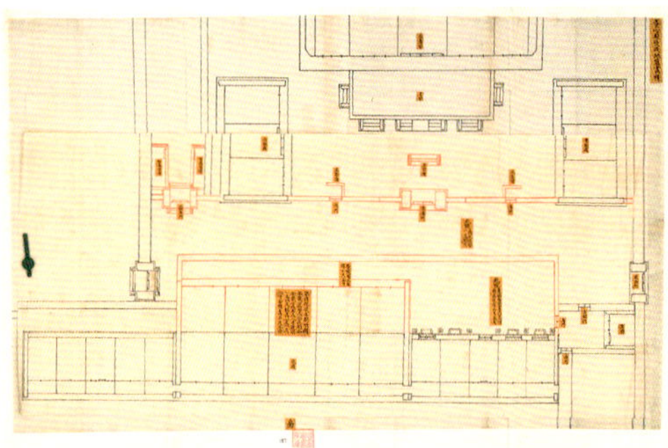

图4 养心殿后殿地盘画样
（中国国家图书馆藏，编号：YSL167-0029）

乾隆元年（1736）至十六年（1751）前后。乾西一所、二所和三所，即乾隆帝的潜邸改造为重华宫[1]；乾西四所、五所改建为建福宫花园，为了扩大花园用地挤占英华殿东侧院落，导致原有西筒子道路变为折线[2]；乾隆元年为生母崇庆皇太后新建寿康宫[3]，并修缮慈宁宫及其花园[4]。以上变动在绘于乾隆十六年的《京城全图》中有清晰的显示〔图3〕。二是乾隆三十五年（1770）开始建造的宁寿全宫[5]。宁寿全宫位于紫禁城外东路，是明代初创紫禁城的预留用地，明代中后期为前朝妃嫔居住之所，内有仁寿、哕鸾等宫，清康熙朝建造宁寿宫供前朝太后居住，至乾隆朝开始建造宁寿全宫，作为自己退位后的居所，宫殿工程持续十年之久，至乾隆四十四年（1779）始告完竣[6]。宁寿全宫的布局完全模仿紫禁城格局，分东中西三路，南北划分为前朝后寝，可以看作是微缩的紫禁城。经此改造后，这一先朝妃嫔居住的区域，变为太上皇帝独享的居所。

从上述内容可以看出，乾隆朝的布局改动主要集中在禁城外东路和外西路，而中轴线的宫殿，作为国家处理政务的礼制空间，仍沿袭前代，未有较大改动。从宫殿建筑类型上看，乾隆朝紫禁城内新建了各种类型的藏传佛教建筑，如慧曜楼、梵华楼、淡远楼等多座六品佛楼，以及雨花阁、中正殿等专门供奉藏传神像的佛堂。这些宗教建筑遍布禁城内廷区域，成为清宫的独有特征。除了这些显著的变化外，还有很多细微之处的变化，如金水河河道调整、明代原有禁门的拆除、丹陛石花纹的更换、主体宫殿前添加抱厦等，可以看出乾隆朝对宫殿的改动痕迹可谓无处不在。此外，文渊阁、浴德堂等也是乾隆朝新出现的建筑类型。

嘉庆朝承接乾隆盛世，紫禁城内几乎没有新建宫殿，从嘉庆一朝的留存内务府档案看，所做的只是大量的宫殿修缮工程。这也符合古建筑维修的周期，乾隆朝新建的宫殿建筑，至嘉庆朝都到了维修阶段，修缮工程不可避免。需要指出的是，嘉庆朝的一次火灾，曾导致内廷乾清宫等宫殿的重建和维修。嘉庆二年

1 内务府来文 1992：工部移咨重华宫工程运送琉璃瓦料事，乾隆二年闰九月初五日，中国第一历史档案馆藏。

2 周苏琴：《建福宫及其花园始建年代考》，《禁城营缮纪》，紫禁城出版社，1992 年 12 月。

3 常欣：《寿康宫沿革略考》，《故宫博物院院刊》2005 年第 5 期，第 149 — 156 页；又见奏销档 197-118：奏为寿康宫告成请将嘉名吉期知会内阁载入会典折，乾隆二年六月初十日，中国第一历史档案馆藏。

4 奏销档 194-026：奏为续领慈宁宫工程钱粮事，乾隆元年八月初十日，中国第一历史档案馆藏。

5 奏销档 299-046：奏为修建宁寿宫工程银两先向广储司支领事折，乾隆三十五年十一月二十六日，中国第一历史档案馆藏。

6 内务府来文 2015：总理宁寿宫事务为咨行事，乾隆四十四年十二月，中国第一历史档案馆藏。并见《清高宗实录》卷二二，乾隆四十四年八月二十四日乙亥条。

（1797）乾清宫不戒于火，交泰殿以及昭仁殿、弘德殿都遭火灾，累及坤宁宫前檐，至嘉庆三年（1798）十月才重建修缮完竣[1]。

可以说，历经乾隆一朝，紫禁城宫殿基本完成了从明代到清代的蜕变。如果说清初三朝对紫禁城宫殿的改动，很大程度上是适应新政权的需求，那么乾隆朝对紫禁城宫殿的无处不在的改动，则是作为紫禁城的主人完全体现了自己的意愿和审美取向，紫禁城至此有了清王朝的烙印。且不论这些改造好坏优劣，但客观上使明、清紫禁城宫殿有了很大差别，明代的宫殿布局逐渐变得隐晦不清。

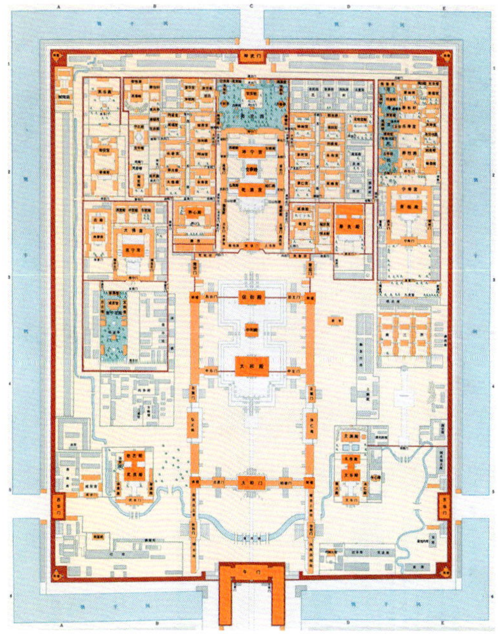

图5　清咸丰六年紫禁城
（采自侯仁之主编《北京历史地图集》，北京出版社，1988年12月）

我们无法猜测乾隆帝大肆改建的真正动机，但显然的是，乾隆即位之初就开始了对紫禁城宫殿的一系列改动，很难想象，这些想法是在即位之后的突发奇想。乾隆帝汉化程度较深，以制礼作乐为己任，但对于宫殿之制似并不在意，这些变动似乎带有更大的随意性。或者可以说，紫禁城宫殿的诸多变动是以宫廷生活需求为核心，已不是稽古定制，追仿古礼，更多的是随心所欲，这一特点到下一阶段即道光朝以后表现得更为明显。

（三）因循：道光至宣统朝紫禁城布局

道光朝以下，国家政治重心偏于抵御外侮和平息内乱，紫禁城内的宫廷生活也受到直接影响。由于国家缺乏财力和物力，虽屡有兴作，也主要是日常的宫殿修缮和宫殿内檐装修的改动，对于紫禁城布局的变动很小。从保存至今的样式雷图档和烫样看出，同光时期许多工程仅仅停留在设计方案阶段而没有实施，应是受宫廷财政匮乏的影响。如同治六年（1867）养心殿后殿的扩建方案，计划将永寿门及其北侧的东西配殿向北移建，如若实施，永寿宫的院落布局将会被改变〔图4〕。这一阶段紫禁城布局变动，主要集中在西六宫区，即慈禧太后掌握国家权力前后居住的区域。一是咸丰九年（1859）拆除启祥宫后殿和长春门，在原址营建体元殿，将启祥、长春二宫连为一体，成为一个四进院落[2]；另一次改动发生在光绪九年（1883），为庆祝慈禧太后五十寿辰，将储秀门和翊坤宫后殿拆除，在原址新建体和殿，连通两宫为一体[3]。这两次的改动方案，如出一辙，显然只是为了宫廷生活的方便，而与宫室制度已不相关〔图5〕。

这一阶段由于紫禁城疏于管理，宫殿火灾也频频发生。道光二十五年（1845）东六宫之一的延禧宫被

1　《清仁宗实录》卷二三，嘉庆二年十月二十二日丁巳条，以及《清仁宗实录》卷三五，嘉庆三年十月初十日庚子。

2　参见刘畅，王时伟：《从现存图样资料看清代晚期长春宫改造工程》，《中国紫禁城学会论文集》第五辑，紫禁城出版社，2007年，第425－443页。

3　光绪九年三月初七日、光绪九年六月十五日《内务府活计档》，胶片44号，中国第一历史档案馆藏。

火烧毁[1]，咸丰八年（1858）御花园内千秋亭失火被毁[2]，同治八年（1869）武英殿不戒于火[3]，光绪十四年（1888）贞度门火，太和门及其连房被毁[4]。但由于国家内外交困，国家财力不足，火灾后的宫殿重建工作一直未能开始，至同治十年（1871）千秋亭经过向大臣募捐才得以复建[5]，同年重修了武英殿[6]。贞度门火灾的第二年，恰逢光绪帝大婚典礼，只得在太和门基址上临时扎彩棚度过时艰，重修工程到光绪十五年（1889）始得以完成[7]。而延禧宫则一直未能复建，至宣统元年（1909）在原址建水晶宫，后因战乱，工程半途而废。

宣统三年（1911）之后，溥仪小朝廷仍居于紫禁城内廷，这段时间紫禁城内发生了建福宫花园火灾[8]，袁世凯在太和殿登基复辟等许多历史事件，这些也是紫禁城宫殿布局变迁的内容，但由于这一时期紫禁城的前朝部分已归民国使用并成立古物陈列所，紫禁城作为完整皇家宫室的用途业已改变，因此归入民国以后紫禁城宫殿的变动，另作讨论。

综上所述，清初三朝沿用明代旧有宫殿，局部虽有改动，多是以维修为主，以满足宫廷生活和新政权的基本需求。至乾嘉两朝，紫禁城宫殿经过一系列改造，完成了从明代到清代的蜕变，宫殿的营建和改造不仅是满足皇室成员的生活需求，更多地体现了帝王的艺术品位和信仰追求。除了中轴线宫殿格局基本保持不变外，其余的宫殿都有了清代的烙印，也基本奠定了清代紫禁城的最终格局。道光朝至清末，紫禁城宫殿格局变动甚微，只是因循使用而已。

三 结 论

清代紫禁城的布局变迁，取决于各种复杂的因素，其中原因大体上可以做这样的分析：其一，满族统治者攻占北京，由统治东北一隅的一方之主成为全国皇帝，显然，它不同于以往历朝的皇权更替，它有一个转换和逐步适应的过程。这当中除了满足统治者生活习俗与汉人生活习惯所建造的宫殿有显而易见的矛盾外，还有满族原统治方式与明代统治旧制遗存之间的较量，后一点在清初体现非常明显。因此，紫禁城布局的改变是必然的。其二，地震雷火等天灾的客观存在，造成紫禁城宫殿不得不发生变化，这是在古建筑防火措施无法满足需求的情况下，被动地调整建筑形式，以土代木，来减少火灾带来的损失。客观上，原有的明代宫殿则为清代新建宫殿所代替。其三，满族作为少数民族统治者，需要依靠汉族官员管理国家，满汉共治，其宫廷生活习俗的调整，也是对汉化的生活方式逐步认可的过程，从而使紫禁城宫殿杂糅了满汉两个民族的特点。

1 奏案 05-0742-017：总管内务府大臣恩桂等奏为延禧宫失火情形事，道光二十五年五月二十二日，中国第一历史档案馆藏。
2 奏销档 676-053：奏为千秋亭水房失火派人扑救情形事折，咸丰八年二月十七日，中国第一历史档案馆藏。
3 奏案 05-0850-019：奏报武英殿东库房不戒失火扑灭事，同治八年六月二十二日，中国第一历史档案馆藏。
4 奏效档 820-164：内务府奏为贞度门失延烧太和门等其有关司员等交部议处事折，光绪十四年十二月十七日，中国第一历史档案馆藏。
5 奏案 05-0860-052：总管内务府大臣瑞常等奏为修理千秋亭等处工程事，同治十年十二月十七日，中国第一历史档案馆藏。
6 军机处录副奏折：奏为武英殿工程钱粮不敷请拨十成实银折，同治十年十二月初十日，缩微号 379-2065，中国第一历史档案馆藏。
7 军机处录副奏折：工部尚书昆冈等奏为会勘太和门昭德门等工程折，光绪十五年三月一日，缩微号 534-1137，中国第一历史档案馆藏。
8 故宫博物院编：《故宫博物院早期院史》，故宫出版社，2016 年，第 15 — 21 页。

显然的是，紫禁城经过清朝历代帝王的使用和改造，与明代相比，发生了诸多的变化，特别是经乾隆朝改造以后，明代紫禁城被乾隆风格取而代之。因此所谓“清承明制”的说法是比较笼统的，容易掩盖制度变迁的细节。中国历朝历代兴衰亡替，表面上看来虽是政权的彼此交替，制度的大体规模也没有剧烈的改变，其中仍然有因革和创新的区分[1]。这句话用来说明紫禁城布局的变迁也是恰当的，作为宫室制度的主要部分，清代紫禁城宫殿布局变迁的诸多细节和原因尚需进一步挖掘。由于作者水平有限，无论资料的挖掘程度还是论点的理论深度都还停留在一个比较有限的层面，还望有识之士指正。

[作者单位：故宫博物院古建部]

1 李典蓉：《清代内务府研究综述》，祁美琴《清代内务府》，辽宁民族出版社，2009 年，第 250 — 275 页。

"物勒工名"——紫禁城宫殿建筑琉璃瓦件款识中的匠与作

"Object Bearing the Name of Its Craftsman": The Craftsmanship and Manufacturing of the Glazed Tiles for the Forbidden City Architecture through Seal Marks

王文涛

Wang Wentao

内容提要：

我国建筑琉璃构件的生产烧造有着悠久的历史，紫禁城明清宫殿建筑琉璃构件代表了我国古代建筑琉璃构件制作工艺的最高水平，其生产烧造和使用由皇家监督管理，有着严格的窑作管理制度。"物勒工名"自古有之，同样也体现在明清紫禁城宫殿建筑使用的琉璃瓦件上。从琉璃构件上所保有的款识印记来看，有着丰富的历史文化内涵，蕴藏着大量珍贵的历史信息，反映了统治阶级不同历史时期的窑作管理制度，也记录着琉璃工匠的责任与担当。这些保留下来的历史信息对于我们研究琉璃构件的发展历史和烧制工艺以及对这项技艺的传承提供了不可多得的历史和实物资料。

关键词：

紫禁城建筑　琉璃世家　款识　物勒工名　窑作制度

ABSTRACT:

Manufacturing and firing of glazed components for traditional Chinese architecture has a long history. Glazed components used for constructing the Ming (1368-1644) and the Qing (1644-1911) imperial palace known as the Forbidden City represent the highest-level of craftsmanship. The firing and manufacturing of those tiles were imperially supervised and managed with strict institutional regulations for imperial kilns. The tradition of "object bearing the name of its craftsman" (*wule gongming*) has a long history, which is also embodied in the glazed tiles of the Forbidden City. Judging from extant seal marks on the glazed components, this practice entails rich historical and cultural connotations. It contains plenty of precious historical information, reflects the management and manufacturing regulations for imperial kilns stipulated by rulers over the periods, and records the craftsmen's responsibility and accountability. Such historical information provides us with rare historical and physical reference for the research on the glazed components' development and firing techniques and the inheritance of this craft.

KEYWORDS:

the architecture of the Forbidden City, family of glazed tile craftsman, seal marks, "object bearing the name of its craftsman" (*wule gongming*), management and manufacturing regulations for imperial kilns

琉璃建材用于建筑是中国建筑史上一项重大的突破，北魏都城平城（今山西大同）所建的宫殿已开始大量使用琉璃构件[1]，琉璃瓦用于皇家宫殿建筑上象征统治者至高无上的地位和尊严，深受统治者的喜爱和重视，因此琉璃瓦的烧造和使用一直以来就受到严格的控制和管理。北宋李械所著《营造法式》中对琉璃瓦的使用、窑作制度、烧制技术、釉料成分等有较详细介绍，琉璃制作技术得以以文字的形式流传下来。

图1 紫禁城琉璃屋顶

有着600年历史的明清紫禁城宫殿建筑群是琉璃建筑的大荟萃，不同的建筑形式都有与之相匹配的成套琉璃构件，种类规格繁多，代表了我国古代建筑琉璃构件制作技艺和烧造工艺的最高水平。琉璃构件从胎质、器形、釉色、纹饰和工艺，到上面的款识都各有时代特征[2]，现在保留下来的明代构件，还有清代鼎盛时期以康熙、雍正、乾隆时期为代表的构件，以及晚清、民国时期的构件，都代表了各自时代烧造工艺的最高水平。琉璃构件中很多带有款识，分别标注历史年代、宫殿名、督造部门、烧造窑作名、工匠名、特殊符号等不同内容，种类比较多。款识印记的形式通常为方形、长方形、椭圆形、多边形等带边框的图章款，有不带边框纯汉字款、纯满文款、满汉两种文字对照款等，汉字字体一般为竖写格式的楷体。同一内容的款识印记又有阴刻和阳刻之分。琉璃款识内容有着丰富的历史内涵，蕴藏着大量的历史信息。〔图1〕

紫禁城建筑琉璃瓦件款识中有些是记载了在明清时期琉璃窑的窑作名和工匠名，结合历史资料的相关记载，可了解到不同时期官琉璃窑烧造的历史，以及琉璃官窑的管理制度和设置情况，对于我们研究明清琉璃构件的发展历史和工艺特征有很大的帮助。

一　琉璃款识中记载的琉璃世家

资料文献记载和琉璃构件款识信息显示，明清时期为皇家烧造琉璃建材的是以赵姓、马姓和侯姓为主的几个家族，他们都是家族几代人专职为北京紫禁城和盛京宫殿建筑烧造建筑琉璃瓦件，可谓琉璃世家，有荣耀也有责任担当。

（一）京城"琉璃赵""琉璃马"

1.京城"琉璃赵"

琉璃瓦件款识当中带"赵"字款识的有"北平琉璃窑厂赵造""赵・北平琉璃窑厂赵造""北平琉璃窑赵造""北平赵家琉璃窑厂造""北平琉璃窑厂赵造・中华民国二十年造""赵・中华民国二十年造""京西琉璃窑赵

1 李全庆：《中国古建筑琉璃技术》，中国建筑工业出版社，1987 年，第 2 页。

2 王文涛：《关于紫禁城琉璃瓦款识的调查》，《故宫博物院院刊》，2013 年第 4 期。

图2　“北平琉璃窑厂赵造”

图3　“赵·北平琉璃窑厂赵造”

图4　“北平琉璃窑赵造”

图5　“北平赵家琉璃窑厂造”

图6　“北平琉璃窑厂赵造·中华民国二十年造”

图7　“赵·中华民国二十年造”

图8　“京西琉璃窑赵制”

图9　“赵”

图10　“赵记”（满文）

图11　“西通合”

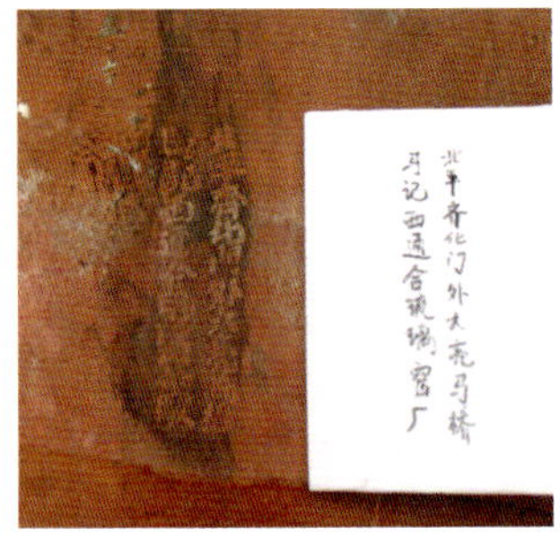
图12　“北平齐化门外大亮马桥马记西通合琉璃窑厂”

制”“赵”“赵记”“西通合”“北平齐化门外大亮马桥马记西通合琉璃窑厂”等。〔图2、图3、图4、图5、图6、图7、图8、图9、图10〕

带这类款识的琉璃瓦件种类包括筒瓦、勾头瓦、板瓦、滴子瓦、脊部的群色条、琉璃拨檐砖、正脊筒、抓泥筒瓦及琉璃门的构件等，款识文字均有阴刻、阳刻之分，竖版排列，有单行、双行之分。

2.京城“琉璃马”

马姓世家烧造琉璃瓦件的款识有“北平齐化门外大亮马桥马记西通合琉璃窑厂”“西通合”等〔图11、图12〕，琉璃瓦件种类包括勾头、滴子、筒板瓦等普通屋面瓦。

马姓和赵姓两家族生产琉璃瓦件的历史悠久，从元大都开始一直以来为京城皇家宫殿提供建筑琉璃瓦件。《刘敦桢文集》中记载：“现存琉璃窑最古者，当推北平赵氏为最，即俗呼官窑或西窑，元时自山西迁来，初建窑宣武门外海王村，嗣扩增于西山门头沟琉璃渠村，充厂商，承造元、明、清三代宫殿、陵寝、坛庙各色琉璃作，垂七百年于兹。”“然赵氏世居海王村琉璃厂，其地即明清以来烧造琉璃官署所在，故世俗有琉璃赵之名，今其裔孙赵雪舫尚能承继旧业。此外北平东直门外，近有东窑马姓，亦以制琉璃闻。”“辛亥鼎革后，琉璃官窑停歇，兴隆木厂马惠堂父子，于东窑仿造琉璃瓦料及盆盂之属，名西通和，与赵氏并争。故近日言琉璃者，有东西窑之别焉。”

（二）盛京"琉璃侯"与海城黄瓦窑

海城黄瓦窑位于辽宁省鞍山市海城析木镇缸窑岭村，建于清朝入关之前，是统治者为烧造皇家专用琉璃瓦件而设置的御用窑厂。

海城黄瓦窑侯氏家族从天命六年（1621）被赐予守备之职开始，就逐渐委以烧造皇家建筑琉璃构件的重任，天命七年（1622），为辽阳东京城八角金殿烧造琉璃龙砖彩瓦，从天命九年（1624）起，又陆续为关外"一宫三陵"烧造琉璃建筑构件。从时间的角度来看，海城黄瓦窑堪称"清代第一官窑"。《清史稿》职官志记载："黄瓦厂五品官一人。侯姓世袭。"[1]《侯家宗谱》记载了侯氏家族从山西迁至海城的原因及过程，首任窑主侯振举参与辽阳八角金殿、沈阳故宫建造的经历，以及侯氏族人所受封赏并担任清代税收、驻防等官职的事情。

窑主侯氏系山西介休人，万历三十五年迁居于现在的辽宁省鞍山市海城析木镇缸窑岭村，顺治修大政殿设琉璃窑，侯氏主其事[2]。清雍正《大清会典》卷二一九《盛京工程》记载："凡陵寝、宫殿需用黄绿砖瓦，兽头等物，定例于海城县所属四门城地方烧造。"

"侯氏家族初业制缸，顺治初修大政殿，始设琉璃窑，承造各色瓦件、隶盛京工部，世袭五品官。现存十七世孙侯济，年八十，光绪三十二年赵尔巽修理盛京清宫，及最近张作霖坟定烧绿色琉璃瓦二十万件，俱由侯济次子书麟承造。清季世袭匠役三十七名，工部壮丁一千十八名，分塑作、筒瓦、板瓦、铅作、窑作、勾滴六类……侯氏厂工与北平官窑赵氏通，有大工则互相挹注。询以图样做法，已无存，唯影壁、花门、牌坊等，尚知折算之法云。"[3]

"明朝末年，琉璃窑完全是侯氏的私有财产。清朝建立以后，应为琉璃御用，黄瓦窑成为御用官窑，但其产权仍然具有私有性质……有清一代，黄瓦窑具有官窑和私窑的双重性质。进入民国，黄瓦窑又完全成为侯氏的私有财产……清朝政府只是通过政府'订单'（招商代办）的方式对黄瓦窑进行控制……"[4]

黄瓦窑款识内容多为"一宫三陵""永陵启运殿""清宁宫""黄寺大殿""崇政殿""衍庆宫""永扶宫""敬典阁"等殿名，琉璃构件种类分为脊砖、平砖、檐子砖、圈口砖、混砖、脊筒、筒瓦、板瓦、当勾瓦、脊兽等。

二　琉璃款识中的工匠名

紫禁城众多琉璃瓦件中有一类清中早期烧制带有满汉两种文字对照的款识，内容上有详细分工，包括窑户、铺户、房头等负责人的姓名以及配色匠、烧窑匠等负责各道烧造工序匠人的姓名，可见琉璃瓦的烧制有着严格的责任制度，责任落实到人，物勒工名，便于追究责任。带有此类款识的琉璃瓦件大多是筒瓦、板瓦、勾头瓦和滴子瓦等，形式也分阴刻和阳刻两种，竖版排列，汉字在右，满文在左。满汉两种文字对照的

1 李刚：《黄瓦窑遗址采集的铭文构件及与其相关的皇家建筑》，《中国紫禁城学会论文集》第七辑，故宫出版社，2010 年。
2 王光尧：《中国古代窑作制度》，紫禁城出版社，2004 年，第 102 页。
3 刘敦桢：《刘敦桢文集》第一卷，中国建筑工业出版社，1982 年，第 58 页。
4 张士尊：《从档案文献看海城侯氏与黄瓦窑的经营》，《社会科学辑刊》，2013 年第 4 期。

图13 “窑户赵士林 配色匠许德祥 房头许万年 烧窑匠李尚才”

图14 嘉庆三年 “窑户赵士林 配色匠徐益寿 房头陈千祥 烧窑匠许万年”

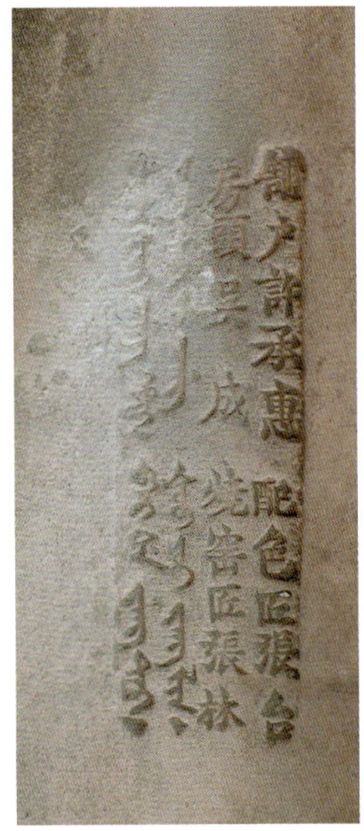

图15 “铺户许承惠 配色匠张台 房头吴成 烧窑匠张林”

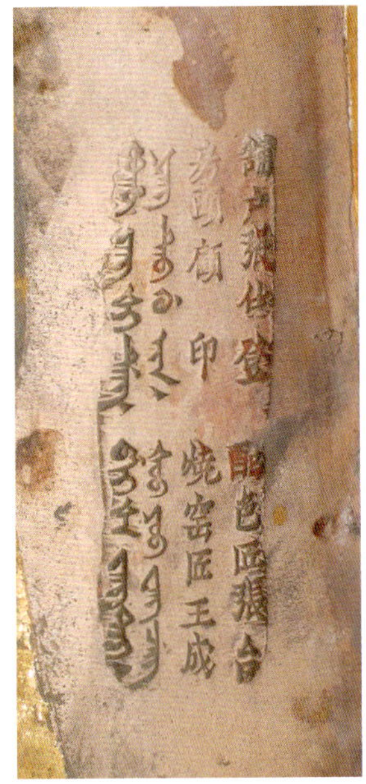

图16 “铺户张仕登 配色匠张台 房头顾印 烧窑匠王成”

图17 “铺户程遇墀 配色匠张台 房头李成 烧窑匠朱兴”

图18 “铺户白守福 配色匠张台 房头汪国栋 烧窑匠陈忠”

图19 “铺户黄汝吉 配色匠张台 房头何庆 烧窑匠张福”

图20 “窑户王立敬 配色匠胡禄达 房头周全宾 烧窑匠王清臣”

款识应与清代官印制度有关，“清朝系满族建立的政权，因此官印文字以满文作为第一要素，而汉族是其统治的主体民族，所以汉文居其次。从御宝到各级官印，多采用满汉两种字体。满文居左，汉文或其他文字居右。”[1]这类款识包括以下几种：

“窑户赵士林 配色匠许德祥 房头许万年 烧窑匠李尚才”“嘉庆三年 窑户赵士林 配色匠徐益寿 房头陈

1 任万平：《清代官印制度综论》，《明清论丛》第一辑，紫禁城出版社，1999年。

千祥 烧窑匠许万年""铺户许承惠 配色匠张台 房头吴成 烧窑匠张林""铺户张仕登 配色匠张台 房头顾印 烧窑匠王成""铺户程遇墀 配色匠张台 房头李成 烧窑匠朱兴""铺户白守福 配色匠张台 房头汪国栋 烧窑匠陈忠""铺户黄汝吉 配色匠张台 房头何庆 烧窑匠张福""窑户王立敬 配色匠胡禄达 房头周全宾 烧窑匠王清臣"等。〔图13、图14、图15、图16、图17、图18、图19、图20〕

其中窑户、铺户的负责人姓名有：赵士林、许承惠、张仕登、程遇墀、白守福、黄汝吉、白宝祥、王立敬；

配色匠有：许德祥、张台、徐益寿、胡禄达；

房头有：许万年、吴成、顾印、李成、汪国栋、何庆、陈千祥、周全宾；

烧窑匠有：李尚才、张林、王成、朱兴、陈忠、张福、许万年、王清臣。

此外带单独名姓的款识还包括"刘化生"以及纯满文意思为"方记""赵记"的款识，多出现在筒、板瓦中。

三 琉璃款识中的窑作名

此类款识标注琉璃窑作的名称。琉璃窑以"作"命名当为明代的做法，到清初康熙朝也在沿用。常见标注窑作名的琉璃款识有"一作工造""三作工造""四作工造""五作工造""一作成造""三作成造""五作成造""西作成造""西作工造""西作造""正四作成造""正四作造""正四作""三五作造""四西作造""西四作成造""一作成造・工造""工造・三作成造""一作做造""一作造""三作造""四作造""三作造办""四作造办""五作造办""西作""西作造""西作造 文华""三作""北五作""北五作造""五作造""一二作""三二作""四五作""三五作造""四二作""五五作"。明代何士晋撰《工部厂库须知》中明确记载琉璃窑"一、三、四作做造"主要烧制各样勾头瓦、筒瓦、滴子瓦和板瓦；"二作并瓦作做造"主要烧制各样屋脊上的琉璃构件和各种琉璃门上的构件；"五作造"主要烧制各样压当条、正当沟、斜当沟、仙人走兽、套兽、背兽、正吻等琉璃构件，由此可见分工非常明确。但是现实中并没有发现单独带"二作"款识的琉璃构件实物，档案中也没有记载。如果"二作"在古代严格的窑作制度下因某些原因（如产品质量达不到要求）而被"工有不当，必行其罪"，不能独立烧造的，就只能沦落到勉强与其他几家窑作合作生产的地步……总之"二作"渐渐沦为配角。

四 满汉对照窑作名与匠人姓氏同款

一类满汉文字对照的款识中，同时冠以明代官窑中常用的"作"的名称及匠人姓氏，包括有"三作张造""四作邢造""五作陆造""西作朱造""一作徐造"等款识，满文款识清代才出现，所以这几种当为清代早期康熙时期的琉璃构件，还沿用着明代官琉璃窑"作"的叫法，款识形式同样分阴刻和阳刻两种。

综上所述，在现有发现的款识中，带有一作、二作、三作、四作、五作、西作、正四作、西四作及带有朱姓、张姓、邢姓、陆姓、徐姓、刘姓、马姓、赵姓等琉璃窑作名及匠人姓氏款识的琉璃瓦件，它们出自不同的历史年代，各自有鲜明的时代特征，上述匠人作为琉璃窑的管理者和生产者在不同时期为皇家烧造琉璃建材。〔图21、图22、图23、图24、图25、图26、图27、图28、图29、图30、图31、图32、图33、图34〕

图21
“三作张造”

图22
“四作邢造”

图23
“五作陆造”

图24
“西作朱造”

图25
“一作徐造”

图26
“一作成造·工造”

图27
“工造·三作成造”

图28
“五作成造”

图29
“西作成造·工造”

图30
“正四作成造·工造”

图31
“西四作成造”

图32
“刘化生”

图33
“方记”（满文）

图34
“赵记”（满文）

明清时期，官琉璃窑在工部的管理下，工匠被分成若干工种在琉璃窑直接从事生产，制定有约束承办烧造事务的窑户、铺户的法条，有追查残次品责任的要求。承担烧造任务的窑户、铺户从事生产时产品必须合乎工部的要求，必须依照工部所颁样式规格行事，物勒工名，也是为了追究匠人烧造残次品责任，保证质量。

五 琉璃窑作的管理

封建政府直接管理琉璃建材之烧造事务始于北宋，设置官琉璃窑场并委官督造则肇于元，元代在门头沟琉璃渠村设琉璃局烧造琉璃瓦件，还在琉璃厂（海王村）烧造，公主坟一带也烧造。“明清两代一承元旧也分别设有官琉璃窑场。”[1]明代有南京琉璃窑、聚宝山窑场、凤阳琉璃窑、当涂琉璃窑，北京的琉璃窑称北京琉璃窑或京师琉璃窑；清代北京的琉璃窑直称琉璃窑，清初迁往西山门头沟琉璃渠；盛京琉璃窑则称黄瓦窑。明清两代中央政府设置的官琉璃窑场实际在工部的直接负责管理之下由特派专职官员督造。

宋代李诫奉旨编修的《营造法式》、明代的《工部厂库须知》《明会典》，清代《大清会典》《大清会典则例》《钦定大清会典事例》《钦定工部续增则例》《九卿议定物料价值》《工程做法》等史料及梁思成先生的《清式营造则例》中对琉璃构件的使用、烧造技术、用工用料、样式规格、窑作制度等做了详细介绍、总结和归纳，为后人研究掌握提供了依据。历朝历代，宏伟的宫殿建筑是皇权与神权的象征，统治者对琉璃建材的生产烧造及使用有着严格的控制和管理。为规范琉璃生产，对于琉璃的烧造各朝代也都制定了严格的管理条例。

明代《工部厂库须知》中记载：“营缮司注选主事三年有关防有公署一差兼管二窑每动工题请烧造多寡

1 王光尧：《中国古代官窑制度》，紫禁城出版社，2004年，第102页。

不等钱粮出本司本差出给实收"。又其中《琉璃黑窑厂条议》记载:"一增小票凡运砖瓦于见工处则给大□票一张书样数若干，见工监督会巡视注收讫二字于票上甚妙也，乃车户延迟或中途盗卖则以巡视不到不收借口，今定于大票之外加一小票即照大票填注时日，运数令见工委官随到随查，到则书到讫缺少则书缺少数目以便追比限以二日去一日缴，如期不缴有责则不得复有他诿而运必到矣。

一勤收验内监每收钱粮必索铺垫，铺垫未足内监必不肯，收必以此物为不好，夫好与不好本差有目能辨何须内监雌黄，可收即收，即有从旁揶揄亦当置之不理一也。

一禁花销，一工砖瓦有一工之取用，必甲乙无移乃可稽核，乃内监向以门殿陵工正经砖瓦应付内宫不时之取，盖内工所取原该内监自赔，不得取之于正额，如取正额则正额缺，正额缺则须再造以补正额，此从来通也，今必力持正额如为门殿造者，必门殿用许发为陵工造者必陵工用许发庶恶监不得花销而本部亦大有节省矣。"[1]

明代万历朝重修本《明会典》（中华书局1989年影印本）卷一百九十《工部（十）》"物料・琉璃窑"条:"每一窑装二样板瓦坯（今按：即素烧瓦坯）二百八十个，计匠七工，用五尺围芦柴四十束""每一窑装色（今按：即色烧，也曰色窑）二百八十个，计匠六工，用五尺围芦柴三十束四分，用色三十二斤八两九钱三分四厘"。《明会典》卷一百九十"工部（十）・物料・砖瓦"记载:"洪武二十五年定，凡在京营造合用砖瓦，每岁于聚宝山置窑烧造，所用芦柴官为支给，其大小厚薄样制，及人工、芦柴数目，俱有定例……如烧造琉璃砖瓦所用白土，例于太平府采取"，明确对装窑、耗材、用工用料具体加以管理。

官琉璃窑场的管理科学严谨，特点是设有管理窑务的常官，他们之中既有中央政府派遣的专职官员，也有受命兼理提调烧造事物的地方官。不仅有整顿生产秩序、工匠纪律的行政职责，还担当着检验产品质量、赔偿残次产品物价、工钱的经济责任。在籍的匠人除必须服务于国家外，还负有要赔偿残次品的惩罚性责任。匠籍制为官手工业提供了技术人员保证，也促进了自元以来手工业的发展，明早期承袭元旧，一旦入籍永不得更改。到清代，招商买办形式逐渐代替旧有生产供需形式。

清宫史料记载:"琉璃窑烧造各色琉璃砖瓦，顺治初年定专差汉司官一年更代"，"康熙元年差满汉各一人，笔帖式二人，满官掣签，汉官论俸。十五年改为三年更代。十八年仍照旧例一年更代"，"雍正十年题准，琉璃窑满汉监督一年，差满如一同更代，新委之人恐一时未能谙练，请将满汉监督留任一年，仍增委满监督一人协同办理。俟一年期满，旧满汉监督令其回任，再选汉监督一人同办。嗣后每年新旧监督互相更代。"[2]

《钦定大清会典事例》记载:"清康熙二十七年议准官民房屋墙垣不许擅用琉璃瓦城砖如违严行治罪其该管官一并议处。"康熙二十年议准:"琉璃砖瓦大小不等，共有十样，除第一样与第十样，原无需用之处，毋庸置疑。其余砖瓦如各工需用令管工官先将应用实数覆算具呈该监督，照数请领钱两、黑铅，豫行备办。除冬三月及正月严寒停止烧造，余月均以文到日为始定限三月烧造送往工所，管工官亲身验看随到随收给发

1 （明）何士晋:《工部厂库须知》卷五，《北京图书馆古籍珍本丛刊47》，书目文献出版社，1998年，第429页。

2 《钦定大清会典事例》卷八七五，清光绪二十五年原刻本影印，新文丰出版公司印行，1976年。

图35 “样瓦”

实收。完日将实用过数目及余胜数目同时收送部覆销。”[1]明确将琉璃构件规格大小分成八种（从二样到九样），每种都严格按规格样式制作，其中还规定出每年的烧造日期、备办程序。康熙三十三年又覆准：“嗣后监督新旧交代，将库银、烧造物料查明注册，不许外卖”。“明代的上供制和御用属性决定了官琉璃窑的产品尽为皇帝垄断；清代的招商代办制度使得当时供应内廷的琉璃建材成了在严厉法规管制下的一种特殊商品。”[2]

另据《钦定大清会典事例》记载，清雍正八年规定：“工部议准烧造琉璃物件式样永存窑厂，窑户依完式烧造。”从而颁布琉璃瓦件的标准，同种规格样数的琉璃瓦件无论从尺寸大小、雕刻纹饰还是色泽上都要求以“样瓦”为依据，生产出的琉璃构件不得有擅自改动，违者治罪。〔图35〕“物勒工名”是生死状、生死符，匠人们与坯土一样经受着火烧一样的考验。

严格的琉璃窑作制度和管理控制意味着琉璃建材成为皇家的专属产品，也是生产出优质产品的保证。“物勒工名”同现今物质社会中大力宣扬的广告行为完全不同，是不为追逐名利的生存准则，是一种责任和担当。正是因为有了这种忠诚守信的工匠精神和过硬的技能的传承，我们才会有这么多美轮美奂的琉璃建筑得以保留，历经几百年风采依旧，品质不变。

[作者单位：故宫博物院古建部]

1 《钦定大清会典事例》卷八七五，清光绪二十五年原刻本影印，新文丰出版公司印行，1976 年。

2 王光尧：《中国古代官窑制度》，紫禁城出版社，2004 年，第 115 页。

故宫御花园石子路面及其空间作用*

Pebblestone Pavement in the Forbidden City's Imperial Garden and Its Spatial Function

王俪颖

Wang Liying

内容提要：

园林铺装是构成园林景观的一个重要因素，既要符合园林的实用性，又要配合园林的审美主题。故宫内的四大花园，地面铺装不尽相同，其中以御花园的石子路面最有特色。本文将就紫禁城御花园石子路面的形成过程进行探讨，依据照片和文献推断现存御花园石子路面始建于清朝末期1902年至1912年期间。回顾百余年来御花园石子路面的修缮情况，认为即使经历了数次修缮，御花园石子路面仍基本保持其清末始建时期的布局、图幅、形制和图案内容。进一步梳理石子路面的布局、图幅、形制和图案发现石子路面铺墁形式会呈现以建筑为核心的对称关系，其图案内容会与建筑主题相呼应、相协调，使得石子路面与建筑形成一个空间整体，形成独特的建筑空间意境。

关键词：

御花园　石子路面　空间　地面铺墁

ABSTRACT:

Pavement constitutes an important element in terms of garden landscape. It must not only meet the garden's functional requirement, but also match its aesthetic theme. The four major gardens in the Forbidden City have different pavement styles. Among them, the pebblestone pavement in the Imperial Garden is the most distinctive. This article explores the formation of this pebblestone pavement, and on the basis of historical photos and literature, infers that the extant pavement was built in the late Qing dynasty between 1902 and 1912. Review of renovation records of the pavement over the past century reveals that even after repeated renovation, its original layout, composition, style, and motif stayed basically the same as first conceived in the late Qing dynasty. Further inspection of the pavement's layout, composition, style, and motif sheds light on the symmetric design centering on architecture. Its motif echos and coordinates with architectural theme, so as to form a spatial unity with unique atmosphere in terms of architecture space.

KEYWORDS:

Imperial Garden, pebblestone pavement, space, floor paving

* 本文是 2008 年故宫博物院课题“故宫花石子地面的建造艺术与工艺”阶段性成果。

故宫御花园南北长约为90m，东西宽约为130m，园内甬路均为石子路面，面积共计约700m^2，共有图幅1199块[1]。石子路面中有近3/4是以长方形图幅铺墁划分，其他还有方形、三角形等图形或组合图形划分图幅，不同图形又与方砖相结合形成组合形式多样的甬路。石子路面利用图形与材质的双重因素，构建出园内甬路灵活丰富的组合，巧妙地将各区域进行划分。图案内容包含人物、动物、植物及器物等装饰题材，各种寓意多达百余种。石子路面有砖雕石子、瓦条石子及全石子铺墁做法，其中砖雕石子铺墁做法占1/2。这种砖雕和瓦条结合的图案拼凑方式，互相补充，交相呼应。御花园石子路面内容丰富，组合方式灵活，在清代皇家园林中可谓独树一帜。

一　御花园石子路面的始建

现有的研究，多将御花园石子路面定为明代遗物，清代修缮保留至今[2]。但目前的档案并不能支撑这一结论。通过查找御花园的历史照片，笔者发现日本学者小川一真于1900年前后拍摄的御花园照片[3]和1901年怀特公司出品的照片中，可以看到西井亭、绛雪轩、千秋亭、钦安殿附近均未铺墁石子路面，路面均为砖墁甬路。而瑞典学者喜仁龙于1921年前后拍摄的御花园照片中千秋亭和拍摄于20世纪20年代的承光门、延辉阁、养性斋、堆秀山、绛雪轩等区域均出现了铺墁的石子路面[4]。将1900年和1921年的御花园历史照片以及今日御花园之概况相比较，基本可以判断御花园石子路面应是在1901年（光绪二十七年）至1921年之间铺墁的，且园内石子路面铺墁之初的历史格局与今日御花园园内路面格局基本一致。

进一步考察，由于1912年2月，宣统帝溥仪宣布退位，自此清朝覆灭。虽然“清室优待条件”中明确清逊帝囿居于后庭，御花园仍归皇室使用，由内务府负责各执事功能，每月享受民国政府支付的补贴四百万元。但在人力、物力与财力均受限的情况下，清室实际是很难实施大面积的石子路面铺墁工程。因此，在政权更迭、社会动荡的大背景下，最有可能实施御花园石子路面铺墁的时间应是1902年至1912年。

1　浮碧亭及万春亭所属的御花园东北角隅石子路面图幅窄小图案单一，且基本仅由石子铺墁，不计入统计数据。此区域三角形图形共650幅，593幅为全石子铺墁的简单花朵式图案。

2　《足下踏画卷，技艺展奇观》——关桂林：石子路先期是明初建的东北区，构图趋于简略……东南门龙爪槐树下的花盆构图为明代中期所建，正中天一门东西两侧的路面构图是清代初期改建的，西南区的构图则在清代康熙和乾隆时期改建。

3　（日）小川一真摄影、伊东忠太解说：《清国北京皇城写真帖》，东京帝室博物馆编，1906年。

4　单霁翔主编：《故宫藏影——西洋镜里的皇家建筑》，故宫出版社，2016年。林京：《紫禁城最早影像记》，故宫出版社，2017年。（法）普意雅：《民国旧影：皇城景致之风景名胜》，上海远东出版社，2016年。（瑞典）喜仁龙：《中国北京皇城写真全图》，国家艺术和历史图书馆，1926年。

表一 御花园石子路面近现代对比照片

地点	拍摄于1900年至1901年	拍摄于20世纪20年代	作者拍摄于2008年
钦安殿北	 摘自《清国北京皇城写真帖》	 摘自《故宫藏影——西洋镜里的皇家建筑》	
西井亭	 摘自《清国北京皇城写真帖》	 摘自《故宫藏影——西洋镜里的皇家建筑》	
千秋亭东	 （作者自藏）	 摘自《中国北京皇城写真全图》	
绛雪轩西	 （作者自藏）		
万春亭西	暂无	 摘自《民国旧影：皇城景致之风景名胜》	

另外，从石子路面的图案上看，火车站也出现在这一时期。御花园天一门西南侧有一段火车图案的石子路面，火车头指向车站，在车站砖券下的石柱上可以清晰地辨认出“京□”和“□路”两个字，第三列石柱字

迹现已无法辨认，但从1984年的照片上可以辨认出"京□铁路公司"[1]。清末有于1906年全线通车的京汉铁路（正阳门西站）、1907年关内外全线通车的京奉铁路（正阳门东站）、1905年始建的京张铁路（1906年首段通车），三条"京"字铁路均在1902—1908年间通车、改称，并在当时造成重要影响，现实题材的选取与石子路面营建时间十分契合。所以，从历史背景和图案内容综合考虑，御花园石子路面的铺墁时间应为1902年至1912年间，也就是说，我们今天所看到的御花园精美的石子路面，并不是明代的遗物，而是修建于清朝末期——1902年至1912年间，经过历次修缮保留至今的。

二　御花园石子路面的历次修缮及影响

1927—1949年，由于历史原因，故宫博物院在此期间多处于半封闭状态，没有长期有序对公众开放。在1931年，"因时局艰危，临时设立警卫队，统一调度故宫博物院、古物陈列所和历史博物馆警卫力量，以保文物安全"[2]。此期间修缮档案记录中，没有御花园的大规模翻修记录，也没有石子路面修缮的记录。且当时故宫开放时期参观时间仅为周六日下午，地点也基本限制在前朝区域，就此笔者推断，在1927—1949年这段时间内，御花园石子路面扰动很少，基本维持始建时的格局和图案等。

从1949年至2012年，御花园石子路面的修缮工作一直是一项古建零星修缮任务，秉承"随坏随修"的原则[3]，档案中所记载的石子路面维修，分别发生在1953年、1960年、1965年、1972年、1992年和1996年前后。

1953年8月，御花园石子路因年久损坏的地方很多，游人屡次建议修复，总务科经勘查该路面膨鼓、裂缝，破损凹洼，提出修整要求："需要修整总面积为三十丈，因修路仔细活，用工较多，现估计约需用工料费人民币七六〇五点五〇〇元，此额因零星修缮费余额不多，拟在工程保养费内列支（附预算草表一份）。"[4]

在预算表中，列出计划消耗花石子300kg，白灰80元/kg。根据现行定额[5]普通卵石路面拼花项目规定，每平方米需要用卵石子54kg。300kg花石子预计可以铺设石子路面面积约6m^2，约占三十丈修缮面积的五分之一（约20%），约占整个御花园石子路面面积（约700m^2）的1%。从工程量来看，此次石子路面修缮规模并不大，因此，对石子路面布局、图幅、形制及图案等方面影响十分有限。

1960年前后，当时的故宫正在经历200年来最大规模的一次维修，工程最初即是对太和门至三大殿及御花园共计68000m^{2}砖墁路面的翻修复原[6]。在这一时期，针对御花园地面的修缮的记载，我们可以从御花园零星工程平面图和御花园整体修缮图中获知。1960年的修缮，对御花园内石子地面的修缮主要集中在以下方

1　张世芸：《紫禁城内御花园的石子画》，《文史知识》，1983年第7期。

2　朱鸿文：《故宫博物院九十年》，故宫出版社，2018年。

3　故宫博物院内部档案，档案号：19541956z。1954年，接到人民来信，"御花园中的小石子铺花径已渐损毁，这些小石子拼成的图案很美丽，有火车、动物，极应加保护……"同年十月二十三日，故宫回信"关于御花园内已经损坏的小石子花径，我们已于国庆节前逐渐的加以修缮，今后继续随坏随修。"

4　故宫博物院内部档案，档案号：19531051z。

5　北京市造价工程管理处：《北京市房屋修缮工程预算定额》，中国建筑工业出版社，2012年。

6　李盛来：《悉心经营，辉煌永驻——古建中的大工小修》，《紫禁城》，2005年第5期。

图1 狮子滚绣球石子路面图案

面：钦安殿东西两侧路，做剔补石子甬路；钦安殿北侧路做揭墁甬路（连同石子路面）；千秋亭四周环路，做修补石子甬路；养性斋前曲路，做剔补石子甬路[1]；钦安殿围墙池东（五色石子路面大部分残坏）重新翻墁雕砖五色石子路面。

石子路面的剔补和修补做法〔图1〕，都是在原图案的形制下，进行补做，补做部分要和原图案、材质、风格相协调统一，对石子路面的布局、图幅、形制和图案不会产生过多的影响。而揭墁和翻墁的做法，很可能对石子路面的图案、形制、图幅，甚至布局产生影响。对比1960年前后的图像，我们可以发现，此次工程实际上仍保持了"翻修复原"的实施宗旨，在局部揭墁和翻墁的区域仍基本保持石子路面的布局、图幅、形制和图案。此外，由于御花园西墙新开随墙门[2]，使得千秋亭通向随墙门两侧的石子路为御花园最后新铺墁的一块石子路面。

1965年的御花园整理工程中，包含御花园内建筑屋面整修、重做油饰地仗、修补石子路面等内容，其中石子路面修缮工料费仅一项，合计4000元[3]，但没有列明具体修缮范围和工程量。为了了解工程规模，我们大致估算一下4000元在当时可以置办的物料。在此项目中，瓦面修缮使用材料白灰的价格为71元/kg，与1953年石子路面修缮中白灰价格（80元/kg）相近，说明此时与1953年物价水平相当。那么，将1953年与1965年石子路面修缮工料费总价相比对，排除价格浮动的因素，1965年石子路面修缮面积或工程量约相当于1953年的60%，因此，此次石子路面修缮面积约为4m^2，对花园内路面的画幅、形制、图案等方面影响更少。

御花园的再次大规模整修在1972年〔图2〕，翻阅1972年故宫御花园石子路面修缮工程图，图上清楚地标注了各条石子路面需进行修缮的位置、面积和做法[4]，除图中灰色甬路标注"石子路面残损部分照原图案修补、打点"的做法外，其他零星修补石子路面共计约38处55幅图面，合计约20m^2。即使加上灰色石子路面修缮面积，此次修缮亦不足整个御花园石子路面积的10%。按照当时故宫古建修缮工程惯例，大规模施工

1 故宫博物院内部档案，档案号：工-237。

2 故宫博物院内部档案，档案号：工-237。

3 故宫博物院内部档案，档案号：档-1346。

4 故宫博物院内部档案，档案号：工-296。

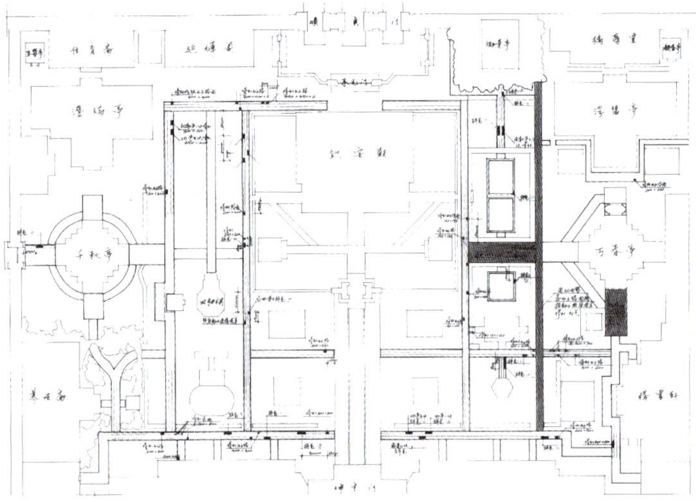

图2 1972年故宫御花园石子路面修缮工程图（局部）

需要出具设计方案及图纸，零星工程只需要工程单。此次修缮是截至2012年前，可查到的唯一具备完备的施工图的一次修缮，也可以说是这段时间内对于石子路面规模最大的一次修缮。即便如此，此次维修对御花园石子路面的布局、画幅、形制、图案所产生的影响仍然很小。同样，1992年和1996年的石子路面修缮仍旧是“按照原图案进行修补”。

纵观御花园石子路面的修缮历史我们发现，不论是零星修缮还是单独成项进行修缮，御花园石子路面的修缮一直遵循“按照原图案修补”的原则，基本没有大面积的翻墁出现。其次，个别历史时期石子路面出现局部揭墁或翻墁做法，并未影响御花园石子路面的布局、画幅、形制，甚至是图案。最后，经过近百年的修缮，现在的御花园石子路面的布局、画幅、形制、图案仍与早期基本保持一致。从1922—1925年和1982年、1999年的石子路面照片，也可以看出这一点。千秋亭四周、养性斋东侧、天一门南侧、绛雪轩西侧、御景亭南侧、承光门南侧、延辉阁南侧的石子路面布局、图幅、形制甚至图案与现在是基本保持一致的。

虽然御花园石子路面的布局、图幅、形制和图案等在近百年的维修中基本保持不变，但由于石子路面铺墁材料和工艺的先天缺陷，石子路面是一种极易损毁的路面，必须频繁修缮。工匠的审美和工艺手法各异，修缮中对“原状”的追求受限于记录手段等因素的影响，使得石子路面的图案在历次维修中均会产生一些细微变化。图案的变化随历史发展，呈现一种渐变的发展形态，这一点在对比历史与现在同位置的照片时是有迹可循的。

如分别拍摄于1922年、1985年、2008年前后位于养性斋北侧假山前的蝙蝠形砖雕石子蝙蝠图案〔图3〕，从照片可以清楚地看出，早期蝙蝠前的砖雕双钱币和飘带，到1985年左右此处仍然保持完好，到2008年时就变成了一枚砖雕铜钱，且无飘带；早期蝙蝠翅膀舒展，弧度大，到1985年时，蝙蝠翅膀变窄并进行了收缩，

图3 1922年（摘自《紫禁城最早影像记》）、1985年（摘自《工程做法注释》）、2008年养心斋北侧假山前

这个状态一直持续到2008年，没有变化。在近100年的修缮过程中，蝙蝠与铜钱的主题和布局、结构一直保留至今，但是其细节已经多有变化，这就是图案的渐变式发展。

三　御花园石子路面与建筑的空间关系

首先，基于拍摄于2008年左右的御花园石子路面照片进行统计分析，发现在御花园中石子路面中石子与甬路的组合形式多达十多种〔图4〕[1]，并且以建筑为核心有明显的区域划分，大部分石子路面围绕建筑保持路面形式的对称布局〔图5〕。

其次，从1900年前后拍摄的御花园系列照片中，不仅能看到当时的地面情况，还可以看到园内药栏的空间分布，药栏把御花园整体空间以建筑为核心进行了空间分隔，使园东以养性斋、千秋亭、澄瑞亭及园西以绛雪轩、万春亭、浮碧亭分别为核心形成6个半封闭的独立空间〔图6〕。在1955年2月绘制的御花园内钦安殿西侧小院拆除工程实测图还清楚地标明了拆除前药栏的位置，与1900年左右的药栏布置基本一致。

对比两种空间划分结果，发现药栏、石渠与御花园不同形式石子路面对御花园内空间的划分格局基本一致，均是以建筑为核心进行的空间划分。因此，推测石子路面营建之初既考虑了石子路面与石渠、药栏、墙垣、建筑共同构成御花园的园林环境，同时又根据不同建筑对空间分割形成区域环境。如绛雪轩、养性斋、千秋亭、万春亭、澄瑞亭、碧浮亭四周以药栏、石渠形成石子路面的封闭区域。各区域石子路面有明显的图案题材或铺墁形式的区分，钦安殿院落墙垣、天一门、坤宁

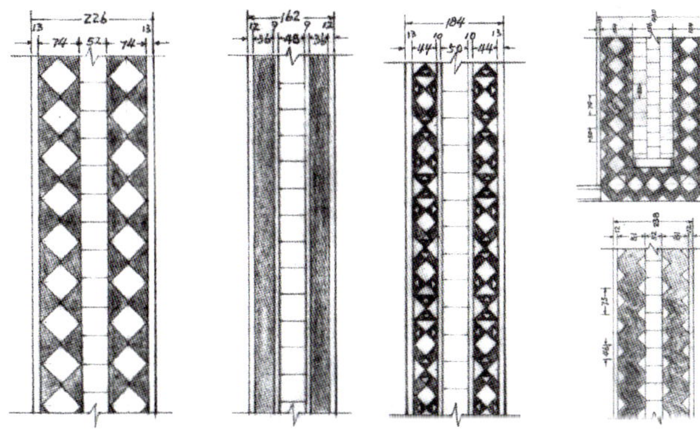

图4　石子路面部分铺墁形式

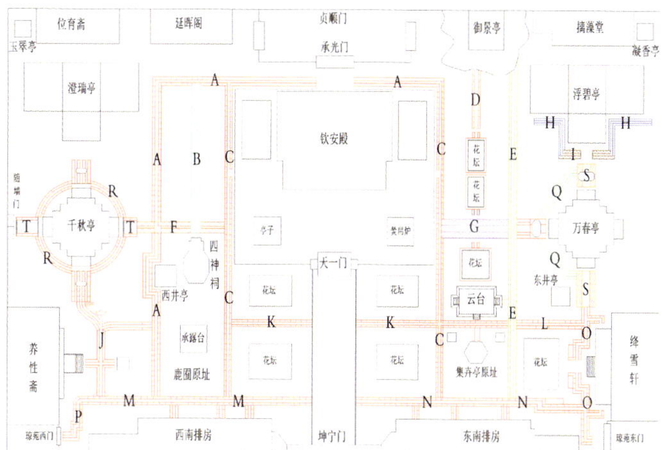

图5　御花园石子路面分布图

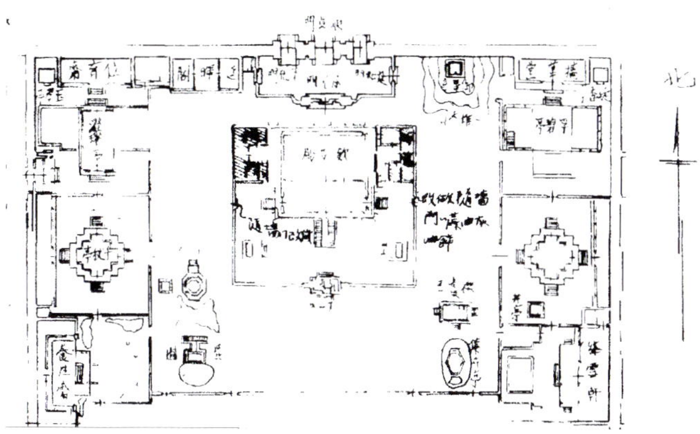

图6　1955年御花园平面图

1　故宫博物院内部档案，档案号：工-249。

图7 钦安殿西南鱼龟蟹虾图案石子路面（局部）

门前石渠及药栏也将其四周石子路面归为“回”字形区域，御花园东西侧的南北向药栏及石渠又促成南北贯穿连续的石子路面。园内东西建筑对称统一，石子路面在东西侧也形成对称。即便目前药栏早已拆除，就单从石子路面的图案、形式也能看出空间环境的布局。

因此，石子路面在御花园中起着分隔空间和组织空间的作用，其铺墁形式和图幅图案也根据分隔空间有所变化，并将空间进行二次细分，通过运用材料和图案的组合变化与空间取得协调，创造出空间环境的意境和韵味。

御花园最主要的建筑钦安殿，殿内供奉道教中的真武大帝，真武大帝为太阴化生，水位之精，明清两朝都曾在此设斋打醮，以祈祷皇宫免受水火之灾。钦安殿西侧及天一门西南侧石子路面图案为暗八仙、十二生肖及鱼、龟、虾、蟹等水生动物〔图7〕，石子路面图案寓意与钦安殿建筑功能协调统一。其中，钦安殿前旗杆夹石雕刻有鱼、龟、虾、蟹、海兽、水怪及海水纹，石子路面图案与之对应。千秋亭、万春亭形制上圆下方取“天圆地方”之意，以契合道教天圆地方、阴阳相合的义理。

围绕千秋亭石子路面除大量博古图案外，还出现暗八仙、虾蟹鱼龟妖怪、十二生肖图案，围绕万春亭石子路面则为忍冬纹、缠绕回文等图案，千秋亭、万春亭、钦安殿整体为道教斋醮场所，石子路面图案也以道教文化为主。

绛雪轩前原有鹤苑，后经改建为琉璃花坛，坛内原植有海棠并叠石为山；养性斋叠石环抱，斋前原为鹿囿。围绕鹿囿和鹤苑的石子路面图案与之相呼应，图案多以叠石、花草出现，其间点缀有鹿、鹤、吉祥图案及人物故事〔图8〕。

养性斋曾是清帝的书香雅室，乾隆帝将养性斋辟为书房，嘉庆帝、道光帝也曾在此作诗。斋前及御花园西部区域石子路面出现大量的鼎、尊、罍、瓶、壶、爵、斝、觯、敦、簠、簋等博古图案〔图9〕，博古图案源自《宣和博古图》著录的自商至唐的青铜器图像铭文，寓意博古通今，崇尚儒雅，石子路面的博古图案从侧面体现养性斋作为清帝吟诗作词的场所。

堆秀山御景亭原是明代观花殿的旧址，为休憩赏花场所。延辉阁为登高观景场所，乾隆、道光、咸丰都曾登延辉阁观景作诗[1]。御景亭和延辉阁作为憩息观景场所，其四周石子路面多为叠石、花草、鸟类等图

1 乾隆帝《延晖阁春望》云：“南墀古柏俨成行”；道光帝《登延晖阁有会》云：“长松百尺翠涛翻”；咸丰帝同题云：“延晖阁畔柏森森”。

案，特别是御景亭南侧石子路面均为叠石花草图案，与堆秀山景观契合度很高。

四神祠是奉祀四方之神的明堂，四方之神即青龙、白虎、朱雀、玄武。四神之祭“以青圭礼东方，以赤璋礼南方，以白琥礼西方，以玄璜礼北方”，祭祀四神所用器物根据各方颜色选用。四神祠北侧石子路面图案所展现的是香炉、玉鼎、玉壶、瓷瓶、花罐等祭祀用品〔图10〕，并且石子颜色多以绿、红、白、黑的纯色为主，还有代表道教文化的暗八仙、代表年月更迭的十二生肖以及耕种农作、学诗作赋、游玩赏景等人物图案。皇帝对道教四方星宿礼拜祭祀，以显示统御四方的权力，以及祈求国泰民安的愿望，石子路面的图案包含了祭祀、道教、年月更迭及国民安康的寓意元素，也烘托出四神祠的祭祀环境。

御花园的禊赏亭（现仅存汉白玉亭座）为始建于明永乐年间的歇山建筑，其南侧为同一时期的集卉亭。禊赏缘于“祓禊”，原是古代禳灾祈福的一种祭祀活动，后逐渐由“祓禊”演化为“禊游”，成为皇帝游赏宴饮的一种形式。两座建筑四周石子路面主要为花卉，间有虫鸟、盆景等吉祥图案〔图11〕，寓意鸟语花香，石子路面主题围绕“集卉”与“禊赏”，尽显皇帝游园赏花的闲情雅意。

图8　鹿囿原址南鹿鹤图案石子路面

图9　养性斋东博古图案石子路面

图10　四神祠北十二生肖及祭祀用品图案石子路面（局部）

图11　集卉亭原址西山石花草图案石子路面

石子路面图案内容与建筑主题相呼应、相协调的做法，不仅出现在清代皇家园林中，在明代的南方私家园林中就已经被应用，如苏州拙政园中有名为“玉壶冰”的小斋，小斋的窗棂、斋前的铺地等等细节之处都装饰成冰裂纹[1]，使建筑和地面采用相同的元素，一起表达文人园林的文化内涵。

虽然御花园中选择大量使用石子路面实现装饰、分割、组织空间的作用，但在严肃的宗教区域，选择了回归路面实用性的本质，只用砖进行铺墁。如在澄瑞亭与浮碧亭前的石子路面出现唯一一处的不对称区域。

1　王毅：《栖心中国园林之境——翳然林水》，北京大学出版社，2017 年。

浮碧亭南侧是Z形石子路面依随抱厦铺墁，而澄瑞亭南侧并无石子路面。两亭均为明代所建，万历十一年园中已有“东西鱼池，池上两亭，左曰浮碧，右曰澄瑞”，两亭抱厦为清雍正年间增建，澄瑞亭作为斗坛使用，其左右后三面及抱厦前檐安装门窗，抱厦山面安装板墙，千秋亭及位育斋也作为佛堂一直沿用至清末[1]。因此，可能考虑与“千秋亭或做星坛，或做法事”[2]的整体区域法坛道场使用有关，法事区域严肃，不需过度装饰，且砖墁甬路与石子路面本身就是明显的区别，石子路面又不及砖路面坚固耐用。遂在澄瑞亭南侧区域铺设没有石子的砖墁甬路。

四 结 语

御花园石子路面共有图幅近1200幅，图案内容丰富，题材广泛，形式多样，获得广泛关注。通过对近代老照片的搜集和历史材料的佐证，推断现有御花园内石子路面的始建年代大概是在清朝末期1902年至1912年期间。梳理御花园石子路面历次修缮情况，认为御花园石子路面的布局、图幅、形制和图案等在近百年的维修中基本保持不变，但石子路面的图案在历次维修中均会产生一些细微变化。使图案的变化随历史发展呈现一种渐变的发展形态。石子路面作为园林中的一个因素，对御花园起着装饰、分隔空间和组织空间的作用，其铺墁形式和图幅图案也根据分隔空间有所变化，并将空间进行二次细分，在细分空间内石子路面图案内容与建筑主题相呼应，相协调，创造出以建筑为核心的空间环境的意境和韵味。

（致谢：本文在前期研究及撰写过程中得到了故宫博物院修缮技艺部何川先生的帮助。）

[作者单位：故宫博物院修缮技艺部]

1 周苏琴：《北京故宫御花园澄瑞亭浮碧亭沿革考》，《中国紫禁城学会论文集》，紫禁城出版社，1996年。

2 第一历史档案馆藏《清内务府活计档》第3338册。

圆明园正觉寺文殊造像历史演变考

A Study on the Transformation of the Manjusri Statue in Zhengjue Temple in Yuanming Yuan

张孟增

Zhang Mengzeng

内容提要：

本文以清乾隆朝文殊造像营建为线索，因"就近瞻礼"仿山西五台山殊像寺兴建香山宝相寺，继而在皇家宫苑沿用此例营建文殊青狮像。通过分析文殊像营建历史、比对旧照特征和分析现存建筑，得出圆明园正觉寺文殊像和承德殊像寺文殊像均显示出对五台山文殊像的摹写，正觉寺文殊像与承德殊像寺文殊像非常近似这一结论。

关键词：

圆明园　正觉寺　文殊造像　乾隆　源流

ABSTRACT:

This paper traces the history of constructing Manjusri statues during the Qianlong reign (1736-1795) of the Qing dynasty (1644-1911). For the convenience of worshiping, Baoxiang Temple was commissioned at the Fragrant Hill modeling the Shuxiang Temple in Mount Wutai in Shanxi province, and then statues of Manjusri riding a green lion in the established style were mandated in imperial gardens. Through the analysis of the construction history of Manjusri statues, and the comparison of the features from the old photos and heritage structures, the paper draws the conclusion that the Manjusri statues in both Zhengjue Temple and Shuxiang Temple in Chengde show imitations of the Manjusri statue in Mount Wutai, and that these two Manjusri statues bear close resemblance to each other as well.

KEYWORDS:

Yuanming Yuan, Zhengjue Temple, Manjusri statue, Qianlong Emperor, origin

作为清朝统治阶级的满族，其先世沿袭女真人的社会习俗信仰萨满教。清入关前，为与明朝争夺蒙古，确立了尊崇黄教的基调。藏传佛教的僧人因戴黄色僧帽，汉语中俗称黄教。入关后，清朝统治者尊崇黄教政策日益明确，康熙朝正式确立"兴黄教安蒙古"的国策，佛事活动也一度在乾隆朝达到鼎盛。尤其是，清乾隆帝对山西五台山文殊道场尊崇有加，他一生中六次朝山，三次尊奉崇庆皇太后瞻礼，又在北京、承德等地仿建了一系列供奉以文殊骑狮为主像的佛教寺庙，圆明园正觉寺就是其中之一。随着历史变迁，圆明园正觉寺文殊亭内的文殊菩萨像亦在后期损毁无存，除金勋先生《成府村志》和刘阳先生的文殊像旧照外，有关正觉寺文殊像的档案文献流失严重。本文旨在通过文献梳理，考证文殊菩萨造像历史演变，以期最大限度还原和展示圆明园正觉寺文殊造像的原貌。

一 圆明园正觉寺历史变迁总述

正觉寺作为圆明园内重要的御用佛寺，建成于清乾隆三十八年（1773），占地14300平方米。咸丰十年（1860）年及光绪二十六年（1900）圆明园两次罹劫时，正觉寺因独处绮春园墙外而幸免于难。光绪二十六年（1900），正觉寺曾被义和团占用。翌年春，德军驻朗润园时，曾拆毁正觉寺大殿的装修及门窗作燃料，还将大量西藏进贡的锦边彩画番佛像挂于朗润园的德国兵营里。民国时期，曾任北洋政府代国务总理的颜惠庆用理藩院的公款将正觉寺购到手，遣散喇嘛，拆去殿内佛像，经装修改造，作为其私人别墅之用。至此，正觉寺内文殊像等佛像已全部损毁无存。

1934年2月，根据南京行政院令，圆明园遗址交给清华大学办农事试验场，正觉寺也被用作清华大学单身教职员宿舍。1971年，清华大学从正觉寺退出，北京长城锅炉厂（原海淀修造厂）搬进正觉寺，大量修造厂房和生活区，乱拆乱建，正觉寺剩余建筑再次遭受破坏。2001年底，正觉寺重新回归圆明园管理处时，寺内仅残存山门、文殊亭、四座配殿及26株古树。2002年底，正觉寺修缮工程正式启动，2011年7月6日，正觉寺以崭新的面貌正式向社会开放。

二 清乾隆朝文殊造像兴盛原因分析

文殊造像活动在清乾隆朝极度兴盛，有以下原因：

（一）延续用黄教怀柔蒙藏的既定国策

藏传佛教作为满、蒙、藏关系的文化纽带由来已久。借助佛教建构起与蒙古诸部的地缘宗教政治联盟，无论是在清朝早期势力扩张阶段，还是入主紫禁城后巩固政权的战略中，都是清廷蒙藏政策中的重要内容。[1]尽管清朝皇帝对待佛教的态度各有特点，例如，顺治帝持学佛的态度、康熙帝是尊佛的态度、雍正帝

1 周齐：《清代佛教与政治文化》，人民出版社，2015年，第20页。

是成佛作祖的态度、乾隆帝则是集转轮圣王与王法于一身的态度等，但这一既定国策始终未变。为了彰显自己尊佛信佛的诚心，有些清帝还自称居士，如雍正皇帝自称圆明居士、乾隆帝自称长春居士等，又进一步拉近了清帝与蒙藏的关系。

此外，清帝又在北京香山宝相寺、圆明园正觉寺和承德殊像寺等处仿建了一系列供奉以文殊骑狮为主像的寺院，此类活动名义上是为了祈福延寿，但其深层原因是通过对五台山殊像寺文殊像的系列仿建，建立起藏传佛教与汉传佛教文殊菩萨的联系，乾隆帝将自身塑造成满、汉、蒙、藏共同拥戴的转轮圣王，从而将满、汉、蒙、藏宗教文化融为一体，通过王权辖制教权，维护清朝政权的长治久安，以实现利用佛教巩固清朝大一统政权的目的。

（二）与乾隆帝自身佛教渊源有关

谈到乾隆帝与藏传佛教的渊源，不能不提三世（活佛）章嘉·若必多吉（1717—1786）。三世章嘉自少年时就与弘历（即后来的乾隆帝）关系密切，在乾隆即位后又作为国师而备受倚重。乾隆十年（1745）还曾跪受三世章嘉灌顶。三世章嘉不仅翻译整理了大量佛教文献，还直接参与了一系列皇家佛寺的营建和造像活动。据《章嘉国师若必多吉传》《内务府造办处活计档》等文献记载，自乾隆十五年（1750）开始，三世章嘉先后主导了香山宝谛寺、宝相寺、圆明园正觉寺、颐和园佛香阁、承德普宁寺等一系列寺院的营建[1]。另据金勋先生《成府村志》记载，正觉寺最上楼内还专为三世章嘉活佛设有罗汉床一处，专供其休憩。作为乾隆帝的长眠之所，位于河北遵化的裕陵地宫的营建也体现了三世章嘉的重要影响。在三世章嘉主导和参与的佛寺营造中，文殊菩萨普遍受到特别的尊崇。

（三）强化乾隆帝与文殊菩萨对应关系

“文殊”是“文殊师利菩萨”的省略。文殊是“妙”之意，“师利”指“首、德、吉祥”等意思。所以人们也称文殊菩萨为妙首、妙德、妙吉祥菩萨。因为乾隆帝属相为兔，兔子属相的守护神是文殊菩萨，而文殊菩萨又是聪明智慧的化身，因此，乾隆皇帝习惯以文殊菩萨下凡自居，常命宫廷画师在宫廷宗教绘画及唐卡上将文殊菩萨按照自己的肖像来画。在西藏布达拉宫和清宫所藏多幅乾隆帝佛装像唐卡中，以转轮圣王形象出现的乾隆帝，通过梵夹和宝剑，直接体现了乾隆帝与文殊菩萨的对应关系。

三　清乾隆朝文殊造像历史演变考证

目前，能查阅到有关正觉寺文殊像的文献主要是金勋先生的《成府村志》和刘阳先生的正觉寺文殊像半截像旧照，仅凭这些文献难以还原和展示正觉寺文殊像原貌。笔者希望通过考证清乾隆年间文殊造像历史传承演变，以最大限度还原和展示正觉寺文殊像原貌。

1　洛桑却吉尼玛：《章嘉国师若必多吉传》，中国藏学出版社，2007 年，第 151、162-163、231 页。

图1 山西五台山殊像寺文殊像

（一）中国文殊菩萨道场之五台山

五台山殊像寺，位于山西省忻州市五台县台怀镇，因大殿内供奉五台山地区最大规模的文殊像而得名。五台山殊像寺建于唐，元延祐年间重建，明弘治年间再建。现存的文殊大殿为明弘治二年（1489）由铁林果禅师主持兴建。殊像寺文殊大殿正中塑有文殊骑狻猊像一尊，总高9.87米，狻猊高3.95米，莲座高1.6米。文殊菩萨端坐其上，头戴宝冠，遍身衣饰，手执如意，双目平视，神情庄严慈祥。文殊像两侧后有胁侍菩萨及侍从，背光后为南海观音和善财童子、龙女等。

山西五台山是海内外知名的佛教圣地，被佛教徒视为文殊菩萨的道场，吸引了无数信众前往瞻仰朝拜。民间有一则关于"五台山荞面头文殊菩萨"传说，相传五台山殊像寺文殊大殿内狻猊已塑成，文殊菩萨也仅差头部未塑完，但此时工匠们因不知道文殊菩萨的面容和神态而犯难，甚至争论不休。有一天，正当工匠师揉荞麦面做饭时，天空中佛光闪现，云端出现文殊菩萨形象，匠师顿悟这是菩萨化现来指导自己，于是急忙用手边做饭的荞麦面按照云端菩萨形象把头像捏了下来，安在已塑好的文殊像身上，不大不小，与身子相称，神态庄严，浑然一体。于是五台山殊像寺文殊像就是这样在"菩萨显灵"的帮助下塑造成的，民间将五台山文殊像与文殊显灵联系起来，这个传说在内蒙古、青海、西藏产生了广泛影响，不仅提升了五台山殊像寺的地位与影响力，也为清乾隆时期的朝觐与后期摹写打下了基础。

（二）乾隆帝亲手绘制文殊像小图

清朝实施以孝治天下，历代皇帝都把孝道放在重要位置，清世祖顺治帝和清世宗雍正帝还曾对《孝经》做过注释，并颁布天下。清乾隆帝更是对皇太后孝敬有加，多次奉皇太后朝觐五台山，因对五台山文殊造像敬仰不已，亲手绘制文殊像小图，回京后仿五台山殊像寺营建了香山宝相寺。

据乾隆《御制诗集》中作于乾隆四十年（1775）的《殊像寺落成瞻礼即事成什》记载："殊像寺瞻礼时心识相好，于行营即摹为小图。既归又廓成大图，建宝相寺于香山之南，命工依像装塑，今始落成。"[1]

从乾隆御制诗记载可以看出，乾隆帝在瞻礼五台山殊像寺时，得见文殊骑狮圣像〔图1〕，敬仰不已，在行营内描摹小图，回京后重绘大图，并依此建成香山宝相寺。

另据《乾隆帝起居注》记载，在乾隆二十六年（1761）朝台时，二月二十四日乾隆第一次朝觐殊像寺，

1 （清）高宗撰，蒋溥编：《御制诗集》，《景印文渊阁四库全书》。

二十八日回銮时再次朝觐殊像寺，随后于三月十日到达保阳行宫，乾隆自绘的文殊小稿即于此时完成[1]。

（三）丁观鹏奉旨摹写文殊青狮像

中央美院陈捷和吴晓敏在《圆明园正觉寺文殊像复原研究报告》中指出，丁观鹏按照乾隆帝旨意，历时七个月精心绘制文殊骑狮像图甲、乙两幅（图2、图3），现存台北"故宫博物院"。这两幅作品均为纸本设色的文殊青狮像，且属"新样文殊"范畴。

甲图题记："乾隆辛巳春，上以祝厘巡幸五台。瞻礼曼殊宝相，圆光默识，如月印川。回銮后，摹写为图，水墨庄严，妙合清凉真面。复以稿本，命小臣观鹏设色。斋盥含毫，积七阅月。虽华鬘珠珞、狻座莲台，殚竭小乘知解，而于师利本来相好，实未能裨助万一。窃自念凡庸末技，幸得仰承天笔拟绘金容。辟诸匠众为优填王作旃檀像，雕镌涂泽，无足名称，而浊质钝根，获沾香国功德，欢喜信不可思议。臣丁观鹏敬识，臣丁观鹏恭画"。

乙图题记则较为简单："乾隆二十六年四月，臣丁观鹏奉敕敬绘"。

乾隆帝对丁观鹏绘制的文殊青狮像非常满意，并于乾隆二十六年（1761）撰写《写五台殊像寺文殊像成并赞》诗以记之："五峰鼎峙，境实清凉。日面月面，灵鹫中央。曰有祇园，巍然前麓。殊像是名，法光赫昱。师子奋迅，大士端严。均佛性智，稽首和南。祝厘葳庆，载经花宫。相好默识，如印印空。像即非像，真岂诚真。本无同异，何复云云。写者为能，应复有所。乖曼殊义，咄哉未可。于未可中，睹此满月。常住庄严，利济无竭……。"[2]

图2　丁观鹏绘制文殊像甲

图3　丁观鹏绘制文殊像乙

（四）北京承德地区文殊寺院营建

清乾隆年间，出于就近瞻礼需要，通过对五台山文殊的写仿，在北京和承德皇家御苑内相继营造了以文殊骑狮为主像的香山宝相寺、圆明园正觉寺、承德殊像寺等寺院。

1.北京香山宝相寺文殊像营建

香山宝相寺位于北京市海淀区香山南麓，建成于乾隆三十二年（1767）。寺内主体建筑为旭华之阁，檐下嵌有石刻横额，上书满、汉、蒙、藏四种文字书写的"旭华之

1　中国第一历史档案馆：《乾隆帝起居注》，广西师范大学出版社，2002年，第20册，第60－80页。

2　（清）高宗御制：《御制文集：初集》，《景印文渊阁四库全书》，（台北）台湾"商务印书馆"，1986年。

阁”，为乾隆御笔，意思是太阳升起，佛光照耀的地方。内立两块石碑，左面镌刻文殊菩萨的画像及乾隆三十二年（1767）的御笔题诗；右面是乾隆二十七年（1762）立的御制宝相寺碑。殿内正中供奉文殊菩萨塑像。宝相寺后毁于八国联军之手，旭华之阁内造像无存，文殊像碑刻亦毁损严重，仅存数块残片。据中央美术学院陈捷先生考证，比对香山宝相寺文殊残碑上文殊像线刻图案与丁氏两图，得出其形象与丁氏乙图十分接近。

香山宝相寺是为皇太后七旬寿诞所营建。据乾隆三十二年（1767）《宝相寺碑文》记载：“岁辛巳，值圣母皇太后七旬大庆，爰奉安舆诣五台，所以祝釐也。殊像寺在山之麓，为瞻礼文殊初地，妙相端严，光耀香界，默识以归。既归则心追手摹，系以赞而勒之碑。香山南麓，曩所规菩萨顶之宝谛寺在焉。乃于寺右度隙地，出内府金钱，饬具庀材，营构兰若，视碑摹而象设之。金色庄严，惟具惟肖……。”[1]

《钦定日下旧闻考》记载则更加详细：“宝相寺，乾隆二十七年建。先是岁在辛巳，驾幸五台。回銮后御写殊相寺之文殊像而系以赞，并命于宝谛寺旁建兹寺，肖像其中。殿制外方内圆，皆甃甓而成，不施木植。四面设瓮门，殿前恭悬皇上御书，额曰：旭华之阁。殿内碑二，左碑恭镌御写文殊像并赞，碑阴恭勒乾隆三十二年御制诗。右为乾隆二十七年御制宝相寺碑文。”

又据《大清一统志》记载：“宝相寺在宝谛寺南，乾隆二十六年皇上巡幸五台，皇太后祝釐，因于殊像寺识其相好，回銮后摹写成图，系赞勒石，二十七年命构兹寺，肖像其中，御制碑文以记。”

通观上述资料可知，香山宝相寺是为庆贺皇太后七旬寿诞仿五台山殊像寺而建。为了就近瞻礼，供奉文殊菩萨的做法以香山宝相寺为起点，也促成了后期圆明园正觉寺与承德殊像寺的产生。

2.圆明园正觉寺文殊亭文殊像营建

圆明园正觉寺建成于乾隆三十八年（1773），圆明园遭劫后，正觉寺内文殊像亦损毁无存。关于正觉寺文殊亭内造像年代及其摹写关系的资料目前暂付阙如。正觉寺文殊像虽已无存，但清末金勋先生的《成府村志》中对文殊亭及文殊像尚留有较为详细的记载：“再北为双檐八角亭，曰文殊阁。亭内神台高六尺，南北长方形，以汉白玉刻成须弥座儿。台上塑一青狮站立，昂首南向，项上红色嵌珠圳，悬着五个金铃，正中红色西牛尾居胸。腰部披锦绣，左右双垂璎珞垂珠金穗子。狮尾部上卷。狮高八尺，身长一丈四尺，周身贴赤金数层，然后在金上刷石青，用竹签拨石青即露出线纹。宜次拨之，成为蓝狮，周身金毛。此种做法名上五彩，俗称拨金活。狮背上驮一九品莲台，上坐一楠木雕刻文殊菩萨，右腿盘座，左腿伸下莲台，复由莲台下部上升一枝莲花托着左足。双手在胸前，右手掌向上，左手掌平伸如接礼状态。项下左右披肩，赤背披璎珞垂珠，额带扇云烈焰金冠，身后背光高丈余，光焰中雕刻西番莲十二朵，上部佛像及背光均用赤金包裹，罩退光漆。该像通高三丈。神台上塑站童。东为狮奴，黑面虬髯，面目丑恶，带五色条儿螺螄盔，其服装若西洋‘回回’。右手牵狮，项上缰绳。狮之右塑一韦陀，全身甲胄，五彩装金，风带飘扬，威风凛凛。左手捧降魔杵，手掌在胸部向上伸，如还礼状。”[2]

此外，有刘阳先生收藏的民国时期正觉寺文殊像旧照〔图4〕问世，但仅摄入文殊菩萨下半身及青狮

1 香山公园管理处编：《清·乾隆皇帝咏香山静宜园御制诗》，中国工人出版社，2008年，第517页。

2 金勋：《成府村志》，第615页。

等，殊为可惜，但依旧是不可多得的珍贵资料。

3.承德殊像寺宝相阁文殊像营建

承德殊像寺，位于河北省承德市避暑山庄之北，建成于乾隆四十年（1775），仿香山宝相寺而建，形制以汉族庙宇建筑为主。

据乾隆《御制诗集》中作于乾隆四十年（1775）的《殊像寺落成瞻礼即事成什》载有："兹于山庄普陀宗乘庙西营构兰若，庄校金容一如香山之制，而堂殿楼阁略仿台山，亦名以殊像，从其朔也……工始于乾隆甲午夏（1774），逾年落成。"

从《殊像寺落成瞻礼即事成什》记载中可以看出，承德殊像寺的文殊造像直接仿自香山宝相寺文殊造像，寺名仿用五台山殊像寺。

图4 圆明园正觉寺文殊像旧照 （刘阳提供）

四 圆明园正觉寺与承德殊像寺文殊像相关性分析

（一）文殊像营造时间分析

自乾隆三十四年（1769）始，至乾隆四十年（1775），在此五年中，适逢乾隆帝六十寿诞，同时又是崇庆皇太后八十寿诞，以祈福祝寿为核心，乾隆帝在北京与承德进行了多项文殊像营建工程。依据丁观鹏绘制的文殊像，于乾隆三十二年（1767）建成香山宝相寺，乾隆三十八年（1773）建成圆明园正觉寺，仿香山宝相寺于乾隆四十年（1775 ）建成承德殊像寺。这一系列寺院均以源自五台山文殊菩萨为供奉重点，从而形成了一个由五台山殊像寺至承德殊像寺文殊造像的传播历程。而圆明园正觉寺与承德殊像寺建成时间仅相差不足两年，二寺文殊造像营造时间接近。

（二）文殊像旧照特征分析

对比正觉寺文殊像与承德殊像寺文殊旧照〔图5、图6〕，可见二者非常接近。

其一，文殊的青狮和胁侍高度相似。从上述金勋《成府村志》中关于正觉寺文殊亭文献记载，两寺旧照所记录的青狮无论姿态抑或饰物，均颇为一致。按照中央美院陈捷教授和吴晓敏教授在《圆明园正觉寺文殊像复原研究报告》中分析，正觉寺文殊像旧照中青狮头颈部较为纤细，接近五台山殊像寺青狮，不似承德殊像寺青狮粗壮。至于两侧胁侍，文献和两寺旧照亦基本相符。主尊左侧狮奴（即于阗王）为少数民族形象，在旧照中虽然右手缺失，但仍能看出握持缰绳的姿态。狮奴头戴角状软帽，上施彩色条纹，即所谓"五色条儿螺蛳盔"。主尊右侧并非五台山殊像寺之善财童子，而换为韦陀。此处韦陀全身甲胄，左手当胸"如还礼状"，右手持金刚杵。

其二，两座亭阁内造像内容一致，均为主尊文殊及狮奴、韦陀。

图5 承德殊像寺文殊像旧照

图6 承德殊像寺文殊像旧照

其三，青狮的造像风格与式样相近。对比承德殊像寺和正觉寺旧照，按照原北京大学考古文博学院杭侃院长在《圆明园正觉寺文殊像复原设计研究报告》中所述，两者狮子的造像风格一致，样式几乎相同，只不过在胡须、肌肉等造像细节上略有微小的差异。因两座寺庙几乎同时建成，结合造像的建造流程来看，两者极有可能使用了相同的图样或蜡样，只是工匠在雕刻时略有出入。

（三）文殊亭现存建筑分析

其一，圆明园正觉寺与承德殊像寺供奉文殊造像建筑的形制相似，两者均为重檐八角亭，内部均供骑狮文殊像，仅承德殊像寺宝相阁尺寸稍大。

其二，二寺均由满族僧人住持，据金勋《成府村志》所载，圆明园正觉寺、万寿山功德寺、香山宝谛寺三处均为北京地区最重要的、由满族僧人住持的御用庙宇。承德殊像寺作为附属于避暑山庄的御用佛寺，同样由满族僧人住持，且与正觉寺一样，均在正殿内储有罕见的满文大藏经。但二寺在形制、体量与供奉内容上略有不同，这也反映了二者定位上的差异，如承德殊像寺体量略大，与其身处旷野、周边又有普陀宗乘庙等大型建筑群有关；正觉寺体量较小且精致，则与圆明园景观更协调一些。

五 结 论

出于团结蒙藏和就近瞻礼的目的，从乾隆二十六年（1761）崇庆皇太后七十寿辰之际，乾隆帝陪皇太后到五台山殊像寺礼佛，因文殊像深为太后喜爱，乾隆帝亲绘文殊像小图，到丁观鹏奉旨摹写文殊画像，从而在北京和承德等地开启了一系列仿建供奉以文殊骑狮为主像的佛教寺庙营建活动，如乾隆三十二年（1767）仿五台山殊像寺而营建香山宝相寺、乾隆三十八（1773）建成的圆明园正觉寺、乾隆四十年（1775）仿建香山宝相寺而建成的承德殊像寺等。结合乾隆年间文殊造像兴盛原因、仿建演变，以及圆明园正觉寺与承德殊像寺营建时间比较接近，二寺现存文殊像旧照特征和文殊阁遗存建筑均表现出高度相似，与香山殊像寺文殊像一样具有同源关系，从而可初步推断出，圆明园正觉寺文殊造像与承德殊像寺文殊造像非常近似，均仿建香山宝相寺文殊像这一结论。

[作者单位：圆明园研究院]

从档案看雍正帝对圆明园万字房的装饰

Interior Decoration of Wanzi House in Yuanming Yuan by the Yongzheng Emperor: A Study of the Archives

陶晓姗

Tao Xiaoshan

内容提要：

雍正帝自雍正三年八月二十七日移居圆明园后，开始了居园理政。在圆明园众多景区中，雍正帝比较喜居的是万字房，从他相关造办旨令中可以看出，他视万字房为消闲之处与图治之所，对其内部装饰，颇费心思，为了营造虚实相映的视觉新感受，他广泛使用应用西方绘画技术的通景贴落画、玻璃眼、玻璃镜；将个人喜爱的装饰元素如“美人图”以及“百寿字”贴落以不同的形式反复运用；对万字房陈设之物，要求据旨定制，不仅器物精美且要与时节相合。考察雍正帝对圆明园室内装饰的具体要求，能够促进人们了解雍正朝圆明园装饰的特点，以及他个人的真实生活。

关键词：

雍正帝　万字房　室内装饰　陈设

ABSTRACT:

The Yongzheng Emperor moved to Yuanming Yuan on the twenty-seventh day of the eighth lunar month of the third year of the Yongzheng reign (1725), commencing his rule from this imperial garden. Among the many landscaped residences in Yuanming Yuan, his favourite place was Wanzi House. According to some of his decrees, he regarded the house as a place for both entertainment and governance. Therefore, he put a lot of thought on the interior decoration. In order to create a new visual effect combing reality and illusion, he commissioned the installation of glass mirrors and *trompe l'oeil* paintings that were executed with Western painting techniques. He also decorated the house with paintings with such favourite subject matters as the "beautiful women" and the "hundred written characters of Longevity". Furnishings of the Wanzi House should be customized to suit his personal requests, and displayed in compliance with the season. The study of the Yongzheng Emperor's personal requests helps to understand the overall interior decoration of the garden during his reign (1723-1735), and unveil his personal life.

KEYWORDS:

Yongzheng Emperor, Yuanmingyuan, Wanzi House, interior decoration, archives

圆明园中的万字房，是由一组“卍”字形结构的建筑群而得名，东西南北共三十三间房，中间相连。“卍”字带有强烈的宗教寓意，也带有吉祥寓意，是一座颇具设计感的建筑群，其总体基座建于水中，因此万字房四面临水，可观四方景象，是清世宗雍正帝喜爱的一处居所。从建筑学角度对万字房尤其是其烫样的相关研究，目前已有一些成果[1]，笔者经对《清宫内务府造办处档案总汇》（下文简称《清档总汇》）相关内容的爬梳，发现还有很大的研究空间，尤其在雍正帝对万字房内部装饰的元素、方法、特点鲜见专篇探讨，而这对我们了解雍正皇帝个人生活、审美偏好以及今天人们以数字技术复原圆明园都有着积极意义，因此笔者不揣浅陋，试图从雍正帝因个人喜好而下令让养心殿造办处所做各类器物旨令中，分析、总结雍正帝在室内装饰上的偏好与特点，以抛砖引玉，并请方家指正。

一 消闲与图治并举：雍正帝对万字房的定义

从档案来看，雍正帝对万字房的装饰既侧重消闲，也不忘图治。

1.消闲之处

雍正帝对万字房展开装饰的时间，档案中有如下记载：“雍正五年三月二十八日据（入记事录）圆明园来帖内称，为请万字房装修样俱奏，奉旨：此样在内养心殿存收，尔向养心殿太监要。钦此。”[2] 可见万字房室内装修是从雍正五年三月底依据“装修样”开始的，这说明内务府在此之前，已就万字房的主体装饰做过规划和各项预案，并得到了皇帝的认可。故宫博物院现存有样式雷之圆明园装修样，可供参考。从档案看，雍正帝在之后不断跟踪万字房装修进展，对某些地方的装饰进行不断的调整，以至从雍正五年四月开始，造办处画作、裱作、木作、刻字作、漆作等各作坊都不断接到了雍正帝活计旨令。至雍正五年七月，万字房内部装修的主体工程似已完成，进入到雍正帝根据万字房各屋各室的用途及特点来定室号的阶段。他先后亲题了诸多匾文，要求造办处制成匾额、进行安放，档案载：

雍正五年七月初六日据入（木作）圆明园来帖内称副总管太监苏培盛交来御笔万方安和匾文一张，临泉亭匾文一张，传：着将万方安和匾字用三青做，临泉亭匾字用大青做，其地章油冰沥纹，记此。于八月初九日做得万方安和匾一面，临泉亭匾一面，共原交来一匾字本文二张，催总吴花子持去，安挂万字房，讫。[3]

这是在《清档总汇》中最早出现“万方安和”的记载，“万方安和”匾悬挂在万字房中，后来成为此景区的雅称。是年八月十四日，雍正帝钦定了万字房各处室匾额内容，要求造办木质匾额，传旨：“万字房内着做：碧溪一带、山水清音、一炉香、安然、四方宁静、佳气迎人、对溪山、高山流水、涤尘心、观妙音、洞

1 关于万字房具有象征意义及其空间布局，已有学者进行了深入探考，相关研究成果主要有：端木泓：《圆明园新证——万方安和考》《故宫博物院院刊》，2008 年第 2 期；刘仁皓：《万方安和九咏解读——档案、图样与烫样中的室内空间》清华大学 2015 年 8 月，硕士论文；王文涛、赵波、刘畅、刘仁皓：《故宫藏圆明园万方安和烫样勘误与解疑》《建筑史》2016 年第 1 期；刘仁皓、刘畅、赵波：《万方安和九咏空间再探——为〈圆明园新证——万方安和考〉补遗并商榷》《故宫博物院院刊》2016 年第 2 期。

2 中国第一历史档案馆、香港中文大学文物馆合编：《清宫内务府造办处档案总汇》，第 2 册，第 453 页，人民出版社，2005 年（下文同一版本，不另注明）。

3 《清宫内务府造办处档案总汇》，第 2 册，第 592 页。

天深处等匾十一面"[1]。后又于雍正五年十月初日，御笔"枕流漱石"四字匾文一张，传做匾一面，安在万字房西暖阁处。

从这15面匾额的内容上看，除"万方安和"外，几无任何帝王图治迹象[2]，这更像是雍正帝在延续其为皇子时的闲逸生活，从而可知雍正帝对万字房的定位是供其坐对山水、身心放达之处，这也不免影响到雍正帝对万字房陈设器物的类型与风格的要求，而相关造办活计的旨令更富生活消闲的色彩。

雍正帝对万字房消闲的定义，也体现在他对相关物什的要求上，为赏风景，他要求寻好的千里镜挂在万字房对瀑布屋，并且要求此屋对瀑布处的窗上安装一方玻璃眼。而为了便于看戏，他还要求制作装设"呼童钟"以及"耳顺风"等器物。档案载：

雍正五年六月十四日据圆明园来帖内称，本月十一日郎中海望奉旨：万字房西一路第二间门外板墙上，安呼童钟一件，对戏台屋内安耳顺风一件、帽架一架、水牌一件、香袋一件，钦此。于七月初一日做得呼童钟一件，铜胎烧古中间接竹子耳顺风一件，象牙雕刻二龙捧寿帽架一件，粉油面水牌一件，象牙墙烫香鹅黄缎绣二龙捧寿面香袋一件，郎中海望代催总刘三九领催白老格等持赴万字房内安，讫。于八月十二日据圆明园来帖内称，本月十一日郎中海望奉旨：万字房内安的耳顺风的嘴子不好，着另用犀角做花插式嘴子，以备两用。此花插内插珊瑚一枝，其下座雕水。钦此。于八月十五日郎中海望奉上谕：万字房对西瀑布屋内挡耳顺风的帽架，若替换时无处可放，尔将窗户健柱另凿一眼，以备插帽架用；若挪过帽架时将此眼或做一香袋，或用玉片遮挡。钦此。于八月二十五日耳顺风上改做得犀角嘴子一件，内插珊瑚一枝并香袋遮眼一件，领催白士秀持进安，讫。[3]

其中所载之"耳顺风"为何物，目前尚不可知，从档案来看，它除雍正朝外在乾隆朝也有制作、维修、随皇帝出巡使用的记载。而此物的装设于观戏屋内，应当与之有关。万字房戏台位于万字房西北边，而观戏则是在与之平行的另一组建筑中，两者中间隔水[4]。从引文中，可以看出"耳顺风"的嘴子是在观戏屋内，雍正帝要求对其进行美化，并指出改进的方向是可兼做花插使用，还要用帽架遮挡。同时，这个"耳顺风"本身并不是常设物，因此皇帝又考虑到没有"耳顺风"时帽架无处安放，又要求另一凿一眼，还要造办处制作遮挡此眼的对象——雍正帝思虑如此周全、心思如此细腻，可见一斑。

2.图治之所

雍正帝继位之后，勤于理政，是公认的勤政天子。即使是在可供他消闲的万字房，接见臣工、藩王，批

1 《清宫内务府造办处档案总汇》，第2册，第515－516页。

2 按：端木泓认为雍正帝对万方安和即万字房的"经营意象援引佛教宇宙图式、兼及禅宗沩仰宗风'圆相'奥旨，同时溯源汉地明堂，既是对'圆明主题'的进一步深化，又是雍正皇权极度膨胀在造园理念上的突出表现"。（参见注1）。但从雍正帝所题匾额来看，他对万字房的定义，更带有个人消闲意味，当然这种微观的具体的使用并不妨碍对万字房地理风水含义的宏观理解。但是这里有一个关键的问题，端木泓文所阐释的基础是雍正帝以皇权思想对万方安和景区进行风水营建，那么他所说的万方安和即万字房是否是在雍正年建立的？端木泓文对此并未溯源，而刘仁皓、刘畅、赵波文认为是在雍正期建造的（参见注1所引其文），但是也有学者认为这是在康熙朝时建立的，如朱庆征《"万方安和"烫样》（《紫禁城》2004年第3期），另外虽然雍正帝所著《园景十二咏》中只有金鱼池呈"万"字的描述，而无万方安和，但是在其登基前诗集《雍邸集》中却有一首"万方安和轩秋日作"，那么万方安和轩与万字房有何关系？雍正朝万字房是否源于康熙时期的万方安和轩？雍正帝自己说对圆明园只是修葺整理，并没有大兴土木。档案所载的是否只是雍正帝对康熙朝时万方安和轩的改建与再装饰？如果是，那么一直在储位之争中保有低调作风的胤禛能否以巩固、彰显皇权的角度对万方安和轩的风水进行如此大胆设计？因此，万方安和的建筑沿革、风水营建等问题都还需做深入探讨。

3 《清宫内务府造办处档案总汇》，第2册，第769－770页。

4 郭黛姮、贺艳：《深藏记忆遗产中的圆明园——样式房图档研究（二）》，上海远东出版社，2016年，第217页。

图1-1 故宫博物院藏“九洲清晏”印

图1-2 故宫博物院藏“诚和”印

图1-3 故宫博物院藏“建中于民”印

图1-4 故宫博物院藏“四方宁静”印

改奏折也是常有之事。不过，在万字房装饰中最能够反映他作为皇帝励精图治的自觉意识，则在他对万字房宝座屏风的设计上。在雍正五年八月十四日亲书万字房十一处带有消闲色彩的匾额之后不久，他开始设计万字房宝座屏风的前面装饰，后决定将御笔斗方十副、对一副，以刻字填漆的方式做集锦装饰：雍正五年九月二十一日据圆明园来帖内称首领太监李统忠持来御笔……斗方十张、“物被仁风荣上苑　水含圣泽沛天泉”对一副，说副总管太监苏培盛传旨：刻在万字房三屏风上，填漆，钦此。于十二月二十三日纸样……。郎中海望呈览。奉旨：“水字还不好，刻时放宽些。在屏风上所用的宝，另交与总管太监苏培盛拟来呈览，钦此。”于六年二月十三日照副总管太监苏培盛拟来引首图章字眼，篆得……共图书样二十八方。郎中海望呈览。奉旨：“着照样刻在屏风上俟完时再镌刻图书钦此。”于六年六月十七日照呈览过引首图章样二十八方、对一副上刻字言款式，刻在万字房三屏风上，俱填漆完，讫。……于六年六月二十七日将御笔“人主者以天下之目”斗方上用“喜起”引首一方、“勤政亲贤”“协和”图章二方;“人君履至尊之位”斗方上用“四宜堂”引首一方，“静观”“万物一体”图章二方；“二仪之内”斗方上用“养心殿”引首一方，“天清地宁”“嘉乐”图章二方；“大矣哉”斗方上用“懋勤殿”引首一方，“精一执中”“主善为师”图章二方；“人君正心以正朝廷”斗方上用“勤政殿”引首一方，“正大光明”“诚和万民”图章二方;“上天垂象”斗方上用“时中”引首一方，“九州清晏”“万方安和”图章二方；“道德有序”斗方上用“崇实政”引首一方，“宝贤”“四方宁静”图章二方;“太和熙熙”斗方上用“松栢室”图章一方；“天子居天位”斗方上用 “诚求”引首一方，“和四时”“建中于民”图章二方：“唐尧之帝”斗方上用“诚和”引首一方，“万国咸宁”“用中”图章二方。俱托表在鱼白匣绢，并原交镌刻的引首图章二十八方，配做得合牌锦匣盛装，员外郎唐英持赴圆明园交太监胡应瑞持去，讫。[1]

以上雍正帝钦定引首图章共28方，是为配合御笔斗方以及联对使用。查故宫博物院藏清代玺印，发现如“四方宁静”“九洲清晏”“建中于民”“诚求”等〔图1〕玺印尚存。虽然此宝座屏风现已不存，但通过档案的记载，还是能清晰地看出斗方与联对的内容，更多是君驭寰宇、长治久安的愿景，以及雍正帝期望成一代英主而在道德与行为上的自勉。

1 《清宫内务府造办处档案总汇》，第2册，第712－713页。

二 中外兼具：雍正帝对装饰元素的运用

雍正帝在万字房的装饰上，使用了多种中外装饰元素，尤其是玻璃、珐琅、洋漆制品等，将其纳入室内装饰中，给传统皇家室内陈设注入时髦因子，其中窗户玻璃眼、玻璃镜以及西洋技法的通景画，使得万字房的装饰在视觉感觉上既新颖又独特，而美人图这一雍正皇帝个人所钟爱的装饰元素，也出现在了万字房中。

1.鄂尔斯玻璃与窗户眼

窗户眼，除前述在对瀑布屋内使用之外，在万字房中还有几处使用了窗户眼。如："雍正六年三月十九日郎中海望奉旨：万字房观妙音屋内有矮床处玻璃窗户眼太窄小。照西一间窗户眼样做，用坠子做软的。此窗户眼若对高床还低，尔另想做法起高些，钦此。于三月二十五日做得菱花锦面白杭细里软帘一架，高九寸宽六寸，鹅黄圆绦子二根，黄铜靶圈二个，包黄绫画喜相逢双圆铅坠子二个，长七寸五分宽五寸九分，鄂尔斯玻璃一块（此玻璃系工程处档子房的）。又做得卷窗帘五架，俱系菱花锦面白杭细里，各宽九寸宽六寸，下安杉木卷杆，长七寸五分宽五寸九分，鄂尔斯玻璃五块（此玻璃系工程处槽子房的）。郎中海望代领催白士秀持进，同太监刘希文、王太平安讫，其折出来的锦帘玻璃等件领催白士秀俱交库使德林。现存圆明园库内。"[1]

虽然清代宫廷设有玻璃厂，但是相关技术特别大型平板玻璃制作技术并不成熟，就雍正朝《清宫内务府造办处档案总汇》（以下简称《清档总汇》）来看，玻璃还是属于稀有物质，即使是玻璃的碎片、拆下的旧玻璃片都要入库保存。因此即使是雍正帝所用的窗户上也难见整块使用玻璃者，大多数情况下只是"玻璃眼"，即是小块玻璃在窗户上运用。但是从档案看，这些玻璃竟然不是清宫玻璃厂所产，而是自来"鄂尔斯"。关于鄂尔斯[2]，在《清档总汇》中与之相关最多的就是玻璃。那么玻璃究竟是鄂尔斯所产还是以其为中转地进口，现已不可考。但清宫里来自鄂尔斯的玻璃种类还算丰富，有：摆锡玻璃、玻璃窗户眼、花皮壳面玻璃、花纸壳面玻璃、合牌锦匣玻璃支镜等。[3]从引文描述可知，玻璃眼是装在软帘上的，据此推测此处窗户眼与前引文中对瀑布屋里的窗户玻璃眼安装在外墙上并不相同，应当是室内套间隔墙上的窗户上。也就是说，雍正帝对玻璃眼的运用至少有两种方法，一固定、一可移动，应需而制。

2.字画贴落里的通景画与美人图

贴落，是指直接裱糊在墙壁、隔扇上的字画。雍正帝从雍正五年四月起就频繁下旨，四个月内就有九道旨令要求绘制各类贴落来装饰万字房。据查，其所用字画贴落，有如下表中13处：

---

1 《清宫内务府造办处档案总汇》，第三册，第 296 页。

2 按：杨启樵认为"鄂尔斯"是"俄罗斯"，参见其著《揭开雍正皇帝隐秘面纱》，上海书店出版社，2011 年版，第 178 页。但是清代将俄国普遍写作"俄罗斯"或者"鄂罗斯"，这两种写法与"鄂尔斯"在读音与字形上都有较大的区别。同时，《清档总汇》出现多处"鄂尔斯"，并有"鄂尔斯王喀屯"的用法。"喀屯"是蒙古语中"王后、夫人"的意思。而在上海古籍出版社、上海书店于 1986 年出版的《二十五史 清史稿》中，有"蒙古鄂尔斯"部（详见第 9853 页）的写法。因此"鄂尔斯"究竟为何，可能还需进一步考察。在此感谢中国人民大学乌云毕日格教授、深圳大学孙晓莹和故宫博物院多丽梅、刘舜强三位老师的教示与帮助。

3 参见《清宫内务府造办处档案总汇》，第一册，第 234 页。

表一 雍正朝档案所载万字房（万方安和）字画贴落绘制情况表

序号	时间	要求	后续
1	雍正五年四月二十三日	郎中海望传：画万字房圆光门内壁子一座。	于四月二十八日画得圆光站内壁子一座，郎中海望持去贴在万字房内，讫。[1]
2	雍正五年四月二十三日	二十三日海望画得万字房内通景画一张呈览，奉旨：照样准画，钦此。	于五月十二日画得通景画壁画一张郎中海望持进贴在万字房内，讫。[2]
3	雍正五年五月初十日	万字房内仙楼画二张	于七月初一日画得仙楼画二张，交表匠李毅持去，贴在万字房内，讫。[3]
4	雍正五年五月二十五日	万字房内通景画壁后、吊屏上，着画花卉画一张	于六月初七日画得通景画壁后吊屏上画花卉画一张，长三尺八寸宽二尺五寸，郎中海望带领副领催金有玉贴，讫。[4]
5	雍正五年六月初五日	万字房内起窗门上，着画如意吉庆画	于六月二十九日画得山水画一张，花卉画一张，松竹梅画一张，仙丹眉寿画一张。郎中海望代副领催马小二贴讫。[5]
6	雍正五年六 二十日	传万字房西一路起窗板前、靠北床、半出腿玻璃镜插屏后壁上，画美人画一张	于七月初一日，画得美人画一后，交表匠李毅持去贴讫。[6]
7	雍正五年六月初六日	栢唐阿班达里沙来说郎中海望传：万字房内通景画壁书格后面画画二张；东西两边档窗壁子上，画画二张；仙楼后壁书格处画画一张，记此。	于七月初一日画得通景画壁书格后面画二张、档窗壁子画二张，万字房仙楼画一张，交表匠李毅持去贴讫。[7]
8	雍正五年六月二十四日	奉旨：万字房东一路圆光门内界画楼台画移在背面贴，若不能到顶，上用字贴，前面另画绿竹。	于八月十七日画画人金昆来说：绿竹不用了，奉旨：着另改画，钦此。[8]
9	雍正五年六月二十四日	传旨：……黑漆竹节式书格画片二面，俱照田字房内书格上假书画。	于七月十六日画得书格画十六副，郎中海望带领李毅贴讫。[9]
10	雍正五年七月初八日	万字房南一路六扇写字围屏上空白纸处，着郎世宁二面各画隔扇六扇，应画开掩处着具酌量	于八月初四日郎世宁画得隔扇画共十二扇，郎中海望呈览，奉上谕：此画窗户档子太稀了些，着郎世宁另起稿，画油栏杆画，钦此。 于八月二十二日太监刘希文传旨：万字房通景画壁前，着郎世宁画西洋栏杆，或用布画、或用绢画、或用绫画，尔等酌量画罢，不必起稿呈览。 于六年二月二十七日据画匠沈元来说，郎中海望奉旨：油画栏杆着改水画二张，钦此。 于四月二十二日改画得山水画二张，郎中海望持进贴，讫。[10]

1 《清宫内务府造办处档案总汇》，第二册，第718页。
2 同上。
3 同上。
4 《清宫内务府造办处档案总汇》，第二册，第719页。
5 《清宫内务府造办处档案总汇》，第二册，第720页。
6 同上。
7 同上。
8 《清宫内务府造办处档案总汇》，第二册，第721页。
9 同上。
10 同上。

（续表）

序号	时间	要求	后续
11	雍正五年八月二十四日	万字房内屏风中间后面，着糊金笺纸，篆石青百寿字十二行，其两边各篆石青寿字三行，不拘百字，多些亦可。[11]	
12	雍正六年二月二十二日	传旨：碧溪一带屋内贴的新绿竹画不好，另画样呈览过再画；此璧子楠木边走了，着收拾。	于六月二十八日改画得绿竹画一张，郎中海望呈览奉。旨：着贴在碧溪一带屋内，钦此。本日郎中海望带领催白士秀进内贴，讫。[12]
13	雍正六年四月初十日	传画万字房仙楼处假幔子画一幅，再将遮玻璃窗起窗壁一面上、内外二面各画画一张	于六月初七日画得假幔子画一幅，起窗壁子上二面画二张，裱匠李毅持进贴，讫。[13]

从表中可见，用于万字房装饰的字画贴落中，类型丰富，有通景画、花卉画、吉言画、美人画，各类假画片，以及百寿篆字等多样内容，而且从材料中还可以看出，万字房内饰中还有界画楼台画。郎世宁、金昆、班达里沙等中外画家以及养心殿造办处的郎中海望，都参与了万字房装饰画的绘制。雍正帝据贴落呈现的效果不断调整相关的内容，特别是郎世宁所绘的隔扇，调整四稿，历八个月完成。

关于其中通景画，现在的研究者们认为这是使用西方透视画法的一种绘画种类，在视觉上与中国传统绘画具有不同的效果，又被称以"通景线法画"[4]。透视画法随着西洋传教士传到中国来，但是目前有明确档案记载的、用于宫廷室内装饰的"通景画"，是从雍正朝开始的。石硕认为，雍正帝在郎世宁从线法装饰画向线法通景画发展过程中起到了指导作用，并因雍正帝的个人兴趣，使得线法通景画在宫廷中迅速推广开来[5]。必须要指出的是，上表中关于雍正帝关于通景画以及假幔子、画栏杆等多处细节的要求，反映出雍正帝使用字画贴落，除美化墙壁之外，更想营造出虚实相间、如真似幻的全新视觉效果。这种效果可以与玻璃镜在清宫装饰中所起到的作用与效果相似。[6]

图2 故宫博物院藏《清人画胤禛妃行乐图》

通过上表，可以发现雍正帝使用了美人图的装饰。而世人皆知的雍正朝十二美人图，就是陈设在圆明园

1 《清宫内务府造办处档案总汇》，第2册，第475页。
2 《清宫内务府造办处档案总汇》，第3册，第304页。
3 《清宫内务府造办处档案总汇》，第3册，第304页。
4 聂卉：《清宫通景线法画探析》，《故宫博物院院刊》，2005年第1期。
5 石硕：《从内务府造办处档案看雍正朝线法通景画的产生》，《装饰》，2018年12期。
6 陈轩：《诗意空间与变装肖像——玻璃镜引发的清宫视觉实验》，《文艺研究》，2019年第3期。

深柳读书堂处的围屏。雍正帝在对圆明园九州清晏的装饰中也使用了美人图。可见，雍正帝在室内装饰中偏好对同类元素的反复运用，当然，他会在形式上进行变换，如上表中11“万字房内屏风中间后面，着糊金笺纸，篆石青百寿字十二行”，笔者发现，这样的百寿篆字贴落还出现在了圆明园深柳读书堂“十二美人”图中，也是同样的金笺纸上石青色十二行篆体百寿字，成为画中美人的背景〔图2〕。从图上可见，这种金笺与石青字的配比，华贵中带着雅秀，使百寿贴落这一大俗题材呈现出一种秀丽的装饰效果。由此可见，雍正帝在圆明园室内的装饰上，存在不同形式的对同一主题或素材的反复运用。就此例而言，深柳读书堂与万字房的金笺石青篆寿字，图里画外，虚实相映，两处装饰遥相呼应，不能不说雍正帝在圆明园室内装饰上确有其特点，巧思之外，更显品位。而中西画法的融合，为雍正帝装饰万字房也带来了新颖和独特的效果。

三　精美与得当：雍正帝对陈设器物的两大要求

1.器物精美

雍正朝宫廷室内陈设档现已不存，仅对《清档总汇》相关内容梳理的结果来看，总的来说，雍正帝在对万字房的器物陈设上，少有九州清晏那样的各类珍玩[1]，但是对其所陈设黑漆描金书格、自鸣钟、玻璃插屏、一封书式小床、花梨木案几、染制地毯等物以及要求添设漆痰盆、银挖耳、痒痒挠等，均是据旨定制，自然都是工精器美。如雍正帝喜爱菊花造型的器物，在档案中常见他要求制作菊花瓣造型的漆器、瓷器。雍正帝在万字房陈设中也使用了同样器物，但这一次是专门烧造了十五色玻璃菊花碟。档案载：“雍正六年三月二十二日据圆明园来帖内称，本月十九日郎中海望奉旨：照先做过的玻璃菊花碟子样，收小些，再做三十件，烧十五色，每色二件。摆在万字房西一路第七间屋内小洋漆书格上，分摆六落，每落五个。钦此。本日郎中海望定得菊花碟样式口面径三寸八分，记此。于本月二十三日随将此笔旨意并菊花碟子的尺寸，俱交玻璃作栢唐阿王成斌抄去，讫。”[2]从中可见，雍正帝对万字房的陈设何物、何处陈设、如何陈设都有自己的讲究。

雍正帝崇佛信道，在圆明园各处设有多处佛堂，而万字房中的“一炉香”即为其礼佛之处。万字房所陈设之佛教供器极其讲究，档案载：

“雍正五年九月十八日据圆明园来帖内称九月十二日郎中海望持出银珐琅镀金七宝一件、八宝一件、瓶宝一件、轮一件，奉旨：着照样收小、放高四寸，再做金累丝的一分。其瓶宝上座子并瓶或用青金或用松石配合做，七宝上人物用珊瑚做，上面如有镶嵌珠宝点翠之处，尔等酌量。其托盘做法琅的、盘内水或用银母或用象牙做俱可。各随套红玻璃顶、白玻璃罩。八宝七宝上边的云，只要一朵。在此供四件，若将金轮供在中间，余三件难以分配。尔等问果郡王并喇嘛们，供器内若有别样供器可以添配得的再配一件，将金轮居中方好。尔等商议妥时，画样呈览再做，钦此。于九月十六日画轮样一张、六宝样一张、七宝样一张、八宝样一张、瓶宝样一张，呈览。奉旨：准做，钦此。于十二月二十六日做得金累丝点翠轮一件（上嵌珠子十六粒、半圆珊瑚垫子十个、松石垫子四个）、金累丝点翠瓶宝一件（上嵌珊瑚瓶四个、松石瓶一个、砗磲

1　参见拙文：《雍正帝装饰圆明园九州清晏管窥》（待刊稿）。

2　《清宫内务府造办处档案总汇》，第3册，第227页。

瓶一个、铜胎珐琅果一个、玻璃镜一件、青金座一件）、金累丝点翠六宝一件（上嵌砗磲螺蛳一件、珊瑚衣一件、青金石经一卷、铜胎珐琅桃四个、松石琵琶一件、玻璃镜一件、青金瓶座一件）、金累丝点翠七宝一件（上嵌珊瑚人三个、砗磲象一个、象牙嵌绿马一个、珐琅三宝珠一个、累丝轮一件、象牙茜绿座一件）、金累丝点翠八宝一件（上嵌碧玉盖一件、玛瑙鱼一件、青金罐一件、珊瑚一件、砗磲螺蛳一件、松石肠一件、蜜蜡伞一件、白玉轮一件、象牙茜绿座一件）。各随镀金珐琅托碟红玻璃顶白玻璃罩，并原交做样银珐琅四供四件，郎中海望呈进，奉旨：俟朕往圆明园去时，送至圆明园供在万字房；其原样亦送至圆明园供在九州清晏佛堂内。钦此。”[1]

图3 台北“故宫博物院”所藏雍正款累丝五供（采自台北“故宫博物院”：《雍正清世宗文物大展》，2009年，第143页）

而台北“故宫博物院”所藏一套雍正款金累丝嵌宝石吉祥供器〔图3〕，王跃工将其与上引文进行详细比对，认为实物与档案可以一一对应。[2]因此，我们可以对这一套由雍正帝亲自指定式样并一一指定细节的、不同寻常式样的藏传佛教用具有直观的印象，并对万字房陈设器物之精美亦有直观的印象。

2.陈设器物要得当“相合”

从档案来看，雍正帝对万字房所陈设的物品，除精美雅致之外，还要求得当适宜，特别是要“相合”，如：“雍正六年三月十四日据圆明园来帖内称，三月初八日郎中海望奉旨：万字房庭柱上挂的红对子只可年节时挂，寻常挂着不相合。朕早有写下的对子，尔向懋勤殿要一副，配做木格，换在庭柱上，钦此。于本月十三日做得杉木对架子一副，高五尺二寸五分宽一尺零二分厚九分，上糊高丽纸底月白百兽锦墙，背后糊黄杭细，上帖三月初十日苏培盛交来御笔‘皓月清风为契友，高山流水是知音’对一副，黄铜镀金如意式环、镀金曲头挂钉、如意式托钉，郎中海望带领催白士秀持进，仝太监刘希文王太平安，讫。于本月十四日郎中海望奉旨：此对子挂得高了，尔另做一紫檀木边架，其窄面上嵌银母寿字。得时将此对子贴在上面，钦此。本月二十六日做得紫檀木嵌银母寿字边架一件，郎中海望带领催白士秀持进，安讫。”[3]从引文可见，旨令是针对万字房庭柱上的红对子引发的，他认为这“只可年节时挂，寻常挂着不相合”并要求更换，可见雍正帝对相关陈设器物的得当相合，是指要与时节、时令相合，而他对改陈后的对联高低不合的建议，又是另一层意义上的“相合”。

如果我们再联系前引文中关于诸物摆放的旨令，会发现雍正帝对器物陈设的种种讲究。前文引例中，如

1 《清宫内务府造办处档案总汇》，第2册，第795页。
2 王跃工：《雍正朝宫廷藏传佛教史中的几个问题》，《故宫学刊》2019年，总第20辑。
3 《清宫内务府造办处档案总汇》，第三册，第181页。

玻璃菊花碟每色两件，做十五色，共三十件。如果将其展开陈设，无疑会成为一面绚丽的色彩墙，然而雍正帝则要求是“三色一落，共五落”，也就是说这些玻璃碟是以叠放的形式摆在黑色漆阁中，并不做成片成面的展开陈设。十五色的绚丽就此收敛，只在叠放中成为整个室内陈设中的一抹清丽的点缀。在下旨制作前述供器时，雍正帝特别指出供器只有四件以致摆放时无法将金轮置于中间，而要求再设计。综合可见，雍正帝对器物的制作并非心血来潮，对器物陈设时色彩的呈现、位置的高低，组件的对称以及器物与时节的适合，都有他的考量。精美器物的随意摆放甚至是堆砌，显然并不符合他的要求。

雍正帝之器物精美与陈设得宜的两大要求，两者相辅相成是显而易见的。但是细究起来，特别是考虑到雍正帝是拥有最大物质平台、最好工匠即技艺力量的最高统治者这一点来说，这两者呈现出一定的递进层次。因为器物精美对他而言是容易做到的，但富有天下之人，却在万字房的装饰与陈设中对物的陈设表现出克制，对喜爱的元素变换形式呈现表现出含蓄，这是其深厚的文化修养、高雅审美旨趣的综合体现，并成为他室内装饰的美学标准。

四 小 结

综前所述，本文主要从《清档总汇》与现存雍正朝实物着手，就雍正帝对圆明园万字房的室内装饰进行了分析与研究，认为雍正帝对万字房的定义是消闲与图治并举，这两种定义也是他居园理政的目的所在；雍正帝对万字房的装饰，主要通过匾额、联对表明个人心境与情怀，还将时兴的外来元素，如玻璃、洋漆，以及带有丰富西洋技法的通景画，都很好地与传统装饰题材进行融合，以各式贴落尤其是通景画的运用，营造一个虚实相映的视觉环境，而雍正帝更善于以不同形式将同一元素反复运用，形成整个园区遥相呼应的效果。因此，万字房的室内装饰，是雍正帝个人关于中外器物、技法综合运用的典范；而他对器物制作的严格要求以及陈设上的适宜相合，也体现了他个人的生活态度与审美标准。总的来说，从雍正帝在以对万字房为代表的圆明园各处装饰来看，工艺种类涉及瓷器、玻璃、珐琅、漆器等多种门类，所引发的器物造办数量是巨大的，从而为雍正帝营造了一方既可以怡情寄兴的山水福地，又可宵衣旰食的图治场所。

[作者单位：故宫博物院故宫学研究所]

清代亲王、郡王园寝彩画调查研究

Research on the Polychrome Decorative Paintings in the Qing Dynasty Princely Mausoleums

曹振伟

Cao Zhenwei

内容提要：

本文在实地调查的基础上，对清代亲王、郡王园寝的建筑彩画进行研究[1]，并将现存的遗迹与档案史料相比较，归纳出不同时期园寝彩画的特点。

关键词：

清代　亲王　郡王　园寝　建筑彩画

ABSTRACT:

Based on field examination, this paper studies the polychrome decorative paintings in the princely mausoleums of the Qing dynasty (1644-1911), and compares the existing examples with archives to summarize the paintings' characteristics in different periods.

KEYWORDS:

Qing dynasty, imperial prince, commandery prince, mausoleum, polychrome decorative painting

1　本文研究的范围仅为清朝入关之后的园寝，不含位于辽宁省早期的东京陵。

一 研究背景

中国历代传统墓葬等级观念只有"陵"与"墓"两种等级区别，皇帝墓葬称为"陵"，诸侯乃至太子的墓葬称为"墓"。清代将"园寝"从"陵寝"中分离出来，规定将皇帝妃嫔及皇子、公主、亲王、郡王等宗室贵族墓葬统称为"园寝"。

关于园寝制度的研究，宋大川、夏连保著有《清代园寝制度研究》[1]一书中，涉及彩画的内容为《会典》中的文字部分，未与实物进行比较。

关于亲王、郡王园寝的研究，冯其利著有《清代王爷坟》[2]及《重访清代王爷坟》[3]，书中介绍王爷园寝的文物遗迹和主人的背景，并未过多地涉及建筑的结构及彩画。除此之外，贾燕利等合著《清王爷园寝异同探微》[4]一文，文中将怡贤亲王、多罗果恭郡王、端亲王、荣亲王四座园寝的彩画进行了对比。经实地调查，端亲王与怀亲王园寝内檐的老彩画痕迹，与文中所述相差较大。王心白与纪伟《醇亲王墓碑亭修缮和特点浅析》[5]、许惠利《妙高峰醇贤亲王园寝》[6]简单介绍了碑亭彩画为金线大点金旋子彩画，隆恩门（宫门）为金线大点金旋子彩画。

图1 显谨亲王园寝享殿近年重绘的彩画

目前，关于园寝彩画的专项研究相对缺乏，造成在修复园寝彩画时出现各种问题〔图1〕。在既有研究成果的基础上，作者考察北京市及周边现存的亲王、郡王园寝彩画遗迹，将遗迹与档案相结合，对清代王爷园寝彩画的特点进行归纳总结，为后期的修缮及研究提供参考。

二 园寝规制

《钦定大清会典》为清代的国家宪法及其法律系统，其典章制度的重要一项就是丧葬制度。依据亲王、郡王、公主的等级不同，《会典》制定相应的园寝规制。公主的等级依据其生母的身份而定，亲王、郡王的等级划分与公主不同，按其功德而定，如康熙朝卷之一记载[7]：

……显祖子孙，考论功德，列爵九等。一等为和硕亲王，二等为多罗郡王，三等为多罗贝勒，四等为固山贝子，五等为镇国公，六等为辅国公，七等为镇国将军，八等为辅国将军，九等为奉国

1 宋大川：《清代园寝制度研究》，文物出版社，2007年。
2 冯其利：《清代王爷坟》，紫禁城出版社，1996年。
3 冯其利、周莎：《重返清代王爷坟》，北京燕山出版社，2007年。
4 贾燕利、王丽娟、马立军：《清王爷园寝异同探微》，《古建园林技术》，2012年02期，第36页。
5 王心白、纪伟：《醇亲王墓碑亭修缮和特点浅析》，《古建园林技术》，2001年03期，第35页。
6 许惠利：《妙高峰醇贤亲王园寝》，《紫禁城》，1985年01期，第38页。
7 《钦定大清会典》康熙朝，卷一。

将军……

1.康熙朝、雍正朝

据康熙朝《大清会典》卷之一百四十[1]与雍正朝《大清会典》卷二百十一记载[2]：

……王府坟茔：亲王享堂五间，门三间，描画五彩飞金小花……世子、郡王享堂三间，门三间，画五彩小花……固伦公主同贝勒、贝子享堂三间，门三间红油……和硕公主、郡主同镇国公、辅国公享堂三间，门三间红油……

2.乾隆朝

据乾隆朝《钦定大清会典》卷七十六记载[3]：

凡坟茔亲王五间。世子以下至辅国公皆三间。亲王、世子、郡王门三，贝勒以下门一。亲王绘五彩饰以金……世子、郡王止绘五彩……贝勒以下施朱不绘……凡固伦公主坟茔规制视世子、郡王，和硕公主、郡主视贝勒、贝子，县主、郡君、县君视镇国公……

3.嘉庆朝、光绪朝

据《钦定大清会典》嘉庆朝卷七百十四[4]与光绪朝卷九百四十九记载：

……亲王享堂五间，门三间饰朱红油，绘五彩金花……世子、郡王享堂三间，门三间饰朱红油绘五彩小花……固伦公主同贝勒、贝子享堂三间，门一，饰朱红油，不绘彩……

根据五朝《会典》记载的文字，我们可以归纳出王爷园寝建筑彩画的规制（表一）。

表一　大清五朝《会典》中的园寝彩画规制

等级 时代	亲王	世子、郡王	贝勒、贝子、和硕公主、郡主、镇国公、辅国公等
康熙朝	五彩飞金小花	五彩小花	红油
雍正朝	五彩飞金小花	五彩小花	红油
乾隆朝	五彩饰以金	五彩	红油
嘉庆朝	五彩金花	五彩小花	红油
光绪朝	五彩金花	五彩小花	红油

1 《钦定大清会典》康熙朝，卷一四〇。
2 《钦定大清会典》雍正朝，卷二一一。
3 《钦定大清会典》乾隆朝，卷七六。
4 《钦定大清会典事例》嘉庆朝，卷七一四。

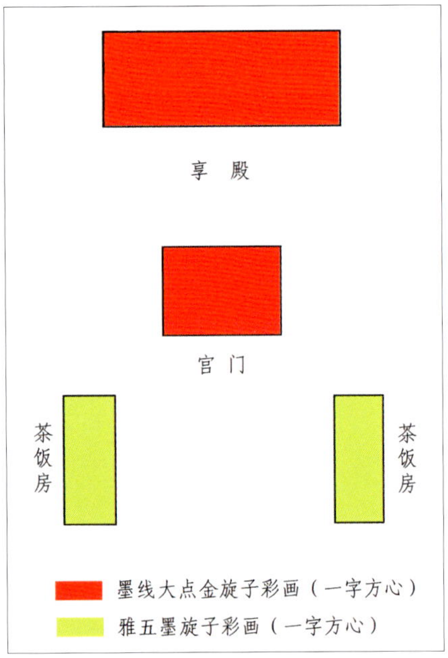

图2 端亲王园寝现存彩画遗迹平面图

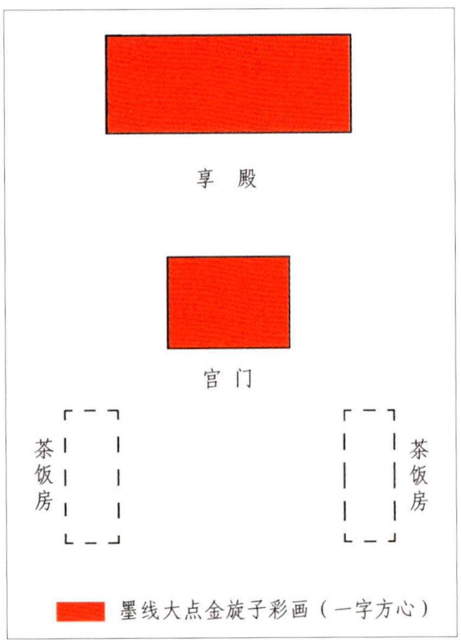

图3 怀亲王园寝现存彩画遗迹平面图

由统计可知，只有亲王和郡王级别的园寝建筑才可绘彩画。《会典》中仅记载了宫门、享殿的彩画规制，并未提及碑亭、茶饭房等建筑的彩画做法。亲王园寝的彩画等级最高，绘“五彩飞金小花”。世子、郡王其次，绘“五彩小花”。贝勒、贝子、固伦公主、和硕公主、郡主、镇国公、辅国公等园寝不绘彩画，刷红油。虽然各朝彩画的文字有区别，但从其描述上可知亲王园寝所绘的“五彩飞金小花”、“五彩饰以金”和“五彩金花”应为同一种等级的彩画，且等级高于郡王的“五彩小花”“五彩”。

另外，内务府《奏销档》中也有关于园寝建筑的修缮记录，但皆为建筑规模的相关介绍，并未涉及各个建筑彩画具体做法的详细信息。

三 建筑彩画遗迹

目前，保存有木结构建筑的亲王、郡王园寝已不在多数。亲王园寝有八处，北京市有六处，河北省清西陵有两处，其中七处有彩画遗迹。郡王园寝有三处，皆有彩画遗迹存留。

（一）亲王园寝

1.端亲王弘晖、怀亲王福惠园寝

（1）端亲王园寝

端亲王园寝位于河北省易县清西陵张各庄。弘晖为清朝雍正帝的第一子，生于康熙三十六年（1697），康熙四十三年（1704）卒。园寝始建于乾隆二年（1737），现存宫门一座，面阔三间，进深两间，绿琉璃瓦歇山顶，檐下一斗两升交麻叶头斗栱，绘一字方心墨线大点金旋子彩画。享殿一座三间，面阔三间，进深三间，绿琉璃瓦歇山顶，檐下单昂三踩斗栱，绘一字方心墨线大点金旋子彩画。东西茶饭房各三间，前出廊，布瓦硬山顶。外檐绘制一字方心雅五墨旋子彩画〔图2〕。

（2）怀亲王福惠园寝

怀亲王园寝位于河北省易县清西陵太平峪村。福惠为清朝雍正帝的第八子，生于康熙六十年（1721），雍正六年（1728）卒。园寝始建于乾隆二年（1737），现存宫门一座，面阔三间，进深两间，绿琉璃瓦歇山顶，檐下一斗两升交麻叶头斗栱，绘一字方心墨线大点金旋子彩画。享殿一座三间，面阔三间，进深三间，绿琉璃瓦歇山顶，檐下单昂三踩斗栱，绘一字方心墨线大点金旋子彩画〔图3〕。

端亲王与怀亲王园寝的建筑彩画在等级、颜料、纹饰做法上一致，虽然大部分经过现代重新绘制，但木构上还保留有部分老彩画遗迹，遗迹彩画具有清代中期的特征〔图4〕：①颜料色相沉稳，非晚期的进口合成颜料。②旋眼为蝉状旋眼（俗称唧鸟儿），其两支蝉翅间的空隙呈三角形，晚期蝉翅的无空隙或两翅平行。③旋花瓣的中间用墨线画有一道黑老。黑老画法产生于明末之际，一直延续到清代中期，至清代中期末只平涂青绿颜色，不再绘制黑老。因此，综合可判定彩画为清中期原迹。

图4 端亲王园寝彩画特征

2.显谨亲王衍璜园寝

显谨亲王园寝位于北京市朝阳区潘家园北里，是区级文物保护单位。衍璜为第四代肃王，是肃武亲王豪格的曾孙，是丹臻的第六子。康熙四十一年（1702）袭显亲王，乾隆三十六年（1771）卒，谥号“谨”。显谨亲王衍璜历事了康熙、雍正、乾隆三朝盛世。园寝坐北朝南，现存享殿一座，面阔五间，进深五间，绿琉璃瓦歇山顶，檐下单翘重昂七踩斗栱。内外檐绘一字方心墨线大点金旋子彩画。东西茶饭房各三间，前出廊，布瓦硬山顶。外檐新绘制一字方心雅五墨旋子彩画〔图5〕。

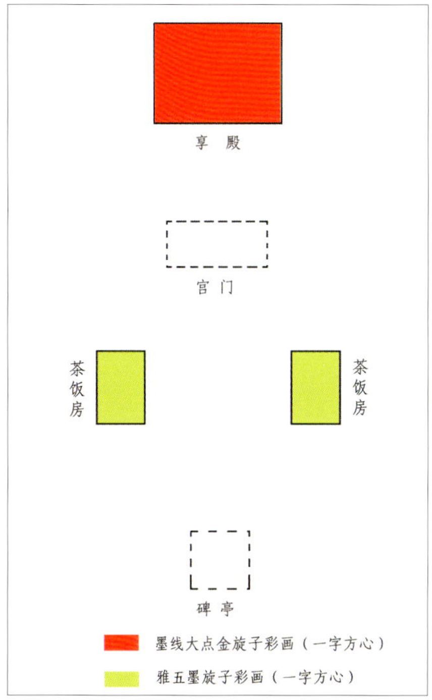

图5 显谨亲王园寝现存彩画遗迹平面图

目前，享殿内外檐的彩画做法一致[1]，且具有典型的清中期特征〔图6〕：①颜料色相沉稳，非晚期的进口合成颜料。②方心头端头呈花瓣状，具有清代中期典型的特点，而清代晚期为圆弧状。③旋眼有两种做法，其中一种为层层叠压的花瓣状旋眼，此类旋眼在清代中期后不再使用。另一种为清代中早期的蝉状旋眼，其两支蝉翅间的空隙呈三角形。④旋瓣中的二路旋瓣为花瓣状画法，画完每一瓣后再画下一瓣。晚期为圆环分格法，即先画一个圆环，再将圆环分为若干格作为花瓣。另外享殿彩画花瓣的中间同样画有一道黑老。据以上特征，可判定享殿内外檐彩画为清中期原迹。

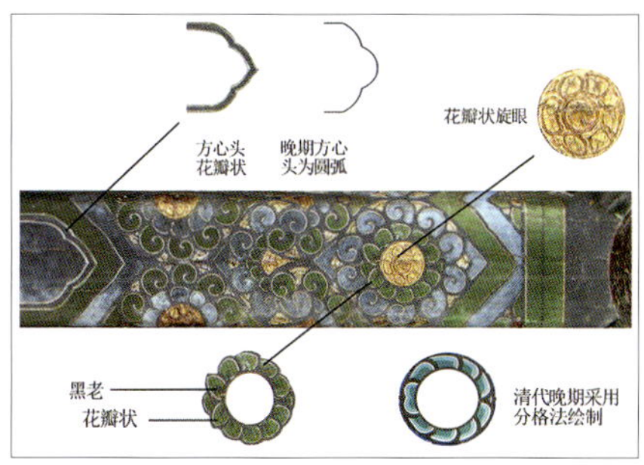

图6 显谨亲王园寝彩画特征

3.瑞怀亲王绵忻园寝

瑞怀亲王园寝位于北京市石景山区福田寺村，是区级文物保护单位。绵忻为清朝嘉庆帝第四子，生于嘉庆十年（1805），道光八年（1828）卒，谥号怀。园寝现仅存碑亭一座，面阔三间，进深三间，绿琉璃瓦歇山顶，檐下重昂五踩斗

1 外檐彩画已被砍掉，重绘成图1做法。

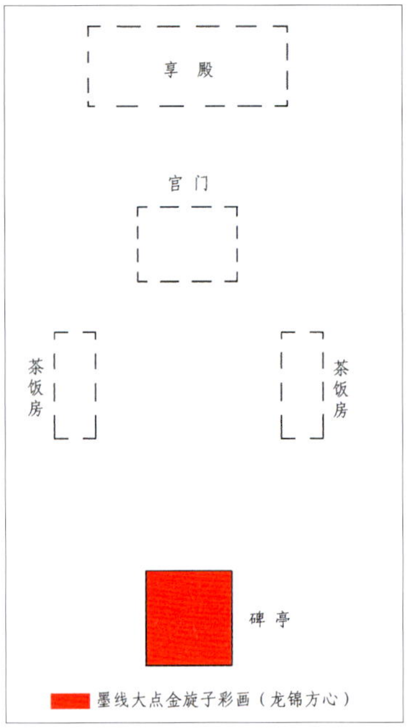

图7　瑞怀亲王园寝现存彩画遗迹平面图

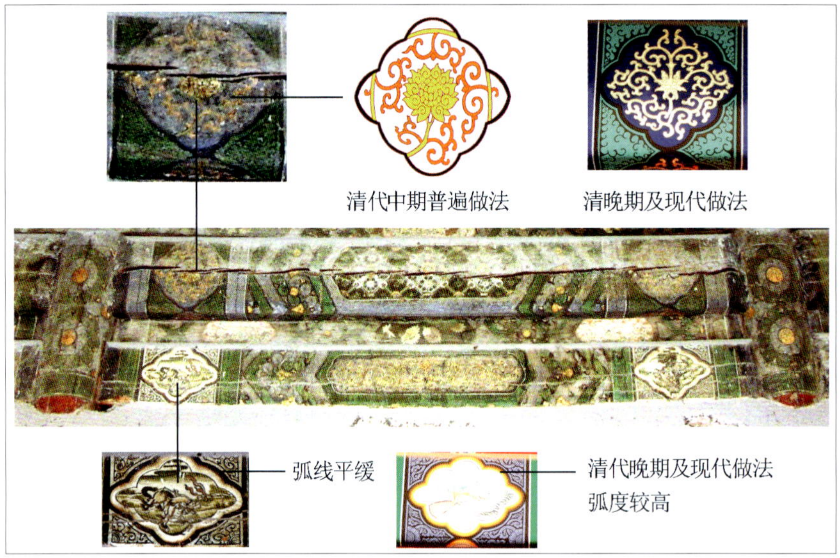

图8　瑞怀亲王园寝碑亭彩画特征

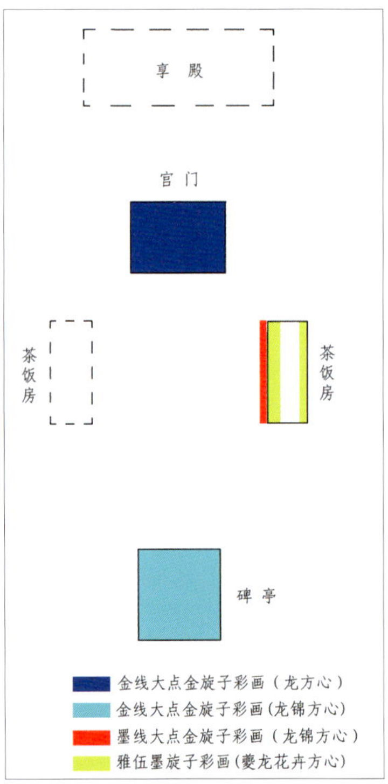

图9　醇贤亲王园寝现存彩画遗迹平面图

栱，内外檐绘龙锦方心墨线大点金旋子彩画〔图7〕。

目前，园寝仅存碑亭，内檐满绘彩画。道光时期的彩画处于清代中期与晚期交替之际，处承上启下的阶段，大线等整体造型已演变为晚期样式，但在颜料以及少部分纹饰上还保留有清中期的特征〔图8〕：①颜料色相沉稳，非晚期的进口合成颜料，符合道光时期的颜料特征。②盒子呈菱形，轮廓线45度的弧线平缓，延续清代中期特征，而晚清彩画弧度较高。西番莲花心为莲花座状。枝干剪裁法，被盒子边缘裁切，呈若隐若现的效果。西番莲使用两色金，花心、主茎贴赤金，卷叶贴库金。据以上特征，可判定碑亭内檐彩画为始建时期的原迹。

4.肃慎亲王敬敏园寝

肃慎亲王园寝位于北京市朝阳区道口村，是区级文物保护单位。敬敏为肃恭亲王的长子，是第七位肃亲王。生于乾隆三十八年（1773），道光元年（1821）袭肃亲王，咸丰二年（1852）卒，谥曰慎。园寝内木结构建筑保存完整，有碑亭、东西茶饭房、宫门、享殿。各建筑内外檐皆未绘彩画。

5.醇贤亲王奕譞园寝

醇贤亲王园寝位于北京市海淀区北安河附近的妙高峰，是北京市文物保护单位。奕譞字“朴庵”，号“九思堂主人”，又号“退潜主人”，是清道光帝的第七子。生于道光二十年（1840），道光三十年（1850）封为醇郡王，同治十一年（1872）封为亲王，光绪十五年（1889）卒，是光绪帝的生父。园寝建于光绪

图10 醇贤亲王园寝宫门彩画

十六年[1]（1890），后期又部分添造[2]、零修[3]等工程，皆未涉及彩画工程。园寝现存碑亭一座，面阔三间，进深三间，黄琉璃瓦歇山顶，檐下重昂五踩斗栱，内外檐绘龙锦方心金线大点金旋子彩画，为现代所绘制。宫门一座，面阔三间，进深两间，内外檐绘龙方心金线大点金旋子彩画。北茶饭房一座，面阔三间，前出廊，前外檐绘龙锦方心墨线大点金旋子彩画，前檐廊内、内檐及后外檐绘夔龙花卉方心雅五墨旋子彩画〔图9〕。

彩画具有清代晚期特征〔图10〕：①青色颜料鲜艳亮丽，为进口群青的特征。②方心头呈海棠盒状。③龙纹为板凳龙造型，仅贴单色金箔。④金线旁使用晕色。⑤池子内博古纹饰上有明确纪年的题字"光绪□申年四月□日油□重□刘□。"[4]

6.庆密亲王奕劻园寝、庆贞亲王载振福晋索绰罗氏园寝

（1）庆密亲王奕劻园寝

庆密亲王园寝位于北京市昌平区白羊城，是区级文物保护单位。奕劻是乾隆帝第十七子庆僖亲王永璘之孙，生于道光十八年（1838），光绪十年（1884）担任总理各国事务衙门大臣，进庆郡王，光绪二十年（1894）被慈禧封为庆亲王。光绪二十四年（1898）成为铁帽子王，民国六年（1917）卒。园寝现存碑亭一座，面阔三间，进深三间，绿琉璃瓦歇山顶，檐下单翘单昂五踩斗栱，外檐绘龙锦方心金线大点金旋子彩画，内檐绘真龙、夔龙、龙锦方心墨线大点金旋子彩画。南北茶饭房各一座，面阔三间，内外檐绘夔龙花卉方心雅五墨旋子彩画〔图11、图12〕。

（2）庆贞亲王载振福晋索绰罗氏园寝

庆贞亲王福晋园寝位于北京市昌平区白羊城，是区级文物保护单位。载振是奕劻长子，乾隆帝四世孙，庆僖亲王永璘曾孙。生于光绪二年（1876），1947年病逝于天津。园寝葬有福晋索绰罗氏，于民国十一年（1922）建成。园寝现存南北茶饭房各一座，面阔三间，前出廊，前外檐绘龙锦方心金线大点金旋子彩画，后外檐及前檐廊内绘夔龙花卉方心墨线小点金旋子彩画，内檐绘夔龙花卉方心雅五墨旋子彩画〔图13、图14〕。

1 《醇贤亲王庙规制及园寝祀典形制请旨事》，《光绪宣统两朝上谕档》记载："醇贤亲王庙……庙制拟建殿七楹。殿外中门三间。殿前东西配屋各五间。殿后寝室五间。中门之内建焚帛亭、祭器亭。中门之外建宰牲亭一座，神厨五间，神库五间，东西厢房及治牲房各三间。大门三间，至殿宇及正门瓦色应用绿色琉璃或黄色琉璃恭候懿旨……醇贤亲王园寝享殿业经建造，其碑亭瓦色因碑文内恭书御名，拟请用黄色琉璃。"中国第一历史档案馆，广西师大出版社，册16，第410页。

2 《熙敬奏为醇贤亲王园寝祀典请旨等事》，《光绪宣统两朝上谕档》记载："工部尚书臣熙敬等谨奏：……醇贤亲王园寝岁时祭祀自应比照醇贤亲王庙祀典敬谨办理……今查得享殿一座计五间，自暖阁至前檐隔扇进深一丈三尺八寸……享殿前廊檐进深四尺五寸，廊檐外大月台一座，进深二丈。自月台至宫门中有甬路一段，进深三丈。臣等公同酌拟若由享殿前月台上接搭抱厦三间，进深一丈五尺，再于甬路上接筑月台一丈，则自暖阁至抱厦门内共计进深三丈三尺三寸……光绪十七年十二月十三日。"中国第一历史档案馆，广西师大出版社，册17，第336页。

3 《内务府奏为查勘修理醇贤亲王园寝宝顶事折》，《奏销档907-127》，宣统三年四月十二日，中国第一历史档案馆。

4 经查缺省的文字年号应为光绪二十二年丙申年（1896）。

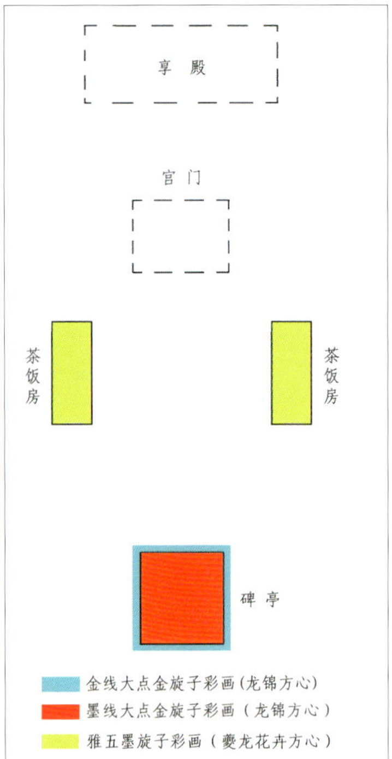

图11　庆密亲王园寝现存彩画遗迹平面图

图12　庆密亲王园寝碑亭彩画

图14　庆贞亲王园寝朝房彩画

庆密亲王园寝、庆贞亲王福晋园寝建成时间较晚，建于民国战乱时期。建成后的10年内应无须进行油饰彩画的修缮，而10年后自守陵人战死起，园寝的保护已无可能，难进行各种修缮工程[1]。从现存彩画遗迹上看，内外檐彩画虽然等级上有所不同、残坏程度有所差异，但其在所用颜料（晚清进口颜料群青）、纹饰上具有一致性，可判断为同时期所做。又据其内外檐彩画残坏程度判断，后期并未修缮过，应为原迹。

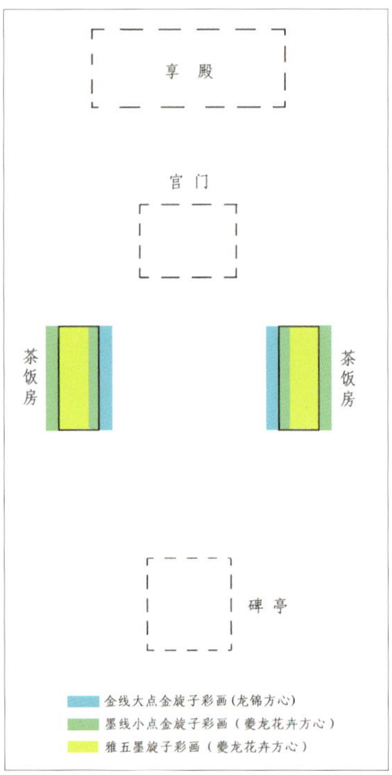

图13　庆贞亲王园寝现存彩画遗迹平面图

（二）郡王园寝

1.庆良郡王绵慜园寝

庆良郡王园寝位于北京市昌平区白羊城，是区级文物保护单位。绵慜为庆僖亲王永璘第三子，生于嘉庆二年（1797），嘉庆二十五年（1820）承袭庆郡王爵，道光十六年（1836）卒。园寝现存宫门一座，面阔三间，进深两间。前后外檐绘龙方心金线大点金旋子彩画，内檐绘龙锦方心墨线大点金旋子彩画。享殿一座，面阔三间，进深三间，前出廊。前外檐绘龙方心金线大点金旋子彩画，后外檐及内檐绘龙锦方心墨线大点金旋子彩画〔图15〕。

彩画具有清代中期的遗风〔图16〕：①颜料色相沉稳，非晚期的进口合成颜料，符合道光朝颜料的特征。②盒子菱形，西番莲枝干呈剪裁法且使用两色金，与道光早期瑞亲王园寝做法一致。③龙身稍有前低后高态势，使用两色金箔。④金线旁不设晕。⑤旋眼为蝉状，其两支蝉翅间的空隙呈三角形。

1　同冯其利：《清代王爷坟》，第220页。1917年建庆密亲王奕劻园寝。1927年园寝内的部分建筑被借用驻军。1934—1937年与土匪发生数十次战斗。1937年瓦窑分驻所所长围攻庆王坟，守陵人张厚伦、张叙伦在战斗中殉职，后庆王坟被炸药崩塌，二十二座墓室的珍宝被掠走。日伪统治时期土匪盗伐大量树木。1938年皇协军烧毁澹如别墅。1947年国民党军团伐树。中华人民共和国成立前夕县大队将北宫（庆僖亲王永璘园寝）享殿、朝房烧毁。1956年南宫（庆良郡王绵慜园寝）被解放军某部占用。1966年庆王坟残存建筑被拆毁。1984年东宫（庆密亲王奕劻园寝）改为小学。

2.瑞敏郡王奕志园寝

瑞敏郡王园寝位于北京市石景山区福田寺村，是区级文物保护单位。奕志为嘉庆帝皇四子瑞怀亲王绵忻之子，袭瑞郡王，生于道光七年（1827），道光三十年（1850）卒，谥号敏。园寝现存宫门一座，面阔三间，进深两间。享殿一座，面阔三间，进深三间，前出廊。宫门与享殿内外檐皆绘龙锦方心金线大点金旋子

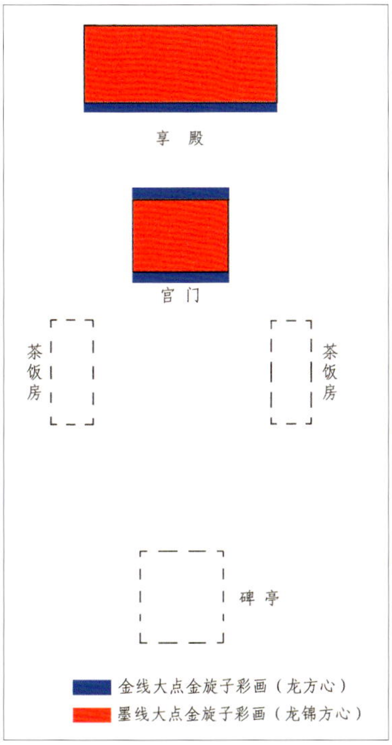

图15 庆良郡王园寝现存彩画遗迹平面图

图16 庆良郡王园寝彩画特征

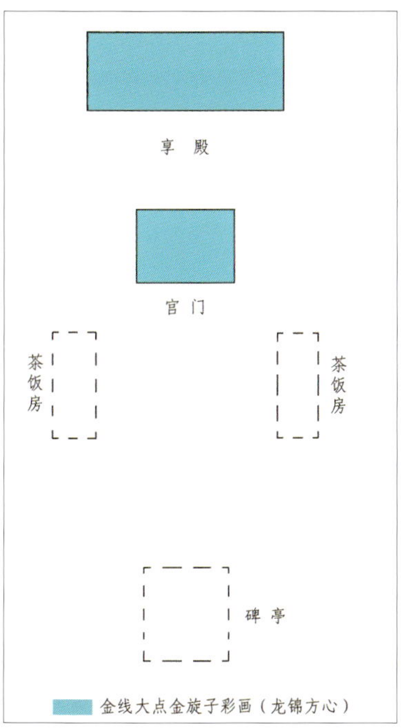

图17 瑞敏郡王园寝现存彩画遗迹平面图

图18 瑞敏郡王园寝彩画特征

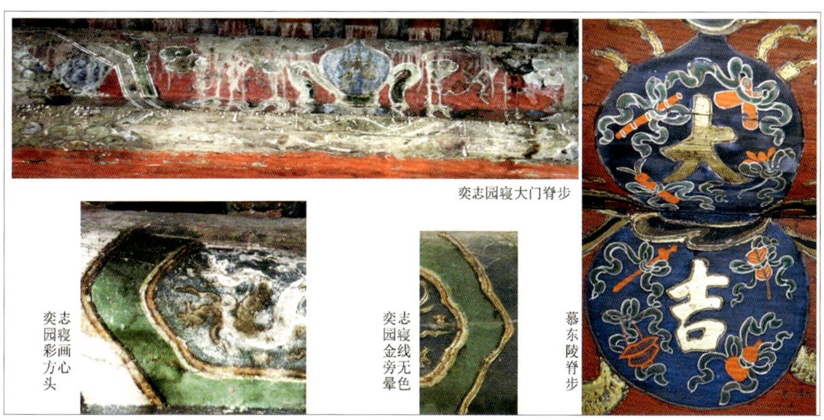

图19 瑞敏郡王园寝及慕东陵彩画特征

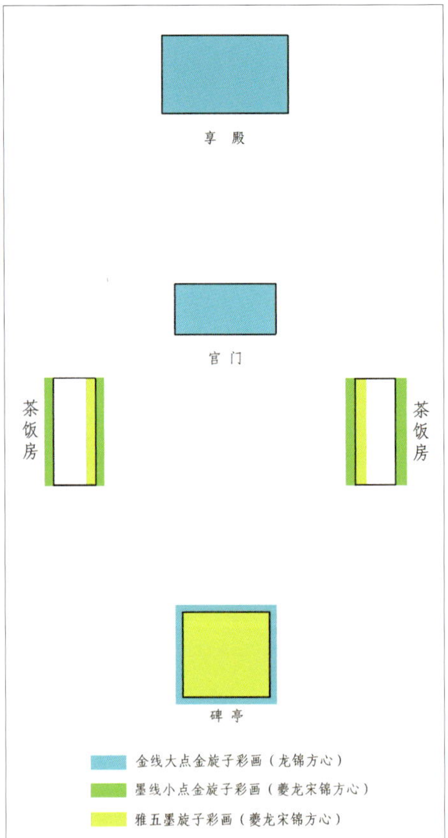

图20　孚敬郡王园寝现存彩画遗迹平面图

图21　孚敬郡王园寝享殿内彩画

彩画〔图17〕。

彩画具有清代中期的遗风〔图18、图19〕：①颜料色相沉稳，非晚期的进口合成颜料，符合道光朝颜料的特征。②绝大部分彩画的方心头呈花瓣状。③盒子菱形。④龙纹使用两色金箔。与道光早期彩画相比，龙身已呈现出前后齐平的态势。⑤金线旁不设晕。⑥脊步绘制大吉葫芦题材纹饰，该纹饰集中出现在嘉庆至道光朝，如昌妃园寝、乾清宫、慕东陵等。⑦宋锦纹饰的菊花呈菱形，斜向花瓣被裁切成三角形，晚清的菊花花瓣较为圆润。

3. 孚敬郡王奕譓园寝（光绪三年1877）

孚敬郡王园寝位于北京市石景山区福田寺村，是区级文物保护单位。奕譓为道光帝第九子，生于道光二十五年（1845），光绪三年（1877）卒，谥曰敬。园寝现存碑亭一座，面阔三间，进深三间，绿琉璃瓦歇山顶，檐下重昂五踩斗栱，外檐绘龙锦方心金线大点金旋子彩画，内檐绘夔龙宋锦方心雅五墨旋子彩画。宫门一座，面阔三间，进深两间，内外檐绘龙锦方心金线大点金旋子彩画。享殿一座，面阔三间，进深三间，内外檐绘龙锦方心金线大点金旋子彩画。南北茶饭房各一座，面阔三间，前出廊，前后外檐绘夔龙宋锦方心墨线小点金旋子彩画，前檐廊内绘夔龙宋锦方心雅五墨旋子彩画〔图20〕。

园寝现存彩画等级分明，布局对称，从纹饰、颜料、工艺等方面具有一致性，应为同一时期的产物。彩画具有清代晚期特征〔图21〕：①青色颜料鲜艳亮丽，呈晚期的进口合成颜料群青的特征。即使处于室内环境，褪色也较为严重。②盒子呈圆形。西番莲花心非莲瓣状，主花蕊明显。枝干非剪裁法，与盒子边缘不发生交接关系。③方心头呈海棠盒状。④龙纹为板凳龙造型，仅贴单色金箔。⑤金线旁使用晕色。

四 彩画现状特点与结论

根据园寝彩画现状，可以得到亲王、郡王园寝建筑彩画的统计表于下（表二）。

表二 亲王、郡王园寝建筑彩画统计表

	园寝主人	时代	碑亭	宫门	享堂	饭茶房
亲王	端亲王 弘晖	乾隆二年 （1737）	无	墨线大点金	墨线大点金	雅五墨
	怀亲王 福惠	乾隆二年 （1737）	无	墨线大点金	墨线大点金	雅五墨
	显谨亲王 衍璜	乾隆三十六年 （1771）	毁	毁	墨线大点金	雅五墨
	瑞怀亲王 绵忻	道光十四年 （1834）	墨线大点金	毁	毁	毁
	肃慎亲王 敬敏	咸丰四年 （1854）	无	无	无	无
	醇贤亲王 奕譞	光绪十八年 （1892）	金线大点金	金线大点金	毁	前外檐：墨线大点金。 前檐廊内、内檐及后外檐：雅五墨。
	庆密亲王 奕劻	民国六年 （1917）	外檐：金线大点金。 内檐：墨线大点金。	毁	毁	雅五墨
	庆贞亲王 载振福晋索绰罗氏	民国十一年 （1922）	毁	毁	毁	前外檐：金线大点金。 后外檐及前檐廊内：墨线小点金。 内檐：雅五墨。
郡王	庆良郡王 绵愍	道光十六年 （1836）	毁	前后外檐：金线大点金。 内檐：墨线大点金。	前外檐：金线大点金。 后外檐及内檐：墨线大点金。	毁
	瑞敏郡王 奕志	道光三十年 （1850）	毁	金线大点金	金线大点金	毁
	孚敬郡王 奕譓	光绪三年 （1877）	外檐：金线大点金。 内檐：雅五墨。	金线大点金	金线大点金	前后外檐：墨线小点金。 前檐廊内：雅五墨。

目前，木结构建筑最完整的王爷园寝为孚敬郡王园寝，现存碑亭、宫门、享殿、茶饭房。河北省清西陵端亲王与怀亲王园寝未设置碑亭。其余王爷园寝的建筑多有缺失，彩画信息不完整。从现存遗迹上看，大致可得出几点结论：

第一，皆为旋子彩画级别。

第二，未体现出亲王、郡王的等级区别。

从时代上看，乾隆时期亲王园寝高等级建筑的彩画使用墨线大点金级别，低等级建筑使用雅五墨级别。道光之后，亲王、郡王彩画等级区分不明显。大清《会典》中规定的亲王绘“五彩金花”与郡王绘“五彩小花”，并未在清代晚期的实际中体现出区别。亲王可以用金线大点金，也可以用墨线大点金，郡王也可以用金线大点金。这与大清《会典》中亲王、郡王彩画等级有所区别的规定相矛盾，由此可见，在规制文字不详细的情况下，晚清王爷园寝彩画的选择范围较大。

第三，园寝彩画的等级，不以墓主人生前的功绩而区别对待。

现存园寝主人身份较为突出的是醇贤亲王奕譞与庆密亲王奕劻。奕譞为光绪帝的生父，奕劻为铁帽子王，两者地位应高于其他王爷，但从彩画形制上看，未能有所体现。

第四，园寝彩画内外檐的做法可不一致。

建筑内外檐彩画做法不一致的情况有很多，学术界认为一种原因是后期修复外檐造成的结果，另一是始建时期即区别绘制。从现存遗迹上看，乾隆时期亲王园寝建筑的内外檐彩画的做法保持一致。晚清的王爷园寝绝大部分为清末至民国时期所建。该时期社会动荡，甚至有的园寝被军阀公然盗伐，后期已无力重绘彩画，现存彩画应为始建时期的遗迹，进而验证了始建时期即区别绘制的做法。园寝的外檐彩画等级高于或等于内檐彩画。

第五，单一园寝彩画等级分布规律。

宫门、享殿彩画等级最高，多为金线大点金。碑亭等于或低于享殿，可为金线大点金或墨线大点金。茶饭房最低，内檐绘雅五墨，但其外檐可选范围较大，可为金线大点金、墨线大点金、墨线小点金、雅五墨几种。

通过对比研究，我们可以得出王爷园寝彩画等级的大致范围，为日后的进一步研究奠定了基础。

本研究起抛砖引玉的作用，还有以下几点需探讨与深入之处：

第一，档案的局限性。

大清《会典》中关于园寝彩画的内容不详尽，未能找到与实物完全吻合的关系。《奏销档》中很多关于园寝工程彩画的记载主要在搭彩作和彩画总造价两点上，并未涉及单体建筑彩画。需要发现更多的档案，将造价与各朝各时期的物价和经济状况比较分析，并结合园寝规模后才能定出彩画是否为同一做法。

第二，实物的局限性。

清代王爷园寝建筑实物资料稀少，且时代分布不均，因此，园寝彩画的研究具有一定的困难，仅能判断大致的脉络。目前的遗迹多集中在乾隆朝之后，未有清代早期的遗存。

第三，关于彩画等级变更产生的原因。

乾隆朝园寝彩画皆为墨线大点金与雅五墨，道光时期发展变化，其原因还有待进一步研究。

[作者单位：故宫博物院古建部]

再论徽班进京

Further Discussion on the Hui Opera Troupes' Coming to Beijing

丁汝芹

Ding Ruqin

内容提要：

"徽班进京"，一般特指三庆徽部等戏班为乾隆五十五年（1790）弘历八十万寿进京祝釐，也是戏曲史界几乎公认的京剧形成发端。这一结论约定俗成，即是对万寿庆典促进民间戏曲交流发展的认可。而以往常有论著将清廷定位为提倡昆腔，排斥打击民间地方戏曲的罪魁，或有把徽班北上进京当作纯粹的民间自发行为，不免有失偏颇。各种史料使我们重新审视、评估这次影响极大的各地方戏曲交汇盛典，看起来，其更是出自清廷官方的倡导、指挥和组织，安排缜密而有序。万寿庆典活动促成了多种地方戏曲超乎寻常的演进和勃兴，其影响延续至今。

关键词：

清代　宫廷　徽班　京剧

ABSTRACT:

The Hui Opera Troupes' Coming to Beijing refers to the historical event in 1790 (the fifty-fifth year of the Qianlong reign) when Sanqingban and other opera troupes were summoned to the capital city Beijing to entertain the Qianlong Emperor (r. 1736-1795) for his 80th birthday celebration. It has been widely recognized as the prelude to the emergence of Peking Opera by China's operatic circle, and this agreement identifies that the imperial birthday celebration has prompted convergence and development of regional folk operas. However, certain studies established that the Qing court was the major force that campaigned Kunqu Opera while marginalized other regional folk operas. Some even believed that the settlement in Beijing of these Hui Opera troupes was totally a decision by their own. These conclusions might be biased. Various historical documents drive us to review and re-evaluate this significant get-together of regional operas, which was more likely to have been orderly and meticulously initiated, planned, and organized by the Qing imperial court. The imperial birthday celebration has contributed to the extraordinary evolution and prosperity of regional operas, and their influence continues to date.

KEYWORDS:

Qing dynasty, imperial court, Hui troupe, Peking Opera

一 万寿与戏曲演出

清代帝后寿辰是内廷三大节（万寿、元旦、冬至）中最为重要的节日，帝后整数万寿更是重中之重。康乾年间，数次操办了展示太平盛世的隆重庆典，例如康熙六旬诞辰（1713），乾隆之母崇庆皇太后六旬、七旬、八旬诞辰，乾隆八旬诞辰等等。演戏是仪典中不可或缺的内容，存留于世的几幅万寿庆典图中，戏台演出占据了突出的位置。南腔北调的表演，多由各地戏班承担，客观为各种声腔提供了难逢的交流机遇，导致不同腔调戏曲有如雨后春笋般涌现于京城。

大型万寿庆典由官员提前上奏策划方案，获取皇帝允准之后，向各地下达具体安排。官方大肆操办，引导万众涌入京师，街道两侧搭设彩台，戏班云集。艺人流动，使多种地方腔调在京城得以相互交融和裨补。

庆典前，由朝廷要员具体筹划，方案获准后，具体方式和花费要向皇帝上奏，交代明细。乾隆二十六年，大学士傅恒、兆惠等办理崇庆皇太后七十万寿盛典后，向乾隆帝报销："其临时扮演彩戏切末等项，工饭零星费用，先经臣等奏明，难以预为估计，统俟办理事竣，详细查核实用数目报销等因各在案。今已事竣，所有承应彩戏：大班十一班，每班雇价二百两，计二千二百两；中班五班，每班雇价一百五十两，计银七百五十两；小班四班，每班雇价一百两，计银四百两；歌童一百二十五班，每班雇价二十两，计银二千五百两；杂耍等项人役五十二名，雇价三百九十四两；自八月初一日起，至十一月十五日，演习承应彩戏共二十次，每次用饭食银一百五十一两五钱，计银三千三十两；排演承应小曲杂耍共二十次，每次用饭食银五十六两四钱，计银一千一百二十八两；往返运行头车脚用银八百十六两三钱七分；戏班粘补行头、添办切末钱三千六百九两四钱九分；小曲添补行头切末银一千二百九十七两一钱一分；杂耍人役九百五十四两；以上通共实用银一万七千二百四十六两九钱七分。为此谨具奏闻等因，于乾隆二十六年十二月二十八日具奏。奉旨：知道了。钦此。"[1]傅恒明确了由高梁桥（即西直门偏北处）到西华门地段的花销，城外至畅春园宫门更长的路段，则另有安排，尚在其外，经费肯定要大大超过这一段。这一记载，使今人了解到当年支出的大概，雇用大中小戏班、歌童班、杂耍班等一共多少班，各需要支付多少银两，演习、排演、交通、行头修补等等，都要大学士去仔细认定，不是皇差就可以免费。贵为皇后之弟的傅恒，也要为琐碎的各种费用去锱铢计较。

赵翼曾记述皇太后六十寿辰"中外臣僚纷集京师，举行大庆。自西华门至西直门外之高梁桥，十余里中，各有分地，张设灯彩，结撰楼阁。……每数十步间一戏台，南腔北调，备四方之乐，侲童妙伎，歌扇舞衫，后部未歇，前部已迎，左顾方惊，右盼复眩，游者如入蓬莱仙岛，在琼楼玉宇中，听《霓裳曲》，观《羽衣舞》也。"[2]恢宏如此的大场面，首先需要高层官员和商众的全面周密的设计和细致入微的具体安排。

---

1 中国第一历史档案馆藏《皇太后七旬万寿庆典奏案》。

2 （清）赵翼：《檐曝杂记》"大戏"，中华书局，1982 年，第 10 页。

二　清廷与地方民间戏曲

20世纪50年代以后，清廷与民间戏曲被认作是水火不容的两个对立面。众多戏曲史论曾异口同声严词谴责清政府查禁民间戏曲，违背历史发展规律，甚至权威性著作也将其上纲为"目的显然在于扼杀秦腔，扶植昆、弋，迫害秦腔艺人。这种使用政令手段，妄图扭转声腔剧种更替兴衰的趋势，在戏曲界来维护封建正统和专制的做法，是前所未有的。"[1]更称："从这些罪名中，倒可以窥见当时戏曲舞台上的花雅之争，归根到底包含着什么样的社会意义和政治意义。看来，'乱弹'诸腔所表达的时代精神和时代感情，是和蕴藏在人民心里的火种息息相通的。清政府惧怕、禁毁'乱弹'诸腔，广大群众热爱、支持'乱弹'诸腔，其根源当在于此。"[2]说是秦腔和乱弹两种腔调，实则涵盖了当时多种民间戏曲声腔。

清廷对地方戏仇视若此，为何历来万寿节进京的戏曲演出中，存在这么多种的地方戏曲呢？乾隆五十五年进京的徽班，多为各种地方戏班，为什么从来没有看到因演唱外地腔调而受到阻止的记载呢？

尊重历史，敬畏历史，是研究历史的基本态度。近年对《清实录》《大清会典事例》等官书检索之后，总体没有发现严厉查禁民间戏曲演出，虽然在乾隆五十年和嘉庆三年的确曾两次禁演秦腔和乱弹诸腔，但毕竟事出有因。

清廷的确对民间戏曲演出进行了管控，例如饬查剧本，唯恐出现反清倾向内容等等，而涉及民间流行戏曲，但并非针对腔调本身，矛头实际指向一些地方戏中出现的违背传统道德的色情表演现象。

清帝甚至先于民间接受昆腔之外的地方声腔。乾隆末年，扬州曲家仍称"雅部即昆山腔；花部为京腔、秦腔、弋阳腔、梆子腔、罗罗腔、二簧调，统谓之乱弹"。[3]实际早在前数十年，康熙帝早已在内廷将弋腔与昆曲并列为正统，肯定"弋阳佳传，其来久矣"。[4]弘历喜好花部戏曲，也不反对演唱地方腔调。《履园丛话》曾记载乾隆帝南巡时观赏花部戏曲："梨园演戏，高宗南巡时最盛，而两淮盐务中尤为绝出，例蓄花雅两部，以备演唱。"[5]

康熙三十二年，玄烨派遣内廷弋腔教习叶国桢南下，教授女伶。[6]四十二年，詹事府詹事高士奇离京前，获得在内廷观看女优演戏的殊荣。[7]演出有昆腔和弋腔，弋腔戏有《一门五福》《罗卜行路》《罗卜描母容》（均为《目连救母》中的单折戏）以及《琵琶盘夫》。

康熙五十二年六旬万寿，"自畅春园至神武门，辇道所经数十里内，结彩张灯，杂陈百戏"[8]。百戏在这里并非指古代乐舞杂技等等，而应当是多种地方戏曲的合称。

时代在发展，认知受到的制约也相应减少，理应更加客观与公允，不妨以确凿的资料，还其历史真实面

1　张庚、郭汉城主编：《中国戏曲通史》（下）第四编"清代地方戏"，中国戏剧出版社，1991年，第14页。
2　同上，第15页。
3　参见（清）李斗：《扬州画舫录》卷五，江苏广陵古籍刻印社，1984年，第103页。
4　故宫博物院掌故部：《掌故丛编》，北京和济印刷局1928年版，中华书局1990年影印本，第51页。
5　（清）钱泳：《履园丛话》，中华书局，1979年，第332页。
6　中国第一历史档案馆藏文教类音乐戏曲项胶片第9卷。
7　（清）高士奇：《蓬山密记》，引自李德龙、俞冰主编《历代日记丛钞》第18册，学苑出版社，2006年影印本，第272－273页。
8　（清）马齐等辑：《万寿盛典初集·卷第四十·庆祝一·图画一》，北京古籍出版社，1996年，第1－8页。

目。乾隆帝并不反对花部戏曲的演出，乾隆三十一年，内廷即有在圆明园演出“侉戏”的记载[1]。

“乾隆三十一年正月十四日，御茶房首领萧云朋来说，同乐园开连台大戏，茶水用黑炭十斤。……本日首领张世泽来说，花唱侉戏用黑炭六斤。不唱之日停止。”

“乾隆三十二年正月十四日，南府总管祥玉传，同乐园开连台大戏，后台火壶每日用黑炭三十斤。……奉三无私苏晏 安火二盆，用红萝炭六斤。……唱曲每日用黑炭一斤，煤五斤，二十八日止，用过十四日。侉戏每日用黑炭六斤。二十八日止，用过十四日。”

可以看到，乾隆中期，侉戏已经连年在内廷演出，三十一年是花唱，没有说明唱了几天，只说是不唱之日停止供炭。至三十二年，已不再标明是花唱，或许已演出全本戏。连续表演了十四天，正月二十八日才停止。无法得知当年唱的是什么腔调，什么剧目，但可以肯定，民间腔调侉戏已在清宫立足，获得在圆明园演出的资格。

历次万寿节期间，也未见是否排斥地方戏曲的情况。外地戏班为谋利在京城演出也没有限制。乾隆后期，有秦腔等多种地方戏曲云集京城演出，戏园时有色情剧目上演，秦腔尤为突出，竹枝词有“新到秦腔粉戏多”[2]之说。著名秦腔艺人魏长生技艺出众，乾隆四十四年进京，蜚声一时，但因常常演出《滚楼》等粉戏，引起非议，导致舆论哗然，斥责这类演出为科诨诲淫，冶艳成风。

乾隆五十年“议准，嗣后城外戏班，除昆弋两腔，仍听其演唱外，其秦腔戏班，交步军统领五城出示禁止。……”[3]颁发禁饬乱弹诸腔谕旨的嘉庆三年，实为乾隆朝的尾声，大权仍掌握在太上皇乾隆帝手中。苏州城老郎庙钦奉谕旨碑上记有：“……近日倡有乱弹、梆子、弦索、秦腔等戏，声音既属淫靡，其所扮演者，非狭邪媟亵，即怪诞悖乱之事，于风俗人心殊有关系。此等腔调虽起自秦皖，而各处辗转流传，竞相仿效。即苏州、扬州，向习昆腔，近有厌旧喜新，皆以乱弹等腔为新奇可喜，转将素习昆腔抛弃，流风日下，不可不严行禁止。”[4]

清统治者的确一再明令禁止舞台上的色情表演，朝廷和地方政府都曾加以管束。从传统数千年国情出发，查禁从事色情演出的戏班和腔调，原则上合乎情理。政府干涉秦腔和乱弹诸腔的演出，基于肃清戏曲舞台，并非蓄意针对某种曲调。如果因秦腔或乱弹诸腔的确演出粉戏，招致饬查，从中国人传统观念来说也无可厚非。

与部分的查禁相比，清廷却是更多提供了来自各地多种声腔的演变、交融和发展的平台。皇帝、太后操办大型万寿庆典期间，各地戏班争相进京献艺，从未见限定过演唱哪种声腔准予进京，哪种腔调不准进京。总体而言，不宜将清廷与各种地方声腔对立起来。

1 佚名：《乾隆添减底账》，引自李德龙、俞冰主编《历代日记丛钞》第28册，学苑出版社年影印本，2006年，第312、323页。

2 张次溪辑：《北平梨园竹枝词荟编》嘉庆十四年《草珠一串》：“班中昆弋腔两嗟嗟，新到秦腔粉戏多。男女传情真恶态，野田草露竟如何？”见张次溪编纂《清代燕都梨园史料》，中国戏剧出版社，1988年，第1172页。

3 光绪朝《大清会典事例》卷一〇〇三九《都察院·五城》。

4 江苏省博物馆编：《江苏省明清以来碑刻资料选集》，三联书店，1959年，第295－296页。

三 乾隆万寿与三庆徽部等进京

乾隆八旬万寿庆典筹办，始于三年之前。乾隆五十二年，在弘历77岁寿诞后三天，大学士阿桂等人便得到筹办八旬万寿庆典的谕旨："兹王公大臣及直省将军大吏等，以乾隆五十五年朕八旬万寿，吁请举行庆典，预祝蕃釐览奏，具见诚悃，著照所请于五十五年举行万寿典礼等因。钦此。"[1]

查阅崇庆皇太后七十、八十万寿庆典存案之后，拟定照旧例行事，上奏请示。中国第一历史档案馆万寿庆典奏案中，有时任大学士阿桂等人的奏折：

"臣阿桂等谨奏，……恭查从前二十六年、三十六年节，经总理大臣等奏准，自西华门至西直门分为三段，令两淮、长芦、浙江商众来京办理点景。……今此次应请照从前办定之例，自西华门至西直门仍分为三段，令两淮、长芦、浙江商众来京自行办理点景，以遂其衢歌巷舞之忱。"[2]奏折中两次提到两淮、长芦、浙江商众，即是以盐商、徽商为主的赞助商。

弘历以臣民的吁请为由，将隆重操办八旬万寿庆典的决定，公告于天下。阿桂等拟定参照旧例行事，上奏请示。万寿庆典奏案中还有："……西直门外自长河一带至畅春园宫门旧有房座亭台，重加修理，由总理大臣等相地间段，点设景物。城内外两旁铺面一律修葺整齐，油饰见新，所需经费由王公大臣、八旗、各部院衙门及各省督抚解交应用，工竣后，据实核销等因在案。"[3]可见，城内各主要街巷搭设的景物和戏台，是各级衙署负责监管和财务支付。至于各地官员和商人出资多少，朝廷出资多少，当有一定之规，今未见更详尽的记载。西直门外长河至畅春园宫门旧有房座亭台由总理大臣等重加修理，点设景物。分工明确，布置严谨，各负其责。安排获乾隆帝拍板确认，实为皇帝钦定。

闽浙总督之子伍子舒写道："迨至五十五年，举行万寿，浙江盐务承办皇会，先大人（伍纳拉）命带三庆班入京，自此继来者又有'四喜''启秀''霓翠''和春''春台'等班。各班小旦不下百人，大半见诸士夫歌咏。"[4]地方官吏挑选了看中的戏班，按照朝廷指示，将其选送入京。

五十五年正月浙江巡抚琅玕奉大学士阿桂传达的上谕："本年朕八旬万寿，中外胪欢，前据两淮及浙省商人吁请承办庆典段落，以抒祝嘏悃忱，业经允其所请，但朕夏秋间驻跸热河，定于八月初三日启銮，初九日回京，所有段落点缀，毋庸早为安设，该商等尽可从容赴京办理。著传琅玕、全德即谕知各该商等，令其于八月初五日以前抵京，亦不为迟。将此各谕令知之。钦此。"[5]乾隆帝要在八月初才从热河返回北京，因而传谕两淮、浙江等处商众从容办理各项庆典准备事宜，没有必要过早抵京，八月初五日以前到达即可。因此，三庆班进京时间当是遵照圣旨行事，在该年八月初五之前抵达京城。

乾隆帝八旬万寿庆典先后在避暑山庄、圆明园、紫禁城隆重举办。朝鲜进贺正使黄仁点等于七月抵达热河，李朝实录记载三处招待使臣筵宴及观剧座序如下："臣等仍就宴班，班位则诸王贝勒阁部大臣坐东序，

---

1 中国第一历史档案馆藏《乾隆万寿庆典》档案，寿27。

2 中国第一历史档案馆藏《乾隆万寿庆典》档案，寿27。

3 中国第一历史档案馆藏《乾隆万寿庆典》档案，寿27。

4 （清）袁枚：《随园诗话・批语》，《随园诗话》，人民文学出版社，1982年，第859页。

5 中国第一历史档案馆藏《乾隆万寿庆典》档案，寿27。

重行，西向北上。蒙古四十八部王、'回回'、安南国王，朝鲜、安南、缅甸、南掌使臣，台湾生番坐西序，重行，东向北上。作乐设戏于殿前三层阁，皆迓庆祝寿之辞。"[1]山庄清音阁戏台演出了多种万寿大戏。而后返回京城，八月初一日在圆明园（演出连台本戏《升平宝筏》即《西游记》故事）、十三日在宁寿宫之东，戏殿规制、班位宴仪，与热河山庄大体相同。

三庆徽部等众多地方戏班进京参加"太平盛世""衢歌巷舞"的演出，演剧艺人总计超六千。受两淮（含苏州、扬州）及浙江一带官员（如伍拉纳、琅玕等）挑选委派，三庆徽部等众多戏班进京参加表演，外来和京城艺人总计超六千名。《乾隆上谕档》载拟赏戏曲人等清单记有：

"京城戏曲人等共三千二百六十五名、班头十名。

两淮戏曲人等共二千一百六十二名、班头八名。

浙江戏曲人等共八百七十五名、班头四名。

以上班头共二十二名，每名赏一两重银锞二个；戏曲人等共六千三百二名，每名赏一两重银锞一个"。[2]

庞大的演出场面和艺人精湛的技艺，使乾隆帝得到精神上的愉悦和满足，除了照旧例给予各种戏班雇佣的费用外，六千三百余名艺人也得到每名一两的赏银。从徽班的兴起到徽班进京，都可以找到与清廷的关联。如此周详的布置，绝不是个人或少数人能力之所为，有朝廷乃至地方官员层层安排，甚至哪些戏班在从圆明园到紫禁城沿途的哪个位置，都有准确的布局。两淮、浙江与京城的艺人得到了充分学习交流的机遇。清廷不仅为清代地方戏曲艺术的蓬勃发展拓宽了空间，也为凝集着古典戏剧艺术菁华的全国性剧种京剧的诞生创造了必备的条件。

[作者单位：北京市艺术研究所]

1 吴晗辑：《朝鲜李朝实录中的中国史料》下编卷一一《正宗实录二》，中华书局，1980 年，第 4822 页。

2 中国第一历史档案馆编：《乾隆朝上谕档》，乾隆五十五年八月初八日，档案出版社，1991 年，第 852 页。

清中期内廷外学演员数量及变化轨迹

Number and Changing of Numbers of the Nanfu and Jingshan Entertainers in the Inner Court in Mid Qing Dynasty

刘国梁

Liu Guoliang

内容提要：

清代宫廷演戏规模巨大，参与人数众多。但是演员的具体数量（包含内学和外学）尤其是外学演员的数量一直是较难厘清的课题。本文通过爬梳乾隆、嘉庆、道光（道光七年以前）三朝为南府、景山学艺人（外学）发放钱粮的35条档案，对乾隆、嘉庆、道光（道光七年之前）南府、景山学艺人（外学）的数量得出了较为明确的认识。南府景山学艺人（外学）人数在乾隆、嘉庆朝、道光各朝都维持一个相对稳定的总数，乾隆朝四百人左右，嘉庆朝三百人左右，道光朝两百名左右，学艺人（外学）人数总体呈现每朝递减一百名左右的趋势。

关键词：

南府　景山　学艺人　人数

ABSTRACT:

The scale of court entertainments in Qing Dynasty was massive, and the number of entertainers was large. However, the specific number of these entertainers, both from internal and external organizations, has always been a difficult issue to clarify, especially the number of those from external organizations. By examining information of stipend and food paid to students of Court Theatrical School (*nanfu guanxue*) and Jingshan Theatrical School from 35 historical records dating to the Qianlong, Jiaqing, and Daoguang (before 1827, the seventh year of the Daoguang reign) reigns, the paper gains a clearer understanding of the number of entertainers in this period of time. The number maintained a relatively balanced total in Qianlong, Jiaqing, and Daoguang reigns - around 400 people in the Qianlong reign (1736-1795), around 300 people in the Jiaqing reign (1796-1820), and around 200 people in the Daoguang reign. The total number of entertainers shows a decline of 100 persons in each reign.

KEYWORDS:

Nanfu, Jingshan, theatrical school students, number of entertainers

南府与景山是清代中前期宫廷戏曲的主要承应机构。由于康熙、雍正、乾隆、嘉庆年间南府景山档案遗失严重，较为分散，关于其学艺人（外学）人数的考量较难进行。

学艺人是南府、景山外来艺人的专有名称，道光之后简称外学，与内学的太监伶人相对，是宫廷艺人与民间艺人沟通的桥梁。内廷伶人由太监伶人（内学）和民间伶人（外学）组成。民间伶人又分为旗籍伶人与民籍伶人，旗籍伶人是指从内务府三旗，也就是皇帝直接管辖的上三旗：正黄旗、镶黄旗、正白旗子弟中挑选的伶人。民籍伶人是指从民间伶人中挑选的伶人，他们大多来自南方的戏班，尤其是江南地区的戏班，因此水平很高，是宫廷演出的主体。

戏曲史学家王芷章先生由于接触了大量升平署档案，在其《清升平署志略》一书中较早地注意到清代宫廷伶人数量的问题，且尝试根据档案记载推断学艺人的人数："缘外学在道光元年正月十七日下谕革退民旗籍学生时，总管禄喜复奏有云'今现在南府景山外边学生，虽有三百余名（连景山在内，约三百四十人之数），较比嘉庆四年之数，不及其半。'则嘉庆四年，外学当有七百余人之多，但此数尚系经裁减后所余剩者；盖既有降低官职学生事，则亦必有裁减学生额数事，若在未裁减前之额数，约总出八九百人以上矣。"[1]朱家溍、丁汝芹先生于1999年出版的《清代内廷演戏史话》也采用了这一说法："太上皇乾隆帝去世后嘉庆朝的21年间，外边学生的人数减少了大约四百人。以嘉庆四年作为基准，是因为此时仍为乾隆朝的规模。虽然已有四年嘉庆年号，而实际掌权的仍是太上皇乾隆帝。就是说当时的外学伶人起码要有七八百人"[2]。

不过，这是根据道光时期总管禄喜的回奏推测出的人数，那么它与档案记载是否相符？赵杨先生在《道光元年外学人数考》一文中通过查找道光元年与嘉庆四年档案原文，得出禄喜所奏外学人数与档案记载不符的结论："通过档案间的相互印证，可知道光元年与嘉庆四年各月外学的具体人数并无一倍之差，嘉庆四年人数远远低于人为想象并设定的七八百人的数字。"[3]

因此，要考察清代中期内廷外学演员的数量还应从档案出发。爬梳档案，我们发现了乾隆、嘉庆、道光（道光七年之前）三朝为南府、景山学艺人发放钱粮的35条档案，通过对这些档案的分析，可对清代中期内廷外学演员的人数得出较为明确的认识。

一　乾隆时期的外学人数

（一）南府、景山官员设置

乾隆时期，南府、景山隶属于内务府，乾隆七年（1742）设置乐部，管理宫中用乐、审定乐章、撰进曲本等事，并命重臣允禄、张照、三泰等人为管理乐部大臣，此时，南府、景山一度与乐部一同管理。据鄂尔泰、张廷玉等人编纂的《国朝宫史》记载，景山设总管1名，首领2名，委署首领和太监无定额，南府亦设总

1　王芷章：《清升平署志略》，上海书店，1991年，第10页。

2　朱家溍、丁汝芹：《清代内廷演戏史话》，紫禁城出版社，1999年，第24页。

3　赵杨：《道光元年外学人数考》，《历史档案》，2009年第3期。

管1名，首领4名，委署首领和太监无定额。[1]

（二）南府、景山学艺人人数

笔者共搜集乾隆朝南府景山发放钱粮档案21条，包括：乾隆三十三年（1768）、三十五年（1770）、三十六年（1771）、三十七年（1772）、三十八年（1773）、三十九年（1774）、四十年（1775）、四十三年（1778）、四十四年（1779）、四十五年（1780）、四十六年（1781）、四十七年（1782）、四十九年（1784）、五十年（1785）、五十一年（1786）、五十二年（1787）、五十三年（1788）、五十四年（1789）、五十六年（1791）、五十八年（1793）、五十九年（1794），共21个年度。

那么，为何从乾隆三十三年开始，南府景山发放钱粮档案保存了下来？可能与当年的一场"所食钱粮，支借库银"改革有关。

据《奏销档287-096-1 乾隆三十三年正月二十八日 奏为学艺外家所食钱粮由广储司支扣事折》[2]档案中记载："二十八日，总管内务府谨奏，查得南府景山三旗佐领管领下学艺外家二百五名，所食钱粮、支借库银向由户部支领。借给招募学艺外家共二百二十五名所食钱粮、支借库银向由崇文门支领、借给。今将学艺人等支借库银之处，既经奏准，照依各太监支借库银之例，划一办理。"划一办理之后，三旗佐领管领下学艺外家与招募学艺外家也就是我们通常所说的外学所食钱粮银交崇文门于二、八月两次解交广储司按月支给；三旗佐领管领下学艺外家与招募学艺外家支借库银由内务府广储司照原数借给，其坐扣本利月份均照太监等支借之例。此年之四百三十名学艺人的工资均在一两至四两以上，每食银一两可以借给库银十两。除钱粮银与支借库银以外，三旗学艺外家还能领取米，也改由内务府恩丰仓同太监例一体支领。皇帝批复知道了，钦此。

通过这一条档案我们可以推断出乾隆三十三年学艺人（外学）进行了工资发放改革。所食钱粮，所借库银由原来的户部、崇文门支领改为内务府广储司支领，之后历年的发放钱粮档案均先将此条档案放置于前。也可能正由于这个原因才留下了之后我们查索到的这些钱粮档案。

查阅《奏销档291-255-1乾隆三十三年四月十一日 奏为南府景山三旗学艺人一年放过银借银数目事折》[3]我们可以知道，虽然是乾隆三十三年正月记载的"工资"改革事件，但是自乾隆三十二年二月至三十三年正月已经开始执行，并将一年放过库银和库本、库利数目详细分析，另誊新折，一并启奏。有了这条详细启奏的档案，我们就可以知道每个月领取钱粮的学艺人（外学）人数。需要说明的是，此年档案中就已经将"招募学艺外家"与"三旗佐领管领下学艺外家"称作"南府景山学艺人"与"内府三旗学艺人"。（其余年份表格见文章后附表）

---

1 （清）鄂尔泰、张廷玉：《国朝宫史》，北京古籍出版社，1987版，第471－472页。

2 《奏销档287-096-1乾隆三十三年正月二十八日 奏为学艺外家所食钱粮由广储司支扣事折》，中国第一历史档案馆藏。

3 《奏销档291-255-1乾隆三十三年四月十一日 奏为南府景山三旗学艺人一年放过银借银数目事折》，中国第一历史档案馆藏。

乾隆三十二年二月至三十三年正月南府景山学艺人员数量													
月份	一	二	三	四	五	六	七	闰七	八	九	十	十一	十二
南府景山学艺人	225	226	226	229	233	230	230	229	229	229	229	228	225
内府三旗学艺人	197	205	204	204	203	203	203	203	198	198	198	198	197
合计	422	431	430	433	436	433	433	432	427	427	427	426	422

《奏销档287-096-1乾隆三十三年正月二十八日 奏为学艺外家所食钱粮由广储司支扣事折》[1]中曾言道南府景山三旗佐领管领下学艺外家二百五名，招募学艺外家共二百二十五名，与乾隆三十二年二月内府三旗学艺人205名，南府景山学艺人226名的记载相符，确也稍有出入，因为每条钱粮档的最后都会记有本年学艺人病亡、新增的情况，所以每个月学艺人均有不同程度的变动，但总数基本是固定的。

据《奏销档301-179乾隆三十六年三月二十五日奏为一年发过南府钱粮数目事折》[2]可知，乾隆三十五年演员人数较上一年增加二十人左右。因为这一年是乾隆帝六旬万寿，所以演员人数有所增加。乾隆三十六年，情况也类似，这一年演员人数维持在四百七十人左右。是因为这一年朝廷为崇庆皇太后举办了八旬万寿盛典。

据《奏销档319-149-1 乾隆三十八年四月二十五日 奏为一年发过南府等处学艺人钱粮数目事折》[3]可知自乾隆三十七年三月二十九日开始，外学人员的“工资”又有所调整。经崇文门奏准，南府、景山每月所发的公费，还有内府三旗月粮搭放钱文均由内务府广储司所存钱文内就近支领。这一条也记录在案，此后历年发放钱粮数目折中均有记载。这一年之后内府三旗学艺人减少较为明显。因此可知，“万寿节”所增加之外边学生主要为内府三旗学艺人。

据《奏销档348-124 乾隆四十三年四月二十九日 奏为一年发过南府钱粮数目事折》[4]记载，此年学艺人人数降至四百人以内，乾隆四十二年崇庆皇太后驾崩于圆明园长春仙馆，应与此事有较大联系。

据《奏销档369-386 乾隆四十七年三月二十七日 奏为一年发过南府钱粮数目事折》[5]记载，乾隆四十六年学艺人人数比往年多出十余人，应与乾隆四十五年（1780）乾隆帝七十万寿相关，乾隆四十六年，人数应比四十五年减少。

据《奏销档397-001 乾隆五十一年七月初九日 奏为核明一年发过南府钱粮数目事折》[6]记载这一年学艺人数量有所增加，应与乾隆五十年时乾隆帝举办了继位五十年大庆并第二次举办千叟宴有关。

据《奏销档415-171 乾隆五十四年五月初四日 奏为核明一年放过南府钱粮数目事折》[7]记载，乾隆五十三

1 《奏销档 287-096-1 乾隆三十三年正月二十八日 奏为学艺外家所食钱粮由广储司支扣事折》，中国第一历史档案馆藏。

2 《奏销档 301-179 乾隆三十六年三月二十五日 奏为一年发过南府钱粮数目事折》，中国第一历史档案馆藏。

3 《奏销档 319-149-1 乾隆三十八年四月二十五日 奏为一年发过南府等处学艺人钱粮数目事折》，中国第一历史档案馆藏。

4 《奏销档 348-124 乾隆四十三年四月二十九日 奏为一年发过南府钱粮数目事折》，中国第一历史档案馆藏。

5 《奏销档 369-386 乾隆四十七年三月二十七日 奏为一年发过南府钱粮数目事折》，中国第一历史档案馆藏。

6 《奏销档 397-001 乾隆五十一年七月初九日 奏为核明一年发过南府钱粮数目事折》，中国第一历史档案馆藏。

7 《奏销档 415-171 乾隆五十四年五月初四日 奏为核明一年放过南府钱粮数目事折》，中国第一历史档案馆藏。

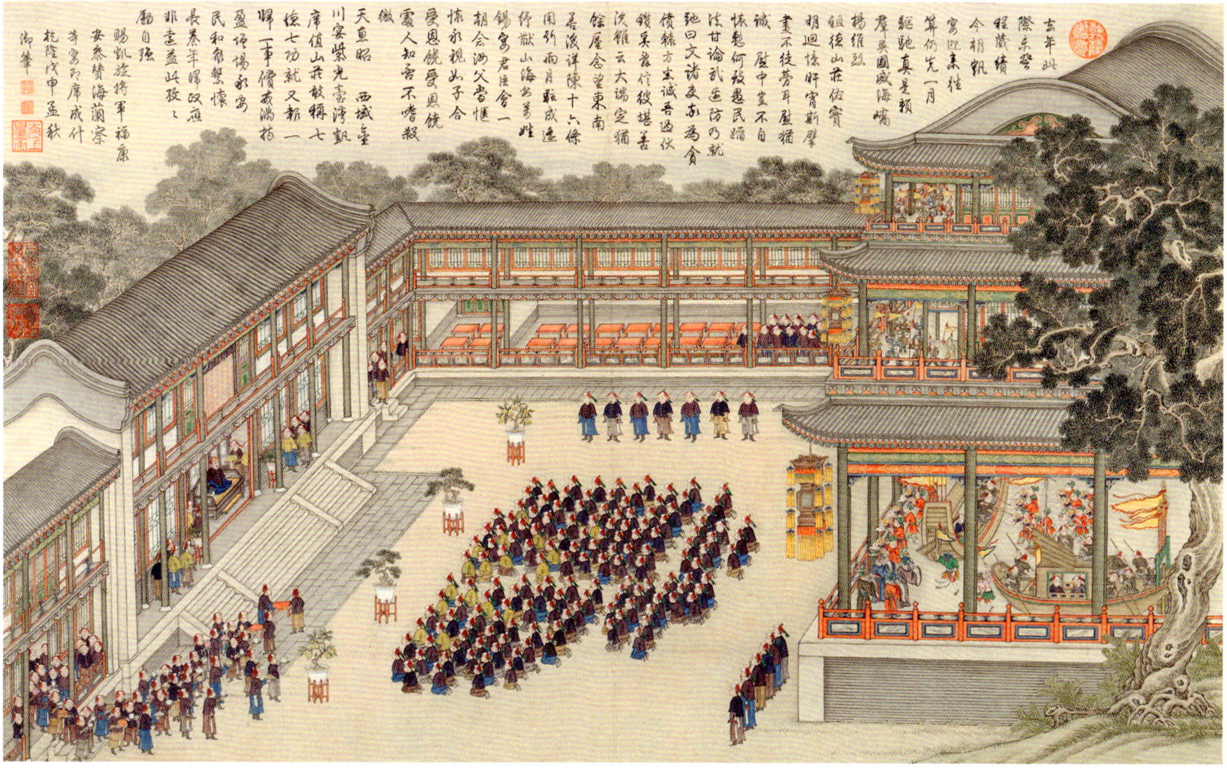

图1 《平定台湾战图·清音阁演戏图》

年学艺人人数有所增加。乾隆五十三年，台湾起义首领林爽文与庄大田均被俘虏，乾隆帝曾在承德避暑山庄福寿园清音阁宴请有功将士，有《平定台湾战图·清音阁演戏图》传世。因而这一年学艺人人数有所增加应与此事相关。〔图1〕

据《奏销档426-066 乾隆五十六年七月十一日 奏为核明一年放过南府钱粮数目事折》[1]可知乾隆五十五年学艺人人数达到巅峰。这一年是乾隆帝八十万寿，全年每月人数均在488人以上，最多的月份有497人。乾隆帝普免全国钱粮，四大徽班也于这一年进京祝寿。

据《奏销档438-192-1 乾隆五十八年 奏为查核一年放过南府钱粮数目等事折》[2]记载可知乾隆五十七年，学艺人数量又恢复到正常年份水平，这一年内府三旗学艺人人数减少二十人左右，南府景山学艺人比普通年份多出二十人左右。

从乾隆朝遗留下的档案来看，乾隆朝时期，学艺人数量基本保持稳定，南府景山学艺人与内府三旗学艺人数量之和每年基本保持在400人到500人之间，也有个别月份为390多人。学艺人人员数量最多时为乾隆五十五年二月的497人，最少为乾隆四十三年三月的391人。学艺人数量的升降与宫中重大节庆息息相关，凡有重大节日人员数量一般会增加，一两年之后又恢复到正常年份水平。

1 《奏销档 426-066 乾隆五十六年七月十一日 奏为核明一年放过南府钱粮数目事折》，中国第一历史档案馆藏。

2 《奏销档 438-192-1 乾隆五十八年 奏为查核一年放过南府钱粮数目等事折》，中国第一历史档案馆藏。

二 嘉庆时期的外学人数

笔者共搜集嘉庆朝南府景山发放钱粮档案7条，包括：嘉庆十九年（1814）、二十年（1815）、二十一年（1816）、二十二年（1817，无人员数量明细）、二十三年（1818，无人员数量明细）、二十四年（1819，无人员数量明细）、二十五年（1820）共7个年度。再加上赵杨先生《道光元年外学人数考》中嘉庆四年（1799）档案，可对嘉庆朝学艺人人数有个大致的了解。

嘉庆四年学艺人数量转引自赵杨先生在《道光元年外学人数考》一文，材料来源也是中国第一历史档案馆藏内务府奏案制作（05-0475-012嘉庆四年四月十七日与05-0481-072嘉庆五年四月十二日），嘉庆四年正月南府景山学艺人基本延续了乾隆朝学艺人的数量。二月开始，有所削减，四月再次削减，基本维持在315人左右，十月份之后又有增加，至392人，嘉庆帝生日为农历十月初六，这一月应是举办嘉庆帝万寿庆典，因而学艺人人数有所增加。而且这一年乾隆帝正月驾崩，嘉庆帝正式亲政。

通过《奏销档465-090 嘉庆十九年五月份 奏为查核自上年二月至本年正月放过南府钱粮等项数目事折》[1]记载我们可以知道，嘉庆十八年内府三旗学艺人跌破一百人，与乾隆朝相比有近一百人的差距，南府景山学艺人的数量基本与乾隆朝持平。

据《奏销档470-055 嘉庆二十年 奏为查核自上年二月至本年正月放过南府钱粮等项数目事折》[2]可知嘉庆十九年学艺人人员数量基本与上年持平，内府三旗学艺人在缓慢减少。

据《奏销档476-121 嘉庆二十一年 奏为查核自上年二月至本年正月放过南府钱粮等项数目事折》[3]记载可知嘉庆二十年学艺人人员数量基本与上年持平，内府三旗学艺人仍在缓慢减少。

据《奏销档500-142 嘉庆二十五年 奏为查核自上年二月至本年正月放过南府钱粮等项数目事折》[4]可知嘉庆二十四年学艺人人员数量有所增加，尤其是内府三旗学艺人增加二十人左右。

通过嘉庆朝档案，我们可以知道，嘉庆朝学艺人数量比乾隆朝减少一百人左右，主要减少的是内府三旗学艺人的数量。内府三旗学艺人水平不及南府景山学艺人，这可能是他们被裁撤的主要原因。

三 道光前期的外学人数

道光帝于道光元年开始裁撤南府、景山学艺人人数。道光七年道光帝下旨裁撤南府和景山，改为升平署。因此，笔者搜集到道光朝南府景山发放钱粮档案6条，包括：道光元年（1821）、二年（1822）、三年（1823）、四年（1824）、五年（1825）、六年（1826年，无人员数量明细）共6个年度。

据《奏销档506-078 道光元年 奏为查核自上年二月至本年正月放过南府等处三旗学艺人等钱粮等项数目

1 《奏销档 465-090 嘉庆十九年五月份 奏为查核自上年二月至本年正月放过南府钱粮等项数目事折》，中国第一历史档案馆藏。

2 《奏销档 470-055 嘉庆二十年 奏为查核自上年二月至本年正月放过南府钱粮等项数目事折》，中国第一历史档案馆藏。

3 《奏销档 476-121 嘉庆二十一年 奏为查核自上年二月至本年正月放过南府钱粮等项数目事折》，中国第一历史档案馆藏。

4 《奏销档 500-142 嘉庆二十五年 奏为查核自上年二月至本年正月放过南府钱粮等项数目事折》，中国第一历史档案馆藏。

事折》[1]可知嘉庆二十五年到道光元年正月南府景山学艺人数量维持在嘉庆朝的平均水平，未发生变化。

据《奏销档512-006 道光二年五月十九日 奏为查核自上年二月至本年正月放过南府等处三旗学艺人等钱粮等项数目事折》[2]记载，从道光元年三月开始，道光帝大力削减内府三旗学艺人人数，从93人削减至17人，自九月开始，南府景山学艺人也从244人削减至174人。道光时期，由于国库空虚，道光帝倡导节俭，开始大量裁撤内府三旗学艺人的数量。

道光元年八月《奏销档507-018 遵旨酌拟裁减南府景山学生人数及承应差等事》[3]中记载："遵旨酌拟裁减南府景山学生人数并承应一切差务谨缮各款列后恭呈御览。一，南府景山原设有总管太监一名，首领太监十四名，太监二百二十三名，除上年拨进宫内当差太监二十五名，病故三名，现有一百九十五名。外学总管两名，首领八名，旗籍学生九十三名，本年正月两次退出七十六名，现有十七名，民籍学生二百六十二名，本年正月退出二十三名，病故三名，现拟再行退出七十名，仍留一百六十六名，拟该处总管等声称现留人数于承应一切差务足不敷用。一，此次退出南府景山民籍学生七十名，拟令陆续由苏州织造便船回南，回南以前暂令在南府景山居住，仍着该总管等约束，如有不愿回南者，听其自谋生理，其所食钱粮米食，应于奉旨后裁撤，由苏州织造按日给予口分，至景山未经退出学生，以及总管首领太监等拟令全部移于南府居住，均归入南府，一体当差，如南府房间不敷居住，再行酌量添盖，将来到圆明园时，所有中和乐、十番学、内学等处太监拟令移于太平村居住，其外学生等亦仍令在太平村居住，以便该总管首领等，易于稽查，如房间不敷居住，由总理圆明园内务大臣酌量添盖……南府原有内大学、小内学名目今拟统名内学，南府原有外头学、外二学、外三学名目今拟统名外学。"

据此条档案可知：（1）道光元年时宫内南府、景山所有演员的数量。南府景山除学艺人外，还有太监艺人，但太监艺人的数量很难查找，也很难看出历年的变化趋势。这条档案给出了总管太监一名，首领太监十四名，太监二百二十三名的数量，因此再加上外学总管两名，首领八名，旗籍学生九十三名，民籍学生二百六十二名，就可以得出道光元年或者说嘉庆二十五年内廷演员的总体数量为603人，这是笔者所见目前档案记载中唯一一条明确出现内廷所有演员数量的档案。（2）景山于道光元年开始裁撤，剩余人员归入南府。（3）内学、外学名称从此年开始出现。学术界通常认为内学是太监伶人，外学是除太监之外的伶人，也常用内学、外学来界定有清一代所有时期的宫廷伶人，但这一称呼最早出现于道光元年。道光元年之前，称学艺人与太监伶人更为合适，为方便理解也可沿用这一称呼。

据《奏销档518-001 道光三年 奏为查核一年放过南府钱粮数目事折》[4]记载，道光二年，南府景山学艺人继续缩减，内府三旗学艺人基本保持稳定，学艺人总和在一百八十人左右。

据《奏销档524-015 道光四年 奏为查核一年放过南府钱粮数目事折》[5]和《奏销档529-085 道光五年 奏为南

1 《奏销档 506-078 道光元年 奏为查核自上年二月至本年正月放过南府等处三旗学艺人等钱粮等项数目事折》，中国第一历史档案馆藏。
2 《奏销档 512-006 道光二年五月十九日 奏为查核自上年二月至本年正月放过南府等处三旗学艺人等钱粮等项数目事折》，中国第一历史档案馆藏。
3 《奏销档 507-018 遵旨酌拟裁减南府景山学生人数及承应差等事》，中国第一历史档案馆藏。
4 《奏销档 518-001 道光三年 奏为查核一年放过南府钱粮数目事折》，中国第一历史档案馆藏。
5 《奏销档 524-015 道光四年 奏为查核一年放过南府钱粮数目事折》，中国第一历史档案馆藏。

府三旗学艺人等一年放过钱粮银钱数目等事折》[1]记载可知道光三年、四年学艺人数量基本稳定并略有增加。

四 结 论

开始于乾隆三十二年，截止于道光六年的35条档案显示南府景山学艺人（外学）人数在乾隆、嘉庆朝、道光各朝都维持一个相对平衡的总数：

乾隆朝最多497人，最少391人，均数在430人以上；

嘉庆朝最多410人，最少313人，均数在333人以上；

道光朝（道光七年之前）最多363人，最少180人，均数在184人以上。

由此可见清代中期内廷学艺人人数总体呈现每朝递减一百名左右的趋势。

学艺人包含两部分，一部分为南府景山学艺人，也就是我们通常所说的民籍伶人，一部分为内府三旗学艺人，也就是旗籍伶人，这两部分构成的是内廷演员中外学的部分，内学由太监伶人组成，此处并未找到更多的档案材料，因此太监伶人的数量只找到道光元年一年的数量，其余年份的变化趋势尚未梳理出明确的脉络，还有待于进一步研究。

至道光七年（1827）二月初六日，道光帝传旨，将南府民籍学生全数退出，二月初七日，又将南府改为升平署，南府、景山最终退出了历史舞台。

附表：

《奏销档297-255-1 乾隆三十五年五月初二日 奏为南府景山三旗学艺人等放借过银钱数目事折》[2]所记乾隆三十四年二月至三十五年正月南府景山学艺人员数量如下表：

乾隆三十四年二月至三十五年正月南府景山学艺人员数量												
月份	二	三	四	五	六	七	八	九	十	十一	十二	一
南府景山学艺人	223	219	211	211	211	210	225	220	220	213	217	217
内府三旗学艺人	236	193	193	252	252	252	251	243	243	242	235	235
合计	459	412	404	463	463	462	476	463	463	455	452	452

《奏销档301-179乾隆三十六年三月二十五日 奏为一年发过南府钱粮数目事折》[3]所记乾隆三十五年二月至三十六年正月南府景山学艺人员数量如下表：

乾隆三十五年二月至三十六年正月南府景山学艺人员数量													
月份	二	三	四	五	闰五	六	七	八	九	十	十一	十二	一
南府景山学艺人	223	223	245	244	244	237	235	235	235	235	235	234	233

1 《奏销档 529-085 道光五年 奏为南府三旗学艺人等一年放过钱粮银钱数目等事折》，中国第一历史档案馆藏。

2 《奏销档 297-255-1 乾隆三十五年五月初二日 奏为南府景山三旗学艺人等放借过银钱数目事折》，中国第一历史档案馆藏。

3 《奏销档 301-179 乾隆三十六年三月二十五日 奏为一年发过南府钱粮数目事折》，中国第一历史档案馆藏。

（续表）

月份	二	三	四	五	闰五	六	七	八	九	十	十一	十二	一
内府三旗学艺人	237	237	239	239	239	238	238	238	239	239	237	238	239
合计	460	460	484	483	483	475	473	473	474	474	472	472	472

《奏销档310-199 乾隆三十七年 奏为一年发过南府钱粮数目事折》[1]所记乾隆三十六年二月至三十七年正月南府景山学艺人员数量如下表：

乾隆三十六年二月至三十七年正月南府景山学艺人员数量												
月份	二	三	四	五	六	七	八	九	十	十一	十二	一
南府景山学艺人	232	232	230	240	238	237	237	236	236	239	239	238
内府三旗学艺人	239	238	238	236	236	235	234	234	233	232	233	233
合计	471	470	468	476	474	472	471	470	469	471	472	471

《奏销档319-149-1 乾隆三十八年四月二十五日 奏为一年发过南府等处学艺人钱粮数目事折》[2]所记乾隆三十七年二月至三十八年正月南府景山学艺人员数量如下表：

乾隆三十七年二月至三十八年正月南府景山学艺人员数量												
月份	二	三	四	五	六	七	八	九	十	十一	十二	一
南府景山学艺人	237	237	237	237	237	236	236	234	234	236	236	235
内府三旗学艺人	233	200	199	199	199	199	199	198	198	198	198	198
合计	470	437	436	436	436	435	435	432	432	434	434	433

《奏销档326-122-1 乾隆三十九年四月十九日 奏为一年发过南府钱粮数目事折》[3]所记乾隆三十八年二月至三十九年正月南府景山学艺人员数量如下表：

乾隆三十八年二月至三十九年正月南府景山学艺人员数量													
月份	二	三	闰三	四	五	六	七	八	九	十	十一	十二	一
南府景山学艺人	234	234	233	233	233	230	230	230	229	227	226	238	237
内府三旗学艺人	198	198	199	198	198	196	196	196	197	197	197	196	207
合计	432	432	432	431	431	426	426	426	426	424	423	434	444

《奏销档333-108 乾隆四十年三月二十八日 奏为核明一年发过南府钱粮数目事折》[4]所记乾隆三十九年二月至四十年正月南府景山学艺人员数量如下表：

1 《奏销档 310-199 乾隆三十七年 奏为一年发过南府钱粮数目事折》，中国第一历史档案馆藏。

2 《奏销档 319-149-1 乾隆三十八年四月二十五日 奏为一年发过南府等处学艺人钱粮数目事折》，中国第一历史档案馆藏。

3 《奏销档 326-122-1 乾隆三十九年四月十九日 奏为一年发过南府钱粮数目事折》，中国第一历史档案馆藏。

4 《奏销档 333-108 乾隆四十年三月二十八日 奏为核明一年发过南府钱粮数目事折》，中国第一历史档案馆藏。

乾隆三十九年二月至四十年正月南府景山学艺人员数量												
月份	二	三	四	五	六	七	八	九	十	十一	十二	一
南府景山学艺人	218	217	217	226	224	224	233	233	232	232	231	231
内府三旗学艺人	206	206	205	204	204	205	205	203	204	203	202	203
合计	424	423	422	430	428	429	438	436	436	435	433	434

《奏销档348-124 乾隆四十三年四月二十九日 奏为一年发过南府钱粮数目事折》[1]所记乾隆四十二年二月至四十三年正月南府景山学艺人员数量如下表：

乾隆四十二年二月至四十三年正月南府景山学艺人员数量												
月份	二	三	四	五	六	七	八	九	十	十一	十二	一
南府景山学艺人	227	227	227	216	216	215	215	214	214	216	217	217
内府三旗学艺人	181	180	180	180	180	180	180	180	179	179	180	180
合计	408	407	407	396	396	395	395	394	393	395	397	397

《奏销档354-157 乾隆四十四年四月初四日 奏为一年发过南府钱粮数目事折》[2]所记乾隆四十三年二月至四十四年正月南府景山学艺人员数量如下表：

乾隆四十三年二月至四十四年正月南府景山学艺人员数量													
月份	二	三	四	五	六	闰六	七	八	九	十	十一	十二	一
南府景山学艺人	214	213	257	254	252	251	250	250	249	247	244	244	244
内府三旗学艺人	179	178	178	178	175	177	176	176	176	176	175	175	175
合计	393	391	435	432	427	428	426	426	425	423	419	419	419

《奏销档360-278-1 乾隆四十五年四月初一日 奏为查核一年发过南府钱粮数目事折》[3]记载乾隆四十四年二月至四十五年正月南府景山学艺人员数量如下表：

乾隆四十四年二月至四十五年正月南府景山学艺人员数量												
月份	二	三	四	五	六	七	八	九	十	十一	十二	一
南府景山学艺人	242	242	242	242	246	246	245	244	243	246	246	246
内府三旗学艺人	175	174	173	173	172	169	168	168	166	203	202	201
合计	417	416	415	415	418	415	413	412	409	449	448	447

1 《奏销档 348-124 乾隆四十三年四月二十九日 奏为一年发过南府钱粮数目事折》，中国第一历史档案馆藏。

2 《奏销档 354-157 乾隆四十四年四月初四日 奏为一年发过南府钱粮数目事折》，中国第一历史档案馆藏。

3 《奏销档 360-278-1 乾隆四十五年四月初一日 奏为查核一年发过南府钱粮数目事折》，中国第一历史档案馆藏。

《奏销档365-234 乾隆四十六年四月二十日 奏为一年发过南府钱粮数目事折》中无人员发放明细。

《奏销档369-386 乾隆四十七年三月二十七日 奏为一年发过南府钱粮数目事折》[1]记载乾隆四十六年二月至四十七年正月南府景山学艺人员数量如下表：

乾隆四十六年二月至四十七年正月南府景山学艺人员数量													
月份	二	三	四	五	闰五	六	七	八	九	十	十一	十二	一
南府景山学艺人	264	264	261	261	260	258	257	257	256	256	256	256	256
内府三旗学艺人	191	190	190	190	189	189	189	188	187	187	187	187	186
合计	455	454	451	451	449	447	446	445	443	443	443	443	442

《奏销档384-147 乾隆四十九年 奏为核明一年发过南府钱粮数目事折》[2]记载乾隆四十八年二月至四十九年正月南府景山学艺人员数量如下表：

乾隆四十八年二月至四十九年正月南府景山学艺人员数量												
月份	二	三	四	五	六	七	八	九	十	十一	十二	一
南府景山学艺人	255	255	255	255	254	250	250	250	250	250	250	247
内府三旗学艺人	184	183	182	181	180	180	180	179	179	179	179	179
合计	439	438	437	436	434	430	430	429	429	429	429	426

《奏销档391-155 乾隆五十年 奏为核明一年放过南府钱粮数目事折》[3]记载乾隆四十九年二月至五十年正月南府景山学艺人员数量如下表：

乾隆四十九年二月至五十年正月南府景山学艺人员数量													
月份	二	三	闰三	四	五	六	七	八	九	十	十一	十二	一
南府景山学艺人	246	245	245	245	280	273	273	273	272	272	271	271	271
内府三旗学艺人	179	178	178	178	178	170	171	171	170	171	171	172	172
合计	425	423	423	423	458	443	444	444	442	443	442	443	443

《奏销档397-001 乾隆五十一年七月初九日 奏为核明一年发过南府钱粮数目事折》[4]记载乾隆五十年二月至五十一年正月南府景山学艺人员数量如下表：

1 《奏销档 369-386 乾隆四十七年三月二十七日 奏为一年发过南府钱粮数目事折》，中国第一历史档案馆藏。

2 《奏销档 384-147 乾隆四十九年 奏为核明一年发过南府钱粮数目事折》，中国第一历史档案馆藏。

3 《奏销档 391-155 乾隆五十年 奏为核明一年放过南府钱粮数目事折》，中国第一历史档案馆藏。

4 《奏销档 397-001 乾隆五十一年七月初九日 奏为核明一年发过南府钱粮数目事折》，中国第一历史档案馆藏。

乾隆五十年二月至五十一年正月南府景山学艺人员数量												
月份	二	三	四	五	六	七	八	九	十	十一	十二	一
南府景山学艺人	285	291	279	279	278	278	276	276	276	261	261	260
内府三旗学艺人	172	185	185	184	183	184	184	184	184	184	184	184
合计	457	476	464	463	461	462	460	460	460	445	445	444

《奏销档403-037-1 乾隆五十二年八月二十一日 奏为核明一年发过南府钱粮数目事折》[1]记载乾隆五十一年二月至五十二年正月南府景山学艺人员数量如下表：

乾隆五十一年二月至五十二年正月南府景山学艺人员数量													
月份	二	三	四	五	六	七	闰七	八	九	十	十一	十二	一
南府景山学艺人	259	257	256	256	256	255	255	255	256	256	256	256	256
内府三旗学艺人	183	183	181	181	181	181	180	180	179	178	177	177	177
合计	442	440	437	437	437	436	435	435	435	434	433	433	433

《奏销档408-012 乾隆五十三年四月二十八日 奏报一年放过南府钱粮数目事折》[2]记载乾隆五十二年二月至五十三年正月南府景山学艺人员数量如下表：

乾隆五十二年二月至五十三年正月南府景山学艺人员数量												
月份	二	三	四	五	六	七	八	九	十	十一	十二	一
南府景山学艺人	256	256	255	缺	254	253	253	253	254	253	252	252
内府三旗学艺人	177	177	177	177	177	177	176	177	176	176	176	176
合计	433	433	432	431	431	430	429	430	430	429	428	428

乾隆五十二年五月份档案中应是缺失数行，没有记载南府景山学艺人的数量。

《奏销档415-171 乾隆五十四年五月初四日 奏为核明一年放过南府钱粮数目事折》[3]记载乾隆五十三年二月至五十四年正月南府景山学艺人员数量如下表：

乾隆五十三年二月至五十四年正月南府景山学艺人员数量												
月份	二	三	四	五	六	七	八	九	十	十一	十二	一
南府景山学艺人	252	252	284	284	284	284	284	276	272	277	274	272
内府三旗学艺人	176	175	175	175	175	174	173	174	174	174	173	173
合计	428	427	459	459	459	458	457	450	446	451	447	445

1 《奏销档 403-037-1 乾隆五十二年八月二十一日 奏为核明一年发过南府钱粮数目事折》，中国第一历史档案馆藏。

2 《奏销档 408-012 乾隆五十三年四月二十八日 奏报一年放过南府钱粮数目事折》，中国第一历史档案馆藏。

3 《奏销档 415-171 乾隆五十四年五月初四日 奏为核明一年放过南府钱粮数目事折》，中国第一历史档案馆藏。

《奏销档426-066 乾隆五十六年七月十一日 奏为核明一年放过南府钱粮数目事折》[1]记载乾隆五十五年二月至五十六年正月南府景山学艺人员数量如下表：

乾隆五十五年二月至五十六年正月南府景山学艺人员数量												
月份	二	三	四	五	六	七	八	九	十	十一	十二	一
南府景山学艺人	316	315	315	315	315	315	315	313	313	312	312	311
内府三旗学艺人	181	180	180	179	178	179	179	177	178	178	177	177
合计	497	495	495	494	493	494	494	490	491	490	489	488

《奏销档438-192-1 乾隆五十八年 奏为查核一年放过南府钱粮数目等事折》[2]记载乾隆五十七年二月至五十八年正月南府景山学艺人员数量如下表：

乾隆五十七年二月至五十八年正月南府景山学艺人员数量													
月份	二	三	四	闰四	五	六	七	八	九	十	十一	十二	一
南府景山学艺人	288	286	285	285	285	283	283	283	282	282	280	280	280
内府三旗学艺人	160	158	159	159	159	159	159	159	159	158	158	159	159
合计	448	444	444	444	444	442	442	442	441	440	438	439	439

《奏销档443-060 乾隆五十九年 奏为核明一年放过南府钱粮数目事折》[3]记载乾隆五十八年二月至五十九年正月南府景山学艺人员数量如下表：

乾隆五十八年二月至五十九年正月南府景山学艺人员数量												
月份	二	三	四	五	六	七	八	九	十	十一	十二	一
南府景山学艺人	280	280	282	282	282	280	280	279	279	279	277	277
内府三旗学艺人	159	159	159	161	161	161	161	161	161	161	160	159
合计	439	439	441	443	443	441	441	440	440	440	437	436

嘉庆四年学艺人数量转引自赵杨先生在《道光元年外学人数考》一文，材料来源也是中国第一历史档案馆藏内务府奏案制作（05-0475-012嘉庆四年四月十七日与05-0481-072嘉庆五年四月十二日），嘉庆四年正月南府景山学艺人基本延续了乾隆朝学艺人的数量如下表：

嘉庆四年南府景山学艺人员数量												
月份	一	二	三	四	五	六	七	八	九	十	十一	十二
南府景山学艺人	269	243	243	192	192	192	190	190	190	269	260	260
内府三旗学艺人	141	120	119	123	123	123	123	123	123	123	114	114
合计	410	363	362	315	315	315	313	313	313	392	374	374

1 《奏销档 426-066 乾隆五十六年七月十一日 奏为核明一年放过南府钱粮数目事折》，中国第一历史档案馆藏。

2 《奏销档 438-192-1 乾隆五十八年 奏为查核一年放过南府钱粮数目等事折》，中国第一历史档案馆藏。

3 《奏销档 443-060 乾隆五十九年 奏为核明一年放过南府钱粮数目事折》，中国第一历史档案馆藏。

《奏销档465-090 嘉庆十九年五月份 奏为查核自上年二月至本年正月放过南府钱粮等项数目事折》[1]记载嘉庆十八年二月至十九年正月南府景山学艺人员数量如下表：

嘉庆十八年二月至十九年正月南府景山学艺人员数量												
月份	二	三	四	五	六	七	八	九	十	十一	十二	一
南府景山学艺人	257	252	251	250	250	250	249	248	248	249	249	247
内府三旗学艺人	93	93	93	93	93	93	93	93	93	97	87	87
合计	350	345	344	343	343	343	342	341	341	346	336	334

《奏销档470-055 嘉庆二十年 奏为查核自上年二月至本年正月放过南府钱粮等项数目事折》[2]记载嘉庆十九年二月至二十年正月南府景山学艺人员数量如下表：

嘉庆十九年二月至二十年正月南府景山学艺人员数量													
月份	二	闰二	三	四	五	六	七	八	九	十	十一	十二	一
南府景山学艺人	246	246	244	241	240	240	239	239	238	237	238	236	236
内府三旗学艺人	87	87	87	87	87	87	87	87	87	86	85	85	85
合计	333	333	331	328	327	327	326	326	325	323	323	321	321

《奏销档476-121 嘉庆二十一年 奏为查核自上年二月至本年正月放过南府钱粮等项数目事折》[3]记载嘉庆二十年二月至二十一年正月南府景山学艺人员数量如下表：

嘉庆二十年二月至二十一年正月南府景山学艺人员数量												
月份	二	三	四	五	六	七	八	九	十	十一	十二	一
南府景山学艺人	235	235	235	248	248	248	248	248	258	253	253	253
内府三旗学艺人	85	85	85	85	83	82	82	82	82	82	82	82
合计	320	320	320	333	331	330	330	330	340	335	335	335

《奏销档500-142 嘉庆二十五年 奏为查核自上年二月至本年正月放过南府钱粮等项数目事折》[4]记载嘉庆二十四年二月至二十五年正月南府景山学艺人员数量如下表：

嘉庆二十四年二月至嘉庆二十五年正月南府景山学艺人员数量													
月份	二	三	四	闰四	五	六	七	八	九	十	十一	十二	一
南府景山学艺人	255	263	263	262	262	261	260	259	259	278	278	275	275
内府三旗学艺人	97	96	95	95	95	95	96	96	96	96	96	96	96
合计	352	359	358	357	357	356	356	355	355	374	374	371	371

1 《奏销档 465-090 嘉庆十九年五月份 奏为查核自上年二月至本年正月放过南府钱粮等项数目事折》，中国第一历史档案馆藏。

2 《奏销档 470-055 嘉庆二十年 奏为查核自上年二月至本年正月放过南府钱粮等项数目事折》，中国第一历史档案馆藏。

3 《奏销档 476-121 嘉庆二十一年 奏为查核自上年二月至本年正月放过南府钱粮等项数目事折》，中国第一历史档案馆藏。

4 《奏销档 500-142 嘉庆二十五年 奏为查核自上年二月至本年正月放过南府钱粮等项数目事折》，中国第一历史档案馆藏。

《奏销档506-078 道光元年 奏为查核自上年二月至本年正月放过南府等处三旗学艺人等钱粮等项数目事折》[1]记载嘉庆二十五年二月至道光元年正月南府景山学艺人员数量如下表：

嘉庆二十五年二月至道光元年正月南府景山学艺人员数量												
月份	二	三	四	五	六	七	八	九	十	十一	十二	一
南府景山学艺人	275	275	274	274	274	272	272	272	272	272	272	270
内府三旗学艺人	96	95	95	95	95	94	94	94	93	93	93	93
合计	371	370	369	369	369	366	366	366	365	365	365	363

《奏销档512-006 道光二年五月十九日 奏为查核自上年二月至本年正月放过南府等处三旗学艺人等钱粮等项数目事折》[2]记载道光元年二月至道光二年正月南府景山学艺人员数量如下表：

道光元年二月至道光二年正月南府景山学艺人员数量												
月份	二	三	四	五	六	七	八	九	十	十一	十二	一
南府景山学艺人	247	246	246	246	246	245	244	174	172	171	170	170
内府三旗学艺人	93	17	17	17	17	17	17	17	17	17	17	17
合计	340	263	263	263	263	262	261	191	189	188	187	187

《奏销档518-001 道光三年 奏为查核一年放过南府钱粮数目事折》[3]记载道光二年二月至道光三年正月南府景山学艺人员数量如下表：

道光二年二月至道光三年正月南府景山学艺人员数量													
月份	二	三	闰三	四	五	六	七	八	九	十	十一	十二	一
南府景山学艺人	169	169	169	168	168	167	166	166	166	166	166	166	166
内府三旗学艺人	17	17	17	17	17	17	17	17	17	17	17	17	17
合计	186	186	186	185	185	184	183	183	183	183	183	183	183

《奏销档524-015 道光四年 奏为查核一年放过南府钱粮数目事折》[4]记载道光三年二月至道光四年正月南府景山学艺人员数量如下表：

道光三年二月至道光四年正月南府景山学艺人员数量												
月份	二	三	四	五	六	七	八	九	十	十一	十二	一
南府景山学艺人	166	166	165	163	179	179	178	176	176	176	176	176

1 《奏销档 506-078 道光元年 奏为查核自上年二月至本年正月放过南府等处三旗学艺人等钱粮等项数目事折》，中国第一历史档案馆藏。

2 《奏销档 512-006 道光二年五月十九日 奏为查核自上年二月至本年正月放过南府等处三旗学艺人等钱粮等项数目事折》，中国第一历史档案馆藏。

3 《奏销档 518-001 道光三年 奏为查核一年放过南府钱粮数目事折》，中国第一历史档案馆藏。

4 《奏销档 524-015 道光四年 奏为查核一年放过南府钱粮数目事折》，中国第一历史档案馆藏。

（续表）

月份	二	三	四	五	六	七	八	九	十	十一	十二	一
内府三旗学艺人	17	17	17	17	17	17	17	17	17	17	17	17
合计	183	183	182	180	196	196	195	193	193	193	193	193

《奏销档529-085 道光五年 奏为南府三旗学艺人等一年放过钱粮银钱数目等事折》[1]记载道光四年二月至道光五年正月南府景山学艺人员数量如下表：

道光四年二月至道光五年正月南府景山学艺人员数量													
月份	二	三	四	五	六	七	闰七	八	九	十	十一	十二	一
南府景山学艺人	176	176	176	175	175	173	173	172	171	171	171	171	171
内府三旗学艺人	17	17	17	17	17	17	18	18	18	18	18	18	18
合计	193	193	193	192	192	190	191	190	189	189	189	189	189

[作者单位：故宫博物院宫廷部]

1 《奏销档 529-085 道光五年 奏为南府三旗学艺人等一年放过钱粮银钱数目等事折》，中国第一历史档案馆藏。

略述清宫中的昆剧《十五贯》折子戏

A Brief Analysis of the Highlights from the Kunju Opera "Fifteen Strings of Cash" Performed in the Qing Court

张一帆

Zhang Yifan

内容提要：

明末清初苏州派剧作家朱素臣创作的传奇《十五贯》（又名《双熊梦》），自问世以后的三百多年里，全剧中的很多折子戏一直活跃在昆剧舞台上，1956年在其基础上整理改编的昆剧《十五贯》，又因天时、地利、人和，创造了"一出戏救活一个剧种"的神话。本文通过回顾昆剧《十五贯》折子戏在清代宫廷剧本收藏与演出的相关情况，得出初步结论：昆剧《十五贯》折子戏在嘉、道、咸三朝内廷的演出，是《十五贯》演出史的重要阶段。

关键词：

清宫演剧　昆剧折子戏　《十五贯》

ABSTRACT:

Fifteen Strings of Cash (Shiwu guan), also known as *A Dream of Twin Bears* (*Shuangxiong meng*), is a melodramatic (*chuanqi*) drama written by Suzhou playwright Zhu Suchen around the mid 17th century. Since its debut, many highlights from this opera continued to be active on the Kunju stage. Its 1956 revival was so imposing that it even resurrected the genre of Kunju Opera in a particular historical context. By examining script collections and the performance history of this play in the Qing court, this paper argues that the performances of highlights from *Fifteen Strings of Cash* during the consecutive courts of Jiaqing, Daoguang, and Xianfeng eras contributed significantly to the stage representation of this play.

KEYWORDS:

Qing court performance, highlights from Kunju Opera, *Fifteen Strings of Cash (Shiwu guan)*

一 昆剧《十五贯》进入清宫演出之前的时间轴

1957年印行面世的《古本戏曲丛刊》第三集收录了傅惜华先生旧藏的《十五贯》传奇原本（以下简称《丛刊》本），分上下卷，共二十六出。原本页末有“顺治七年二月”六字题跋，路工、傅惜华将其编入《十五贯戏曲资料汇编》时（以下简称《汇编》本），认为“查其墨色，似为补写，然属乾隆前钞本无疑”[1]。根据杭州师范大学人文学院彭秋溪先生的研究，《曲海总目提要》（以下简称《提要》）的原本即为《乐府考略》（与《传奇汇考》为同一种书），其著录大约起于康熙年，历经三朝，可能到乾隆年还在传增[2]，但其中提到的《双熊梦》（又名《十五贯》）尚不明确作者，其故事梗概，也与传世剧本的情节内容存在着不小的区别。高奕自述完成于康熙十年（1671）的《续曲品》[3]则可能是目前有明确纪年、见到著录《十五贯》作者为朱素臣的最早出处。而根据康保成先生的考证，朱素臣大约于康熙四十年（1701）时还在世[4]。因此，《十五贯》中的折子戏，当很可能是至迟于康熙年间开始为人所熟知且搬上昆剧舞台的保留节目。

学术界公认的是，成书于清乾隆中期，由钱德苍陆续选编刊行的《缀白裘》，所选录的都是十八世纪前中期活跃在戏曲舞台上的剧目，其中最早刊行于世的《十五贯》折子戏有《判斩》《见都》《访鼠》《测字》四出[5]（分别对应《丛刊》本的第十五出《夜讯》、第十六出《乞命》和第十八出《廉访》数折），加上后来续补的《踏勘》（《丛刊》本第十七出）、《拜香》（《丛刊》本第二十五出）二出，是目前所见《十五贯》折子戏最早的刊本。假如将这六出按照情节顺序连缀在一起，读者不难从中理解整个故事的来龙去脉。根据本文下面的看法，清宫所存《十五贯》散出戏本亦无越出此六折范围者，甚至文字内容与《缀白裘》本更接近。

苏州曲家沈起凤（1741—1802）的志怪小说集《谐铎》中有一篇《况太守祠赝梦》，讲的是一个苏州监生进京赶考前，去况公祠祈梦，结果一夜没睡着，只好吹牛说：况钟托梦给他，以后他会官至督抚，所以要给他下跪行礼。大家一听信以为真，都表示祝贺。后来进京赶考，此人不但落第，而且落魄，无钱返乡，幸亏还会唱点“时曲”，就到“翠庆部”去“作生脚”，有一天派他唱《十五贯·见都》的周忱，上场后，演况钟的演员当然要给他行礼了，就像他描述的梦境里一样。这时，此人才恍然大悟：原来连吹牛的事都会应验！沈家有个亲戚在京城做大官，听说此事后，给了这人一笔钱让他还乡，沈起凤也就“如是我闻”地录入《谐铎》了。

《谐铎》是1791年刊刻成书的，京城那时见于《燕兰小谱》记载的，虽然没有“翠庆部”，但有个“萃庆部”。沈起凤曾在乾隆数次南巡时，被选聘作迎銮新曲献于御前，其在江南曲界的影响力非同凡响，因此这段“曲人曲事”虽然略有些怪诞，但未必向壁虚构，也未必不可以诗证史——至少很有可能说明：《十五贯》

1 路工、傅惜华编：《十五贯戏曲资料汇编》，作家出版社，1957年。

2 彭秋溪：《〈传奇汇考〉〈乐府考略〉述考》，《中华戏曲》，2017年第1期。

3 郑志良：《高奕〈新传奇品〉的一个新版本——〈续曲品〉》，《戏曲研究》第84辑，文化艺术出版社2012年。

4 康保成：《苏州剧派研究》，花城出版社，1993年，第35页。

5 乾隆二十九年（1764）宝仁堂刊行《时兴雅调缀白裘新集初编》（李克明序，分阳、春、白、雪四集）；乾隆三十年（1765）续出二编（李宸序，分坐、花、醉、月四集），“判斩、见都、访鼠、测字”四出见于“花集”；乾隆三十二年（1767），续出第三编（许仁绪序，分妙、舞、清、歌四集）；乾隆三十二年（1767），续出第四编（陆伯焜序，分共、乐、昇、平四集）。乾隆三十五年（1770）合订为六编时，初编至五编，名为《新订时调昆腔缀白裘》，顺次分为风、调、雨、顺；海、晏、河、澄；祥、麟、献、瑞；彩、凤、和、鸣；轻、歌、妙、舞各集，其中二编“澄集”收录“见都、访鼠、拆字”三出。乾隆三十九年（1774）续出至十二编。乾隆四十二年（1777），四教堂以《重订缀白裘全编》翻刻宝仁堂本，改十二编为十二集，每集以一至四卷标目，调整编排次序，删补部分选目，“见都、访鼠、测字”三出见于二集四卷，“判斩”一出见于八集四卷，“勘问、拜香”二出见于十二集三卷。

的折子戏乾隆中后期不但已在苏州民间已广为传演，且已被视为“时曲”传至京城并时常演出，而大约在不久后也进入了宫廷演出。

二　清宫所藏昆剧《十五贯》折子戏剧本情况与演出记录

（一）内廷藏本保存情况

清代宫廷戏曲藏本，目前主要分藏于两处，一处是国家图书馆，主体部分系1925年从故宫内流出，由朱希祖先生购藏，后捐赠给当时的国立京师图书馆，2011年收进《中国国家图书馆藏清宫昇平署档案集成》（以下简称国图本，共108册）；一处是故宫博物院，2015年收进《故宫博物院藏清宫南府昇平署戏本》（以下简称故宫本，共450册）。二者都收有昆剧《十五贯》的折子戏剧本，限于篇幅，亦仅择其要者，分述如下（因本文资料来源仅系上述两种公开出版的影印本，故无法注明每种戏本的尺寸规格）：

1. 国图本有《批斩》总本一种[1]，《踏勘》总本二种[2]、串关一种[3]，《测字》总本一种[4]。

2. 故宫本有《批斩见都》总本两种[5]，《踏勘》总本一种[6]，《访鼠测字》总本一种[7]。

（二）内廷藏本与《古本戏曲丛刊》本（简称《丛刊》本）文字内容比勘（详见本文附表）

根据本文表格的比勘，需要重点加以关注的折子戏是《测字》（亦名《访鼠测字》）：《丛刊》本、《缀白裘》本，况钟均问及“那户人家可是姓游（尤）”时，娄阿鼠不过回答：你啰哩（哪里）晓得。娄阿鼠在舞台上搬出一条板凳来，与况钟并坐交谈，各本皆无，唯有国图本《测字》总本[8]中，在况钟问娄阿鼠测字的目的，娄答“官司”时，况钟说了：“官司，坐了讲。”就笔者目力所及，自清末以来，凡署“访鼠测字”的各种造型艺术，如戏画、雕塑等等作品中，况、娄二人并坐的板凳，是必不可少的重要道具，因为娄阿鼠惊慌失措的精湛绝技表演都要围绕这条板凳进行，这应该是艺人而不是剧作者的创造，后来也成了《测字》这出戏的最大看点。

当“测字先生”说到“竟像在里面窃取了什么东西”，娄阿鼠抢白“江湖诀偷物事你啰哩晓得”[9]；“测字先生”说到“老鼠最喜偷油”是判断受害人姓氏的依据时，娄阿鼠在惊慌失措后又喜不自胜，说“弗错个，偷油老鼠偷油老鼠哈哈哈哈”[10]，“江湖诀”和重复“偷油老鼠”之大笑，《丛刊》本与《缀白裘》本皆无。而在娄阿鼠大笑之后，况钟问“可妨事”，娄回答“不妨”，虽无舞台提示，却似乎说明此处娄阿鼠有翻下板凳的表演，才会引来这一问一答。

---

1 《中国国家图书馆藏清宫昇平署档案集成》，第 90 册，中华书局 2011 年，第 52787 页。对应《丛刊》本第十五出《夜讯》。

2 第一种见于《中国国家图书馆藏清宫昇平署档案集成》，第 90 册，第 52803 页；第二种见于《中国国家图书馆藏清宫昇平署档案集成》，第 105 册，第 61147 页。对应《丛刊》本第十七出《踏勘》。

3 《中国国家图书馆藏清宫昇平署档案集成》，第 90 册，第 52813 页。

4 《中国国家图书馆藏清宫昇平署档案集成》，第 90 册，第 53149 页。对应《丛刊》本第十八出《廉访》。

5 第一种见《故宫博物院藏清宫南府昇平署戏本》，第 386 册，故宫出版社，2016 年，第 118 页。第二种见《故宫博物院藏清宫南府昇平署戏本》，第 386 册，第 56 页。

6 《故宫博物院藏清宫南府昇平署戏本》，第 368 册，第 282 页。

7 《故宫博物院藏清宫南府昇平署戏本》，第 381 册，第 308 页。

8 《中国国家图书馆藏清宫昇平署档案集成》，第 90 册，第 53149 页。

9 《故宫博物院藏清宫南府昇平署戏本》，第 381 册，第 346 页。

10 《故宫博物院藏清宫南府昇平署戏本》，第 381 册，第 347 页。

由况钟假扮的"测字先生"指引娄阿鼠往东南方去，《丛刊》本、《缀白裘》本、国图本等中的娄阿鼠均直接问"是水路去的好，是旱路去的好"，唯故宫本《访鼠测字》总本[1]中，娄阿鼠说"东南方是苏州……哎呀呀，弗成，苏州府个况太爷，个个狗贼，个两支眼睛滴溜溜在那里缉获凶身，那说投到他网里去介"，"测字先生"继续指示"这叫作搜远不搜近"[2]。

以上故宫本《访鼠测字》的三处特色对白："江湖诀"、重复"偷油老鼠"、"搜远不搜近"，后来都成为20世纪50年代中期浙江昆苏剧团《十五贯》整理改编本的表现重点。

最后，娄阿鼠与以贴行应工、扮作测字先生徒弟的门子打招呼时，娄阿鼠油腔滑调地说"好个标致小官，门子再做得个"[3]，国图本与之最接近，为"好标致小官人，门子再作得个"[4]，《丛刊》本为"好个标致小官，江湖上人，专会受用此道"。《缀白裘》本为"好个标致小官，人倒像某某班里个小旦"。以上各种，都是为了点明扮演门子的是贴（旦），恰为中国戏曲表演中"说破""虚假"的特色。

（三）清嘉庆、道光、咸丰三朝昆剧《十五贯》折子戏的演出记录

在清南府与昇平署档案中，能够明确找到昆剧《十五贯》折子戏的演出记录，主要集中在嘉庆、道光、咸丰三朝，演出地点遍及紫禁城养心殿、重华宫、寿康宫、漱芳斋，圆明园同乐园、涵月楼、慎德堂、半亩园，避暑山庄如意洲等大小戏台，其中《宿三》《批斩》《见都》《踏勘》《测字》等是帝后经常点演的剧目，尤以道光朝的演出次数最多（嘉庆朝2次，道光朝36次，咸丰朝12次），故而下面专就道光朝的演出情况做一点统计分析。

道光朝演出昆剧《十五贯》折子戏共计36次（南府时期4次；昇平署时期32次）[5]，其中各折演出次数如下：

《批斩见都》连演13次，其中帽儿排5次[6]。

《批斩》单独演出3次。

《见都》单独演出7次（含与《测字》同一天演出1次）[7]。

《踏勘测字》连演帽儿排1次。

《踏勘》单独演出2次。

《测字》单独演出6次（含与《测字》同一天演出1次）。

《宿三》演出5次，其中帽儿排3次。

出演的演员有[8]：

1 《故宫博物院藏清宫南府昇平署戏本》，第381册，第308页。

2 《故宫博物院藏清宫南府昇平署戏本》，第381册，第353－354页。

3 《故宫博物院藏清宫南府昇平署戏本》，第381册，第359页。

4 《中国国家图书馆藏清宫昇平署档案集成》，第90册，第53164页。

5 道光二年（1822）起断国服，内廷演出趋于正常化，道光七年（1827）二月，南府被裁撤为昇平署，大批外学伶人被革退出宫，其后，终道光一朝，宫中承应内廷演出的演员主要为太监伶人。且道光年间的内廷演出数量与规模都比前朝略做减省，在这种情况下，平均每年至少要完成一次昆剧《十五贯》折子戏，比例不可谓不高了。

6 两折连演一般时长为三刻。

7 一般演出时长为一刻五分。

8 这份演员名单中，除幡绰、陈双全、天禄三人为南府时期的外学伶官外，其余均为太监伶人。

勒夫（饰况钟）：22次　　祁进禄（饰周忱）：17次

柴进忠（饰娄阿鼠）：5次　　张得禄（饰况钟）：5次

韩福禄（饰况钟）：3次　　班进朝（饰况钟）：3次

刘进喜（饰况钟）：2次　　张庆贵（饰况钟）：2次

幡绰（饰娄阿鼠）：1次　　陈双全：1次

天禄：1次　　赵吉祥（饰娄阿鼠）：1次

那么，《十五贯》所有折子戏中，被嘉、道、咸三朝帝后点演频率最高的是哪一折呢？据目前笔者查找到的清宫演剧档案可知，是《见都》。演出次数最多的演员，则是扮演况钟的内学太监勒夫，从嘉庆二十四年（1819），到咸丰二年（1852），都有他演出的记录。有意思的是，勒夫出生于《谐铎》刊行的第二年——1792年[1]。需要指出的是，在1956年整理改编本中，《见都》一场的地点被整改小组创造性地改成了在花厅进行，而之前所有的演出，这一场剧情的发生地，始终是在江南巡抚周忱的公堂上。

（四）《穿戴题纲》中昆剧《十五贯》折子戏的穿戴规制

在《穿戴题纲》[2]多达312折"昆腔杂戏"穿戴规制中，记录了昆剧《十五贯》中的六折戏，内容分别是：

监会

女禁子　蓝布衫

苏戌娟　蓝布衫打腰打头

侯三姑　青紬衫子打腰打头

刽子手　照刽子手扮

批斩

手　下　鹰翎帽布箭袖卒褂灯笼

家　丁　箭袖小页巾鸾带

刽子手　灯笼绑绳

况　钟　红圆领纱帽黑髯

熊友兰　囚衣打腰扎头手杻

熊友蕙　照前

侯三姑　青紬衫子打腰手杻

苏戌娟　素布衫子打腰手杻

---

1 道光三年（1823）花名档显示：勒夫原名张孝文，他的名字最后一次见于花名档，是咸丰十一年（1861），时年七十岁，可知其生年为1792年。同治三年（1864）的花名档中已无勒夫名，可推知至迟到当年，年过古稀的勒夫已退出历史舞台、甚至人生舞台。

2 清代戏曲服饰史料，可能为升平署管箱艺人的工作手册，其中记录了312折"昆腔杂戏"中登场人物穿戴的服装、髯口和使用的砌末。原件现存故宫博物院。

见都

一家丁　布箭袖布卒褂鹰翎帽灯笼

夜巡官　纱帽青素带一字髯

况　钟　青素带纱帽黑满髯鞭子

二更夫　鹰翎帽布箭袖卒褂梆子金锣

四军卒　布箭袖牢子帽

二旗牌　大页巾箭袖牌穗

周　忱　纱帽青花圆领白三带

踏勘

地　方　小棕帽布通袖

冯玉吾　毡帽布道袍白大吊搭

皂　吏　按角扮

二小军　红毡帽搭跨布箭袖清道旗

况　钟　纱帽红圆领黑满胡带

门　子　照角扮

测字

末　　　茧䌷道袍鸾带罗帽苍三念珠

门　子　院子衣豆腐巾拿背包

外　　　蓝缎道袍长方巾丝绦黑满胡扇子

丑　　　蓝布箭袖布绦带破罗帽草鞋狗嘴

释放

付　　　青布箭袖鸾带小棕帽

皂　吏　按皂吏扮

小　军　布箭袖搭跨红毡帽

书　吏　按角扮

况　钟　红圆领纱帽黑满胡带

熊友蕙　喜鹊衣打腰手杻扎头

侯三姑　青绸衫打腰手杻扎头

冯玉吾　白毡帽紫花布道袍白大吊搭

苏戌娟　青绸衫打腰手杻扎头

熊友兰　喜鹊衣打腰手杻扎头

娄阿鼠　喜鹊衣打腰小棕帽枷一面

《穿戴题纲》是清代中期以后通用的舞台穿扮规制，与《丛刊》本的舞台提示已经不尽相同。《丛刊》本中，对周忱的扮相规定为“苍须冠带”，《穿戴题纲》中则已标明为“白三”，增大了周、况二人的年龄差距，有利于凸显周忱的官僚主义。况钟扮演者的家门俱为老外，所以戴黑满，这在《穿戴题纲》中就是如此，直至1956年的整改本改为戴黑三，更便于本工小生的周传瑛（1912—1988）利用髯口来表演。在《穿戴题纲》中，况钟每一折的穿扮根据不同的戏剧情境，已经有所区别：《批斩》是红圆领，意指监斩；《见都》是青素官衣，意指夜行与对都堂的尊重；《测字》扮作测字先生，戴方巾穿道袍；《释放》回到苏州府公堂揭露案件真相，仍穿红圆领。

三　结　语

以上种种迹象表明，清宫所藏昆剧《十五贯》折子戏戏本，均为极富操作性的舞台演出本；清宫戏本特别是故宫本尘封禁中近百年，秘不示人，而这些本子中有不少唱词念白，是《丛刊》本甚至《缀白裘》本所没有的，但后来却能出现在很为晚近的几种整理改编本中，其原因无外乎以下两种情况：

一是，故宫本本即源自民间“时曲”。昆剧《十五贯》的演出传播，必然只能走先苏州、后北京的路线，因此其中丑行人物的苏音念白具有强烈的、原创的地域色彩，而帝后并没有因苏音难懂而要求其改唱京音，相反，各种本子里保留了用汉字记音、原汁原味的丑行人物苏音念白，这大概能说明清代帝后对昆剧艺术特色的熟悉程度。

二是，宫廷演出定本后，被艺人们以口耳并用及亲手笔录的方式传出宫外、传诸后世（以梅兰芳外曾祖陈金雀为代表）。

以上这两种情况在时间上可能前后接续，互相作用，但至少可以说明：《十五贯》部分经典折子戏的表演，有清一代一直都是上至帝后，下至黎民的共同爱好，因此二三百年中一直都在各种舞台上活态地传承着。

由上可知，嘉、道、咸三朝宫廷演出昆剧《十五贯》折子戏的记录远比民间演出完整系统，因此是昆剧《十五贯》演出史的重要阶段。直至《申报》同治十三年（1874）年开始有昆剧《十五贯》演出的信息[1]，也就是有了近代媒体之后，其在民间的相关演出记录方才不绝如缕。1955年秋冬之际，浙江国风昆苏剧团开始整理改编昆剧《十五贯》，《判斩》《见都》《测字》这些在民间和宫廷演出中千锤百炼的经典折子戏，其表演精华仍被悉数保存，成为整理改编成功的重要基石。

[作者单位：中国人民大学文学院]

1　1874年12月14日刊登的《论听讼》一文中说“海外游客与中华士人连日同往戏园观剧，见苏班演《十五贯》，京班演《九更天》等戏，游客不禁喟然叹曰：甚矣中国之□狱也。”

《批斩》

序号	《丛刊》本第十五出《夜讯》	《缀白裘》本《判斩》	清宫总本《批斩》现藏国家图书馆	清宫总本《批斩见都》（一）现藏故宫博物院	清宫总本《批斩见都》（二）现藏故宫博物院
1	[点降(绛)唇]第二句作“朱旛皂盖”	[点绛唇]第二句作“朱旛黄盖”	[点绛唇]第二句作“朱幢皂盖”	[点降(改为绛)唇]第二句作“朱旛皂盖”	[点绛唇]第二句作“朱旛皂盖”
2	况钟自报家门时作：下官，况锺，字伯律。	况钟自报家门时作：下官，况锺，字伯律。	况钟自报家门时作：下官，况鐘，字百律。后作“况鐘”	况钟自报家门时作：下官，况鐘，字伯律。后俱作“况鐘”	况钟自报家门时作：下官，况鐘，字伯律。后俱作“况鐘”
3	[混江龙]曲牌中在四人含冤前后唱词为：尽叫你赤条条不挂寸丝，只算去其爪牙，免不得密扎扎牢栓四体，赤紧紧扎尔狼豺，须不比杀之三，宥之三，着你极天叫枉，抵多少五更风五更雨，则那鸟死鸣哀。眼见得三推六问，早已九重闻，怎教俺一言半语便把缧囚贷。	[混江龙]曲牌中在四人含冤前后唱词为：只教恁赤条条不挂寸丝，只算去其牙爪，免不得密扎扎牢栓四体，赤扎缚尔狼豺，霎时间四命入泉台。须不比杀之三，宥之三，着你极天叫枉，低多少五更风五更雨，则那鸟死鸣哀。眼见得三推六问，早已九重闻，怎教俺一言半语就把累囚贷。	[混江龙]曲牌中在四人含冤前后唱词为：尽叫他赤条条不挂寸丝，只算去其爪牙，免不得密扎扎牢栓四体，赤紧的扎尔狼豺，须不比杀之三，宥之三，极天叫枉，抵多少五更风三更雨，则那鸟死鸣哀。唔眼见得三推六问，早已九重闻，怎教俺一言半语便缧囚贷。	[混江龙]曲牌中在四人含冤前后唱词为：浇杯酒奠送泉台。罪情真何用申冤叫枉，案已定怎肯纵虎归崖。	[混江龙]曲牌中在四人含冤前后唱词为：浇杯酒奠送泉台。罪情真何用申冤叫枉，案已定怎肯纵虎归崖。
4	[油葫芦]曲牌之后无“众白”	[油葫芦]曲牌之后无“众白”	[油葫芦]曲牌之后“众白”：斩犯一名熊友惠(蕙)，剐犯一名候(侯)三姑；斩犯一名熊友兰，剐犯一名苏戌娟绑出。	[油葫芦]曲牌之后无“众白”	[油葫芦]曲牌之后无“众白”
5	外：家丁每，什么时候了？夫、丑：二更三点了。外：呀，又早半夜了，取我素服过来换了。	外：家丁，什么时侯(候)了？丑：三更了。外：呀，又是半夜了，取我的素服过来。	外白：什么时候了？家丁白：三更三点了。外白：又早夜半了，在我私衙取我印信素服过来。	外白：家丁。老应。外白：什么时候了？老白：二更三点了。外白：取我印信素服过来。	外白：家丁。老应。外白：什么时候了？老白：二更三点了。外白：取我印信素服过来。
6	[煞尾]：谯楼报子牌，玉宇鸣天籁，只片刻光阴宁耐，索把血沥沥头颅亲自买。看马过来。看晶莹灯影微筛，任蹀躞马蹄乱踹，怎敢爱惜功名口倦开，列位看官每，总不须惊骇，也休教喝彩，则说俺况青天深夜尤作大诙谐。	[尾]：樵楼报子牌，玉宇鸣天籁，则这片刻光阴宁耐，索犯血沥沥头颅亲自埋。带马。丑：吓。(递鞭喝介)外：休教喝彩，不须惊骇，则说俺况青天夜深尤作大诙谐。	[煞尾]：听樵楼报子牌，玉宇鸣天籁，看晶莹灯影微筛，任蹀躞马蹄乱踹，只那片刻光阴忍耐，怎将那血碌碌的头颅亲自卖，也不用惊骇，也不须喝彩，则说俺况青天深夜尤作大诙谐。	[煞尾]：樵楼报子牌，玉宇鸣天待(改为籁)。老白：请老爷上马。只这片刻光阴宁耐，血沥沥头颅亲自埋。老白：请爷上马。外白：不须惊骇，休教喝彩，只说俺况清天，夜深尤作大诙谐。	[煞尾]：樵楼报子牌，玉宇鸣天籁。老白：请老爷上马。只这片刻光阴宁(缺末笔)耐，血沥沥头颅亲自埋。老白：请爷上马。外白：不须惊骇，休教喝彩，只说俺况清天，夜深尤作大诙谐。

《踏勘》

序号	《丛刊》本第十七出《踏勘》	《缀白裘》本《勘问》	清宫总本《踏勘》（一）现藏国家图书馆	清宫总本《踏勘》（二）现藏国家图书馆	清宫总本《踏勘》（三）现藏故宫博物院	清宫串关本《踏勘》现藏国家图书馆
1	[一江风]前有夏总甲大段念白，曲牌中亦有对白。	[一江风]前有夏总甲大段念白，曲牌中亦有对白。系汉字注音的苏白，与《丛刊》本区别很大。	从“杂扮衙役快手引外上仝唱[一江风]”开始，无夏总甲大段念白，曲牌中无对白。	从“杂扮衙役快手引外上仝唱[一江风]”开始，无夏总甲大段念白，曲牌中无对白。	开场夏总甲有大段念白，系汉字注音的苏白，与《丛刊》本区别很大，与《缀白裘》本接近。	串关中多念白，与《丛刊》本不同，且皆为用汉字注音的苏白，与《缀白裘》本接近。
2	[太师引]中有一句“早难道三刀两犬”	[太师引]中有一句“早难道三刀两刀”	[太师引]中有一句“早难道三刀两犬”	[太师引]中有一句“早难道三刀两犬”	[太师引]“早难道三刀两犬”改为“三刀两刃”	[太师引]中有一句“早难道三刀两犬”
3	[尾]之前无[刘泼帽]	[尾]之前有[刘泼帽]：几回摇曳心心旌，一时间打破愁城，梦中昭告神灵应，探鼠穴归，宝钞全生命。	[尾声]之前有[刘泼帽]：几回摇曳心旌兢，一时间打破愁城，梦中昭告神明应，探鼠穴回归，宝钞书生极。	[尾声]之前有[刘泼帽]：几回摇曳心旌兢，一时间打破愁城，梦中昭告神明应，探鼠穴回归，宝钞书生极。	[尾声]之前有[刘泼帽]：几回摇曳心旌兢，一时间打破愁影，梦中昭告神明应，探鼠穴空归，宝钞书生证。	[尾声]之前有[刘泼帽]：几回摇曳心旌兢，一时间打破愁城，梦中昭告神明应，探鼠穴回归，宝钞书生。
4	[尾]后有四句：奇冤泪瞩已无余，尤有前途载鬼车。混浊不分鲢共鲤，水清方见两般鱼。	[尾声]后无“奇冤泪瞩已无余”四句	[尾声]后无“奇冤泪瞩已无余”四句	[尾声]后无“奇冤泪瞩已无余”四句。	[尾声]后无“奇冤泪瞩已无余”四句。	[尾声]后无“奇冤泪瞩已无余”四句。

《测字》

序号	《丛刊》本第十八出《廉访》	《缀白裘》本《访鼠测字》	清宫总本《测字》现藏国家图书馆	清宫总本《访鼠测字》现藏故宫博物院
1	第一支曲牌名[步步入园林]，最后一句为：喜得故国云山，归来无恙。	第一支曲牌名[步步入园林]，最后一句为：喜得故国云山，归来无恙。	第一支曲牌名[步入园林]，最后一句为：喜得故国归来，云山无恙。	第一支曲牌名[步步入园林]，最后一句为：喜的故国云山，归来无恙。
2	第二支曲牌为[园林过江儿]	第二支曲牌为[园林通江水]	第二支曲牌为[园林江水]	第二支曲牌为[园林通江水]
3	娄阿鼠念白“一时动了贪心，杀了游葫芦”。	娄阿鼠念白“一时动子贪心，杀了游葫芦”。	娄阿鼠念白“一时动子贪心，杀子尤葫芦”，其后“了”字皆作“子”，亦以汉字注苏白音。	娄阿鼠念白“一时动子贪心，杀子尤葫芦”，其后“了”字皆作“子”，亦以汉字注苏白音。
4	娄阿鼠念白“十足替死鬼”。	娄阿鼠念白“十足个替死鬼”。	娄阿鼠念白“实坐个替死鬼”，亦以汉字注苏白音。	娄阿鼠念白“十足个替死鬼”。
5	娄阿鼠“为奸杀奇闻事”曲牌为[江儿犯]。	娄阿鼠“为奸杀奇闻事”曲牌为[江水供养]。	娄阿鼠“为奸杀奇闻事”曲牌为[江水供养]。	娄阿鼠“为奸杀奇闻事”曲牌为[江水供养]。
6	[五供养交枝]：片帆北上，客伴闲谈，话出端详。	[玉交枝]：片帆北上，客伴闲谈，话出端详。	[五玉枝]：片帆江上，客伴闲谈话出端。	[玉交枝]：片帆北上，客伴闲谈，话出端详。
7	外：你这个鼠字，是那里用的吗？丑：官司。外作手写介：一十四画，数遇成双……	外：你这个鼠字，什么用的？丑：官司。外手划介：鼠字一十四画，数遇成双……	外白：嗄，这个鼠字什么用的？丑白：官司。外白：官司？坐了讲，一十四画，数遇成双……	外白：老兄，你这个鼠字什么用的？丑白：官司。外白：呵，官司？鼠字是一十四画，数遇成双……

（续表）

序号	《丛刊》本第十八出《廉访》	《缀白裘》本《访鼠测字》	清宫总本《测字》现藏国家图书馆	清宫总本《访鼠测字》现藏故宫博物院
8	当“测字先生”说到“竟像在里头窃取了东西”，娄阿鼠直接“有些古怪，偷东西你那里看得出来？”无“江湖诀”。	当“测字先生”说到“竟像在里头窃取什么东西”，娄阿鼠说“亦来个哉，偷物事呧啰哩看得出来？”无“江湖诀”和重复“偷油老鼠”之大笑。	此处无对白	当“测字先生”说到“竟像在里面窃取了什么东西”，娄阿鼠抢白“哎呀江湖诀偷物事你啰哩晓得？”
9	“测字先生”说到“老鼠最喜偷油”是判断受害人姓氏的依据时，娄阿鼠的反应无重复“偷油老鼠”之大笑，而是“背介：这不是拆字的先生，竟是仙人子了。”	“测字先生”说到“老鼠最喜偷油”是判断受害人姓氏的依据时，娄阿鼠的反应无重复“偷油老鼠”之大笑，而是“背介：弗是测字先生，直脚是活神仙哉。”	此处无对白	“测字先生”说到“老鼠最喜偷油”是判断受害人姓氏的依据时，娄阿鼠在惊慌失措后又喜不自胜，说“弗错个，偷油老鼠偷油老鼠哈哈哈哈”之后对况钟说“先生你这乪是个活神仙哉。”
10	外白“急切不能明白哩”之后，丑：明白是不曾明白，看可有缠扰累及？外：自己用，还是代占？丑支吾介：代占。外：依数看来，只怕不是代占，这样事体，是为祸之首……你若自占，本身不落空了。省略部分还有大段况钟与娄阿鼠的关键性对话。	外白“急切不能明白哩”之后，丑：明白是勿曾明白来，看阿有倽缠扰累及？外：是己的，还是代占？丑支吾介：是代占。外：依数看起来，只怕不是代占，这样事体，到是为祸之首……你若自占，本身不落空了。省略部分还有大段况钟与娄阿鼠的关键性对话。	外白“急切不能明哉”之后，直接跳到“自占好，本身不落空了”	外白“急切不能明白”之后，丑白：明白是勿曾明白，看阿有倽缠扰我？外白：请教是自占呢，是代占？丑白：代占代占。外：代占，呧依数看来，不像代占。丑白：何以见得……你若自占，本身就不落空了。省略部分还有大段况钟与娄阿鼠的关键性对话与《丛刊》本接近。
11	“测字先生”指引娄阿鼠往东南方去，娄阿鼠直接问“是水路去的好，是旱路去的好？”	“测字先生”指引娄阿鼠往东南方去，娄阿鼠直接问“是水路去，旱路去好？”	“测字先生”指引娄阿鼠往东南方去，娄阿鼠直接问“是水路去的好，是旱路去的好？”	“测字先生”指引娄阿鼠往东南方去，娄阿鼠说“东南方是苏州……哎呀呀，弗成，苏州府个况太爷，个个狗贼，个两支眼睛滴溜溜在那里缉获凶身，那说投到他网里去介”，“测字先生”继续指示“这叫作搜远不搜近”。
12	娄阿鼠与以贴行应工、扮作测字先生徒弟的门子打招呼时，说“好个标致小官，江湖上人，专会受用此道”。	娄阿鼠与以贴行应工、扮作测字先生徒弟的门子打招呼时，说“好个标致小官，人倒像某某班里个小旦”。	娄阿鼠与以贴行应工、扮作测字先生徒弟的门子打招呼时，说“好标致小官人，门子再作得个”。	娄阿鼠与以贴行应工、扮作测字先生徒弟的门子打招呼时，说“好个标致小官，门子再做得个”。

全球化视野下明清德化白瓷的生产与贸易研究

The Research on Production and Trade of White Porcelain of Dehua Kiln in Ming and Qing Dynasties from the Perspective of Globalization

万钧

Wan Jun

内容提要：

德化窑是我国闽南地区最负盛名的民窑，是一个外销型的窑口。本文在以往研究的基础上，梳理了德化窑的社会历史、经济环境、人文风尚，充分发掘文献方志、考古遗迹和实物遗存，着重爬梳西方零星的贸易记录和家族文件等各项资料，旨在跳出以往就事论事的窠臼，把明清时期的德化窑置于全球贸易的大环境下去探讨其生产和贸易状况，以深化我们对德化窑的了解。

通过对明清时期德化白瓷生产出现的新变化及其原因的探讨，显示出德化瓷业对远方世界市场的关注，以及其为适应世界市场之需求所作出的变通和努力；通过对德化白瓷在世界贸易轨迹和收藏流转的研究，可以使我们认识到德化白瓷在中国瓷器向世界传播过程中所扮演的重要角色；通过对德化白瓷在西方的变化和运用，可以使我们看到东西文化在交流过程中的融合发展及对欧洲瓷业的发展所起的作用。

关键词：

德化窑　白瓷　全球化

ABSTRACT:

As an export kiln, Dehua kiln is the most famous folk in southern Fujian. On the basis of previous studies, this article sorts out the social history, economicenvironmentandculturalcustomsofDehuaKiln,fullyexcavates local chronicles and archaeological remains, focuses on the study of scatteredwesterntraderecordsandfamilydocumentsandothermaterials, aiming to break out of the traditional paradigm of focusing on facts and deepen our understanding of the production and trade of Dehua Kiln in Ming and Qing dynasties are discussed in the context of global trade.

The article discusses the new changes and causes of white porcelain of Dehua Kiln production in Ming and Qing dynasties, and shows Dehua porcelain industry's attention to the distant world market and its efforts to adapt to the needs of the world market. Through the study of Dehua white porcelain in the world trade track and collection circulation, we can realize the important role that Dehua white porcelain played in the process of Chinese porcelain spreading to the world. Through the changes and application of Dehua white porcelain in the West, we can see the integration and development of eastern and western cultures in the process of communication and its role of the development of European porcelain industry.

KEYWORDS:

Dehua Kiln, White Porcelain, Globalization

中国的海外贸易由来已久，自汉代起，不仅在西北陆路出现了一条连接欧亚大陆的"丝绸之路"，而且在东南海上也出现了一条"海上丝绸之路"。《汉书·地理志》中记载了中国商船从徐闻（今广东徐闻县西）出发，经都元国（在今马来半岛），再陆续经邑卢没国和谌离国（在今缅甸沿海），最后抵达黄支国（在今印度）和已程不国（今斯里兰卡）。唐代，泉州已是中国对外贸易的重要港口，有来自阿拉伯、波斯及东南亚等国的商人。宋元时期，政府鼓励海外贸易，《诸番志》一书中列举了与宋发生贸易的50多个国家或地区，最远的包括非洲的坦桑尼亚[1]。1976年，从德化盖德碗坪仑窑发掘出土的青白釉云纹军持、盖碗、瓶以及各种纹饰的盒、盘、碗等，在我国西沙群岛的全富岛和东南亚国家都有发现。据《岛夷志略》所载，元代有近百个国家或地区同泉州港有贸易往来。进入明清以后，一改以往的贸易政策，厉行海禁，这有悖于15世纪以来，新航路的开辟及全球贸易正走向一体化的大环境，因此屡禁不止，几度开合，对德化窑这样一个外销型窑口的生产和贸易势必产生重大影响。本文在以往研究的基础上，梳理了德化窑的社会历史、经济环境、人文风尚，充分发掘文献方志、考古遗迹和实物遗存，着重爬梳西方零星的贸易记录和家族文件等资料，旨在跳出以往就事论事的窠臼，把明清时期的德化窑置于全球贸易的大环境下，探讨其生产和贸易状况，以深化我们对德化窑的了解。

一 德化窑简况

德化窑是我国闽南地区最负盛名的民窑，位于今福建省泉州市西北部的德化县。《德化县志·山川志》载："环德皆山也……俯瞰长流，曲折奔注。"德化以山地为主，素有闽中屋脊的戴云山耸立中部，森林资源丰富，为瓷器的烧造提供了充足的燃料。以戴云山为中心，河流呈叶脉状向四周分流，为瓷器的生产提供了廉价的动力。大溪、畲寮溪等流入晋江，浐溪、涌溪、丁溪、盖德溪等流入闽江。晋江是福建省南部的主要河流，从泉州市晋江市入海；闽江是福建省最大河流，横跨福建全省，至福州市入海，为瓷器的运输提供了便利的水运条件。德化瓷器可以从水路直达泉州港、福州港、厦门港、晋江安海港和漳州月港等重要外贸港口，为瓷器的外销减少了运输成本。最重要的是德化县矿藏丰富，与制瓷有关的高岭土、瓷石、紫砂矿、石英石和黏土等储量大，品质优，为瓷器的生产提供了易得的原料。得天独厚的自然条件为德化窑的生产和海外贸易打下了坚实的基础。

德化的制瓷历史悠久，可以追溯到新石器时代。1958年，福建省闽南新石器时代遗址调查小组在德化浔中镇丁溪村的云尾山、牛尾寨、四埔山三处新石器时代遗址上，采集到陶片和釉陶。[2]1974年，在美湖乡后坪山遗址又采集到一些陶片。[3]由于没有发现窑址，不能肯定这些陶片和釉陶是德化窑制品，但可以说明，此时的制陶技术与德化窑或德化窑的形成应该有某种渊源关系。德化窑有窑址可考的历史目前可追溯到商周时期。2007年10月，泉州市博物馆考古工作人员在德化县三班镇三班村和永春交界的寮田尖山发现一处窑炉

1 （宋）赵汝适：《诸番志》，中华书局，1985年。

2 福建省文物管理委员会：《闽南新石器时代遗址的调查》，《考古》1961年第5期。

3 德化县陶瓷博物馆收藏。

断面，多处陶瓷堆积，堆积层印纹陶、印纹印陶、原始青瓷叠压，经福建省考古所复查认为：这是一处商周时期的原始青瓷窑址。[1]

有关德化窑出产白瓷的最早官方记载应是明弘治四年（1491）刊行的《八闽通志》的“白瓷器，出德化县”[2]，万历四十年（1612）成书的《泉州府志》亦载：“白瓷器，出德化程寺后山中，洁白可爱。”[3]

据多次文物普查表明：德化古瓷窑分布广、数量多，全县18个乡镇202个自然村都有发现古瓷窑址，共239处，主要分布在浔中镇、三班镇、龙门滩镇、上涌乡、葛坑乡、桂阳乡等地。跨越时间长，商周时期1处，唐五代时期1处，宋元时期42处，明代30处，清代177处，民国55处。从这可以看出，宋元时期德化窑得到了高度发展，明初以后有所萎缩，清代又得到大力发展。

二　德化白瓷全球化的前提

德化白瓷要进入世界贸易体系，首先起决定因素的是国家的海外贸易政策，其次是德化白瓷的品质及德化窑适应海外市场的能力，下面就这两个方面进行考察。

1.明清时期海外贸易政策的改变为德化白瓷的全球化提供了可能

明初，“明祖（朱元璋）定制，片板不许下海”[4]，禁止私人海外贸易，只允许一定数量的朝贡贸易存在，导致我国海外贸易由盛转衰。郑和七次下西洋，远达阿拉伯半岛和非洲东海岸，海外贸易的主要物品除了丝绸外，最引人注目的就是瓷器。成化八年（1472），朝廷将设在泉州近300年之久的市舶机构迁至福州，德化窑瓷器外销的口岸随之发生了变化，从主要集中在泉州港逐渐向北、向南移动，北有福州港，南有晋江安海港和漳州月港。到嘉靖时期，众多世代以贩海为生的小民为了生存形成了海商集团，在巨大经济利益的驱使下，他们以武力对抗海禁，以致“寇与商同是一人，市通则寇转而为商，市禁则商转而为寇”[5]。晋江安海港和漳州月港迅速地以民间贸易的形式成为走私贸易的中心，泉州地区的瓷器源源不断地以非法的方式输出国外。嘉靖四十五年（1566）十二月在月港设置海澄县[6]，加强对月港的管理。隆庆元年（1567），明穆宗继位不久即宣布“准贩东西二洋”[7]，开放福建漳州月港[8]。月港随由海商“嗜利通番，今虽重以充军、处死之条，尚犹结党成风，造舡出海私相贸易”[9]变为有序、合法的民间海外贸易港口。万历二十二年，在月港正式改设督饷馆，管理私人海外贸易，向海商征收饷税。在这种情况下，私人海外贸易的规模越来越大，涌现出了一批拥资雄厚的帆船商人。据载：在1615年（万历四十三年），中国就出现了拥资5500～7500英镑的大

1 李熙惠、林良标：《全国罕见原始青瓷窑址现身泉州》，《海峡都市报》2007年11月16日。

2 （明）陈道修、黄仲昭纂：《八闽通志》卷二六《物产》，弘治四年刻本。

3 （明）黄凤翔等编纂：《泉州府志》，万历四十年刻本。

4 《明史》卷二五〇《朱纨传》，中华书局，1974年，第5403页。

5 郑若曾：《筹海图编》卷一一，《景印文渊阁四库全书》第584册，台北“商务印书馆”，1986年，第278页。

6 这时，嘉庆帝已死，隆庆帝已继位，设置海澄县应为隆庆帝所为。

7 （明）张燮：《东西洋考》卷七《饷税考》，中华书局，2000年，第131－132页。

8 月港，位于漳州东南25公里处，地僻人贫，百姓多以海为生，海禁时期是走私贸易的小港湾。

9 陈子龙：《明经世文编》卷二八〇《通番舶议》，中华书局，1962年，第2967页。

海商，1602年时，荷兰东印度公司的最大股东才拥资8100英镑。[1]月港在万历年间进入全盛。“泉、漳二郡商民，贩东西二洋，代农贾之利，比比皆是”[2]。德化白瓷经月港、安海港大量输出海外。

清朝建立之初，由于明末将领郑成功盘踞福建东南沿海，拥兵拥海对抗清廷，为了剿灭郑成功及反清复明势力，实施“海禁”政策。顺治十二年（1655）六月，清政府下令沿海省份“无许片帆入海，违者立置重典”[3]，顺治十三年六月，顺治帝敕谕浙江、福建、广东等地督、抚、镇官员，“海逆郑成功等窜伏海隅，至今尚未剿灭，必有奸人暗通线索，贪图厚利，贸易往来，资以粮物。若不立法严禁，海氛何由廓清”[4]，康熙元年（1662）、四年、十四年又三次颁布禁海令。顺治十七年，康熙元年、十七年三次颁布迁海令，“岁壬寅二月（康熙元年二月），忽有迁民之令，满洲科尔坤、介山二大人者亲行边徼。令滨海民悉徙内地五十里，以绝接济台湾之患。于是麾兵折界，期三日尽夷其地，空其人民”[5]。康熙二十二年清政府剿灭郑成功，收复台湾，第二年即取消“海禁”政策。《清朝文献通考》载：“今海内一统，寰宇宁谧，满汉人民相同一体，令出洋贸易，以彰富庶之治，得旨开海贸易。”[6]同年六月，康熙下令：“海洋贸易，实有益于民，但创收税课，若不定例，恐为商贾累，当照关差例，差部院贤能司官前往，酌定则例。”[7]这是清廷正式作出的关于开海贸易、设专官收税的决策。九月，清廷决定设立闽、粤海关。雍正五年（1727），宣布废除南洋禁海令。此后再也没有实行过海禁，海外贸易进入了一个新的发展时期。厦门港凭借自身良好的港口优势逐渐取代月港和安海港，成为福建南部最大的港口，被辟为福建省通洋正口和全国对台航运的总口，也被清政府定为往南洋官方贸易的发船中心。即使到了嘉庆、道光时期，厦门港有所衰退，但每年从厦门开赴暹罗的大船至少还有40艘，还有很多大船开往婆罗洲等东南亚地区。[8]厦门港成为闽南陶瓷外销的中转站和集散地，德化瓷器又经厦门港大量输出海外。《厦门志》载：“其出洋货物，则漳之丝绸纱绢，永春窑之瓷器。”[9]德化解元郑兼才在《窑工》诗中写道：“下岭如飞骑，上岭如行蚁。骈肩集市门，堆积群峰起。一朝海舶来，顺流价倍蓰。不怕生计穷，但愿通潮水。”[10]记述了德化瓷器外销的盛况。

2.德化白瓷的品质及德化窑适应海外市场的能力具备了全球化的条件

宋元时期，德化窑烧制瓷器完成了由青瓷向青白瓷、白瓷的转变。明初，白瓷基本沿袭元代的胎釉配方和生产工艺，器物胎质较黑，呈暗灰色，釉面白中闪黄，俗称“象牙白”“奶油白”；成化至隆庆时期，器物的胎质细腻，胎釉结合紧密，出现了独特的“糯米胎”；万历以后，德化白瓷的生产水平和工艺水平达到鼎盛，胎质洁白细腻，釉水洁净，与胎骨结合紧密，浑然一体，釉色莹润光亮，在日光照射下，一种白中隐现粉红，俗称“孩儿红”，一种白里微泛黄色，俗称“猪油白”。明末清初，德化白瓷开始走下坡路，产量减少，胎

1 田汝康：《15至18世纪中国海外贸易发展缓慢的原因》，《新建设》1964年8－9期。
2 （明末清初）顾炎武：《天下郡国利病书》卷九六。
3 （清）金象豫：《国朝大事记》“世祖大政纪略第四”，清钞本。
4 中国人民大学清史研究所：《清史编年》卷一，中国人民大学出版社，2011年，第453页。
5 （明末清初）屈大均：《广东新语》卷二《地语·迁海》，清康熙天水阁刻本。
6 《清朝文献通考》卷三三《市籴》。
7 《清实录》第五册《圣祖仁皇帝实录》卷一一六，中华书局，1985年，第200页。
8 （清）周凯：《厦门志》卷一五《风俗记》。
9 （清道光）《厦门志》卷五。“永春窑”即德化窑，因自雍正十二年起，德化为永春所辖。
10 《德化县志》卷一六《艺文》。

质较前略为粗松，釉色以白色泛青为主，质量较好的乳白釉和纯白釉多见于康熙时期；嘉道以后走向衰落。

德化白瓷器形繁多，有壶、瓶、罐、尊、觚、香插、灯、灯座、烛台、炉、鼎、簋、钵、碗、盘、碟、杯、盏、爵、匜、案屏、笔筒、盒、印章、砚台、洗、水注、水丞、箫等，陶瓷雕塑独树一帜，成为德化窑的特色产品，宋应星《天工开物》中载："德化窑，惟以烧造瓷仙精巧人物玩器，不适实用。"[1]按题材可分为：宗教与民间信仰雕塑，包括如来、观音、达摩、弥勒、福德正神、文昌帝君、八仙、关羽、天后、寿星等；人物雕塑，包括李白、朱熹及一般人物等；动物雕塑，包括麒麟、狮子、牛、马、狗、喜鹊、螃蟹等；水果雕塑，包括桃、荔枝等。

这时正处在世界地理大发现后，欧洲各国商人蜂拥而至亚洲的时间，德化白瓷被销往海外，法国人称其为"鹅绒白""中国白"。观音、佛、弥勒、仕女、狮子、盒、碟子、碗、爵形杯、梅花杯等深受西方人喜爱，英国学者唐·纳利在其《中国白：福建德化瓷》中写道："'中国白'器物到达欧洲，立即引起很大的轰动。最早写中国陶瓷的作家们用赞赏的词汇来描述。"[2]而最受欢迎的当属观音等雕塑，《中国白：福建德化瓷》中还写道："我们不能期望在这里发现古典的或文艺复兴时期雕塑这样的奇迹——规格和材料限制了这种可能，但在可能的情况下，他们达到了顶峰！没有别的瓷器塑像可以望其项背。"[3]1655年在荷兰阿姆斯特丹出版的《布里奥新画集》（Blaeuw's Nieuw Atlas）中出现了一件德化窑观音像的插图。[4]1681年，荷兰画家伦纳德·库伊夫（Leonard Knyff）的一幅静态写生画中描绘了一件德化窑玉兰花形杯。[5]18世纪中叶，法国一幅《布里昂夫人（Madame Brion）在书房》的油画，壁架上出现了一件德化杯。[6]

随着传统产品的外销，欧洲人对德化白瓷产生了浓厚的兴趣，传统品类逐渐不能满足他们的需求，开始出现按需生产的定制产品，由欧洲的贸易商提供器物的模型或图纸等，德化匠师按订单生产，可分为中西合璧式德化白瓷和西式德化白瓷两类：中西合璧式德化白瓷为一件作品上兼具中、西两方的文化元素，如圣母和圣婴，骑龙、骑麒麟的欧洲人，穿欧洲衣服的女孩及在中国的欧洲狩猎者等雕塑[7]，其中圣母和圣婴的造型酷似送子观音，只是脸部和服饰有所不同，显然是以送子观音为蓝本稍加变化而成；在中国的欧洲狩猎者加上了中式的自然环境，有中式山石、佛龛、小桥，应该是为了进一步满足欧洲人对中国的好奇心。西式德化白瓷有西洋宗教人物、西洋一般人物、西洋生活组雕、玩偶、烛台、咖啡罐、牛奶罐、啤酒杯等，定制"中国白"产品在德化窑的生产中占有相当比例。在德国德累斯顿萨克森家族的《德累斯顿藏品清单》中记载："N25,6件黑发裸体女站在小山上""N31,3个男人坐着弹奏一乐器，旁边站着一个印度小孩""N35,21件戴帽子和哨子的人骑在龙上""N39,5件玩偶，3件骑狮，2件骑马""N46,3件戴帽子和哨子的小人像"等[8]；1703年抵达厦

1 （明）宋应星《天工开物》卷中"白瓷（附青瓷）"，明崇祯刻本。

2 ［英］唐·纳利：《中国白：福建德化瓷》，福建美术出版社，2006年，第1页。

3 ［英］唐·纳利：《中国白：福建德化瓷》，福建美术出版社，2006年，第65页。

4 John Ayers, 'Blanc de Chine: some reflections', *Transactions of the Oriental Ceramic Society* vol. 51, 1986-7, pp. 13-36.

5 Arthur I Spriggs, 'Oriental porcelain in Western paintings 1450-1700', *Transactions of the Oriental Ceramic Society*, vol. 36, 1964-6, pp. 73-87.

6 甘雪莉：《中国外销瓷》，三联书店（香港）有限公司，2008年，第105页。

7 ［英］唐·纳利《中国白：福建德化瓷器》，福建美术出版社，2006年，第324页图122、第308页图106A、第323页图121B、第330页图128A、第320页图118A。

8 ［英］唐·纳利：《中国白：福建德化瓷器》，福建美术出版社，2006年，第177、178页。

门的Union商船的船货清单中也记载了两件荷兰人家庭像、两件荷兰人像、两尊圣·玛利亚像、65尊讲坛教士像等。[1]然而观音、仕女等传统中国造像仍是出口的大宗，以致瓷雕匠师不断涌现，明代有何朝宗、林希宗、林朝景、张寿山、陈伟等，清代有何朝春、许良西等，以何朝宗的成就为最高，其作品被誉为东方艺术的珍品，在世界上许多博物馆都有收藏。

三　德化白瓷贸易的全球化

14世纪中期至16世纪中期，是世界航海业大发展、世界面貌发生急剧变化的时期，尤其是15世纪末至16世纪初的地理大发现以后，欧洲尽人皆知东方的富庶，纷纷向东追求财富梦想。葡萄牙的"克拉克"巨舰，西班牙的"马尼拉"大帆船首先来到亚洲，荷兰、英国、瑞典等东印度公司紧随其后，开辟了亚洲—印度洋—非洲—大西洋—欧洲航线和亚洲—太平洋—北美洲—大西洋—欧洲航线，目前在亚洲、非洲、欧洲、北美洲的一些国家和太平洋、大西洋海域的航线上都有德化白瓷出土和出水。

1.亚洲—印度洋—非洲—大西洋—欧洲航线

最早在亚洲从事海运通商的欧洲人是葡萄牙人，他们1498年绕过好望角，1510年占据印度西海岸的果阿，1511年在马来半岛西部的马六甲建立主要的贸易中心，早至1515年（正德十年）就开通了欧洲到中国的航线[2]，1553年，商船借口避风，强行占领澳门，后来得到了在澳门的居住权，在澳门和我国进行贸易。很多葡萄牙商船运载着中国的丝绸、茶叶、瓷器、漆器和东南亚国家的香料往来于葡萄牙里斯本、印度果阿和我国的澳门、广东之间。开启了一条前无古人的致富之路。里斯本很快成为欧洲专门销售东方奇珍的中心。

在巨大的经济利益驱使下，1571年，荷兰的舰队到达马尼拉，插手进远东地区。1602年，荷兰东印度公司成立；1606年，荷兰舰队在马六甲海峡击败西葡联合舰队，驱逐葡萄牙殖民势力；1619年，在爪哇北部建立了巴达维亚城（今雅加达），作为殖民扩张的据点。中国帆船商人把各种瓷器，其中不乏德化白瓷，从月港、厦门港运到巴达维亚，荷兰东印度公司的商船经印度洋，绕过好望角进入大西洋，抵达阿姆斯特丹。17世纪上半叶，荷兰东印度公司在印度和日本都设立了贸易据点，1624年在台湾设立分部，1644年获准在厦门建立贸易据点[3]，更有利于对中国的贸易。然而在这条航线上，运载德化白瓷最活跃的应该是英国人，从厦门港驶回欧洲的英国商船上往往运载大量德化白瓷。[4]以下贸易点的遗存，航路上出水的德化白瓷均可佐证当年的贸易路线。

澳门的圣保罗教堂及毗邻的学院废墟中发现了德化白瓷碎片。[5]

荷兰人在1609年及1641年分别在日本的平户、出岛建立荷兰东印度公司的贸易据点，两地考古均有发现

1 ［英］甘淑美：《17世纪末～18世纪初欧洲及新世界的德化白瓷贸易》（第一部分），《福建文博》2012年第4期。

2 Toby & Will Musgrave, *An Empire of Plants: People and Plants That Changed the World*, CASSELL & CO, 2000, Printed in Hong Kong, p91.

3 Toby & Will Musgrave, ibid, p93.

4 ［英］甘淑美：《17世纪末～18世纪初欧洲及新世界的德化白瓷贸易》（第一部分），《福建文博》2012年第4期。

5 ［英］甘淑美：《17世纪末～18世纪初欧洲及新世界的德化白瓷贸易》（第一部分），《福建文博》2012年第4期。

德化白瓷，在堺市亦有瓷箫残片出土。[1]

2004年，中国国家博物馆水下考古研究中心对福建东山县明郑晚期的冬古沉船遗址进行水下考古发掘。出水一批华南瓷器，其中的德化白瓷以杯为主，有少量碗。[2]

1983年，澳大利亚人迈克·哈彻在南中国海域组织打捞沉没于明崇祯十六年至清顺治三年间（1643—1646）的哈彻大帆船。这是一艘中国大帆船。出水瓷器23000多件，其中德化白瓷845件，有碗、杯、盒、觚、炉、壶及包括观音在内的雕塑人物等。[3]

明万历年间（1573—1620）沉没于越南南部平顺省海域的平顺号沉船（Binh Thuan）是一艘中国大帆船，船货大部分为青花瓷，德化瓷包括杯、碗、盘、匙、盒、塑像等。1990年，越南Salvage公司与瑞典Hallstrom Holdings Oceanic公司联合发掘头顿沉船（Vung Tau wreck）。头顿船也是一艘中国大帆船，沉没于清康熙年间（1662—1722），出水的德化瓷器主要是斗笠杯、碗、盘、勺、顶部装饰着桃花图案的瓷盒、观音塑像、槟榔盒以及神仙和动物塑像等。[4]1998年8月至1999年10月，越南Visal公司、越南历史博物馆及金瓯省博物馆对在金瓯省陈文时县海域清雍正年间（1723—1735）的沉船进行了考古发掘。从船上直接收集到瓷器6万多件，加上没收民间违法打捞的瓷器共13万件，大部分是青花瓷，兼有少量德化窑白瓷，其中包括德化窑白釉贴花花卉纹炉和梅枝纹蟾蜍水盂。[5]

1760年沉没于菲律宾南部的英国东印度公司Griffin沉船，打捞出水了观音塑像和一些较小的道教神仙像。[6]

1751年，荷兰东印度公司的商船海尔德马尔森（Geldermalsen）在印度尼西亚Lingga群岛触礁沉没。打捞到多于160000件的中国外销瓷器，包括数件疑似德化白瓷的立于长方座上的白釉道教神仙像。[7]在东爪哇等岛屿发掘出土了一批16世纪下半叶的德化瓷碎片和瓷塑。[8]

在1602年建于印度果阿旧城圣山上的圣奥古斯丁教堂的废墟中发掘出一些德化白瓷片，包括直颈瓶、执壶、槟榔盖盒、玉兰形杯、鸟及犬塑像的残片。[9]从1686年被奥伦格泽比（Aurangzebe）消灭的比加普（Bijapur）德干王国的城市废墟中也发现了一些德化瓷碎片。[10]

从9世纪至19世纪中叶，在肯尼亚古代遗址和墓葬出土的中国瓷器，无论是品种和花样都十分丰富，有龙泉青瓷，景德镇和乐平青花、青白瓷，德化白瓷等。[11]1686年，Nossa Senhora dos Milagros沉没于南非西开普省厄加勒斯海角附近，从中打捞到的德化白瓷有牡丹纹槟榔盖盒、贴花梅花纹直颈瓶、贴花梅花纹执壶及佛像、仙人像瓷片，相类的残片在德化县浔中镇岭兜窑以及宝美村甲杯山窑均有出土；1697年，荷兰东印度

1 ［日］川口洋平：《长崎县埋藏文化财年报9》，长崎县教育委员会，2002年3月，第47页，编号6-8。

2 刘淼、羊泽林：《明清华南瓷业的生产及外销》，《考古与文物》2016年第6期。

3 ［英］霍吉淑：《谈明代德化窑瓷器》，《福建文博》2004年第4期。

4 *The Vung Tau Cargo: Chinese Export Porcelain, Auction Catalogue of Christie's Amsterdam*, Tuesday 7 April 1992 and Wednesday 8 April 1992.

5 ［越南］阮庭战：《(1998—1999)金瓯沉船水下考古学发掘结果报告》，越南历史博物馆资料，2002年；Sotheby's Amsterdam,2007. *Made in imperial China, 76 000 pieces of Chinese export porcelain from the Camau Shipwreck*, circa 1725. Auction Catalogue.

6 Franck Goddio,Evelyne Jay Guyot de Saint Michel, *Griffin: On the Route of an Indiaman*, London, 1999, pp.136-137, pp. 276-278.

7 ［英］甘淑美：《17世纪末～18世纪初欧洲及新世界的德化白瓷贸易》（第一部分），《福建文博》2012年第4期。

8 朱培初：《明清陶瓷与世界文化的交流》，轻工业出版社，1984年。

9 ［英］甘淑美：《17世纪末～18世纪初欧洲及新世界的德化白瓷贸易》（第一部分），《福建文博》2012年第4期。

10 ［英］唐·纳利：《中国白：福建德化瓷器》第106页。

11 马希桂：《从中国瓷器的大量出土看中肯两国久远的贸易交往》，《中国古代陶瓷的外销》，紫禁城出版社，1987年。

公司的伍斯特兰德号（Oosterland）沉没于南非西南端的开普敦附近，发现德化白瓷杯、盒、佛像人物、狮形烛台、动物雕塑等；1713年荷兰东印度公司的Bennebroek，在从锡兰（今斯里兰卡）返回荷兰途中，沉没于南非开普敦阿古拉斯角东面。打捞的德化白瓷包括数尊神像、狮子、犬及欧人骑龙形哨子。[1]

在荷兰阿姆斯特丹北部阿尔克马尔（Alkmaar）的废墟中发掘出了数件德化瓷器，其中包括一件公道杯。[2]

1984年，以迈克·哈彻为领队的水下打捞公司在瑞典海域南打捞了沉没于1745年的哥德堡号(East Indiaman Gotheborg)，这是一艘瑞典东印度公司的商船，出水瓷器14万多件，其中包括德化白瓷和德化青花，主要有杯、碗、碟和雕塑人物等。[3]

2.亚洲—太平洋—北美洲—大西洋—欧洲航线

在16世纪下半叶至19世纪初的250年间西班牙参与了德化白瓷的运销。1565年4月，西班牙入侵菲律宾，1571年占领马尼拉作为贸易基地。西班牙船只可以从马尼拉向北航行到约北纬40度，如果机缘巧合，就能利用西向信风和水流，抵达美国加利福尼亚海岸，但也有可能最北到俄勒冈州，再向南行驶到达墨西哥阿卡普尔科港。瓷器等物品到港后，会运往西班牙在美洲的各殖民地，还会利用驼队，穿越墨西哥运往加勒比海港口维拉克斯，再装船途径古巴的哈瓦那等港口横穿大西洋回到达西班牙。1573年，两艘载有22300件中国瓷器的西班牙大帆船从马尼拉出发，横跨太平洋驶往墨西哥阿卡普尔科港，这是中国瓷器运往美洲的最早记载。[4]

北美西北海岸的俄勒冈州海滩沿岸及相邻的提拉穆克县Nehalem海湾都发现了一些德化白瓷片。瓷片来自马尼拉大帆船圣克里斯托布尔戈斯（Santo Cristo de Burgos）沉船。此船载有蜂蜡、丝绸、香料、瓷器等，1693年从马尼拉启航至新西班牙殖民地，中途消失。在美国东南部阿拉巴马的Old Mobile出土了86块德化白瓷牡丹纹杯残片和44块其他白瓷残片。[5]

在墨西哥考古遗址中普遍发现德化白瓷残片，在位于瓦哈卡市附近1521年由西班牙侵占、前哥伦布时期的Monte Albán考古遗址发现了一个小侍从塑像[6]；墨西哥旧城、大寺庙、市政广场等考古遗址，发现包括动物人物塑像、梅花纹杯、梅花纹八方葵口杯和光素杯等的瓷片；圣赫罗尼莫修道院发掘出荷叶杯、莲瓣杯、梅花纹八棱花口杯及牡丹纹圆盖盒瓷片；瓦哈卡圣多明各修道院也发掘出包括65个小盘、377个梅花纹或光素的碗和杯、花卉纹圆盒盖、花卉纹六方盒、牡丹纹槟榔盒的瓷片。[7]

1966年，罗伯特·马克斯率领的水下考古队，对1692年因地震沉于海底的牙买加古罗亚尔港做了调查，发现了多件德化“中国白”观音像[8]；1987年夏，美国海洋考古研究所等联合考古队，在罗亚尔港进行地面发掘

1 ［英］甘淑美：《17世纪末～18世纪初欧洲及新世界的德化白瓷贸易》（第一部分），《福建文博》2012年第4期。

2 ［英］甘淑美：《17世纪末～18世纪初欧洲及新世界的德化白瓷贸易》（第一部分），《福建文博》2012年第4期。

3 Wästfelt, Berit, Bo Gyllensvärd,and Jörgen Weibull, *Porcelain from the East Indiaman Gothborg*, Bo Gyllensvärd, Claes Jasson and Förlags AB Wiken 1990, P.55.

4 ［美］舒尔茨：《马尼拉大帆船》，纽约，1959年，第15页。

5 ［英］甘淑美：《17世纪末～18世纪初欧洲及新世界的德化白瓷贸易》（第二部分），《福建文博》2014年第3期。

6 此像自1852年起就成为柏林国家博物馆的收藏。

7 ［英］甘淑美：《17世纪末～18世纪初欧洲及新世界的德化白瓷贸易》（第二部分），《福建文博》2014年第3期。

8 ［美］马克斯（Robert Marx）：《牙买加罗亚尔港的水下遗存》，《水下考古初步规程》，1972年，第139页。

时，出土了28件中国瓷器[1]，至少有4件白瓷狮子是“中国白”[2]，其中带插管的瓷狮，1963年在德化屈斗宫窑址出土过一件雷同者。[3]1981—1983年，美国海洋考古研究所对牙买加的佩德罗沙岛做了6次考古调查，在5号沉船遗址中发掘出了一些中国外销瓷碎片，经修复，得到至少3件“中国白”茶杯[4]，年代为17世纪晚期。[5]

约1650—1670年，Tankard在驶往西班牙途中在百慕大附近沉没，沉船遗址中发现两块德化白瓷龙纹杯残片和数块梅花纹杯残片。[6]

以上转运地的遗存，目的地的出土残器和沉船遗物的出水，进一步证实德化白瓷在明清时期已有固定的航路，被大量运销到亚洲的东南亚地区、非洲、欧洲和北美洲。

四　从各国博物馆的传世瓷器看德化白瓷的全球化

传世明清德化白瓷目前在亚洲的东亚、东南亚，欧洲，北美洲都有收藏。中国本土以外，欧洲地区为另一收藏中心，应当与这一地区的国家及东印度公司在明清时期参与德化白瓷贸易密切相关。日本学者三上次男在1981年4月参观德化古瓷标本时曾提到：德化瓷箫笛现在日本箱根神社还作为“社宝”保存。[7]新加坡李光前自然历史博物馆保存着德化白瓷盒、狮头双耳瓶等传世品[8]；亚洲文明博物馆收藏有帕米乐·希莉和其丈夫捐赠的德化白瓷观音、达摩、西洋人物、狮子、壶、盒、瓶、杯、盘等。日本东京国立博物馆、出光美术馆，英国的大英博物馆、维多利亚和阿尔伯特博物馆，德国的德累斯顿国立美术馆、夏洛登堡宫，法国的吉美博物馆，荷兰的国立博物馆、海牙市立博物馆，比利时的布鲁塞尔皇家艺术博物馆，挪威的国家博物馆，丹麦的哥本哈根国家博物馆，瑞典的东亚博物馆等以及瑞士、意大利、拉脱维亚、俄罗斯、美国、加拿大和澳大利亚等国的博物馆都有德化明清时期的白瓷雕塑、陈设器和日用器的收藏（详见附表一）。现有法国德化白瓷收藏的馆藏记录和资料较少，与历史记载法国皇室和贵族对德化白瓷的喜爱不相符，有待进一步研究。由于没有进货的原始文件，不能完全肯定这些瓷器就是当时的外销瓷，但英国东印度公司的船贸记录和17—18世纪各国皇室贵族的收藏及收藏清单可作为这些瓷器来源的佐证。

1.英国东印度公司的船贸记录

1699年Nassau商船载着大量塑像从厦门返回到英国，其中包括175尊圣·玛利亚像、70件仕女婴孩像、71件较小的仕女像、37件大白狮、1247件小白狮、255个白釉罐和把杯、497件白釉把杯、1470件白釉巧克力杯，并于该年在伦敦转卖；Dorrill商船也从厦门运入了4200件白釉巧克力杯、52尊圣·玛利亚像和42件仕

1 ［美］汉密尔顿（D·L·Hamilton）:《牙买加罗亚尔港：重现本来面目》,《海洋考古研究所通讯》第15卷第1号，1988年，第6－7页。

2 ［美］迪沃夫（H·Dewolf）:《罗亚尔港的狮子》,《海洋考古研究所通讯》第15卷第2号，1988年，第8页，插图。

3 厦门大学人类学博物馆：《德化屈斗宫窑址的调查发现》,《文物》1965年第2期。

4 霍伊特：《1981年～1983年对牙买加佩德罗沙岛的考古调查》,《海洋考古和水下调查学报》第13卷第2号，1984年，第108－189页。转引自龚国强《牙买加发现的德化“中国白”》,《中国古陶瓷研究》第三辑，紫禁城出版社，1990年。

5 ［英］唐·纳利：《福建德化瓷器：中国白》，福建美术出版社，2006年，第58页。

6 Teddy Tucker, *Treasure! A Diver's Life*, Hamilton, 2001, pp206-243.

7 转引自林忠干等：《论“中国白”——明清德化瓷器》，德化陶瓷研究论文集编委会《德化陶瓷研究论文集》。

8 郑德坤：《东南亚陶瓷的研究》,《中国文化研究所学报》1972年第5卷第2期。

女婴孩像，并于1702年4月与其他德化白瓷一同出售；1701年冬天驶往厦门的Dashwood商船的船货清单中有圣·玛利亚像、讲坛教士像、仕女婴孩像、人物骑兽像和各种鸟、兽像和白釉把杯，还包括了一系列从未进口到英国的荷兰人家庭像[1]、荷兰骑士像、荷兰人像，1703年在伦敦拍卖，此后还有Union商船、Fleet商船、Tavestock商船、Somers商船、Toddington商船等销售或拍卖过德化白瓷（详见附表二）。[2]虽然这些船贸记录仅限于英国东印度公司，但由其可推断出其他东印度公司的销售方式，这些记录是德化窑瓷器在海外销售的珍贵材料。

2.17—18世纪各国贵胄的收藏及收藏清单

现在已知最早的收藏清单为英国美术收藏家阿伦德尔伯爵Thomas Howard（1585—1646）1641年的伦敦大宅（Tart Hall）库存清单，记载有陈列于其荷兰展厅内的69件白瓷塑像；法国摄政王奥尔良菲利普二世（1674—1723）1724年的库存清单内有摄政王夫人（1677—1749）在凡尔赛宫附近的度假别墅中的两个小水壶，凡尔赛宫公爵夫人房间内的高足酒杯，巴黎皇宫内由国王路易十四在1692年赠予摄政王伉俪作为新婚贺礼的6个杯子及其他诸多杯子和洋人家庭塑像、镶银立鹤烛台等；丹麦和挪威国王克里斯蒂安四世（1588—1648年在位）在哥本哈根的斯堪的纳维亚的罗森博格城堡内收藏有8件德化白瓷塑像，包括5尊观音像和3尊仕女像，陈列于国王克里斯蒂安四世的卧房，塑像为瓷器爱好者黑森州-卡塞尔皇后的收藏，全都载录于1718年城堡最早的库存清单中。[3]而最为详尽、最为量大的当属德国德累斯顿萨克森家族的藏品目录。德累斯顿国立美术馆保存了17—18世纪奥古斯都一世收藏的两万多件中国和日本的瓷器，其中晚明到清初的德化白瓷现今仍有400多组1255件，是中国之外保存最多的一处明清德化传世瓷器收藏。[4]大部分都被记录在1721年（康熙六十年）奥古斯都一世下令登记的王室瓷器藏品目录中，每件藏品的底部都刻或画上了一个数字以及一个符号，符号三角形的分为三个部分：第一部分为人物塑像和玩偶，在1727年前进了81批，除了6件外469件均来自德化；第二部分为各式碗、黄油盘、其他盘、盐盒、瓶、罐和汤匙，在1727年前进了57批，其中32批里面有71件“中国白”；第三部分为茶具及附属品如茶壶、牛奶罐、碟子和咖啡杯，在1723年前进了133批，其中70批里面有588件“中国白”。且还有“1727年5月24日，瓦莱汀公司（Valentine Co）送来……11件各种规格的女性塑像”“1723年7月，HM从枢密院瑞根伯格（Rechenberg）处购买了下列瓷器……”“1727年，HM从华沙购买了以下瓷器交给王宫。N81，1件18手人物塑像”“1727年5月24日，商人兰德伯格和科尔（Landberger & Kell），送来N58，104件白盘……不是‘中国白’”“1723年6月，HM从HE的FM和巴瑟塔彻（Bassetouche）购买下列……”等记录。[5]这批藏品中女性塑像，一般质量较次，主要是荷兰人不愿为精美塑像付高价格的结果。在康宁于1826年1月31日致驻海牙大使查尔斯伯格爵士的信中得到证实，即“荷兰人犯了个商业错误，付得太少要得太多”[6]。

1 1721年的德累斯顿清单上记载有这类德化白瓷塑像。

2 ［英］甘淑美：《17世纪末～18世纪初欧洲及新世界的德化白瓷贸易》（第一部分），《福建文博》2014年第4期。

3 ［英］甘淑美：《17世纪末～18世纪初欧洲及新世界的德化白瓷贸易》（第一部分），《福建文博》2014年第4期。

4 黄卫文：《清宫旧藏德化窑白瓷研究》，《德化窑古陶瓷研究论文集》，九州出版社，2013年。

5 ［英］唐·纳利：《福建德化瓷器：中国白》，福建美术出版社，2016年，第24页、第176－184页。

6 ［英］唐·纳利：《福建德化瓷器：中国白》，福建美术出版社，2016年，第72页、第75页。

另外，还有英国埃克塞特伯爵五世伉俪1688年在其林肯郡伯利别墅的收藏清单和1690年的德文郡议程，克兰子爵夫人戴安娜1675年收藏清单，北安普敦郡Boughton别墅的收藏，马尔堡公爵牛津郡布伦海姆宫的收藏；意大利佛罗伦萨皮蒂宫的收藏；西班牙国王查理斯三世（统治于1759—1788年）去世后的库存清单；瑞典国王卡尔·古斯塔夫十世皇后的收藏；美国纽约的理发师兼外科医生Jacob De Lange 1685年的库存清单，Margrieta van Varick（1649—1695）在1695年的遗嘱和库存清单，著名商家和地主Gilles Shelley（卒于1718年）的库存清单，波士顿Charles Hobby爵士的库存清单（详见附表三）。[1]

以上资料从不同的角度充分说明各国传世德化白瓷是来自贸易，在明清时期已经进入当地皇室贵族的生活。

五 德化白瓷对西方的影响

随着德化白瓷到欧洲的时间推移，单一的德化白瓷已经不能满足西方世界的需要，他们按照自己的喜好给德化白瓷注入了更多的西方文化元素，还掀起了仿烧风潮。

1.德化白瓷和西方文化元素的融合

17世纪中期到18世纪中期，法国巴黎成为时尚和装饰艺术最为重要的中心之一，在贵族间或皇宫中流行的新风尚都会成为首都之外地区的消费者追崇的时尚标准。有专门的商人给瓷器镶嵌金属饰件。他们从荷兰东印度公司大量购买各种瓷器，从18世纪20年代开始，则直接通过法国东印度公司的拍卖会及销售会购得商品，镶嵌金属饰件后出售。"1755年8月4日，Duvaux把一对镶鎏金铜的德化白瓷公鸡像（编号2207）售予法王路易十五的情妇蓬帕杜夫人"[2]。

给德化白瓷镶嵌金属饰件分为两种情况：一是中国传统器物按照西方审美镶嵌金属饰件，如英女王藏德化白瓷梅花纹花觚镶嵌铜镀金口饰和底座，德化白瓷梅花纹盒在口沿和盖沿均镶嵌银镀金扣，其盖面还嵌有乔治三世的画像[3]；二是将破损器物通过镶嵌金属饰件变成一件新器物，如《中国外销瓷》中收录的一件香炉，是由残缺了颈部的德化白瓷瓶制成，盖可能是一个碗盖，在口沿、盖沿镶嵌银扣，足底加镀金座，盖上钻六个小孔镶银，加镀金钮，重新组合成一件新的器物——香炉。[4]

还有把德化白瓷作为别的器物的主体装饰者，如英女王藏铜镀金烛台，主体装饰为德化白瓷人物塑像，另一件主体装饰为一件德化白瓷狮[5]；《中国风》一书中铜鎏金钟的座为德化白瓷大象，而一对德化白瓷墨水瓶不但加装了金属盖、黑漆鎏金木底座，还以弥勒佛和花卉装饰，弥勒佛居整件器物的中心，无论大小和位置都是器物的主体[6]。

这时，还出现了德化白瓷欧洲后加彩器物，主要是17世纪末至18世纪初在荷兰和德国加彩。《中国白：

1 ［英］甘淑美：《17世纪末～18世纪初欧洲及新世界的德化白瓷贸易》（第一部分），《福建文博》2012年第4期。

2 Louis Courajod, *Livre-journal de Lazare Duvaux, marchant-bijoutier ordinaire du roy*, 1748-1758, Paris, 1965年；Lazare Duvaux（约1703—1758）是巴黎著名的经销商工匠，镶金属的德化白瓷可能出自他之手。

3 John Ayers, *Chinese and Japanese Works of Art in the Collection of Her Majesty the Queen*, Vol.1-3, London: Royal Collection Trust, 2017, Cat.163,164,170.

4 ［英］柯玫瑰、孟露夏：《中国外销瓷》，上海书画出版社，2014年，第125页图115。

5 John Ayers, *Chinese and Japanese Works of Art in the Collection of Her Majesty the Queen*, Vol.1-3, London: Royal Collection Trust, 2017, Cat.171,172,173.

6 ［英］休·昂纳：《中国风》，北京大学出版社，2017年，第127、224页。

福建德化瓷》中的执壶在荷兰加彩，观音在德国迈森加彩。[1]英女王藏的德化八方杯[2]，维多利亚和阿尔伯特博物馆藏德化荷兰商人与猴[3]也都在荷兰加彩，而维多利亚和阿尔伯特博物馆藏的两件大口杯和一件粥碗则是在伦敦加彩，杯上所绘八仙变成了欧式中国风人物。[4]

以上这些变化充分说明德化白瓷所受到的珍爱和重视，特别是在梅花纹盒上镶嵌乔治三世的画像，更说明德化白瓷的尊贵；德化白瓷和金属的组合、德化白瓷加彩，改变了德化白瓷颜色单一的视觉效果，走向华丽和富贵，从中可看出中西文化碰撞后的融合和发展。

2.德化白瓷对西方瓷业的影响

随着德化白瓷的热销，欧洲各地瓷厂掀起了仿烧风潮，德国的迈森，法国的尚蒂伊、圣·克劳德、温森斯、塞夫勒，英国的切尔西、鲍尔、布里斯托尔以及奥地利的维也纳，意大利的朵西亚等均仿烧过德化白瓷。[5]

最早仿制德化白瓷的是迈森的伯特格（Bottger），他的两件大约为1715年的作品菊花纹筒式杯和布袋和尚出现在乔治·维尔《德国和奥地利陶瓷》一书中[6]，此后迈森还生产了梅花纹壶和梅花纹咖啡具等，在陶瓷塑像中最为出名和有影响的是仿弥勒佛[7]；圣·克劳德仿制的石榴执壶只是器形大于德化执壶；切尔西仿制了塑像；维也纳仿制的螭龙纹执壶、腌菜盘和德化真品难分伯仲，他们生产的碟子浮雕梅花纹，碟子中间有一圈凸起，同来自德化的深腹杯刚好吻合，应该是德化深腹杯的杯托；而朵西亚仿制的执壶，把手下端向两边分叉，是欧洲的经典装饰图案，维多利亚和阿尔伯特博物馆藏有这种器物的上彩者。[8]在欧洲各地瓷厂仿制德化白瓷的过程中，迈森器物的造型和装饰风格从中国传统式样发展到欧式风情成就最为突出，“他们曾制作想象中的中国男人与女人塑像，这类塑像在欧洲较为出名。迈森窑的白瓷动物也属于他们风格的产品，在欧洲很受欢迎”[9]；塞夫勒瓷器初期仿制德化白瓷，之后生产出纯欧式的白瓷塑像。[10]从这些瓷厂仿制德化白瓷到生产出自己的特色产品可以看出，德化白瓷是其基础，对他们的生产起着引领作用。

六 结 语

一种产品或者一种资源，一旦进入世界贸易体系，也就具备了从全球化这一大视野下对其进行审视的条件。在“全球化”的概念之下，可以使我们以更为宏大的视角，关注区域之间的交流和联结。根据冯先铭先生

1 ［英］唐·纳利：《中国白：福建德化瓷》，福建美术出版社，2016 年，第 335 页图 133B、C。

2 John Ayers, *Chinese and Japanese Works of Art in the Collection of Her Majesty the Queen*, Vol.1-3, London: Royal Collection Trust, 2017, Cat.145.

3 程庸：《德化窑产品外销初探》，《外销瓷器与颜色釉瓷器研究》，故宫出版社，2012 年。

4 ［英］柯玫瑰、孟露夏：《中国外销瓷》，上海书画出版社，2014 年，第 146 页。

5 John Ayers, 'Blanc de Chine: some reflections', *Transactions of the Oriental Ceramic Society* vol. 51, 1986-7, pp. 13-36；程庸：《德化窑产品外销初探》，《外销瓷器与颜色釉瓷器研究》，故宫出版社，2012 年。

6 ［英］唐·纳利：《中国白：福建德化瓷》，福建美术出版社，2016 年，第 125 页。

7 ［英］休·昂纳：《中国风》，北京大学出版社，2017 年，第 134 页。

8 ［英］唐·纳利：《中国白：福建德化瓷》，福建美术出版社，2016 年，第 125、126 页。

9 程庸：《德化窑产品外销初探》图一六、一七、一八，《外销瓷器与颜色釉瓷器研究》，故宫出版社，2012 年。

10 故宫博物院、凡尔赛宫博物馆：《“太阳王”路易十四：法国凡尔赛宫藏珍集》，紫禁城出版社，2005 年，第 160 — 163 页。

的研究，东南沿海地区的广东、福建、浙江以及江西的一部分是中国古代陶瓷发展过程中最为重要的外销瓷产区。这些地区分布密集的瓷窑很大程度上是将出口瓷器作为主要任务，为瓷器外销服务的。而在与世界贸易联系的密切性以及产品的生产与流通方面，福建德化窑瓷器可以说是相当典型的例子。通过对明清时期德化白瓷生产出现的新变化及其原因的探讨，显示出德化瓷业对远方世界市场的关注，以及其为适应世界市场之需求所作出的变通和努力；通过对德化白瓷在世界贸易轨迹和收藏流转的研究，可以使我们认识到德化白瓷在中国瓷器向世界传播过程中所扮演的重要角色；通过对德化白瓷在西方的变化和运用，可以使我们看到东西文化在交流过程中的融合发展及对欧洲瓷业的发展所起的作用。

附表一　各国博物馆收藏德化窑瓷器简表

国家	单位	地点	年代	藏品简况	备注
日本	东京国立博物馆(Tokyo National Museum)	东京	明清	佛像等	
	出光美术馆(Idemitsu Museum of Arts)	东京	明清	佛像等	
新加坡	亚洲文明博物馆(The Asian Civilisations Museum)	新加坡	宋至民国	佛像、文昌、西洋人物组雕、盒、瓶、壶、洗、罐、狮子、小动物、瓷印、炉、杯、灯、盘等	帕米乐·希莉与丈夫弗兰克将其所有德化窑藏品捐赠给此馆
	李光前自然历史博物馆(Lee Kong Chian Natural History Museum)	新加坡	宋、明	盒、罐、瓶等	
	国家遗产委员会 National Heritage Board	新加坡	清	佛像等	
英国	大英博物馆(The British Museum)	伦敦	宋至清	宋军持、粉盒，明何朝宗的观音、关羽、释迦牟尼像，清阿拉伯文和十字架瓷器以及各种日用、陈设器等	是欧洲德化窑瓷器收藏种类最齐全的博物馆之一
	维多利亚和阿尔伯特博物馆(Victoria and Albert Museum)	伦敦	宋至清	瓶、壶、盒、人物、佛像等，有何朝宗款观音立像	
	戴维德基金会(Percival David Foundation)	伦敦	明清	瓶、炉、水注、盒、碗、盘、洗及观音等，包括多件何朝宗款观音及其他匠师款作品	
	苏格兰国家博物馆(National Museum Scotland)	爱丁堡	宋至清	人物、瓶、炉、壶、杯、盘、洗等	
	阿斯摩林博物馆(Ashmolean Museum)	牛津	宋至民国	炉、瓶、壶、人物、佛像、洗、盒等，其中青白釉划花盘及青白釉莲纹瓶(又称“马可·波罗瓶”)属宋代精品	该馆的这部分藏品年代较早且珍贵，在国外德化窑收藏界有一定影响
	布伦海姆宫(Blenheim Palace)	牛津	元明	杯子、欧洲人物塑像、佛像、炉、瓶、壶等	原英国首相丘吉尔家族的私人收藏馆
	菲茨威廉博物馆(Fitzwilliam Museum)	剑桥	明清	炉、壶、瓶、杯等	
	杜伦大学东方博物馆(Oriental Museum, Durham University)	杜伦	明清	杯、碗、盘、簋、觚、笔舔、水仙盆、盒、炉、壶、瓶、印章、笔筒、船、佛像、文昌、禄星、西洋人物、送财童子等	
	鲍斯博物馆(Bowes Museum)	杜伦	清代	佛像等	
	东亚艺术博物馆(The Museum of East Asian Art)	巴斯	明清	鼎、瓶、罐、炉、盘、碗、杯、水丞、人物等	

（续表一）

国家	单位	地点	年代	藏品简况	备注
英国	陶瓷与艺术博物馆 (The Potteries Museum & Art Gallery)	斯塔福德郡	清	尊、杯、佛像、西洋人物等	
	巴勒珍藏馆 (The Burrell Collection)	格拉斯哥	明清	瓶、壶、碗、印章、佛像等	
	城市美术陈列馆 (Glasgow Gallery of Modern Art)	格拉斯哥	明清	瓶、壶、人物、杯等	
	布里斯托尔城市博物馆与美术馆 (Bristol City Museum and Art Gallery)	布里斯托尔	明至民国	炉、瓶、佛像等	
德国	德累斯顿国立美术馆 (Staatliche Kunstsammlungen Dresden)	德累斯顿	宋至清	有1255件（400多套）德化瓷器，大部分为白瓷，有佛像、人物、碗、碟、罐、瓶、匙、壶、盒、杯等	该馆陶瓷藏品建立在奥古斯都大帝收藏的基础上
	夏洛登堡宫 (Schloss Charlottenburg)	柏林	明清	杯、炉、瓶等	
	手工艺品博物馆 (Museum für Kunsthandwerk)	法兰克福	明清	炉、杯、碗、瓶、人物等	
	科隆工艺艺术博物馆 (Kunstgewerbe Museum)	科隆	明清	杯、瓶、人物等	
	卡塞尔博物馆 (Museumslandschaft of Kassel in Hesse)	卡塞尔	明清	杯、炉、瓶、人物等	
	恒特恩斯博物馆 (Hentzens Museum)	杜塞尔多夫	明清	有炉、瓶、杯、壶等	
	汉堡艺术及工艺博物馆 (Museum für Kunst und Gewerbe)	汉堡	明清	炉、瓶、杯、壶、人物、佛像等	
法国	吉美博物馆 (Musée Guimet)	巴黎	明清	炉、瓶、杯、壶、盘、洗、人物、佛像等，包括何朝宗款蒲团观音坐像	
荷兰	博依曼斯博物馆 (Museum Boijmans Van Beuningen)	鹿特丹	明清	杯、洗、瓶等	
	海牙市立博物馆 (Hague Municipal Museum)	海牙	明清	瓶、壶、炉、人物等	
	荷兰国立民族学博物馆 (Museum Volkenkunde)	莱顿	明清	杯、瓶、炉、人物、佛像等	
	格罗宁根博物馆 (Het Groninger Museum)	格罗宁根	明清	杯、炉、人物等	
	普林西霍夫博物馆 (Museum het Princessehof)	吕代登	明清	杯、碗、洗、瓶、佛像等	
	荷兰国立博物馆（Rijksmuseum）	阿姆斯特丹	明清	杯、瓶、炉、人物等	
	克罗勒·穆勒博物馆 (Kroeller - Mueller Museum)	阿姆斯特丹	明清	瓶、炉、洗、杯等	
比利时	布鲁塞尔皇家艺术博物馆（荷兰文：Koninklijke Musea voor Schone Kunsten van België，法文：Musées royaux des Beaux-Arts de Belgique）	布鲁塞尔	元明清	炉、瓶、杯、人物、佛像等	
	迈耶美术馆 (Mayer Collection in the Pavilion Chinois)	布鲁塞尔	明	人物、佛像等	
	德马里门特国家博物馆 (Musee de Marienont)	德马里门特	明清	瓶、杯、壶、炉等	
	柯蒂乌斯博物馆 (Musee Curtius)	列日	明清	瓶、杯等	

（续表一）

国家	单位	地点	年代	藏品简况	备注
挪威	国家博物馆 (Nasjonalmuseet)	奥斯陆	元明清	杯、炉、瓶、人物、佛像等	
	挪威国家美术馆 (Nasjonalgalleriet)	奥斯陆	明清	碗、杯、碟、洗、人物等	
	威特兰科工业艺术博物馆 (VestlandskeKunstindustri Museum)	卑尔根	明清	杯、瓶、壶、人物、佛像等，包括何朝宗款观音	
丹麦	哥本哈根博物馆 (Københavns Bymuseum)	哥本哈根	元明清	杯、壶、炉、洗、瓶、人物、佛像等	藏品目录中最早的为1690年
	丹麦艺术与设计博物馆 (Design Museum Denmark)	哥本哈根	明清	杯、瓶等	
瑞典	东亚博物馆 (The Museum of Far Eastern Antiquities)	斯德哥尔摩	明清	炉、杯、瓶等，包括纪年器等珍贵藏品	
	德罗宁汉 (Drottningholm)	斯德哥尔摩	明清	瓶、杯、壶、人物等	斯德哥尔摩郊外皇家宅邸的中国宫，1769年开始一直存放
	肯佩藏馆 (Kempe Collection)	斯德哥尔摩	明清	佛像、人物、杯、碟、瓶、壶、炉等	世界最大私人藏馆之一
	霍劳尔博物馆 (Hallwyl Museum)	斯德哥尔摩	明清	佛像、人物、杯、碟、瓶、壶、炉等	
	东印度公司博物馆(Svenska Ostindiska Companiet Museum)	哥德堡	明清	炉、瓶、杯、壶、佛像、人物等	有判断“哥德堡号”沉船年代的器物
	罗兹博物馆 (Museum of the History of Lodz)	哥德堡	明清	壶、杯、炉、人物等	
瑞士	鲍尔基金会远东艺术博物馆 (Baur Foundation,Museum of Far Eastern Art)	日内瓦	宋至清	盒、罐、炉、瓶、壶、笛子等	
意大利	国际陶瓷博物馆 (Museo Internazionale delle Ceramiche)	法恩扎	清	佛像等	
	中国民族志艺术博物馆 (Museo d'Arte Cinese ed Etnografico)	帕尔马	明	杯等	
	装饰艺术博物馆 (Museo di Arti Decorative)	都灵	清	花盆等	
拉脱维亚	里加艺术博物馆 (The Art Museum RIGA BOURSE)	里加	清	佛像、文昌等	
俄罗斯	俄罗斯国家东方艺术博物馆 (俄文：Государственный Русскиймузей 英文：The State Russian Museum)	莫斯科	明清	佛像等	
美国	美国国家历史博物馆(National Museum of American History)	华盛顿	明清	杯、壶、瓶、炉、佛像等	
	弗里尔美术馆 (Freer Gallery of Art)	华盛顿	明清	炉、杯、瓶、佛像等	
	西雅图艺术博物馆 (Seattle Art Museum)	西雅图	明清	杯、瓶、炉等	
	大都会艺术博物馆 (Metropolitan Museum of Art)	纽约	明清	佛像等	
	纽约市博物馆 (Museum of the City of New York)	纽约	明清	杯、炉、人物、佛像等	
	布鲁克林博物馆 (Brooklyn Museum)	纽约	明清	佛像等	
	沃兹沃思雅典艺术博物馆 (The Wadsworth Atheneum Museum of Art)	哈特福德	明	佛像、瓶、杯等	

（续表一）

国家	单位	地点	年代	藏品简况	备注
美国	波士顿美术博物馆 (Museum of Fine Arts Boston)	波士顿	明清	炉、杯、碟、瓶、佛像等。有何朝宗款瓷塑	
	哈佛大学博物馆 (Harvard Art Museums)	剑桥	明清	佛像等	
	沃尔特艺术馆 (Walters Art Museum)	巴尔的摩	明清	杯、炉、瓶等	
	巴尔的摩艺术博物馆 (Baltimore Museum of Art)	巴尔的摩	清	佛像等	
	芝加哥美术馆 (Art Institute of Chicago)	芝加哥	明清	炉、杯、壶、人物等	
	费城艺术博物馆 (Philadelphia Museum of Art)	费城	明清	瓶、炉、杯、人物等	
	卡耐基艺术博物馆 (Carnegie Museum of Art)	匹兹堡	明清	佛像等	
	亚洲艺术博物馆 (Asian Art Museum)	旧金山	明清	佛像等	
	德扬纪念馆 (MH de Young Memorial Museum)	旧金山	明清	杯、炉、壶等	
	洛杉矶县立艺术博物馆 (Los Angeles County Art Museum)	洛杉矶	明清	佛像等	
	J. 保罗·盖蒂博物馆 (The J. Paul Getty Museum)	洛杉矶	清	人物、茶杯等	
	底特律美术馆 (Detroit Institute of Arts)	底特律	明清	佛像等	
	纳尔逊艺术博物馆 (Nelson-Atkins Museum of Art)	堪萨斯城	明清	佛像等	
加拿大	皇家安大略博物馆 (Royal Ontario Museum)	多伦多	明清	杯、炉、人物、佛像等	
	加丁纳博物 (Gardiner Museum)	多伦多	明	鸟形雕塑等	
	蒙特利尔市博物馆 (Musée et site historique de Montréal)	魁北克	明清	杯、炉、瓶等	
澳大利亚	新南威尔士艺术馆 (Art Gallery of New South Wales)	悉尼	清	佛像等	

（本表部分资料来源于陈建中等《中国德化瓷史》、唐·纳利《中国白：福建德化瓷》）

附表二　英国东印度公司船贸记录

船名	时间	简况	备注
Nassau	1699年返回英国	175尊圣·玛利亚像、70件仕女婴孩像、71件较小的仕女像、37件大白狮、1247件小白狮、255件白釉罐和把杯、497件白釉把杯、1470件白釉巧克力杯	1699年在伦敦转卖
Dorrill	1702年4月以前返回英国	4200件白釉巧克力杯、52尊圣·玛利亚像和42件仕女婴孩像	1702年4月出售
Dashwood	1701年冬驶往厦门	圣·玛利亚像、讲坛教士像、仕女婴孩像、人物骑兽像和各种鸟、兽像和白釉把杯，还包括了一系列从未进口到英国的塑像，如41件荷兰人家庭像、14件荷兰骑士像、110件荷兰人像	1703年在伦敦拍卖
Union	1703年抵达厦门	22筐白瓷塑像，包括两件荷兰人家庭像、两件荷兰人像、两尊圣·玛利亚像、65尊讲坛教士像、3件没有教士的	1705年3月在一连串拍卖会中出售
Fleet	1705年9月以前返回英国	2240件狮子、118件Double josses、310件鸟、35件大象	1705年9月出售

（续表二）

船名	时间	简况	备注
Regard	1705年9月以前返回英国	4尊圣·玛利亚立像	1705年9月出售
Tavestock	1706年4月	4尊圣·玛利亚立像、6小件白釉仕女像、6件白釉巧克力杯等	
Somers	1707年6月以前返回英国	两件骑马人像、两件公鸡、两件仕女婴孩像、三件小型仕女婴孩像、三尊圣·玛利亚立像、8件白釉玩具、9件后加彩狮子、10件后加彩塑像	1707年6月拍卖
Toddington	1707年6月以前返回英国	两件后加彩大塑像、一件后加彩仕女婴孩像、两件较小后加彩仕女婴孩像、	1707年6月拍卖

[本表根据甘淑美：《17世纪末～18世纪初欧洲及新世界的德化白瓷贸易》（第一部分）整理]

附表三　17—18世纪的各国皇室贵族等的收藏及清单

国家	所有者或大宅名	地点	收藏简况	备注
英国	阿伦德尔伯爵Thomas Howard (Earl of Arundel，1585—1646)	伦敦	1641年库存清单里包括69件白瓷塑像，包括一件白瓷男人与男孩像、一尊布袋和尚像、一件白瓷带座狮子、一件白瓷仕女坐像、一件白瓷仕女像	
	克兰子爵夫人戴安娜 (Lady DianaViscountess of Cranbourne)		1675年收藏清单里包括一件狮子像、两件人像、一尊圣·玛利亚像和水壶，一尊丘比特	
	埃克塞特伯爵五世伉俪 (fifth Earl and Countess of Exeter) 伯利别墅(Burghley House)	林肯郡	1688年收藏清单里包括两尊白釉修士、两尊白釉修女坐像、两尊白釉修女像、两尊骑狮人像、两件白狮、两件大白犬、一件白瓷带盖茶壶、两个白'criple'	这座华丽的伊丽莎白式大宅是为伯利男爵一世威廉·塞西尔(1st Baron of Burghley, 1521—1598)，也就是女王伊丽莎白一世的国务顾问及财政大臣而建的，至今仍然为塞西尔家族所拥有
			1690年德文郡议程里包括两件大腿上有婴孩的人像	
	玛丽女王二世(1662—1694) 汉普顿宫	伦敦	收藏有六件大型观音塑像	肯辛顿皇宫整理出版了玛丽二世藏品目录(1696—1697)
	Boughton别墅	北安普敦郡	收藏有52件德化白瓷，包括11尊送子观音像、4尊坐佛、两尊罗汉立像、8件仕女立像、8件佛狮烛台和5件大小及器形相异的酒杯	据说此收藏为马尔堡公爵夫人Sarah Churchill(Duchess of Marlborough，1660—1744)赠予其女婿蒙塔古公爵约翰二世(2nd Duke of Montagu，1690—1749)的礼物
	马尔堡公爵 (Dukes of Marlborough) 布伦海姆宫(Blenheim Palace)	牛津	收藏有不同大小的杯、三尊圣·玛利亚像、一尊送子观音坐像、一尊后加彩观音立像、一件欧洲人戏猴坐像	
德国	奥古斯都一世 (Augustus the Strong)	德累斯顿	1721年库存清单记录1122件，包括人物塑像、玩偶，各式碗、黄油盘、其他盘、盐盒、瓶、罐和汤匙，茶具及附属品如茶壶、牛奶罐、碟子和咖啡杯	
法国	奥尔良菲利普二世(Philippe Ⅱ d'Orlé ans, Regent of France，1674—1723)	巴黎	1724年库存清单里包括小水壶、杯子、镶金茶壶、塑像、洋人家庭塑像、镶银立鹤烛台	
	著名的经销商工匠Lazare Duvaux (约1703—1758)	巴黎	1748—1758年销售账单里记载了德化白瓷的一些销售情况，包括1755年8月4日，Duvaux把一对镶鎏金铜的德化白瓷公鸡像(编号2207)售予法王路易十五的情妇蓬帕杜夫人(1721—1764)	镶金属的德化白瓷可能出自Duvaux之手。蓬帕杜夫人是Duvaux的一个常客

（续表三）

国家	所有者或大宅名	地点	收藏简况	备注
荷兰	画家Jan Blasse（1637年已故）		库存清单内有狮子烛台	根据文献记载，狮子烛台是最早贩运到荷兰的德化白瓷
意大利	Anna Maria Luisa de'Medici（1667—1743）皮蒂宫（Pitti Palace, Florence）	佛罗伦萨	收藏许多德化白瓷塑像和酒杯，包括洋人骑麒麟像、欧洲人家庭像、三种不同尺寸的狮子烛台和送子观音坐像	15世纪末，Medici家族在佛罗伦萨共和国统治者 Lorenzo de' Medici（1449—1492）在位期间开始搜集中国瓷器
西班牙	拉格兰哈圣伊尔德丰索皇宫（La Granja de San Ildefonso）	马德里	一对狮子香筒、一对镶铜鎏金并手抱男婴的仕女	
	马德里皇宫（Palacio Real in Madrid）	马德里	国王查理斯三世（统治于1759—1788年）去世后的库存清单内记录了两座钟均镶有德化白瓷塑像	这些时钟很可能在热衷于收藏著名钟表匠作品的菲利普五世（统治于1700—1724年）或其儿子费迪南德六世（统治于1746—1759年）时就进入皇家收藏
丹麦	克里斯蒂安四世（King Christian IV of Denmark and Norway, 1588～1648年在位）罗森博格城堡（Rosenborg Castle , Scandinavia）	哥本哈根	1718年城堡最早的库存清单里包括五尊观音像和三尊身穿长袍、戴着高挑头饰的仕女立像	
瑞典	卡尔·古斯塔夫十世的皇后（Holstein-Gottorp Hedvig Eleonora, 1636—1715）皇后岛宫等皇宫（Drottningholm Palace）	斯德哥尔摩	皇后于1690—1700年从荷兰购买许多塑像，包括一尊童子拜观音坐像、两尊坐佛、两尊立佛和两尊后加彩的圣·玛利亚像，仕女立像中有手抱男婴的	有些塑像后来也被放于中国宫内，乃瑞典国王Adolf Frederick（1751—1771）赠予妻子波斯王后Lovisa Ulrika（Queen Lovisa Ulrika of Prussia，1720—1782）的生日礼物
美国	理发师兼外科医生Jacob De Lange	纽约	1685年的库存清单里包括两件白茶壶及三件白男人像很有可能是德化白瓷	
	Margrieta van Varick（1649—1695）	纽约	1695年的遗嘱和库存清单里包括一件白瓷狮子香筒、一件人物塑像和两个盖杯或盖碗	
	著名商家和地主 Gilles Shelley（卒于1718年）	纽约	库存清单里包括12尊塑像和6件狮子像	
	Charles Hobby 爵士	波士顿	库存清单里包括1715年前搜集了两件狮子像和大象像	

[本表主要根据甘淑美：《17世纪末～18世纪初欧洲及新世界的德化白瓷贸易》（第一、二部分）整理]

附记：在附表一查找资料过程中得到了英国杜伦大学张然博士的帮助，在此表示感谢！

[作者单位：故宫博物院出版部]

故宫古陶瓷窑址调查的学术历程与特点研究*

Academic Course and Characteristics of the Palace Museum's Investigation of Ancient Ceramic Kiln Sites

徐华烽

Xu Huafeng

内容提要：

20世纪下半叶，故宫博物院陆续在我国各地古陶瓷窑址展开调查。迄今仍属国内持续时间最长、跨越范围最广的陶瓷考古调查。本文在中国考古学史及博物馆学史背景下，总结故宫古陶瓷窑址调查的历程，探讨它反映在学术上的规律性和特殊性，以期对新时代故宫博物院的陶瓷考古和古陶瓷研究工作发挥借鉴与启示作用。

关键词：

故宫博物院　陶瓷考古　学术史　研究

ABSTRACT:

In the second half of the twentieth century, the Palace Museum carried out investigations on ancient ceramic kiln sites in various parts of China. It is still the longest-lasting and most extensive ceramic archaeological investigation initiative in China. In the context of the history of Chinese archaeological and museological studies, this article summarizes the Palace Museum's course of investigating ancient ceramic kiln sites, explores the pattern and distinctiveness reflected in terms of academic studies, with the hopes of providing a point of reference and inspiration to the Museum's current ceramic archaeology and research on ancient ceramics.

KEYWORDS:

The Palace Museum, ceramic archaeology, academic history, research

* 本文得到故宫博物院 2017 年度科研课题经费资助，为故宫博物院 2017 年度科研课题《陈万里陶瓷考古理论与实践研究》（KT2017-12）的阶段性研究成果。

故宫博物院自20世纪50年代以来，陆续在我国各地古陶瓷窑址展开调查。截至2005年，涉及全国17个省的140个窑口，200余处窑址，采集约3万多片标本。迄今仍属国内持续时间最长，跨越范围最广的陶瓷考古调查[1]。总结反思这一专题性学术调查活动，对于故宫博物院院史和中国陶瓷史研究都具有重要的现实意义与借鉴价值。

目前，故宫的古陶瓷窑址调查文字资料主要是已发表或出版的窑址调查报告、古陶瓷研究论文和相关陶瓷史、陶瓷研究专著[2]。调查所得实物资料是院藏古陶瓷窑址调查标本和相关机构捐赠标本，部分已在故宫古陶瓷研究所（古陶瓷研究中心）公开展示并以窑址标本图录形式出版[3]。国外文献方面主要是故宫陶瓷窑址调查研究成果译文和相关展览的资料，中国陶瓷考古中对窑址调查活动的介绍[4]。对故宫开展窑址调查的研究目前多是窑址调查成果的总结和部分人物、事件的历史回顾[5]。学术史层面的研究刚刚起步，有待于对调查活动整体线索的把握和对各种碰撞、激荡的学术观点来龙去脉的分析。因此，考察故宫古陶瓷窑址调查的学术史，必须认识到窑址调查与故宫博物院95年跌宕起伏的建院历史及整个中国现代考古学与博物馆学的产生发展休戚相连，也要注意到活动本身既有时间上的连续性与间断性，又有影响因素的确定性与不确定性，把反映在学术上的规律性和特殊性的探讨与故宫博物院发展史、中国考古学史、博物馆学史结合起来。参考中国陶瓷考古学的学术史分期，把故宫的窑址调查学术史分为以下三期进行初步总结分析。

一　窑址调查的探索期

第一期探索期，始于1950年7月杨忠礼对河北邢台、河南当阳峪等窑址的调查[6]，止于1959年陈万里、冯先铭对河北磁县贾壁村窑址的调查[7]。在国家文物局的直接领导和支持下故宫组织窑址调查活动，先后于

1 冯小琦：《最大范围的中国古窑址调查》《永不消失的窑址》，《紫禁城》，2006年第1期。

2 主要有：陈万里：《中国青瓷史略》，上海人民美术出版社，1962年；李知宴：《中国陶瓷发展简史》，中国历史博物馆印（内部资料），1981年10月；叶喆民：《中国陶瓷史纲要》，轻工业出版社，1989年；冯先铭主编：《中国陶瓷》，上海古籍出版社，1994年；陈万里：《陈万里陶瓷考古文集》，紫禁城出版社，1997年；冯先铭：《中国古陶瓷论文集》，香港量木出版社，1997年；李辉柄：《李辉柄陶瓷论集》，故宫出版社，2013年。

3 冯先铭、李辉柄主编：《故宫博物院藏中国古代窑址标本（卷一河南卷）》，紫禁城出版社，2005年；冯先铭、李辉柄主编：《故宫博物院藏中国古代窑址标本（卷二河北卷）》，紫禁城出版社，2006年；冯晓琦主编：《故宫博物院藏中国古代窑址标本（河南上、下）》，故宫出版社，2013年；冯晓琦主编：《故宫博物院藏中国古代窑址标本（河北）》，故宫出版社，2013年；冯晓琦主编：《故宫博物院藏中国古代窑址标本（浙江上、中、下）》，故宫出版社，2013年；冯晓琦主编：《故宫博物院藏中国古代窑址标本（北京、山东、陕西、宁夏、辽宁）》，故宫出版社，2013年；冯晓琦主编：《故宫博物院藏中国古代窑址标本（福建上、中、下）》，故宫出版社，2016年；冯晓琦主编《故宫博物院藏中国古代窑址标本（广西）》，故宫出版社，2016年；故宫博物院冯晓琦主编：《故宫博物院藏中国古代窑址标本（山西、甘肃、内蒙古）》，故宫出版社，2013年；故宫博物院冯晓琦主编：《故宫博物院藏中国古代窑址标本（广东海南上、下）》，故宫出版社，2019年。

4 主要有：《中国古窑址瓷片展览》，香港大学冯平山博物馆出版，1981年；《1949—1981近年来発見の窯址出土中国陶磁展》，出光美术馆，1982年。

5 陈万里：《陈万里陶瓷考古文集》之《前言》，紫禁城出版社，1997年，第1－4页；冯小琦：《冯先铭的学术经历》，《美术观察》2010年第10期；赵宏：《中国陶瓷史学史》，中国文史出版社，2014年。

6 故宫藏档案资料编号19500140Z《拟派技工杨忠礼前往河北顺德各地做初步调查烧瓷窑址》。

7 冯先铭：《河南巩县古窑址调查记要》，《文物》1959年第3期；收入《冯先铭古陶瓷论文集》，紫禁城出版社、两木出版社，1987年，第145－147页。冯先铭：《河北磁县贾壁村隋青瓷窑址初探》，《考古》1959年第10期；收入《冯先铭古陶瓷论文集》，紫禁城出版社、两木出版社，1987年，第173－175页。

1950年10—11月调查河南省汝窑、钧窑[1]，1951年6—7月调查平原、河北两省磁州窑、定窑[2]，1954年4-5月调查陕西、山西两省等地窑址[3]，1953年3月、1954年冬调查“瓷都”景德镇窑[4]，1955年4月、1956年冬天调查外销瓷集中的广东潮州、福建德化等窑址[5]。这一时期的窑址调查主要服务于故宫陶瓷馆展陈，每一次窑址调查都制订了完善的计划和保障措施，显示了国家层面对这项工作的高度重视。从学术史角度看，一定程度上承接着窑址调查主导者陈万里个人在1949年以前对浙江龙泉等地窑址的工作，在调查理念、方法、技术上具有很强的探索性。

这一时期故宫的窑址调查活动的特点有：（一）调查窑址数量占国内窑址调查比重很大。1950年至1960年故宫组织的窑址调查，计河南省（含原平原省）16处，河北省5处，江西省6处，广东省1处，山西省1处，陕西省2处，浙江省3处，福建省4处，共38处[6]。全国窑址调查，计江苏省1处，安徽省1处，浙江省9处，江苏省6处，江西省6处，湖南省3处，四川省6处，福建省31处，广东省8处，河北省5处，山西省2处，河南省17处，陕西省2处，共97处[7]。从数量上看，故宫调查窑址数量占全国调查窑址的39%，是当时国内窑址调查的主导机构。（二）主要针对历史名窑的主动性调查。其中，河南、河北、陕西、江西等省的窑址基本上由故宫组织调查，这四个省份是汝窑、钧窑、定窑、磁州窑、耀州窑、景德镇窑等历史名窑所在地。福建、河南、浙江等省的窑址调查数量较多，分别是31处，17处，9处。由于鹰潭铁路及公路、水库的修建，以及省内开展文物普查，福建窑址数量的发现最多。河南窑址的调查则完全由故宫派人调查。这也说明故宫窑址调查是以名窑为对象，以弄清藏品窑口为基本目的的主动性调查，地方各级文博机构组织的窑址调查则是配合基本建设的抢救性调查。（三）窑址调查人主要是陈万里和技工杨忠礼，随后有冯先铭、李辉柄参加。由于国家文物局的支持，窑址调查得到相关省文物管理委员会、博物馆和窑址所在地区、县基层文化、文物部门同志的大力帮助，不少基层同志全程陪同调查。（四）主要方法是田野踏查，采集瓷片和窑具。地处山区的陶瓷窑址往往离县城路途遥远，往返不便，将采集标本长途运输至北京困难较大，调查以采集瓷片标本为主要任务，较重的窑具采集相对较少。在定窑的调查中已经注意到将分布面积较大窑址按区编号，记录不同区域采集的各种标本。窑址调查记录方式主要是记录调查日记、拍摄照片。（五）每个窑址调查的时间不长，短的不过一两个小时，长的不超过一天。故宫学者已经认识到重要窑址需做进一步系统调查、全面调查和试掘、发掘。但也失去了1957年参与浙江上林湖瓷窑遗址发掘的机会[8]。（六）窑址调查成果以调查报告形式上报并公开发表，间隔周期不长。报告分文献记载、窑址位置、地理环境，陶瓷标片及窑具，时代判断等若

1 陈万里：《汝窑的我见》，《文物参考资料》1951 年 2 期；收入《陈万里陶瓷考古文集》，紫禁城出版社，1997 年，第 149 — 153 页。陈万里：《禹州之行》，《文物参考资料》1951 年 2 期；收入《陈万里陶瓷考古文集》，紫禁城出版社，1997 年，第 154 — 156 页。

2 陈万里：《调查平原、河北二省古代窑址报告》，《文物参考资料》1952 年第 1 期；收入《陈万里陶瓷考古文集》，紫禁城出版社，1997 年，第 157 — 162 页。陈万里：《邢越二窑及定窑》，《文物参考资料》1953 年 7 月；收入《陈万里陶瓷考古文集》，紫禁城出版社，1997 年，第 163 — 171 页。

3 陈万里：《我对耀瓷的初步认识》，《文物参考资料》1955 年第 4 期；收入《陈万里陶瓷考古文集》，紫禁城出版社，1997 年，第 194 — 198 页。

4 陈万里：《景德镇几个古代窑址的调查》，《文物参考资料》1953 年 9 月；收入《陈万里陶瓷考古文集》，紫禁城出版社，1997 年，第 172 — 175 页。陈万里：《最近调查古代窑址所见》，《文物参考资料》1955 年第 8 期，收入《陈万里陶瓷考古文集》，紫禁城出版社，1997 年，第 199 — 202 页。

5 陈万里：《从几件瓷造像谈到广东潮州窑》，《文物参考资料》1957 年 3 月；收入《陈万里陶瓷考古文集》，紫禁城出版社，1997 年，220 — 224 页。陈万里：《调查闽南古代窑址小记》，《文物参考资料》1957 年第 9 期；收入《陈万里陶瓷考古文集》，紫禁城出版社，1997 年，第 225 — 230 页。

6 陈万里、冯先铭：《故宫博物院十年来对古窑址的调查》，《故宫博物院院刊》，1960 年，第 104 — 126 页。

7 陈万里：《1949—1959 年对于古代窑址的调查》，《文物》1959 年 10 期；收入《陈万里陶瓷考古文集》，紫禁城出版社，1997 年，第 263 — 274 页。

8 故宫藏档案资料编号 Z195700412《通知上林湖遗址范围内兴修水库请考虑前往调查发掘》。

干内容。陶瓷标本一般按釉色分类，再报告各类器形、装饰纹样、文字等。

从1950年至1961年全国"窑址的调查发掘和论述"发表资料来看，这一时期共发表资料117篇[1]。其中综述3篇，均由陈万里、冯先铭完成，反映出故宫学者对全国窑址调查与发掘整体状况的关注与掌握。按涉及窑址所在省区计，河北省5篇，其中为故宫学者调查成果的4篇。河南省10篇，其中故宫学者的5篇。江西省11篇，其中故宫学者的1篇。湖南省6篇，其中故宫学者的1篇。福建省45篇，其中故宫学者的1篇。广东省13篇，故宫学者的1篇。山西省1篇、内蒙古自治区1篇、陕西省2篇、江苏省4篇、安徽省2篇、浙江省12篇、四川省7篇。按涉及各省窑址资料比重来看，福建省最多，约占总数的38.5%，其次为广东省、浙江省，分别占11%、10%，再次为河南省，约占8.5%。作者为故宫学者的12篇，约占总数的13%，占河北、河南两省数量的一半以上。窑址调查资料发表的数量比例大体与窑址调查数量一致，也反映出这一时期故宫窑址调查与研究重点在河南、河北等北方省份。

通过这一时期的阶段工作，故宫学者看到了窑址调查的重点是河南省、江西省景德镇、浙江省、福建省和广东省等几个地区[2]。值得注意的是该时期对古代窑址进行考古发掘已经在全国范围内开展，其中南方地区开展较早[3]。尽管这项发掘多数是配合建设工程而开展，但毕竟是陶瓷考古的开始，故宫在这方面的工作没能紧跟时代的步伐。

二　窑址调查的展开期

第二期展开期，始于1962年故宫启动新一轮窑址调查，当年4至5月调查赴山西、河南调查了山西介休窑、山西榆次窑，河南密县窑、登封窑、修武当阳峪窑共五处窑址[4]。止于1979年派遣李知宴等人参加浙江龙泉窑调查与发掘。其间，1964年3月、4月配合陶瓷馆展陈对汝窑、钧窑、磁州窑开展了再调查，在调查技术手段、报告资料、开展研究等方面都取有很大进步[5]。1965年故宫参与组织了中国陶瓷考古赴日展览，此后窑址调查因政治原因有所停顿。1970年代以编写中国陶瓷史为目的对各地调查工作的指导和查漏补缺，对填补陶瓷发展的空白点做出贡献。1976年6—7月调查福建德化屈斗宫窑、江苏宜兴涧纵窑[6]，1976年12月调查

1　中国社会科学院考古研究所图书资料室编：《中国考古学文献目录 1949-1966》，文物出版社，第 273 － 280 页。

2　陈万里、冯先铭：《故宫博物院十年来对古窑址的调查》，《故宫博物院院刊》1960 年，第 104 － 126 页。

3　1952 年广东省广州西村窑发掘，1954 年广东省潮州笔架山窑址发掘，1955 年四川省成都青羊宫窑址发掘，1957 年广东省新会窑址发掘，1958 年陕西省铜川黄堡镇耀州窑遗址、河北省磁县观台镇磁州窑遗址、河南省临汝严和店窑址的发掘，1960 年浙江省龙泉大窑古瓷窑址的发掘等是这项工作的标志。参见：广州市文物管理委员会《广州西村古瓷窑址》，文物出版社，1958 年；王在民：《广东潮汕是郊发现宋代窑址》，《文物参考资料》1955 年第 5 期；广东省博物馆《潮州笔架山宋代窑址发掘报告》，文物出版社，1981 年；江学孔、陈建中：《成都市西郊青羊宫古窑址清理简报》，《文物参考资料》1956 年第 6 期；广东省文物管理委员会：《广东新会官冲古代窑址》，《考古》1963 年第 4 期；陕西省考古研究所：《陕西铜川耀州窑》，科学出版社，1963 年；河北省文物局文物工作队：《观台窑址发掘报告》，《文物》1959 年第 6 期；河南省文化局文物工作队：《汝窑址的调查与严和店的发掘》，《文物参考资料》1958 年第 10 期；牟永抗等：《龙泉大窑古瓷窑遗址发掘报告》《龙泉窑研究》，文物出版社，1989 年。

4　故宫藏档案资料编号 19620530Z《陶瓷组外出调查古窑址计划》；冯先铭：《河南密县登封唐宋古窑址调查》，《文物》1964 年 3 期。

5　冯先铭：《河南省临汝县宋代汝窑遗址调查》，《文物》1964 年 8 期，收入《冯先铭中国古陶瓷论文集》，紫禁城出版社、两木出版社，1987 年，第 163 － 172 页。叶喆民《河南省禹县古窑址调查记略》，《文物》1964 年 8 期，第 27 － 36 页。李辉柄《磁州窑调查》，《文物》1964 年 8 期；收入《李辉柄陶瓷论集》，故宫出版社，2013 年，第 5 － 22 页。

6　故宫藏档案资料编号 19760218Z《调查德化宜兴两地古窑址发掘情况的汇报》。

山东淄博窑[1]，1977年调查山西浑源窑、河南鲁山窑等[2]。此外，对浙江、福建、广东等地外销瓷窑址进行了调查[3]。1979年故宫还参与浙江龙泉窑调查与发掘[4]，但遗憾的是此后窑址考古工作未能持续开展。

中华人民共和国成立后的30多年，瓷窑遗址在19个省、自治区的176个县市辖区之内都有发现，瓷窑遗址数以千计。有的县少则几处、十几处，有的县达到几十处以至上百处，如河南禹县、新安县，浙江龙泉县和福建德化县；浙江上虞县更多达三百处以上。故宫这一时期调查了13个省、63个县市区，发现历代窑址和窑址群130多个，以北方为重点，解决了故宫藏18个窑口的部分藏品具体窑口问题。调查涉及全国古陶瓷窑址分布县市数量的约三分之一，以解决故宫藏传世品瓷器的具体窑口问题为目的，取得很大成效[5]。这一时期，陈万里1963年以后离开了工作岗位，1969年去世。故宫从事窑址调查的主要人物冯先铭、叶喆民、李辉柄、李知宴等正值年富力强，他们在实践中逐步成长为中国古陶瓷界有影响的学者。

该时期故宫的窑址调查发现与研究呈现以下几方面特点：（一）窑址调查方法有所进步。除地面采集瓷片外，注意到利用断崖、沟壁等剖面采集标本。在禹县神垕窑址调查钧窑遗址中采取普查和重点钻探的方法，加上调查时间稍长，获得资料较为丰富。（二）窑址调查的内容不但关注陶瓷品种，也重视窑炉、窑具、燃料、作坊等遗存，获得了陶瓷生产与烧造的实物资料。（三）窑址调查资料的整理按釉色和装饰分类，将同一釉色的碗、盘等不同类型的采集标本进行数量统计，获得了对窑场产品大体面貌的认识。（四）对窑址产品时代判断更多依靠墓葬等出土纪年资料与窑址标本的比对，关注陶瓷窑场始烧、繁荣、衰落时代，对窑址的上下限有较为可靠的判断。（五）窑址调查资料的公布借鉴历史时期考古学简报或报告的体例，利用分类型、分式的形式介绍陶瓷器物和标本，公布遗迹剖视线图、复原图、可复原器物剖视线图、照片等内容，使研究者获得更为丰富的窑址和陶瓷产品第一手资料。（六）由于全国范围内陶瓷窑址资料不断增多，有条件研究不同区域窑场之间产品装饰的特征、工艺技术的交流关系。冯先铭提出以"窑系"概念总结宋代南北方陶瓷的发展面貌，这一概念今天看来有一定的局限性，但相当一个时期以来对中国古陶瓷学界影响很大[6]。（七）国内各地特别是浙江、福建、陕西、河南、广东等省陶瓷窑址发掘工作广泛开展，出土大批资料。故宫以开展重点窑址调查为基础，关注城址、墓葬、窖藏、塔基、沉船等遗迹单位考古出土的陶瓷器物，为全面开展古陶瓷研究，编写陶瓷史做出了重要贡献。（八）故宫派遣考古发掘经验丰富人员与中央、省市文博机构联合组成考古队，参加浙江龙泉窑址的考古发掘，独立完成窑址考古调查与发掘任务，无论是

1 故宫藏档案资料编号 1976029Z《去山东淄博市座谈古窑址有关问题的汇报》。

2 冯先铭：《山西浑源窑古窑址调查》，文物编辑委员会编《中国古代窑址调查发掘报告集》文物出版社，1984 年，第 416 — 421 页。李辉柄、李知宴：《河南鲁山段店窑》，《文物》1980 年第 5 期；收入《李辉柄陶瓷论集》，故宫出版社，2013 年，第 53 — 63 页。

3 故宫藏档案资料编号 19640857z《主致广东省文化局考虑韩于西同志陪同韩准槐考查窑址等问题》，编号 19640858Z《主致广东省文化局关于韩准槐考查你省古窑址等问题》，编号 19640859z《复拟请韩槐准先生推迟来我省考查古窑址日期》。李辉柄：《调查浙江鄞县窑址的收获》，《文物》1973 年第 5 期；收入《李辉柄陶瓷论集》，故宫出版社，2013 年，第 23 — 32 页。李辉柄：《广东潮州古瓷窑址调查》，《考古》1979 年第 5 期；收入《李辉柄陶瓷论集》，故宫出版社，2013 年，第 38 — 43 页。

4 李知宴：《浙江象山唐代青瓷窑址调查》，《考古》1979 年 5 期，第 435 — 439 页；李知宴《浙江龙泉青瓷山头窑发掘的主要收获》，《文物》1981 年第 10 期，第 36 — 42 页。

5 冯先铭：《中国陶瓷考古的主要收获》，《文物》1965 年第 9 期；收入《冯先铭中国古陶瓷论文集》，紫禁城出版社，两木出版社，1987 年，第 91 — 116 页。冯先铭：《三十年来我国陶瓷考古的收获》，《故宫博物院院刊》1980 年第 1 期；收入《冯先铭中国古陶瓷论文集》，紫禁城出版社，两木出版社，1987 年，第 117 — 140 页。

6 秦大树：《论"窑系"概念的形成、意义及其局限性》，《文物》2007 年第 5 期，第 60-66、92 页。

发掘技术、整理方法，还是报告内容、研究成果等方面，体现出很高的田野工作水平。

从1962至1980年公开发表"窑址的调查发掘与论述"资料看，涉及20个省、市、自治区的窑址，共85篇[1]。故宫学者发表的窑址调查发掘成果共10篇，约占全国总数量的12%，窑址调查相关成果数量明显减少，主要集中在重点调查窑址的省份。其中涉及河北省磁州窑1篇，河南省汝窑1篇、钧窑1篇、密县和登封窑1篇，浙江省象山唐代青瓷窑、鄞县窑等2篇，福建省德化屈斗宫窑、同安窑、莆田窑等3篇，广东省潮州窑1篇，基本上与故宫窑址调查的地区分布一致。

三 窑址调查的延续期

第三期延续期，始于1981年冬天为探讨原始瓷器的浙江绍兴富盛窑调查[2]，止于1998年故宫举办《仿古陶瓷和主要窑址标本展》，1999年故宫学者参与编写中国美术全集陶瓷卷对古陶瓷及窑址的总结研究。主要是1981年对邢窑、1987年对安徽省窑址、1990年对宝丰清凉寺窑的调查[3]，但整体上落后于全国的陶瓷考古调查、发掘工作，处于延续时期。1981—1982年故宫组织的赴英国、日本、中国香港的"中国陶瓷古窑址展览"，对宣传古陶瓷文化、推动外销瓷研究发挥了重要作用。

这一时期随着几位窑址调查人由于多种原因相继离开，故宫的窑址调查数量明显减少。虽然仍以历史名窑、官窑遗址为调查研究对象，但大多数是利用论证会、研讨会机会的观摩标本、查看窑址环境，走向田野的热情和动力大大减弱，少量的调查也是针对空白地区的窑址粗略了解。其中主要原因在于学术指导思想上发生了变化，认为古陶瓷研究已经进入综合性研究阶段[4]，利用文献、馆藏器物、窑址标本、发掘资料、科技检测开展综合研究，可以解决学术争议与陶瓷史的空白问题。

从1981—1990年全国报刊和论文集所载"窑址的调查发掘与论述"资料看，涉及21个省、市、自治区和香港地区窑址，共有350篇[5]。其中故宫学者的调查论述成果计19篇，涉及河北省"三大名窑"1篇、邢窑1篇、磁州窑1篇，河南省汝窑2篇、钧窑2篇，山西省浑源窑1篇，浙江省越窑1篇、武义窑址1篇、龙泉青瓷（发掘简报）1篇，安徽省窑址1篇，福建省建阳窑1篇，江西省吉州窑3篇，湖南省长沙窑1篇，另有2篇综述。数量只占全国总数的5%，表现出故宫窑址调查在学术成果上呈现出衰落趋势。

我国的陶瓷考古工作在这一时期已进入发展、兴盛阶段。除了广泛的常规调查外作为陶瓷窑址田野考古

1 中国社会科学院考古研究所图书资料室编：《中国考古学文献目录1949—1966》，文物出版社，1978年，第273－280页；中国社会科学院考古研究所资料信息中心：《中国考古学文献目录1971—1982》，文物出版社，1998年，第313－316页。

2 李毅华：《浙江绍兴富盛窑——兼谈原始瓷器》，文物编辑委员会：《中国古代窑址调查发掘报告集》，文物出版社，1984年，第1－8页。

3 李辉柄：《唐代邢窑窑址考察与初步探讨》，《文物》1981年第9期；收入《李辉柄陶瓷论集》，故宫出版社，2013年，第66－70页；李辉柄：《安徽省窑址调查纪略》，《故宫博物院院刊》，1988年第3期；收入李辉柄《李辉柄陶瓷论集》，故宫出版社，2013年，第71－75页；李辉柄《汝窑遗址的发现与探讨》，《文物》1991年12期，收入李辉柄《李辉柄陶瓷论集》，故宫出版社，2013年，第76－83页。

4 李辉柄《中国瓷器研究的现状与展望》，《南方文物》1997年第2期；收入《李辉柄陶瓷论集》，故宫出版社，2013年，303－309页。李辉柄：《故宫博物院陶瓷研究五十五年》，《故宫博物院八十华诞古陶瓷国际学术研讨会论文集》，紫禁城出版社，2006年；收入《李辉柄陶瓷论集》，故宫出版社，2013年，第383－387页。

5 中国社会科学院考古研究所资料信息中心：《中国考古学文献目录1971—1982》，文物出版社，1998年，第313－316页；中国社会科学院考古研究所资料信息中心：《中国考古学文献目录1983-1990》，文物出版社，2001年，第719-732、930－935页。另：1991年以后的窑址调查资料暂缺统计。

的重要内容，还对一些名窑遗址做了全面细致调查。如20世纪90年代初对浙江慈溪上林湖越窑址的调查尤为详细，并做了勘测，基本搞清了上林湖窑区各窑场产品的特点、年代[1]。这一阶段地方文博机构开展的瓷窑遗址调查目的性较强，工作认真细致，解决了小面积或局部发掘难以解决的问题，较好地体现出调查工作在研究工作中的作用。同时，陶瓷窑址发掘的数量明显增多，发掘面积一般较大，不少是带着学术问题的主动发掘。根据报道的资料统计，先后对40余座窑址进行了发掘，其中50%以上是首次发掘[2]。在20世纪60年代故宫调查线索基础上，国内相关文博机构和高等院校在这时期对钧窑、汝窑、磁州窑等开展了科学的考古发掘。在发掘中，注重发掘方法的探索，地层划分较为细致、科学，出土遗迹、遗物丰富，其中有许多重要发现，为全面深入研究我国古代陶瓷手工业发展状况提供了系统科学的资料。而故宫的窑址调查工作无论在学术目标、调查手段、研究方法上已经明显落后，表现在一些重要古陶瓷问题上，如汝州张公巷窑址年代及性质、传世钧瓷即"官钧"年代、景德镇明代御窑生产状况等问题，对新资料不敏感，对新方法重视不够，渐行渐远于陶瓷考古研究的主流。

四 结 语

进入21世纪，故宫博物院为编著中国古代窑址标本丛书，重新启动古陶瓷窑址复查工作[3]。2005年成立故宫古陶瓷研究中心，2009年成立国家文物局古陶瓷科学技术研究基地，提出继承古窑址调查的优良传统，充分利用窑址调查的资料开展陶瓷史特别是对宋代五大名窑的深入研究，利用院藏陶瓷资料开展陶瓷科技的研究。以王光尧为代表的一批学者敏锐地意识到窑址考古发掘对解决古陶瓷研究问题具有的不可替代的作用，推动故宫与其他文博考古机构联合，参与或主导了景德镇明清御窑厂、昌江区丽阳乡元明瓷窑遗址、浙江德清火烧山原始青瓷遗址、湖北武当山庞湾琉璃窑址的考古发掘，取得重要发现与研究成果。2013年故宫考古研究所成立，将陶瓷窑址考古发掘作为重点发展方向之一，联合江西省文物考古研究所、景德镇市陶瓷考古研究所、北京大学考古文博学院等机构启动对景德镇御窑厂考古发掘，表明故宫的陶瓷窑址考古活动已经和整个中国考古学的发展密切相连，进入一个崛起的新阶段。2015年故宫古陶瓷研究中心改建为古陶瓷研究所，致力于院藏古陶瓷标本的整理出版，深入开展宋代五大名窑瓷器的展览、研究。古陶瓷已经成为"学术故宫"建设具有优势的研究课题之一，近年来与湖北、江西景德镇等省市合作的古陶瓷窑址考古发掘项目，不仅使故宫博物院的古陶瓷研究能够及时保存对一线最新资料的跟踪，加强对考古学动态的了解，同时也促使故宫的研究人员思考陶瓷考古的局限性并致力于加强方法论的建设。

历经半个多世纪的窑址调查，故宫采集了全国17个省、140个窑口、200余处窑址的近3万件陶瓷标本。时至今日，有些窑址在现代化建设中已遭破坏或深埋于地下，甚至已不可能从中寻找线索，就更加凸显出这批资料的珍贵价值。2004年故宫将这批窑址陶瓷标本列为古陶瓷资料，进一步的工作方向应该是对这批资料

1 慈溪市博物馆：《上林湖越窑》，科学出版社，2002年。

2 权奎山、孟原召：《古代陶瓷》，文物出版社，2008年，第20页。

3 经过2005年后的整理与复查，故宫窑址资料涉及全国20个省区的180余个窑口、300多处窑址，约6万多片标本。参见冯晓琦主编：《故宫博物院藏中国古代窑址标本（河南上、下）》之《前言》，故宫出版社，2013年。

开展考古类型学整理，进行胎釉成分无损分析，建立中国古陶瓷标本数据库，充分挖掘其文化遗产价值[1]。半个多世纪故宫窑址调查的经验启示是，从故宫博物院拥有陶瓷藏品研究出发，加强与宫廷用瓷密切相关的历史名窑的考古调查与发掘。在建设中国特色、中国气派的考古学方向指引下，立足于手工业考古和社会视角的陶瓷考古工作，可以揭示中华民族的创造精神，展示中华文明对世界文明的贡献。对于拥有35万件古陶瓷藏品的故宫博物院，做好陶瓷考古工作具有不可旁贷的责任与使命。当前和今后一个时期，除明清景德镇御窑厂、被后世称为宋代五大名窑之外，明代的曲阳、磁州、钧州、处州等官窑，以及再早的一批唐宋元时期具有贡御性质的窑场也应该纳入陶瓷窑址的调查与考古计划之中，抓住合适时机进行考古发掘，为全面深入研究陶瓷与宫廷的关系积累考古学资料。故宫的古陶瓷研究还要把"一带一路"考古作为重点内容，关注以瓷器为媒介的中外文化交流研究。此外，与紫禁城古建筑密切相关的琉璃窑、砖瓦窑遗址的考古与研究也是故宫陶瓷考古和文化遗产保护应该高度重视并付诸实践的工作方向。

[作者单位：故宫博物院研究室]

1 苗建民等：《故宫博物院古陶瓷研究概况与展望》，《故宫学刊》2005 年总第二辑，紫禁城出版社，第 221 — 232 页。

日本出土龙泉瓷器及其相关问题研究

On Related Questions about Longquan Ware Unearthed in Japan

项坤鹏

Xiang Kunpeng

内容提要：

日本出土了大量的龙泉青瓷，年代从北宋中晚期开始，至明代中期渐趋停止。从时间的纵线上来看，龙泉青瓷输入日本呈现出阶段性的特点，这与龙泉窑业状况、中日两国的对外贸易政策以及彼此之间的交往密切相关。龙泉青瓷显现于日本社会的诸多场合，常被用作日常之器、清赏之器、礼佛之器以及随葬之器等，深受各阶层青睐。龙泉青瓷的输入，对日本本土的窑业发展产生了重要影响。

关键词：

日本　龙泉青瓷　阶段　用途　影响

ABSTRACT:

A large number of Longquan celadon have been unearthed in Japan, dating from the mid- and late Northern Song dynasty (960-1127) to the Ming dynasty (1368-1644). From the chronological perspective, the importation was not constant but intermittent, which is closely related to the foreign trade policies of China and Japan and the political and economic exchanges between them. Longquan celadon was widely used as containers, ornaments and religious utensils in Japan. The import of Longquan celadon had an important influence on the development of Japanese local kiln industry.

KEYWORDS:

Japan, Longquan celadon, time period, use, influence

古代中国与日本贸易往来密切，陶瓷是中日贸易的重要产品之一。龙泉青瓷自北宋创烧后迅速成熟，并且大量外输，在世界各地的遗址中均可发现龙泉青瓷的踪迹，日本也不例外。随着考古工作的发展，在日本境内的若干遗址中都出土有龙泉青瓷。此一现象的出现，与当时的历史背景息息相关。这些出土的龙泉青瓷连同出土遗址等所提供的信息，对于深入探讨历史上龙泉青瓷外输日本的阶段性、龙泉青瓷在日本当地的用途、使用阶层及其对日本制瓷业的影响等问题具有重要意义。

一　历史背景

一般认为，龙泉窑创烧于北宋，明代中期后渐趋衰落，日本发现的龙泉青瓷年代基本上也处于这一时间框架内。相应历史时期的社会背景，尤其是对外贸易政策，会对瓷器贸易往来产生重要的影响。有鉴于此，在具体梳理日本各地发现的龙泉青瓷之前，先对彼时中日两国的往来背景予以分析。

（一）宋至明时中国政府的对外贸易政策

两宋政府提倡海外贸易，开放通商。北宋时皇帝就曾下旨鼓励与周边国家往来贸易。《宋会要辑稿·职官》记载：“（太宗）雍熙四年（987）五月，遣内侍八人赍敕书金帛分四纲，各往海南诸蕃国勾招进奉，博买香药、犀牙、珍珠、龙脑；每纲赍空名诏书三道，于所至处赐之。”[1]南宋时期国力凋敝，国家财政收入“一切依办海舶”，海外贸易发展更加鼎盛。《宋会要辑稿·职官》记载绍兴七年（1137）年高宗上谕：“市舶之利最厚，若措置合宜，所得动以百万计，岂不胜取之于民？”[2]由此可见一斑。

至元代，对外贸易之风愈盛。《续文献通考·卷二十六·市籴》记载：“帝既定江南，凡邻海诸郡与番国往还互易舶货者，其货以十分取一，粗者十五分取一，以市舶官主之……至是（至元十四年，1277）始立市舶司，一于泉州，令孟古岱领之，立市舶司三，于庆元、上海、澉浦，令福建安抚司杨发督之。每岁招集舶商于番邦，博易珠翠香货等物，及次年回帆依例抽解，然后听其货卖。”[3]元代有时会对私人贸易限制，大德年间曾禁商下海；延祐间，仍禁人下番，官自发船贸易；至治间，又申严市舶之禁，转又听海商贸易归征其税。由此可见，元初沿袭宋制，给贩海者以自由贸易，后发展官营贸易，禁私商下海，至英宗时，又允许海商贸易，归征其税。但是，受惑于丰厚的利润，即使在政府禁海时期，民间贸易也没有断绝，而是以走私贸易的方式持续存在。

明代着力发展官方海外贸易，抑制私人贸易，长期实行海禁。在发展官方海外贸易方面，实行由国家直接控制的勘合贸易，由市舶提举司掌管，“凡外夷贡者，我朝皆设市舶司领之，许带方物，官设牙行与民贸易，谓之互市”。对每一市舶司负责掌管的海外贸易国家做了具体规定，“宁波通日本，泉州通琉球，广州通

1 （清）徐松辑：《宋会要辑稿》“职官·四四之二”，中华书局影印本，1957年。

2 前揭《宋会要辑稿》“职官·四四之二〇”。

3 （清）高宗敕撰：《续文献通考》卷二六“市籴”，考三〇二三，商务印书馆，1936年。

占城、暹罗、西洋诸国"[1]。抑制私人贸易方面，明太祖就曾宣布"仍禁濒海民不得私自出海"[2]，洪武朝时先后颁发过六次禁海令，并禁止民间使用番货。永乐朝时海禁制度更为严格，"原有海船者悉改为平头船"[3]。此后官方禁海政策一直延续，明中期有所放松，又有反复。正德五年，明武宗推行"抽分"政策，准许对私人海商征税，海禁贸易进一步放松，但嘉靖时期，由于嘉靖二年（1523）时宁波发生了日本海商引起的"争贡之役"，海禁制度愈加严厉，嘉靖十二年（1533）规定"一切违禁大船，尽数毁之"，并实行连坐法，"自后沿海居民，私与贼市，其邻舍不举者连坐"[4]。嘉靖朝之后，明代晚期海禁渐解，隆庆元年（1567），福建漳州月港开放海禁，准许私人出海贸易，标志着海禁政策结束，贸易模式由以官方朝贡贸易为主转变为以民间贸易为主。但需说明的是，如元朝一般，明朝海禁森严时期，私人海外贸易依然在发展，"成、弘之际，豪门巨室间有乘巨舰贸易海外者"，"广东沿海地方多私通番舶，络绎不绝"，最终"片板不许下海，艨艟巨舰反蔽江而来；寸货不许入番，子女玉帛恒满载而去"[5]。

（二）日本的对外贸易政策以及当时的中日贸易往来

北宋大致相当于日本的藤原氏全盛期前后，当时日本对外贸易有衰退倾向，采用禁止本国人私自到海外等锁国政策，冷泉天皇永承二年（1047）十二月清原守武因私自赴宋事迹败露，货物没官，本人被流放佐渡，党徒五人被处以徒刑[6]，因此当时中日间往来的商船只有宋船。这一时期中日之间的宋船，大都从两浙地方出发，横渡东中国海，到达肥前的值嘉岛，然后再转航到筑前的博多，及至后来，不少船只从博多深入日本海，驶进越前的敦贺[7]。

南宋相当于日本的武家兴盛时期。日本随着武家的兴起，采取颇为进取的政策，平清盛等大力鼓励对外贸易，所以这一时期有大量的商船开往宋朝。南宋中叶以后，日本商船驶往宋朝逐渐增多。据《宋史·日本传》载，宋朝淳熙三年（1176）、淳熙十年（1183）、绍熙四年（1193）、庆元六年（1200）、嘉泰二年（1202）等，经常有日本商船漂流到宋朝沿岸，这些都是为了贸易赴宋而中途遇到风暴的日本商船[8]。此时宋朝的市舶机构屡有设废，南宋中叶以前，宋朝对日本的贸易港不仅限于明州。《宋史·日本传》中有淳熙十年（1183）及绍熙四年（1193）日本商船来到秀州华亭县的记载，建久十年（1199）泉涌寺不可弃法师赴宋时所乘之船就是开到江阴军[9]，此外日本商船有时也一直开到泉州，如《诸蕃志》"倭国条"中记载："倭国……多产杉木、罗木，长至十四五丈，径四尺余，土人解为枋板，以巨舰搬运至吾泉贸易……"[10]。

元朝时，日本正值镰仓时代，虽然中日之间互修战备，但是两国之间仍有商船往来，虽然两国发生文

1 前揭《续文献通考》卷二六"市籴"。
2 《明太祖实录》卷七〇、卷二三一，中华书局，2016年。
3 《明太祖实录》卷二七，中华书局，2016年。
4 《明嘉靖实录》卷一五四，中华书局，2016年。
5 李银、张增强：《论明朝勘合朝贡贸易的性质》，《河北经贸大学学报（综合版）》2009年第1期。
6 《百錬抄》"永承二年十二月二十四日"条，吉川弘文馆，2000年。
7 [日]木宫泰彦著，胡锡年译：《日中文化交流史》，商务印书馆，1980年，第237、245页。
8 前揭木宫泰彦著，胡锡年译：《日中文化交流史》，第294－295页。
9 前揭木宫泰彦著，胡锡年译：《日中文化交流史》，第296－297页。
10 （元）赵汝适著，杨博文校释：《诸蕃志校释》中华书局，1996年，第155页。

永、弘安等战事，但是依然贸易往来频繁，日本驶往元朝的商船，除兴国三年（1342）派遣的天龙寺船是官方船只外，其余都是私人商船，元末六七十年间，应是日本商船开往中国最盛的时代。元代至元十四年（1277），元朝政府在泉州、庆元（今浙江宁波）、上海、澉浦（今属浙江海盐）四处港口设立市舶司。后来又陆续添设广州、温州、杭州三处。经过裁并，到13世纪末，只在庆元、泉州、广州三处港口设置。中日之间的贸易港，在元朝是庆元，在日本是博多[1]。

明朝为了加强海禁，防止非法贸易，洪武十六年（1383）制定了勘合制度，明朝政府与日本之间开展勘合贸易。遣明船出发的港口为兵库，从兵库通过濑户内海，在博多暂停，然后经五岛，一直开往宁波（宋代的明州，元代的庆元），从宁波再经由运河及内陆江河到达北京（首都在南京时，到达南京），但也有另外一条航路，即以堺港为起点，经过四国岛南部，在萨摩的津坊暂停，然后横渡中国海，或者经过南海前往宁波，这条航路被称为南海路，主要是为了躲避大内氏的掠夺[2]。

二　日本诸遗址中发现的龙泉青瓷

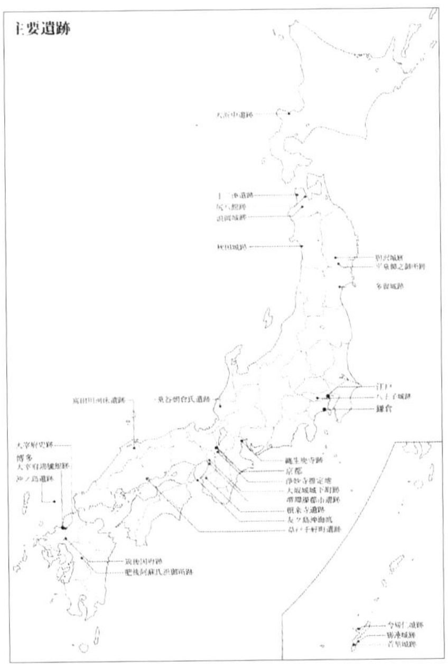

图1　日本出土中国瓷器遗址分布图
（采自《日本出土の中国陶瓷》页134）

由于历史文化的联系以及地缘的接近等原因，古代中国与日本关系密切，频繁贸易，大量的中国陶瓷器外输日本，有相当数量的日本遗址出土中国瓷器，大致如〔图1〕[3]所示。出土龙泉青瓷的遗址也是数不胜数，限于材料的刊布状况以及笔者获取材料情况，本文难以穷尽，现择要介绍如下[4]：

1.博多遗址群。从11世纪后期开始，位于海边的博多浜（今福冈市博多区）成为中日贸易的重要港口，当时有大量的中国商人居住于此，他们的居所被称为“博多津唐房”。从20世纪70年代开始，为配合博多区地铁、火车站等基本建设，福冈市教育委员会埋藏文化财部的考古工作者进行了百余次考古发掘，出土了大批中国陶瓷，包括一定数量的龙泉青瓷〔图2、图3、图4〕，如饰细直线纹、变形S纹的北宋时期龙泉青瓷碗，以及南宋时期的龙泉青瓷碗、盘、壶等。

2.太宰府遗址。太宰府建立于7世纪的奈良、平安时代，直到12世纪一直是九州地区的政治经济中心，也是对外交流的重要窗口。2000年以后，该地逐渐开始考古发掘，大量的中国陶瓷器随之出土。包括北宋及南宋时期的白瓷，少量龙泉

1　前揭本宫泰彦著，胡锡年译：《日中文化交流史》，第401页。

2　前揭本宫泰彦著，胡锡年译：《日中文化交流史》，第520-521、531页。

3　［日］长谷部乐尔、今井敦：《日本出土の中国陶瓷》，平凡社版，1995年，第134页。需要说明的是，此图为20世纪末所绘。此后随着考古工作的发展，日本境内不断有龙泉青瓷出土，因此到目前为止，日本出土龙泉青瓷的遗址要多于该图所示。

4　除特别备注外，主要参考苌岚：《7—14世纪中日文化交流的考古学研究》（中国社会科学出版社，2001年）及矢部良明：《日本出土的唐宋时代的陶瓷》（《中国古外销陶瓷研究资料》第3辑）。

图2 日本博多遗址出土龙泉窑内底贴印对鱼纹黄绿釉碟 （采自韩国国立海洋遗物展示馆：《新安船与东亚陶瓷贸易》）

图3 日本博多遗址出土龙泉窑内底贴印对鱼纹青釉盘 （采自韩国国立海洋遗物展示馆：《新安船与东亚陶瓷贸易》）

图4 日本博多遗址出土龙泉窑内底贴印梅花纹青釉盏 （采自韩国国立海洋遗物展示馆：《新安船与东亚陶瓷贸易》）

青瓷，以及若干南宋时期龙泉青瓷，具体情况如：太宰府条19SD001遗址（12世纪后期到13世纪）出土龙泉青瓷70余件；太宰府条19SK004遗址（12世纪后期到13世纪）出土龙泉青瓷60余件；太宰府史迹33SD605遗址[伴出“贞应三年”（1224）铭木简]出土龙泉青瓷30余件；太宰府史迹第109、111次调查SD3200遗址（伴出“嘉元二年[1304]十一月卅日”铭卒堵婆）出土带“金玉满堂”铭及饰莲瓣纹、双鱼纹等龙泉青瓷80余件；太宰府史迹45次SX1200遗址[伴出“元德二年”（1330）铭卒堵婆]出土龙泉青瓷9件。

3.平安京遗址。平安京是日本京都的古称，是日本在延历十三年（794）桓武天皇从旧都长冈京迁都后至1868年明治天皇迁都东京期间的首都，位于现在京都府京都市中心地区。该遗址发现有少量北宋时期龙泉青瓷，以及若干南宋时期龙泉青瓷。具体出土地点包括：左京六条三坊十二町、左京八条三坊二町P—1、左京六条二坊六町土圹2、左京二条二坊九町SG—D、中京区七观音町、中京区场之町、下京区常叶町、下京区市本町、下京区东塩小路町等。

4.京都相国寺遗址、临川寺遗址、东本愿寺前古坟群。相国寺于永德二年（1382）由足利义满创建，为梦窗派的中心禅宗寺院。后遭兵乱、火灾，屡经重建。该地考古发掘出土龙泉青瓷残片近300件，包括青瓷碗、盘、瓶、香炉、壶、盖等。临川寺位于京都岚山，出土有龙泉青瓷钵及研磨棒等〔图5〕。东本愿寺是净土真宗教派真宗大谷派的本山，建于1602年，正式名称为真宗本庙。东本愿寺在江户时代曾遭大火，于明治年间重建。该地出土龙泉青瓷有碟等〔图6〕。

5.镰仓遗址。镰仓原本是一处偏僻的渔村，治承四年（1180）源濑朝以此为根据地。承久之乱后的1125

图5 日本京都临川寺遗址出土龙泉窑研钵及棒 （采自韩国国立海洋遗物展示馆：《新安船与东亚陶瓷贸易》）

图6 日本京都东本愿寺前古坟群出土内底贴印对鱼纹龙泉青釉碟 （采自韩国国立海洋遗物展示馆：《新安船与东亚陶瓷贸易》）

图7 日本镰仓市今小路西遗址出土龙泉窑荷叶盖罐 （采自韩国国立海洋遗物展示馆：《新安船与东亚陶瓷贸易》）

年，镰仓被视为城市开始建设。1333年，镰仓幕府灭亡，其繁荣一时中断，到14世纪后半期，室町幕府置镰仓府，仍然保持中心城市的地位。但后来由于镰仓内乱而逐渐衰落，到康正元年（1455），镰仓公方、足利成氏迁徙古河，镰仓再度变成渔村。镰仓遗址的大规模考古发掘始于昭和四十年（1965），出土了大量贸易陶瓷，以南宋时期龙泉青瓷居多，器形包括壶、洗、盘、钵、碗等。具体地址包括镰仓大町衣张山古墓遗址、镰仓市今小路西遗址〔图7、图8、图9〕、材木座遗址〔图10〕、若宫大路周边遗址〔图11〕等。

6.草户千轩遗址。位于流贯广岛东部平原注入备后滩的芦田川河口附近，福山市草户町的河底，是作为濑户内海的中央港口城市、长福寺的门前町、市场町而发展起来的中世纪城市。该遗址在1920—1930年芦田川改修工事之际发现，1961年开始调查发掘。草户千轩遗址出土大量的遗物，其中贸易陶瓷以中国陶瓷最多，又以宋元时期龙泉窑青瓷较为常见。

图8 日本镰仓市今小路西遗址出土龙泉窑贴印对鱼纹青瓷碟 （采自韩国国立海洋遗物展示馆：《新安船与东亚陶瓷贸易》）

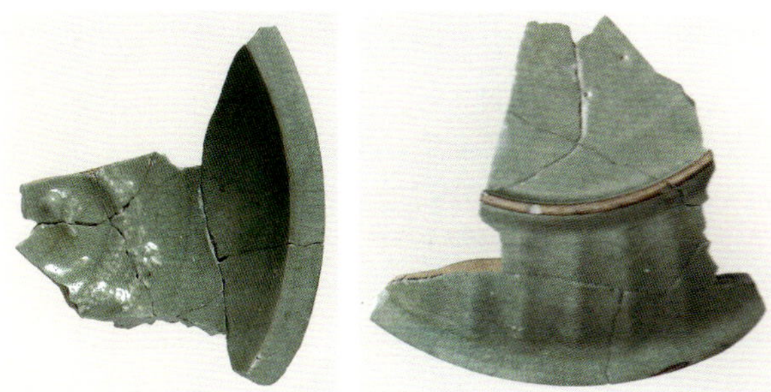

图9 日本镰仓市今小路西遗址出土龙泉窑贴印龙纹青釉盘
（采自韩国国立海洋遗物展示馆：《新安船与东亚陶瓷贸易》）

图10 日本镰仓市材木座遗址出土龙泉窑阳刻八卦文青瓷筒式炉
（采自韩国国立海洋遗物展示馆：《新安船与东亚陶瓷贸易》）

图11 日本镰仓市若宫大路周边遗址出土龙泉窑莲瓣纹青釉碗 （采自韩国国立海洋遗物展示馆：《新安船与东亚陶瓷贸易》）

图12 日本冲绳首里城京内遗址出土龙泉窑瓷器
（采自沖縄県立埋蔵文化財センター：《首里城京の内展-貿易陶磁からみた大交易時代》，沖縄県立埋蔵文化財センター，2001年）

7.首里城遗址。该地曾是中山王国的政治中心，在中山王国于15世纪前期兼并其他地方势力而称为琉球王国后，该地称为王国的首都。日本近十数年对首里城进行了多次考古发掘，成果丰硕，出土了大量的中国陶瓷器，如京之内SK01，出土青瓷609件，大部分为龙泉窑产品[1]，器形包括碗、瓶、罐、尊、盘、壶〔图12〕；首里城二阶殿遗址出土龙泉青瓷共计153件，器形包括青瓷碗34件、折沿洗78件、大盘39件、莲瓣纹大碗及莲瓣纹壶各1件、大型四系瓶5件[2]，年代自宋至明代。

8.胜连城址、今归仁城址。胜连岛在冲绳本岛南部东好海岸的与胜半岛，推测胜连城址的年代在13世纪左右，是当地统治者“按司”的城堡，出土有龙泉窑青瓷大盘、壶等。今归仁城在冲绳本岛北部西海岸的本部半岛，也称为“山北城”，推测是13世纪左右建造的山城，具体年代和建造者不明，出土不少龙泉窑青瓷片和元、明时的青花器。

9.石垣岛山原遗址、西表岛遗址、与那国岛遗址。石垣岛位于琉球列岛的八重山群岛的南方；西表岛位于石垣岛西面约18 公里处，是日本琉球列岛八重山群岛中面积最大的岛屿，也是日本冲绳县内仅次于冲绳岛的第二大岛；与那国岛为琉球列岛内八重山群岛的最西端，是日本最西端的岛。三处遗址出土有若干龙泉青瓷，碗类最多，其次是碟、盘类[3]。

10.宫古岛砂川元岛遗址。宫古岛地处琉球群岛西南部，先岛诸岛东部，是宫古列岛的主岛。发掘出土

1 彭盈真：《琉球出土中国陶瓷：十五世纪陶瓷消费地之个案研究》，台湾大学艺术研究所硕士学位论文，2005 年。
2 彭盈真：《万国津梁之基——浅谈日本冲绳之龙泉青瓷》，《故宫文物月刊》总第 311 期。
3 山原遗迹调查团：《冲绳·石垣岛山垣遗迹第二次发掘调查概报》，1980 年，青山史学第 6 号，厦门大学栗建安译。

有龙泉青瓷碗、钵残片，年代为14世纪[1]。

11.青森县浪冈城、尻八馆中世山城遗址。1977年发掘的中国陶瓷，有碗片2件，为15至16世纪的产品。1978年发掘的数量较多，有中国青瓷碗34件，小碟23件，香炉片3件，钵片2件，计62件，主要是16世纪前期的产品。碗有刻线莲花瓣纹的20件，无纹饰的14件。有的碗底还印有“福”字或草花纹。碟的口沿为棱花形，不少内面还雕有粗糙的刻画纹，年代大概与青瓷碗相同。尻八馆中世山城遗址位于青森县青森市西北部丘陵地带，出土的龙泉青瓷包括香炉、尊、碗、盘、钵等。其中炉、壶腹部有饰莲瓣纹者；碗有饰莲瓣纹，也有无纹的，有的底部有印记，碗心内印“河滨遗范”“金玉满堂”四字的较多；盘常见饰双鱼纹者；钵多见饰莲瓣纹者[2]。

除上述遗址外，日本出土龙泉青瓷的遗址还有很多。如神奈川县横滨市金沢区称名寺境内古墓中出土元代荷叶盖罐，岛根县出云市荻杼古墓出土龙泉碗、盘2件。福井市一乘谷朝仓氏遗迹出土折沿盘。和歌山市友ヶ寺出土双耳衔环扁瓶1件。新田县片山馆出土的龙泉碗腹部残片[3]。福冈县久留米市ヘボノ木遗址出土宋代龙泉青瓷碗。朝日西遗址出土有12—13世纪的龙泉划花纹碗残片，等等。另外值得一提的是，水下考古也有发现。如日本小值贺岛前方湾海底遗址出水有墨书“大”字的龙泉青瓷碗[4]。又如目的地为博多的新安沉船出水了一万余件龙泉青瓷〔图13〕，年代多为元代，器形丰富，包括瓶、罐、盘、盏、炉、尊等[5]，在很大程度上补充了我们对龙泉青瓷外输日本相关情况的认知。

三　相关问题

（一）阶段性

日本地区出土中国龙泉青瓷的器型有碗、盘、壶、炉、钵、扁瓶、罐等，大部分器物与龙泉大窑产品相似，外销到日本的龙泉青瓷可以分成以下几个阶段：

1.11世纪末至12世纪中期。这一时期之前的日本对中国贸易在平安政府直接干涉下，由太宰府管理，为官方贸易。及至11世纪后半期，逐渐脱离官方控制，向民间贸易转换，贸易场所也由鸿胪馆转移到了博多。此时鉴于中国境内龙泉窑尚处于初步发展阶段，这一时期龙泉青瓷输入量较少，仅见于九州北部的博多遗址、太宰府遗址以及首都京都等西日本地区[6]。此时的龙泉青瓷釉层较薄，釉色泛黄，碗的内篦常见篦划纹、S形纹装饰。

2.12世纪中后期至13世纪末期。这一时期南宋政府鼓励海外贸易，日本政府也看到了宋日贸易所带来的利益，因此贸易日趋频繁，龙泉青瓷自北宋萌芽之后，逐渐进入繁荣时期，产量提高、品质上升。此时出口

1 砂川元岛遗址调查团：《冲绳·宫古岛砂川元岛遗址发掘调查简报（第二次）》，1976 年，厦门大学王荣国译。

2 《尻八馆调查报告书》，尻八馆调查委员会发行，1981 年。

3 叶文程等：《试述浙江青瓷的对外输出》，《江西文物》，1989 年第 3 期，第 22 — 23 页。

4 ［日］田中克子：《从日本小值贺岛前方湾海底遗址出水的中国陶瓷看日宋贸易》，中国古陶瓷学会编：《外销瓷器与颜色釉瓷器研究》，紫禁城出版社，2012 年。

5 （Korean）National Maritime Museum, *The Shinan Wreck and Ceramic Trades in East Asia*, 2007.

6 ［日］森达也：《日本出土的龙泉窑青瓷》，《故宫文物月刊》，2019 年第 311 期。

图13 新安沉船出水龙泉青瓷 （采自韩国国立海洋遗物展示馆：《新安船与东亚陶瓷贸易》）

到日本的中国青瓷，越窑瓷器数量在减少，龙泉窑系以及同安窑系青瓷的数量逐渐增多，不仅见于博多、太宰府和京都等西日本地区，还见于东日本地区的镰仓及东北的平泉等地[1]。其中以碗、盘居多，龙泉青瓷莲瓣纹碗为这一时期新增加的品种，亦出现了少量的水注和瓶等。龙泉瓷器的釉色也开始从之前的暗绿色或者黄绿色变为粉青色或梅子青色，薄胎厚釉产品较多。

3.13世纪末期至14世纪末期。这一时期，中日之间虽然屡有战争，但是贸易往来依然频繁，主要是私人贸易。龙泉青瓷生产势头未减。进入14世纪，尤其是后半期，中国向日本出口的龙泉青瓷数量大增，大批典型的元代瓷器源源不断流向日本，在日本全国各地都有元代龙泉青瓷的出土。这一时期发现的龙泉青瓷，器形较之以前开始变得高大，胎体厚重，划花纹碗减少了，莲瓣纹碗已经占了主要地位，无纹饰的碗和小浅盘等也有发现，此外饰双鱼纹的碗和盘增多，有的碗底有"金玉满堂""河滨遗范"等铭文。

4.15世纪至以后。明代加强海禁，开始与日本之间实行勘合贸易，龙泉窑生产在明代中期迅速衰落，因此此时龙泉青瓷向日本出口量大减。15世纪以后，日本出土的中国青瓷明显减少，仅于首里城遗址、大阪堺环濠都市遗址、飞驿尾崎城遗址等有所发现。16世纪中期以后，因为明朝的海禁逐渐放松直至解除，日本发现龙泉青瓷的遗址有所增多，但出土的大多是碗、盘类小型产品。

1 前揭森达也《日本出土的龙泉窑青瓷》。

（二）用途

由上文可知，日本出土龙泉青瓷的遗址包括城址、居所、寺庙、墓葬、祭祀场所等，出土地的性质映射出泉青瓷的多种用途，可见其出现于日本社会的诸多场合，常被用作日用之器、清赏之器、礼佛之器和随葬之器等。

1.日用之器

上述城址、居所等遗址所出土的碗、盘、盏之类，多为日常生活所用盛器。其中盏多被用作茶器。关于此，南宋佛照禅师回赠平重盛之龙泉青瓷碗"马蝗绊"可为一证〔图14〕。享保二年（1727），伊藤东涯所著《马蝗绊茶瓯记》对该碗出入日本的经过、"马蝗绊"名称之由来及其用途俱有涉及，无论是题目"马蝗绊茶瓯记"，还是文中"昔安元初，平内府重盛公舍金杭州育王，现住佛照酬以器物数品，中有青窑茶瓯一事，翠光莹彻，世所稀见"的记录，均指出该碗在当时被用作茶瓯无疑。此外，五山禅僧雪村友梅（1290—1346）在《茶寮十事》之《茶瓯》诗中也对龙泉青瓷被用作茶亦有所记载，诗云："饶州白与处州青，定有花瓷注玉瓶。山舍本无难得货，未妨瓦碗啜中泠。"[1]"处州青"指的便是龙泉青瓷，从诗文大意可知，当时的龙泉青瓷被视为难得的茶器。此外，日本京都临川寺所出之龙泉青瓷研钵及棒，亦说明其于日常生活中被用作研磨之具。

图14　龙泉青瓷"马蝗绊"　东京国立博物馆藏

2.清赏之器

上述城址、居所等遗址所出土的瓶、炉等也被用作清赏之器。《荫凉轩日录》"永享九年九月十五日"条载："赐青磁桶香炉，而有可种竹之命，亿阿传之。""宽正三年卯月廿七日"条载："小盆诸草十二个被预下也。一古铜松皮形钵，石上种石觳。青二磁坪钵纹者，牡丹，种芦。三青磁坪钵，无纹，种迎凉草。四古铜方钵，菊铭石，种观音草。五青磁平钵，足者龟面，中有石菖。六古铜平盏，种石觳。七青磁平盏有石菖。八古铜方盏种キホフシ。九青磁小平盏纹者牡丹，种トクサ。十古铜盏种南天竺。十一青磁坪盏，纹者牡丹，种芦。十二古铜圆盏种石觳シノフ"[2]。香炉种竹，青钵种芦、草之属，当为室内清赏雅玩。该书为室町时代京都相国寺塔头鹿苑寺历代荫凉轩主的日记，所记时代自1435年至1493年。据上文所述京都相国寺考古出土资料可证，该书所载之"青磁"极有可能为龙泉青瓷[3]。

1　原文转引自村井章介：《龙泉窑青瓷》，《历史学研究》579号，1988年，第35页。

2　《荫凉轩日录》"永享九年九月十五日"条，《大日本仏教全書》，大日本佛教全书刊行会，1931年，第57页。

3　参见林姝伶：《中日文化交流史上的龙泉青瓷研究》，浙江工商大学硕士学位论文，2017年。

图15 濑户窑与龙泉窑炉
（采自故宫博物院等编：《天下龙泉》卷四）

3.祭祀、宗教用器

寺庙遗址，诸如京都相国寺、和歌山市友ヶ寺等所出炉、瓶之类，有可能被用作祭祀、宗教之器。《荫凉轩日记》“延德四年四月八日”条载：“秀才于江州青瓷香炉一ヶ买之，五钱，持来。予取之以为松泉轩常住物，自今日置客殿佛场。”青瓷香炉被置于客殿佛场，想必是用作礼佛之物[1]。此外，在日本各地的经冢中发现很多青瓷盒子，推测其中有龙泉青瓷，这种盒子被用作经筒，内放经文被埋葬在经冢之中，与中国用来盛香料或者化妆品的作用不同，而是作为一种宗教器物使用。

4.随葬之器

龙泉青瓷不乏见于古墓出土，如前文所述京都东本愿寺前古坟群、神奈川县横滨市金沢区称名寺境内古墓、岛根县出云市荻杼古墓、镰仓大町衣张山古墓遗址等，出土器物包括盘、碗、罐之类，均被用作随葬之器。

（三）使用阶层

彼时日本使用龙泉青瓷者，既有达官显贵，也有普通百姓。关于此，从龙泉瓷器出土地点上可以得到反映。太宰府、平安京、镰仓、首里城、胜连城等在当时均为政治要地，达官显贵聚集之所，这些遗址所出的龙泉青瓷极有可能与上层社会关系密切，如首里城京之内SK01遗址，曾为中山国王府仓库，此地所出的明代早期龙泉青瓷，为中山王族所用之器无疑。此外，出土物品质也可说明此一问题。日本诸遗址所出龙泉青瓷，既有品质高者，釉色莹澈、胎质坚实、纹饰精美，也有品质低者，釉色灰黄、纹饰粗疏。前者或服务于上层社会，后者则为普通民众所用。

（四）对日本窑业的影响

龙泉青瓷地大量涌入日本，深受青睐，出现于各个阶层的诸多使用场合中，已有一定烧制基础的日本本土窑业开始有意识地对其进行模仿。大致来说，对龙泉青瓷的模仿可分为两个阶段：

1.12世纪末至16世纪末。此一时期的仿烧主要以濑户窑为主。濑户窑位于日本爱知县濑户地区，其窑业技术自猿投窑发展而来，后者陶业萌芽较早，9世纪时已经开始生产绿釉、灰釉陶器，12世纪末，濑户窑继承了猿投窑的灰釉技术，同时开始引进龙泉窑的制瓷技术[2]。此时濑户窑对龙泉窑的模仿主要集中于器形、纹饰方面，生产的鬲式炉、梅瓶、四系罐、尊等，与龙泉青瓷颇为相类〔图15、图16、图17〕。但胎质、釉色远不及龙泉窑，究其原因，此时日本的窑业并未进入真正的制瓷时代，由于对胎、釉配方以及窑炉技术了解的不充分，生产的产品还处于陶器阶段，胎质疏松，加上还未能对还原气氛进行有效的控制，濑户窑的釉色多呈灰褐色及青褐色。

---

1 前揭《荫凉轩日录》“延德四年四月八日”条，第258页。

2 ［日］森达也：《中国青瓷对日本陶瓷的影响》，《紫禁城》，2019年第7期。

图16 濑户窑与龙泉窑觚 （采自故宫博物院等编：《天下龙泉》卷四）

图17 濑户窑与龙泉窑双耳衔环瓶 （采自故宫博物院等编：《天下龙泉》卷四）

图18 有田窑与龙泉窑盘
（采自故宫博物院等编：《天下龙泉》卷四）

图19 锅岛藩窑与龙泉窑盘 （采自故宫博物院等编：《天下龙泉》卷四）

2.17世纪至19世纪。17世纪初，受到自朝鲜半岛辗转传入的中国瓷业技术的影响，日本瓷器创烧，烧制瓷器的窑场不断增多，仿烧龙泉青瓷的窑场除了濑户窑外，还有九州的有田窑〔图18〕及其邻近的波佐见窑、佐贺县的锅岛藩窑〔图19〕以及以京都为中心的关西地区诸窑场。此时，由于日本制瓷技术的进步，对龙泉青瓷的仿烧均有了明显进步，并逐渐出现了具有日本本土风格的成熟的青瓷产品。

四 结 论

综上可知，日本各遗址中发现了数量颇多的龙泉青瓷。而不同历史阶段龙泉窑业状态、中日的对外贸易政策以及中日之间的交往，对龙泉青瓷输入日本产生了较大的影响。按照龙泉青瓷输入的数量以及产品的特点，可以大致分为11世纪末至12世纪中期、12世纪中后期至13世纪末期、13世纪末期至14世纪末期、15世纪至以后四个阶段。根据考古发现及文献记载，可以推知龙泉青瓷于日本主要被用作盛器、装饰品和祭祀、宗教用器等，受众遍及各个阶层。龙泉青瓷的输入，对日本的窑业发展产生了重要影响，濑户窑、有田窑、波佐见窑、锅岛藩窑及关西地区诸窑场等对其器形、纹饰、釉色等进行了模仿和创新，进而演化出带有龙泉印记的日本本土青瓷产品。

[作者单位：故宫博物院研究室]

景德镇御窑厂北麓出土永乐铜红瓷器标本的科技分析*

Scientific Analysis of Yongle-Period Copper-Red Porcelain Specimen Unearthed from the Northern Foot of Imperial Kiln Site in Jingdezhen

丁银忠　侯佳钰　李合　贾翠
江建新　江小民　王光尧

Ding Yinzhong　Hou Jiayu　Li He　Jia Cui
Jiang Jianxin　Jiang Xiaomin　Wang Guangyao

内容提要：

为揭示明早期釉里红和铜红釉的烧制工艺特征，本文采用X射线荧光能谱仪（EDXRF）、光学相干层析成像技术（OCT）和光学显微镜（OM）对景德镇御窑厂北麓出土的永乐时期铜红瓷器标本进行了无损分析。结果表明：（1）明永乐红釉龙纹靶盏残片的红釉和釉里红区域基础釉料化学组成基本一致，但着色元素Cu含量存在差异，即釉里红区域Cu含量明显高于红釉区域。（2）二维OCT技术和实体显微镜可无损表征永乐时期红釉和釉里红釉层结构的明显差异。永乐时期红釉釉层结构可分为三层，即从釉面外层至里层分为透明釉、红色釉层和透明釉；而釉里红釉层则分为两层，即从釉面外层至里层分别为透明釉层和釉里红色料层。（3）二维OCT分析技术可无损、有效地科学认识和辨别釉里红和铜红釉的制瓷工艺特征。

关键词：

永乐　釉里红　铜红釉　EDXRF　OCT　OM

ABSTRACT:

In order to reveal the technical characteristics of the firing process of the underglaze red and copper red glaze in the early Ming dynasty (1368-1644), this article discusses analysis of the Yongle-Period (1403-1424) specimens unearthed from the northern foot of imperial kiln site in Jingdezhen with X-ray fluorescence spectrometer (EDXRF), optical coherence tomography (OCT), and optical microscope (OM). The results show that: 1) The chemical composition of the red glaze and the underglaze red region of the shard specimen are similar, but the level of Cu content differs. That is, the underglaze red region has higher Cu content in comparison with the red glaze region. 2) Inspected with two-dimensional OCT technology and optical microscope method, marked differences in layered structure of underglaze red and red glaze are noticed. More specifically, the structure of the red glaze can be divided into three layers, namely transparent glaze, red glaze, and transparent glaze from the outer layer to the inner layer; and the under-glaze red glaze is divided into only transparent glaze and red glaze layers. 3) Two-dimensional OCT analysis is effective in scientifically studying and distinguishing the characteristics of production technique of underglaze red glaze and copper red glaze in non-destructive and effective manner.

KEYWORDS:

Yongle period, underglaze red, copper red glaze, EDXRF, OCT, OM

* 本项工作获国家重点研发计划（2019YFC1520202）、故宫博物院科研课题（KT2018-13）及江西协同中心课题（JXYY1901）的资助。

目前考古资料表明，我国首先在唐代的邛崃窑和长沙窑使用铜在高温还原气氛中产生红色[1]。元代在景德镇烧成釉里红瓷，釉里红是一种以铜着色的釉下彩瓷，即是以含铜色料彩绘在坯胎上，罩以透明釉，经高温还原烧成后，釉下呈宝石红色纹饰的瓷器[2]。稳定的铜红釉也形成于元代时期的景德镇，是在原有影青釉的基础上加入适量的含铜物质烧制成功的一种高温红色釉[3]。因为元代属于铜红釉的初期阶段，产品质量低且产量少，所以传世和出土的元代铜红釉瓷极为少见。入明后各大窑场日趋衰落，各地制瓷工匠和艺人都云集景德镇，推动了制瓷业的繁荣发展。釉里红和铜红釉在明代永乐、宣德时期有了巨大的发展，这个时期烧制的铜红釉，釉色之美达到历史最高水平，深受世人珍爱，有“鲜红”“宝石红”“霁红”和“祭红”等雅称。由于铜红釉瓷器的烧造，对原料、工艺及烧制气氛均为敏感，且由于铜在釉中溶解、扩散和易于挥发的特性所以特别难烧，需要在特定的窑炉位置内进行烧成，方能得到纯正的红色。到了明嘉靖时期，铜红釉瓷器的烧制技术失传，开始以矾红代替铜红釉。直至清康熙时期，恢复了祭红釉的生产，同时也创烧了朗窑红、豇豆红等新的铜红釉瓷器[4]。釉里红的着色机理和单一铜红釉既有共同点又有不同点：共同点是两者皆以金属铜着色，不同之处在于两者的制作工艺不同，釉里红为釉下彩绘，而铜红釉为一种单色釉[5]。已有研究表明釉里红中铜主要集中在胎体的表面及釉层下面，而铜红釉中铜则均匀分布于釉层中，通常铜红釉的断面结构分为三层，即上透明层，红色层和下透明层[6]。由此可见釉里红和铜红釉的显微结构存在明显的差异。

2016年景德镇御窑北麓出土了三件明永乐时期红釉龙纹靶盏残片和一件釉里红龙纹梅瓶残片标本。其中红釉龙纹靶盏残片采用了釉里红的釉下彩料和铜红釉两种技术相结合的烧制技术，这是以往各大博物馆传世品中未见的新类型瓷器。同时，另有一件“明永乐蓝地釉里红龙纹高足碗（修复）”，其龙纹区域使用了铜红釉装饰。本文采用X射线荧光能谱仪（EDXRF）、光学相干层析成像技术（OCT）和光学显微镜（OM）对景德镇御窑北麓出土的永乐铜红器物三件红釉龙纹靶盏残片、一件釉里红龙纹梅瓶残片、一件永乐红釉器物残片及一件蓝地红釉龙纹高足碗（修复）标本进行了无损分析，旨在揭示明早期釉里红和铜红釉的化学组成、显微结构等烧制工艺特征，为有效、便捷辨别明早期的釉里红和铜红釉的工艺特征提供科学技术支持。

一 样 品

本次测试分析研究的永乐铜红器物标本共六件，其中三件皆为红釉龙纹靶盏残片，编号为样品YLH-1〔图1—1〕、样品YLH-2〔图1—2〕和样品YLH-3〔图1—3〕，而一件釉里红龙纹梅瓶残片，编号为样品YLYLH-1〔图1—4〕，一件明永乐红釉器物残片〔图2〕，样品编号为YLH-4和一件明永乐蓝地釉里红龙纹高

1 张福康：《邛崃窑和长沙窑的烧造工艺》，《邛窑古陶瓷研究》，中国科学技术大学出版社，2002 年。

2 李家治：《中国科学技术史・陶瓷卷》》，科学出版社，1998 年，第 386 — 388 页。

3 前揭《中国科学技术史・陶瓷卷》》，第 388 — 391 页。

4 中国硅酸盐学会编：《中国陶瓷史》，文物出版社，1982 年，第 343 — 344、422 页。

5 冯冕、欧阳世彬：《古陶瓷中的“局部铜红釉装饰”与釉里红装饰》，《中国陶瓷》2015 年第 51 卷第 2 期。

6 张福康、张浦生：《景德镇历代釉里红和“填红”的研究》，《文物保护与考古科学》1996 年第 8 卷第 2 期。

图1-1 红釉龙纹靶盏残片（YLH-1）

图1-2 红釉龙纹靶盏残片（YLH-2）

图1-3 红釉龙纹靶盏残片（YLH-3）

图1-4 釉里红龙纹梅瓶残片（YLYLH-1）

图1 御窑厂北麓出土红釉及釉里红标本

图2 明永乐红釉器物残片（YLH-4）

图3 明永乐蓝地釉里红龙纹高足碗（YLYLH-2）

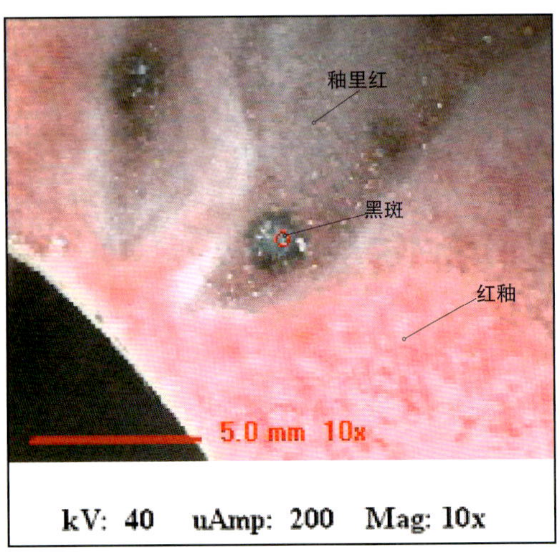

图4 标本不同测试部位名称

足碗〔图3〕，编号YLYLH-2。

二 测试方法

本实验采用美国EDAX公司的EAGLEIIIXXL大样品室微聚焦型X射线荧光能谱仪对三件红釉龙纹靶盏残片和一件釉里红龙纹梅瓶残片釉的化学组成进行测定，测试条件参见文献[1]，测试数据见表一和图4。利用德国Leica公司的MZ16A实体显微镜对上述标本釉面红釉、釉里红、透明釉等显微特征进行观察。采用美国Thorlabs公司生产的TELESTO型光学相干断层扫描技术仪（OCT）分析三件红釉龙纹靶盏残片、一件釉里红龙纹梅瓶残片、一件永乐红釉器物残片（YLH-4）及一件蓝地釉里红龙纹高足碗（修复）釉面的二维OCT图像，仪器的中心波长1325nm，仪器轴向分辨率6.5μm。

三 结果与讨论

（一）化学组成

为了便于分析和数据讨论，分别将标本中不同区域进行测试，如〔图4〕所示。

1 李合、徐巍、李卫东等：《EDXRF 对故宫博物院藏宋代官窑瓷器的无损分析》，《故宫博物院院刊》，2010 年第 5 期，第 137 － 145 页。

表一　永乐铜红瓷器标本上红釉、釉里红及斑点的化学组成（%）

编号	Oxide	Na_2O	MgO	Al_2O_3	SiO_2	K_2O	CaO	TiO_2	MnO	Fe_2O_3	CuO	PbO	SnO2	As_2O_3
YLH-1	红釉	1.64	0.49	14.18	76.12	2.42	4.42	0.01	0.04	0.46	0.124	0.041	0.017	0.035
	釉里红	1.37	0.35	13.45	76.77	2.37	4.42	0.02	0.05	0.53	0.507	0.114	0.143	
	黑斑点	1.29	0.48	14.57	69.20	2.05	7.63	0.02	0.09	0.73	3.331	0.527	0.105	0.010
YLH-2	红釉	1.64	0.34	13.97	76.25	2.31	4.74	0.02	0.04	0.42	0.159	0.053	0.011	
	釉里红	1.65	0.37	13.79	75.26	2.26	4.96	0.01	0.05	0.52	0.935	0.139	0.132	0.015
YLH-3	红釉	1.61	0.38	14.14	76.49	2.44	4.21	0.02	0.04	0.45	0.142	0.032	0.036	
	釉里红	1.83	0.41	14.12	75.39	2.22	4.78	0.02	0.06	0.61	0.350	0.151	0.065	0.010
YLYLH-1	釉里红	1.62	0.38	13.06	76.83	2.25	4.82	0.01	0.04	0.45	0.436	0.036	0.043	0.004
	绿点	1.16	0.07	14.93	71.59	2.35	5.52	0.03	0.05	0.89	3.285	0.047	0.024	0.011
	透明釉	1.89	0.68	13.42	76.50	2.25	4.59	0.02	0.04	0.42	0.127	0.010	0.027	

从表一可知：所测三件红釉龙纹靶盏和一件釉里红龙纹梅瓶标本不同部位的Al_2O_3、SiO_2和助熔剂成分K_2O、CaO等含量皆比较接近，据此推测四件瓷器标本的红釉、釉里红和透明釉的基础釉料配方是相同的。三件红釉龙纹靶盏和釉里红龙纹梅瓶标本皆以铜为主要着色剂，其中三件红釉龙纹靶盏中红釉区域CuO含量在0.124%～0.159%之间；釉里红区域中CuO含量在0.350%～0.935%之间，且黑色斑点中CuO较高，约3.33%。样品YLYLH-1中釉里红龙纹梅瓶釉里红中CuO含量约为0.436%，绿色区域点处为3.285%，透明釉CuO含量仅为0.127%。综合以上四件标本化学组成表明：明永乐时期瓷器标本红釉、釉里红和透明釉的基础釉料配方是类似的，明显差异仅仅是釉里红区域CuO含量要明显高于其红釉区域。

（二）OM显微结构

三件红釉龙纹靶盏残片（样品YLH-1,YLH-2和YLH-3）红釉区域和釉里红区域之间存在较为明显的分界线，即红釉和釉里红区域之间皆存在一条连贯白色带〔图5〕。红釉与连贯白色带（红釉和釉里红交界线）的显微结构比较类似，皆存在大量大小不一的气泡，且气泡数量及大小也比较接近〔图5〕。但釉里红部位显微特征与红釉区域存在一定差异，釉里红部位气泡数量相对较多些，偶尔有尺寸稍大气泡存在。

釉里红龙纹梅瓶残片（样品YLYLH-1）的透明釉和釉里红间也有明显的界线，但透明釉和釉里红区域釉中气泡大小、数量及分布特征皆比较接近〔图6〕。釉里红通常用毛笔蘸色料在生坯上进行绘画，落笔有轻重，致使不同部位的铜含量存在差异，这导致了龙纹不同部位颜色呈现深浅变化。另外，由于原料及绘画原因，龙纹部位有些部位铜富集严重，CuO含量达3.285%，进行形成了绿色斑或黑色斑〔图7〕。根据已有研究表明凡是产生绿色或者绿斑的部位，其铜含量都比同一器物上的红彩部位高出数倍之多[1]。CuO的熔点仅为1148℃，当铜含量较高时，它也有一定的助熔作用，故CuO富集的部位，其熔融温度较其他部位明显较低，即铜含量高的部位流动性也要好于透明釉部位，因此绿色或黑斑区域釉的流动感较强〔图7〕。

1　张福康等：《中国古陶瓷科学》，上海人民美术出版社，2000年，第116页。

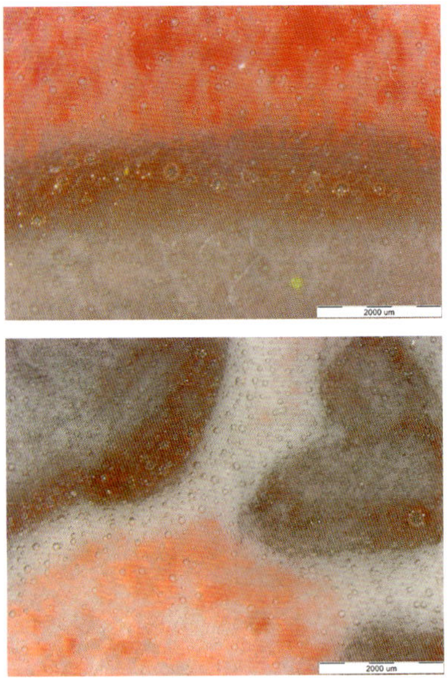

图5 红釉龙纹靶盏龙纹部位红釉、釉里红及两者交界处

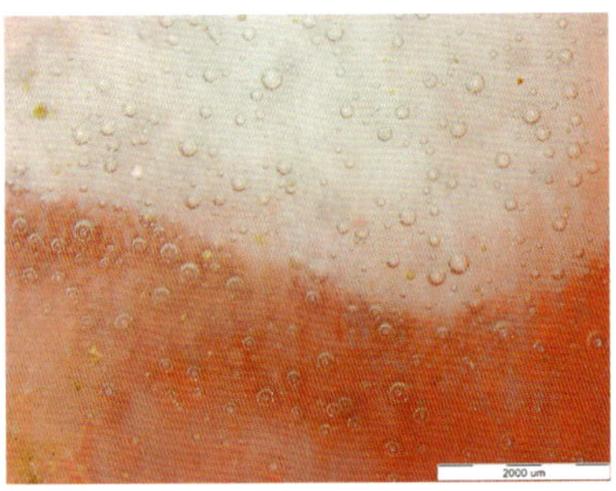

图6 样品YLYLH-1釉层的釉里红和透明釉区域的显微结构

图7 样品YLYLH-1釉层的釉面绿斑与黑斑区域的显微结构

（三）OCT测试分析

OCT技术检测的是样品单次背向散射光。在光的传播过程中，如果遇到折射率的突变，背向散射就会加强。对瓷器而言，一般会有空气和釉的交界及釉和胎的交界，在OCT图像上，由于空气和釉的交界处折射率的突变，会导致强的光散射，整个交界面表现为一条亮线；由于釉在烧制过程中会渗透到胎里，釉和胎的折射率差异也很大，整个渗透区域里都会有强的光散射，交界面呈亮带状延伸。瓷釉中气泡，其内部为空气，外部为釉，在气泡表面釉折射率突变，单次散射光会增强；但气泡侧向的强散射光超出了探测距离，只能探测到气泡上下表面的散射光，在二维OCT图像上表现为两条近似平行、高亮的短线[1]。因此，可以利用OCT技术对釉层断面显微结构进行无损分析。

1.永乐时期铜红釉的OCT结果

铜红釉一般以Cu_2O微晶和金属铜粒子共同着色，微粒造成该层折射率发生突变，故也应会在二维OCT图像上形成棉絮状亮光。图8为明代永乐红釉器物残片（YLH-4）的二维OCT图像，图中黑色条带下存在棉絮白色图夹杂高亮双平行线区域，对应为红色层。而接近胎釉交界处存在稍薄黑色条带区，该层有少量双平行高亮线，即气泡，对应为透明釉层。这一分析结果与利用体视显微镜观察铜红釉的断面结构的研究相一致，即铜红釉通常分为三层，上层为透明釉，中间为红色层，下层为透明层，红色层夹在上下透明层之间[2]。

三件永乐红釉龙纹靶盏残片〔图1〕OCT测试分析结果比较接近，典型红釉龙纹靶盏残片红釉区域的二维OCT图像见图9。红釉龙纹靶盏残片红釉区域的二维OCT图像〔图9〕与中明代永乐红釉〔图8〕比较接近，即红釉龙纹靶盏残片红釉区域的二维OCT图像中釉面分为三层：第一层，亮白线（釉面与空气的接触面）有黑色条带，夹杂少量高亮双平行线，为透明釉；第一层下存在棉絮白色图夹杂高亮双平行线区域，为第二层，即红色层。而接近亮带状延伸（胎体与釉的接触面）存在稍薄黑色条带区，有少量双平行高亮线（气泡），为第三层，该层为透明釉。至于样品YLH-1红釉龙纹靶盏残片第三层和胎体接触面不如永乐红

1 严鑫、董俊卿、李青会等：《基于OCT技术对古瓷釉气泡特征的初步研究》，《光谱学与光谱分析》，2015年第35卷第8期。

2 前揭《中国古陶瓷科学》，第111页。

釉龙纹靶盏残片平整，推测样品YLH-1红釉龙纹靶盏残片是在刻、划等修坯工艺处理过程中留下的，具体原因尚待进一步研究。

2.永乐时期釉里红的OCT结果

样品YLYLH-1釉里红龙纹梅瓶残片釉里红区域二维OCT图像〔图10〕比较类似；釉层大致可分为两层，第一层透明釉（图10中空气和釉的交界面白线下黑色条带），第二层釉里红色料层（图10中黑色条带的下方亮带，与胎体亮带状延伸紧邻）。标本YLYLH-1釉面绿色区域二维OCT图像中〔图11〕，空气和釉的交界面白线下呈较宽黑色条带，黑色条带下为胎体的亮带状延伸，黑色条带中仅见气泡的高亮双平行线，未见Cu_2O微晶和金属铜粒子的高亮棉絮状点，也说明釉里红釉面呈绿的区域，铜以Cu^{2+}离子状态溶于釉中，是比较均匀的釉质。

图1中三件永乐红釉龙纹靶盏残片釉里红区域的典型二维OCT图像见图12。红釉龙纹靶盏残片釉里红区域的二维OCT图像特征与图10釉里红龙纹梅瓶的釉里红部位特征比较近似，大致分为两层：其中亮白线（釉面与空气的接触面）下有一条夹杂高亮双平行线黑色条带区，为第一层，即透明釉；而在亮带状延伸区域（胎体与釉面的接触面）上部内也有少量亮双平行线，为第二层，即釉里红色料层。

YLYLH-2明永乐蓝地釉里红龙纹高足碗红色龙纹区域处的二维OCT图像见图13。从图13釉里红龙纹区域的二维OCT图像可知：蓝地釉里红龙纹高足碗龙纹区域釉层与图10中典型釉里红的二维OCT图像存在较明显的差异，而与图8红釉的二维OCT图像相对比较接近，即OCT图像分为三层，第一层透明釉，第二层红色层，第三层透明釉，符合红釉显微特征；表明该件器物呈红色的龙纹区域不是釉里红装饰，而是采用红釉工艺，说明文中YLYLH-2命名为“明永乐蓝地釉里红龙纹高足碗”是不恰当的，

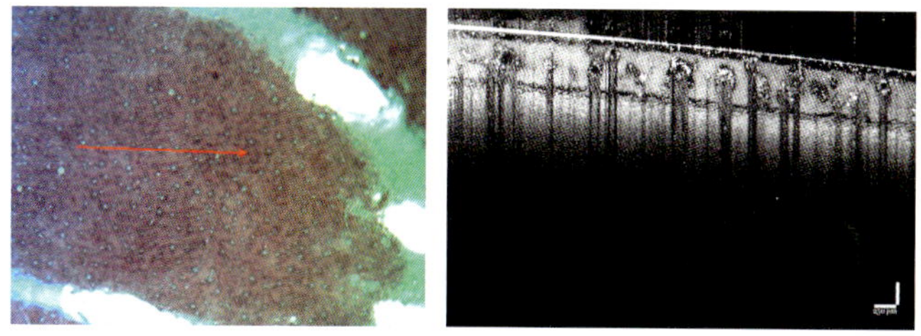

图8　明永乐红釉的二维OCT图像

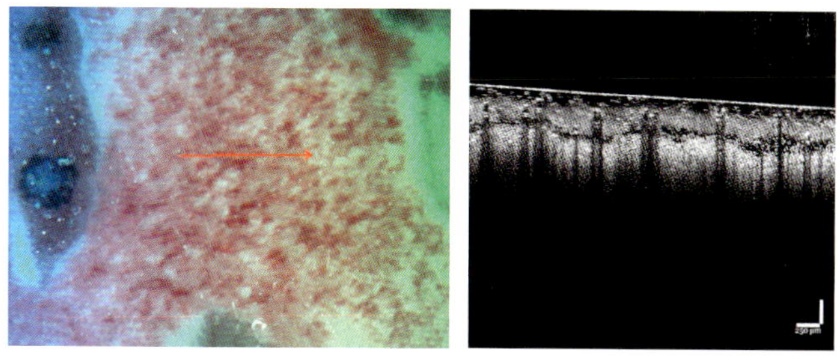

图9　样品YLH-1红釉龙纹靶盏残片釉面的红釉部位二维OCT图像

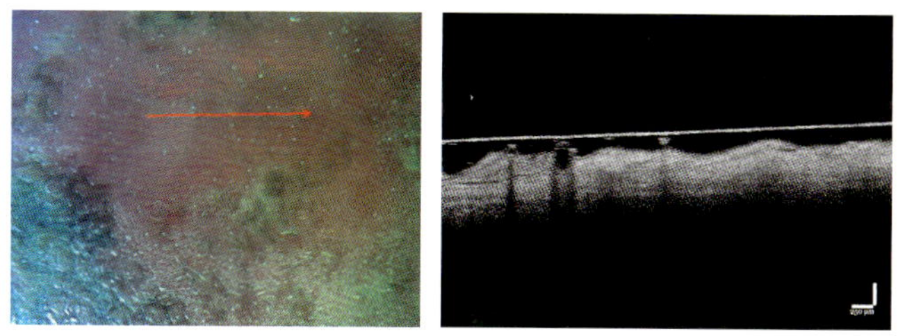

图10　样品YLYLH-1釉里红龙纹梅瓶釉层中釉里红部位二维OCT图像

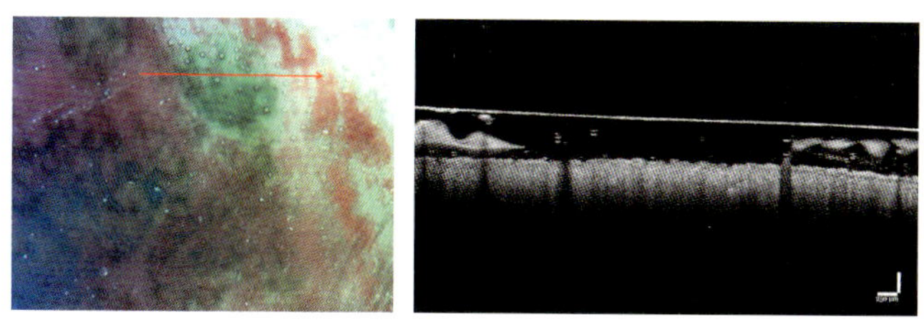

图11　样品YLYLH-1釉里红龙纹梅瓶釉层的绿斑部位二维OCT图像

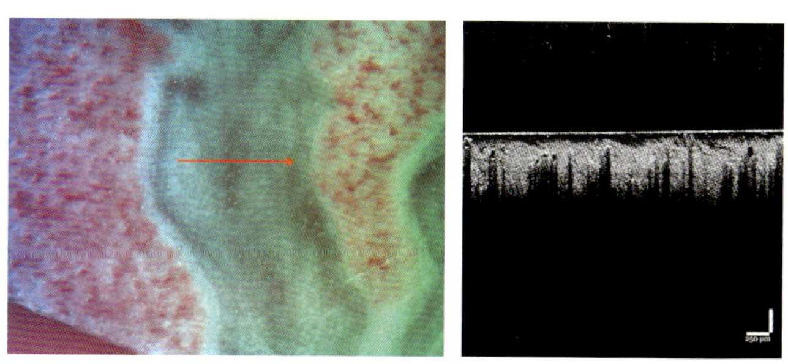

图12　样品YLH-1红釉龙纹靶盏残片釉面釉里红部位二维OCT图像

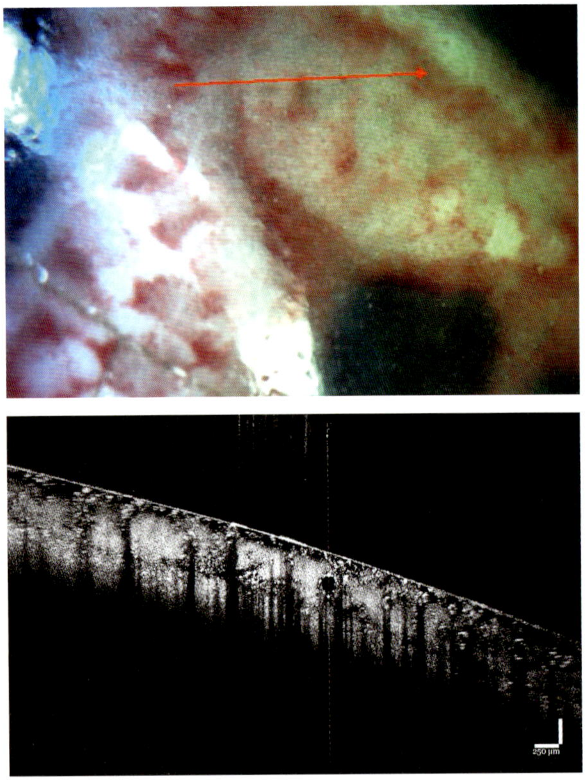

图13 样品YLYLH-2 蓝地釉里红龙纹高足碗红色龙纹区域二维OCT图像

准确的应该为"明永乐蓝地红釉龙纹高足碗"，表明二维OCT图像分析可为辨别该器物红龙是红釉装饰或釉里红装饰提供判断依据。

运用OCT技术可以有效和便捷地无损分析出明早期铜红釉和红釉釉层的显微结构特征，即釉里红二维OCT图像结果显示釉层分为两层，第一层，即透明釉；而在亮带状延伸区域（胎体与釉面的接触面）上部内也有少量亮双平行线，为第二层，即釉里红色料。铜红釉二维OCT图像结果显示釉层为三层，第一层，亮白线（釉面与空气的接触面）有黑色条带，夹杂少量高亮双平行线，为透明釉；第一层下存在棉絮白色图夹杂高亮双平行线区域，为第二层，即红色层；而接近亮带状延伸（胎体与釉的接触面）存在稍薄黑色条带区，该层有少量双平行高亮线（气泡），为第三层，该层为透明釉。

四 初步结论

基于对以上标本的釉化学组成、显微结构及二维OCT图像的比较研究，初步得出以下几点结论：

（一）明永乐时期三件红釉龙纹靶盏中红釉和釉里红区域的基础釉料比较接近，但着色剂CuO含量差异明显，釉里红区域CuO含量明显高于红釉区域。釉里红龙纹梅瓶釉面中绿色区域CuO含量明显高于釉里红区域，而釉里红区域CuO含量又高于透明釉区域。

（二）明永乐时期三件红釉龙纹靶盏中红釉和釉里红区域气泡分布特征和二维OCT图像皆存在明显的差异。实体显微镜下红釉釉面气泡数量明显少于釉里红区域；运用二维OCT图像技术可无损揭示红釉和釉里红显微结构特征，即红釉釉面结构分为三层，第一层透明釉，第二层红色色料层，第三层透明釉；而釉里红釉面则分为二层，第一层透明釉，第二层釉里红色料层。

（三）二维OCT技术可无损、有效和便捷地科学辨别釉里红和铜红釉的工艺特征。

[作者单位：故宫博物院文保科技部、景德镇市陶瓷考古研究所]

清宫藏传佛教金属文物表面“银锈样”物质层分析*

Analysis of “Matters Resembling Silver Rust” on the Surface of Metal Tibetan Buddhism Objects in the Qing Imperial Collection

尚素红　吕团结　荀艳

Shang Suhong　Lü Tuanjie　Xun Yan

内容提要：

在故宫博物院收藏的大量金属佛教文物中，部分银/银鎏金器物表面有“银锈样”物质层，为了明确该物质层的来源，选出三件（套）具有“银锈样”物质层的清代藏传佛教金属文物进行科学的检测。文中首先借助微区X射线荧光光谱仪进行原位化学元素检测，发现“银锈样”物质层可能为金属硫化物。然后采用微区X射线衍射仪进行原位物相检测，通过分析确定银质器物表面“银锈样”物质层主要是螺硫银矿（Acanthite，Ag_2S）和蓝辉铜矿（Digenite，Cu_9S_5）的混合物，此外在鎏金器物表面还出现了金银硫化物（uytenbogaardtite，Ag_3AuS_2）。因此确定各器物表面“银锈样”物质层为乌银，在装饰器物的同时还具有一定的防腐性能。

关键词：

故宫博物院　藏传佛教　金属文物　乌银　装饰工艺

ABSTRACT:

Part of the silver / gilt silver objects among the vast collection of metal Buddhist objects in the Palace Museum bear on their surface a layer of materials that appears to be silver rust. In order to find out the source of this layer, three pieces (sets) of metal objects from the Qing-dynasty Tibetan Buddhism collection bearing matters resembling silver rustare selected to be tested. In this article, firstly, in-situ chemical element detection was carried out with the help of a micro-area X-ray fluorescence spectrometer, revealing that the material could be metal sulfide. Then the in-situ micro-area X-ray diffractometer was used to discover that this is mainly composed of acanthite and digenite, while uytenbogaardtite was detected on the surface of gilt silver objects. Therefore, it is determined that the “silver rust-like” surface material is niello, embellishing the objects while preventing metallic corrosion.

KEYWORDS:

the Palace Museum, Tibetan Buddhism, metal artifacts, niello, decorative craftsmanship

* 本文系故宫博物院2019年课题《故宫院藏乌银嵌文物修复保护与工艺研究》阶段性成果，课题编号：KT2019-14。

目前故宫博物院佛教文物的研究正在如火如荼地进行，研究成果颇丰，但大多学者多侧重于对藏传佛教文化、佛教文物造型及风格等方面的研究。如故宫博物院杨新研究员主编的《清宫藏传佛教文物》一书，介绍了紫禁城中蕴藏的藏传佛教文物精粹，同时该书兼顾器物门类与时代特色，充分展现了清宫旧藏的藏传佛教文物之丰富多彩及其所蕴涵的丰富的历史内容、鲜明的地域风格和卓越的艺术成就[1]。故宫博物院罗文华研究员在《故宫经典——藏传佛教造像》一书中对藏传佛教神系的成立和完善进行了详尽的介绍，并选取近两百尊佛像进行解说[2]；后又按照类别，对故宫博物院分散在多个业务部门库房中的藏传佛教文物进行系统的概述[3]，近期又对15—19世纪扎什伦布寺绘画的风格进行探讨[4]。这些研究均是学习和研究藏传佛教文化，了解故宫博物院收藏佛教文物的重要资料，而故宫博物院收藏的金属佛教文物表面装饰工艺的研究工作目前尚未开展。

故宫博物院藏的大量清代佛教文物中，有部分文物为银/银鎏金胎体，表面有一层灰色至蓝黑色的“银锈样”物质层，通过肉眼观察发现“银锈样”物质层与银质器物在大气环境下的腐蚀产物较为相像，但仔细辨认发现“银锈样”物质层与呈蔓延状态的银的腐蚀产物在形貌或颜色上存在一定的差异，因此推测“银锈样”物质层并非银质器物在大气环境下的腐蚀产物。

对器物进行微观形貌观察〔如图1、图2、图3、图4所示为文中所研究部分银器放大20倍后的微观表面形貌图〕，发现银班禅佛表面“银锈样”物质层整体呈现灰黑色，在头冠、背部凹陷处有一定的厚度和颗粒感；银佛龛表面“银锈样”物质层呈蓝黑色，且轮廓清晰，因此推测“银锈样”物质层可能是一种人为制作起到装饰或保护器物作用的物质层。本文从二十余件表面有“银锈样”物质层的金属佛教文物中选取三件作为研究对象，以探讨分析其来源与功用。

图1　银班禅佛头冠显微形貌图

图2　银班禅佛背部显微形貌图

图3　银佛龛背面局部显微形貌图

图4　银佛龛底座显微形貌图

一　文物基本信息介绍

银班禅佛〔图5〕，清代乾隆时期西藏进贡，供奉于养心殿西暖阁仙楼佛堂，外有一随形金龛。佛像底

1　杨新：《清宫藏传佛教文物》，紫禁城出版社，1998 年。

2　罗文华：《故宫经典——藏传佛教造像》，故宫出版社，2009 年。

3　罗文华：《故宫博物院所藏藏传佛教文物概述》，《中国藏学》2010 年第 Z1 期。

4　罗文华：《15—19 世纪扎什伦布寺绘画风格考察》，《故宫院刊》2020 年第 11 期。

座长3.6cm，宽3.6cm，通高5.2cm，头冠呈灰黑色至蓝黑色，佛身及底座呈浅灰色，凹陷处呈灰黑色，整体呈现为不同锈蚀程度的“银锈样”物质层。

铜鎏金释迦牟尼佛及佛龛〔图6〕，清乾隆时期，佛龛由清宫内务府造办处制作，长12.0cm，宽7.5cm，高19.0cm，表面有灰黑色至蓝黑色的“银锈样”物质层。佛龛背面自右向左依次有“汉、满、蒙、藏”四种文体，其中汉文为“乾隆二十五年六月二十四日钦命章嘉胡土克图认看供奉大利益什琍玛释迦牟尼佛”。

银莲花座两面画佛像供养〔图7〕，清代，通高14.5cm，底座直径6.0cm，共十四件。肉眼观察发现供养为银质胎体，莲瓣及其以下各组件表面饰有鎏金层，且鎏金层上有蓝黑色“银锈样”物质层，文中选取其中一件作为研究对象。

图5-1　银班禅佛正面

图5-2　银班禅佛背面

图6　铜鎏金释迦牟尼佛及佛龛（简称银佛龛）

二　器物材质及“银锈样”物质层元素分析

为了确定各器物表面“银锈样”物质层的来源与功用，首先对器物基体及“银锈样”物质层进行元素检测，以明确各器物基体材质种类，并对“银锈样”物质层化合物种类进行初步判断。微区X射线荧光光谱分析法是一种快捷、无损的元素分析法，文中采用德国Bruker ARTAX 微区 X射线荧光光谱仪对各器物进行元素检测，检测条件：X射线管采用铑靶，测试电压50kV，电流为200 μ A，光斑直径70 μ m，测量时间120s，气体条件为氦气。

图7　银莲花座两面画佛像供养（简称供养）

（一）银班禅佛

银班禅佛主要对左手裸露金属，头冠、背部、腿部“银锈样”物质层进行元素检测，检测结果如表一所示。

表一 银班禅佛检测部位及元素质量百分比（wt%，/表示未检测到）

	Ag	Au	Cu	Pb	Zn	S	Ca	Fe
左手裸露金属	79.61	0.65	16.21	2.01	1.31	/	0.07	0.11
头冠	80.40	0.43	12.60	0.54	0.60	0.73	4.14	0.49
背部	89.67	0.42	9.03	0.36	0.45	0.06	/	0.01
腿部	75.54	0.34	15.79	0.32	0.38	0.62	5.57	1.32

从表一中左手裸露金属区元素检测结果分析可知，银班禅佛基体为Ag和Cu合金；进一步对比金属基体与表面有“银锈样”物质层的元素种类，发现“银锈样”物质层可能均含有S元素，而左手裸露金属不含。

（二）银佛龛

银佛龛分别对龛门、底座、腔体三部分的金属基体及“银锈样”物质层进行元素检测，检测部位及检测结果见表二。

表二 银佛龛检测部位及元素质量百分比（wt%，/表示未检测到）

	Ag	Cu	Au	Pb	Fe	Zn	S	Ca
龛门金属基体	96.89	2.61	0.33	0.08	0.02	0.06	/	/
龛门“银锈样”物质层	93.16	2.60	0.29	0.13	0.10	0.05	3.26	0.42
底座金属基体	94.97	4.23	0.34	0.11	0.04	0.32	/	/
底座“银锈样”物质层	95.16	2.81	0.52	0.01	0.06	0.02	1.15	0.26
腔体金属基体	96.18	2.98	0.27	0.11	0.04	0.42	/	/
腔体“银锈样”物质层	92.89	1.68	0.30	0.17	0.27	0.06	2.65	1.99

从表二中龛门、底座、腔体基体元素检测结果分析可知，银佛龛胎体为含有少量铜杂质的银；而对比佛龛基体与黑色物质层元素种类发现，“银锈样”物质层各检测部位均出现了S元素。

（三）供养

在对供养进行元素检测时，分别对底座基体、金层及“银锈样”物质层进行检测，各检测部位及结果见表三。

表三 供养检测部位及元素质量百分比（wt%，/表示未检测到）

	Ag	Au	Hg	Cu	Zn	Fe	S	Ca
底座基体	97.28	0.45	/	2.15	0.04	0.08	/	/
底座金层	42.87	48.27	7.85	0.11	0.07	0.01	0.42	0.39
束腰金层	30.13	58.75	9.98	0.02	0.06	0.01	0.71	0.34
心形区域“银锈样”物质层	32.53	51.63	10.06	0.06	0.06	0.04	4.06	1.55
莲瓣上“银锈样”物质层	64.45	16.32	7.57	0.76	0.03	0.40	3.79	6.67

从表三元素检测结果分析可知，供养胎体为含有少量铜杂质的银；金层元素分析结果表明器物表面采用金汞齐进行鎏金，心形区和莲瓣上"银锈样"物质层中Hg、Au元素的存在表明"银锈样"物质层下有鎏金层。对比各检测部位元素种类，发现金属基体不含S元素，鎏金区可能存在微量的S元素，而"银锈样"物质层S元素含量明显增加。

（四）小结

综合各器物元素分析结果可知，银班禅佛为银、铜合金胎体，银佛龛和供养为含有少量铜杂质的银质胎体，其中供养部分区域使用金汞齐进行鎏金。三者"银锈样"物质层所含元素种类相较于金属基体均多出了S元素，因此初步推测"银锈样"物质层可能为金属硫化物。

三 "银锈样"物质层物相分析

为确定各器物"银锈样"物质层是否为金属硫化物，借助德国Bruker D8 Discovery μ-XRD设备对各器物"银锈样"物质层进行原位物相检测，测试条件：X射线管采用铜靶，测试电压为50kV，电流为1.0mA。

在银班禅佛佛身、头冠处分别各选取三个点对"银锈样"物质层进行物相检测，检测结果见表四。

表四 银班禅佛各检测部位"银锈样"物质层物相分析结果

检测位置	物相种类
佛身-1、2、3	Ag、Cu_9S_5
头冠-1	Ag、Cu_9S_5
头冠-2、3	Ag、Cu_9S_5、Ag_2S

从表四中同样可知银班禅佛基体材质为银，头冠处"银锈样"物质层主要为蓝辉铜矿（Cu_9S_5, Digenite）和螺硫银矿（Ag_2S, Acanthite）的混合物，佛身仅含有蓝辉铜矿。

银佛龛在龛门、底座处进行"银锈样"物质层物相检测，检测结果见表五。

表五 银佛龛各检测部位"银锈样"物质层物相分析结果

检测部位	物相种类
龛门-1	Ag、Cu_4S_3、Ag_2S
龛门-2、3	Ag、Cu_9S_5、Ag_2S
底座-1、2、3	Ag、Cu_9S_5、Ag_2S

从表五中同样可知银佛龛胎体主要材质为银，表面物质层为蓝辉铜矿（Cu_9S_5, Digenite）和螺硫银矿（Ag_2S, Acanthite）的混合物，此外还存在不同晶型的铜硫化物（Cu_4S_3, Copper Sulfide）。

由于受器物形制和检测设备样品台的限制，供养仅对莲瓣和底座处"银锈样"物质层进行物相检测，检测结果见表六。

表六　供养各检测部位“银锈样”物质层物相分析结果

检测部位	物相种类
底座-1	$(Au_{17}$-$Hg_3)$0.2、Cu_9S_5、Ag_2S、Ag_3AuS_2
底座-2	Ag、HgS、Cu_9S_5、Ag_2S、Ag_3AuS_2
底座-3	Cu_9S_5、Ag_2S
莲瓣-1、2、3	Ag、Cu9S5、Ag_2S

从表六中同样可以得出供养基体主要材质为银，底座表面进行了鎏金，莲瓣“银锈样”物质层为螺硫银矿（Ag_2S）和蓝辉铜矿（Cu_9S_5）的混合物，底座处（Au_1-Hg_3）0.2、HgS表明底座采用金汞齐进行鎏金，此外还出现了金银硫化物（Ag_3AuS_2, Uytenbogaardtite）。

综合以上各器物物相分析结果可知，三件器物表面物质层主要为螺硫银矿（Ag_2S）和蓝辉铜矿（Cu_9S_5），其中供养鎏金层上的“银锈样”物质层中还检测到了金银硫化物（Uytenbogaardtite, Ag_3AuS_2）。

四　讨　论

银质器物在常温下就能与大气环境中的一些气体发生一系列的化学反应，产生黑色的腐蚀产物，例如在氧气的参与下与硫化氢气体反应：

$4Ag + 2H_2S + O_2 = 2Ag_2S + 2H_2O$（常温下即可快速反应）

该反应中生成的Ag_2S以螺硫银矿的形式存在，与文中所检测到银硫化物物相相同。但研究表明，银质器物在大气环境中的腐蚀产物除含有硫化银之外，还含有氧化银等银的腐蚀产物[1]，而文中各器物“银锈样”物质层为较纯净的银、铜硫化物的混合物，且未检测到银的其他腐蚀产物，因此各器物表面“银锈样”物质层并非器物在大气环境下腐蚀产生的腐蚀产物。

在金银器表面装饰工艺中，乌银镶嵌所使用的乌银（Niello）是以金属（至少含有银、铜、铅其中一种金属）硫化物的形式存在，此工艺在实施时既可以通过镶嵌的方法将制备好的乌银镶嵌于金属器物表面，也可以通过涂画的方法在器物表面形成灰黑色至蓝黑色的装饰层[2]，该技艺主要利用金属与乌银之间强烈的色彩对比起到装饰金属器物的作用[3]。结合三件器物元素和物相分析结果，可确定三者表面“银锈样”物质层为银/铜硫化物形成的乌银。

银班禅佛物相分析结果表明头冠处乌银含有螺硫银矿和蓝辉铜矿，而佛身仅含有蓝辉铜矿，通过表面观察推测可能是头冠处乌银层较厚，佛身乌银层较薄，同时乌银中银的硫化物含量相对较低所致。而R. Newman认为同一器物上不同测试位置检测结果不同是因为乌银在加热后易熔的物相被不可熔的物相相融

1　武琼：《银质金属文物的大气腐蚀影响因素》，华东理工大学，2014年。

2　大卫·斯考特著，马清林、潘璐译：《艺术品中的铜和青铜》，科学出版社，2000年，第204－208页。

3　邹宁馨：《NIELLO——一种神奇的合金——乌银的制作技术及材料》，《中国宝石》2003年第1期。

合，或后期表面处理过程中发生了相变[1]。

银佛龛中出现了不同于蓝辉铜矿的铜硫化物（copper sulfide，Cu_4S_3），这可能是因为制备乌银时的条件不同，从而生成了不同的物相。

供养底座鎏金层上乌银中含有金银硫化物，这说明制备乌银的原料中存在银金合金。国外学者Susan分别在拜占庭时期的金带钩、伦巴第和法国圣日耳曼的两枚金戒指上的乌银中发现了金银硫化物，其通过扫描电镜对乌银横断面观察发现乌银中存在金银合金颗粒，且在靠近金属基体区域与其他区域的合金浓度相似，这说明银金合金硫化物中的金银合金并非来自金属基体，而是制备乌银时过量的金属原料；其对大量乌银镶嵌器物的乌银成分和器物基体材质进行对比研究，得出制作乌银的金属来源于制作器物时产生的金属废料这一结论[2]。而Oddy认为乌银中存在金银硫化物，是因为在制作乌银时采用了银金矿作为原料[3]。将供养底座与莲瓣上的乌银物相种类进行对比分析，可发现本文的检测结果更支持Oddy的结论，但由于样本量较少，因此还不能判断我国古代制备乌银的金属材料的来源。

目前对中国古代涂敷乌银器物的研究主要有两项：北大崔剑锋等人对重庆市奉节县宝塔坪唐代墓葬中出土的含有极少量铜的银质残片进行研究发现，其表面涂敷了厚度为20μm左右银、铜硫化物形成的乌银[4]；国外学者对东亚艺术博物馆所藏的中国唐代一件黄铜钵表面装饰的乌银进行研究，发现乌银为铜/铅乌银[5]。

综合两位学者的研究成果及本文的科学分析结果，可知我国古代在银器表面的乌银极有可能为银/铜乌银，银器、鎏金器和铜器表面因器物基体材质不同，乌银种类存在不同。这一点也可以从中世纪欧洲乌银配方得到佐证，如配方56（p36）表明银、铜、铅硫化物制备的乌银应用于金器，配方206（p58）表明铜、铅硫化物制备的乌银应用于鎏金器物，配方89B（p40）表明铅硫化物制备的乌银应用于银器[6]。

五 结 语

文中通过对三件（套）表面有“银锈样”物质层的清代藏传佛教金属文物进行科学的检测分析，确定“银锈样”物质层并非器物在大气环境下产生的腐蚀产物，而是银、铜硫化物形成的乌银，主要对器物起到装饰作用，同时还能避免器物在大气环境下发生腐蚀。对乌银的物相分析结果表明，清代用于佛教银器和银鎏金器物的乌银配方可能不同，但还需要更多的实物研究加以证明。

故宫博物院现收藏的大量表面呈现出“银锈样”物质层的清代藏传佛教文物表明：在清代乌银镶嵌技艺是一种常用来装饰宫廷藏传佛教文物的表面装饰技艺，而此时我国乌银装饰技艺具体的实施方法和工艺流程却

1 （USA）R. Newman, J. R. Dennis, E. Farrell : “A Technical Note on Niello”，JAIC, Vol. 21 NO. 2 , 1982.

2 （UK）Susan La Niece: “Niello: An Historical and Technical Survey”，*The Journal of the Society of Antiquaries of London*, Volume LXIII Part II, 1983.

3 （UK）W. A. Oddy, M. Bimson, S. La Niece : “The Composition of Niello Decoration on Gold, Silver and Bronze in the Antique and Mediaeval Periods”，*Studies in Conservation*, NO.28, 1983.

4 崔剑锋、刘爽等：《中国乌银工艺的首次发现和初步研究》，《边疆考古研究》2008 年第 1 期。

5 （UK）Brian S, Mc Elney : “Chinese Niello and Paktong”，*Article in Arts of Asia*, NO.3, 1998.

6 （USA）Cyril Stanley Smith, John G Hawthorne : “Mappae Clavicula: A Little Key to the World of Mediaeval Techniques”，*The American Philosophical Society*, Independence Square, Philadelphia, 1974, p.36, 40, 58.

无相关的史料记载，因此需要对更多的实物进行研究以复原该工艺。

文中对三件银/银鎏金器物的“银锈样”物质层的科学检测分析表明任何器物在不确定表面是否有装饰层的情况下，都应借助科学的检测方法进行验证，以保证文物保护和修复工作科学、有效地顺利开展。

致谢：感谢故宫博物院文保科技部邹非池、关明在实验检测中提供的帮助和支持！

[作者单位：故宫博物院文保科技部]

从微观尺度看清代宫廷的点翠技法与色彩表现*

A Microscopic Inspection on the Kingfishering Techniques and Color Expression at the Qing Court

谷岸　孔艳菊　王娜　侯佳钰　李根

Gu An　Kong Yanju　Wang Na
Hou Jiayu　Li Gen

内容提要：

点翠是一项历史悠久的中国传统工艺，但由于翠鸟濒临灭绝，导致点翠工艺几近消亡，其复杂细致的技术细节亦不得而知。本文以故宫博物院藏清宫点翠文物为依据，利用显微镜及多种科学分析技术，从微观尺度对羽毛、衬色、疏密、方向、起伏等方面研究和讨论了古代点翠的材料、技法与色彩表现的关系，为古代点翠艺术研究及现代复原实践提供了丰富的信息。

关键词：

清代　点翠　色彩　技法

ABSTRACT:

Kingfishering (*diancui*) is a Chinese craft with long tradition. Yet with kingfisher becoming an endangered species, the craft is also almost lost, along with the complex and intricate details of the technique. As selected kingfishering objects from the Qing (1644-1911) court in the Palace Museum collection was studied through Microscope and analyzed with scientific methods, the relevance among material, technique, and color expression of ancient kingfishering objects is discussed from the perspective of microscopic inspection of feather, backside color, density, direction, and concavo-convex features. The study provides rich information for the study of the ancient art of kingfishering and contemporary conservation of relevant objects.

KEYWORDS:

Qing dynasty, kingfishering (*diancui*), color, technique

* 本文受国家重点研发计划专项资助（项目编号：2019YFC1520300）。

点翠是一项历史悠久的中国传统工艺，它以翠鸟羽毛为主要材料，多用于首饰的装饰点缀。由于翠鸟羽毛为纳米结构呈色[1]，所以具有颜色艳丽、光泽柔美、恒久不变的特点，加之这种羽毛珍稀难得，使点翠成为古代奢华首饰的代名词。“不知红药阑干曲，日暮何人落翠钿”“只有余香留得住，满地花钿翠羽”等诗词更以点翠代指女性的美丽高贵。

点翠始于战国，兴于唐宋，明清时期达到顶峰。明清时期，点翠不仅用于制作珠宝首饰等小件贵重艺术品，还用于较大的陈设类器物。如明朝《天水冰山录》录有银点翠杏叶壶二十把、点翠满池娇银山一座[2]。清代宫廷则更加奢华，故宫博物院清宫旧藏文物中，除大量点翠首饰外，还有很多点翠屏风、盆景等大器物。

由于古代长期大量的捕猎，现在翠鸟已经濒临灭绝，导致点翠行业几近消亡，其技术细节亦不得而知。由于翠鸟羽毛珍稀难得，又是点翠的主要材料，因此相关研究通常重点关注羽毛本身的选材和粘贴工艺[3]。试图复原和传承点翠工艺的现代艺术家，通常也主要强调翠鸟羽毛的特性，并试图寻找合适的替代材料，以达到古代艺术品高超的色彩表现和艺术效果。

不可否认，羽毛材料是点翠工艺的重要组成部分。因此，借助科技手段解析翠鸟羽毛的特点和成因是十分必要的。但另一方面，点翠作为一种传承千年自成体系的复杂艺术形式，其完整的工艺技法同样是宝贵的非物质文化遗产，需要引起足够的重视。特别是点翠最具特色的艳丽而灵动的色彩表现，并非仅仅是羽毛材料单一因素造成的结果。那么古人还使用哪些技法来掌控点翠艺术品的色彩呢？这些问题的解答，不仅是古代艺术史研究的重要内容，同样对点翠艺术的传承和发展有着重要的现实意义。

本文以故宫博物院藏清宫点翠文物为依据，利用显微镜及多种科学分析技术，从微观尺度对羽毛、衬色、疏密、方向、起伏等方面，较为深入地研究和讨论了古代点翠的材料、技法与色彩表现的关系，为古代点翠艺术研究及现代复原实践提供了丰富的信息。

一 仪器设备

利用带十字悬臂的LEICA DVM5000三维视频显微镜原位观察文物显微形貌。利用体视显微镜观察掉落样品的显微形貌。红外光谱分析采用Thermo Scientific Nicolet iN10显微红外光谱仪，液氮冷却的MCT检测器，光谱范围4000～675 cm-1，分辨率4 cm-1。拉曼光谱分析利用RENISHAW Invia系列拉曼光谱仪，通过Olympus 50倍放大镜头聚焦激光，使用633nm波长激光，激光能量5mW，曝光时间10s，积分1次。X射线能谱分析采用德国Bruker Nano GmbH的M4 Tornado微区X射线荧光光谱仪。采用Rh靶激发源，电压50kV，电流200μA，光斑大小20μm，单点测试时间120s。

1 Doekele G. Stavenga, Jan Tinbergen, Hein L. Leertouwer, etc.: “Kingfisher feathers – colouration by pigments, spongy nanostructures and thin films”, *The Journal of Experimental Biology*,vol. 214(2011), pp. 3960-3967.

2 许晓东、童宇：《中国古代点翠工艺》，《故宫博物院院刊》，2018 年第 1 期。

3 韩澄：《民间传统技艺传承的美学视角—以点翠工艺为例》，《内蒙古大学艺术学院学报》，2012 年第九卷第 3 期。汪晓玥，严褒：《浅谈中国点翠首饰工艺及其发展》，《美术学刊》，2012 年第 5 期。刘尔寿：《话说点翠》，《收藏》，2015 年第 6 期。

二 羽 毛

翠鸟羽毛是点翠的核心材料，千百年来为人所痴迷，至今还没有一种理想的替代材料。一般认为，翠鸟羽毛的优势主要来自其结构色特性[1]。基于不同尺度显微分析，我们认为翠鸟羽毛的独特优势主要来自颜色和形态两个方面。

颜色方面，荷兰生物学家对于翠鸟羽毛的研究指出，翠鸟羽毛为无序结构色，并不像有序结构色（如：孔雀、鸽子羽毛）一样因为光线角度的改变产生非常明显的虹彩现象。但是翠鸟羽毛中也存在一些近似有序的结构，因此光线角度的变化同样可以对羽毛颜色产生一定影响[2]。因此而产生的细微而灵动的色彩变化是染料着色的现代材料难以模仿的。此外，如〔图1：1〕所示翠鸟羽毛的颜色在微观上并非均匀一致，而是由大量约10μm的小结构单元组成，单元之间存在一定的色彩差异。虽然结构单元的尺寸已经超出了人眼能够分辨的范围，但是大量结构单元组合而形成色彩肌理仍然可能影响人们对宏观色彩的感知。

形态方面，翠鸟软羽的羽枝被认为是最佳的点翠材料。如〔图1：2〕所示，这种羽枝非常细，直径约为40～70μm。羽枝周边黑色的羽小枝非常短小，从羽毛正面几乎不可见。因此使用翠鸟软羽制作的点翠具有紧密细腻的微观条状纹理。点翠硬羽虽然也具有纤细的蓝色羽枝，但羽枝两侧生长有大量很长的黑色羽小枝，导致羽枝无法紧密排列，因此使用效果不及软羽〔图1：3〕。经常用来替代点翠的鹦鹉羽毛和染色鹅毛〔图1：4〕同样生有很长的羽小枝，致使成品的纹理比较粗糙。

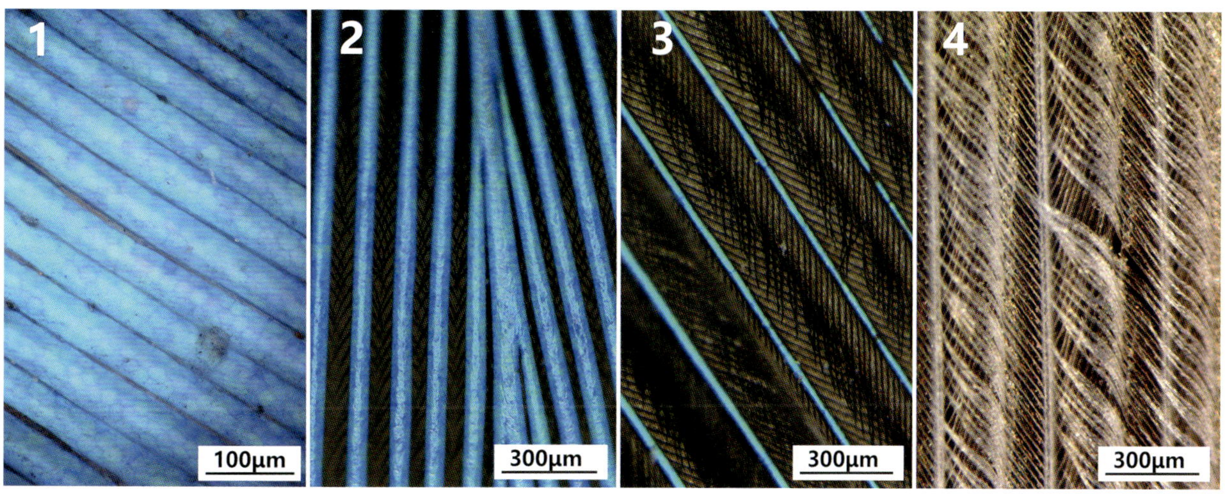

1放大300倍翠鸟软羽，可以看到不均匀的颜色单元；2放大115倍翠鸟软羽；3放大115倍翠鸟硬羽；4放大115倍鹅毛。

图1 翠鸟羽毛及鹅毛的显微照片

1 罗涵：《结珠铺翠，点羽成仙——故宫博物院藏重要珍宝文物中的点翠》，《紫禁城》，2017年第2期。

2 Doekele G. Stavenga, Jan Tinbergen, Hein L. Leertouwer, etc.: "Kingfisher feathers – colouration by pigments, spongy nanostructures and thin films", *The Journal of Experimental Biology*, vol. 214(2011), pp. 3960-3967.

三 衬 色

通过显微观察点翠文物的表面，我们发现这些翠鸟羽枝并非完全紧密排列，大部分羽枝间留有空隙，羽毛下层的颜色会通过羽枝间隙露出来。直观上这些底层颜色与羽毛颜色混合在一起，起到衬托和调整色彩表现的作用，因此羽毛下面带有颜色的层次可以被称为衬色层。现有研究中，这一层的存在和作用很少被提及，但是通过对比各种点翠文物，我们发现衬色层对于点翠的色彩表现至关重要。显然古代工匠对衬色层的作用也非常重视，并非随意为之，而是形成了一定的技法规律。

点翠羽毛通常根据颜色分为亮蓝色和蓝紫色两种，其衬色工艺也有所不同。亮蓝色羽毛大多采用黑色衬色〔图2：1〕。经红外光谱检测，在3310cm-1、1647cm-1、1545cm-1、1448cm-1有明显吸收峰，与蛋白质类动物胶材质特征一致。经拉曼光谱检测，在1350cm-1和1590cm-1处有两个峰，与单质碳（碳黑）的特征吸收一致。表明该层主要由动物胶和碳黑组成。这种黑色衬色一方面能够突出羽毛的条纹肌理，另一方面黑色的加入可以适度抵消羽毛亮蓝色的轻浮感，使整体色彩更加稳重。此外，一些文物的衬色层并非只有一层，而是不同颜色的多层复合结构。黑色衬色层下有时还有一层红色层〔图2：2〕。经红外光谱检测，胶结材料也是动物胶。X射线能谱检测发现该层含有较高的Fe元素，所以红色颜料可能为赭石（Fe_2O_3）。由于红色层的存在，黑色层出现孔洞、裂纹等缺陷时，会隐约露出红色的微小斑点，进一步增加点翠色彩表现的丰富性。除了黑色外，更为复杂和奢侈的银箔衬色层有时也与亮蓝色羽毛搭配使用〔图2：3〕。首先用红色胶接材料将银箔粘贴在点翠器物的底托上，然后用黄色透明的动物胶将羽毛粘贴在银箔上，由于黄色动物胶的存在，视觉上有金箔的感觉。这种衬色使点翠色彩上偏向暖色，并具有一定的反光效果，使整体效果更为华丽。

蓝紫色羽毛也与黑色衬色搭配使用〔图2：4〕。与亮蓝色羽毛类似，起到突出纹理、更显稳重的搭配效果。所不同的是，目前为止观察到的文物黑色衬色之下的第二衬色层为黄色的动物胶〔图2：5〕，未见红色第二衬色层。但是蓝紫色羽毛经常直接与红色衬色层搭配使用〔图2：6〕。这种搭配使整体色彩明显偏红，呈现一种类似玫红的色彩效果。

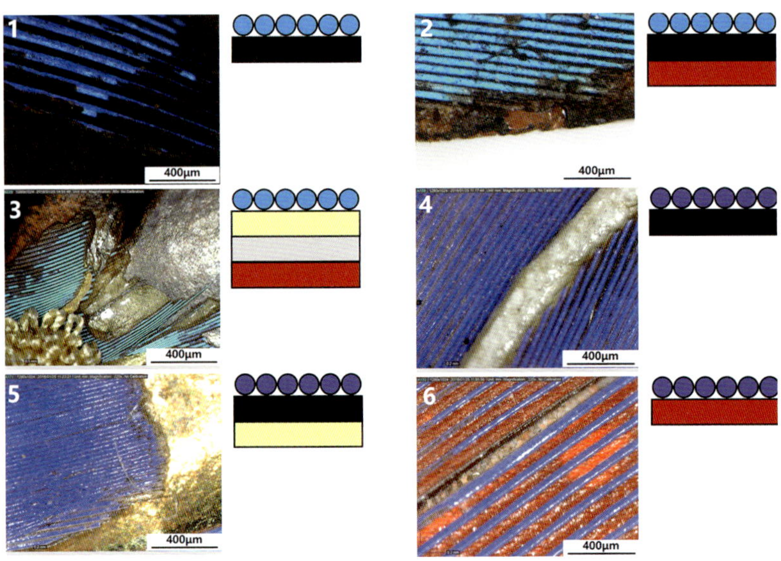

图2 点翠文物中几种衬色形式的显微照片及层次示意图

由于观察文物数量的局限，以上总结的衬色技法可能还不够全面，但是如此复杂的衬色技法，已经足以反映出古代工匠用心之细致、工艺之高超。

四 疏 密

古代工匠不仅使用衬色技法调整点翠颜色，同时还有意识地控制羽毛羽枝的疏密，调整衬色层露出

图3　清代点翠花鸟挂屏的局部　故宫博物院藏

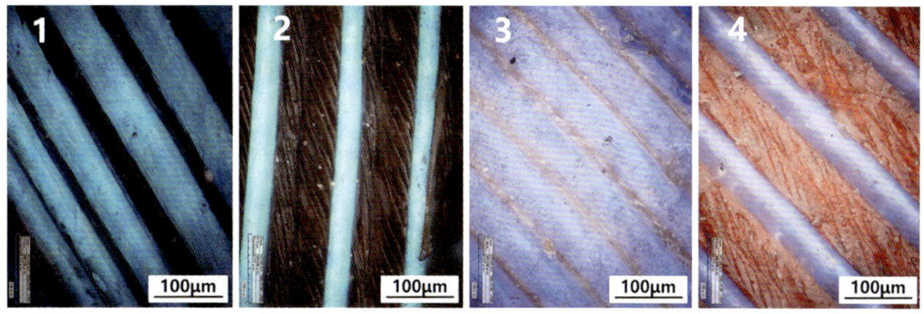

1鸟身；2细长草叶；3奇石；4鸟嘴

图4　清代点翠花鸟挂屏不同部位的显微镜照片

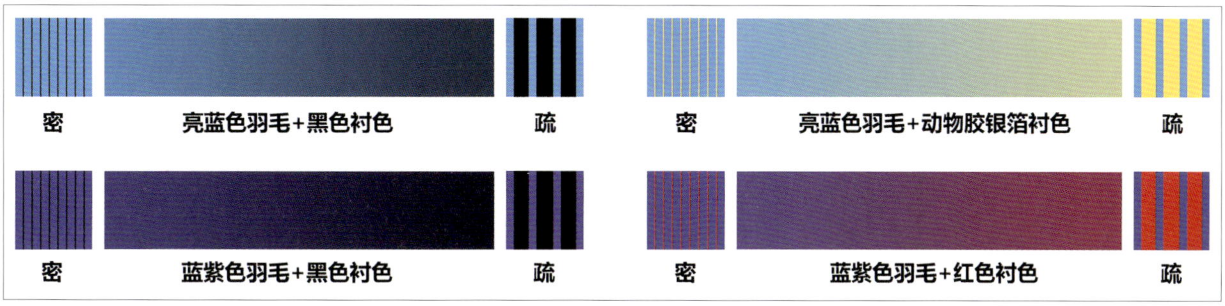

图5　调整衬色及羽枝疏密产生的整体色彩变化

的面积，进一步微调整体色彩。图3为一件故宫博物院藏清代点翠挂屏的局部，这是一个比较典型的利用衬色和疏密进行色彩微调的案例。其中鸟身体采用紧密羽毛+黑色衬色〔图4：1〕，呈现亮蓝色；细长草叶采用稀疏羽毛+黑色衬色〔图4：2〕，呈现较为沉稳的蓝色；石头、鸟头及翅膀局部采用紧密羽毛+黑色衬色〔图4：3〕，呈现蓝紫色；鸟嘴和爪采用稀疏羽毛+红色衬色〔图4：4〕，呈现玫红色。

由上述分析可见，点翠文物中衬色和疏密的使用绝非偶然，而是具有很强的规律性。古代工匠在制作点翠艺术品时，综合运用衬色层颜色、搭配以及疏密，在一定范围内调整点翠的整体色彩表现，从而达到更为丰富的艺术效果。

为了更为直观地表示衬色和疏密的技法用于点翠整体色彩调整的效果和可调范围，我们利用电子图像制作了不同羽毛颜色、衬色颜色和疏密程度的模拟图片，进而计算了这些图片的平均颜色及变化图，以表示模拟纹理缩小至实际点翠尺度后人眼的整体感观颜色。由模拟结果〔图5〕可知，利用以上衬色技法，工匠可以利用衬色得到浅蓝、浅绿、蓝紫、玫红四种色调。同时还可以利用疏密，在每种色调的基础上对明暗冷暖进行较大范围的调整。

事实上，翠鸟羽毛的颜色并不是完全一致的亮蓝和蓝紫两种，由于来源不同，同种颜色的羽毛又有细微的色差。古代工匠通常会对同种颜色的羽毛材料进行更细致的分类，以便在需要时采用最合适的颜色。考虑到实际情况的复杂性，该色彩模拟并未涉及同种羽毛之间的色差，也没有涉及第二层衬色带来的随机而细微色彩变化。因此，古代点翠的实际的色彩调整技法很可能还要更加的复杂和细腻。

五　方向与起伏

翠鸟羽毛呈纤维状，具有方向性，因此在粘贴使用中就必须要对其方向进行考虑。对羽毛方向的合理利用和设计，能够制造更为丰富的纹理效果。同时点翠装饰面也并不局限于二维平面，还可以通过起伏变化产生浅浮雕效果。虽然方向和起伏不能直接影响点翠的色彩，但是利用这些技法能够与色彩配合，在空间和光影的维度进一步丰富点翠的表现形式。

图6所示的故宫博物院藏清代点翠金质山水图围屏中就包含了典型的方向与起伏的工艺技法。这件屏风整个背景全部使用亮蓝色点翠制作出十字交叉与万字组成的重复图案，显然羽毛的方向是描绘这一图案纹理的主要手段。但古代的工匠的巧思与技艺还不仅仅如此。〔图6〕中黑色区域为一片金山掉落后露出的部分，这个隐藏区域没有粘贴羽毛而是只做了衬色层。因此从这个区域，我们可以更清楚地看到，黑色衬色层有明显的与点翠纹理连贯一致的起伏纹理。通过对图7的残片进行显微观察，发现这些起伏纹理的制作工艺是：先使用厚约0.2mm，宽约1.5mm的纸条制作并粘贴出纹理图案产生起伏效果，最后再涂刷一层黑色衬色涂层。对于一件大型围屏，这一并不明显的工艺步骤必然产生巨大工作量，再一次体现了古代点翠工艺对细节的极致追求。

图6　清代点翠金质山水图围屏局部
故宫博物院藏

1正面；2背面；3侧面

图7　围屏文物残片不同角度的显微照片

六　结　论

通过对清代宫廷点翠文物微观尺度的观察和研究，发现固然翠鸟羽毛在色彩和形态上有独特的优势，但是清代点翠工艺远非简单的粘贴翠鸟羽毛，而是通过羽毛下衬色、羽枝疏密、羽毛纹理方向、纹理与起伏的配合等复杂而细微的技法调整点翠的整体色彩表现，达到丰富、细腻和优美的艺术效果。这些原本不为人所知的清代点翠技法如此繁复精细，令人叹为观止。不可否认，翠鸟羽毛的缺失一定程度上影响到点翠这一传统工艺在当代的延续和发展。但是以上研究结果表明，翠鸟羽毛不是点翠工艺的全部，点翠的表现技法和制作工艺同样弥足珍贵，值得引起相关行业的注意、研究、传承和推广。

[作者单位：故宫博物院文保科技部]

清代雕漆云龙纹“乾隆御稿”箱的修复

Conserving the Qing-Dynasty Pair of Lacquered Manuscript Cases with Carved Cloud and Dragon Design Containing Qianlong Emperor's Manuscripts

王晓军

Wang Xiaojun

内容提要：

清代雕漆云龙纹“乾隆御稿”箱专为盛放乾隆御稿制作，箱子盖面镌刻“乾隆御稿”，里面较完整地保存了乾隆帝在皇子、皇帝、太上皇各个时期的诗文手稿，御稿箱表面的纹饰、雕工非常精美，有其特殊的历史意义、实用价值和艺术价值。本文整理了这对雕漆御稿箱的修复过程，希望对日后此类文物的修复提供借鉴。

关键词：

雕漆　乾隆御稿箱　修复

ABSTRACT:

The pair of lacquered cases carved with cloud and dragon design is custom-made for the Qing-dynasty (1644-1911) Qianlong Emperor (r. 1736-1795) to store his manuscripts. The front cover of the case is carved with the characters "Imperial Manuscripts of the Qianlong Emperor" (*Qianlong yugao*). It contains almost all his manuscripts of poems and essays at different stages of his life as imperial prince, emperor and emperor emeritus. The design and carving craftsmanship in the surface of the case are very exquisite, embodying their special historical significance, functional and artistic value. This article records the conservation of this pair of cases for the purpose of presenting one model for future renovations of the similar objects.

KEYWORDS:

carved lacquerware, the Qianlong Emperor's manuscripts cases, conservation

图1 清 雕漆云龙纹乾隆御稿箱

图2 乾隆御稿

雕漆是漆工艺的一个品种，在器胎上层层髹涂笼罩漆，积累到一定厚度，然后用刀雕刻出花纹。雕漆又分几类，包括：剔红、剔黄、剔犀、剔黑、剔彩、堆红等等。“清代的雕漆，在乾隆时代是一个大发展的品种，故宫漆器藏品中也以清代雕漆器占最大的比重。”[1]雕漆器的制作范围，大到屏风、桌、椅、凳、几等大型家具及室内装修，小到盘、碗、盒、匣、瓶、罐、文具等小用具及陈设品。

本次修复的文物是清代雕漆云龙纹“乾隆御稿”箱一对，〔图1〕，为木胎剔彩工艺。长方形箱体，器型较大，每个御稿箱尺寸高66cm，长59cm，宽47cm。上有盖，盖顶雕二龙戏珠纹饰，并在中间刻有“乾隆御稿”四字（隶书），盖与箱体用铜鎏金合页连接，箱体外面雕剔彩海水江崖云龙纹图案，内里和底部髹黑漆，箱子侧面偏上的位置有两个铜鎏金提手，下面的底座有束腰和托泥。御稿箱表面的纹饰非常精美，每只御稿箱上足足雕有40条龙，有正龙也有行龙，箱子两侧各饰一条体型较大的正龙，盖与前后面的行龙体型较大，底座行龙体型较小，形象以二龙戏珠图案为主。

这一对雕漆箱专为盛放乾隆御稿制作。送修前乾隆御稿已经取出，〔图2〕故宫博物院在2014至2016年的“三年藏品清理工作”中对内存乾隆诗文作品进行了部分整理，“从目前整理情况看，乾隆御稿起于其为皇子时期，终于当太上皇时期，基本涵盖了乾隆帝的一生。其形制多为裁剪成统一规格的长条形单张元书纸，也有少量尺寸异常者”[2]。王亦旻在《弘历皇子时期书法学习经历考》[3]一文中对御稿箱内原放置的弘历汉文书法习作做了整理和研究。

在《清宫内务府造办处活计档案》「乾隆八年各作成作活计清档·造办处活计库」十月记事禄中找到了这样的记载：“二十五日，员外郎常保、司库白世秀、七品首领萨木哈来说，太监胡世杰传，旨着做宝箱一件，其尺寸配量先插样呈览，准时交南边，雕漆钦此。于乾隆九年正月十一日，七品首领萨木哈将做得杉木胎画龙宝箱一件，持进交太监胡世杰呈览。奉旨准做中等雕漆宝箱一对，箱盖上刻乾隆御稿。钦此。”[4]此描述与这一对雕漆宝箱的胎体、尺寸、外观描述重合，档案中没有找到其他关于御稿箱制作的记录，猜测很可能是这一对。根据《故宫物品点查报告》重华宫崇敬殿名录下的记载：“（雨字号）二三至二四号，雕漆方

1 朱家溍：《清代漆器概述》，《故宫退食录·上》，紫禁城出版社，2009年，第102页。

2 故宫博物院：《大隐于朝——故宫博物院藏品三年清理核对成果展》，故宫出版社，2017年，第42页。

3 王亦旻：《弘历皇子时期书法学习经历考》，《故宫博物院院刊》2014年第3期，总第173期。

4 《清宫内务府造办处档案总汇》第11册，乾隆八年十月二十五日，人民出版社，2005年，第522页。

箱二个，（内盛乾隆御稿原样未动）”[1]。在这两件雕漆御稿箱其中一件的盖面标签上，也发现了“雨字二三号”的字样，说明这两件雕漆箱就是当年点查时存放在重华宫崇敬殿的两件，重华宫是乾隆帝时期重要的礼仪场所和起居处，崇敬殿（也称重华宫佛堂）是重华宫的前殿。

一 御稿箱的伤况与工艺

文物的主要伤况包括：表面雕漆尘污严重；箱体雕漆层多处磕损残缺；雕漆层有两处大面积的裂隙；箱底黑漆层整面有条纹状裂隙并有卷曲；托泥底层磨损、四个边角严重磕损残缺，亟待修复。〔图3—图7〕修复方法主要有：清洗除尘、回黏加固、补全木胎和雕刻修复。两只御稿箱送修时无修复痕迹，箱内部和底部均无刻款。两只御稿箱的伤况基本一致，因修复方法一样，本文以其中一件（背面白色纸签标：12218）为例进行修复研究。

文物修复前表面尘污严重，除尘前看似一对剔红器物，除尘清理后才发现是两件剔彩作品。《髹饰录》载有：“剔彩，一名雕彩漆。有重色雕漆，有堆色雕漆。如红花、绿叶、紫枝、黄果、彩云、黑石、轻重雷文之类，绚艳悦目”。工艺上，剔红是在漆器胎骨上髹层层朱漆，达到一定厚度，然后用刀雕刻出花纹；而剔彩是在器物上髹不同颜色的漆，每个颜色刷若干道至一定厚度然后雕刻，需要哪种颜色，便剔去在它以上

图3 御稿箱修复前（正面）

图4 御稿箱修复前（背面）

图5 御稿箱修复前（盖面）

图6 御稿箱修复前（底面）

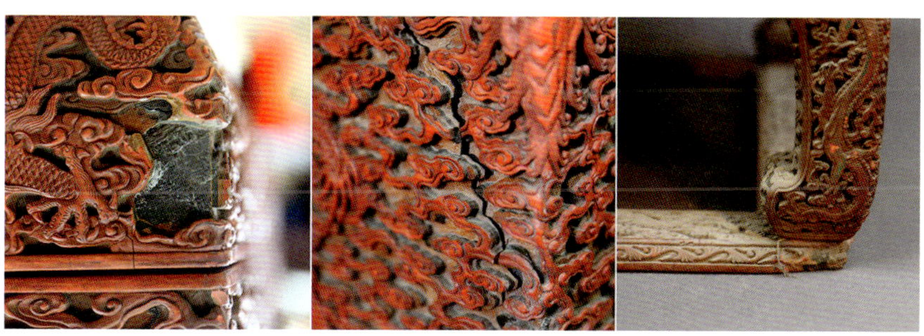

图7 部分伤况图

1 《故宫物品点查报告》第三编第三册，卷三重华宫崇敬殿，号数：二三至二四，品名：雕漆方箱（内盛乾隆御稿原样未动），件数：二个，故宫博物院刊行，中华民国十八年六月一日再版。

图8 剔彩漆层顺序示意图

图9 初步除尘

图10 雕漆面加固

的漆层，露出需要的色彩并在它上面雕刻花纹。这两只御稿箱雕漆部分最表面一层漆色是红色，最里面漆色是黄色，云纹除最底面的黄色，从外到里雕刻红、黄、绿三色。〔图8〕

据《圆明园漆活彩漆扬金定例》，朱漆（红漆）是笼罩漆里调入银朱，黄漆是笼罩漆里调入石黄，绿漆是笼罩漆里调入广花及石黄（广花即广靛花）。笼罩漆是用漆和桐油按一定比例调制成的，一般是以快干漆60%和明油40%的比例调成，快干漆是翻晒过的生漆，明油也就是熟桐油。实验室用近红外光谱和偏最小二乘算法进行拟合，测得两件御稿箱表面的桐油含比量分别是38%和30%，与记载中用漆的要求基本吻合。

二 御稿箱的修复过程

（一）检查与初步除尘

因表面尘污严重，不易观察表面漆层残缺和卷曲等伤况，所以做这一步时要更仔细小心。通过检查，御稿箱表面除几处残缺部位外，箱体侧面雕漆层有两处大的裂隙和卷曲，箱底的底面整个黑漆层普遍存在裂隙和卷曲，在给文物做初步除尘时要绕开这些部位尽量不动。〔图9〕

初步除尘工作以软毛刷辅助吸尘器来完成，主要目的是将表面堆积的浮土和毛絮大致吸干净。

（二）箱体雕漆面加固与箱底黑漆回黏补全

初步除尘完成后要先对存在裂隙和卷曲的漆层进行加固，加固的基本步骤是：卷曲部位敷软—裂隙里注胶—多余胶擦净—摁实吹干。在箱体裂隙用鱼鳔胶进行回黏加固，注胶前需用潮布敷软卷曲的漆面，避免漆层太硬容易在黏结时折断。注胶不能过多或过少，过多容易溢出或渗透到反面漆层（如果有裂隙会漏滴到下方）；过少渗入不到裂隙深处容易粘不牢。注胶完成后压平等干，具体方法有两种：一种是自然风干，先垫一块玻璃纸（摹画常用），上面压软沙包或铅块等重物等干，一般鱼鳔胶会在次日完全干透；另一种是用吹风机吹干，耗时较短，一般几分钟就能干燥，在胶将干之时借最大粘力粘紧。在鱼鳔胶干燥后还要再检查一遍有无溢出，如有要及时清理干净。〔图10〕

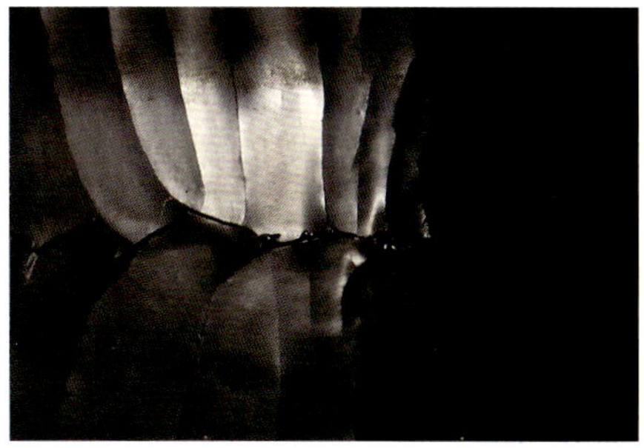

图11 箱底漆皮回黏

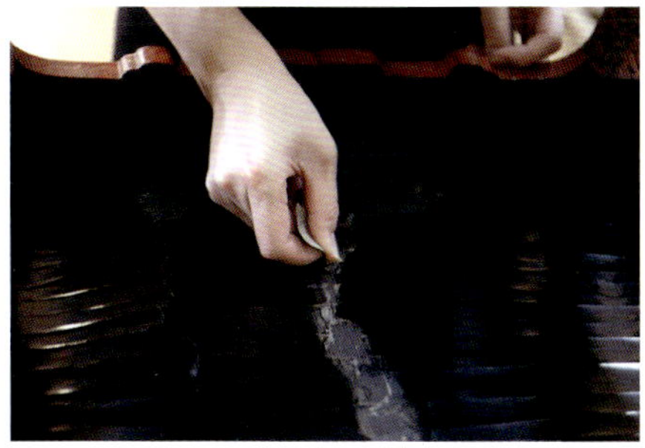

图12 箱底漆面补全

尽管都是存在裂隙和卷曲，但箱底和箱体的黏结复杂程度还有所区别，箱体的雕漆层较厚并且是大块，在操作上相对简单一些，但箱底的黑漆层整个开裂成条纹状，每个条纹边缘都有漆层卷曲，需要对每小块单独进行黏结操作，虽然黏结操作的方法一致，但更需要耐心，对技法要求也更高。〔图11〕在箱底每小块单独粘好后，因为有些漆块之间的缝隙间距较大需要将裂隙补全，基本步骤是：在裂隙处先将漆灰刮入，根据裂隙的深度，刮粗中细灰各一道（每道都要等前面漆灰干透后刮第二道），漆灰干透磨平后髹黑漆，先髹黑漆两道干后打磨平整，〔图12〕以极细砂纸打磨完成后刷最后髹一道黑漆（刷漆时需避免灰尘落入），等漆干燥后打磨、抛光、揩清。

（三）精细除尘

黏结加固后做精细除尘，主要用到超细纤维布、软毛刷、棉签和去离子水。雕漆层的除尘速度比平面层要慢很多，这个过程消耗的时间较长，在做这个步骤时还需再次检查之前有无遗漏伤况。

（四）雕漆层残缺部位补全

因为不能在文物上做层层髹漆的工作，所以雕漆层补配时都会用提前准备好的雕漆板。制作雕漆板先在木板上裱牛皮纸，然后层层髹所需颜色的漆（每层漆都等干后再髹第二层），达到一定厚度（看需要，一般需要80～100层）后使用。先画出文物残缺部分所需漆块的大小，再从准备好的雕漆板上割取略大于要修补部位的雕漆块，然后进行雕刻。（注意：修复前期在做文物除尘和加固的同时，应提前按所需颜色顺序和厚度把补配工作需要的雕漆漆板制作好，根据漆的干燥情况，每天可以髹漆1～2道，总共约80道漆，准备好后用于后期的残缺雕漆补配。）〔图13〕

雕刻前先将残缺部位的图稿画好，设计需参照残缺部位周围的锦地与纹饰图案，雕刻时也要仿照原文物的雕刻风格。沿勾描好的轮廓线进行雕刻，用刻刀垂直切入，下刀要准，剔除多余漆片，然后雕云纹、龙

图13　割取雕漆板

图14　雕漆残缺部位补配

图15　雕漆残缺部位补配

图16　修复完成图（正面）

图17　修复完成图（背面）

图18　修复完成图（局部）

纹、锦地等补配片。〔图14、图15〕

雕刻完成后用鱼鳔胶将补配好的漆块粘上，粘好之后要修整细节，尤其是边缘连接部位。补配完的部位漆色与文物本身的颜色会有差别，需要做随色处理。底座下方的托泥边角有木胎胎体残缺，要先把木胎补全，然后刮灰上漆。

（五）修复完成。

最后上一层蜡保护漆面。〔图16—图18〕

三　小　结

结合以往的修复经验看，漆层裂隙呈现不同形态伤况的原因，一是受漆层厚度影响，如御稿箱侧面有一定厚度的雕漆层开裂卷曲状态是微微翘起、御稿箱底部漆层较薄受潮后开裂卷曲状态是卷翘幅度大呈条纹状。二是会受底部灰胎影响，在一些血料灰打底的薄漆面上容易出现豆粒大小且易碎的鳞片纹。三是受表面漆层之中漆和桐油的含量比影响，桐油含量多的漆面开裂成龟裂状且易粘脏污变黑。四是受外界环境影响，干湿度变化大、长时间周围环境太干燥或是潮气太大都会加重漆皮的弯曲度和易碎程度。尽管修复漆皮卷曲伤况的处理方法是回黏加固，但每件文物在具体修复操作上又有其特殊性。修复工作就是通过熟练手艺、经验总结，梳理出成熟的修复操作规范。

雕漆部位的补配是修复工作中最见功力的一环，在给雕漆文物做补配前需做大量的雕刻练习。雕漆画面纹饰主要由主题纹饰和锦地构成，主题纹饰一般有人物、动物、山石、花卉、文字等，锦地有云纹、水纹、地纹等。前期主要练习基本的雕刻方法和用刀工序，后期练习要注意区分各时代的雕刻特点，单就锦地来说，各个时期的锦地也会有差别，“与时代较晚的雕漆相比，元代及明初的剔红锦地，应当说是较大较粗的。一般来说，嘉靖时的雕漆锦地比永、宣时的细，万历时的又比嘉靖时的细。锦地由粗而细，正是明代雕漆演变发展的规律之一”[1]。清代雕漆特点是雕刻细腻、重刻工轻磨工，乾隆时代命造办处“牙作”匠人雕刻漆器，使雕漆器出现新面貌。“新面貌的特点是用刀不藏锋，山水、人物、花卉、蔬果、草虫，处处运刀如笔，山石的皴法、竹树的勾勒，但与刀锋处见笔力，构图与绘画似一家眷属。”[2]这对御稿箱雕工较繁复，层层雕刻的云纹仔细观察可看到雕刻刀痕并未磨平，箱子侧面的两条大龙在雕刻时则加入了打磨的步骤（从龙头龙爪等部位都可以看出）。所以雕漆的补配修复不同于雕漆创作那么自由，要结合文物本身的风格特点和表现形式进行雕刻。

这对御稿箱有其特殊的功能意义，较完整地保存了乾隆帝在皇子、皇帝、太上皇各个时期的诗文手稿，乾隆帝一生共作诗43000余首，从现已整理的部分御稿看，大部分都可以在乾隆御稿中找到。箱盖上镌刻“乾隆御稿”标志着它的独特性，箱子表面的纹饰设计与风格亦可以与乾隆时雕漆风格做一参照对比，这对修复此时间段的雕漆文物也提供经验。

经过长达一年的合作修复（漆器修复室共同合作完成），较好地还原了御稿箱原有的光彩，达到了预期效果，本文希望通过雕漆御稿箱修复过程的总结，对日后此类文物的修复提供借鉴。

[作者单位：故宫博物院文保科技部]

1 《髹饰录解说》，第 93 页。

2 《清代漆器概述》，《故宫退食录·上》，第 104 页。

藏经纸的规制及使用初探——以故宫院藏乾隆御笔挂屏为例

Analysis of the Usage of Sutra Paper: A Case Study on the Hanging Screen Inscribed by the Qianlong Emperor from the Palace Museum Collection

时倩　李筱楼

Shi Qian　Li Xiaolou

内容提要：

藏经纸专供抄刻佛经之用，由于其制造精良，多受历代帝王及文人墨客青睐。因此常用藏经纸书画或装潢，致使其流散于宫廷及民间。乾隆帝尤爱此纸，此件乾隆御笔挂屏即书于藏经纸之上。关于藏经纸的使用及规制，多见于古籍文献记载，少有实物研究，本文通过高光谱等技术手段对藏经纸挂屏尺寸、经文、朱印等信息进行提取，旨在进一步分析还原其原有装潢规格及形制。结果表明，该挂屏书写于已有经文的藏经纸背面，其正面为《华严经》经文。整个挂屏共由十五块藏经纸拼接而成，每块藏经纸上均钤有“倪仁禀”朱印。原装潢形制为经折装，每张藏经纸折叠分成5等份，此宽度即为经折宽度，约为11.10cm，高约30cm。

关键词：

藏经纸　经折装　乾隆　倪仁禀

ABSTRACT:

Sutra paper, an invention of the Song dynasty (960-1279), was manufactured for recording Buddhist scriptures. Because of its high quality, it gained favor from many emperors and scholars of later generations, especially the Qianlong Emperor (r. 1736-1795), and was often used for creating painting and calligraphic works, or for labels for scrolls, albums, and books and their outer cases. The wide use of sutra paper leads to the loss of a host of examples from the imperial palace. The hanging scroll under discussion displayed in the Hall of Mental Cultivation (*Yangxin dian*) bears inscriptions by the Qianlong Emperor on sutra paper. Records of the usage and measurements of the sutra paper can be found in historical documents and literatures, but few examinations on extant examples are available. Therefore, the paper provides information collected by hyperspectral imaging technology of the measurement, scripture, and the vermillion seals on the hanging screen, trying to restore the original measurement and binding format of the sutra paper mounted on the screen. The paper also discovers that the imperial inscription was written on the backside of the sutra paper, which already bears the *Avatamsaka Sutra* on the front. The entire hanging screen is made up of 15 pieces of sutra paper linked together, each bearing a vermillion seal reading Ni Renbing. Every piece of the sutra paper had been originally arranged in accordion fold of five, with each panel 11.10 centimeters in length and 30 centimeters in height.

KEYWORDS:

Sutra paper, accordion fold, Qianlong, Ni Renbing

藏经纸专供抄（刻）经文使用，种类甚多，有金粟山藏经纸、法喜大藏经纸、兴国福业院转轮大藏经纸等[1]，其中以海盐县金粟寺所制造的金粟山藏经纸最为著名。据《金粟寺志》记载："宋熙宁间，笺书大藏经六百余函，并高宗御书法帖十卷。"[2]明胡震亨在《海盐县图经》一书中记述："金粟寺有藏经千轴，用硬黄茧纸，内外皆蜡，摩光莹洁，以红丝栏界之，书法端楷而肥，卷卷如出一手，墨光黝泽如裸漆，可鉴纸背每幅有小红印，文曰金粟山藏经纸。"[3]以此可见，藏经纸经多道加工工艺，制作精良，经染黄涂蜡，表面莹润，书写效果尤佳，颇受后人喜爱，常取之他用。

也正因藏经纸珍贵稀少，即便对已写有经文的藏经纸，后人仍珍惜备至，将其作为重要书画的装潢材料，或用其背面进行书画。文震亨《长物志》记载："书卷引首须用宋经笺、白宋笺及宋元金花笺。"[4]周二学《赏延素心录》记载："赙池用白宋笺、藏经笺或宣德镜面笺……边用精薄藏经笺……矮卷用如前白绫镶高，然后接藏经笺或白宋笺。"[5]著名的陆机《平复帖》以及名贵书画的引首或诗堂均使用藏经纸进行装潢[6]。更有甚者，将藏经纸揭开数层使用。《金粟笺说》中记载："宋有黄白藏经纸，可揭开使用"，并引用钱柞溪的观点"藏经纸有数层，似乎层层可揭，其实不然。后世爱重此纸，不得不揭用，遂有厚薄不均匀，要知此纸本无可揭也。"[7]足以可见，藏经纸的稀有及后世人对藏经纸的爱重，促使人们将原本一张的藏经纸揭成数张使用。同时据张燕昌回忆记载："余童时，多见古书画面用藏经笺，间做书画标签者，近吴下装潢家大半以伪者代之。胜国名流书画，用藏经纸全幅。国朝查二瞻辈以零星条子装册，供善书者挥写。则知纸在昔已重矣。"[8]由此可知，本就量小稀有的藏经纸，随着世人使用及收藏，存量日渐稀少，少见全幅。

在清宫中原收藏有少许此种纸品，乾隆帝颇喜，常用其书写诗文[9]。该挂屏即乾隆帝御笔亲书于藏经纸之上。本文通过对挂屏所用藏经纸相关尺寸测量、高光谱检测分析等，旨在探明该文物所用藏经纸的尺幅、原有装潢规格、背后经文、朱印等信息，加以分析还原，进一步明确藏经纸的使用及规制。

一 藏经纸挂屏概况

乾隆御笔藏经纸挂屏悬挂于故宫博物院养心殿西暖阁明间内〔图1、图2〕，由乾隆帝御笔亲书，挂屏全诗正文、款，总计144个字，阐释了乾隆帝对养心殿正殿雍正帝所书"中正仁和"匾义的理解与引申，以及撰写此诗的原因。全文如下：

1 （明）屠隆著，赵菁编：《考槃余事》，金城出版社，2011 年，第 156 页。
2 《中国佛寺志丛刊·金粟寺志》第七十九册，广陵书社，1996 年，第 25 页。
3 （明）胡震亨撰，樊维城修：《海盐县图经》卷三，乾隆十二年（1747）重刊本，第 69 页。
4 文震亨：《丛书集成初编·长物志》卷五，商务印刷馆，1936 年，第 34 页。
5 （清）周二学：《丛书集成初编·赏延素心录》，商务印刷馆，1939 年，第 2 页。
6 蒋炳昌、奚吉平：《明清宫廷御用纸初探》，《收藏家》2004 年第 3 期。
7 （清）张燕昌：《丛书集成初编·金粟笺说》，商务印刷馆，1939 年，第 17 页。
8 《金粟笺说》，第 16 页。
9 田洪生：《纸鉴》，山西古籍出版社，2004 年，第 86 页。

奎画殿楹悬，因文道以诠。

养心悉外此，示后永无愆。

律己宵旰慎，临民政化宣。

守中惟不倚，居正要非偏。

仁则物皆育，和斯情毕联。

分虽各聚义，合是一承乾。

清宴凝堪恃，崇高益巩虔。

晨昏兹惕息，四字奉尧传。

中正仁和，皇考御书养心殿匾额也。日夕仰瞻，以为莅政临民法则，敬赋心存，并示来许。丙戌季春月上浣御笔。

乾隆帝御制挂屏的诗文创作于乾隆三十一年三月初十日，以昭示其执政理念。养心殿正殿“中正仁和”大匾是雍正帝所书，“中正”取义《周易》中的履卦：“刚中正，履帝位而不疚，光明也”；“仁和”取自儒家思想仁爱和谐的核心内容。“中正仁和”，以入目警心，昭示来兹，表明雍正帝承袭大统，吸收汉族文化，坚守儒家思想，“中正”“仁和”治国的为政理念。这也是雍正帝对自身行为准则的至高要求。

二 藏经纸尺寸

该件乾隆御笔挂屏除去边框，仅画心高123.36cm，长123.27cm，共由十五块小尺幅藏经纸拼合而成，鉴于每块藏经纸上均留有原经折装的折叠痕迹，可断定其中每块藏经纸均由经折装改装而成。经折装是中国

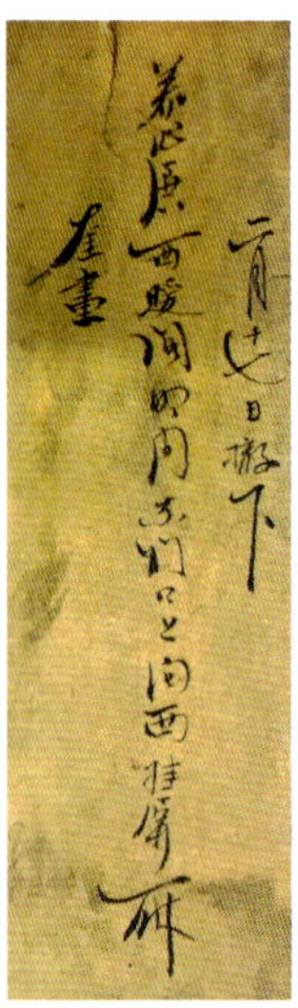

图1 背签

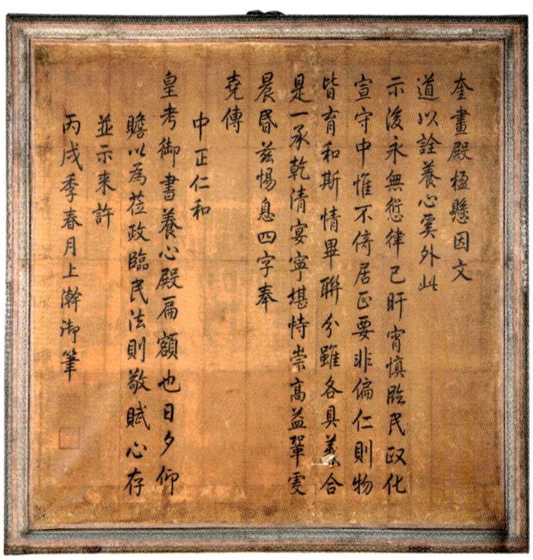

图2 乾隆御笔挂屏

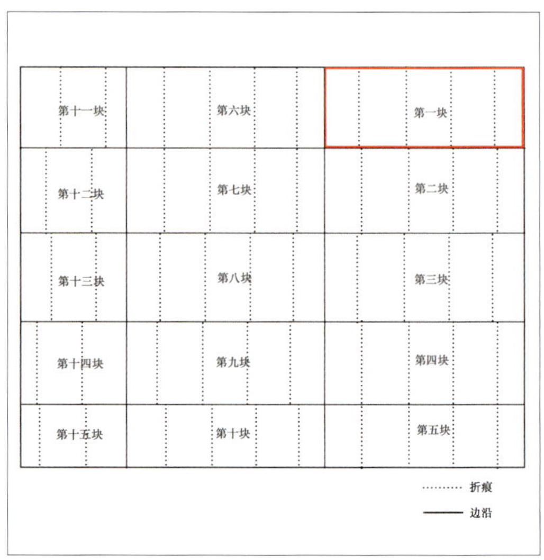

图3 藏经纸拼合折叠示意图

书画装裱的传统形式之一，是将长幅书页按照一定的规格，左右反复折叠而成的长方形册子。因此，通过藏经纸上保留的原装潢痕迹，即可以还原其初始装潢形制〔图3〕，其中实线表示每块藏经纸边沿，虚线表示折痕：

经过对文物原件的观察测量，可发现，每块藏经纸的边沿均平直光滑，应经过裁剪修饰。整幅挂屏共由三列、五排，合计十五块小幅藏经纸组合而成，其中左起第一列及上起第五排由于挂屏尺寸限制，裁去较多。剩余八块，即第一、二、三、四、六、七、八、九块因拼合而修剪边沿，相对完整〔图3〕。因此，通过对每块藏经纸的高度、宽度、折线间距等数据统计，即可依稀还原这些藏经纸原始的尺寸形貌。

经测量，除去缺失较多的第五排，第一排至第四排藏经纸高度分别为：27.50cm、28.45cm、28.45cm、28.30cm。同时，通过测量折线间距，即图三中虚线的间距，可推断原经折装宽度。第一块至第十五块，折线间距分别为：11.15cm、11.08cm、11.12cm、11.10cm、11.10cm、11.10cm、11.10cm、11.05cm、11.10cm、11.05cm、11.10cm、11.10cm、11.10cm、11.10cm、11.10cm。其宽度多为11.10cm，正负0.05的范围，其中包含手工装潢及人为测量的误差。由此可见，经折装的原始宽度较为统一，为11.10cm（±0.05）。

通过对该件文物每块藏经纸尺寸的测定，可发现该挂屏所用藏经纸高度相似，位于28.30～28.50cm范围内，由于原经折装经过拼接剪裁，致使其高度存在差异，由此推断，原经折装高度应略高于28.5cm。通过对折线间距测量可推测原经折装宽度，呈现出较一致的结果，为11.10cm（±0.05），则折叠成五小页的藏经纸长度应为55.25～55.75cm。据《金粟笺说》记载："乾隆壬午，燕昌于吴门敬观今上御笔赐和沈德潜纪恩诗，横幅藏经纸，高九寸宽一尺七寸。"[1]可见，文中记载乾隆御笔诗稿书于横幅藏经纸之上，高九寸（约为29.97cm），长一尺七寸（约为56.61cm），该件文物藏经纸尺寸与文献古籍中记载的藏经纸尺寸基本吻合。

三　藏经纸经文

由于藏经纸原为写（印）佛经而专制，正面多有经文，因此后代多使用藏经纸背面，并由经折装改装而成，无经折装折痕的藏经纸格外稀有，《金粟笺说》就有如此记载："藏经纸无折痕者谓之卷筒，较经背纸尤难得。"[2]该件文物挂屏所用藏经纸属经文背面且有折痕，在通过高光谱技术清晰可见该挂屏藏经纸背后的经文。通过对经文的分析梳理，经文均来源于《华严经》〔图4，图片经过镜像处理〕：

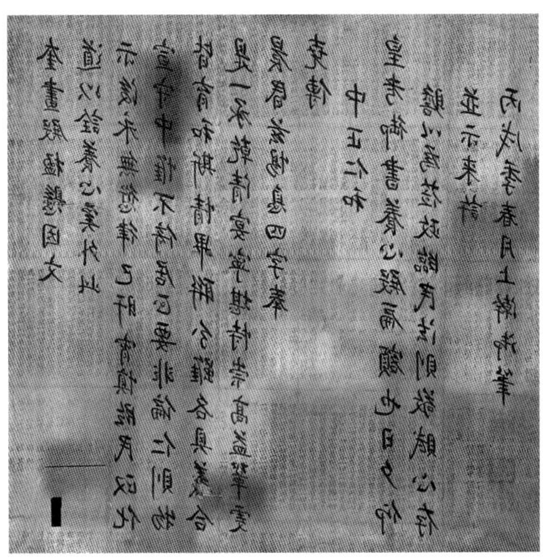

图4　多光谱扫描镜像图

每幅藏经纸通过折叠分成五小页，每小页均由五列经文构成，每列经文含十五个字。以第一块藏经纸为例〔图5〕，由

1 （清）张燕昌：《丛书集成初编·金粟笺说》，商务印刷馆，1939年，第12页。

2 《金粟笺说》，第15页。

于经过裁剪，损失了第一小页的第一列经文，及第五小页的第四列和第五列经文，剩余经文从右至左共22列，为《华严经》第三十三卷部分内容，具体如下（原文物不含标点）：

“无非如来善根所起。具足无数宝藏庄
严。复有阿僧祇宝河流出一切清净善
法。阿僧祇宝海法水盈满。阿僧祇宝芬
陀利华常出妙法芬陀利声。阿僧祇宝
须弥山智慧山王秀出清净。阿僧祇八
楞妙宝宝线贯穿严净无比。阿僧祇净
光宝常放无碍大智光明普照法界。阿
僧祇宝铃铎更相扣击出妙音声。阿僧
祇清净宝诸菩萨宝具足充满。阿僧祇
宝缯彩处处垂下色相光洁。阿僧祇妙
宝幢以宝半月而为严饰。阿僧祇宝幡
悉能普雨无量宝幡。阿僧祇宝带垂布
空中庄严殊妙。阿僧祇宝敷具能生种
种微细乐触。阿僧祇妙宝旋示现菩萨
一切智眼。阿僧祇宝璎珞一一璎珞百
千菩萨上妙庄严。阿僧祇宝宫殿。超过
一切妙绝无比。阿僧祇宝庄严具金刚
摩尼以为严饰。阿僧祇种种妙宝庄严
具常现一切清净妙色。阿僧祇清净宝
殊形异彩光鉴映彻。阿僧祇宝山以为
垣墙周匝围绕清净无碍。阿僧祇宝香
其香普熏一切世界。阿僧祇宝化事一”

如此逐一对十五块藏经纸背后经文进行梳理，除去第四块背后字迹不清未能识别，以及第五、十、十五块，因位于末排而裁剪过多，其余十一块与《华严经》对应关系如下（表一）：

表一　藏经纸经文与《华严经》对应关系

第一块	卷三十三
第二块	卷二
第三块	卷四十三
第六块	卷二十四

（续表）

第七块	卷五
第八块	卷十八
第九块	卷四十六
第十一块	卷七
第十二块	卷七
第十三块	卷六一三
第十四块	卷六

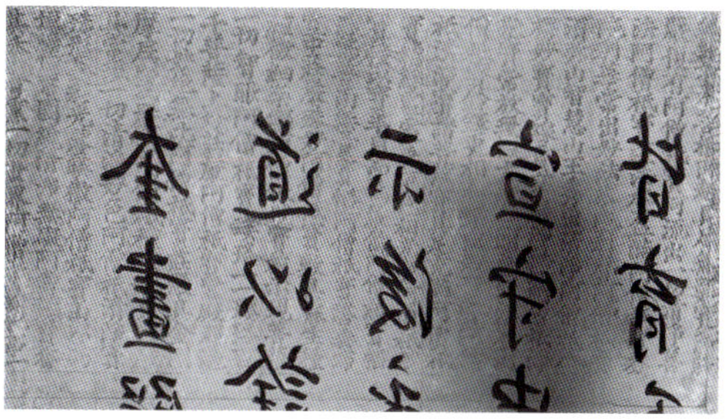
图5 第一块藏经纸文字内容

由上表可知，第十一块及第十二块共同对应《华严经》卷七，但经文并非连续，其余各块均分属于《华严经》不同章节。由此可见，乾隆帝御笔挂屏所用的藏经纸并非来源于整本经折的连续书页，而是各自分散的不连续部分，推测藏经纸在宫廷内亦不易得。关于宫廷内藏经纸的来源，《金粟笺说》跋中记载："乾隆中叶，海宇晏安，上留意文翰，凡以名纸进呈者，得蒙睿藻嘉赏，由是金粟笺之名著。"可见藏经纸宫廷内也为名贵稀有之物，进贡为宫廷内藏经纸的来源之一，乾隆帝曾因臣民进贡藏经纸而给予嘉奖。《清高宗纯皇帝宝录》记载，乾隆五十四年已酉十二月："呈缴考城县城工案内赔项，带来银四千两，并带有玉器、蟒袍、藏经纸等物。"[1]将藏经纸与银、玉器、蟒袍并列，共同作为赔偿物品，亦可见其价值之高。

四 藏经纸朱印

图6 印章

藏经纸上往往带有朱印，其中以印有"金粟山藏经纸"字样的藏经纸最为著名，类似的朱印还有"法喜大藏"，均为寺庙之朱印，前者为金粟寺，后者为浙江境内法喜寺。同时，由于藏经纸的稀有珍贵，常被私人藏家作为藏品收藏，并盖有藏家印章，如"书府藏用"。此外，乾隆皇帝尤其喜爱藏经纸，曾命人仿制，并印有"乾隆年仿制金粟山藏经纸"。该件乾隆御笔挂屏所用的藏经纸背后也有朱印，印有"倪仁禀"字样〔图6〕：

《金粟笺说》记载："钱唐梁太史藏宋经纸朱印倪仁禀，字较前所见略大，禀下一字是押。欧阳公所谓署书是也。"[2]该件文物朱印倪仁禀下也有一字未辨，根据记载，也应为押变的符号。每块藏经纸上均有"倪仁禀"朱印，位置均在居中的区域

1 《清高宗纯皇帝实录》卷一三四四，乾隆五十四年十二月上条，《清实录》第27册，中华书局影印，1986年，第1225页。

2 （清）张燕昌：《丛书集成初编·金粟笺说》，商务印刷馆，1939年，第12页。

范围，朱印有所倾斜，并不正直居中，有的甚至方向相反，常区别于私人藏家的印章平直规整。关于倪仁禀的印记，相关记载较少，有待后续进一步研究。

五 结 论

通过以上分析表明，在功用上，藏经纸专供抄印佛经之用，因颇得后世喜爱，常二次使用，该挂屏即书写于藏经纸背面，整体由十五块藏经纸拼合而成，其每块正面印有《华严经》经文并钤有“倪仁禀”朱印；在纸张品质上，藏经纸制造精良，经染黄涂蜡，表面莹润，书写效果尤佳，历久弥新；在藏经纸使用规制上，此挂屏由经折装改装而成，通过折叠痕迹，推测原经折宽度约为11.10cm，高度约为30cm。关于藏经纸的加工工艺及所用制造材料，将进一步分析研究，以期对藏经纸类文物的修复提供基础信息及材料支持。

[作者单位：故宫博物院文保科技部]

杏花饰靥梅寿长春
——一对剔红海棠式盆花卉盆景的保护修复与研究*

Study on the Conservation of A Pair of Miniature Floral Landscape with Carved Lacquer Pot in the Shape of Crabapple Blossom

张毅

Zhang Yi

内容提要：

故宫博物院珍宝馆二期改陈展览的文物中有一对剔红海棠式盆花卉盆景，其一为粉色杏花样式，另一为白色梅花样式，整体造型别致、风格淡雅清新。此对文物送修时呈现尘污严重、盆体和造景多处有伤缺、部分嵌件缺失掉落的情况。为恢复文物的完整性和美观性，经过修前分析、制订修复方案、保护修复操作、修后总结四个过程，使其恢复光彩。在此过程中，通过科学仪器无损检测了解到这对盆景的制作材料包含水晶、软玉、玻璃、滑石、方解石和象牙，盆景铺面使用玻璃碎片和蓝铜矿粉末，象牙表面附着的颜色为曙红，并遮罩虫胶漆。通过观察分析，盆景主要制作工艺包含传统的雕刻工艺和盆景制作工艺，其中枝叶栓系加固、矿物颜料混合加固的修复过程还原传统工艺，达到良好的修复效果。此次保护修复对深入研究盆景文物的材质及制作工艺、了解宫廷生活和宫廷文化、体会古人的艺术审美有着较为重要的意义。

关键词：

花卉盆景　无损检测　保护修复

ABSTRACT:

A pair of miniature floral landscape with carved lacquer pot in the shape of crabapple blossom are featured in the upgraded Treasure Gallery exhibition. One features pink almond blossoms and the other white plum blossoms. Their shapes are unique and style fresh and elegant. Before conservation, they were covered with dust, multiple damages on both pots and landscapes, while several components were missing. In order to restore the objects to its beautiful wholesomeness, through four phases including pre-conservation analysis, conservation planning, conservation, and post-conservation summary, the objects regained their brilliance. During the conservation process, unintrusive scientific inspection reveals that the materials consists of crystal, nephrite, glass, talc, calcite, and ivory, while the surface is covered with glass fragments and azurite powder, with eosin red covering the ivory surface then coated with shellac. The landscapes are crafted with traditional carving and miniature landscaping techniques. Original techniques were applied to fortify the branches and leaves, while mineral pigments were applied to reflect original craftsmanship, both working effectively. This conservation process plays a significant role in studying in depth the material and craftsmanship, learning about court life and culture, and sheding lights on the artistic aesthetics of our ancestors.

KEYWORDS:

miniature floral landscape, non-intrusive inspection, conservation

* 本文受故宫博物院研究课题“镶嵌文物中象牙构件染色工艺研究——以清代中期文物为例”项目资金支持。

一 文物概况

盆景属于生活器具类文物，精美华贵、具有良好装饰性。此对剔红海棠式花卉盆景源于清宫旧藏，原陈列于永和宫。盆景其一为杏花样式。杏花是古老的花木，是在春季最早开花的花类，有报春的美意，古人亦将杏花开花的二月成为杏月，故在中国传统中，杏花是十二花神中的二月花，取其谐音，有象征幸福美满的深意。这盆剔红海棠式盆玉石玻璃杏花盆景（下文简称"杏花盆景"）〔图1〕通高45.4cm，盆高10.1cm，盆呈秋海棠式，四垂云足，盆外髹朱漆，四开光内雕山水人物故事图，边缘雕团寿回纹，开光外雕缠莲纹及回纹锦地。盆上杏花一株，缀以玉质叶片，前有独立小花三枝、染石两块及染羽毛制小草两丛。

盆景其二为梅花样式，梅花在清代盆景中被广泛使用，有着"梅寿长春"的寓意，且梅花在中国文化里，一直是高尚圣洁的象征，是集所有美好寓意于一身的花朵。其有五朵花瓣，象征五福齐聚的吉祥喜庆气氛，且梅花盛开之后会迎来万物生长的春季，更是一种洋溢喜悦与生机，代表报喜传春的美好花卉。剔红海棠式盆玉石玻璃梅花盆景（下文简称"梅花盆景"）〔图2〕，通高48.5cm，盆高10.2cm，漆盆图样同前杏花盆景。盆上料石梅花一株，天竺一枝，料石叶染牙豆两组，线制松枝一株，茶花一枝，染石两块及羽毛制小草三丛。这对盆景整体风格清丽脱俗，风度娴雅，是工艺精致的典范。

本次修复是为故宫博物院珍宝馆二期改陈展览做准备，送修时盆景呈现尘污严重、盆体和造景多处有伤缺、部分嵌件缺失掉落的情况。为恢复文物的完整性和美观性，经过盆景材料和制作工艺分析之后，针对其修前伤况制订了相应的修复方案并实施保护修复操作，最终完成了有效干预使其恢复光彩。

图1 剔红海棠式盆玉石玻璃杏花盆景

图2 剔红海棠式盆玉石玻璃梅花盆景

二　盆景的材料检测与分析

剔红海棠式盆花卉盆景盆体为红色单色漆雕漆工艺，花卉、山石材料多样，文物材质的种类决定其保护修复的方法和工具选择，故而使用拉曼光谱仪、红外光谱仪及x射线荧光光谱仪检测这些无损分析方法来对文物的材质和颜料进行检测分析。本次检测所使用的仪器能对文物材料的元素构成、文物制作工艺及黏结剂的使用情况给出确定的结论，从而在此基础上制订出合适的修复方案，进行科学有效的修复。

宝玉石种属判定使用拉曼光谱检测的设备是美国Bwtek公司出品的Iramanplus型号，其激光波长为785nm，分辨率为3.5cm-1，扫描范围为200～3200cm-1。铺面碎石材质的判定以及铺面碎石中的蓝色颜料矿物物相使用RENISHAW invia系列拉曼光谱仪，测试条件为Olympus50倍放大镜头聚焦激光，激光波长532nm，激光能量5mW，曝光时间为1s，积分1次。对象牙表面红色颜料使用美国Bruker公司的TORNADO M4 型号的微区X射线荧光光谱仪做元素检测，采用Rh靶激发源，电压50kV，电流200μA，光斑大小20μm，测试时间120s。对红色颜料外表遮罩的材料使用美国Thermo Fisher iN10 Mx傅里叶显微红外光谱仪。MCT检测器，扫描范围4000～675cm-1，分辨率为4cm-1，扫描次数64次。所获得结果如下：

（一）宝玉石检测结果

本次拉曼光谱检测分析得出结论：这对盆景的无机质材料包含水晶、软玉、玻璃、滑石、方解石等，有机质材料有象牙。盆景中宝石的样品编号如图〔图3〕所示，宝石材质的拉曼光谱图如表（表一），杏花盆景中的花朵材质为水晶，叶片为软玉，花托为滑石，假山石为方解石；梅花盆景中的花叶为软玉，粉色花朵的材质为水晶，白色花朵材质除软玉外，还使用了玻璃材料。

图3　盆景宝石样品编号

表一　盆景的拉曼光谱结果

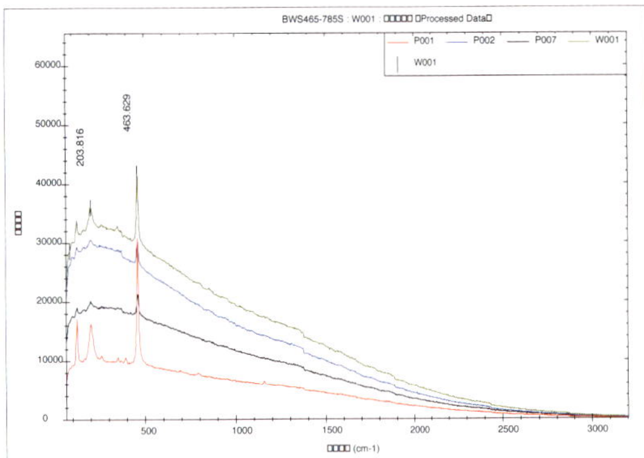 1 水晶	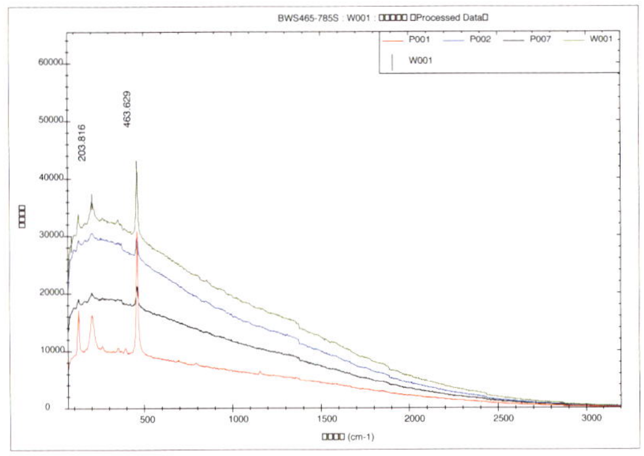 2 滑石
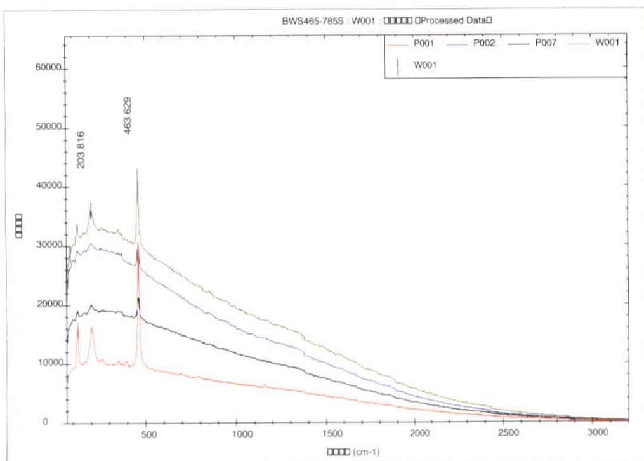 3 软玉	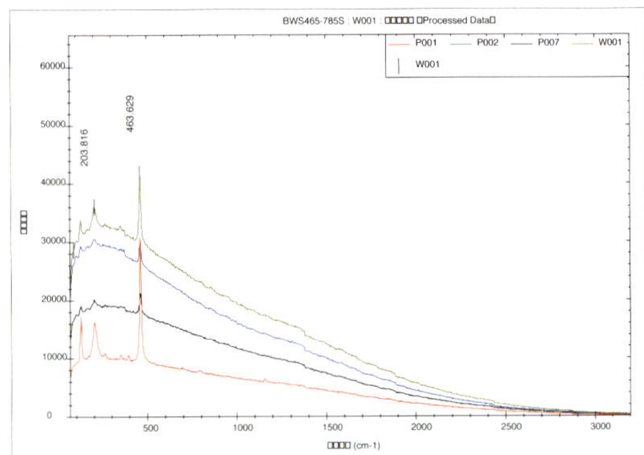 4 方解石
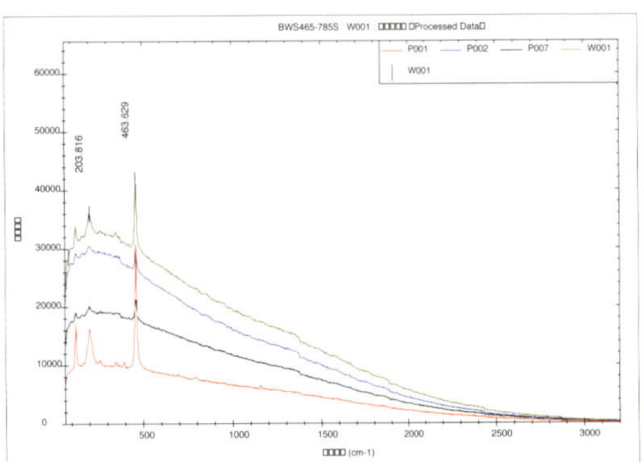 5 玻璃	

（二）颜料分析

这对盆景铺面碎石因黏结剂老化失效而松动剥落、其间的蓝色颜料斑驳缺失，如何给铺面加固和补色是本次修复的重点。检测结果如图所示〔图4、图5〕，通过数据库比对可知，色料为蓝铜矿，碎石为无色透明玻璃，放大观察可见蓝铜矿粉末在黏结剂的作用下分布于玻璃碴表面，因而，在修复中可使用蓝铜矿粉末混合黏结剂对铺面进行加固。

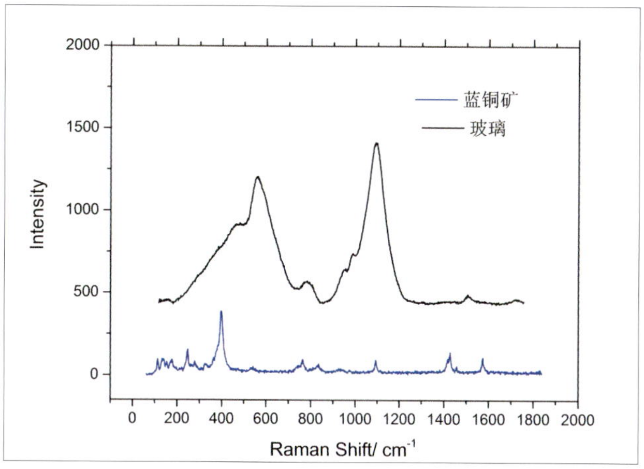

图4 玻璃碴与蓝铜矿的拉曼光谱图

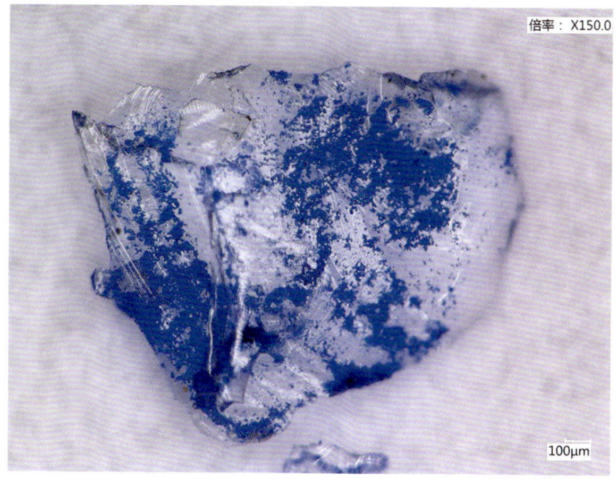

图5 玻璃碎碴的放大图片

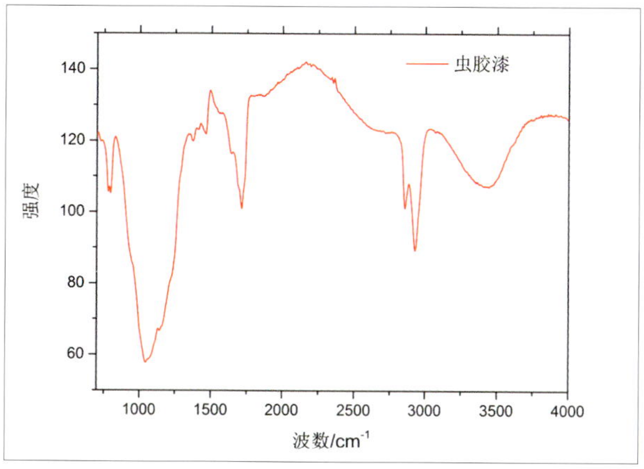

图6 虫胶漆红外光谱图

图7 盆景中的象牙珠

盆景中的天竺果是用象牙雕刻染色而成。象牙珠的颜料分析所使用的检测设备是激光拉曼光谱仪，红外光谱仪和x射线荧光光谱仪，红外结果显示材料表面涂有虫胶漆〔图6、图7〕，胎体材料为象牙，红色颜料与象牙紧密无颗粒感。红外光谱仪和拉曼光谱均未能检测出染料的种类，单元素测量显示含有溴元素，最可能对应曙红（四溴荧光素）。

根据宝玉石检测结果和颜料分析可知，盆景材料之中的滑石莫氏硬度为2，在修复过程中，要避免指甲或竹刀等工具的划伤；象牙属于有机物，需要稳定的温湿度环境进行保存，若遇水则湿度发生变化易造成裂隙，而象牙胎体外覆虫胶漆及红色颜料，虫胶漆溶于酒精，且在水的作用下存在剥落风险，所以在除尘清洁过程中不能使用水或者潮湿棉签擦拭，更不能使用酒精溶液；根据三维视频下对玻璃碴的观察，可清晰地看出蓝铜矿与玻璃碴的结合情况，在修复过程中要使用适当蓝铜矿粉末与黏结剂混合均匀进行铺陈。

三 花卉盆景的制作工艺分析

盆景器物包含着物尽其用的设计理念，使用珍贵材料的边角制作单体构件，再将单体构件组合成完整器物，“而并非在所有工艺制作领域都不计成本”[1]。在清宫所藏的盆景文物中有很大比例是花卉主题，这类主题的盆景以天然花卉植物为依托，通过雕琢各种珍稀宝玉石材料将盆景内容传神地展现，同时赋予了许多吉祥喜庆的寓意，各种寓意美好的花卉组成了纷繁多姿的花卉盆景艺术，展示出清代的皇家审美及工艺水平。

花卉盆景的制作往往分为造景、铺面和盆体三部分，造景内容是盆景文物的核心部分，常常以画入境，多样的材料组合成色调丰富的画面。其花叶一般采用玉器及料石雕刻工艺进行造型，花枝多使用金属丝外缠绕裱糊纸张或外缠绕丝线的形式，花蕊、叶片等则用金属丝拴结的方式与花枝固定。主要枝干相对较粗壮一般使用木制材料着色处理，为使其与盆底固定，其根部使用金属丝拴结再加入黏蜡胶固定。此对盆景枝叶繁茂，主体以梅花、杏花造景，树下衬以矿物质山石几处、软玉叶片芙蓉石花朵数枝、象牙天竺一簇以及若干染色羽毛小草等，构图匀称，错落有致，营造出一副生机盎然的景色。盆景的铺面部分采取了撒青工艺，将细碎的玻璃小块与矿物颜料混合均匀地铺于盆体表面，其中使用一定比例的胶黏剂固定。蓝铜矿与玻璃的混合使盆景整体熠熠生辉，与上部的枝繁叶茂交相辉映，增添了画面的灵动感。盆景的盆体为漆工艺制成，即使用木胎做地、裱布、刮灰、上漆的传统漆地做法，在盆体制作过程中，需要不断地刷涂朱漆达到一定的厚度，然后在一定厚度的漆面上进行雕刻图案。盆体上刻有人物小景、山石树木以及装饰花纹，整体刻画生动，惟妙惟肖。

这对盆景整体层次鲜明，上部色彩清丽，线条多变，花枝勾画富于动感，风姿绰约似因风而摆，景致优美典雅；下部盆体颜色较为热烈，构图由放转收，与上部相互映衬，色彩浓淡相宜，传递出别致的美感。

四 盆景的修复过程

因文物年代久远和保存环境的影响，这对盆景在修复前覆尘严重〔图8〕，出现部分嵌件脱落〔图9〕。此外，因胶黏剂老化导致加固构件失效，树枝干有开裂及松动现象〔图10〕，位于盆底表面的玻璃碎石也出现了大片松动的情况〔图11〕。在了解了文物伤况后，制订出针对性的文物修复方案，经专家组讨论研究后便开始了这对盆景的修复。

这对盆景包含多种材质，针对不同材质使用适合的除尘方法对文物进行清洁保护，以减少对文物的伤害。首先需要对文物进行整体的除尘，可使用软毛刷扫除文物表面的浮灰。因盆景各部分做工精巧，即使是整体除尘也需要十分小心谨慎，避免对其造成二次伤害，盆景底部有几簇狗尾草造型的染色羽毛，为避免掉色，使用干毛刷轻轻扫除浮灰即可〔图12〕，切勿过分用力。这对盆景中，玉质及玻璃材料是主要构成材料，玉质材料包括花朵及叶片，玻璃材料则多为假山石及盆地铺陈的碎石，也有些许叶片及花瓣为玻璃材质，在除尘方法上较为一致，针对这类较硬质材料除尘，在扫除浮灰之后使用潮棉签对其进行精细擦拭〔图13〕，去除表面的灰尘，恢复其剔透的外观。在这一步骤中，较为复杂的是盆地表面碎石的除尘。其中梅花盆景的碎石松动严重，受保存环境的影响，盆地碎石间胶黏剂老化失效，灰尘、颜料与胶黏剂混为泥状，清

1 刘岳：《参天覆地盈握间，碧玉琅玕纳一盆——清代宫廷中的工艺盆景》，《紫禁城》，2014年11期。

图8 剔红海棠式盆玉石玻璃梅花盆景修前照

图9 嵌件脱落

图10 树干开裂及松动

图11 大片碎石出现松动、散落

洁时遇水不仅会使原本胶黏剂失效，造成未开粘的碎石松动，还会带走碎石间的有色颜料，对修复效果造成不良影响。因而在专家组讨论过程中成为着重讨论的问题，最终讨论得出一致结果，即如若对盆地碎石进行彻底的清洁，需对其使用完全浸水清洁后与蓝铜矿粉末结合重新铺陈的办法。首先将现已松动的碎石小心挑拣，放置容器内使用纯净水对其进行彻底清洁〔图14〕；待玻璃碎石晾干，均匀铺陈蓝铜矿粉末和玻璃碎石；最后滴入调和适当比例的明胶进行加固〔图15〕，静置后再将未彻底固定的碎石进行最后加固。这样的修复在保证碎石清洁的前提下完成了对其加固的过程，确保碎石更加牢固，有利于长久的保存。而另外一盆盆景表面碎石脱落较少，仅在清洁碎石表面后使用滴管滴入适量明胶在松动碎石之间，静置直至黏结稳固。

在梅花盆景底部有一簇染色象牙珠，通过分析象牙珠表面颜料成分后，了解到染料与象牙之间使用虫胶漆连接紧密，表面染料极易脱色，在除尘修复过程中应避免使用水，故选用较小的干毛刷对其表面进行轻微扫除，扫除灰尘时确保染色不会脱落。这对盆景均为剔红海棠式漆器盆体，清洁时交由漆器镶嵌修护室的修

图12 清扫表面浮灰

图13 叶片及花瓣清洁

图14 清洁松动的碎石

图15 使用明胶加固铺陈均匀的碎石

图16 修复前开裂的树干

图17 修复加固后的树干

复师进行修复除尘，除尘方法为使用软毛刷、棉签轻轻扫除，难擦拭部位蘸取少量去离子水进行擦除。在各部分进行除尘处理后，盆景整体已经恢复了干净的外观，可进行下一步的修复操作。

这对盆景出现了不同程度的构件开裂及掉落现象，需要对其受损害的部分进行加固整形，以确保其展览效果的完整与美观。其中梅花盆景的树枝主干为木质，因保存环境影响出现了不同程度的开裂及损伤，需要使用黏蜡胶对其开裂及损伤部位进行修复加固。首先剔除残存的老化黏蜡胶块，清理完毕后，将黏蜡胶熬制成液体，将适量黏蜡胶加入开裂缝隙中充分填充，趁胶未干时，适度挤压将开裂部分黏合，以达到黏蜡胶与树干充分黏合的目的。待其固化后，将填充黏蜡胶塑成与树干一致的形状，对其进行最后的随色处理，使其与原状颜色相符，遂完成树干的加固修复〔图16、图17〕。梅花盆景下有一枝染色象牙材质的天竺，其中有一颗象牙珠脱黏掉落〔图18〕，需对其进行回黏加固。回黏前对接口处进行清洁，然后使用paraloid B72胶黏剂对掉落的牙珠进行回黏〔图19〕。

盆景整体修复完成后，对所修部分再次进行检查，查看黏结部分是否牢固，查询是否有遗漏的伤况。检查完毕后，再进行最后的清洁整理，便完成了这对花卉盆景的修复。修复后的盆景恢复了如新的外表，缺失开裂的部分得到了妥善的加固，整体恢复了原有的风姿。

在这对盆景的修复中，在除尘清洁的基础操作后针对铺面碎石松动脱落的情况总结并实践了两种加固方法。其一针对的是铺面碎石脱落较为严重的情况，随着胶黏剂的老化失效，造成铺面碎石较大面积的脱落，灰尘、颜料与胶黏剂混为泥状，这时需将松动碎石全部收集进行清洁后，使用明胶作为介质与蓝铜矿粉末融合重新铺陈的办法，这种方法可以对碎石进行较为彻底的清洁，整体铺陈后更为牢固，适用于损伤面积较大的伤况；其二是碎石脱落较少，铺面相对完整，只有些许掉落并且脱落块体较小的情况，这时仅轻拭表面灰尘，除尘操作完成后使用滴管滴入明胶在脱落碎石处，进行局部加固。两种加固方法对于文物的损伤程度进行了区分，对于文物中相同材料存在的不同程度的伤况做出了适合有效的修复，达到了良好的修复效果。〔图20〕

图18 脱落的象牙珠配件

五 结 语

本次关于花卉盆景的修复践行了科学有效、完整清晰的修复路线，经历了修前伤况分析、制订修复方案、保护修复操作和修后总结四个过程。

根据拉曼光谱无损检测分析得出结论：这对盆景的构成材料包含有机材料和无机材料两类，无机质材料包含水晶、软玉、玻璃、滑石、方解石等，有机质材料有象牙。盆景中的花朵及叶片主要为水晶及软玉，也有使用玻璃材料的情况，花托配件及假山石为滑石和方解石。盆景的铺面所使用的材料为玻璃碎片和蓝铜矿粉末，红色象牙珠的胎体材料为象牙，表面涂有虫胶漆，附着的颜色为曙红。

图19 回黏后的植物

根据表面装饰器物的分析，这对盆景的制作工艺包括传统的雕刻技艺、盆景制作工艺、花丝镶嵌工艺、金属工艺、漆雕工艺等五大类。其中枝叶栓系加固、矿物颜料混合加固过程还原了传统工艺，是本次修复中的重点步骤。其中矿物颜料混合加固过程根据文物伤况的具体情况区分出两种加固方法，达到了良好的修复效果。

图20 修复后的盆景

这对剔红海棠式盆玉石玻璃杏花盆景与剔红海棠式盆玉石玻璃梅花盆景风格清新，造型别致，是宫廷盆景艺术中的重要留存，体现了明清盆景艺术制作的高超技艺。修复和研究文物更多的是走近一段历史，感受一段文化的魅力，进而去积累更为丰富的审美观，通过这对花卉盆景的修复，笔者深深地体会到古代工匠对于制作工艺的巧思，并体会到宝玉石花卉盆景所蕴含的对美好生活的祈愿。在欣赏这对四季常青、枝繁叶茂的盆景文物时，人们也能感受到它们所传递出的祥瑞寓意和美好祝福。

本文宝玉石材料分析由故宫博物院罗涵完成，盆景铺面材料、颜料、染色方法分析由故宫博物院刘瀚文完成，剔红海棠式漆器盆体修复由故宫博物院王晓军、张彤完成，文物修复照片由故宫博物院韩童拍摄，在此谨致谢意。

[作者单位：故宫博物院文保科技部]

故宫文物建筑墙面性能提升研究

Research on the Wall Reinforcement of the Historic Buildings in the Forbidden City

叶武平　高甜　曹力强　梁瑞华

Ye Wuping　Gao Tian　Cao Liqiang　Liang Ruihua

内容提要：

继对故宫文物建筑墙面病害现状调研、材料检测分析、病害产生原因机理分析后，进行了故宫模拟墙体的性能监测和麻刀灰的性能提升研究，其中模拟墙体的性能监测包括不同部位温度、麻刀灰的黏结强度、大城砖的含水率等，麻刀灰的性能提升研究包括麻刀灰的强度、耐水强度、冻融强度、抗裂性能、泛碱性能等。研究结果表明，通过材料性能的提升和工艺的改善，大大提高了故宫墙面麻刀灰的力学强度、耐水、耐冻融、抗裂等性能，为墙面的保护和修复提高了成效。

关键词：

墙体监测　麻刀灰　性能提升　力学强度　耐久性

ABSTRACT:

After investigating the current situation of the wall diseases of the historic buildings in the Forbidden City, analyzing the materials and the causes and mechanisms of the diseases, simulated Forbidden City wall are monitored and studies carried out to improve the performance of hemp cut lime mortar. The performance monitoring of the simulated wall includes the temperature of different areas, the strength of hemp cut lime mortar, as well as the moisture content of city wall bricks (*dacheng zhuan*). Study on improving hemp cut lime mortar performance includes various aspects such as strength, water resistance, freeze-thaw durability, crack resistance, and salting out efficiency. The results show that the aforementioned qualities of the hemp cut lime mortar are greatly improved through the improvement of material properties and technology. Thus preservation and conservation of the city wall surface become more efficient.

KEYWORDS:

city wall monitoring, hemp cut lime mortar, performance improvement, mechanical strength, durability

一 概 述

故宫文物建筑的墙体，包括院墙和围墙，经常出现空鼓、开裂、泛碱、脱落等病害，很大程度上影响了墙体的美观，导致墙面经常需要修缮，这对故宫文物建筑的保护修缮是不利的。为了更好地提高故宫院墙和围墙墙面的修缮效果，延长修缮后的保持时间，减少修缮频次，对墙面的防护与修复进行了研究。

前期对病害的现状进行了调研，并且对病害产生的原因和机理进行了分析，本次试验在了解墙体病害的种类、面积、数量、分布，以及病害产生的原因及机理的基础上，主要做了两个方面的工作：（一）动态监测模拟试验墙体的性能变化，研究病害发生的动态过程，包括不同部位温度、麻刀灰的黏结强度、大城砖的含水率等；（二）对墙面主要材料麻刀灰进行了性能提升研究，包括麻刀灰的强度、耐水强度、冻融强度、抗裂性能、泛碱性能等，提升的科学技术方法包括：原材料处理、添加增强材料、工艺参数优化等。

二 故宫墙体的模拟监测试验

1.监测方案

在试验基地砌筑与故宫院墙的材料和工艺完全一致的两面墙体，这两面墙分别是东西朝向和南北朝向，这样能尽最大限度去模拟故宫院内各方向墙体的真实情况。两面墙的高为2m，宽为3m，厚度和故宫的院墙一样，砌筑所用的大城砖、麻刀灰、浆料等和故宫所用材料一致，并按照传统砌筑工艺进行砌筑和抹灰，保证材料和工艺一致。

在施工的过程中预埋温度应变片，之后进行相应的试验测试，主要包括墙体各个部位温度的监测，不同时间砖的表面强度、砖的含水率、裂缝空鼓等缺陷的监测等。温度监测点的布置示意如图〔图1〕所示，每一面墙设置15个温度监测点，温度监测设备采用温度巡检仪。

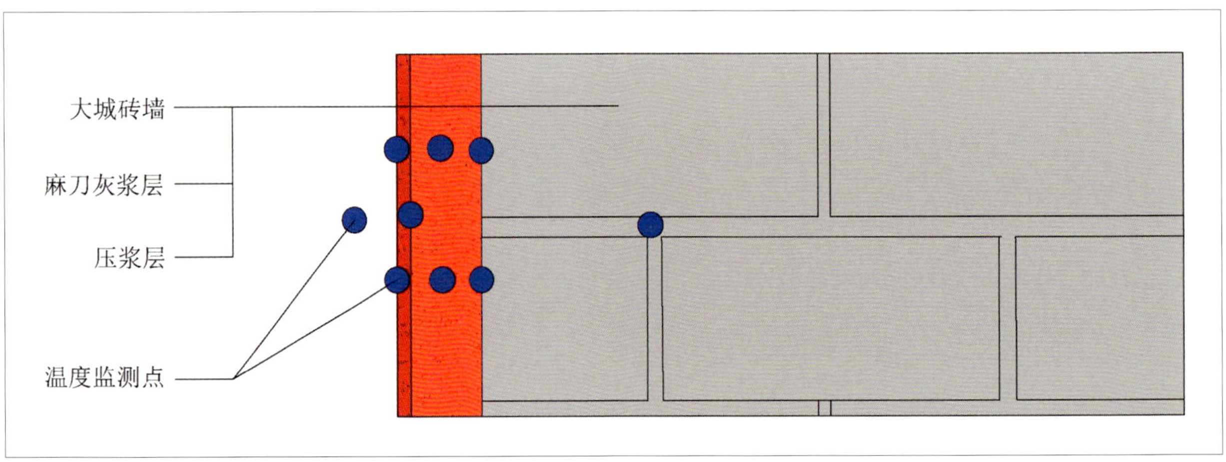

图1 模拟墙体不同部位处温度监测点布置示意图

图2 糙墙砌筑（大城砖+月白灰）

图3 预埋应变片

图4 钉麻揪（竹钉+麻揪）

图5 抹靠骨灰

图6 应变片全部预埋

图7 墙面轧光

2.模拟墙体砌筑及预埋应变片

图2—图7是模拟墙体的砌筑过程。

3.监测结果与分析

（1）模拟墙体大城砖含水率的监测结果分析

大城砖不同时间段的含水率监测结果见表一所示：

表一 大城砖不同时间段的含水率监测结果

部位	含水率/%							
	7d	14d	21d	28d	35d	42d	49d	56d
东面	12.54	15.07	14.94	12.13	11.40	13.30	16.44	19.17
西面	12.81	13.06	14.47	14.72	12.64	13.82	13.67	11.75

（续表）

部位	含水率/%							
	7d	14d	21d	28d	35d	42d	49d	56d
南面	14.92	12.86	13.53	13.02	11.89	13.68	18.24	21.44
北面	14.62	14.94	14.56	11.99	8.51	14.58	18.13	20.46

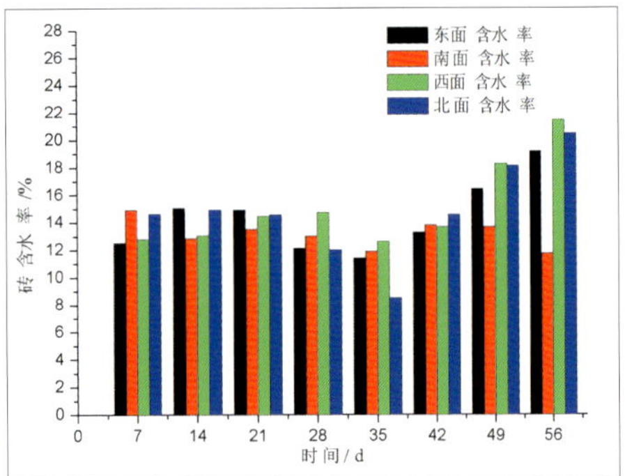

图8　大城砖含水率变化

由图8可知：①随着时间的变化，墙面砖的含水率是不断变化的，与天气的变化情况有较大关系，随着逐渐入冬，天气逐渐变冷的趋势，整体的含水率是逐渐增加的；②不同方位的墙面含水率相比，从各个龄期来看，西北方位的墙面含水率整体变化趋势要高于东南面，说明墙体中水分的蒸发速度和程度与受太阳光照射的范围和时间等因素是分不开的，背着阳面的墙的水分蒸发慢，含水率高，这对后期墙体发生病害提供了便利条件。

（2）大城砖强度的监测结果分析

大城砖的强度测试采用回弹仪进行测试，每周一次进行测试，检测结果如图9所示。

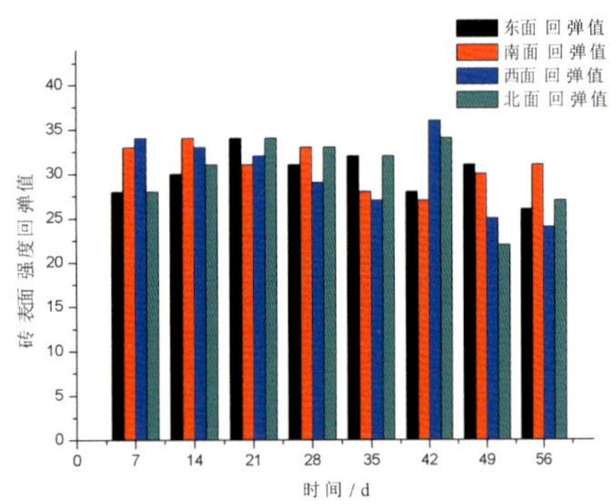

图9　大城砖强度变化测试

由图九可知：①随着时间的变化，砖的表面回弹值变化不是太大，到49天、56天时，强度降低，其主要原因是天气入冬，砖体中水分变大，表面强度降低，回弹值减小；②不同方位的砖表面回弹值进行比较可知，东面和南面的表面强度要高一些，其次是西面，平均强度最小是北面，这主要与墙面受太阳光照射面积大小以及时间有关。

（3）墙体砖表面强度和含水率之间的关系

将砖的表面强度和含水率进行对应分析，结果如图10—图13所示。

由图10—图13可知：大城砖的强度与含水率有密切关系，基本上呈现这样的规律：含水率增加，强度整体呈现下降趋势。

（4）墙体不同部位温度变化的监测结果分析

按照温度监测的方案，目前对墙体的麻刀灰表面、麻刀灰内部、砖墙表面、砖墙内、室外等部位的温度进行监测，从麻刀灰抹完后14d开始监测，每两个小时对温度数据进行采集，图14、图15是监测达42d的温度数据。

由图可知：①东西方向墙各部位的温度变化趋势与室外温度变化的趋势基本相同，同一时段出现温度的峰值和谷值；②从墙外、麻刀灰表面、麻刀灰内、砖表面，到砖内部发现：温度的变化越来越平缓，离外部环境越远，温度的变化越缓。为了防止麻刀灰和砖之间出现过大的收缩应力，麻刀灰要保证有一定的厚度；

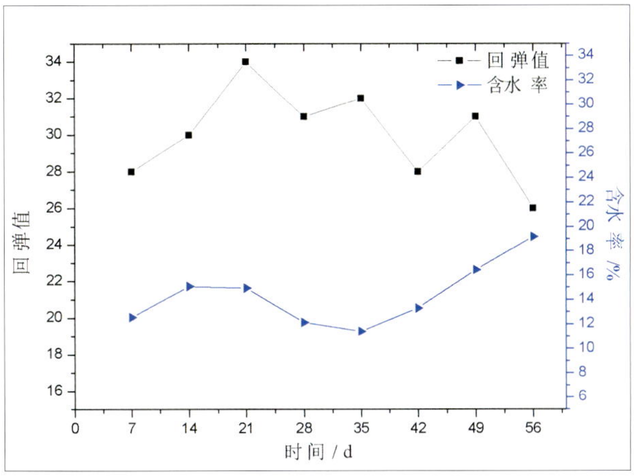

图10 东面墙的回弹值与含水率

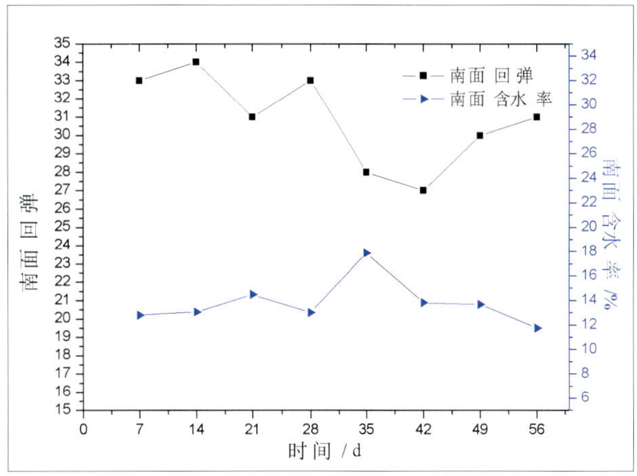

图11 南面墙的回弹值与含水率

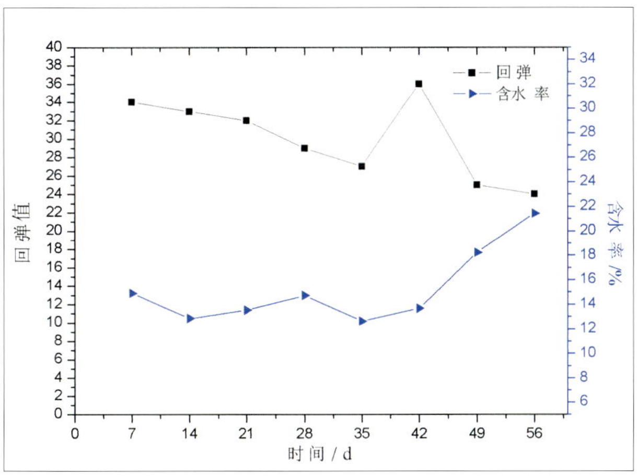

图12 西面墙的回弹值与含水率

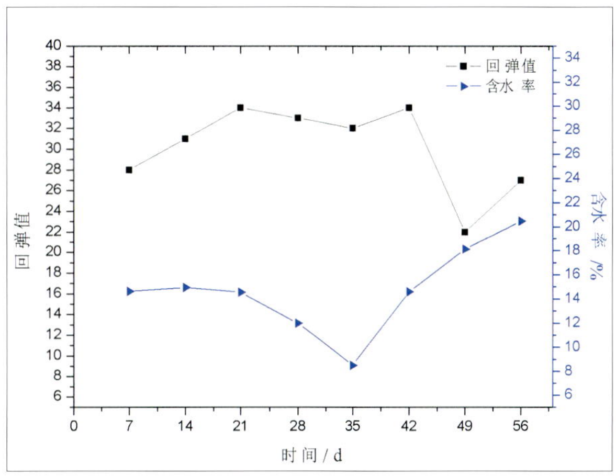

图13 北面墙的回弹值与含水率

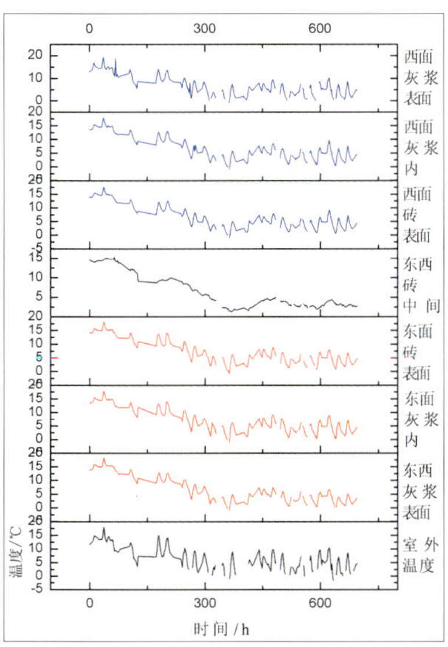

图14 东西方向墙不同部位处温度监测

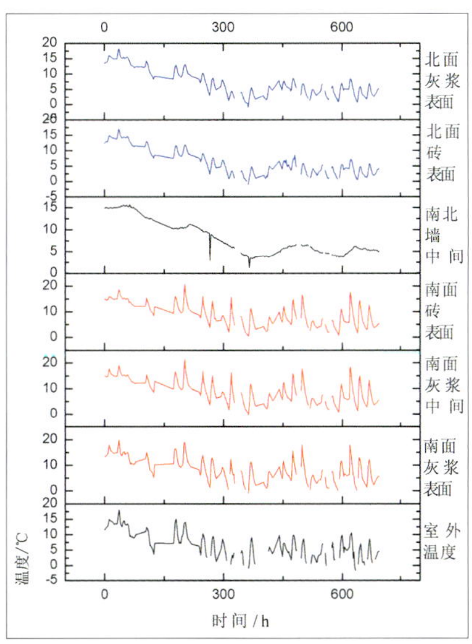

图15 南北方向墙不同部位处温度监测

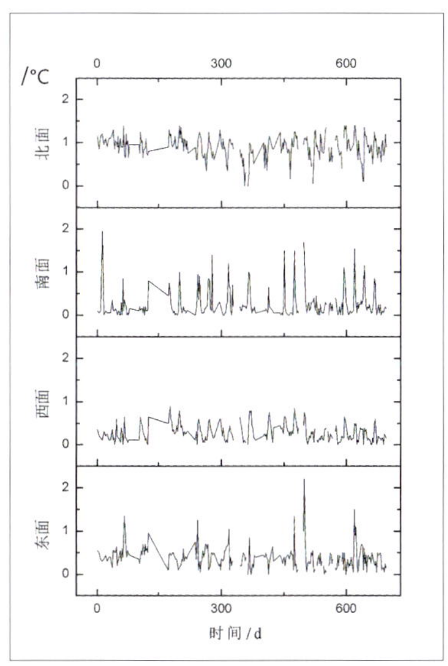

图16 不同方向墙体麻刀灰内部与砖墙表面的温度差

③南北方向墙各部位的温度变化趋势与室外温度变化的趋势基本相同，同一时段出现温度的峰值和谷值；④从墙外、麻刀灰表面、麻刀灰内、砖表面，到砖内部发现：离外部环境越远，温度的变化越缓。

为了分析不同方位麻刀灰内部与砖墙表面的温差，将温度差进行计算处理后绘制成图，如图16所示。

由图可知：东面的温差变化最大（大于2℃），其次是南面（2℃内），北面（1.5℃内），温差最小的是西面（1℃以内），温差变化越大，麻刀灰与砖墙之间的温度应力越大，界面越容易发生裂缝或脱落。

三　麻刀灰的性能提升试验研究

麻刀灰的性能提升研究主要包括两个方面，一是对麻刀灰主要原材料石灰进行处理研究，二是在麻刀灰中添加增强改性材料提升性能，改善原来麻刀灰的物理力学性能和耐久性能，弥补其性能不足。

1.石灰处理对麻刀灰性能提升研究

主要对石灰进行了物理筛分，然后分别进行了不同龄期的拉伸黏结强度试验（石灰灰浆与大城砖），试验过程如图17—图22所示：

图17
原石灰浆（初始）

图18
过筛后的石灰浆（初始）

图19
14d龄期拉拔试验（未过筛）

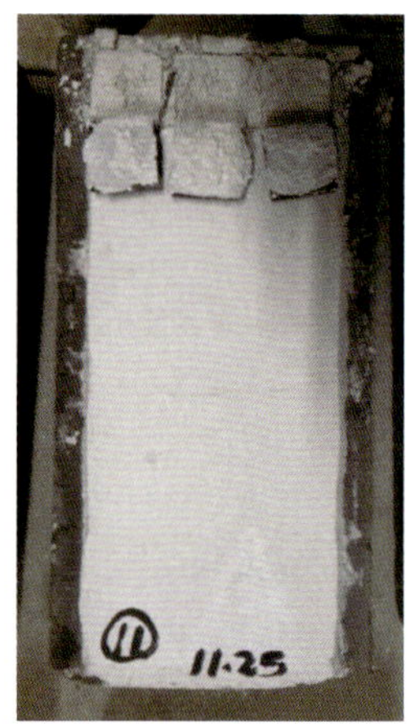

图20
14d龄期拉拔试验（过筛）

图21
28d龄期拉拔试验（未过筛）

图22
28d龄期拉拔试验（过筛）

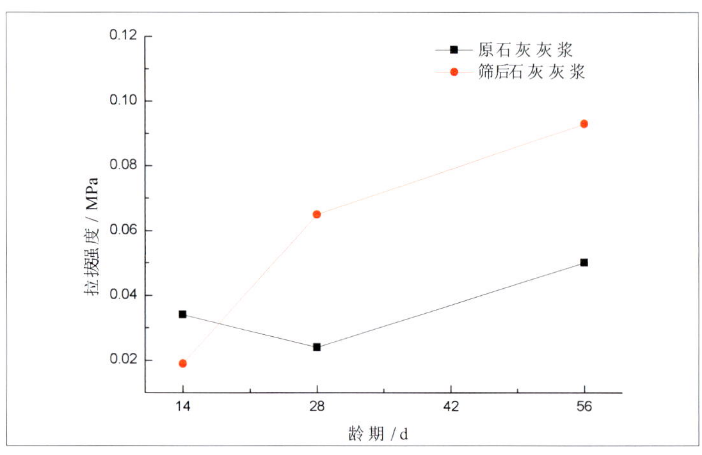

图23　石灰灰浆不同龄期拉拔强度

试验结果如图23所示。

由图23可知：筛后的石灰灰浆，其黏结强度随着龄期逐渐增加，28d的黏结强度是原来的2.7倍，56d的黏结强度是原来的1.9倍，可见，将一些过火石灰大颗粒碎渣筛掉之后，不仅施工起来和易性更好，更方便，而且硬化后的黏结强度也会增加，有利于减少病害出现的概率。

2.麻刀灰改性增强试验

改性剂增强材料试验方案如表二所示，改性剂主要是在配制好麻刀灰后加入，搅拌均匀后在大城砖上涂抹10mm厚，并成型50mm×50mm×50mm的试模，分别测试拉拔强度（14d、21d、28d）、抗压强度、耐水强度（28d），并观察是否有裂缝、空鼓、返碱等缺陷的产生。

表二 改性剂试验方案

<table>
<tr><td rowspan="2">改性剂种类</td><td colspan="4">方案类别</td></tr>
<tr><td colspan="3">单掺方案</td><td>复掺方案</td></tr>
<tr><td>增强材料改性掺量</td><td>0</td><td>3%</td><td>5%</td><td rowspan="6">(1)2号火山灰改性(10%)+增强材料改性(3%)；
(2)2号火山灰改性(10%)+保水剂改性(0.1%)</td></tr>
<tr><td>保水剂改性掺量</td><td>0</td><td>0.05%</td><td>0.1%</td></tr>
<tr><td>1号火山灰改性掺量</td><td>0</td><td>5%</td><td>10%</td></tr>
<tr><td>2号火山灰改性掺量</td><td>0</td><td>5%</td><td>10%</td></tr>
<tr><td>1号矿物土掺量</td><td>0</td><td>5%</td><td>10%</td></tr>
<tr><td>2号矿物土掺量</td><td>0</td><td>5%</td><td>10%</td></tr>
</table>

（1）拉伸黏结试验强度结果及分析

现场拉拔试验如图24、图25所示，试验结果如图26所示。

由图26分析可知：①火山灰能提高麻刀灰的黏结强度，对于1号火山灰，5%的掺量比较好，56d的黏结强度是原强度的1.74倍；对于2号火山灰，10%的掺量比较好，56d的黏结强度是原强度的2.09倍。②矿物土和火山灰效果差不多，也能提高麻刀灰的黏结强度，1号矿物土，5%的掺量比较好，56d的黏结强度是原强度的1.74倍；对于2号矿物土，10%的掺量比较好，56d的黏结强度是原强度的1.74倍。③增强材料的效果明显，3%掺量下，56d的黏结强度是原强度的4.78倍；5%掺量下，56d的黏结强度是原强度的3.02倍。④保水剂也能提

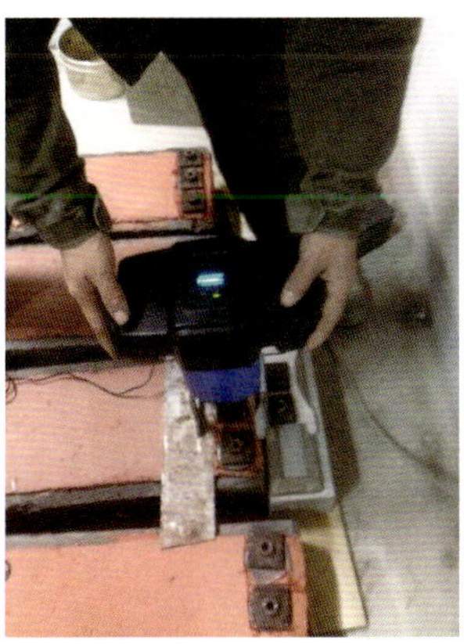

图24 拉拔试验

图25 自动拉拔试验机

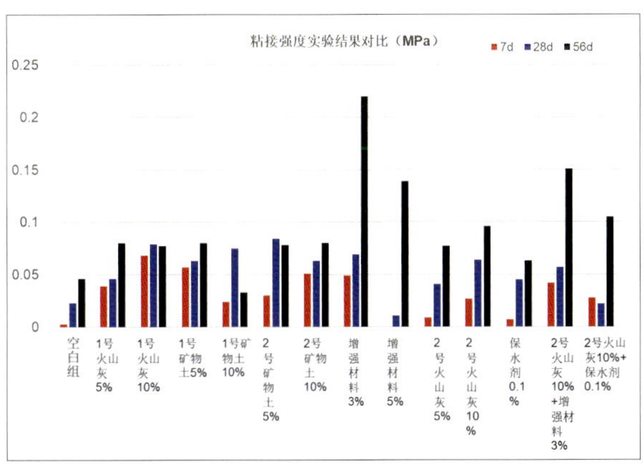

图26 黏结强度试验结果对比图（7d～56d）

高麻刀灰的黏结强度，但效果稍微差一些，0.1%掺量下，56d的黏结强度是原强度的1.37倍。

（2）抗压强度试验结果及分析

麻刀灰的抗压强度试验结果如下表三所示。

表三　抗压强度试验结果

编号	抗压破坏力/kN			面积/ mm^2	抗压强度/MPa	备注	抗压强度对比说明
	1	2	3				
1	3.11	3.04	3.12	50×50	3.71	空白组	—
2	2.41	2.80	2.68	50×50	3.16	1号火山灰改性(5%)	原强度的0.85
3	3.57	3.42	3.32	50×50	4.12	1号火山灰改性(10%)	原强度的1.11
4	3.43	3.20	3.32	50×50	3.98	1号矿物土改性(5%)	原强度的1.07
5	3.41	3.35	3.24	50×50	4.00	1号矿物土改性(10%)	原强度的1.08
6	3.48	3.16	3.54	50×50	4.07	2号矿物土改性(5%)	原强度的1.10
7	3.36	3.60	3.00	50×50	3.98	2号矿物土改性(10%)	原强度的1.07
8	6.20	5.89	6.90	50×50	7.60	增强材料改性(3%)	原强度的2.05
9	6.32	6.71	6.3	50×50	7.73	增强材料改性(5%)	原强度的2.08

从试验结果可知：麻刀灰养护28d后进行抗压强度试验，和原强度相比，除2号以外，麻刀灰自身的抗压强度均有所提高，提高倍数为1.07～2.08倍，自身强度的提高有利于增强抵抗外界侵害的能力。

（3）耐水强度试验结果及分析

根据前期黏结强度和抗压强度的试验结果，选取较好的试验配比，进行耐水强度对比试验，将试件在水中浸泡96个小时，测试黏结强度。试验结果如表四所示。

表四　耐水黏结强度试验结果

编号	配合比	泡水前黏结强度/MPa	泡水后黏结强度/MPa	耐水强度对比说明
1	对比组	0.046	0.024	—
4	1号矿物土改性(5%)	0.080	0.032	是原强度的1.33倍
7	2号矿物土改性(10%)	0.080	0.079	是原强度的3.29倍
8	增强材料改性(3%)	0.220	0.105	是原强度的4.38倍
16	2号火山灰(10%)+增强材料改性(3%)	0.151	0.091	是原强度的3.79倍

试验现场图片如图27所示。

由试验结果可知：本次改性试验能够提高麻刀灰层与砖墙面之间的黏结强度，泡水96天后，掺加改性剂后的配比的黏结强度均得到较大提高，是原来麻刀灰耐水强度的1.33～4.38倍，效果明显。

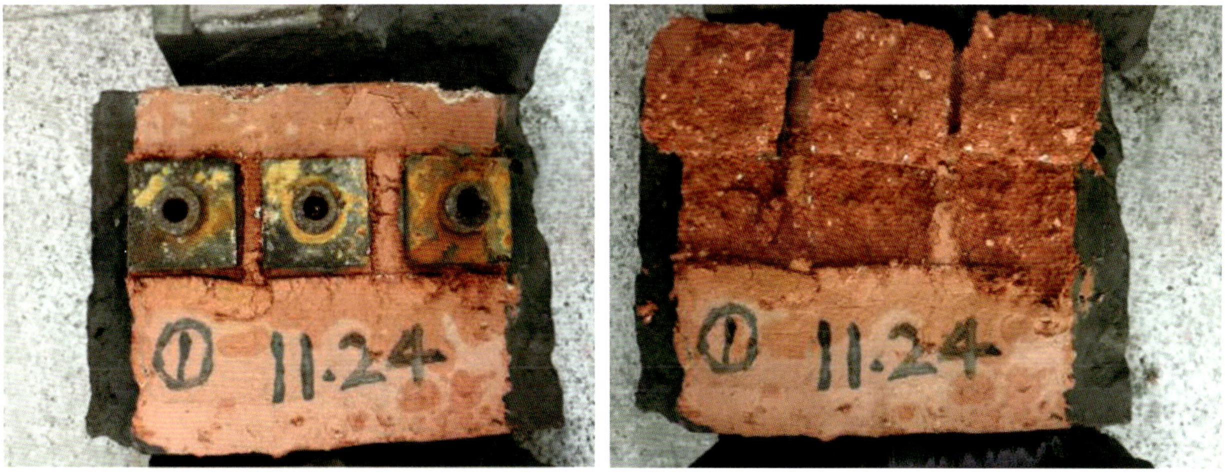

图27　泡水后拉伸黏结强度试验前（左）、试验后（右）

（4）返碱裂化情况检测

裂化情况监测结果如表五所示。

表五　返碱裂化现象监测结果

编号	材料说明	观察（22d）
1	空白组	轻微返碱
2	1号火山灰改性(5%)	轻微返碱
3	1号火山灰改性(10%)	—
4	1号矿物土改性(5%)	—
5	1号矿物土改性(10%)	返碱稍严重
6	2号矿物土改性(5%)	—
7	2号矿物土改性(10%)	红色光泽度降低，颜色变暗，有白点
8	增强材料改性(3%)	—
9	增强材料改性(5%)	—
10	原白灰麻刀灰	—
11	筛后的白灰麻刀灰	—
12	筛后的白灰麻刀灰+保水剂(0.1%)	抹完一周后开裂
13	2号火山灰改性(5%)	白点多返碱较严重
14	2号火山灰改性(10%)	白点多返碱较严重
15	保水剂改性(0.1%)	白点多
16	2号火山灰(10%)+增强材料改性(3%)	少量白点
17	2号火山灰(10%)+保水剂改性(0.1%)	几个白点

3.不同含水率对麻刀灰与砖墙之间拉拔强度的影响

现将大城砖烘干至恒重，五面用蜡封闭，留一面出来进行吸水试验（吸水试验方案见表六所示），测试不同含水率下砖和麻刀灰之间的拉拔强度的影响关系。

表六　试验方案

编号	初始质量/g	吸水后质量/g	含水率/%
a	5321	5587	5.0
b	5768	6344	10.0
c	4703	5343	13.6
d	5281	6242	18.2

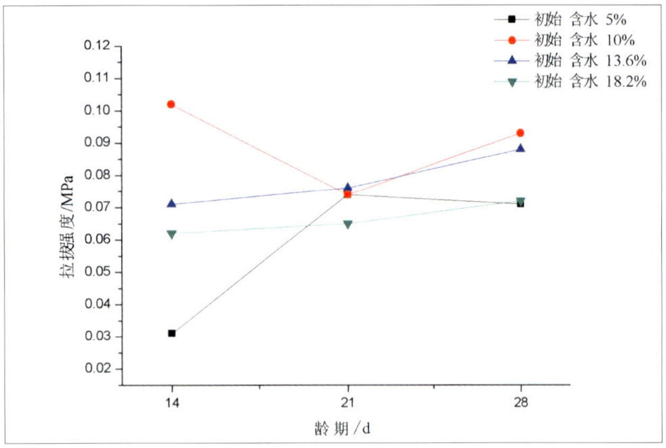

图28　不同初始含水率对黏结强度的影响

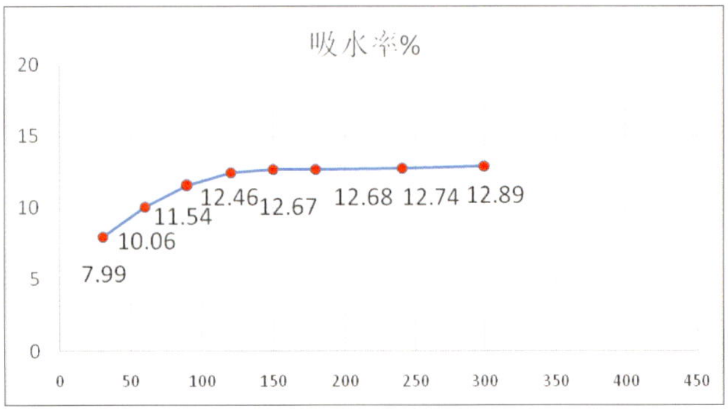

图29　连续淋水状态下吸水率随时间的变化

将14d、21d、28d的不同含水率下的拉伸黏结强度结果进行绘图，如图28所示。

由图28可知：抹麻刀灰之前砖墙的初始含水率不同，对麻刀灰与砖墙之间的黏结强度有影响，在四个不同初始含水率下，5%和18.2%两个含水率在三个不同龄期的黏结强度要低于10%和13.6%这两个初始含水率的黏结强度，强度较好的是砖体含水10%的情况，含水太少或含水太多均对界面的黏结强度有不利影响。

4.大城砖在浇水方式下吸水率的变化规律

为了确定实际修复墙体过程中，在麻刀灰上墙之前砖墙需要浇淋多长时间水，才能达到最佳的黏结性能，试验了在连续淋水的情况下古建大城砖的含水率随时间的变化规律。试验结果如图29所示。

由图29可知：在连续用水浇墙面的情况下，随着时间的延长，吸水率逐渐增加，在2小时前增长变化速率较大，2小时后变化速率变化不大，修复抹麻刀灰前，连续浇水1.5h～2h，效果比较好。

四　结　论

1.通过故宫模拟墙体的实时监测可以得到以下结论：

（1）西北方位的墙面含水率整体上要高于东南面，这主要是因为墙体中水分的蒸发速度和程度与受太阳光照射的范围和时间等因素密切相关，阴面的墙水分蒸发慢，含水率高，大城砖强度下降，这为后期墙体发生冻融破坏提供了便利条件；

（2）东面和南面的大城砖表面强度要高一些，其次是西面，北面平均强度最小，这主要与墙面的受太阳光照射面的大小以及时间有关；

（3）为了防止麻刀灰和砖之间出现过大的温度收缩应力，麻刀灰要保证有一定的厚度才能比较好的抵抗收缩裂缝；

（4）东面的温差变化最大（大于2℃），其次是南面（2℃内），北面（1.5℃内），温差最小的是西面（1℃以内），温差变化越大，麻刀灰与砖墙之间的温度应力越大，界面越容易发生裂缝，导致后期渗水脱落，因此需要提升麻刀灰的物理力学性能，抵抗环境变化产生的破坏。

2.通过麻刀灰的性能提升试验研究，主要得到以下结论：

（1）配制麻刀灰对石灰原材料进行物理过筛处理，至少过2.36mm的筛，去掉颗粒较大和硬度较大的过火石灰和欠火石灰；

（2）墙体抹灰开始前，应对墙面进行喷淋水，时间控制在1.5h～2h，最佳含水率状态为10%～13.6%；

（3）能够提高麻刀灰的黏结强度、耐水性能、耐冻融性能的材料有天然火山灰、矿物土、增强材料等，但需要一定的配比关系，性能提升比较好的配比包括：

①保水剂0.1%+增强材料3%；

②2号火山灰10%＋增强材料3%；

③增强材料3%；

④1号火山灰改性（5%）；

⑤1号矿物土改性（5%）；

⑥2号矿物土改性（10%）。

通过对古建筑墙面主要材料麻刀灰的性能提升研究，有利于大大提高文物墙体的保护修复成效，更好地保护好建筑文物。

[作者单位：中国建筑科学研究院建筑材料研究所、故宫博物院修缮技艺部]

地下文物库房建筑防火特性分析与研究现状

The Analysis and Research Status of Fire Prevention Characteristics of Underground Cultural Relics Storehouses

王远

Wang Yuan

内容提要：

本文首先分析了地下文物库房的建筑防火特性，以某地下文物库房建筑防火为例总结出防火难点，并分别从安全管理、近些年防火设计案例中关于防火难点的解决方案、消防设施系统及文物保护措施的影响四个方面分析了地下文物库房建筑防火的研究现状，最后对处理好建筑防火和文物保护措施关系进行了探讨。

关键词：

文物库房　建筑防火　特性分析　研究现状

ABSTRACT:

This article first analyzes the fireproof quality of underground collection storage. Through a case study of one storage space's fireproofing status, the article summarizes the challenges, and analyzes current research on fireproofing for underground collection storage from four aspects: security management, proposed solution to aforementioned challenges in recent fireproof planning cases, systematic fireproofing infrastructure, and the impact of collection preservation measures. Finally, the potential measures to balance between fireproofing requirements and collection preservation is explored.

KEYWORDS:

collection storage, architecture fireproofing, characteristic analysis, current research

近年来，随着文化事业的不断发展，文化交流日趋频繁，博物馆是典藏、陈列和研究文化遗产的场所，也是文化传播的窗口，在文化交流与展示中起到越来越重要的作用。一座完善的博物馆一般包括展示、修复及文物储藏等功能，文物库房作为博物馆的重要部位，存储着博物馆的大量文物，是博物馆的“心脏”，随着广泛交流等，储藏文物的增多，文物库房的火灾安全性成为保护文物必须要重视的问题。

一些博物馆和文物类建筑年久失修，存在着安全隐患，火灾事故频发[1]。2003年7月，阿根廷自然科学博物馆因燃放爆竹点燃木质楼顶，导致上万件标本等被烧毁；2018年9月，具有200年历史的巴西博物馆发生火灾，损失了2000万件文物；2019年4月，具有800年历史的法国巴黎圣母院遭遇火灾，损失文物无法估量。这些惨痛教训不断地警醒着人们，博物馆一旦着火，必然造成巨大的损失，而文物库房作为集中存储文物的场所，防火更是重中之重。

一　地下文物库房防火特性分析

随着文物事业的发展，从20世纪80年代开始，全国博物馆等陆续建设地下文物库房，与地上文物库房相比，地下文物库房建筑特性具有环境稳定、恒温、恒湿、防盗、防紫外线、抗震节能等优点，储藏文物的条件明显改善。因此，多数博物馆的文物库房往往设于地下，但是地下建筑往往给防火带来了诸多难点。

建筑防火可以分为被动防火和主动防火，被动防火主要是建筑本身的作用，如结构耐火、火灾荷载、防火分隔等，主动防火主要依靠灭火系统及消防救援的作用，其建筑特性决定了火灾特点和风险。下面主要从火灾荷载、防火分隔、人员疏散、灭火系统等方面分析地下文物库房的建筑防火特性，并归纳出存在的防火问题。

（一）火灾荷载分析

火灾荷载是可燃物燃烧的热量值，火灾荷载的大小反映了火灾危险性的大小。在文物库房中，主要储藏着不同种类的文物，有铜器、金银器、玉石、陶瓷、家具、织绣、雕刻工艺品、文具、古籍文献等物品。

文物按照材质不同可以分为金属、纸质、木材等，不同材质对应不同的火灾危险性，如下表所示[2]。（表一）

表一　地下文物库房火灾危险性分析

文物藏品类别	火灾危险性	备注
织绣、雕刻工艺品、文具、古籍文献等；文物囊匣	丙类(可燃)	按照建筑设计防火规范3.1.4条，同一座仓库或仓库的同一防火分区内存储不同火灾危险性物品时，仓库或防火分区的火灾危险性应按火灾危险性最大的物品确定。
铜器、金银器、玉石、陶瓷、钟表仪器、武器等	丁、戊类(不燃或难燃)	按照建筑设计防火规范3.1.5条，丁、戊类储存物品仓库的火灾危险性，当可燃包装重量大于物品本身重量1/4或可燃包装体积大于物品本身体积的1/2时，应按丙类确定。

1　刘涛：《博览建筑消防性能化研究》，西华大学硕士学位论文，2010年，第7页。

2　中华人民共和国公安部：《建筑设计防火规范》，中国计划出版社，2014年，第14页。

参照《建筑设计防火规范》，对库房的火灾危险性统计分析，根据各库房内存放文物材质的不同，火灾危险性主要是丙、丁、戊类。文物装入囊匣后，火灾荷载相应地增大，火灾危险性可视为丙类。

大量实验表明，在实际火灾的初期和增长期，热释放速率随时间的推移不断增长，大多数常见可燃物着火时，热释放速率增长遵循时间的平方规律，所以又称为时间平方火，Q=αt2。时间平方火特征如下表所示。（表二）

表二　时间平方火的特征

增长类型	火灾增长系数(α/Kw/s2)	达到1MW的时间(t/s)	典型可燃材料
超快速火	0.1876	75	油池火、易燃的家具、窗帘
快速火	0.0469	150	装满东西的邮袋、塑料泡沫、叠放的木架
中速火	0.0117	300	棉与聚酯纤维床垫、木制办公桌椅
慢速火	0.0029	600	厚重的木制品

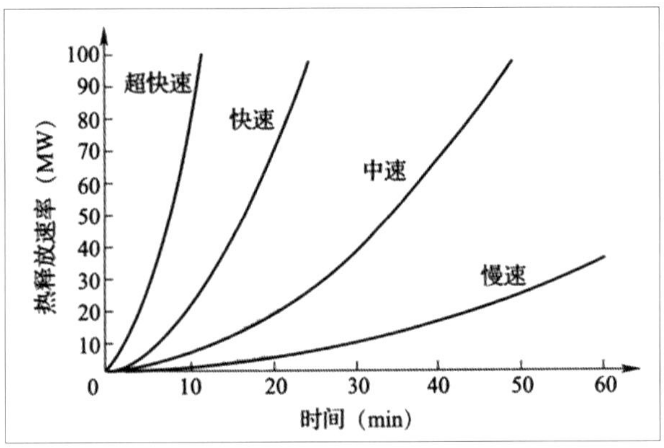

图1　火灾增长曲线对比

通常汽油等易燃液体的火灾表现为超快速火，一般商场发生的火灾为快速火，办公室火灾可用中速火或快速火表征。文物库房内储存的文物类型较多，包括青铜器、陶器、雕塑、书画、档案及织物等各样性质的物品，库房内的火灾规模可参照商场建筑的火灾规模，为快速火模型。〔图1〕

可燃物在点燃后热释放速率将不断增加，热释放速率增加的快慢与可燃物的性质、数量、摆放方式、通风条件等有关。

（二）防火分隔分析

根据《建筑设计防火规范》要求，地下建筑的防火分区面积如下表。（表三）

表三　防火分区最大允许建筑面积

藏品火灾危险性类别	每个防火分区面积			备注
	丙	丁	戊	
地下、半地下建筑(室)	$500m^2$	$1000m^2$	$1000m^2$	设有自动灭火系统的防火分区，面积按表中增加1倍，局部设置时，可增加局部面积的1倍

根据《博物馆建筑设计规范》要求，藏品库区的防火分区面积[1]，单层建筑不得大于1500㎡，多层建筑不得大于1000㎡，同一防火分区内的隔间面积不得大于500㎡。

1　中华人民共和国住房和城乡建设部：《博物馆建筑设计规范》，中国建筑工业出版社，2015年，第34页。

然而，地下文物库房由于结构和使用功能的限制，出于安全管理和文物运输的需要，部分防火分区建筑面积超过了规范的相关规定，因此，给防火带来了难点。

为了将火灾控制在较小的空间内，将藏品库房中每间库房作为一个独立的防火单元进行防火分隔，即用耐火极限不低于2.0h的不燃烧体防火隔墙和1.5h的不燃烧体楼板与其他空间进行防火分隔，在隔墙上开设门窗时，采用甲级防火门窗。每个防火单元面积不应大于300㎡。

（三）安全疏散分析

1.疏散出口和距离

根据《建筑设计防火规范》3.8.2要求，每座仓库的安全出口不少于2个，仓库内每个防火分区通向疏散走道、楼梯或室外的出口不少于2个。

对于地下文物库房，由于建设功能和文物保护的需要，安防级别高，人员进出管理制度严格，一般出入口设置较隐蔽，出入口数量较少，库区内设置直通室外的出入口数量及位置受到限制。地库内楼梯间不能直通室外，人员只能由地下一层的疏散通道进一步疏散至室外。疏散距离较长，给安全疏散带来了较大的风险，增大了消防救援难度。

2.疏散人员数量

地下文物库房主要以储藏文物为主，一般情况下，只有少量业务人员进出，而且停留时间较短，对路径较熟悉，是疏散的有利条件。以故宫博物院为例，根据地下文物库房管理部门一年的统计样本，整个库区人流量峰值为43人。每个库房内作业人数为2～3人，人员在库房内停留时间平均约1h，最长不超过2h[1]。进行数据分析发现，地库中人员数量少，且停留时间较短。人员均对库区环境及疏散路径熟悉，发生火灾后疏散速度较快。〔图2〕

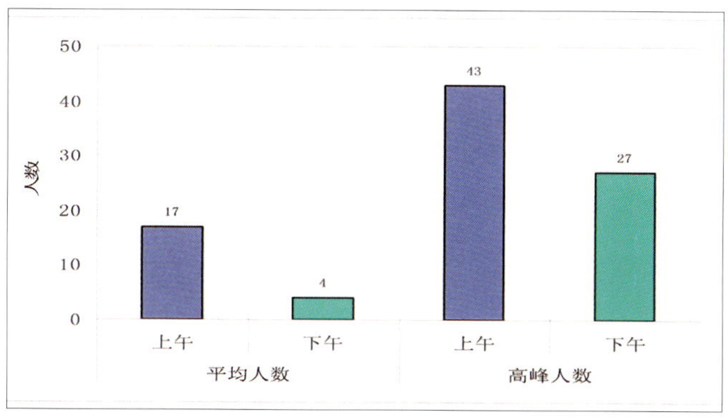

图2 故宫博物院地下文物库房平均人员数量及高峰时人员数量

（四）灭火系统分析

文物库房存储着大量的书画等纸质类藏品，为防止水对文物带来损害，一般不设置水灭火系统，主要以气体灭火系统为主，同时设置其他自动报警系统等。

在气体灭火系统中，每个库房作为一个独立的防护区，灭火时以气体状态喷射作为灭火介质。气体在防护区空间内形成一定的浓度，并至少能保持该灭火浓度达到规范规定的浸渍时间，实现扑灭该防护区的空间

1 穆克山：《故宫地下文物库房特殊消防设计策略研究》，《建筑科技》，2017年第23期。

或立体火灾。

根据以上对地下文物库房建筑防火特性的分析，按照是否有利于防火，可分为有利条件和不利条件：火灾荷载小、人员少是有利条件，防火分区大、疏散距离远、灭火系统单一、消防救援难度大是不利条件，这些不利条件往往超出了规范的规定，也是地下文物库房的防火难点。

二 地下文物库房防火研究现状

近年来，随着文物事业和防火技术的发展，社会各界对文物防火越来越重视，面对地下文物库房存在的防火难点，我国对于地下文物库房的消防设计目前并未形成针对性的规范体系，可参照的设计标准少。

目前，国内相关机构已有多个设计实践研究，主要研究机构有中国建筑科学研究院建筑防火研究所、中国科学院公共安全技术研究中心等科研院所，各地消防救援机构及部分大学院校的重点实验室等。在设计实践案例中主要是采取性能化设计与评估的方法，应用计算机软件模拟火灾发展或进行现场冷烟气实验等，分析火灾危险性，提出安全措施，并进行专家论证，从而有效地解决防火难题。

本节从安全管理、设计实践案例、消防设施系统及文物保护措施四个方面分析地下文物库房防火研究现状。

（一）安全管理方面

对于地下文物库房的防火研究，早期大多数研究是从管理层面进行。由于地下文物库房使用功能的特殊性以及安全防范管理的要求，防火的重点为火灾隐患的消除、制定严格的防火管理制度等。云南昭阳博物馆李文奇从火灾隐患和预防的角度阐述文物库房防火的重要性，并强调管理措施的跟进[1]；西安市消防支队杜梅通过对馆藏文物的火灾危险性进行分析，提出了火灾预防措施及对策等[2]。

（二）防火设计实践研究

通过文献资料收集，主要对近年来文物库房防火设计实践研究案例进行梳理，并得出常用的解决方法。

在中国国家博物馆文物库房设计中[3]，文物库房通过环形走廊与其他功能房间相联系，库区有藏品60余万件，大量珍贵文物，由于特殊的功能性质，存在着防火分区规模大、没有消防疏散口、库区距出口疏散距离远等消防问题，采取了消防性能化防火设计及专家论证审查的方法，提出消防措施，减少对文物的影响。

故宫博物院地下文物库房共地下3层，一期建成于1991年，二期建成于1997年，总建筑面积约2万平方米，存储文物近百万件，一、二期地库地下一层的局部区域连通。在消防设计中存在着部分防火分区大、疏

1 李文奇：《文物库房火灾隐患及预防措施》，《理论研究》，2013 年第 2 期。

2 杜梅：《浅析博物馆火灾危险性及其对策》，《安防科技》，2007 年第 2 期。

3 王晓荣：《中国国家博物馆文物库房建筑设计》，《城市建设理论研究》，2011 年第 21 期。

散出口少、疏散距离远的问题，采用了特殊消防设计及专家论证审查的方法[1]，在分析了人员特性、火灾危险性等之后，提出避难走道、防火单元等措施[2]，针对性地解决存在的问题，使火灾风险大幅降低。

北京某博物馆通过性能化防火设计方法，从人员安全疏散角度分析得出疏散所用时间小于危险来临时间[3]，从而保证消防安全。

江西省自然科学博物馆建筑大厅存在防火分区面积过大、部分疏散楼梯不能直通室外、疏散距离过长达不到要求等消防难点，通过性能化设计提出防火隔离通道、准安全通道等防火策略，实现了该项目的消防安全目标[4]。

南京市博物馆文物库房（朝天宫库区），建于1936年，地下一、二层，建筑面积3900平方米，存储文物40余万件，设置了消防、安防措施。

贵州省博物馆新馆由于文物库房安防和文物安全管理的需要，减少对外出口，将地下一、二层文物库房均划分为一个防火分区，面积分别为3005.9平方米和2689.6平方米，超出了规范规定。通过性能化防火设计，验算方案可行，主要采取库房隔间类似防火单元的设计以及库间设置安全疏散走道的方法解决难题[5]。

在天津文化中心博物馆防火设计难点分析中，根据使用需求和防火难点，采用数值计算模拟的方法进行了安全疏散分析[6]。

某地下文物库准安全区设置分析中，通过模拟分析，提出将疏散走道作为准安全区解决人员疏散时间长的问题是可行的[7]。

某博物馆消防性能化设计中，采用防火单元和走道“准安全区”的设计概念解决了地下文物库防火分区过大难题，通过模拟分析验证了性能化设计方法的可行性[8]。

大型博物馆文物库房防火分隔与人员疏散消防设计：在一些学者的分析中，利用计算机模拟的方法，选取最不利火灾场景，将模拟结果与疏散安全指标对比分析[9]，得出避难走道的设置可以解决疏散距离长的问题，采用防火单元结合避难走道等分隔方法能够保证文物和人员疏散的安全。

通过列举以上设计实践研究案例，分析归纳：目前针对地下文库库房防火难点问题，相关研究机构主要通过性能化防火设计或特殊消防设计的方法解决，即对防火分区大、疏散出口少、疏散距离远等问题，提出防火单元划分、避难走道设置、人员疏散模拟等措施达到消防安全目标。目前针对地下文物库房防火难点的专项研究课题还尚缺乏。

---

1 中国建筑科学研究院建筑防火研究所：《故宫博物院地库改造工程特殊消防设计评估报告》，2017 年，第 21 页。

2 穆克山：《故宫地下文物库房特殊消防设计策略研究》，《建筑科技》，2017 年第 23 期。

3 赖穗欢、肖泽南、孙旋：《北京某博物馆消防性能化设计及评估研究》，《消防技术与产品信息》，2006 年第 6 期。

4 李小文：《消防设计中的难点及防火策略——以江西自然科学博物馆为例》，《新余高专学报》，2010 年第 6 期。

5 章震：《贵州省博物馆新馆的人员疏散安全评估》，《消防技术与产品信息》，2012 年第 4 期。

6 薛奕、肖鹏让、王宗存：《天津文化中心博物馆防火设计难点分析》，《消防科学与技术》，2011 年第 8 期。

7 刘启金、王桂兴：《某地下文物库准安全区设置分析》，《消防科学与技术》，2012 年第 5 期。

8 田艳辉、李刚：《某博物馆消防性能化设计》，《消防科学与技术》，2013 年第 4 期。

9 况凯骞、吴斌斌、肖修昆、姚嘉杰、廖光煊：《大型博物馆文物库房防火分隔与人员疏散消防设计》，《中国消防协会科学技术年会论文集》，中国科学技术出版社 2013 年，第 388 — 389 页。

（三）消防设施系统方面

根据博物馆建筑设计规范和相关文物管理要求，纸质书画、纺织品等遇水即损藏品的库房应设置气体灭火装置，因此大多数文物库房未设置水灭火系统，主要以气体灭火系统和报警系统为主[1]，一般气体灭火系统使用全淹没系统，对整个房间进行保护；如大连博物馆消防系统设计中，对普通藏品库房，采用预作用系统自动喷水灭火系统，对书画、古籍及壁画等禁忌水的文物场所采用氮气灭火系统[2]。

对气体灭火系统进一步研究，但学文提出只针对保护对象进行局部应用的气体灭火系统设计方案[3]，只对防护对象进行局部防护，设置气体灭火系统，将火灾隐患控制在更小的范围内，如灭火柜的理论研究。结合文物柜的布置特点采用局部应用的设计，使文物柜形成一个独立的防护空间，从而达到安全保护、经济适用的目的。

在案例应用中，有专家提出在文物库房预留干式系统，平时管网内没有水，以备必要时由外部向管网内充水，从而使水能够进入库区实施灭火。没有严格控制水进入文物库区，这也是对防火措施的增强和改善。

（四）文物保护措施的影响

文物保护措施是为了更好地保护文物，然而有些措施与防火安全相悖，例如，文物囊匣及密集柜的使用，增大了消防的风险。文物囊匣的使用，使得原燃烧等级为丁戊类不燃材料的文物因装入囊匣后变为丙级可燃等级，增加了火灾荷载；密集柜的使用，使得文物柜的间距变小，文物之间的防火安全距离减少，增大了火灾风险。目前，关于文物保护措施对防火影响的专题研究，即使用囊匣增加火灾荷载的影响以及使用文物密集柜减少防火安全距离的影响，还可以在以后的研究中进一步探讨。〔图3、图4〕

图3 文物囊匣示意图

图4 文物密集柜示意图

1 徐选才、马达、李志涛：《中国革命历史博物馆文物库房消防系统方案设计特点分析》，《给水排水》，2000 年第 9 期。

2 夏怡乐：《大连博物馆消防系统设计》，《建筑知识》，2016 年第 2 期。

3 但学文：《博物馆局部气体灭火系统设计研究》，《四川建筑科学研究》，2012 年第 3 期。

对地下文物库房建筑防火的研究，早期主要是安全管理层面，以现场隐患防范及人员管理等为重点。近年来，随着特殊消防设计与评估行业的发展，相关的研究案例也逐渐增多，对存在的防火难点提出有针对性的解决方案；消防设施系统方面的研究也在改进；关于文物保护措施对地下文物库房防火影响方面的研究还比较少。

三 结 论

本文从地下文物库房的火灾荷载、防火分隔、安全疏散及灭火系统等防火特性入手，总结了相关建筑防火难点，并从安全管理、设计实践案例、消防设施系统及文物保护措施四个方面对地下文物库房的防火研究现状进行了分析。通过分析，由于地下文物库房使用功能和安防管理的特殊性，地下文物库房具有火灾荷载小、防火分区大、疏散距离远、灭火系统单一及消防救援难等特点，建筑防火问题非常重要。目前，除了制定安全管理制度和预防措施以外，合理的防火设计解决方案及消防系统上的改善也是重要的手段。通过对防火设计实践研究现状的梳理，目前主要通过特殊消防设计的方法去解决实际案例的防火难点。另外，文物保护措施的影响可以进一步探讨。

从根本上解决建筑防火问题，即减少火灾荷载或消除火源，特别是做好电气类火灾的防范和预警是重中之重。随着科技的创新发展，消防措施越来越完善，如何使用更加科学合理的方法，实现文物保护的目的，同时解决建筑防火问题是值得研究的方向。

[作者单位：故宫博物院基本建设办公室]

从现象到定义：博物馆学视域下的流动博物馆构建
——以广东省流动博物馆为中心

From Phenomenon to Definition: Construction of Mobile Museum from the Museological Perspective
——A Case Study of Mobile Museum in Guangdong Province

胡锐韬

Hu Ruitao

内容提要：

博物馆的现象与定义无疑都是博物馆学研究的对象。近年来发生于中国乃至世界的"博物馆热"现象，揭示了博物馆正处在蓬勃发展与剧烈变革当中。以至于国际博协（ICOM）第24届米兰大会所启动的博物馆定义第九次修订议案在2019年第25届京都大会上最终未获通过。国内流动博物馆的发生和发展适逢博物馆发展变革的时代，在中国博物馆事业发展大潮中顺势而生，近年来也逐步成为一种"现象"，而从学科定义的角度对其内涵与外延的研究还相对较少，通过现象拆解其构建的过程，探析其定义的形成，对于推进流动博物馆发展，丰富博物馆学研究，乃至于进一步探索"博物馆"这一基本定义的内涵与外延，也有一定的实践意义。

关键词：

现象　定义　博物馆学　流动博物馆

ABSTRACT:

The phenomenon and definition of museum undoubtedly fall into the scope of museological studies. The phenomenon of "enthusiasm for museums" that has gripped China and even the rest of the world in recent years indicates that museums are undergoing vigorous development and dramatic changes. Under such circumstances, the ninth revision of the museum definition proposed at the 24th General Conference of International Council of Museums (ICOM) in Milan had not won approval at the 25th General Conference in Kyoto. The emergence and development of mobile museums in China coincided with the era of museum development and transformation and seized the momentum of museum development in China. In recent years, mobile museum has gradually become phenomenonal, but studies of its connotation and denotation from the perspective of disciplinary definition lags behind. By seeing through the phenomenon to figure out its construction process and definition is practically significant for advancing the development of mobile museums, enriching museological studies, and furthering the exploration of the connotation and denotation of the basic definition for museum.

KEYWORDS:

phenomenon, concept, museology, mobile museums

从现象到定义，是一个不断探索和归纳的过程。从博物馆学的视角来看，通过对博物馆现象的观察来研究博物馆在不同社会历史条件下的演变发展是博物馆史研究的重要组成部分，尽管大部分研究直接从定义出发，希望能在一个相对集中的框架内对某个领域的行为较为准确地描述，甚至有些研究直接“假设”定义已被公众所认同、理解和接受为其先决条件。对流动博物馆的研究作为博物馆学研究中的一个新方向，面对同样的问题。

一 流动博物馆现象观察

2016年9月成都博博会上，作为中国博物馆协会第36个专业委员会的流动博物馆专业委员会正式成立，来自全国各地的28家博物馆成为首批成员单位。2017年9月，中国博物馆协会流动博物馆专业委员会年会暨业务培训班在广州召开，来自全国各地20余家博物馆成员单位和广东省流动博物馆的90余家成员单位共约130人参加了会议。流动博物馆逐步以“官方身份”进入博物馆领域和公众的视线。

（一）对流动博物馆相关论述的简单统计

截至2020年4月15日，在中国知网的数据库中检索“流动博物馆”有以下结果。在文献类中，“全文”检索结果为119814条（时间跨度从1951年到2020年），甚至远高于“博物馆学”的21763条；“主题”检索结果为238条；“关键词”检索结果为309条；“摘要”检索结果为59400条；“参考文献”检索结果为1828条。在期刊类中，“全文”的检索结果为160条（时间跨度从1955年到2020年）；“主题”检索结果为62条；“篇名”检索结果为49条；“关键词”检索结果为18条；“摘要”检索结果为229条；“参考文献”检索结果为509条。在博硕士类中，“全文”的检索结果为107条（时间跨度从2005年到2019年）；“主题”检索结果为2条；“摘要”检索结果为58条；“目录”检索结果为89条；“参考文献”检索结果为1279条。

与流动博物馆最为密切的“流动展览”一词的检索结果如下，文献目录中：“全文”检索结果为89790条，时间上有两条是1950年以前的，其余均为1950年以后；“主题”检索结果为486条；“篇名”检索结果为100条；“关键词”检索结果为513条；“摘要”的检索结果为38538条。在期刊目录中，“全文”检索结果为476条；“主题”检索结果为239条；“篇名”检索结果为33条；“关键词”检索结果为168条；“摘要”的检索结果为260条。在博硕士目录下，“全文”检索结果为111条，“主题”检索结果为11条，“题名”检索结果为0条，“关键词”检索结果为8条，“摘要”的检索结果为31条。

对中国知网数据库中所检索到的与“流动博物馆”相关的文献、期刊和论文内容分类大体如下。从文章内容看，在文献目录下，“主题”和“篇名”对“流动博物馆”的检索结果中，基本上可归为三大类，第一类是对流动博物馆所实施的展览的组织、实施及相关经验的描述，如《关于博物馆临时展览制作的思考——以“复兴之路”流动展览为例》等。第二类是从社会教育的角度对流动博物馆所组织的展览及配套活动的意义、经验的论述，如《如何发挥流动博物馆的社会教育作用》等。这两类基本构成了关于流动博物馆相关论述的主体。第三类则是综合探讨流动博物馆本身的模式，如《流动博物馆运营模式探析：以广东省流动博物馆为例》，这方面的论述相对较少。

通过对上述数据和内容的简要梳理，可以得出几个简单的结论。一是“流动博物馆”已经成为文献中的一个高频词汇；二是关于“流动博物馆”的学术性研究还相对缺乏，特别是期刊类非常少；三是“流动博物馆”一词在我国出现较早，但作为学术现象，仍显得非常年轻；四是不管在研究还是实践中，“流动展览”仍是流动博物馆的基本业务形态，社会教育基本被定义为流动博物馆的唯一职能。综合而言，大部分论述是将流动博物馆当作博物馆原有的三大功能之一即社会教育功能所派生出来的一种活动形式而不是一种独立的博物馆文化现象或新的业态。

（二）几种比较典型的“流动博物馆”模式

当前国内比较典型的流动博物馆模式有广东省流动博物馆、四川博物院流动博物馆和内蒙古博物院流动数字博物馆以及新疆流动博物馆。广东省流动博物馆设立于2004年，设立之初是作为“广东公共文化创新项目”的子项目之一，最初命名为“广东省流动博物馆网”，由广东省文化和旅游厅（省文物局）作为主管单位，省财政专项经费支持，委托广东省博物馆管理实施，广东省内各地市县区博物馆以签订成员单位协议的形式加入“流动博物馆展览网络”。2014年12月广东省博物馆设立内设机构“广东省流动博物馆”，承接原有业务，提出以打造“广东文博综合资源共建共享平台”[1]为新目标，并于2018年底基本完成。四川博物馆“大篷车”流动博物馆筹建于2009年，正式启动于2010年。“作为四川博物院的常设机构，对外称四川博物院‘大篷车’流动博物馆，对内是隶属四川博物院的社会教育工作部。‘大篷车’流动博物馆由院长兼任馆长，配副馆长一人，下设讲解组，公众服务组，包围组，宣传组，由16名工作人员组成。其目的是以流动车为载体把文物展览办到边远地区、民族地区、革命老区。”[2]2019年，四川博物院正式设立内设机构“流动博物馆”负责其日常工作。“内蒙古博物院流动数字博物馆成立于2013年，由内蒙古博物院社会教育部运营管理。”“内蒙古博物馆院拥有流动数字展车一辆，展车高4米，宽2.6米，长15米，延展开可形成一个40多平方米的展示空间……每年巡展一次，根据预先规划好的路线，展车将在路上奔波45天左右。”[3]新疆流动博物馆由新疆维吾尔自治区博物馆于2011年在“三下乡”[4]的背景下启动，载体是“流动博物馆专用厢式货车”，“以生动的主题教育活动形式受到各地州有关单位和观众的热情欢迎。”[5]“‘流动博物馆’配合自治区2011年3月文化科技卫生‘三下乡’活动正式启动四个月以来……共开展了百余场巡回展出，行程共计15000公里，接待观众4万人左右，发放宣传册6万余份。”[6]从各地流动博物馆的“主营业务”——流动展览的类型来看，广东以实物（含文物、复仿制品、标本、工艺品等）为主，内蒙古以数字为主，而四川介于两者之间；从运行载体来看，四川、内蒙古均属于

---

1 广东省流动博物馆 2015 年提出打造广东省文博综合资源共建共享平台，后被广东省委宣传部列入“2017 年省直宣传文化系统创新项目”，于 2018 年基本完成该平台建设。

2 张衡、何冬蕾：《走进基层 服务大众——四川博物院“大篷车”流动博物馆的实践与探索》，《中国博物馆》，2012 年 4 期。

3 刘纯：《流动展览的多元化——以广东省流动博物馆和内蒙古博物院数字流动博物馆为例》，《文物鉴定与鉴赏》2019 年第 6 期。

4 三下乡是指按照中央宣传部、国家科委、农业部、文化部等十部委联合下发《关于开展文化科技卫生“三下乡”活动的通知》精神，于 1997 年开始在全国开展的文化、科技、卫生下乡活动。其中，文化下乡包括图书、报刊下乡，送戏下乡，电影、电视下乡，开展群众性文化活动。

5 侯世新：《走出馆舍天地、走进大千世界——新疆博物馆“永远和祖国在一起”陈列展览》，《中国文化遗产》，2011 年第 4 期。

6 侯世新：《走出馆舍天地、走进大千世界——新疆博物馆“永远和祖国在一起”陈列展览》，《中国文化遗产》，2011 年第 4 期。

“大篷车”模式，而广东、新疆则尽量将各类服务社会化。此外，中国重庆三峡博物馆组织的“重庆市流动博物馆”在建设理念上更类似广东的操作，辽宁省博物馆组织实施的“流动博物馆”则与四川、新疆和内蒙古的更为接近。

2018年，广东省博物馆曾派出两位广东省流动博物馆的同事分别到四川博物院和内蒙古博物院学习交流流动博物馆的运营。其中，刘纯曾发表《流动展览的多元化——以广东省流动博物馆和内蒙古博物院数字流动博物馆为例》一文，对广东和四川两个流动博物馆从成立时间、运营部门、展览场地、展览时长、累计展览次数、累计参观人数、年度运营时间等做了比较，笔者在她的表格的基础上，以2019年以前的综合数据为基础，更新并补充了一些比较元素，并加上四川博物院“大篷车”流动博物馆和新疆维吾尔自治区流动博物馆的相关数据，对四者做一个对比分析（表一）。

表一　广东、四川、新疆、内蒙古四地流动博物馆相关统计

名称	开始运营时间	运营部门及人员	管理部门	成员单位数量	展览场地	每场展览时长	财政投入	年度运行时间	其他主要业务	累计巡展场次	运行以来累计参观人次
广东省流动博物馆	2004年	广东省流动博物馆、10人	广东省文物局委托广东省博物馆具体管理	125个	以广东省内各基层博物馆、学校、社区为主	2个月以上	固定经费100万/年，其他经费约100万～200万/年	全年	社会教育、流动文创、文博培训、品牌运营	1400	约3120万
四川博物院“大篷车”流动博物馆	2010年	四川博物院社会教育部、4人	四川博物院	独家运营	“三区一基层”（革命老区、民族地区、边远山区），基层的学校、社区、工厂、部队等	从1天到5天不等	平均每年活动经费约50万	年度运行次数约10次（1～5天不等/次）	社会教育	105	150万
新疆流动博物馆	2011年	新疆维吾尔自治区博物馆流动博物馆、10人	新疆文博院（龟兹研究院）	独家运营	新疆各地州、市、县、乡镇（农牧区、乡村、社区、单位、部队）	两周	无固定投入	夏季、秋季	无	1200	100万余
内蒙古博物院流动数字博物馆	2013年	内蒙古博物院社会教育部，7人	内蒙古博物院	独家运营	以学校、军营、警营、乡镇村为主	1天	每年约15万	2个月	社会教育	341场	20万

备注：该表相关数据统计截至2019年底，由作者在负责广东省流动博物馆工作与相关单位工作交流时收集，并结合各单位公开发表在官方网站、微信公众号以及中国文物报等刊物上的资料整理而成。

通过以上比较，可以得出流动博物馆社会效益较为显著的结论。这个效益可以从以下几个方面分析：第一是促进博物馆行业平衡与充分发展。伴随着展览的流动，实际上也是博物馆策展及活动策划理念、技术、管理经验等在一个更大区域内的流动与分享。第二是进一步推动博物馆文化服务均等化。流动博物馆的实施在一定程度上解决了基层博物馆因策展能力、展品、人员等制约而导致的“有馆无展”“有展无活动”等教育功能无法充分发挥的问题，基层群众更便捷、充分地享受到博物馆文化服务。第三是推动发挥博物馆与社会共建、共享、共赢的作用。对于空间边界的突破，使得传统博物馆业务不再满足于一馆之内的“闭环”操作，同时带来了行业内部以及不同行业之间的接触边界突破，“平台化的运作基本实现了博物馆与各方的共建、共享与共赢。”[1]第四是促进文旅融合与文创发展。流动博物馆对基层业务联系的天然优势，对于文化和旅游资源的接触是传统博物馆业务所远不及的，在推动文旅资源转化和文创项目落地方面，显然更有“市场”。

（三）国内其他“流动博物馆”形态

中国博物馆协会流动博物馆专委会为我们考察其他流动博物馆形态确定了一个范围。截至2020年第一季度，中国博物馆协会流动博物馆专委会成员共有四川博物院、广东省博物馆、内蒙古博物院、新疆维吾尔自治区博物馆等31家成员单位；另有长春博物馆、中国海南南海博物馆、中国海关博物馆、鄂尔多斯青铜器博物馆、故宫鼓浪屿外国文物馆等5家单位提交了入会申请[2]。前文在进行“流动博物馆”相关数据和研究文章统计中，已经提到，社会教育是当下“流动博物馆”的主要形式，或者说，流动博物馆在大多数情况下，是被当作博物馆社会教育功能发挥的其中一种方式，这个结论在流动博物馆专委会名单中得到了进一步印证：在上述单位中，多数为省级及以上的综合性博物馆，在2016年流动专委会成立的参会代表名单中，仅广东和四川所派代表的所属部门显示为“流动博物馆”，其余均显示为“社教部”或“公教部”，这也说明尽管流动博物馆的概念已逐步为博物馆界所接受，但业务定位仍从属于教育活动。

二 流动博物馆兴起的原因分析

流动博物馆在短短十几年的时间里从中国文博行业中迅速孵化成长并取得了较大的社会效益，成为“博物馆现象”中的一个“子现象”，这个过程，既对应了苏东海先生所提的博物馆发展最后一个阶段[3]，就其本身而言，也经历了从简单到复合、从内设到外化的阶段。概括来说，流动博物馆的兴起有几方面的因素。

（一）流动博物馆溯源

跟“博物馆”一样，流动博物馆在我国同样是个“舶来品”。19世纪50年代，国内开始出现这个概念，“第一次试验的汽车被称为‘流动博物馆’（原文汽车博物馆），是在1949年由华沙人民博物馆制造成的，并得到了历史文化艺术协会的支持”。“流动博物馆是由一个曳引机车和一个车厢组成的，车厢内部长10.75米，宽3.3米，其规格相当于一个小的展览室，车身是用铁皮构成，顶部有曲折的玻璃窗，以供给车室内明亮的光线，毛玻璃上挂有帷幕，可以调度白天的光线，同时车厢内部也装有从安装在曳引机车里的联动机获得电力的电

1 胡锐韬：《作为文化综合体的博物馆——无边界组织理论视野下的探索》，《文博学刊》，2019年第3期。

2 相关数据由中国博物馆协会流动博物馆专业委员会秘书处提供。

3 苏东海先生在《博物馆演变史纲》一文中对“博物馆现象”进行过详细论述，他提出“博物馆现象是一种古老而又长青的文化现象”的观点，认为博物馆从文化史角度经历了“收藏珍品的原始阶段”“收藏珍品、科学研究的复合形态阶段”“收藏、科研、教育的三职能复合形态阶段”“当代多职能复合形态阶段”四个阶段；从社会史的角度，又分为“私人秘藏”“社会上层开放”“社会公众开放”“博物馆发展外化”四个阶段。

灯。"[1]从这个描述中，可以看到我国流动博物馆的"初始形态"即汽车博物馆，这种形态在新的历史条件下被如前所述的四川、内蒙古、新疆、辽宁等省的文化系统因地制宜重新发掘和继承下来，并加入了现代科技元素进行升级改造。在对流动博物馆的英文翻译中，也可以深深感受到这种痕迹，流动博物馆英文被翻译为"mobile museum"，而"mobile"这个词的本义更倾向于物质形态的空间移动。实际上，不管是波兰还是我国社会主义文化建设早期，如何解决"地方上的交通不便，展览工作达不到乡村，因此就不能获得更多新的观众"[2]的问题是催生这一"博物馆形态"的内在原因，也"由于这个方法，陈列便能够送到全国最偏僻的角落，遥远的乡村和小城镇"[3]。这是博物馆在更好发挥社会教育功能、探索解决展览资源"不平衡、不充分"问题上的最早的尝试。或许可以说，博物馆这一以私有制发展为社会背景而发生发展的组织形式在适应社会主义制度的文化建设过程中，更加剧了其以服务"普罗大众"为导向的功能演化过程，从而奠定了中国的流动博物馆形态的基础。

（二）社会经济的发展

流动博物馆现象作为一种文化现象，属于上层建筑的范畴，它的发生、发展及内部演变过程也跟社会经济的发展有着极为密切的关系。最早以官方名义提出"流动博物馆"概念的广东，时间在2004年，此时距离改革开放已经25年之久，广东的GDP从1979年约250亿，在全国排名第7位倒2004年接近20000亿，全国排名第2位，经济增长近80倍。广东省文物事业费"由2005年的21159万元增加到2014年的104713万元，增长4倍，年均增长19.4%"[4]。这是一个纵向对比的数据，实际上，自投入8.842亿元的广东省博物馆新馆工程2002年立项并开始建设以后，广东逐渐兴起一股博物馆建设热，各地市县区博物馆新建、改扩建工程纷纷启动并陆续完工，逐步形成了一个完整覆盖全省的省、市、县（区）博物馆网络。以广东一隅而看全国，如管中窥豹，可见一斑。2020年6月文化和旅游部公开发布的《中华人民共和国文化和旅游部2019年文化和旅游发展统计公报》显示：中央对地方文化和旅游建设项目补助资金从2011年的40.8亿元增长到2019年的101亿元；全国文物机构接待观众人次及未成年人观众数分别从2011年的56687和14021万人次增长至2019年的134215和31654万人次。[5]社会经济的发展刺激了群众的文化消费，一方面导致博物馆的交流展览数量增加，特别是跨地区的交流展、国（境）外引进展异军突起；另一方面，流动展览的内容发生深刻变化，最直观的是：面向最基层的展览逐步从图片展览转向标本、艺术品、复仿制品，并进而转向文物本身。

（三）国家政策环境的变化

在坚持以经济建设为中心，推动社会经济繁荣发展的同时，党和国家一贯高度重视文化的发展并适时

---

1 《流动博物馆》，《文物》，1957 年第 12 期，第 75 — 76 页，胡继高摘译于"博物馆事业"第四期，第 75 页。

2 《流动博物馆》，《文物》，1957 年第 12 期，胡继高摘译于"博物馆事业"第四期，第 75 页。

3 同上。

4 刘丽团：《广东省文物事业费投入情况分析与预测》，《客家文博》，2015 年第 2 期。

5 文化和旅游部网站：文化和旅游部公开发布《中华人民共和国文化和旅游部 2019 年文化和旅游发展统计公报》，https://www.mct.gov.cn/whzx/whyw/202006/t20200620_872734.htm。

推出各种政策。现行的《中华人民共和国文物保护法》于1982年实施以来，全国人大常委会先后五次对其进行修正；2005年12月，中华人民共和国文化和旅游部发布《博物馆管理办法》，2015年3月，国务院发布了《博物馆条例》，对博物馆行业发展从国家政策层面给予进一步引导和规范。2006年《文化部创新奖奖励办法》修订印发，《世界文化遗产保护管理办法》《文物认定管理暂行办法》，文化部、财政部、新闻出版广电总局、体育总局《关于做好政府向社会力量购买公共文化服务工作的意见》，中华人民共和国文化和旅游部、国家发展改革委、财政部、国家文物局《关于推动文化文物单位文化创意产品开发的若干意见》《中共中央办公厅国务院办公厅关于加快构建现代公共文化服务体系的意见》等国家和中央部委政策文件相继出台。中共十七大提出“推动社会主义文化大发展大繁荣”，中共十八大提出“扎实推进社会主义文化强国建设”，中共十九大提出“坚定文化自信，推动社会主义文化繁荣兴盛”，特别是中共十八大以来，党和国家领导人将博物馆作为“国家的客厅”，多次到博物馆调研考察，发表系列讲话，作出指示批示，并提出“要系统梳理传统文化资源，让收藏在禁宫里的文物、陈列在广阔大地上的遗产、书写在古籍里的文字都活起来”[1]。应该说，政策环境的变化是流动展览和流动博物馆兴起的重要条件，特别是在探讨如何让文物“活起来”的时候，探索“政府职能部门主导、博物馆为主体、企业协助、全社会参与的工作体系”[2]中，让博物馆和展览先“流动”起来，显然可以作为一种运作机制的创新尝试，这种机制的创新可能发生在博物馆对应观众变化的需求所能提供的服务的时间、场所、内容、形式等等。

（四）行业组织的快速发展

中国博物馆协会的历史可追溯至1935年，随着近现代中国的历史进程也几经起伏。从1982年中国博物馆学会成立，至2010年8月更名为“中国博物馆协会”，也意味着中国的博物馆界越来越开放和包容，也走上了一个发展的“快速通道”。在当前中国博物馆协会下设（包括原来学会设立）的36个专业委员会中，2003年以来共成立了30个，其中2003年至2009年之间成立的共16个，2010年以来成立的共14个（表二）。

表二　中国博物馆协会各专业委员会成立时间

序号	专业委员会名称	成立时间	序号	专业委员会名称	成立时间
1	博物馆图文典籍与金石拓片专业委员会	2018年5月	19	区域博物馆专业委员会	2007年12月18日
2	流动博物馆专业委会	2016年9月16日	20	藏品保护专业委员会	2007年7月28日
3	法律专业委员会	2015年4月21日	21	博物馆管理专业委员会	2007年7月10日
4	出版专业委员会	2014年11月24日	22	城市博物馆专业委员会	2007年7月
5	中国航海博物馆专业委员会	2014年6月26日	23	中国博物馆协会纪念馆专业委员会	2007年5月
6	文创产品专业委员会	2013年5月21日	24	市场推广与公共关系专业委员会	2007年1月
7	乐器专业委员会	2012年9月26日	25	名人故居专业委员会	2006年12月
8	华侨博物馆专业委员会	2011年9月6日	26	钱币与银行博物馆委员会	2006年11月10日
9	丝绸之路沿线博物馆专业委员会	2010年9月	27	服装博物馆专业委员会	2006年5月26日

1　习近平：《在十八届中共中央政治局第十二次集体学习时的讲话》，2013年12月30日。

2　黄苏哲：《“让文物活起来”的文博工作实践与思考》，《客家文博》2017年第1期，总第15期。

（续表）

序号	专业委员会名称	成立时间	序号	专业委员会名称	成立时间
10	登记著录专业委员会	2010年7月	28	民族博物馆专业委员会	2006年2月
11	展览交流专业委员会	2010年6月	29	美术馆专业委员会	2006年
12	非国有博物馆专业委员会	2010年4月23日	30	物馆数字化专业委员会	2003年11月28日
13	文学博物馆专业委员会	2009年12月28日	31	史前遗址博物馆专业委员会	1998年10月20日
14	博物馆建筑空间与新技术专业委员会	2010年9月	32	高校博物馆专业委员会	1992年
15	志愿者工作委员会	2009年	33	社会教育专业委员会	1988年9月
16	博物馆安全专业委员会	2008年11月	34	保管专业委员会	1987年
17	博物馆学专业委员会	2008年9月	35	博物馆专业委员会	1986年12月1日
18	传媒专业委员会	2008年5月9日	36	陈列艺术委员会	1984年

说明：该表格根据中国博物馆协会官方网站公布的各专委会信息并结合各专委会发布的网络信息整理而成，以成立时间倒序；资料收集截止时间为2020年6月。

自1997年以来，由国家文物局主办，中国文物报社、中国博物馆学会等单位共同承办的"全国博物馆十大陈列展览精品"评选活动已成功举办了17届，在巨大的品牌力号召下，尽管存在区域发展之间的不平衡状况，参评的单位和展览越来越多，获奖展览的内容越来越丰富，评选标准和奖项设置也在不断调整。这种现象背后正是我国博物馆行业的蓬勃发展。文化和旅游部2019年文化和旅游发展统计公报显示：我国世界文化遗产总数达到55项，全国共有可移动文物1.08亿件/套，不可移动文物76.7万处。2019年年末全国共有各类文物机构10562个，比上年末增加402个。其中，文物保护管理机构3518个，占33.3%；博物馆5132个，占48.6%。年末全国文物机构从业人员16.24万人，比上年末增加0.02万人。其中高级职称10123人，占6.2%，中级职称21176人，占13.0%。[1]流动博物馆正是博物馆行业所蕴藏巨大生命力迸发而萌发出来的一树"新枝"。

（五）博物馆收藏展示标的物的变化

作为流动博物馆核心业务初始形态的流动展览，对展示标的物的要求相较于传统博物馆业务发生了明显的变化。而将学界关于"流动展览"和"临时展览"的讨论作为一种博物馆现象的话，在中国的博物馆学体系初步建立起来之前，两者在概念上并没有明确的分别。在中国的博物馆学体系初步建立后，特别在王宏钧主编的《中国博物馆学基础》将博物馆的展览分为临时展览和基本陈列两个大类，并分别予以定义后，当下的定义中，临时展览与基本陈列划分的主要依据是展览时间的长短，而对于其他条件没有作出明确限定。可以认为，流动展览实际为一种比较特殊的"临时展览"。

传统博物馆业务展示"文物"，而文物的"资源属性"是流动博物馆兴起的物质条件。文物从存在形态上分为"不可移动文物"和"可移动文物"，这个词在中文里面内涵丰富，历史也很悠久，当文物前面冠以"可移动"三个字，并将其界定为博物馆收藏与展示的标的时，意味它们具备"流动"的基本条件，只是，由于其"珍贵"

1 文化和旅游部网站：文化和旅游部公开发布《中华人民共和国文化和旅游部 2019 年文化和旅游发展统计公报》，https://www.mct.gov.cn/whzx/whyw/202006/t20200620_872734.htm。

的属性，这种流动在某个历史时期是受到诸多限制的，即便在当下，流动博物馆利用珍贵文物所策划的“流动展览”，执行者常常因为展品运输、展出时间、场地条件等方面限制而“慎选”，乃至流产。而文物从“物质属性”到“资源属性”的过渡，使得文物及其组合形态——展览大范围流动的条件进一步释放。除了展览时间长短这一关键因素，展品的来源、展出的次数、展示的地点、组织实施的主客体、展览内容与形式变化幅度等等，都将在新的条件下被拿出来讨论。物质文化遗产与非物质文化遗产的融合展示、社会经济发展见证物征藏工作、非国有博物馆的蓬勃发展以及社会收藏热的兴起等等都拓宽了博物馆收藏标的概念，也为流动展览的组织实施在一定程度上进行了专业要求上的“松绑”。

三 作为个案的广东省流动博物馆

建立实验模型对相关理论进行验证是推动自然与社会科学发展的重要手段，广东省流动博物馆的尝试，在博物馆学领域以至于在流动博物馆的相关研究方面，无疑扮演了这样一个作用。

（一）定位的思考

博物馆作为我国的组织形态分类中特有的公益性事业单位，其内设机构并没有单独进行定位的必要。在实践中，作为公益单位的各级、各类博物馆，向社会明确公布自身定位的亦极为少数。近二十年来，伴随着行业博物馆的兴起，对民办博物馆和高校博物馆定位的研究逐步出现，其关注的点更多在于在不同的执行主体下，组织运作能否符合“博物馆”的定义以及实现相关职能。而广东省流动博物馆在运行十年后，提出“三个定位”[1]，既是基于其组织管理上的多重性和运营实施上的复杂性，也是对博物馆基本职能演变的实践与总结。

1.如何做好一个省级综合博物馆的内设机构。如果仅仅将流动博物馆作为一个博物馆的内设机构，按照当前博物馆的事业属性分类和“三定方案”履行好职责便可，但如果将其作为一个特殊的组织形态，则定位就显得特别重要了。广东省流动博物馆关于自身定位的思考源于其组织管理上的多重性，这是指广东省流动博物馆“由广东省文化厅和旅游厅设立并委托广东省博物馆负责具体管理”这一“特殊性”。这一先天的“上层建筑色彩”，从功能发挥的角度出发，让广东省流动博物馆带有一定的文物行政主管部门“执行者”的色彩，但从日常管理的角度，是作为广东省博物馆的内设机构而存在的。因此，广东省流动博物馆将“粤博的窗口”作为第一个也是第一层级的定位。通过交流，让全省各地各级文博机构更好地了解、学习省级综合场馆的好经验、好做法，便是这个“窗口”所需起到的作用。

2.如何做好一个省级文物行政主管部门的“项目”。从2015年以来，广东省流动博物馆将自己的第二个也是第二层级的定位设定为“省局的抓手”。这里的“省局”即广东省文物局，作为全省的文物行政主管部门，承担着“指导、管理全省文物和博物馆工作”“推动完善文物和博物馆公共服务体系建设”[2]的职能。2000年前后，

1 广东省流动博物馆于2015年提出三个定位。

2 见广东省文化和旅游厅网站：http://whly.gd.gov.cn/open_newjgzn/content/post_2720940.html。

广东的博物馆主要分布在珠三角地区，粤北和粤东、粤西的博物馆数量少，藏品少，且运作发展比较困难，缺乏专业人员，甚至收藏、展示等硬件设施不完善，更不要说策划开展相应的社会教育活动。也恰好是广东文博的这种状况，催生了广东省流动博物馆，"以广东省博物馆为中心，整合全省的博物馆陈列展示资源（包括藏品、展出场地、展览设备、专业人员等），相互协助，协商调配，组织、策划和制作一些具有较高水平的展览，在全省各级博物馆巡回展出。形成中心辐射、分级多节点的动态博物馆陈列展览协作交流网络"[1]。近年来，广东省文博事业发展"不平衡、不充分"的情况得到很好缓解，广东省流动博物馆作为广东省文化和旅游厅（省文物局）的一个公共文化服务项目，在其中也发挥了很好的作用。

3.如何打造一个有持久创新力的文博行业"范式"。范式[2]是个哲学概念，我们这里讲流动博物馆作为行业的一个范式，通俗地理解就是一种典型并可参考借鉴的模式。作为一个"新生事物"和一个"创新的产物"，保持创新让自己具有持久的生命力且可以不断为行业发展做出贡献是广东省流动博物馆与生俱来的使命，也为此定下了一个"宏伟的"目标：成为全国文博行业中的一个"范式"。其意义不仅仅在于它是第一个官方设置的"流动博物馆"[3]，也不仅仅在于它获得了中华人民共和国文化和旅游部"文化创新特等奖"[4]，更在于它如何构建一套能够更好地沟通全省各级各类博物馆、专业人员、公众等的运作机制，能够实实在在将博物馆发展的成果更充分分享给最基层的群众。而且，这种探索和尝试所得出的经验总结，具有普遍的适用性、符合一定时期内文博行业发展的一般规律，能够为其他博物馆或者行业相关领域的从业者所参考、借鉴，换句话说，这是一个"可复制"的模式，而这种模式，又具有其因社会经济、历史、地缘、政策等因素所带来的特殊性，同时也因此保持着其内部创新的连续性。

（二）理念的设定

2015年，广东省流动博物馆提出"创新、共建、共享、服务"[5]作为其运营的基本理念，这也是为更好实现其"三个定位"的指导思想。四个理念的提出，既是广东省博物馆结合行业发展规律和自身发展规划对广东省流动博物馆作为新内设机构的宏观要求，也是广东省流动博物馆对自己"是什么""做什么""怎么做"的自我思考。

1.创新是流动博物馆发生和发展的源动力。2012年以来，中国博物馆协会设立"全国最具创新力博物馆"评选活动，并每年在全国博物馆中评选出两家最具代表性的博物馆。文博行业对于"创新"的重视让这个"古老"的行业焕发出新的活力。2018年，习近平总书记提出"创新是第一动力"[6]，更在全国各行业各领域掀起一股创新发展的良好社会风气。作为创新产物的广东省流动博物馆，将创新确定为运营理念的第一位并始终

---

1 见《广东省流动博物馆章程》（最初版，发布于广东省博物馆网站：http://www.gdmuseum.com/gdmuseum/zzgl/gdsldbwg/jj93/zc1/index.html）。

2 哲学史认为，"范式"的概念及相关理论是美国著名科学哲学家托马斯・库恩（Thomas Kuhn）在其著作《科学革命的结构》（*The Structure of Scientific Revolutions*）（1962）中所提出，"按既定的用法，范式是一种公认的模型或模式"。

3 广东省流动博物馆设立于2003年。

4 2007年，广东省流动博物馆与广东省流动图书馆、广东流动演出网共同组成"广东省公共文化服务体系的创新与实践"项目，并获得当年文化部文化创新特等奖。

5 广东省流动博物馆于2015年首次提出要遵循"创新、共建、共享、服务"四个理念，并于2017年将其正式确立为运营理念。

6 习近平总书记于2018年3月全国两会参加广东代表团审议时强调"发展是第一要务，人才是第一资源，创新是第一动力"。

坚持用其指导自身实践。在审视自身发展经历及行业发展趋势的前提下，广东省流动博物馆以“运营理念创新”“内容结构创新”“实施模式创新”“方式方法创新”“合作机制创新”等几个方面确立起“创新”在其日常工作中的“指导”地位。

2.共建、共享是流动博物馆开展工作的方式方法。提出“共建”是因为博物馆一直以来是一个“冷门”的行业，社会知之不多。要在新的历史条件下取得文博的大繁荣、大发展，更好联合行业自身力量、更好团结社会力量是一个必然的路径。而“共享”是对文博所能焕发出的新的活力和能量的预期，是对文博行业所守护传承的优秀传统文化对社会综合发展能发挥的巨大作用的预期，也是广东省流动博物馆为实现其目标、使命的基本途径。国家文物局《关于促进文物合理利用的若干意见》将“形成博物馆藏品资源共享平台”和“鼓励社会力量参与”[1]作为“让文物活起来”的重要措施，也说明这种趋势和导向。

3.服务是流动博物馆一切行为的最终指向。国际博协（ICOM）对博物馆的现行定义是2007年维也纳大会通过修改的《国际博物馆协会章程》的定义，即：“一个为社会及其发展服务的、向公众开放的非营利性常设机构，为教育、研究、欣赏的目的征集、保护、研究、传播并展出人类及人类环境的物质及非物质遗产”。而在中国，按照2015年修订的《博物馆条例》，博物馆“是指以教育、研究和欣赏为目的，收藏、保护并向公众展示人类活动和自然环境的见证物，经登记管理机关依法登记的非营利组织”，《博物馆条例》中还专门设置“博物馆的社会服务”一章。且不论流动博物馆是作为博物馆的一种特殊形态还是组成部分，亦不管是遵循国际博协还是我国的定义，“服务”作为博物馆的目标是毋庸置疑的。在中国，博物馆作为公益文化事业单位和公共文化服务窗口单位，中国的特殊体制亦决定“服务”是其基本内容。

（三）业务的考量

业务内容的区别或是所表现出来和能被直接观察到的广东省流动博物馆与其他各省流动博物馆最大的区别。广东省流动博物馆将“流动展览”“流动文创”“文博培训”“社会教育”“品牌运营”作为自身业务的“五个支撑”[2]，并实际上以这五项业务，实现了作为一种博物馆组织形式“麻雀虽小、五脏俱全”的运作。

1.业务的前瞻性。2016年《国务院办公厅转发文化部等部门关于推动文化文物单位文化创意产品开发若干意见的通知》（国办发〔2016〕36号文）发出，文创开发工作被纳入博物馆的基本业务工作范畴，在随后调整的全国博物馆运行评估细则中，文创工作也单列为其中一项评价指标，至2019年12月，国家文物局公布的《博物馆定级评估办法》和《博物馆定级评估标准》中，文创工作占40分。而广东省流动博物馆2016年在研究调整业务范围的时候提出应把文创纳入自身业务范畴，并提出利用好自身的综合平台优势，以“流动文创”的方式，为博物馆文创工作助力。彼时“线上培训”尚未形成热潮，流动博物馆又提出，应明确将“文博培训”亦作为基本业务之一，可充分利用自身对行业接触面广且频繁的优势，调动各方资源为提升全省文博专业助力，在流动博物馆此后的实施中，对于省内乃至国内著名博物馆专家资源的联系调动，在一定程度上让

1 见《关于促进文物合理利用的若干意见》（文物政发〔2016〕21号），国家文物局2016年10月印发。

2 广东省流动博物馆于2016年提出要以流动展览为核心业务，结合文创试点工作等新的行业要求调整和拓展业务，经过两年多探索，于2018年将流动展览、社会教育、文博培训、流动文创和品牌运营五个内容确立为新的业务形态。

基层文博从业者拓宽了眼界，开拓了思路，也直接提升了专业知识。

2.业务的全面性。何为"博物馆"？何为"流动博物馆"？什么不该干？什么该干？越是简单的问题，越是考验着从业者的基本功，越决定着一个博物馆组织能否有效开展工作。广东省流动博物馆不断从自身的过去出发，思考自己的当下和未来，既然被定义为"馆"而不是其他的组织形式，围绕"博物馆"的几个基本功能来确定业务范畴是否存在障碍？能否顺利实施？广东省流动博物馆大胆迈出了尝试的步伐：将原有的"流动展览"确定为最基本和最核心的业务，并围绕"流动展览"实施与展品存放的特殊性，向省博物馆"要人、要地"，搭建一个具体分工包括展览内容策划、形式设计、库房管理、后勤服务、沟通联络、综合协调等的人员架构，特别是设置了存放资产与非文物类陈列品的库房。围绕"流动展览"这一核心业务，"社会教育"作为博物馆基本职能之一，受到流动博物馆的高度重视并在实践中形成一系列品牌活动。

3.业务的纵深度。就广东省流动博物馆而言，五个业务支撑当中，既有"传统业务"，也有"拓展业务"，但业务的选择更多是基于对自身使命担当的思考，基于如何更好服务群众、服务成员单位、服务全省文博事业发展的思考。"一纵""一横"是设定业务范围及可能实现目标的重要考量。"横"是对服务的广度而言，通过什么样的业务，能够更好地逐步将全省两三百个各级、各类博物馆更有效组织起来，业务融合起来，降低区域之间行业发展的不均衡状态，主要是针对行业及从业者而言。"纵"是对服务的深度而言，什么样的业务，既可以在各级各类博物馆场馆里面进行，同时还可以走出场馆，走到基层，进入到人民群众身边，乃至家门口。这些思考，最终回归到博物馆的基本职能、初始业务、创新业务，成为广东省流动博物馆确定业务的重要依据。

（四）几个特殊的概念

在全国文博行业蓬勃发展以及博物馆学研究不断深入的背景下，近些年，广东省流动博物馆结合自身实际提出了一些特殊的概念，其中有些是一种实践经验的直接总结，有些属于相关行业、专业理论的"嫁接"。

1.综合资源平台。将流动博物馆定义为一个综合资源平台是广东省流动博物馆的特殊做法，是基于博物馆基本职能变化而对博物馆基础条件的重新定义。在传统的博物馆定义中，拥有藏品或者文物是博物馆之所以为博物馆的基础条件。而在社会分工越来越细和文旅融合新形势下，博物馆已越来越成为各种资源的聚合点。以原有的三大基本职能为"主业"所派生出来的各种"副业"或者说"下游产业"，越来越多。"博物馆的发展维度可以从博物馆的导向出发。多元化导致理念、对象、方式方法和结果等均出现不同程度的拓展，而这种多维度发展是推动博物馆事业繁荣兴盛的重要手段。博物馆已然成为一个连接政府与市场、行业与个体、组织与个人的综合体。"[1]

2.分级多节点试点。在广东省流动博物馆构建过程中，有三个问题必须解决：如何处理行政主管部门与业务管理部门的关系？如何处理执行馆与其他兄弟馆的关系？资源的分配如何实现更优化？分级多节点的提出，首先，在行政管理上，将流动博物馆定义为省文物局的一个抓手，使其在全省进行业务活动的行为有

[1] 胡锐韬：《作为文化综合体的博物馆：无边界组织理论视野下的探索》，《文博》2019 年第 3 期。

“行政合法性”；其次，将业务委托省馆执行，确保了专业性，而各地博物馆以成员单位的名义协议加入，保证了运行的有序性。将行政主管、业务执行通过省、市、县三级联动的模式，以省馆为一级节点，各地市则为次一级节点；以市级博物馆为一级节点，则各县区博物馆为次一级节点；以县区博物馆为一级节点，则学校、社区、街道、企业乃至乡村为次一级节点。甚至，省馆和市馆也同样可以直接将业务进行到学校和街道、镇村等，这样便构建了一个分级多节点的服务网络。

3.多元化。广东省流动博物馆所主张的多元化包括实施主体多元化、展览来源多元化、服务对象多元化等。所谓实施主体多元化即每一个成员单位，或者说“节点”，都是流动博物馆的一个实施主体，在流动博物馆的服务网络内为公众提供文化服务，所强调的是作为公共文化服务单位的“主人翁”精神。展览来源多元化是将整个流动博物馆服务网络内外的资源都调动起来，由节点单位自主策划、联合策划等方式，通过设定遴选机制后即纳入网络与省馆进行双向互动选择确定实施单位。服务对象的多元化主要是指广东省流动博物馆这一主体所提供的服务，既直接服务基层公众、同时也服务各成员单位和基层博物馆，也将其他社会组织和机构，如机关、学校、街道、商场、地铁、机场等确定为自己的常规服务对象。

4.无边界。广东省流动博物馆较早提出将“无边界”理论作为自己日常业务开展的一个基础理论，并由此提出流动博物馆就是“家门口的博物馆”和“身边的博物馆”的概念。以无边界理论为指导系统构建“无边界博物馆”是广东省博物馆的一项“创举”，“2016年9月25日至29日，在美国纽约举行的由美国艺术联盟、亚洲协会、中国博物馆协会、南京博物院合作举办的中美博物馆峰会上，广东省博物馆馆长魏峻在“理念与使命”的主题会议上发表了《构建无边界博物馆——以广东省博物馆为例》（Towards No-Boundary Museum-Examples from Guangdong Museum）”[1]的主题演讲，首次明确提出要“构建无边界博物馆”，认为博物馆存在内外边界：“无论承认与否，这两种边界都是实际存在并阻碍了博物馆的发展。因此，博物馆的无边界化就是要打破这两种边界，而无边界博物馆观念强调的核心应该是：资源、服务、理念和业务在博物馆内外的跨界流动与互融共享”[2]。提出实践并推动无边界博物馆，是基于“通过对包括物理边界在内的各种边界的突破，即使是一个非营利性组织，其社会行为扩张所带来的，也可能是一种无损其原有的非营利属性的共赢结果”[3]。的认识；也是基于流动博物馆在实施过程中，对于突破以空间边界为主体的包括空间、行业、专业、技术、服务等各种边界具有天然的优势。

5.流动文博阅览室。建设流动文博阅览室是针对基层博物馆专业技术提升以及公众对文博行业专业知识普及提出的一项措施。特别是到县区以下的基层博物馆，由于专业人员缺乏、资金短缺等原因，很难对馆藏进行专业研究与梳理，更不要说将其研究成果集录出版并对公众开放，对公众进行文博专业知识普及推广。广东省流动博物馆利用省馆藏书丰富，年度出版物较多的资源优势，将一定量的文博图书和阅览设备送到粤东、粤西、粤北等文博业务发展相对欠发达地区的博物馆内，建设起“流动文博阅览室”，成立后每年省馆出版的图书也选送一部分到该阅览室，同时也鼓励成员单位之间相互赠送出版物，阅览室既对本馆专业人员开

1 胡锐韬：《无边界博物馆探述——兼谈广东省博物馆的无边界博物馆实践》，《文博》，2017 年第 4 期。

2 同上。

3 胡锐韬：《作为文化综合体的博物馆：无边界组织理论视野下的探索》，《文博》，2019 年第 3 期。

放、也对公众开放。扩大交流的同时，也让基层专业技术人员更好了解到行业专业发展动态。

提出并实践这些“特殊”的概念，实际上也是广东省流动博物馆探寻自身实践的博物馆学理论基础的表现。作为一种行业现象，通过“理论嫁接”导入相关行业理论为自身实践指导，并在实践中推动和丰富自身学科理论发展，亦符合辩证唯物主义“实践—理论—实践”的发展过程。

四　新的定义与新的业态

从博物馆的初始定义来讨论流动博物馆的内涵与外延，将“流动博物馆现象”作为“博物馆现象”的一个子现象来研究，将其作为行业的一个新业态，在实践中不断归纳总结并回归实践，既是丰富博物馆学的基础理论，同时也为博物馆的发展积累更多的经验。

（一）从“综合”的视角看待“流动博物馆”这一新业态。当前如何看待“流动博物馆”这一现象，可以有两个视角。第一，将其作为传统博物馆社会教育功能的延伸。从当前博物馆的基本定义和功能出发，这是一种最便于操作且不容易引发争议的方式。如前所述，这也是目前为止国内大多数博物馆对待流动博物馆所采用的处理方式。它不需要考虑其组织形态和管理层级的拓展与变化，仅在业务层面上做一些调整即可。同样，这样的局限性也在于，它需要在现有博物馆的组织内部解决所有包括资金及人员等运行问题，并且在行业拓展上的推动作用完全限制在原有博物馆组织形态当中。第二，将其作为博物馆行业的一个新型业态。这是一种相对综合的视角，在业务拓展上，流动博物馆自身拥有更大更自由的空间，但在组织形式、资金和人员投入等方面，如果失去上一级行政力量的有效介入，很难形成新的突破。在前面的对比当中，广东、四川、内蒙古几省的模式更符合这种视角，而其中又以广东最为切合。观察当前流动博物馆的实践和社会效果，从综合的角度去考量这一新的“行业现象”，在推动行业实践及学术发展上的作用也更为明显。

（二）为“流动博物馆”的发展提供更多的学科理论支撑。近现代博物馆史上，博物馆对多学科的需求是与生俱来的，中国的博物馆学这一概念正式提出后，在反思“什么是博物馆”的研究中，主要针对博物馆基本功能的几大方向学科得到了极大关注。进入21世纪，中国现代综合博物馆建设热潮出现，出于国际博协对博物馆定义调整和对自身从业人员的复合型要求，博物馆相关学科的范围也不断扩大。近10年新建的国内省级综合博物馆的人员招聘中，建筑学、计算机、物业管理、公共安全等学科背景的人才需求尤为吸引人的眼球，其比重甚至有迅速向传统博物馆的历史、考古、外语等学科背景的人才靠拢的趋势。如前所属广东省流动博物馆的实践中，“资源”“品牌”“无边界”等市场学、管理学的基本理论概念也被越来越多地应用。作为“博物馆学”框架内的一个组成部分，本身的学科基础理论也是多元的。

（三）正确认识和对待流动博物馆发展过程中的困难与不足。目前的研究并没有在学科理论方面对“流动博物馆究竟是什么，能够做什么，应该怎么做”形成统一的结论。或者说当前的几种模式还不稳定、不具备典型代表性，还无法从中提炼概括出普遍适用并为学界所理解和接受的一般意义上的“流动博物馆”定义。这也有赖于博物馆学的进一步发展以及流动博物馆实践的进一步探索，还需要博物馆学界和从业人员更多的研究与推动。在实际的工作中，不同的模式在组织方式、资金投入、运营模式、业务范围、人员投入等方面也面对不同的困难，是否有专项资金保障以及专门的人员队伍从事相关工作直接影响到流动博物馆的运营效果。更进一步而言，譬如合作对象的选择标准，展览组织过程中的展品选择、在途安全、展出场地安全、应急管理、陈列方式的应用、效益评估统计等，也存在“各展所长”的情况。2019年，国家文物局启动了《流动博物馆行业标准制修订项目》无疑是个极大的利好，如标准制定并付诸实施，对流动博物馆的规范发展将起到重要推动作用。

五 结 语

在当前文化交流日益国际化和国际博协对“博物馆”重新定义尚未最终形成统一意见的背景下，要对“流动博物馆”下一个清晰的定义难度显而易见。既然“博物馆”客观上在现代社会已普遍存在，不妨假设博物馆新定义已确定为前提，尝试对流动博物馆做以下定义：流动博物馆是将博物馆的基本职能通过流动的方式来实现的一种新型业态，这种流动在打破空间限制的同时，也伴随着行业、技术、人员等博物馆综合资源的流动，并最终实现博物馆职能的更加优化。

[作者单位：广东美术馆]

缅怀杨新学长

In Memory of Yang Xin, A Senior Alumnus

薛永年　　Xue Yongnian

杨新先生去世一年了。我和他是大学同学，住在一个寝室，毕业后又都在博物馆工作。虽然我远去长春十二年，但新时期回到北京，又有了来往过从，屈指算来，前后已有六十年之久。他退休以后，我们接触更多些，谈诗论画，探奇析疑。他的去世，不仅是学界的重大损失，对我个人而言，也是顿失益友。当时写了一首古风，抒写悲痛，寄托哀思。诗曰：

疠疫逞妖氛，又闻杨新逝。同窗六十春，手足情堪似。英才君早发，鉴画兼治史。三绝通古今，一眼辨非是。紫垣襄领军，学术张一帜。海外有高名，著述无虚日。退休人不休，伤脑卧床笫。犹记探病时，尚述当年事。“闭关”难送别，何处焚香纸。时空有隧道，是耶还非是？

在这首诗中，我略述杨新的作为。大致包括：书画鉴定与书画鉴定研究、美术史研究、诗书画创作、故宫博物院主管学术的副院长。去年，杨新的女公子杨丽丽为出版纪念乃翁的文集，向我约稿。在同班同学中，我自然比不了在故宫工作的聂崇正与单国强，但与其他同窗比，还是来往比较多的。下面就拉杂地写写我的了解。

大学时代，杨新原名新建，笔名辛荐，身材精干，眼大有神，才思敏捷。虽从湖南考来，但毕业于广州美院附中，有非常突出的绘画才能〔图1、2〕。当时中央美院美术史系的学制，前三年每周都有三个半天绘画课，分别由国画家刘凌沧，西画家韦启美主持教学。既写生，也临摹，还训练创作。

图1　1962年杨新与同班同学在洛阳龙门禹王池前

图2 1964年杨新与薛永年等同学于中央美术学院（老美院）U字楼教室前留影

图3 1961年杨新《北海泛舟图》与薛永年题跋

1961年的6月，刘凌沧带大家去北海公园写生，杨新的作品，以岭南派的笔墨造型，描写古柳垂条，掩映远近游船，娴熟生动，受到表扬〔图3〕。

我有幸得到了这张作品。前几年杨新中风后，我找出来给他看，还题了一首诗，诗曰：

年少才高孰比肩，泛舟北海柳如烟。
岭南风骨湖湘韵，回首光阴五十年。

其实，他不仅擅长国画，水彩也画得好，而且从事版画创作。同年8月，他应邀给我画了一幅水彩肖像。造型准确，冷暖合宜，注目若思，形神兼至〔图4〕。同一年，他还创作了木刻《迎春曲》，此图横幅，近景刻柳树垂条，担肥村女，顾盼嬉笑，燕子从旁掠过。黑白得当，诗意盎然，发表在学校油印的小报上。我配了一首诗，诗曰：

好风光，柳丝长，姑娘春日担肥忙。笑嚷嚷！
耳畔呢喃飞燕子，唱新词，夺取明年万石粮，稻花香！

大学期间，杨新写了一篇小说，名曰《湘水回波记》，内容是青年男女旅途相遇之后的相慕之情。假期中写成，写在日记本上，返校后在班上广泛传阅。文笔生动，细腻清新，大家阅读之后，纷纷题跋，聂崇正题“青春万岁！”我的题词在黄远林之后，什么内容，已经记不得了。杨新在我班同学中，先是在绘画和文学上矫然突出，稍后在专业上也居于前列。毕业时分配到故宫博物院工作。

像本届同学一样，他工作才几个月，就遇上了史无前例的“文革”，然而杨新没有丢掉专业，进入改革开放新时期之初，即发表了《唐人书黄巢起义记事墨迹》，他依据1977年4月在院藏《妙法莲华经》残卷背面发现记载黄巢起义的重要文字，基于墨迹与写经同一年代，经过引证考辨，确定了史无确载的黄巢起义时间，使这件珍贵文物的历史价值得到彰显。

至1978年9月我回到北京读研，杨新已成为老先生徐邦达的助手，在接触中发现，他的学术研究开始朝三个方面进行。一是对书画鉴定中经常提到的“长沙货”进行考察。此前，张珩遗著《怎样鉴定书画》1964年在《文物》杂志刊发，首次提到古玩行所谓的“长沙货”。1981年，徐邦达的《古书画鉴定概论》和王以坤的《书画鉴定简述》出版，都论及同一地方作伪现象，前者称之为“湖南货”，后者称之为“湖南造”，也都简略叙述了这一地方性作伪的特点。

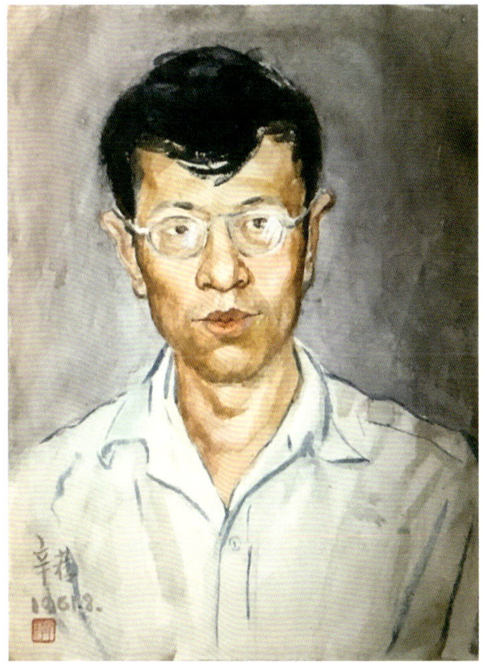

图4 薛永年像（水彩）

杨新则就“长沙货”问题，与当地吴冠君一起开展调查研究，利用“文革”中私人收藏的书画，采访有关作伪的旧闻，比较系统地弄清了长沙地区书画作伪的现象，发表了《“长沙货”——谈长沙近百年间伪造古书画》，对于以明末清初书画家为伪造对象的长沙货（又称“湖南刀”）作伪时间段，主持者和参与者，作伪的方法手段，做了比较详细的披露。开启了他日后研究书画作伪历史的先河。

第二个方面是对作品、画派与画家的研究。在经典名品的研究上，他紧紧围绕故宫的收藏，图像与文献对照，辨析所画景观和所绘史实。发表于1979年的《清明上河图地理位置小考》，据宋人《东京梦华录》、赵德麟《侯鲭录》和金人王磵《清明上河图》尾纸题诗，考证该图所画的地理位置在当时汴京内城东角子门内外一带，而不是汴京外城东水门内外一带。此文发表于中央美院学报《美术研究》，我正在校读研，故留下清晰印象。1981年他还完成了关于《康熙南巡图》的系列文章，此前还没有人做如此系统全面的评介。

他的画派研究，最早是《扬州八怪述评》，为文物出版社所编《扬州八怪》撰写。该书出版于1981年，既有八家简介与作品图片，又有这篇导论式的文章。图片主要来自1963年故宫博物院举办的《扬州八家画展》。那个展览，既有故宫等博物馆的藏品，也有私人收藏，我和杨新都去看了，我还做了著录。杨新便根据这些作品，结合大学时代观展后的思考，参以有关文献，进一步研究，写成了这篇很有影响的述评。

对于扬州八怪的艺术，尽管五四时代陈独秀已肯定了“自由描写的天才”，但直到五六十年代仍然缺少充分的研究。进入新时期之后，自1980年薛锋发起“清代扬州画派研究会”并陆续刊行多辑《扬州画派研究资料集》以来，才不断取得深入进展。而杨新此文在时代、区域、经济、文化、收藏的特殊环境中，结合八怪的生平、遭遇、思想，正宗的摆脱、传统的选择、艺术的创新，对写意花鸟画、人物画和山水画的贡献，做了全面评述，条分缕析，文笔亦生动可颂，是新时期扬州八怪研究兴起之初最高水平的论文。

这本《扬州八怪》中的八家，依据《瓯钵罗室书画过目考》，没有收入我感兴趣的华喦，而杨新不仅写过《新罗山人的天山积雪图》，而且密切关注华喦的新资料，及时地把《上杭文化报》上登载发现华喦族谱的消息告诉了我。得此消息后，我同年9月前往考察，最终写出了《华喦与闽订华氏族谱》，考论了华氏的家世、际遇与早年的思想与生活，受到学界关注。若没有杨新及时提供的信息，是不会有这篇文章的。

杨新的画家个案研究，起步于明末清初情况特殊的画家，1983年推出了两本书：《项圣谟》和《程正揆》。其中的程正揆，在清初影响很大，而且以《江山卧游图》四百余本闻名于世，他又与四僧之一的石溪（髡残）并称"金陵二溪"，龚贤、查士标都很推重他，石涛也称之为"一代之解人"。但是，他在明代为官，后在南京参与迎清军入城，在清代官至户部右侍郎，成了"贰臣"。也许为此之故，他很少被近现代的画史作者提及。

至于项圣谟，这位大收藏家项子京之孙，被董其昌评为"作家与士气俱备"，被清初的有识者称为"画史之董狐"，却也由于不处于绘画史的主流地位，不属于吴门派，也不属于松江派，所以也被20世纪以来编写的各种中国美术史与中国绘画史忽略了，只有海外的李铸晋先生有若干论文。总之，程正揆与项圣谟这两位画家的独特成就与特殊代表性，由于不同的原因被遮蔽了，在20世纪的中国美术史写作中基本缺席。

可喜的是，通过杨新的研究，程正揆重要的创作经验得以披露：在艺术与现实关系上的要"若忘若忆，若合若离"，在艺术家的修养上的要"足迹尽天下名山，眼界尽古人神髓"。而阅读他写作的《项圣谟》，更了解到被边缘化的文人画家中恰恰有不满足于"寄乐"的高手，他不但在明亡后的作品里表现出"强烈的民族思想感情"，而且早就"敢于去接触社会现实，揭露社会矛盾，充满着浓烈的人间烟火味"。

当代的美术史学界，提倡的是问题研究，属于基础工作的个案研究，已较少引人兴味，杨新却把握住出版社出版丛书的时机，深入后期画史上有特殊意义的个案研究，既扩大了研究视野，深入了对画史的了解，又从中接触到以往没有注意到的问题。他的个案研究，不仅填补了学术空白，而且探讨着经过画史检验的艺术规律，使我们从简单的价值判断中超脱出来，实事求是地把握绘画发展的丰富性与隐藏的内在线索。

1984年，杨新在前辈专家的推荐下，得到卢斯基金（The Henry Luse Foundation）的支持，访美一载。翌年归来后，担任陈列部副主任，隔年又受命出任副院长，主持学术工作。从此至21世纪之初，他院务加身，异常忙碌。虽然如此，他先是与我一起受邀参加文物局教材《中国书画》的编写，后来又参与文物局统筹博物馆与高校合作培养书画鉴定硕士研究生的工作，加上一些学术会议和鉴定活动，从而仍有机会获知他研究工作的点滴。

这一时期，杨新的学术成果比较丰富，主要是两大方面，中国美术史与书画鉴定。在书画鉴定方面，一是作品真伪的考订，继承师辈考鉴结合的传统，对一些多胞胎作品，通过深入的考辨论证，得出令人信服的结论。比如1987年发表的《三卷弘仁山水画真伪考辨》即是突出例证。二是在鉴定学理论上的探讨，这是一个很少学者涉猎的领域，关系到学科的建设，非常引人注意，著名的文章是同年发表的《书画鉴定三感》。

书画鉴定曾被当作一种技能，故有鉴定师之称，从张珩的《怎样鉴定书画》开始，才讲求学理和方法，初步成为一门学科，才有了研究书画鉴定之学的书画鉴定家。研究书画鉴定之学，必须不断发现问题，反思历史经验，总结实践真知，1986年启功发表的《书画鉴定三议》，是书画鉴定理论方面非常重要的新成果。而杨新的《三感》，则是《三议》的补充与发展，从理论上讨论传统书画鉴定方法与经验的得失，提出努力方向。思路敏锐，观察细腻，逻辑周密，很富于启发性。

在此文中，他一感于前辈书画鉴定家之"精鉴"离不开能书善画。二感于传统鉴定的"望气"有可取之处。

他从认识论角度指出，“望气”是具有鉴定经验者的“第一眼印象”，“体现了中国传统文化的思维方式”，“既有感性认识也有理性认识的成分”，完全否定是不妥的，但需要进一步求得深化和精确。三感于鉴定的“模糊性”。他借鉴模糊数学，指出“在人类认识活动中，‘模糊’是把握对象本质和规律的一条重要途径”，既要从“模糊学”的角度去认识传统鉴定方法的科学性，又有必要以现代科技手段使之向精确化的方向发展。

值得注意的是，杨新为了摸清伪作的年代、作伪的规律，还开辟了书画作伪史研究的新方向。独具只眼，前所未有。《三卷弘仁山水画真伪考辨》一文，已经进一步追索作伪的时间和人物。稍后，他在1989年发表的《商品经济、世风与书画作伪》，便从社会经济文化条件，宏观地研究书画作伪的兴衰，提出宋后期、明代中晚期和清代后期的三次作伪高潮，都与商品经济的发展、社会文化的好古之风以及收藏家队伍的变化有关，为书画鉴定及书画鉴藏史研究提供了新的思路和有益启示。

这一时期他的美术史研究，有明清书画家个案中的问题，有某个时段的画史发展与社会背景的关系，更有稀见作品的内容研究与经典作品的重新论断。他在访美归来之后，发表了一篇专门研究美国博物馆收藏周臣《乞食图》的论文，从中可见，他对画史的研究，不局限于文人画家，对职业画家的研究，也不仅仅从满足市场需要的一个角度去推断，而是实事求是地从作品出发去得出结论。

周臣的这件作品，是描绘乞丐生活的稀有之作，分别收藏在克利夫兰博物馆和檀香山美术馆。杨新考察原作之后，针对题跋者的曲解，把此图放在当时苏州连年灾荒的背景下，与沈周描写灾荒中乞丐悲惨生活的《周孝妇歌》《十八邻》《水乡孥子十首》联系起来，结合人物的描写，指出这是一件深刻反映社会生活并用以发挥警励作用的艺术精品。

如果说，对周臣《乞食图》的研究，闪现了杨新治史的情怀和对历史上弱势群体的关注，那么，他的《“字须熟后生”析——评董其昌的主要书法理论》，则说明他对书画艺术创作规律同中有异的准确论述。此文发表于1992年纳尔逊阿特金斯艺术博物馆主办的《董其昌的世纪国际学术研讨会》上〔图5〕。我也受邀参加了会议，并按东道主命题写成《谢朝华而启夕秀——董其昌的书法理论与实践》发表，其中一节即讨论“字须熟后生”。

有趣的是，我二人会前没有沟通，却得出了大致相同的看法。都认为：董其昌“字须熟后生，画须熟外熟”之论，不是说绘画不要生、不要新，而是既强调书法不能满足于学习前人的精熟，而应该突破与创新，又指出了绘画在学习古人达到精熟之外还有一个师法天地自然直接描绘对象达到精熟的问题，而后才可能创新。书法虽然也要体现“一阴一阳之谓道”的宇宙法则，却无须对景状物，故此不存在“熟外熟”问题。近乎同样的看法，不约而同地在研讨会上发表，难怪被称为一师之徒。

图5 1992年董其昌世纪研讨会后顺访密西根大学博物馆与国内外同行共进午餐

在21世纪之初，他发表了两篇重要的论文，以不迷信前人的探索精神，重新论定早期画史经典之作的时代与作者归属，挑战陈说，振聋发聩，引人瞩目。一是传为顾恺之的《女史箴图》。早有学者指出，在唐及唐以前文献中，没有顾恺之画《女史箴》的记载。直至北宋的《宣和画谱》，才开始归于顾恺之名下。杨新则不仅根据流传，推测顾款为米芾所加，而且从汉魏六朝的山水画发展脉络入手，特别是人与山的比例关系，山水的空间观念，辅以服饰、器物等考古图像资料，并结合主题分析，提出《女史箴图》非顾恺之作，是北魏孝文帝当政时期的宫廷绘画。

他用近似的方法，考察了传为顾恺之的《列女仁智图》。通过比较北魏司马金龙墓出土屏风漆画《列女古贤图》、北宋刻本《〈古列女传〉插图》和传为顾恺之《列女仁智图》的南宋人摹本，系统排列考古出土的图像资料，以图中衣冠服饰与器用考实落实的年代为据，指出三本同一源头，错处有先有后，而《列女仁智图》的始创为东汉画工，甚至可能是西汉末宫廷中的传本。以上两例，都是先断代，再判断作者，借助考古资料，找到了新的论证角度，得出了言之成理的论断。

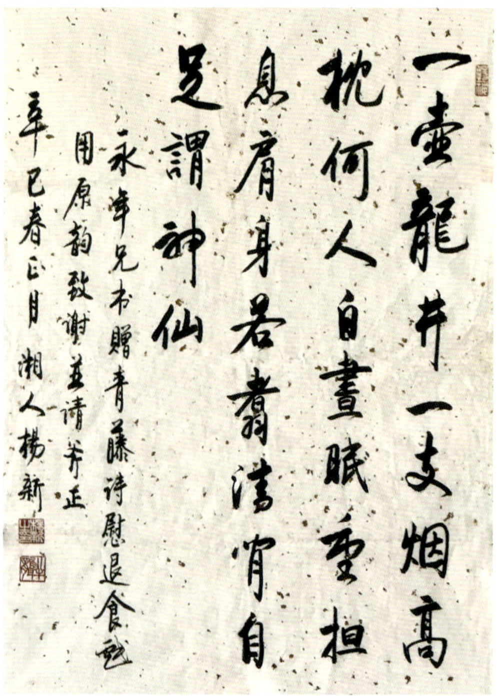

图6　2001年杨新自书诗

图7　2013年3月参加中央美术学院“北京书画鉴藏史”项目研讨会

这两篇论文，都发表于他退休之初，而酝酿于退休之前。在我的印象中，杨新任副院长期间，还主持了书画史之外的展览，比如《龙的艺术》和《藏传佛教艺术》。后者既展出了故宫旧藏，也有来自西藏自治区的藏品，既一方面推动了亟须研究的藏传佛教美术，另一方面带动了对故宫所藏唐卡的研究。此展也筹备于他退休之前，展出时他已从副院长的岗位上退下来返聘为研究员了。他和我说，筹办比较顺利，因为得到西藏自治区有关领导的支持，而他们就是我们同届毕业于民族学院的毕业生。

杨新正工作得有声有色，不觉到了退休年龄。他能适应新的生活吗，我念及此，便写录徐文长一诗慰之。大意是说，你可以过自由自在的神仙日子了，他于是和诗一首。诗曰〔图6〕：

一壶龙井一支烟，高枕何人白昼眠。

重担息肩身若翥，清闲自足谓神仙。

永年兄书赠青藤诗慰退食，戏用原韵致谢并请斧正，辛巳春正月湘人杨新。

其实，他是闲不住的，退休后并未放弃书画鉴定研究和画史探讨，只是比退休前更加关注私人收藏和市场流通的书画，利用新的材料，通过鉴定和考辨，推出引人瞩目的新成果。为恢复历史的本来面目，推翻了一些名迹的传统论断，做出了持之有据的重新论定〔图7〕。

2001年，我和杨新受邀赴昆仑堂美术馆鉴定旅日华侨朱福元先生捐赠的书画，发现一幅画在麻布上的罗汉，品相昏暗，布面施粉，斑驳脱落，胡貌梵像，无款识印鉴。线描高古，时代风格不晚于唐，接近敦煌石室藏画与新疆墓葬出土之作。但杨新发现，麻布纬线逢经必断，应该是未曾入土一直流传于世而不断卷舒的作品，是传世《十六罗汉图》中最早的一幅唐画。

后来，他又研究北京鸿禧古典艺术馆所藏麻布本《罗汉图》。此图画看经罗汉，胡貌梵像，坐瘤疤极多的木椅上，对书沉思。造型精准传神，线描稳健洒脱，风格粗犷凝重，亦无款识与收藏印记。杨新认为与昆仑堂所藏麻布本《迦里迦尊者像》制作特点一样，而且保存更加完好。

他进一步结合历来关于贯休的记载，梳理藏于日本各种视为贯休所画《十六罗汉图》的传本，断定日本高台寺本《看经罗汉》是从此麻布本直接摹拓而来，并以李日华《六研斋笔记》为佐证，断定此图才是贯休真迹。从而否定了长期以来国内外专家以夸张变形的日本宫内厅本为较可靠的看法，刷新了对于贯休传世作品的认识。

同样，在鉴定中推倒前人误判的例子，还有传为李公麟的《西园雅集图》。自宋元以来，很多文献记载了李公麟画苏东坡、王晋卿等16人的《西园雅集图》，并流传有米芾的《西园雅集图记》，以至明清两代，这一传统绘画题材流传甚广。对此，美国的梁庄艾伦（Ellen Johnston Laing）教授写有《理想还是现实——“西园雅集”和〈西园雅集图〉考》，从大量文献中钩稽史实，考辨出李公麟并未作此图，米芾图记大约杜撰于16世纪，但没有解决图名和作者。

杨新据某拍卖会添仇英名的无款古画《西园雅集图》，找到了流传本《西园雅集图》的真正来源。他发现元胡祗遹《紫山大全集》中《题梵隆述古图》所提16人均与米芾图记相合，又据其他资料，将添仇英名的无款古画《西园雅集图》考辨为宋人佚名临梵隆《述古图》，把梁庄艾伦的质疑落到实处，证明此次雅集虽属子虚乌有，但也不是空穴来风，从而解决了流传800余年之久的历史公案。

二是发掘出某些重要题材的宋元作品。杨新作为美术史家，很注意反映民生的古代绘画，前文述及的周臣《乞食图》如此，晚年著文考订的李人杰《赈荒图》依然如此。记得2010年初，我去安德路看他，见面就同我讨论此文，认真推敲，仔细斟酌。之所以如此，是因为此前从未见过有相同题材的作品，在古代文献和历代著录中也不见踪迹，尽管个别文人诗集中有题《赈荒图》者，也属凤毛麟角，因此引起他的高度重视。

此件民间流传的作品，描绘开仓放粮，灾民蜂拥而至，扶老携幼，往来不绝，场面宏大，情节感人，作者名不见经传，题跋者也都是晚清人。杨新指出，在漫长的古代社会中，赈灾是一项重大的安民措施，及时救民于水火的官员往往受到百姓的爱戴。可惜的是，像这样重大的社会事件，古代绘画很少反映。他通过冠服启用，山水画法风格以及双丝绢的材质，断定为宋末元初之作。

退休以后，诗书画创作更多进入杨新生活，因一耳失聪，自号“半聋”，天然排除了干扰，精神愈加集中。我每次去看他，总会结合他的作品谈诗论画。他这一时期的画并不很多，可分两类。一类是墨竹，取法元人，颇有古意，没有题诗。另一类，取材于现实，描写故宫景色、游历所经、儿时记忆或莳养花果的感

图8 杨新诗并书《再登岳阳楼》

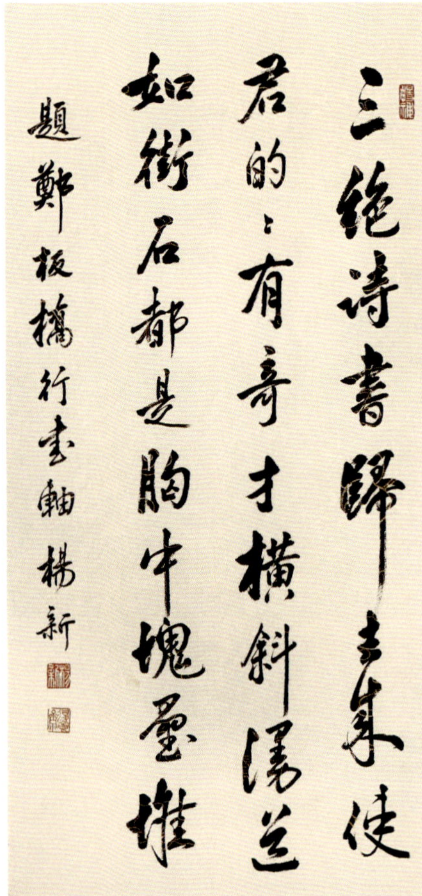

图9 杨新诗并书《题郑板桥行书》轴

悟。画法为水墨设色，融合西法，重骨法用笔，遵应物象形，比较写实，善于提炼，与古为新，画中有诗。

他的书法来自帖学，结构停匀，行笔温润，略参董其昌的生秀，亦有刘石庵的遒润，还吸收了启功的清健，兼以徐邦达的流美，稳健而不局促，流动而无火气。有较浓厚的书卷气。他的书法作品，有些书前人诗文，有些见于题画。我系统观览约有两次。一次是2009年昆仑堂美术馆举办的《墨林昆冈雅集》书画展，另一次是澳门美术博物馆2012年举办的《龙集壬辰——学者书法作品展》。因为为同属被邀参加者，故能系统观看。

他的诗词，讲求格律，用词雅驯，对仗工稳，清新自然，毫无做作。或感事抒怀，或品评书画。《墨林昆冈雅集》书画展中，展出了他自书诗《登岳阳楼》〔图8〕。其诗写湖南老家名胜，境界开阔，思接千古，诗中有画，静中有动。诗曰：

> 目送飞帆远，临流看逝波。涛声喧落日，树色冷霜河。
> 四水归云梦，千秋付棹歌。由来佳盛地，词客怨忧多。

这一雅集还展出了杨新的行书《题郑板桥行书轴》，其诗由人及字，感悟风格，以郑氏的内心不平，解读其书法的“乱石铺街”，别有所见，避免了就形式论形式的浅薄〔图9〕。其诗曰：

> 三绝诗书归去来，使君的的有奇才。
> 横斜漫笑如街石，都是胸中块垒堆。

他的不少诗属于题画诗，直接以书法题到画上，写景抒情，立意新颖，不落俗套。有的既不乏唐人的抒情性又兼有宋人的哲理性。他画过故宫八景，取景精粹，独具只眼，由于他工作于紫禁城，朝斯夕斯，感受良深，所以题画诗也别具酸咸。所题《御园枯柏图》有句云：“良材漫自夸知遇，入彀英雄御苑囚。”从良材入宫枯死，而浮想联翩，深刻指出，古代自视为知遇者在明眼人看来不过失去自由的御苑囚犯而已。

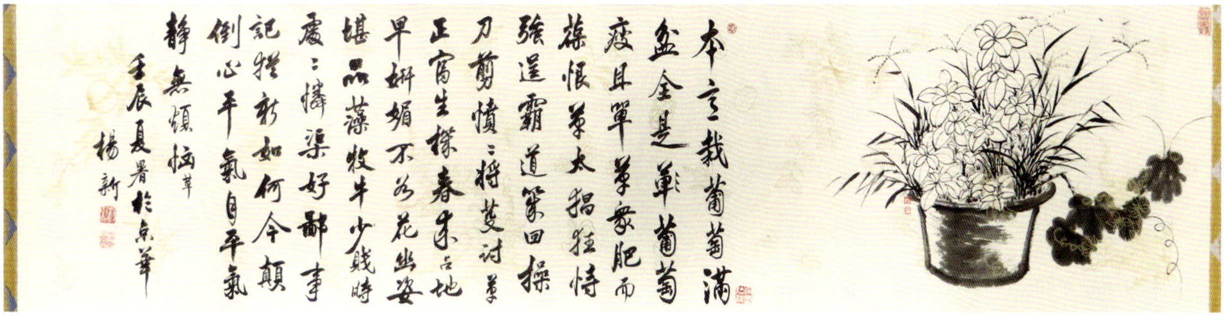

图10 杨新《盆草图》 2012年 澳门艺术博物馆藏

见于《龙集壬辰——学者书法作品展》的《盆草图》及其书法题诗，是一件诗书画合一的佳作。画种植葡萄的瓦盆，野草丛生，喧宾夺主，反而把葡萄挤出盆外。画法是白描、点厾与水墨写实的结合，花盆上的明暗交界线处理得自由随意，而显现了花盆的立体感。书法楷中带行，柔中带刚。题画诗则由情而理，由浅入深。情绪的描绘，心态的转折，今昔的反省，写得情真意切，富于哲思，极富启示〔图10〕。诗曰：

本意栽葡萄，满盆全是草。葡萄疲且单，草众肥而葆。

恨草太猖狂，恃强逞霸道。几回操刀剪，愤愤将芟讨。

草正富生机，春来占地早。妍媚不如花，幽姿堪品藻。

牧牛少贱时，处处怜渠好。鄙事记犹新，如何今颠倒。

心平气自平，气静无烦恼。

他多次画的《炉筒钩》同样是一件诗书画结合的作品〔图11〕。炉筒钩，这种古老的农村生活用具，简易实用，煮水做饭，朴素温馨，现在早已进入民俗博物馆，但在日本仍有用之者，杨新偶于电视见之，不免唤起儿时的记忆和浓郁的乡愁。遂画

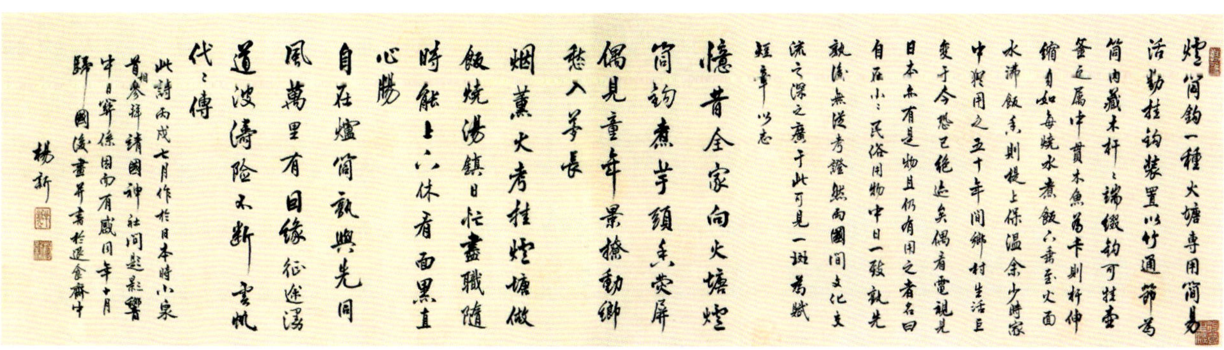

图11 炉筒钩 （采自文物出版社2007年出版《杨新诗书画集》）

炭火熊熊，炉筒钩吊壶烧水，旁有木凳与小竹椅，画法简当，线描为主，略施色墨，适当吸收西法，表现光照与明暗，并题诗曰：

忆昔全家向火塘，炉筒钩煮芋头香。
荧屏偶见童年景，撩动乡愁入梦长。

烟熏火烤挂炉塘，做饭烧汤镇日忙。
尽职随时能上下，休看面黑直心肠。

总之，杨新的诗书画创作，既抒真情实感，又见真才实诣，继承了徐邦达、启功等学者的学人诗书画传统，出入前人，学艺相成，具有时代的特点，形成了个人风格，在同辈学者和鉴定家中可谓矫然突出。而他的学术研究，既推动并深化了书画鉴定理论的思考，也开拓了书画鉴藏史中作伪史的研究领域，更能把博物馆学者的书画鉴定与学界的史论研究结合起来，钩沉索引，探幽知著，挑战旧说，重识经典，从而为改写绘画史准备了条件。

十余年前，我为《杨新诗书画集》的面世，写了一首诗，诗中概述他的退休生活、学术成就与艺术造诣，特别提到他描绘炉筒钩与火塘的怀乡之作体现的乡愁，诗曰：

鼓楼西畔竹园东，退养林泉沐好风。
老去诗怀醇似酒，兴来史笔走如龙。
道存灵府称真鉴，听取精华号半聋。
偶动乡愁画年少，丹心万里火塘红。

现在就用这首诗作为本文的结语吧。

[作者单位：中央美术学院]

虽蹒跚步履 却时时系念
——漫谈刘炳森的绘画艺术

On Liu Bingsen's Painting Art

刘学惟　　Liu Xuewei

先父刘炳森先生（1937—2005年）〔图1〕是蜚声海内外的书画家，2017年底在故宫武英殿成功举办了“紫垣秋草 翰墨人生——纪念刘炳森诞辰八十周年作品暨文献展”，回顾了他一生从事的书画艺术。此次展出的近80件作品，不仅涵盖了他最具典型意义的书法代表作，还包括他的二十余幅绘画作品，以及相关的图文和实物资料。因而，这次展览从不同角度呈现了他总体的艺术面貌，使广大的观者得以较为全面地认识刘炳森先生的书画艺术。笔者了解到，本次展览的很多观众，都有如此的感慨，就是“只知道他是著名的书法家，却不知道他会画画……”

图1　刘炳森先生（1937—2005）

其实，客观地就绘画艺术而言，炳森先生是科班出身。早在中学时代，就曾在绘画和书法方面受到他的美术老师胡定九先生影响，课余时间在天津三中业余美术组学画，并在胡老师辅导下创作《和平共处五项原则》等题材的宣传画。初中毕业前，为报考北京艺术师范学院美术系，在天津青年宫业余美术小组学素描、色彩，后顺利考入北京艺术师范学院美术系预科、本科，并于1962年本科毕业，大学期间主攻国画山水专业。

为了大学毕业创作搜集素材，曾经随张安治先生赴泰山写生，历时一个月。其间，参观岱宗坊、龙潭、虎山和泰山东麓的经石峪，考察了北朝时期镌刻的《金刚般若波罗蜜经》摩崖刻石，后来创作的《龙潭秋瀑》和《岱岳朝暾》的创作源头即出自随张安治先生赴泰山的这次写生。

炳森先生童年时代读过私塾，受过中国旧学问的启蒙，青年时代在艺术学院学习，接受现代的美术教育，特别是受到当时苏联美术注重素描造型基本功训练的影响。在这个大的背景之下，他的基本造型能力得到了充分的锻炼，这在他现存大学时代的水彩和水墨习作中表现得尤为突出〔图2、3〕。在他的山水画专业方面，曾受业于张安治、白雪石、董寿平、溥松窗诸先生。其中白雪石先生传统功力深厚，作品清新秀美、

图2　北京西山八大处二处灵光寺佛牙塔

图3　泰山望人松写生

品味醇厚、气象博大。在校任教之余，大胆尝试传统技法结合实景山水写生的创新之路，经常带领学生去京郊山区写生，炳森先生常跟随白雪石先生左右，故而受益匪浅。

虽则是赶上了新时代，炳森先生在学院体制之下学习了素描、色彩，但是在他的整个艺术生涯和大量的存世作品中却总能感受到他身上所蕴含的、非常浓厚的、对民族传统文化的钟情。

在大学时代的山水专业学习，他除了深入研习宋元诸家之外，更是主攻沈石田和文征明这师徒二人的作品，尤其是沈石田的清雅、沉厚之气对炳森先生影响颇深。那时，对学院体制下成长起来的山水专业的毕业生曾经产生过强烈影响的，还有中央美术学院的李可染先生。1962年和炳森先生一起毕业于山水专业的同班同学大都是用李可染的画风完成的毕业创作，几乎只有他一个人的毕业创作是用传统的山水画风，这一点是他一直记忆犹新的。

炳森先生大学毕业后，分配到故宫博物院工作，主要负责古书画的临摹与复制、修复工作。当时古书画的保存条件与印刷技术，和现在相比都是不能同日而语的。所以，人工复制古画在故宫博物院是至关重要的一项工作。故宫这座中国艺术的宝库，对他来讲可谓是近水楼台，数量充足的古代书画藏品可供他随时学习和研究，耳濡目染，潜移默化地影响着他。他所供职的部门是故宫修复厂（现在的科技部）古书画复制车间，这里有满腹经纶的学者，也有身怀绝技的老师傅们，当时和他一起从事古书画复制工作的还有冯忠莲、金仲鱼等老专家。二十世纪的六七十年代，在这些前辈们的影响和辅导之下，他先后复制了为数不少的古画藏品，如20世纪60年代复制的《巴船下峡》《山腰楼观》《修竹幽亭》《寒山飞瀑》《高阁寒林》《瑶台飞升》等宋人册页、唐代敦煌壁画《地藏菩萨像》、明代陈老莲大幅花鸟画《荷花鸳鸯》〔图4、图5〕；20世纪70年代的《长沙马王堆西汉帛画》《山东金雀山西汉帛画》〔图6〕，以及甘肃出土的东汉铭旌。

在临摹、复制和修复古画的过程中，还对古书画装裱技术有过一定的研究，曾在1979年《故宫博物院院刊》上发表论文《书画装裱技术中的“蒸馏法”》，可见当时他在古书画装裱修复方面研究之深入。以上列举的炳森先生所做的复制品，绝大部分是在他40岁之前完成的。复制不同于临摹，这里面有很多专业上的要求，比如虫蛀和屋漏痕，甚至作品断裂和色彩的剥落等效果在真迹上是常见的，那么在复制品上也要与原作一致，而这些在美术学院的教学当中，学生学习古人所用的临摹法就不必都予以体现，只要作者的笔法墨法和画中的基本规律学到手就可以。他所做的这些复制品，其中有一些至今仍作为重要的藏品保存在博物馆

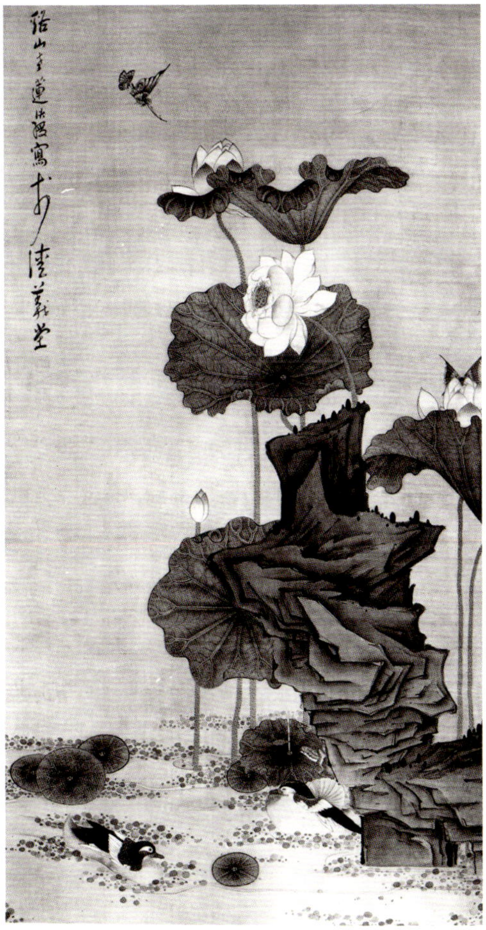
图4 陈老莲荷花鸳鸯复制品

图5 陈老莲荷花鸳鸯原件

图6 临摹《汉代山东金雀山帛画》

里，如《山东金雀山西汉帛画》便是一例。

炳森先生就业以后，依然想从事中国山水画的创作，同时研究书法。就在这时，故宫的领导在给他布置工作任务时补充说：“从事古书画的临摹和修复，如果坚持自己的国画创作，就会把自己的创作风格和习惯带到所复制的古画里来，影响复制效果，所以不建议多搞自己的国画创作。”领导的话真的起了作用，他果然缩减了国画的自由创作，但是领导的话无法遏制创作的欲望，他从青少年时代就热爱书法艺术，于是此消彼长，书法的研究力度和创作数量也就因此而大为提升。

数十年来，炳森先生在书法创作之余，还努力地争取时间创作山水和花鸟画作品。从20世纪70年代至90年代，乃至2000年之后，他都有作品存世。虽然他国画的创作量远不如他的书法，但这些作品都能体现出他深厚的笔墨功力和对绘画的热爱。“文革”期间，他曾与故宫老专家金仲鱼先生合作，为人民大会堂台湾厅创作过一张巨幅山水《双潭烟霭图》（1972年），主要表现台湾日月潭的风光。当时包括政治在内的诸多条件是不允许赴台写生和搜集素材的，图文资料的获取也没有现在方便，他就到地理、气候等条件较为相似的福建省进行采风，结果圆满地完成了创作任务。与金先生合作的作品还有为河北遵化招待所绘制的山水画《建明秋色图》（1971年）和《沙石峪春晨》（1971年），以上三幅山水画均为两米乘五米的巨幅创作。

图7 岱岳朝暾

图8 秋景山水

从20世纪70年代，炳森先生开始在山水画创作方面有了自己的面貌。如1978年和1980年分别创作的《龙潭秋瀑》和《岱岳朝暾》〔图7〕，都是以泰山为创作源头，前者景深较远，云雾蒸腾，虽为中小型尺幅，但气势宏大、笔力酣畅、水墨淋漓、着色沉厚；后者以近景和中景为主，其皴法颇多古意，用笔刚健，近景的云步桥还有明显的界画遗风，设色得宜，恰当地表现了泰山早晨的光与色。

20世纪80年代至90年代初，他的山水画创作风格更加突出。如1986年创作的《秋景山水》〔图8〕，近景坡岸的皴法，用笔苍莽、富于蕴藉，植被的夹叶和点叶法层次分明、相互衬托，色彩凝重且通透，空间感强；中景山体厚重概括而又不失丰富。总体而言，通篇秋溪明澈、红树缤纷、山丘厚重、望眼迷离，勾皴点染之后，并系以诗，可谓诗画相融。

再如浅绛山水《泰山望人松》，构图严整，层次分明，山坡皴擦毛涩含蓄，松树用笔浑厚华滋，其设色有的淋漓畅快，有的点到为止。题画诗曰："岱宗无处不峻嶒，古木春深气象雄。纵有大夫称五品，居高犹让望人松。"可见作者欣赏望人松之高，气魄之宏，视野之广，泰山这一题材是他从青年时代就乐于表现的，也体现了他博大雄浑的审美取向。

20世纪90年代初的两件作品《运河当午悄无言》〔图9〕《秋江烟暝泊孤舟》，气氛静穆、色彩明洁、笔墨之间颇显宋人遗风。

20世纪90年代以来，炳森先生亦曾创作过巨幅山水，如1994年的《岳阳楼图》〔图12〕，画面严谨工细，色彩艳丽，气魄宏大，在处理建筑物和自然环境的透视方面，融合了焦点与散点，在运用东西方绘画的手法方面独具匠心，最后还将《岳阳楼记》全文抄录于画中的显要位置，蔚为壮观。2000年后，也是他最后的几年，他的画风逐渐趋于老辣的同时，体现了敦厚而不失倜傥，浑然且俊秀挺拔，墨气淋漓，宏阔放达，处处体现出他对自然与生活的钟爱〔图10〕。

山水画创作之余，炳森先生还偶作小写意花鸟画，

图9　运河当午悄无言

图10　江干翠晓

他的这些花鸟作品大都构图简约、色彩明快、格调清新，用笔果断、肯定，多作秋菊等题材，常题“东篱霞色”〔图11〕，或许是由于他终日劳碌，羡慕陶渊明的境界。

自古以来，中国文人将书法的用笔规律和理念融入画中者甚多，如陈白阳、徐青藤、吴昌硕、齐白石等，不胜枚举，每每可见他们画面背后书法与文学造诣的支撑。

平心而论，炳森先生的绘画艺术从一开始就伴随着他书法艺术的研究与实践。几乎可以这样说，他的书与画，从启蒙至成熟是同步的，也是相互影响的，只是因为历史和社会等错综的原因，比较多的人只知道他是个书法家，他绘画的造诣为其书法所掩。

纵观先父刘炳森先生的一生，他似乎是在跟时间赛跑，终日忙忙碌碌。但无论做人、从艺，都严于律己，敦伦尽分，力求不留遗憾，然而绘画创作对于他来讲似乎总是带有几分遗憾和不甘心。心里常常想着这桩事

图11　东篱霞色

图12 岳阳楼图

业，却没有足够的时间去从事。

1986年他创作过一张花鸟画《秋香》，画的是一张菊花，画跋为：“廿余年来笔绘荒芜，今重操旧业，步履蹒跚焉”。画上还钤一方印章，曰“知足亦知不足”。

人是有使命的，先父早年学习绘画，却最终把一生的大部分时间都献给了中国书法事业，并取得了辉煌的成就。现在看来，从事绘画艺术是他不能忘记的事业，而献身书法艺术却是他与生俱来的使命，当然其绘画方面的造诣和修为也一定潜移默化地滋养了他的书法艺术。因此，笔者总想写这么一篇文字，其目的就是要向世人介绍一下他的绘画艺术，让关心艺术的朋友们对他有更为全面的了解。

[作者单位：首都师范大学美术学院]

中国宫廷史研讨会暨《中国宫廷史研究概要》(草纲)座谈会纪要

Summary of the Symposium on Chinese Imperial Court History and the Colloquium on *Abstract of Chinese Imperial Court History Study* (Draft)

宋继刚 Song Jigang

2020年9月24—25日，由故宫博物院举办的“中国宫廷史研讨会暨《中国宫廷史研究概要》（草纲）座谈会”在建福宫召开，来自中国社会科学院、北京大学、清华大学、中国人民大学、中国政法大学、中央民族大学、南开大学、厦门大学、华东师范大学、华南师范大学、北京联合大学、首都师范大学、北京行政学院、安徽理工大学等多所高校及科研机构的专家学者参与会议，与会专家学者围绕《中国宫廷史研究概要》（草纲）（以下简称《概要》）的撰写工作提交、宣读了相关主题的论文，并就宫廷史研究的相关领域进行了热烈的讨论。

一　《中国宫廷史研究概要》的撰写建议

故宫博物院闫宏斌副院长代表郝海江书记和王旭东院长致辞，表达了故宫博物院党政领导对于本次会议及以往学术研究活动的大力支持，表示今后仍将继续助力中国宫廷史研究。中国宫廷史是近年兴起的重要学术课题，而国内外学人对于宫廷史普遍缺乏全面、系统的研究，宫廷史的某些分支如政治、生活、文化、财政、艺术、教育等等也存在理论不足的情况。尽管由故宫举办了多次宫廷史主题的学术会议，出版了明代宫廷史研究丛书，在学术领域产生了影响，但对整个中国宫廷史来说，仍需改变相对分散、琐碎的研究方式，继续汇聚学术力量，进一步整合故宫文化资源。故宫方面希望《概要》一书的撰写和出版活动，能够探索出宫廷史研究的新理论和新方法，开拓新领域，借鉴国际宫廷史研究的理论成果，确立中国宫廷史在国际学术界的特殊地位，进一步扩大故宫博物院的学术影响力。

故宫博物院任万平副院长指出，故宫是一个特殊的空间，是明清两朝的政治中心，政治汇聚于此，而政治中心要分出一大部分归于宫廷，因此研究明清历史多数要与宫廷史紧密联系。宫廷史与空间直接相关，在这个特殊的空间，由特殊人物形成了特殊的社会关系，也构成了特殊的机构，产生特殊的功能，发生的很多事件，其功利色彩特别鲜明。有些事虽然发生在宫廷，却也属于国家问题。《概要》一书应该纳入明清以前的多个朝代，同时邀请多领域专家协作，这样才能深入研究，避免分析和表述流于表面。学者们一定要重视前期的论证，论证清楚以防事倍功半，进展受阻。

故宫博物院《故宫学刊》主编赵中男教授针对《概要》章节设计进行了介绍，指出宫廷作为特殊空间展现了极大的特殊性，以往的研究分类如果直接移植到宫廷史则难免会削足适履。比如宫廷陶瓷，尤其是明宣德时期的蛐蛐罐，此类工艺品与宫廷财政关系紧密，也直接反映了宫廷生活，只归入艺术类则无法反映全貌。又如宫廷文学中的颂词，不全然都是大臣违心的夸大之词，有一部分是通过对比前后皇帝功业大小而发自内心的赞叹。宫廷典制与宫廷政治在很大程度上是相互独立的，而典制规定的重大礼仪活动必须由皇帝主持，这又是彰显皇权的政治活动。明朝武宗常住豹房，世宗居于西苑，清朝康熙、雍正、乾隆诸帝也常在园林办公，但不管这些地方和政治活动如何重要，都代替不了紫禁城的中心地位。虽然皇帝在哪里，行政中心就在哪里，但紫禁城的主体地位不可撼动，在紫禁城举行的重大礼仪活动也具有绝对的权威性。

宫廷文物和文献的定义还存在争议，比如宫廷遗迹，北京之外，南京、开封这类古都也存留非常多的遗迹，以国家历史博物馆为代表的各级博物馆拥有大量的藏品，涉及时间更早的出土文物和传世文献，关键在于鉴定其年代和性质，哪些属于宫廷，哪些属于民间，然后以明确的宫廷藏品展开宫廷史多个领域的论述；宫廷园林和建筑之间的关系也很复杂。清代乾隆年间修建了有高度机械化技术的畅音阁，既是建筑也是园林的一部分。之前多位社会史专家在中国社会史研究领域汇总的理论和方法，不能完全套用在宫廷这个特殊场域中。仅从生活细节如服饰、取暖等来看，似乎前后的变化性远不如其延续性，而这种延续或变化是否一定需要学术理论予以分析，有待商榷。关于宫廷司法，宫廷中有数量庞大的人群，一定有规矩，但或许《大明律》《大清律》的具体条文并不适用于宫廷人群，加之皇帝凌驾于法律和规矩之上，又使得具体情况更加复杂。宫廷典制和宗教既有关联，也有区分，典制由国家规定，具有强制性，而宗教则体现了灵活性，比如宫廷人员上到皇帝下至宫女、杂役，其宗教信仰都可以更改。概言之，宫廷由于其独特性，使得它包含的林林总总不能全然与宫廷之外的相似形式等量齐观，而在理论建构层面更要慎之又慎。

对于具体章节分布，任万平副院长提出园林和建筑在宫廷史中不应该并列，大建筑史研究中，园林是作为建筑的一个分支进行阐述。宫廷礼仪和宗教是两件事，前者强调仪式化，体现的是一种庄严，宗教则更多是一种思想上的信仰。艺术史和工艺史也不宜并列，因为艺术的范围更大，可以包括文学、戏曲、乐舞、书画、陶瓷、织绣、家具，故宫丰富的藏品可以直接体现宫廷艺术。戏曲表演所需的建筑、服饰也是研究的一部分。

中国政法大学林乾教授认为，《概要》所列宫廷史架构中凡是能够独立成章的内容，如服饰，具体而言以龙袍为例，要尽量独立，避免杂驳而无序的情况。既有章节对于陵寝与宫廷的关系论述不够，宫廷的范围应该包括陵寝，因为明清陵寝完全是按照宫廷的规矩进行管理，属于宫廷的一种延伸，现在清代宫廷史学会已经将东陵、西陵纳入范畴。前代学者杨宽《中国古代陵寝制度史研究》早已认定陵寝的宫廷属性，可作为参考。

中国人民大学杨念群教授指出，中国宫廷史研究丛书较之明代宫廷史研究丛书，工程更为浩大，而《概要》一书是在方向性和理论性的指导书籍。如果单纯从资料分布看，明清尤其多，前代非常少，导致单纯以史料对应《概要》的章节分布，往往使得内容无法平衡。明清资料过多，会导致表述上挂一漏万，而前代资料太少，无法完成基本论述。

二 宫廷史研究的理论创新与范式突破

中国社会科学院左玉河研究员代表院外专家学者致辞，表达了院外同人对于宫廷史研究的支持与协助。中国社会科学院历史理论研究所及负责期刊《史学理论研究》长期致力于理论探讨，宫廷史研究作为一个新兴的研究领域，尤其是在新形势下，更需要一套理论对于研究进行有效的把握和指导。史学工作者在利用历史材料来建筑历史事实方面比较擅长，但在深入解读即历史解释方面则较为不足，不仅是宫廷史研究，整个历史研究都存在这样的短板。希望在描述历史现象之后，还能够揭示现象后背丰富的历史内涵和文化内涵。

赵中男教授指出，《概要》并不是想要涵盖所有内容，而是侧重于宫廷史分类的主干部分和理论问题。鉴于宫廷中某些领域，如生活细节并未发生大变化，取暖、服饰延续性强，变革较少，因此不需要特别的理论进行阐述。宋史学会包伟民会长，北京大学魏晋南北朝史专家陈苏镇教授，清华大学李伯重教授，这些知名学者的加入丰富了研究的领域，也为宫廷史研究的理论提供了学术基础。

安徽理工大学柏桦教授指出，在研究中国宫廷史时，要尽量减少西方的学术用语，因为中国的事情体现了一种人学，不能简单套用某种西方的范式。

杨念群教授指出，对于中国宫廷史系列丛书，可以尝试多卷本撰写，哪个阶段的宫廷史成熟了就先行出版，作为标杆，其他时段相继推进，也可以取长补短，最为关键的就是突出理论指导的这本《概要》。线索、问题、特点，这三样是撰写过程中要着重突出的。线索与书的结构相关，问题与材料的凝练相关，特点与解释模式相关。书籍最怕写成一个拼盘式的综述，没有线索，不同的专家学者各自负责擅长的领域，但汇总之后却不成体系；问题意识是处理众多材料的出发点，将有价值的观点提炼出来，形成问题意识，并以导向性问题牵引材料；特点要突出，中国宫廷史不同时期以及与中西方宫廷对比体现出独有的特色，如清代的园林和宫廷二元理政模式，与明相比，既有延续又有区别，其宫廷生活与同时代凡尔赛宫对比，也存在一些内在外在的联系。

北京行政学院高寿仙教授指出，由于宫廷的特殊性，使得研究其他地区的理论或方法不能简单移植到北京宫廷乃至北京社会上，如国家与地方的两分法不适宜北京地区。皇帝和住在皇宫中的其他人属于国家还是地方？从体制上讲，皇帝是国家的象征，无疑属于国家，但他在北京地方发挥作用的时候，却是属于地方的，而且还是地方的破坏者，北京各种强有力的势力都是皇权派生出来的。明人王世贞所言的京师大气魄指的就是京城的贵族勋戚对于封爵一事根本不在乎，而南方若有人封了爵位则是大事一件。相较而言，北京少文学侍从之士，尽管都是科举取士，但这些人到北京发挥的作用是官员而非文士，且客居他乡，没想过与北京地方社会进行融合，一旦回到南方，回到家乡，他们则成为士绅，成为不可或缺的一股地方势力。有关明清宗教的研究，以往学者多从正祀和淫祀角度分析，正祀代表国家，淫祀代表民间。但是，在皇帝参与的正规国家典礼之外，帝后真正喜欢的恰恰是淫祀，比如碧霞元君，该信仰并非正祀，但却由皇太后虔诚信仰，由此引发了北京周边祭祀碧霞元君的兴盛景象。

概言之，以往学者惯用的社会史理论来分析国家和社会关系，分析国家典制与民间信仰的关系，在北京这个特殊的地方社会则需要做一些变通，甚至重新思考。皇帝本身具有二重性，他既是国家的象征，代表正统，却又是一个活生生的个体，其信仰中的烟火气更接近民间。皇帝有其自身的利益范围，如皇庄、皇店，他的亲戚也在经营相关产业，从这个角度讲，皇帝是北京地区最大的地方势力，而且与民争利不遗余力，导致明代北京凡有赚钱营生，皆把持在皇权及派生势力手中，如牙行、店铺、西山煤矿都掌握在勋戚和宦官手中。宫廷不是孤立、封闭的存在，不是高悬于北京社会之上且与本地无关，应该在研究中将它时时刻刻放在北京社会中来理解，却又不能落入西方社会史研究的范式窠臼。

三　宫廷史范围再思考

安徽理工大学柏桦教授指出，宫廷史不能局限在一个皇宫之中，要看到皇宫的辐射面，经济和法律层面都有体现。皇庄、皇店，都打着皇帝的旗号，皇帝的亲戚、奴婢们经营着这些皇庄、皇店，他们犯了法不能由地方司法机关处理，要约请宦官会同地方官一起审理，如宗人犯罪，宗人府一定要参与审理，宦官的奴仆犯法，宦官也要参与审理。重大罪责，要经过法司，一般犯罪，直接由宦官处理。宦官们的家奴也应纳入研究范围。家奴分三种，第一是家生奴，世世为奴，改变不了身份；第二类是犯罪、战争掳获、买卖导致成为奴，是受奴役者；第三类是卖身投靠。卖身投靠者又与国家税收制度息息相关，实际上侵占了国家税收。

宫法的适用范围实际上可以锁定宫廷史的研究对象，宦官、宫女、奴隶，合起来应有百万人口，这在七八千万人口的明朝是非常大的一个数额，应引起重视。

以宫廷司法所涉及的人群为例，皇帝的司法行为不能算作宫廷司法，如果把皇帝司法纳入宫廷，就相当于将整个明朝法律纳入宫廷史范围，这是错误的。皇帝勾决人犯，应归入国家司法体系。后蜀时期已经出现了遍布四川地区的情报网络，单线联系，人数众多，信息汇总到宫廷中的宦官那里，最终报到皇帝，明清两朝的特务系统都是这样的组织架构。但是，如果把这个网络及相关情报人员也纳入宫廷史范畴，则不太妥当。这些人背后是宦官，他们犯了事，有宦官撑腰，会有部分人出现在宫廷司法史当中，但不应将研究范围扩大到这个群体，冲淡宫廷主题。

浙江大学青年教师赵晶指出，明代有一些宫廷画家就是宦官的养子、义子，建议纳入宫廷史范畴。

柏桦教授认为，中国古代一个特点就是以血缘为纽带的宗法关系和以婚姻为基础的裙带关系一直在古代政治中发挥重要作用，导致了一人得道鸡犬升天，也促成了一人犯法阖家株连。宦官的养子、义子算是奴婢的一种变态形式，高级形式。当然，在司法审判上，奴婢算作不知情，可以正常依法定罪，而养子被认为是知情者，需要罪加两等甚至更高。

高寿仙教授在《明代宫廷与北京地方社会》一文中指出，北京的宫廷不是孤立的，它是社会当中的宫廷，北京地区可以纳入宫廷的辐射范围。但是，现有社会史研究的几大特点在某些程度上无法让宫廷研究得以施展。首先，重农村轻城市，"进村找庙"模式忽略了城市生活的重要性；其次，重南方轻北方，这确实存在南方地区保存资料多从而产生了地域优势，但华北地区研究的确相对滞后；最后，重边缘轻中心，由于受到人类学方法的强烈影响，关注边陲地区，强调皇权渗透程度不高的地域，而对浸透着皇权的京城着眼太少。

文中提及北京师范大学赵世瑜教授认为北京是一个“皇权在场”的地方，因此北京的社会受到宫廷或皇权非常大的影响。以北京的空间设计为例，就是为了凸显皇权，以紫禁城为中心向四周扩展。明朝人文地理学家王世贞曾论述南方寺庙即使再壮丽，其程度也不及北京的十分之一二，而根源就在于北京的寺庙很多都是皇帝敕建或皇太后出资兴建，其等级和规模都是其他地区不能比拟的。从园林看，自明代起，苏州园林展现其精致，但仍属于江南文人私人营造园林的特征，而北京的园林除了皇家园林，还存在大量贵族勋戚营造的高规格园林，如定国公园林占地广阔，为南方园林所难及，此即所谓皇家气魄。明朝北京的人口构成，军人家庭几乎占半数，而各色官员及宫廷服务人员都是围绕皇宫运作，这也是外地城市所不具备的。京城米价尽管便宜，和江南不相上下，但这不是经济发展的自然结果，而是由国家强制力建构的漕运体系，不考虑运输费用导致的米价低廉。因此，无论是从精神、生活还是其他多个层面，由于宫廷在北京，因此围绕宫廷的活动使得北京变成一个与其他地方不同的社会。另一方面，北京也对宫廷产生了其他地方社会无法企及的影响，如北京地方文化、民间文化渗入宫廷，从而影响帝后喜好。

林乾教授认为有关北京社会与宫廷的关系，不宜将北京社会的方方面面纳入宫廷太多，会冲淡主旨。《清代宫廷政治特征探析》一文强调，对于宫廷的认知，明清之间有差别，与前代诸王朝皆有差别。新清史的很多意见应该予以驳斥，但他们强调的满族视野应该引起重视。比如对于宫廷的范围划定已经将皇家园林纳入。学者何瑜的统计材料显示，康熙皇帝一年之中有一半时间在畅春园，雍正皇帝主要在圆明园，乾隆皇帝也是在园林生活理政的时间较长。满洲旧例成了皇帝在为皇太后守丧仪式中起到调和矛盾作用的重要依凭，这些满洲旧俗和礼仪已经极大地打开了传统汉族中央王朝对国家礼制的种种限制。

四 宫廷史相关领域研究举要

宫城、宫殿以及生活在宫廷中的各色人等都是宫廷史研究的对象。北京联合大学青年教师刘少华在《正统时期北京的营建工程》一文中围绕正统时期明英宗对于北京地区的陵墓、宫殿、城墙等一系列工程营建，指出其背后的目的一是强调自己乃天命所归，二是定都北京。由于永乐、洪熙、宣德朝的政治变化，使得英宗的即位并不顺利，因此将天寿山地区的皇帝陵寝进行修缮本身是要强调自己尊崇祖先，奉行祖制，进而表明统系的传承以及天命所归。三殿二宫（奉天、华盖、谨身三大殿和乾清、坤宁二宫）都是皇权的象征，也是尊祖的表现，对于灵济宫、城隍庙以及北京城池的大规模修缮表明了定都的决心。而后不幸发生了土木之变，蒙古大军兵临北京却无法攻克，也与正统时期的城防加固有直接关系。

赵中男教授指出，明英宗的时代正是旧臣老去，新臣上位的阶段，新旧交替的矛盾与内外矛盾在此时充分体现出来。至于北京城三大殿被焚后长期不曾重建，与永乐时期国力透支过多直接相关，而宣德、正统时期，国力恢复，因此可以对北京城进行新一轮的“装修”，工程所用木料都是永乐时期储存，所以并未大伤民力。另外，关于还都南京的争议，实际上朝廷有很强的一股势力要还都南京，反对定都北京，甚至在土木之变后徐有贞的南迁之议也是顺应当时的一股需求，并非奸臣自保，主动逃跑。

北京大学陈苏镇教授指出，宫殿的格局导致士大夫与宦官之间关系产生异化。由于宫禁制度的存在，普通士大夫不能进入皇宫，他们只能将奏疏等文件交给宦官，待皇帝审批之后交还，皇帝在深宫之中只能与宦官商议，因此宦官得以弄权，利用制度假传圣旨。由于材料的不均衡，呈现出时代愈早，材料愈少，时代愈后，材料愈多的特点，可以选择先行撰写一本《明清宫廷史研究概要》，因为明清史料非常丰富，但在撰写时要注意明清与前代宫廷尤其在宫殿建筑上的差异。回顾明以前，尤其是魏晋南北朝的宫廷，以考古资料为主，但是考古工作者喜欢找大房子，关注夯土结构，而对于墙不太在意。明清宫殿北、东、西三面有墙，南面是门和窗，不透风，秦汉至宋朝，皇宫纬度较低，西安、洛阳、开封一直延长到日本的东京，大致在一个纬度上，气候不像北京这般冷，当时的殿南面敞开，无墙也无窗，更像是一个舞台，皇帝坐在大殿上，前方无遮拦，所以需要有一个院落，每一个殿就是一个院落，类似北京四合院，两进甚至三进的院子。前后朝代在建筑上的差距，也导致了宦官、士大夫与皇帝关系的亲疏，影响了政治走向。

柏桦教授认为，皇帝作为个体具有一定的人性，他的喜怒可以影响国家行政。为了确保皇帝的威严，不会轻易面见大臣，要营造神秘感，为了掌握皇宫之外的情况，会赋予特殊群体一部分权力，从汉武帝时期即已开始，延续到明清。虽然官员升迁取决于皇帝最后的决断，但上呈奏疏中官员的排名可以操控，出于不信任臣下的理由，皇帝通常情况下不会选择名单上的第一名，这种倾向也被上奏的官员利用，调整名单以确保定好的人员中选。

赵中男教授指出，明代宫廷中司礼监的批红，更多是要参考内阁给出的票拟内容，主要起到一个抄写功能，票拟内容很少被推翻，但是抄什么不抄什么由太监把控。一旦皇帝放权怠政，皇帝意见或太监意见与内阁不一致，往往内阁和宦官先行沟通，在票拟时重新起草令人满意的内容，再由太监抄成红字。外臣张居正和内官冯保的合作可视为一种工作流程上的需要，不能简单视作外臣依附内官，趋炎附势。

中国人民大学刘文鹏教授《明清时期南苑行宫体制初探》指出，鉴于清代行宫数量特别多，可以用行宫体制进行归纳。行宫中的建筑、园林不应单独研究，否则无法体现行宫的概念。辽金时代南苑已经出现，元代继承，直到明代才用围墙把南苑围起来，清代承袭了明代的围墙和宫门，继续进行管理。天津大学团队研究指出，顺治、康熙、乾隆、嘉庆、道光、咸丰诸帝曾长时间住在南苑，南苑中的麋鹿种群的兴衰见证了中国历史。学者刘璐考证清代皇帝南巡、西巡，包括前往东陵、西陵，南苑是必经之路，是中转站角色。辽金捺钵、元代飞放泊、明代南海子、清代南苑，并不是线性发展的历史。学者刘浦江有文指出，辽金的捺钵在一定程度上弱化了都城的政治功能，新清史学者强调迁徙和多都城，但是就清朝而言，它从未形成多都城，只有唯一的统治中心。辽金时期，从南海子东一直到通州都是打猎的范围，明朝天顺、正德、嘉靖皇帝经常来南海子，而清朝皇帝来南苑是继承了明朝的行宫制度。

长春师范大学青年教师宋继刚《从神圣空间的营建看蒙元宫帐、都城、萨满与大汗崇拜的关联》一文认为，神圣空间理论及文化外延为理解蒙元时期的宫帐移动、都城修建和萨满祭祀提供了独特的视角。蒙古统治上层通过吸收、融合多民族文化元素，打造出兼具农耕游牧多重特色的宫廷文化，其核心是对蒙古大汗（元朝皇帝）这位“黄金家族”第一人的无限崇拜与臣服。通过建立一套以大汗崇拜为核心的礼制、建筑、活动来稳固黄金家族对于优质政治资源及财富的独占，进而打造一个精神层面的网络，以大汗一人为核心牵引其他人与之同喜同悲，完成最高统治者与万民的有效联动。宫帐移动代表了游牧生活方式，都城建设代表了定居生活方式，萨满祭祀代表了原始宗教活动，三者对于新兴的蒙古汗国而言都是具有深厚历史传统的政治文化资源，如何合理地选择和利用既能体现最高统治者的政治智慧，又能直接影响国家的走向。

与会专家针对宫廷司法设计与实践展开了充分的讨论。柏桦教授认为，中国古代司法体系可以用宫、官、国、野、军五大体系来概括，宫法指宫廷司法，官法指管理官员的法，不是现代意义上的行政法，国法是关于城市的法，野法是关于农村的法，军法是关于军队的法。传说中有所谓五刑之属三千和汤刑，展现出同样的罪行针对不同群体会有不同的处置。古代法律毁失很多，清史资料丰富源于战乱期间民国政府来不及毁坏，相比之下，明代史料遭到了清朝有意识的毁坏，比如现在常见版本的《明实录》不是原来版本，是摘抄出来的，因为各取所需，所以并不完整。《明实录》被保留在宫廷之中，容易被清朝完整销毁，导致研究明代宫廷史严重缺乏资料。

按照宫官国野军五法体系看，明朝初年就有宫法，洪武五年的《宦官禁例》，同样的罪行如骂人，宦官要加等处罚。奸党罪三条之一就是交结内侍，涉及的内官要凌迟，这不是《大明律》的规定，执行的就是宫法。明代号称十万宦官，并不都在皇宫里，东、南、西、北苑，千寿山都有太监，加上各地的镇守太监和太监带着的火者，这是一个特殊的群体。因为皇帝要将自己的精神和意图贯彻到每一个地方，宦官也要承担教化，导致十万之众也不敷用。

宫廷司法史的主要研究对象就应该是宦官群体，还包括他们管辖的宫女、女官。因为明朝将女官的独立性取消，对应的事务全由宦官管理，使得前代皇后治内的情况不复存在。宫廷隐秘的事情很多，外人只能靠猜测，如嘉靖朝壬寅宫变就有九种说法，但考证之后，全都不对。猜测可以，但别以各种低级趣味去猜测。宫廷司法的执行具有秘密性，不公开执行，以保全其体面。

赵中男教授指出，著名明清史专家李洵先生在《正德皇帝大传》里提到国家用法来管官员和百姓，用宦官来监视官员，而用宫廷家法来管宦官。这些内容并不列入《大明律》，导致宦官有时犯错却被施以酷刑，如写匿名信状告宦官王振者最终自己被处以剐刑，因为这是触犯了家法而非国法。

柏桦教授认为，宫法绝对比一般法律要严厉很多，这就涉及在古代，法律面前不是人人平等，所谓王子犯法与庶民同罪，是来自元曲《包待制三勘蝴蝶梦》，实际情况是王子犯法，罪加几等，因为上层人知法犯法理应加重处罚。明代宦官群体在司法实践中还有禁例的存在，清代延续该名称，但是下不为例导致为后来的违例大开便门。明朝每位皇帝在位时都会颁布一些法律之外的例，包括榜文，但新皇登基经常在即位诏中废除前代的例，导致了例的系统不健全。正德即位时，顾命大臣想要管束小皇帝，就将弘治皇帝颁布的例定为具有法律地位的条文，却没有限制小皇帝继续颁布新例。

常州大学吕杨副教授《明代宫廷司法的主体——司礼监、都察院和锦衣卫》一文指出，明代宫廷司法真正的主体是司礼监，而都察院和锦衣卫属于执行者。都察院承袭了汉朝刺史制度，以小制大，到中叶时候，集侦查、审判、检查、监察四权合为一，实际上分割了刑部和大理寺的一部分司法职能，加之皇帝赋予了一定司法权力，因此都察院被认为是司法机构。虽然迁都之后，南京只剩下空壳，但南京都察院仍有多种职责。锦衣卫集仪仗、御前侍卫、警备、治安、刑侦、特工、内卫、纠察、监察、工程兵于一体，体现了皇权的扩张。锦衣卫受皇帝指令执行诏狱，捕人入诏狱就是执行内廷司法的过程。梃杖由锦衣卫担任具体执行者，很多内廷司法事务也由锦衣卫处理，嘉靖朝壬寅宫变中的宫女，一律凌迟处死，但司礼监没有权力处死犯人，只能移交三法司。

赵晶指出，史料记载某些大宦官会在锦衣卫中培养自己的心腹来为自己通报情况。

柏桦教授认为，宦官和锦衣卫二者既互相监督又互相利用，都对皇帝负责，由于有共同的利益，因此勾结最紧密，但皇帝怠政，不常见锦衣卫，那么权力实际上就向宦官倾斜。由于锦衣卫负责诏狱，因此研究宫廷司法，这个群体决不能忽略，诏狱相当于高等级监狱，普通犯人没有资格入狱。从现实需求角度出发，设置诏狱是非常必要的，因为这些犯人掌握国家机密，法庭式公开审理容易泄密。诏狱既是国家监狱，又是皇家监狱。

古人在处理案件的时候有大智慧，我们不能低估古人的这种智慧，寻找其他的切入点，达到最终的目的，虽然迂回，但保证了结果令人满意。我们只有谦卑地对待历史，才是研究历史的态度。爬梳史料之后要跳出史料，如果跳不出来，沉浸其中，就成为老学究的考据，当代学者要进得去出得来。

林乾教授指出，明史提到的法外执法在明朝以前并不如此，从隋朝开始，杀人权力才收归皇帝，之前地方大员杀人很正常，但是对于宫廷人员，犯罪涉及死刑，一定要归口到刑部。刑部的职能跟隋唐大理寺不同，隋唐大理寺负责判决，而明朝时将判决权归于刑部。礼部的一部分职能就是负责外国人事务，化外人犯也属于礼部负责，清朝则归入理藩院，后来则是外务部、外交部。明代司礼监由于在决策程序上的重要性，使得外臣要与司礼监太监合作甚至勾结，才能巩固外臣的地位。清朝的《宫中现行则例》脱胎于明朝中晚期的制度，清代审查程序非常复杂，为判重罪，司法人员经常激烈辩驳。这又涉及治官之法和治民之法，古人说治官之法增多，压缩了治民之法的空间。随着强大的中央集权逐渐建构，上层需要一套法律系统来约束下层。

明代六科和都察院是两套独立的系统，这也导致了程序的繁复和行政效率低下，成为嘉靖、万历皇帝不愿上朝的原因之一。即使外敌入侵之时，官员也争吵不休。巡按要向都察院汇报，但决定权不在都察院，每一个巡按御史都是一个独立的审查机构，独立行使权力。为防止他坐大，朝廷委派太监监视巡按御史。

赵中男教授认为，皇帝派遣太监监察官员，又派遣锦衣卫制约太监，主要是因为他发现太监有些不可制，当时曾出现太监欺蒙皇帝而锦衣卫如实奏报的情况，所以要层层制约。

吕杨认为，明代宦官始终不掌握兵权，尤其是锦衣卫根本不听其调动，因此出现了轻松捉拿刘瑾和魏忠贤的情况。

在宫廷生活与风尚方面，与会专家各抒己见，围绕宫廷服饰、宫廷作息时间、宫廷音乐与表演进行了深入探讨。华东师范大学青年教师熊瑛《明末内廷服饰风尚衍变——以〈明宫词〉为中心的探讨》指出，明代宫廷服饰在常服上受到礼制的限制较弱，受到民间风尚影响较多，通常情况下是宫廷风尚影响民间，而实际上是风尚的双向交流。《大明会典》尽管禁止民间服饰使用正色，但民间在较为浅淡的颜色中发展新的种类，内臣负责苏州、杭州、南京的织造事务，这些色彩取向被带入宫中。明朝为防止权势之家干政，在民间挑选后妃人选，她们对于服饰的民间喜好也进入宫中。《明宫词》尽管涉及很多内容，但因其诗文特质，导致细节上语焉不详。帝后的喜好主导了服饰的主要方向，后妃的选择与江南闺阁女子的喜好相通。内臣服饰以精致奢华为主，审美不是主导因素，而是对于权力、欲望的炫耀。观看明代绘画，陪伴在皇帝身边的宦官和锦衣卫都是服饰精美。

赵中男教授认为，皇帝特赐边将蟒衣，展现了皇帝的恩赐，为的是收拢人心。宦官从万历到天启崇祯开始乞求超规格的华丽服饰，在《宪宗元宵行乐图》时，宦官服饰还是青绿色。

赵晶指出，宫廷不同的场合会看到不同的狮子，《宪宗元宵行乐图》中的狮子不是真狮子，是由人装扮的假狮子，因为有远方国家来献狮子是一件大事，所以被画入图中，但狮子和牵狮子的胡人都是装扮的。

陈苏镇教授指出，清朝皇帝自诩勤政，很早就起床理政，但是汉朝皇帝比他起得还早，一天两顿饭。清朝的乾纲独断并不是一直这样，顺治时期还讲求天下大事公议公决，不能自己一个人决策，而到了雍正时期，改成大事全都秘密处理，军机大臣在军机处口承笔录，完全转述皇帝的意思。

林乾教授认为明清时期宫廷生活中有一股重要力量，就是传教士，西学东渐，九子夺嫡都有他们的身影。宫廷管理的各种细则同样是为了防止皇权受到侵犯。规定宫女、太监出宫就不能再回来，宫中失火，救火队只能从规定的大门进入，宫廷进出人员在何处上下马以及具体出入路线都有规定。另外，《宫史》、上谕和铁牌在宫廷管理中也具有法律效力。

关于宫廷音乐，南开大学刘毅教授指出，唐代的雅乐中就有胡乐成分，而且比例不小。赵中男教授指出，清代宫廷音乐中不仅有满族乐，还有蒙古乐，典型的就是长啸，重大的典礼都需要蒙古乐人的表演。任万平副院长指出，清代宫廷中的缅甸乐、廓尔喀乐也是重要的组成部分，体现了包容性。柏桦教授指出，古乐在当下传承中遇到的最大问题是乐谱大多丢失，只剩下一些歌词。通过文字记载，可以知晓宫廷乐舞中的剑舞等名称，但表演者的空间位置不清楚，服饰只有名字而没有具体信息，难以尽数还原。任万平副院长指出，一些有能力的音乐史学者，本身也是音乐人，正在尝试用现代的五线谱尽可能还原古代音乐，并演奏出来，促进学术交流和文化的传承。

五　宫廷史研究成果总结与前景展望

故宫博物院任万平副院长指出，故宫博物院要做中国宫廷史研究的带路人，高举科研旗帜，勇于担负起这份责任。其他高校或科研院所，更多关注于社会层面，不会像故宫博物院这样切入特殊空间，研究特殊人物，加之两朝皇宫在此，故宫的研究具有得天独厚的优势。周秦汉唐的宫廷史研究存在城市宫廷建筑及文化上的断层，无法进行有效的衔接和有机的融合。2005年，故宫博物院已经成立明清宫廷史研究中心，力图将明清两朝打通研究，以往学界分明史学会、清史学会等，很少进行连贯性研究，实际上明清两朝很多的制度和社会习俗都有继承关系，而最主要的是制度上的清承明制。故宫既然走在前列，理应保持领先。

北京大学张帆教授指出，北京大学与故宫博物院、敦煌研究院签订了三方合作协议，引起了社会轰动，为此，北京大学多次举办会议，推进合作事宜。故宫博物院的多位专家在北京大学开设选修课，促进课程建设与学术交流，北大历史系虽号称全面，学术较好，但在宫廷史方面与专业的故宫研究团队相比，并没有太多基础和优势，因为宫廷史的许多内容如果不结合具体宫廷维修和管理工作，则无法探知其真相。已经出版的明代宫廷史研究丛书在国内是具有开创性的书籍，内容丰富，涉及范围广泛，成果值得肯定。梳理魏晋南北朝宫廷的资料，大幅度残缺，只剩下零星碎片，需要文字材料与考古材料充分结合。普通人受传媒影响，一提到宫廷首先想到宫斗之类的阴谋诡计，实际上宫廷是古代政治的中心，从政治史、制度史的角度入手，宫廷史的研究其实大有可为。

刘毅教授指出，中国古代宫廷史的上限在哪里需要详细论证，故宫博物院利用其得天独厚的优势推动这一研究必然会取得令人满意的成就。宫廷中的政治、经济与国家政治、经济纠缠在一起，需要认清。尽管现存紫禁城是明清时期，某些建筑和景观还可以追溯到金元时期。另外，尽管宫廷史需要有宫廷建筑的存在，但辽金元等少数民族宫廷文化的载体与明清皇城还有所区别，也需留意。汉唐至于南朝，大王朝的宫廷资料都不太欠缺，而宋反而成了一个异类，杭州的南宋皇城经过杭州考古所与南开大学联合工作数十年，仍未能找到核心位置，和我们之前的乐观预判不太一致，如德胜宫还是处于考古边缘状态。汉唐宫殿的考古发掘成果显著，有些发掘甚至颠覆了从前的一些记载。

先秦时期，尤其是商周时期宫廷史是否存在需要仔细考量，就物质性遗存而言，有的时期存在，有的时期则出现空白，而且真正涉及宫廷典制内容的资料究竟有多少，能否搜集完全，这些都是面临的困难。有关少数民族王朝宫廷史的问题，以帝陵为例，明代皇陵的孝陵、十三陵与宋朝皇陵规制差别很大，而与辽金元皇陵在风格上有一定的延续性。如十三陵中的明楼，在宋以前的帝陵中是不存在的，明楼中的石碑，这种规制的墓碑在汉唐宋都不存在，而在房山金朝帝陵存在。明代藩王墓也有很多北方辽、金、西夏的因素，这种现象值得重新思考。有关陵墓规格，汉唐帝陵是一个城的模样，而明清帝陵则是一个宫的模样，前朝后寝，是巨大紫禁城的一个缩小版，这个模式与辽金的承接性更强。明代帝陵绝不是照抄唐宋，而是融合了多民族王朝的文化，从陵墓上也可以看出中国文明真的是多元一体。元朝帝陵中帝后并坐，这在传统汉族王朝中是不可能的，外朝官员不应该看见皇后，且正史中的后妃传也是模式化描述，文字干瘪。但是，在宫廷中，皇后的影响力不可忽视，加之死后地位是生前地位的延续，因此皇后在宫廷中甚至朝堂上的作用应重新考量。

赵中男教授认为，尽管朱元璋口号上要恢复汉人仪制，而实际执行中则是另一回事，明代的许多服饰、习俗，如戴的帽子和打猎的规矩，很大程度上都来自北方的一些少数民族，至于西夏和辽的部分承继多少可以进一步挖掘。

与会专家学者通过回顾中国宫廷的发展历程，梳理学术研究脉络，引入考古发掘新资料，不断修正宫廷史的研究范围，创新研究理论，凝练史料，突出问题意识，以此书为试点，汇聚多方力量，顺应时代潮流，进一步深化中国宫廷史的学术研究，为中华民族伟大复兴事业贡献一份心力。

[作者单位：长春师范大学]

“张忠培与学术故宫”纪念座谈会纪要

Summary of the Commemorative Symposium on “Zhang Zhongpei and the Academic Palace Museum”

苏天敏　张晓玮　　Su Tianmin　Zhang Xiaowei

2020年7月5日，是我国著名考古学家、故宫博物院原院长张忠培先生逝世三周年纪念日，故宫博物院举办了“张忠培与学术故宫”纪念座谈会，以此缅怀张忠培先生为故宫考古、为故宫学术科研的建设、为故宫博物院事业的发展、为中国考古学付出的心血和做出的巨大贡献！

疫情期间，本次座谈会为院内小型会议，部分院领导、老领导、老专家及院内部分中青年专家出席了会议。王旭东院长出席座谈会并发表讲话。与会人员重温了张先生对故宫科研、学术的谋划与思考，感悟其志业求是、为学立言之懿范；追慕其心怀紫禁、恒笃暮年之赤诚，深切表达了对张先生治学精神、人格魅力的无限崇敬！与会专家一致认为要传承和发扬老一辈优秀故宫人的精神，为新时代故宫博物院学术工作的高质量发展贡献力量。会议由副院长赵国英女士主持。

兹将与会专家发言要点略加整理并分享给深受教益、心念先生的广大同人与师友，以此来共同缅怀永远的考古人、永远的故宫人——张忠培先生。

座谈会首先由故宫考古研究所徐海峰研究馆员回顾了张忠培先生与故宫考古的点点滴滴。他通过梳理近年来张忠培先生历次莅临紫禁城考古工地现场并做专业指导的图片，向与会者阐述了“张忠培考古学理论下的紫禁城考古”、“张忠培文物保护理念下的紫禁城考古”及“张忠培学术故宫理念下的故宫考古”等三个方面，他讲到，正是在张先生学术故宫理念的支撑下，故宫考古起步阶段就走在正确的道路上，在不断总结紫禁城考古实践的基础上，形成了紫禁城考古的理念、方法与手段；积极承担并参与明中都等国内重大考古项目，并在中外文化交流的视野下开展国际考古合作，初见成效。他表示，今后将秉持张先生的学术故宫理念、弘扬张先生的治学精神，在新时期学术故宫建设的指引下，牢牢把握故宫考古的宗旨，完善故宫考古的理念，与故宫博物院职能和学术研究方向紧密结合，充分认识博物馆与考古的关系，以故宫博物院的学术平台为依托，努力探索具有故宫博物院特色的考古之路，积极发挥考古对博物馆学术研究的支撑作用。

故宫考古研究所王光尧研究馆员做了《张忠培先生的学术思想对故宫学术发展的价值与意义》的主题发言。他重点分享了张先生对于故宫的安全性、完整性、历史性、学术性等方面的思考。第一，张先生最为心心念念的是故宫的完整性：对于现存南京的文物、白马寺文物，对于台北故宫和北京故宫如何定位等曾有很多的思考。第二，对于故宫的历史性：张先生强调应有大的历史观，把故宫放在五千年文明史、历代王朝更替兴亡史、宫廷与国家政治史中去考量；也要注重故宫与故宫之外的历史，除了研究故宫作为文化典守地，还要研究帝王当年的文化典藏及其文化建树，针对清朝要思考其最高统治者从及满洲的汗走向中华的皇帝和中华文明典守人的变化过程。第三，对于故宫的学术性：张先生把考古学思想带入到故宫的学术中，对故宫文物研究提出了从物到人到制度等多个层面的研究视角，要把清宫文物分为皇家收藏和宫廷制造两大类，既要关注故宫不同宫殿内不同单位之中物的组合，也要看到物的个性；指出要关注宫内与宫外、中国与外国的关系，由此强调要用哲学家的思维来看待文物和历史。这些理念，对于今日故宫的研究，仍具有重要的指导意义。

王旭东院长在讲话中主要谈了张忠培先生的学术、管理思想及其对故宫的现实意义。他回顾了与张忠培先生第一次交往时的情景，张先生的多看、多想、注重实践、言必有据的严谨学风与对年轻人的鼓励给他留下了深刻的印象。王院长指出，张忠培先生在1987年任职院长以后，把故宫重新带回到一个学术机构，而不仅仅是一个保护、收藏机构，这是重回了当初故宫博物院建院的设想与定位。可见，30多年前，张先生就在实践他对于故宫的安全、学术、管理、服务以及完整保护的思想。王院长表示，张先生的思想具有开放性和创新性，先生强调研究故宫又要跳出故宫的圈子，强调抱着对故宫的敬畏之心来开展故宫考古工作，这些都体现了先生的认识和高度，以及强烈的使命感、责任心。因此，我们要以"学术故宫"为核心，立足故宫，面向中国，面向世界，不断总结与阐释故宫的内涵与外延，挖掘故宫的核心价值，弘扬中华优秀传统文化。王院长强调，我们今天召开"张忠培与学术故宫"纪念座谈会，在追思先生伟业的同时，更要为故宫发展寻求一种精神上的力量。我们要铭记先生留给我们的精神遗产，充分调动我们自己的积极性，做到开放、交流、互鉴。我们要学习前人的视野、心胸、敬业精神，学习他们对故宫的爱，对故宫的保护，将这种使命感一代又一代传承下去，并不断推动故宫博物院健康、可持续地发展下去。

原院长郑欣淼先生因居京外不能莅会，特意为本次会议发来录音文件《珍惜张先生遗产，弘扬故宫精神》。他指出，张先生做过故宫的院长，他的思路和实践，他的用人与管理，都为大家所称道，这些对我们故宫的管理是一笔宝贵的财富。郑院长强调，张忠培先生作为考古大师，不仅在个人的学术研究中取得了令同行瞩目的成就，还为中国考古学事业做出了自己的贡献。张先生对于故宫的考古事业的思考更具有开拓性、创造性。张先生的人格力量，即其为人的坦诚，其光明磊落，这一点也是难得的。这些，都值得我们永远学习、总结、怀念。他不仅是我们故宫的，也是我们中国的。他的贡献，也不只是对故宫的，更是全国性的。郑院长由此讲到今年是紫禁城建成600周年，故宫博物院也走过了95年的历程。故宫这95年来，它在我们学术界、博物馆界，在我们中国的文化事业上，它的定位的确立，当然需要有多个方面的因素，但其中一个很重要的，是它的软实力，就是它的精神。比如，故宫的学术传统和风气、故宫的管理和展览，以及我们对待文物的态度，它们共同构成了95年以来故宫的一个重要的精神特征，就是"故宫精神"。90多年以来，我们的前人通过一代一代的共同努力，逐步地形成、完善，并不断地给它赋予新的内容。我们的老专家，还有一些在不同岗位上兢兢业业，以工匠精神来从事自己工作的同人，他们共同推动着博物院的发展，他们都散发着光彩。故宫博物院再过五年就是100周年，100年的故宫，它给世人的精神面貌应该更鲜明、更有特色。郑院长提出，张先生的遗产也是我们这建院95周年精神建设中的一个重要部分，所以要珍惜张先生所留下来的物质、精神遗产，要弘扬老一辈故宫人的精神，不断推进故宫的整体精神建设。

原院长单霁翔研究馆员回顾了张忠培先生写给自己的若干封重要信件。其中，多是张先生曾经就南水北调工程、地方文物保护、遗址公园与大遗址保护等重大问题给予的建议和思考。他表示，张先生作为一名考古学家，日常密切关注国家重大建设工程以及文物事件，为文物保护工作积极奔走呼吁。同时，他重温了与张先生在家中长谈关于故宫工作的往昔，他感佩张先生曾经管理故宫时期，那种毫无官僚气息、没有形式主义的平实与正气，感慨先生30年以来心怀故宫，并能用全新的眼光看待故宫发展的远见卓识。在二人屡次交谈中，先生都不忘谈及对于故宫学术、人才、管理、制度建设等方面的理念和具体措施。张先生提出要重视对于故宫有形的、无形的以及介于有形与无形之间的相关物质与问题的研究，要化传统文化为文化传统，等等。他感慨，在每次与先生的谈话之后，他总觉得自己热血沸腾，转身就更加充满激情地投入到工作中去。

原常务副院长李季研究馆员从张先生的治学、故宫的学术发展两个方面谈了三点个人体会。其一，一个单位、一个学科必须有严谨的学者治学之风。他指出，张先生一向对大家要求严格，无论是张先生在兖州培训班作为"鹰派"考官，还是在故宫担任学术委员会职称评审专家，其严谨的治学态度之下，更含有其对年轻一辈的负责与鼓励。而一个学术单位、一个部门，如果没有学术正风、正气，是搞不好的。其二，张先生的治学特点是把宏观与微观研究出色地结合在一起。苏秉琦先生是建立在大量的、深入的微观研究的基础上，才积累起探讨文明起源、国家等宏观问题的学术资格和地位。张先生继承了苏先生的治学思想，并注重中间层次、方法论的探讨。前辈通过微观研究、日积月累所建立起来的逻辑体系，不是轻易能够打破的。这对于故宫的宏观、微观研究，是非常值得承袭的。未来，在故宫的学术研究中，应有一个高的框架与目标指导，纳入整个文化、文明体系中，从而在"学"与"术"两个层面上，建立一个完整的学术研究体系。其三，张先生的心态是开放的。先生密切追踪世界的考古学进展，但是并不盲从，他是以平等而虚心的态度同他人探讨考古学方法。他欣赏张先生这种开放的心态，由此特别指出，故宫未来在资料、专家、课题、学术研究等多个方面，一定要坚持开放性和导向性，而这些也都是张先生留给我们的宝贵财富。

原副院长晋宏逵研究馆员在发言中也再次强调了"学者应该是开放的，应该是相互学习的。"他回顾了曾经在与张忠培先生讨论《故宫总体保护规划大纲》编写工作中所感受到的先生之精神。他指出，张先生强调我们在大修工作中，首先不能混淆故宫和故宫博物院的含义，不能因为建设故宫博物院而影响了对故宫的保护，尤其是对故宫的完整保护，这是故宫博物院发展的根基。他表示，张先生对于这次故宫大修与规划的指导具有很重要的意义。他还提议，应该从各位年轻一辈中收集张先生曾经的思想和意见，并进行系统总结。他指出，老一辈如何把自己的文化精神、学术精神像播撒种子一样进行了传播，这些都是有意义和值得纪念的，这些内容不能让它散失了。

王素研究馆员称，感觉张忠培先生去世仿佛是昨天的事情。他指出，张忠培先生为人刚直，他为故宫学术所做的工作和对故宫事业的关注体现了张先生对事业的忠诚。他讲了三点：首先，张先生有句口头禅——学术是灵魂。所以对故宫而言，一定要做好学术研究，学术是故宫发展的灵魂。其次，张先生非常重视人才培养。故宫从二十世纪八九十年代开始招聘大学生，主要始于张先生。再次，学术研究领域要开拓。张先生反对学术故步自封，提出故宫学术要走出红墙。他进一步指出，张先生的学术视野广阔，学术境界高远，他在这三个方面的作为和思考在很多文章中都有体现，是留给故宫的宝贵财富，我们应该继承与发扬。

余辉研究馆员回顾了与张先生的多次交往，先生曾特别强调需要为人才培养提供条件、提供服务，条件要完备，服务要到位。他指出张先生在故宫工作时有两大重要贡献：一是确立了故宫进人的标准和条件，二是在两年多的时间里建立了故宫的规章制度。所做的前瞻性工作开始逐渐体现出历史意义。对于书画研究张先生也给了很多建议，一是跟着考古学走，提出考古学的理论方法是书画研究可以学习和借鉴的。这对故宫书画发展指出了一条可行可走的学术发展道路。二是加强与科研院所联系，对待学术的严谨性应该警钟长鸣，要杜绝学术崇拜、抄袭、浮夸、重复等学术腐败问题。

杨晶研究馆员回忆了从吉大作为张先生的学生，直到应先生的要求来做他的学术助手，其间，她强烈地感受到那种一日为师、终身为父的浓浓师生情谊。张先生对她本人是既严苛又宽容的，而且还虚心并开放地来接受她提出的正确意见与判断，这一点是许多人做不到的。她指出，张先生具有前瞻性，源于其不甘落后与永不服输的精神；先生心怀家国大事，如同一位政治家，他一生喜爱读《参考消息》《光明日报》《中国文物报》等报纸，以保持判断力的敏锐性和专业的敏感性；先生还具有常人难比的精气神和学习精神；先生喜爱广泛结交，和不同的人交流，使他获取信息的来源非常宽泛，这些都是张先生所特有的。

郭福祥研究馆员称，张先生就是“吉大考古神一样的存在”。他分享了多年以前向张先生求教的笔记，那是多年前张先生主动找他进行交流，就故宫学术研究、故宫文物研究方向给予的指导。对于故宫学术，张先生提出宫廷研究一要有大方向、整体感，要融入学科，争取话语权，也要能够和别人对话；二要从文物本体和其再生文化两个方面进行。对于故宫文物研究，不仅要注重器物工艺、程序的研究，同时也要注重物与人、制度的研究；三要考察器物如何进入故宫的一整套制度、系统或其他超越经济层面的内容。张先生尤其提出要透物见人、关注节点、形成网络、找寻规律。主张要从微观入手，再扩散到人与物、社会、皇权等不同层面的深入探索。

罗文华研究馆员追忆了张先生曾给予指导和帮助的两件事。其一是先生关心、关注对于宫廷藏传佛教研究的规划，并敦促尽早完成四川调查资料的出版。其二是张先生帮助联络青海考古所，大力支持年轻人业务，为年轻人的学术工作开路。他表示，这些都使得年轻人对张先生的支持甚为感激。

王睿研究馆员生动地回顾了刚调入故宫时，张先生要求其前往汇报河南鹤壁考古发掘项目的情景。张先生肯定了她的汇报，并亲自前往考察鹤壁考古工地，给予具体指导。她指出，张先生是很开放的，他的研究思路和方法是包容的，他不会针对具体哪个流派，而是对事不对人。因此，张先生有今日的学术地位，一定是同其有着开阔的心胸分不开的。

王军研究馆员满怀悲痛与激情地回顾了张先生的学术思想与人格精神。他指出，其一，在张先生的心中，祖国文化之尊严是高于自己的生命的。张先生具有真知灼见、世界眼光，他不盲从于西方的条条框框，致力于建立中国考古学自身的理论与方法体系。其二，张先生为良渚古城的最终申遗成功，做了大量的努力，他的这一贡献，是我们永远不能忘记的。其三，张先生不仅是一位在发掘现场与泥土相伴一生的考古学家，还是一位有着强烈现实关怀、知行合一的思想家。先生怀着这样的信念，为了故宫的完整保存，奋斗到了生命的最后时刻。临终前两日，先生在谈及故宫的完整性时，竟泪流满面。他强调，面对伟大的中华文化，张先生鞠躬尽瘁，死而后已，尽到了一位读书人的责任；伟大的中华文明历经数千年而不中断，就是因为有这样的读书人始终存在。

宋玲平研究馆员动情地回忆了张忠培先生对她的学术关怀，以及张先生的一次令人难忘的学术演讲。她表示张先生不仅在学术上引领自己继续探索，还在工作上给予非常重要的指导。2014年3月28日，张先生应科研处邀请为全院做《关于故宫博物院学术研究的几点思考》的讲座，主要阐释了学术研究应处于怎样的地位、学术研究应有的内涵、学术研究应如何开展这三个层面的问题。张先生强调学术研究是做强故宫博物院的标志，我们不能满足于做博物馆界的老大，我们要在一些重要领域出头，在文博考古界出头，在人文社会科学领域，提出新课题，掌握发言权，产出引领学科方向的成果。她指出，这次演讲所涵盖的内容，凝聚着张先生对故宫学术发展的深层思考和高屋建瓴的学术思想，至今仍具有重要的指导意义。

曾君研究馆员深情地讲到，张先生是一面大旗，他对故宫人的引领作用是非常巨大的，学问和为人都能为人敬仰是很难做到的。张先生为官正直清廉、学问高深、为人高洁。她回顾了张先生带给她的感动：一是先生对书画保护的贡献，先生建立规章制度，减少了书画在不必要的保存提看中的损耗，更好地保护了故宫的书画；二是先生对于后辈的提携，先生对于学术怎么拓展，学术道路怎么前行，给予了非常大的指导。她说到，大家对于张先生的情感都是非常真实的。

娄玮副院长在发言时讲到，在故宫工作的每个时期都能感受到张先生的影响，并且不论是研究部门还是行政部门的同人都口耳传颂张先生的事迹。张先生在论证会中坚持原则，但又不拘泥于简单的规则，他能够在更广阔的视野上给出充分的建议。张先生有故宫完整性保护的执念和情怀，一直不遗余力地争取。他对于紫禁城考古以及故宫考古学架构的思考，渗透着尽精微、致广大，宏观、微观相结合的学术理念。他感叹张先生的人格魅力，令晚辈高山仰止。他称自己作为一名管理者，受到了张先生给予年轻人的很多的鼓励、鞭策和指引。因此，不能做只留痕、不留绩的事，要做实实在在的事。未来，也将把张先生的思想理念贯穿到故宫的管理与研究中，这对于故宫的发展将大有助益。

王子林研究馆员回顾了张先生曾经对其在宫廷文物研究方面给予的建议。张先生曾指出，关注宫廷文物，一定既关注皇家收藏文物，又关注宫廷制作的文物，对这些宫廷文物反映出来的文化，要纳入中国整个文明历程去看待。张先生还提出做学术的几个重要方面：其一，要有学术理想，要坐得住，要守得住清贫；其二，要有学术思考；其三，要在思考的基础上，建立学术思想，没有学术思想的研究是苍白的。

宋小军编审回顾了自己从做编辑开始接触张先生的过往。他表示，张先生治学严谨，每份稿子都要修改多遍。先生还明确表示学术是个象牙塔，是要分层的，而科普读物不是所有人都能写的。他从张先生的经历认识到学术和行政是分不开的，二者的关系是用学术思想指导行政，用行政的力量推动学术进步。他指出，张先生对于出版考古资料非常看重，曾多次提醒大家：“考古工作者不写报告，那比盗墓贼还坏。”所以，张先生对于考古工作者的首要定位就是出版考古资料。

张露编审追忆了自己刚入职时到如今对张先生的印象转变。她指出，张先生实际是一位从学术和专业角度出发，既为刊物介绍高水平的作者，又为刊物、为年轻人个人发展提供一切可能机会的老前辈。她说道：最初从其他同事口中听到的张先生的事迹，心生畏惧，到第一次听张先生讲学术期刊，被他的高屋建瓴，言简意赅所折服。后来随着工作接触增多，知道张先生不是让人怕，是严格。对于先生的提问，要想好了再回答，不能随便应付。在编辑张先生投给《院刊》的稿件时，收到了先生对自己工作的肯定鼓励和对《院刊》具体工作的建议。先生默默支持着故宫刊物的成长，提供优秀的稿件，积极联系院外作者稿件支持。张先生1999年关于《院刊》工作的意见和建议，即使今天读来，仍然是高屋建瓴。他强调《院刊》要办出自己的特色，他还说："故宫的学问怎样搞，是站在故宫来看天空。文章不是靠资料取胜，而是靠论。要从资料中看到更多、更真实的信息。故宫的学问不是这个围墙包围得了的。就文物研究文物不行，文物要有附加的文化价值，有欣赏性、可读性，有皇权赋予的文化价值。"2008年，很多期刊在发表改革开放30年学术回顾类文章，我跟先生提起，想请他写一篇考古学研究的综述，但先生说年龄大了，写不动了，这则成了我们永远的遗憾。

周高亮研究馆员回顾了与张先生聊篮球时带来的启发。他指出，张先生是一位哲学家，他实际是通过讲篮球而说精神，尤其讲篮球运动中那种绝不服输的拼搏精神，要将这种精神带到工作生活中。他讲到，2017年自己曾三次到先生家，而先生在临终前最大的心愿，依旧是故宫的完整性。

赵国英副院长在主持会议的过程中，对大家这种充满情感的回忆表达感谢和敬意。她指出，这些都是第一手材料，使大家对张先生的认识更加丰满、鲜活。她在总结中表示，张先生的音容笑貌犹在心中，学习先生，我们"永远在路上"。今后，将秉承先生倡导的学术理念、学风正气，弘扬老一辈优秀故宫人的精神，为建成600年的紫禁城、建院95周年的故宫博物院，续写新的篇章。

[作者单位：故宫博物院考古部]

与会者合影

图书在版编目（CIP）数据

故宫学刊. 第二十二辑 / 故宫博物院编. — 北京 : 故宫出版社, 2021.7

ISBN 978-7-5134-1409-8

Ⅰ. ①故… Ⅱ. ①故… Ⅲ. ①故宫—研究—北京市—丛刊 Ⅳ. ①K928.74-55

中国版本图书馆CIP数据核字(2021)第132744号

故宫学刊

第二十二辑

故宫博物院　编
执行主编：王子林
副 主 编：许冰彬

出 版 人：王亚民
责任编辑：王冠良　任　晓
英文编辑：周　怡
装帧设计：李　猛
责任印制：常晓辉　顾从辉
出版发行：故宫出版社
地址：北京市东城区景山前街4号　邮编：100009
电话：010-85007817　010-85007800
邮箱：ggcb@culturefc.cn
印　　刷：北京雅昌艺术印刷有限公司
开　　本：889毫米×1194毫米　1/16
印　　张：28.5
字　　数：700千字
版　　次：2021年7月第1版
2021年7月第1次印刷
书　　号：ISBN 978-7-5134-1409-8
定　　价：180.00元